공전 및 미사일전에 관한
하버드 국제법 매뉴얼

Produced By

The Program on humanitarian Policy and Conflict Research at Harvard University

이민효 역

HPCR Manual on International Law Applicable to Air and Missile Warfare

공전 및 미사일전에 관한
하버드 국제법 매뉴얼

발행일   2016년 1월 30일
지은이   The Program on humanitarian Policy and Conflict Research at Harvard University
옮긴이   이민효
펴낸이   이정수
책임 편집   최민서·신지항
펴낸곳   연경문화사
등록   1-995호
주소   서울시 강서구 양천로 551-24 한화비즈메트로 2차 807호
대표전화   02-332-3923
팩시밀리   02-332-3928
이메일   ykmedia@naver.com
값   30,000원
ISBN   978-89-8298-176-0 (93360)

본서의 무단 복제 행위를 금하며, 잘못된 책은 바꾸어 드립니다.

이 도서의 국립중앙도서관 출판예정도서목록(CIP)은 서지정보유통지원시스템 홈페이지 (http://seoji.nl.go.kr)와 국가자료공동목록시스템(http://www.nl.go.kr/kolisnet)에서 이용하실 수 있습니다. (CIP제어번호 : CIP2015034479)

머리말

　HPCR 공전 및 미사일전에 관한 국제법 매뉴얼(HPCR 매뉴얼) 해설서 발간을 영광이자 큰 기쁨으로 생각합니다. HPCR 매뉴얼은 현존하는 공전과 미사일전에 적용 가능한 법의 재확인으로, 세계적인 전문가들이 정성을 들여 작성하였습니다. HPCR 매뉴얼은 중요한 국제법 체계를 실용적으로 이해하는 데 도움을 줄 것입니다.

　HPCR 매뉴얼과 그 해설서는 HPCR의 6년간의 노력의 결과로써, 작업이 진행되는 동안 현존하는 공전 및 미사일전에 적용 가능한 법을 반영하기 위해 국제적인 전문가들이 소집되었는데, 그들은 Yoram Dinstein 박사의 지도하에 2004년부터 다양한 출처의 국제법을 도출하여 공전 및 미사일전에 적용 가능한 법을 방법론적이고 포괄적으로 해석하였습니다. HPCR 매뉴얼의 각 규칙들은 2009년 5월 15일 스위스 베른에서 전문가들의 합의로 채택되었습니다. 각 규칙들에 대한 해설서는 HPCR 프로젝트 집행담당 Bruno Demeyere와 Dinstein 박사의 감독 하에 기존 전문가들 중에서 선정된 몇몇 분들에 의해 작성되었습니다. HPCR 매뉴얼은 현재 적용 가능한 법을 재확인하고, 해설서는 법적 해석을 명백하게 하고 다른 관점도 설명하고 있습니다.

　이 프로젝트의 진행 과정에서 Yoram Dinstein 박사의 주목할 만한 역할에 감사드립니다. 국제적으로 인정받는 그의 전문성과 분석적 역량은 그가 수년간 책임자의 역할을 함에 있어 중요한 동력이었습니다. 전문가들은 공중작전법이라는 특정 분야에 대해 연구하고 전반적인 법적용 과정에 대한 의견을 제시함으로써 매뉴얼 작성과정에 중요한 공헌을 하였습니다. 특히 '초안위원회' 전문가들은 규칙의 해석에 관한 다양한 토의의 정리에 많은 시간을 투자했는데, 이들의 헌신적인 기여 또한 인정하지 않을 수 없습니다. HPCR 프로젝트 집행 담당 Bruno Demeyere는 숙련되고 성실한 자세로 일련의 과정을 관리하였으며, 그의 동료들도 그러한 점을 매우 높게 인정하고 있습니다.

그리고 스위스 외교부를 비롯한 후원자들의 풍부한 재정적 지원과 호의가 아니었다면 이 프로젝트는 실현되지 않았을 것입니다. 또한 호주, 벨기에, 캐나다, 독일, 네덜란드 그리고 노르웨이와 같은 나라들은 전문가 회의 소집과 지역적 협의를 가능하게 했었습니다. 국제군사법·전쟁법협회 또한 프로젝트가 진행되는 동안 군사전문가들과 정기적인 협의를 가능하게 지원해 주셨습니다. 전문가회의 개최에 지원을 해준 Fritz Thyssen 재단, Max Planck 비교공법학회에도 감사의 말씀을 전합니다. 마지막으로 프로젝트의 시작부터 신중하고 건설적인 시각으로 지켜봐준 스위스 외교부 소속 Barbara Fonatna에게 특별히 감사드립니다.

HPCR 매뉴얼과 그 해설서의 출판을 통해 HPCR은 법률 고문들과 군 장교들이 공전 및 미사일전에 관한 국제법에 대해 깊은 이해와 해석을 할 수 있기를 바랍니다. 법에 대한 더욱 명백한 이해는 무력분쟁 시에 민간인의 안전을 더욱 향상시킬 것이라고 확신합니다.

2010년 2월

Claude Bruderlein

역자 서문

본 역서는 기존 해전법규를 재확인 및 발전시킨 국제인도법연구소의 1994년 산레모매뉴얼에 자극받아 2003년 하버드 대학교 인도주의 정책과 분쟁연구(Humanitarian Policy and Conflict Research) 프로그램의 일환으로 공전 및 미사일전에 적용될 현존하는 국제법의 재확인과 관련된 다년간의 프로젝트 끝에 2009년에 채택된 '공전 및 미사일전에 관한 하버드 국제법 매뉴얼'을 번역한 것이다. 역자는 산레모매뉴얼을 번역 출간한 바 있다(2008년, 연경문화사).

공전 관련 규칙에 대한 최초의 성문화는 1899년과 1907년 氣球에 관한 헤이그선언이었다. 전자는 1900년에 발효되었으나 5년 후 효력을 상실했으며, 후자는 1900년에 발효되어 현재까지 구속력을 지니고 있긴 하지만 현재 별로 중요한 의의를 갖지는 못하고 있다. 그 후 제1차 세계대전 시 처음으로 대규모 공전이 전개된 이래 공전법규를 정비할 필요를 통감하여 1923년 공전법규안(Code of Rules of Aerial Warfare)이 작성되었으나 비준되지 않아 조약으로서 성립되지 못했다. 그러나 동 법규안은 공전법규의 발전에 상당한 영향을 미쳤다.

공전법규안 채택 이후 공전에 있어 많은 변화가 있었다. 헤이그 공전규칙이 처음 만들어졌을 때는 공전의 초창기 시절이었지만 공중 전력은 이제 군사력의 중심적인 요소가 되었고 현대전에서 핵심적인 역할을 수행하고 있다. 또한 1923년 당시에 미사일은 아직 고안되지도 않았었다. 지난 수십 년간 항공술과 미사일 기술에서 이루어진 급격한 변화는 현대전의 모습을 변화시켰을 뿐만 아니라 무력분쟁 시 민간인 등 희생자 보호의 중요성을 일깨워 주었다. 이러한 문제인식을 기초로 하여 본 매뉴얼이 연구되었으며 ,많은 학자 및 외교관 그리고 군사 전문가들의 노력으로 드디어 빛을 보게 되었다.

공전 및 미사일전에 적용될 본 매뉴얼은 실용적이고 강제력있는 법률을 통해 지휘관에게 법적 조언을 하고, 법적 텍스트를 초안하며, 군사훈련의 법적 모듈을 계획하는 군법률가들에게 제공하기 위해 작성된 것으로, 군지휘관들이 실제 작전환경에서 매뉴얼을 이용해 의사결정을 더욱 쉽게 할 수 있게 하고, 그러한 필요가 생겼을 때 조언을 구할 수 있게 할 것이다.

그렇지만 본 매뉴얼은 해상무력분쟁에 적용되는 산레모 매뉴얼과 마찬가지로 구속력있는 문서가 아니다. 각국의 군사적 능력과 정책의 차이로 공전법규에 대한 다양한 입장이 존재하고 있고, 아직 이를 통일적으로 조정하거나 합의를 이끌어 내지 못하는 국제사회의 현실에 비추어 볼 때 이를 조약 초안으로 보는 것은 시기상조이다. 또한 본 매뉴얼은 규정의 위반이나 전쟁 범죄 행위에 대한 국가책임이나 이행과 집행수단에 대해서는 아무런 언급도 하고 있지 않다.

하지만 서문에서 밝히고 있듯이 본 매뉴얼과 그 해설서는 교전규칙의 발전, 각국 군사매뉴얼의 작성, 훈련과정의 준비 그리고 무엇보다도 실제적인 군대의 행위에 소중한 자산으로 기여할 것이라고 확신한다.

본 역서는 원저에서 인용하고 있는 각주 중 동일 조문이 반복해서 인용되고 있는 경우 최초의 각주만 인용하였으며, 유사한 내용의 각국 군사매뉴얼을 인용하는 경우 그 대표적인 것만 인용하는 등 해설서의 내용을 이해하는 데 지장이 없는 범위 내에서 일부를 생략하였다. 현명하신 독자 여러분들의 양해를 구한다.

끝으로 부족한 글을 흔쾌히 출판해주신 연경문화사 이정수 사장님과 편집, 교정 및 인쇄에 수고해주신 모든 분들께 감사드린다.

2016년 1월

이 민 효

차 례

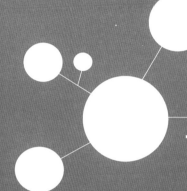

공전 및 미사일전에 관한
하버드 국제법 매뉴얼

서 문

A. 본 프로젝트의 배경

수차례의 국제법 학자 및 정부 전문가들의 비공식적인 협의 이후, 2003년 하버드대학교 인도주의 정책과 분쟁연구(Humanitarian Policy and Conflict Research : HPCR) 프로그램은 공전 및 미사일전에 관한 현존하는 법의 재확인과 관련한 다년(多年)간의 프로젝트를 시작하였다. 저명한 국제법 전문가들의 작업에 기초한 이 발의는 '공전 및 미사일전에 관한 하버드 국제법 매뉴얼'(이하 HPCR 매뉴얼)의 완성으로 이어졌다.

1923년 '공전규칙'은 헤이그에서 법률가위원회(워싱턴회담의 군비축소 조약에 의해 1922년에 설립)에 의해 비공식적으로 초안되었다. 동 '헤이그 공전규칙'은 구속력은 없었지만 무력분쟁법의 발달에 상당한 영향을 미쳤다. 그러나 지난 80여 년 동안 공전사(空戰史)에 있어 많은 변화가 있었다. 헤이그 공전규칙이 처음 만들어졌을 땐 공전의 초창기 시절이었다. 이제 공중 전력은 군사력의 중심적인 요소가 되었고, 현대전에서 핵심적인 역할을 수행하고 있다. 또한 미사일은 1923년에는 아직 고안되지도 않았었다. 지난 몇십 년간 항공기술과 미사일 기술에서 이루어진 이러한 급격한 변화는 현대전의 모습을 변화시키고 군사전략을 진화시켰으며, 무력분쟁시의 민간인 보호에 있어서 일련의 독특한 과제를 제시하고 있다.

최근에 발생했던 적대행위(코소보, 아프가니스탄, 이라크 등에서 발생한 적대행위)는 전시 항공기와 미사일의 사용을 규제하는 규칙의 내용과 범위가 논쟁의 대상이 될 수 있음을 잘 보여주었다. 비록 1923년의 '공전규칙' 초안 이후, 여러 국제조약(구체적으로는 1949년의 전쟁희생자 보호를 위한 제네바 4개 협약, 1977년의 제1, 제2 추가의정서 그리고 문화재·생물무기 및 화학무기에 관한 조약 등)이 현대전에서의 발전에 대응하여 채택되었지만, 다음 사항들이 고려되어야 한다. 첫째, 이러한 조약들은 비록 공전과 미사일전과 관련한 규칙들을 다루고는 있지만 공중작전과 미사일작전의 중요한 몇 가지 측면들은 포함하고 있지 않다. 둘째, 제네바협약은 석용범위에 있어 보편적이지만, 다른 조약(특히 제1추가의정서)은 모든 국가들에게 구속력이 있는 것이 아니다. 비체약국(주요한 국가로는 미국)은 몇 가지 규칙에 대하여 의문을 제기한다. 이러한 이유에서 본 매뉴얼의 해설서는 제1추가의정서의 제 규칙들과 양립하는 미국의 관행과 입장을 규정하기 위하여 노력했다.

현재 공전과 미사일전 규칙에 주어진 도전과제는 신기술의 급격한 발전에서 비롯된 것임을 염두에 두어야 한다. 국제 테러행위에 의해 도입된 새로운 전투방법에 신속히 대응할 필요가 있다. 적어도 2001년 9월 11일 이후, 무력분쟁법은 강탈된 민간여객기를 무기로 고려해야만 한다(매뉴얼 규칙 63(b)).

공전과 미사일전을 규제하는 법률의 방법론적 재확인의 부재는 동시대에 성공적으로 재확립된 해전 관련 법률(해상에서의 무장분쟁에 적용 가능한 국제법에 관한 산레모 매뉴얼. 국제인도법 협회에 의해 1995년도에 작성되었음)에 비해 상대적으로 더 주목을 받았다. 산레모 매뉴얼의 대부분의 규칙들은 시간이 흐르면서 해양강국들의 지지를 받고 있다. 산레모 매뉴얼은 HPCR 매뉴얼 해설서에서 언급되는 해전에서의 공중작전적 요소를 다루고 있기는 하다. 하지만 그것은 산레모 매뉴얼의 주된 내용이 아니다.

본 프로젝트는 산레모 매뉴얼을 모델로 삼고자 했다. 산레모 매뉴얼과 같이 HPCR매뉴얼을 조약 초안으로 혼동되어서는 안 되며, 미래에 있을 수 있는 외교회의를 위한 초석이 될 것이다. 목적은 공전 및 미사일전에 관한 법(법적 확신)으로 수락된 일반적인 국가관행과 현재 발효 중인 조약에 기초한 현존하는 국제법을 재확인하는 데 있다. 변경하려는 또는 있어야 할 법(lex ferenda)을 제안하려는 어떠한 시도도 없었다. 유일한 목적은 시행되고 있는 법(lex lata)의 문맥을 체계적으로 잡아내는 것이었다. HPCR 매뉴얼의 집필자들은 입법권이 없었기 때문에 재확인된 매뉴얼은 논리, 편의 또는 정책적 고려에 맞춰 평가되어서는 안 된다. HPCR 매뉴얼의 유일한 도전과제는 현존하는 국제법을 온전히 왜곡없이 반영했는가 하는 것이다. 그러기 위해 현 국제법의 오점이나 약점을 숨김없이 제시한다.

또한 너무 자주 국제법의 무한 증식 -그리고 모든 국제법의 세부항목을 잘 알고 있는 전문가가 부재한 이유로- 으로 실무에서는 과도한 전문화가 진행되는 경향이 있다. HPCR 매뉴얼을 준비하는 과정에서 다른 가지로 뻗어나간 법을 함께 묶는 작업이 필수적이었고 공중작전 및 미사일작전과 관련있는 항공법(1944년 시카고협약 및 부속문서)과 해양법(1982년 UN해양법협약) 규범을 포함하기 위하여 엄격한 무력분쟁법을 넘나들기도 했다.

B. 경과

본 프로젝트 시초는 HPCR과 스위스 외교부가 2003년 1월에 공동으로 조직했던 '국제인도법에 대한 현재의 도전에 관한 제1차 고위급 전문가회의'(소위 '알라바마 1' 회의)였다. 회의에 참석한 주요 정부 대표자들의 권고는 하이테크전에 적용되는 현 무력분쟁법에 있어서의 잠재적인 격차를 언급해야 하는 중요성에 집중되었다. 공전과 미사일전 분야는 가장 먼저 현행 국제법의 재확인 작업이 필요한 것으로 식별되었다. HPCR은 이러한 새로운 프로젝트의 관리자로 부상했다(이 프로그램 고문은 Yoram Dinstein 박사가 맡았다).

주요 정부 및 ICRC 대표와 협의한 후 HPCR은 각국 정부의 민간, 군사 분야에서 선정된 전문가들과 ICRC에서 차출된 인원 등 약 30명의 국제적인 석학들로 이루어진 전문가 그룹을 소집했으며, 이들 모두는 순수한 개인 자격으로 본 프로젝트에 참여하였다. 자금을 지원한 국가(시간이 흐르면서 점차 늘어났는데, 스위스, 독일, 노르웨이, 벨기에, 스웨덴, 호주, 캐나다 등이 포함된다)의 정부대표들도 공식 초청되어 이러한 과정을 지켜보았다. HPCR에 표현된 견해들은 각국 정부 또는 본 프로젝트에 참여한 전문가가 소속된 기구의 견해를 반드시 반영하고 있는 것이 아니라는 것을 분명히 해 둔다.

전문가 그룹의 첫 회의는 2004년 하버드 대학교에서 개최되었으며, 행동계획(Plan of Action)이 채택되었다, 그리고 이 회의에서 20개의 주제가 선정되었고 그에 맞는 각 전문가가 연구자료에 따라 배정되었다. 그들이 사용한 주요한 연구자료들은 궁극적으로 개정된 형태로 출간될 것이 요구되었다. 이런 자료들은 HPCR 매뉴얼의 근저에 자리 잡고 있으며 전문가 그룹의 결정들을 설명하고 있다.

전문가 그룹은 연구자료들을 검증하고 법적인 문제를 논의하기 위해 여러 번 회합을 가졌다. 자료들에 대한 자세한 검증 후에 전문가 그룹은 2006년 3월 브뤼셀에서 HPCR 초안을 작성하였다. HPCR 매뉴얼 최종판 텍스트는 전문가 그룹에 의해 2009년 5월 15일 베른에서 완성되었다.

본 프로젝트가 현실 세계에 어떠한 영향을 미칠지는 모르겠지만 프로젝트는 각 정부들간의 협의없이는 승인될 수 없다. HPCR은 매뉴얼에 대한 각 정부의 승인을 굳이 추진하진 않았지만, 각 정부의 매뉴얼에 대한 입장이 매뉴얼과 해설서에 영향을 미칠 수밖에 없었다. 2006년 25개국 대표들은 매뉴얼이 작성된 후 첫 회의를 가졌는데, 참가했던 각국 대표들은 비판적인 의견을 쏟아냈다. 이러한 의견들은 다시 전문가 그룹에 의해 검토되었고 매뉴얼의 개정에 상당한 영향력을 미쳤다.

수차례 개정된 HPCR 매뉴얼은 일련의 지역적 및 양자적 국가대표들간의 비공식적인 회의에 제출되기도 했었다. 결국 우세한 항공전력과 미사일전력을 보유한 거의 모든 국가들이 회의에 참가했었다. 비록 이러한 국가들의 회의 참가가 매뉴얼 규칙의 특별한 형성에 대한 공식적인 승인을 뜻하는 것은 아니지만, HPCR 매뉴얼 최종판이 그들 각국의 군대에서 실제 적용되기를 기대한다.

C. HPCR 매뉴얼과 그 해설서의 목적

비록 HPCR 매뉴얼은 구속력을 갖진 않지만 교전규칙의 발전, 각국 군사매뉴얼의 작성, 훈련과정의 준비 그리고 무엇보다도 전투작전에서 실제적인 군대의 행위에 소중한 자산으로서 기여할 것이다. 가장 주요한 목적은 실용적이고 강제력 있는 법률을 통해 지휘관에게 법적 조언을 하고, 법적 텍스트를 초안하며, 군사훈련의 법적 모듈을 계획하는 군법률가에게 제공하기 위한 것이다. 나아가 군지휘관들이 실제 작전환경에서 HPCR 매뉴얼을 이용해 의사결정을 더욱 쉽게 할 수 있게 하고 그러한 필요가 생길 때 조언을 구할 수 있게 하기 위한 목적도 있다. 마지막으로는 본 매뉴얼이 지휘관들이 급박한 상황에서 상황판단을 해야 할 때 좀 더 자신감을 가질 수 있게 하는 것이다. 군사작전에서 무언가가 잘못되었을 때 통찰력없이 판단을 내린다는 것은 굉장히 유감스러운 일이기 때문이다. HPCR 매뉴얼의 목적은 계획을 시달하는 자들과 승인하는 자 그리고 실제로 공중 및 미사일 작전을 실행하는 자들을 사건이 발생하고 난 후가 아니라 사전에 돕기 위한 것이다.

물론 HPCR 매뉴얼은 항공전력 뿐만 아니라 무력분쟁시의 여타 군사력도 작전적으로 사용할 수 있게 설계되어 있다. 특히 목표를 선정하고 예방조치를 취할 경우 공전이나 미사일전과 관련된 법을 알고 이해하는 것은 공격측 지휘관, 참모 및 승조원뿐만 아니라 아마도 그러한 공격을 받는 세력의 지휘관에게 더 중요하다. HPCR 매뉴얼은 장래의 이용자가 요구되는 행동 패턴에 숙달되도록 하기 위하여 전시뿐만 아니라 평시의 훈련과 교육과정에서도 사용되어야 한다는 것은 더 말할 필요도 없다.

(i) HPCR 매뉴얼의 규칙

HPCR 매뉴얼의 규칙은 전문가 그룹 전체의 협력의 산물이다. 많은 부분에 있어서 규칙들은 전문가 그룹의 2009년 당시 공전 및 미사일전과 관련있는 현 국제적 무력분쟁에 적용되는 법(국제인도법)의 가장 두드러진 점에 대한 전반적인 합의를 반영하고 있다. 당연히 국제법은 정체되어 있지 않다. 때때로 HPCR 매뉴얼은 향후 법의 변화를 반영하기 위해 개정될 수도 있다.

HPCR 매뉴얼의 규칙들은 전문가 그룹에서 2명 이상의 참가자가 규칙에서 표현된 내용에 대해 반대하지 않았음을 의미한다(만약 그런 사실이 있다면 해설서에 기록해 놓았다). 만약 주어진 규칙에 3명 이상의 반대가 있었다면 그러한 논쟁이나 반대를 해소할 수 있는 내용으로 수정하였다. 만약 전문가 그룹의 손을 벗어나는 경우에는 다수의 의견을 따르기로 하고 해설서에 그러한 의견에 대해 빠짐없이 기록하도록 하였다.

HPCR 매뉴얼은 국가관행상의 빈도와 확립된 규범의 수에 따라 내용량에 있어 차이가 나는 24개의 절로 구성되어 있다. 대부분의 절은 공전 및 미사일전을 포함한 무력분쟁 전역에 걸쳐 적용될 수 있는 총칙(General Rules)과 공중작전과 미사일작전에 맞추어진 세부규칙(specific Rules)으로 나뉘어져 있다.

전문가 그룹은 HPCR 매뉴얼에서 매뉴얼 작성시에 적용된 무력분쟁법의 기초가 되는 기본원칙을 일일이 열거할 것인지를 논의했다. 최소한 3가지 주요한 원칙이 있다(1996년 ICJ의 핵무기의 위협 및 사용에 대한 권고적 의견에서도 열거되었다). 1.전투원과 비전투원 그리고 군사목표물과 민간물자 간의 구별, 2.전투원에게 불필요한 고통의 유발 금지, 3.교전당사국의 중립국 영역의 침입 금지. 그 외에도 Martens Clause과 같은 원칙이나 교전당사국이 공격의 수단과 방법을 선택할 권리에 대한 제한과 같은 '기본'이라고 간주할 수 있는 원칙도 있다. 최종적으로 전문가 그룹은 이러한 규칙들을 다루는 일반적인 節을 매뉴얼에 포함하지 않기로 했다. 그렇지만 대부분의 기본원칙들은 관련 조문에 포함되어 있다(특히 규칙 2(c), 4 및 5 참조).

(ii) 해설서

매뉴얼의 모든 규칙은 법률조언자, 무력분쟁 양 당사자의 공중 또는 미사일 작전을 계획, 승인 및 실행하는 자와 같은 사용자에게 유용한 해설을 덧붙이고 있다. 해설서의 형식은 작전장교의 필요에 맞게 설계되었다. 법적 인용문은 최소로 하였고 간결한 주요항목을 나열하는 방식으로 요약되어 있다. 이론적 설명은 어떠한 행위의 이행 가능성에 대해 법률적 검토를 할 필요가 없을 정도로 서술하였다.

HPCR 매뉴얼의 성공은 법률조언자와 작전장교들의 필요성을 고려 명확하고 현실적인 상황에 맞게 사용될 경우에 달성될 수 있기 때문에 전문가 그룹은 찾기 쉽고 이해가 쉬운 해설서가 필요하다고 보았다. 해설서는 초안위원회에 의해 작성되었다. 전문가 그룹은 해설서에 어떤 내용을 추가해야 하는지 계속 고민하였다. 모든 전문가들은 해설서의 초판을 보고 그것을 비판할 기회가 주어졌다. 그럼에도 현실적인 문제로, 매뉴얼의 양이 상당하였으므로 모든 규칙들을 일일이 따져보고 검증할 수는 없었다. 매뉴얼은 전문가 그룹의 입장을 반영한 것이기 때문에, 해설서는 오로지 HPCR의 책임이다.

해설서의 구체적인 목표는 다음과 같다.

(a) 매뉴얼 규칙들의 기저를 이루고 있는 전제들을 해설하고 더 명확하게 해야 할 요점들

에 대한 설명

(b) 매뉴얼에서 가볍게 언급된 개념들을 정밀하게 다듬고 전문가 그룹이 내린 결정사항들에 대한 설명

(c) 매뉴얼을 뒷받침하는 조약들과 공식적인 법적 문서(최근의 군사매뉴얼 등) 뿐만 아니라 관련 판례법 인용. 해설서에는 학문적 글을 참고한 부분이 없다. 이는 학자들의 견해는 매뉴얼의 근거가 된 연구자료에 충분히 나타나 있을 것이라고 보았기 때문이다.

(d) 매뉴얼의 규칙들에서 다루어지지 않은 논쟁적 문제들의 언급

(e) 법률의 해석에 있어서 전문가 그룹사이에서 의견차이가 있었던 부분에 대한 정확한 설명. 해설서에서는 어떤 부분에서 불일치가 있었는지를 보여준다.

(f) 기존 매뉴얼에서 추가되었다가 나중에 매뉴얼 전체의 용어 통일을 위해 전문가 그룹에 의해서 제외되면서 해설서에 추가하기로 한 규칙들에 대한 부연설명

(g) 매뉴얼의 규칙이 비국제적 무력분쟁에도 적용 가능한지에 대한 설명

D. 매뉴얼에서 제외된 주제

본 프로젝트는 처음부터 HPCR 매뉴얼은 적대행위시(jus in bello) 작전적 사용을 위해 고안된 것으로 이해되었다. 그러므로 다음의 문제는 다루지 않는다.

(a) 전쟁의 정당성(jus ad bellum). 특히 침략, 무력공격 및 자위의 문제. 전쟁과정의 합법성 (jus in bello)의 기본원칙은 교전당사국이 전쟁의 정당성에 대해 어떠한 입장을 가지고 있는지는 고려하지 않고 모든 교전당사국에게 동등하게 적용된다는 것이다. HPCR 매뉴얼은 UN헌장 제7장에 따라 안전보장이사회가 채택한 강제적인 결정을 침해함이 없이 작성되었다는 점이 강조되어야 한다.

(b) 국제형사법에 따른 개인의 형사책임. HPCR 매뉴얼은 무력분쟁법의 실체를 다루기는 하지만, 전시에 발생하는 전쟁범죄의 소추면에서의 형법적 영향은 다루지 않는다.

(c) 국가간 관계에서의 법률의 이행과 집행. 특히 교전당사국의 적대적인 복구는 다루지

않는다.

(d) 합의는 없었지만 인권법에 대한 논의도 있었음. 대다수 전문가들은 무력분쟁법은 특별법(lex specialis)이기 때문에 국제적 무력분쟁에서는 공전 및 미사일전에 대해 최소한으로 다루고 있다고 보았다.

또한, 비록 HPCR 매뉴얼의 초판(2006)은 외기권에서의 군사작전을 다루기도 했지만 Montreux 회의(Alabama 3)에서의 대다수 각국 정부대표들의 적극적인 권고로 그러한 규칙들은 삭제하기로 합의했었다. 비록 전문가 그룹은 정찰 및 미사일작전과 관련하여 외기권의 점증하는 중요성은 인정했지만 미래의 연구과제로 남겨두기로 했다.

E. 매뉴얼의 적용 범위

행동계획 부분에서 전문가 그룹은 비국제적 무력분쟁의 문제는 다루지 않기로 결정했다. 이 결정은 Montreux에서 상당한 비판을 받았고 전문가 그룹은 잠시 그 결정을 보류했었다. 비국제적 무력분쟁에 대한 내용을 HPCR 매뉴얼에 추가하자는 의견을 받아들이면서도 그런 경우에 사용해야 하는 용어 설정에 대한 어려움을 무시할 수는 없었다. 예를 들어 '교전당사국', '적', '중립', '전투요원'과 같은 용어들은 비국제적 무력분쟁에서 사용하기에는 지나치게 부적절하다. 이러한 부적절한 용어를 사용하기보단 국제적 무력분쟁의 범위로 한정하는 것이 더욱 바람직하다는 것이 전문가 그룹이 내린 결론이었다. 그럼에도 매뉴얼을 보면 그 규칙이 비국제적 무력분쟁에도 적용이 가능한지에 대해 명시하고 있다. 만약 그런 경우가 아니라면 매뉴얼 규칙들은 비국제적 무력분쟁과 완전히 관련이 없는지 또는 다른 방법으로 적용되는지에 대해서는 해설서에 설명되어 있다.

F. 용어

가능한 한 HPCR 매뉴얼은 규칙 작성에 있어서 지속적으로 일관된 용어들을 사용하였다. 필요할 경우 규칙 1(정의)을 지표로 삼아 표현의 의미를 파악하면 된다. 정의와는 별개로 특정한 용어들은 설명이 필요할 수도 있다.

(a) 전문가 그룹은 매뉴얼의 규칙에서 자주 사용되기는 하지만 혼란을 발생시킬 수 있는 용어의 사용을 피했다(예를 들어 '이중용도 시설물'(dual-use facilities), '정보전'(information warfare)과 같은 표현).

(b) 본문에서 '추정'(presumption)이라는 단어가 나올 땐 그 가정은 반박이 가능하다는 뜻이다.

(c) 전문가 그룹은 현존하는 법의 재확인이지 구속력있는 규범의 원천이 아니라는 점을 강조하기 위해 HPCR 매뉴얼은 기본적으로 'shall' 같은 표현은 사용하지 않았다. 따라서 (국제적인 법적 의무의 존재를 나타내는) 강제적인 문언이 요구될 경우에는 'must'나 'have(has) to' 중 하나를 사용했다. 전문가 그룹은 만약에 어떤 행위가 의무적이지는 아닐지라도 바람직하다는 것을 나타내고자 할 경우에는 'ought to'를 사용했다. 'should'라는 단어는 전문가 그룹 내에서 주제에 대해 어떤 불일치(일부는 의무적이라고 보지만 나머지는 이를 부인함)가 있었다는 메시지를 전달하기 위해 남겨졌다. 합의가 없을 경우 'should'라는 단어를 통해 의무의 존재가 의심스럽다는 것을 나타내는 것이 가장 타당하다고 보았다.

(d) 제1추가의정서와 같은 조약들의 명칭을 표기할 때 본 해설서는 광범위한 약어를 사용한다.

약어표

- 1977 Additional Protocols: AP/I and AP/II.
- AP/I: Protocol Additional to the Geneva Conventions of 12 August 1949, and Relating to the Protection of Victims of International Armed Conflicts (Protocol I).
- AP/II: Protocol Additional to the Geneva Conventions of 12 August 1949, and Relating to the Protection of Victims of Non-International Armed Conflicts (Protocol II).
- AP/III: Protocol Additional to the Geneva Conventions of 12 August 1949, and Relating to the Adoption of an Additional Distinctive Emblem (Protocol III).
- Art(s).: Article(s).
- AWACS: Airborne Warning and Control System.

- BWC: UN Convention on the Prohibition of the Development, Production and Stockpiling of Bacteriological(Biological) and Toxin Weapons and on their Destruction.

C

- Canadian Joint Doctrine Manual: Law of Armed Confl ict at the Operational and Tactical Levels, Joint Doctrine Manual Issued on Authority of the Chief of Defence Staff.
- CCW: UN Convention on Prohibitions or Restrictions on the Use of Certain Conventional Weapons Which May be Deemed to be Excessively Injurious or to Have Indiscriminate Effects.
- CNA: Computer Network Attack.
- Commentary on the HRAW: Commission of Jurists to Consider and Report Upon the Review of the Rules of Warfare, General Report.
- Commentary on the SRM/ACS: Explanation of the San Remo Manual on International Law Applicable to Armed Conflicts at Sea.
- CWC: Paris Convention on the Prohibition of the Development, Production, Stockpiling and Use of Chemical Weapons and on Their Destruction.

D

- DoD Dictionary of Military Terms: Department of Defense Dictionary of Military and Associated Terms.

E

- EEZ: Exclusive Economic Zone.
- ENMOD Convention: UN Convention on the Prohibition of Military or Any Other Hostile Use of Environmental Modifi cation Techniques.

- EW: Electronic Warfare.

F

- fn.: footnote.

G

- 1925 Gas Protocol: Geneva Protocol for the Prohibition of the Use in War of Asphyxiating, Poisonous or Other Gases, and of Bacteriological Methods of Warfare.
- GC/I: Geneva Convention for the Amelioration of the Condition of the Wounded and Sick in Armed Forces in the Field.
- GC/II: Geneva Convention for the Amelioration of the Condition of Wounded, Sick and Shipwrecked Members of Armed Forces at Sea.
- GC/III: Geneva Convention relative to the Treatment of Prisoners of War.
- GC/IV: Geneva Convention relative to the Protection of Civilian Persons in Time of War.
- 1949 Geneva Conventions: GC/I, GC/II, GC/III and GC/IV
- German ZDv: Joint Services Regulations(ZDv) 15/2, German Bundeswehr, 1992.

H

- 1899 Hague Convention (II): Hague Convention (II) with Respect to the Laws and Customs of War on Land.
- 1899 Hague Regulations: Hague Regulations respecting the Laws and Customs of

War on Land, Annex to 1899 Hague Convention (II).

• 1899 Hague Declaration (IV,2): Hague Declaration (IV,2) Concerning Asphyxiating Gases.

• 1907 Hague Convention (IV): Hague Convention (IV) Respecting the Laws and Customs of War on Land.

• 1907 Hague Regulations: Hague Regulations respecting the Laws and Customs of War on Land, Annex to 1907 Hague Convention (IV).

• 1907 Hague Convention (V): Hague Convention (V) Respecting the Rights and Duties of Neutral Powers and Persons in Case of War on Land.

• 1907 Hague Convention (VIII): Hague Convention (VIII) relative to the Laying of Automatic Submarine Contact Mines.

• 1907 Hague Convention (XIII): Hague Convention (XIII) Concerning the Rights and Duties of Neutral Powers in Naval War.

• 1954 Hague Convention: Hague Convention for the Protection of Cultural Property in the Event of Armed Conflict.

• HRAW: Hague Rules of Air Warfare, Draft ed by a Commission of Jurists at The Hague, 1923.

I

• ICAO: International Civil Aviation Organization.

• ICC: International Criminal Court.

• ICJ: International Court of Justice.

• ICJ Nuclear Weapons Advisory Opinion: International Court of Justice, Advisory Opinion, Legality of the Threat or Use of Nuclear Weapons.

• ICRC: International Committee of the Red Cross.

• ICRC Commentary on AP/I: Commentary on the Additional Protocols of 8 June 1977 to the Geneva Conventions of 12 August 1949.18

• ICRC Customary IHL Study: Customary International Humanitarian Law, Volume I: Rules.

• ICRC Interpretive Guidance: Interpretive Guidance on the Notion of Direct Participation in Hostilities under International Humanitarian Law.

• ICTY: International Criminal Tribunal for the former Yugoslavia.

• ICTR: International Criminal Tribunal for Rwanda.

• IFF: Identifi cation, Friend or Foe.

• ILM: International Legal Materials.

L

• Laws of Armed Confl icts: The Laws of Armed Conflicts: A Collection of Conventions, Resolutions and Other Documents.

• 1909 London Declaration: London Declaration Concerning the Laws of Naval War.

• LNTS: League of Nations Treaty Series.

N

• NATO: North Atlantic Treaty Organization.

• NATO Glossary of Terms and Definitions: NATO Glossary of Terms and Definitions.

• NIAC Manual on SRM/ACS: Manual on the Law of Non-International Armed Conflict: With Commentary.23

• NOTAM: Notice to Airmen.

• NWP: The Commander''s Handbook on the Law of Naval Operations.24

O

- Optional Protocol to the UN Safety Convention: Optional Protocol to the Convention on the Safety of United Nations and Associated Personnel.
- 1997 Ott awa Convention: Ott awa Convention on the Prohibition of the Use, Stockpiling, Production and Transfer of Anti-Personnel Mines and on Their Destruction.

P

- para(s).: paragraph(s).
- 1856 Paris Declaration: Declaration Respecting Maritime Law.
- POW: Prisoner of War.
- 1980 Protocol I to the CCW: Protocol on Non-Detectable Fragments.
- 1980 Protocol III to the CCW: Protocol on Prohibitions or Restrictions on the Use of Incendiary Weapons.
- 2003 Protocol V to the CCW: Protocol on Explosive Remnants of War.

R

- Roerich Pact: Washington Treaty on the Protection of Artistic and Scientific Institutions and Historic Monuments.
- Rome Statute of the ICC: Rome Statute of the International Criminal Court.

S

- SAR: Search and Rescue
- SEAD: Suppression of Enemy Air Defences.
- Second Protocol to the 1954 Hague Convention: Second Protocol to the Hague Convention of 1954 for the Protection of Cultural Property in the Event of Armed Conflict.
- SRM/ACS: San Remo Manual on International Law Applicable to Armed Conflicts at Sea.
- 1868 St. Petersburg Declaration: Declaration Renouncing the Use, in Time of War, of Explosive Projectiles Under 400 Grammes Weight.

U

- UAV: Unmanned Aerial Vehicle.
- UCAV: Unmanned Combat Aerial Vehicle.
- UK: United Kingdom.
- UK Manual: The Manual of the Law of Armed Conflict. UK Ministry Of Defence.
- UN: United Nations.
- UN Charter: Charter of the United Nations.
- US: United States.
- UNCLOS: United Nations Convention on the Law of the Sea.
- UN Safety Convention: Convention on the Safety of United Nations and Associated Personnel.
- UNTS: United Nations Treaty Series.

- WWI: First World War.

- WWII: Second World War.

내 용

제A절 정의

규칙 1 본 매뉴얼의 적용에 있어서

(a) '공중' 또는 '공역'(空域)이라 함은 항공기가 비행할 수 있는 가장 높은 고도의 상부와 궤도를 비행하는 인공위성의 가장 낮은 근지점의 하부 사이를 뜻한다. 국제법상 공역은 한 국가의 공역(일국의 영토, 내수, 군도수역, 영해 상공)과 국제적 공역(접속수역, 배타적 경제수역, 공해 및 일국의 주권에 복종하지 않는 영토 상공)으로 분류한다.

(b) '공중 혹은 미사일 작전'이라 함은 물리적인 충돌 상황에서 모든 종류의 항공기와 미사일의 사용을 포함하는 군사작전을 뜻하며, 공격과 방어 모두의 상황이 포함되고, 적대세력의 영토 상공인지는 구분하지 않는다.

(c) '공중 혹은 미사일 전투 작전'이라 함은 상해, 살해, 파괴, 파손, 목표물의 포획, 목표물의 중립화와 같은 목적을 실현시키거나 지원하거나 저지하기 위해 설계된 공중 혹은 미사일 작전이다.

(d) '항공기'라 함은 (유인(有人) 무인(無人) 관계없이) 대기에서 공기의 반응을 기반으로 양력을 얻으며, 고정익(固定翼)·회전익(回轉翼)을 가진 모든 운송수단을 뜻한다.

(e) '공격'이라 함은 공격과 방어 모두의 상황에서 행해지는 폭력적인 행위를 뜻한다.

(f) '교전당사국'이라 함은 국제적인 무력분쟁에 참여 중인 국가를 뜻한다.

(g) '카르텔항공기'라 함은 교전국들 간의 합의하에 안전을 보장받은 항공기이다. 이는 특정한 역할(전쟁 포로나 군사(軍使) 수송)을 수행하기 위한 목적을 가지고 있다.

(h) '민간항공기'라 함은 군용항공기나 기타 국가항공기를 제외한 모든 항공기를 뜻한다.

(i) '민간여객기'라 함은 계획되거나 계획되지 않은 민간인 승객을 운송 중인 것으로 식별되는 모든 민간항공기를 뜻한다.

(j) '민간물자'라 함은 군사목표물이 아닌 모든 물자를 뜻한다.

(k) '민방위(Civil defence)'라 함은 민간인들을 위험으로부터 보호하고 적대행위나 재해로 인해 발생하는 즉각적인 피해에 대응하며 생존을 위한 다음에 언급되는 인도적 임무를 수행하는 것을 의미한다. 구체적인 '민방위' 활동은 다음과 같다. 경고 전파, 대피, 피난처 관리, 등화관제 실시, 구조, 의료활동(구급 포함), 종교적 지원, 소화(消火), 위험구역에 대한 식별 및 표시, 오염제거 및 그에 준하는 방어적 활동, 임시숙소와 보급품 공급, 재해구역에 대한 복구 및 유지 과정에서의 긴급지원, 필수적인 공공재에 대한 긴급 수리, 사망자들의 긴급 처리, 생존에 필수적인 장치들의 보존, 위에 언급된 일들을 수행하기 위한 계획수립과 조직구성.

(l) '부수적 피해'라 함은 합법적 표적에 대한 공격에서 부수적으로 발생하는 민간인의 사상 및 민간물자와 보호물자의 피해를 의미한다.

(m) '컴퓨터 네트워크 공격'이라 함은 컴퓨터 네트워크나 컴퓨터 안에 저장된 정보를 조작, 방해, 저지, 소멸, 파괴하기 위한 작전이거나 컴퓨터나 컴퓨터 네트워크를 지배하기 위한 작전이다.

(n) '전시금제품'이라 함은 국제적 무력분쟁에서 사용될 것으로 의심되는 교전당사국의 지배하에 있는 지역을 최종목적지로 하는 물자이다.

(o) '문화재'라 함은 발생지나 최초 소유권자에 관계없이,

　(i) 건축물, 예술·역사·종교적 및 비종교적 기념비. 고고학적으로 가치가 있는 유적, 역사적으로나 예술적으로 가치가 있는 건물이나 그러한 건물들이 모여 있는 곳. 역사적·예술적·고고학적으로 가치가 있는 원고·책 등의 물건, 과학적 가치가 있는 물품, 중요한 책들의 모음과 그런 것들의 재생산품과 같이 모든 사람들에게 역사적 유산으로써 가

치를 갖는 동산과 부동산

(ii) (i)에 명시된 동산과 부동산의 전시와 보존을 주목적으로 하는 건물들. 예를 들면 박물관, 대형 도서관, 문서고(文書庫)와 같이 물리적 분쟁 발생시 (i)에 명시된 동산과 부동산을 보호하기 위한 목적이 있는 것

(iii) (i) 및 (ii)에 명시된 다량의 문화재를 포함하고 있는 장소

(p) '전자전'이라 함은 적의 전자기파 스펙트럼을 제어하거나 적을 공격하기 위해 전자기 및 지향성 에너지의 사용을 포함하는 여타의 군사작전을 의미한다.

(q) '실행 가능한'이라 함은 인도적 및 군사적 고려를 포함하여 당시의 상황을 고려할 때 현실적이거나 현실적으로 가능하다는 것을 의미한다.

(r) '국제적 무력분쟁'이라 함은 둘 또는 그 이상의 국가간 무력분쟁을 의미한다.

(s) '국제적 무력분쟁에 적용되는 법'이라 함은 국가에 구속력이 있고 국가간의 무력분쟁에 적용되는 조약 및 국제관습법의 원칙과 규칙을 뜻하며, '국제적 무력분쟁에 적용되는 국제인도법'과 유사하다.

(t) '전투수단'이라 함은 무기와 공격시에 사용되는 무기체계나 발사대를 의미한다.

(u) '의료항공기(Medical aircraft)'라 함은 교전당사국의 자격있는 당국에 의해 영구적 또는 임시로 오로지 사상자, 병자 혹은 난선자의 수송 또는 치료 및/또는 의료요원 및 의료장비 또는 의료물자의 수송에 할당된 항공기를 뜻한다.

(v) '전투방법'이라 함은 적의 군사작전이나 군사력에 영향을 미치기 위해 행하는 모든 공격과 활동을 뜻한다. 군사작전에서 사용되는 무기를 일컫는 '전투수단'과는 다르다. 군사용어에 있어 전투방법은 폭격과 같은 다양하고 일반적인 범주의 작전뿐만 아니라 고고도 폭격과 같은 공격을 위해 사용되는 특수한 전술로 구성된다.

(w) '군사적 이익'이라 함은 공격으로부터 발생되는 군사적 이익을 뜻한다. 여기서 언급되는 '공격'은 공격 전체를 뜻하며 공격의 일부분을 뜻하지는 않는다.

(x) '군용항공기'라 함은 (i)일국의 군대에 의해 운용되고, (ii) 그 국가의 군 표식을 하고 있으며, (iii)군요원이 지휘하고, (iv)정규 군율에 복종하는 승무원에 의해 통제, 탑승 또는 사전 프로그램된 항공기를 말한다.

(y) '군사목표물'라 함은 성질, 위치, 용도, 사용이 군사활동에 효과적으로 기여하는 것으로 그 전면적 혹은 부분적 파괴, 포획 또는 무력화가 당시 상황하에서 명확한 군사적 이익을 가져오는 물자이다.

(z) '미사일'은 항공기, 군함 또는 지상발사대에서 발사되는 자력으로 추진되는 무인의 유도 또는 탄도 무기를 뜻한다.

(aa) '중립국'은 국제적 무력분쟁에서 교전당사국이 아닌 국가를 말한다.

(bb) '정밀 유도무기'라 함은 외부의 유도기능이나 내재된 유도 기능을 사용하여 목표물을 향해 나아가는 무기를 뜻한다.

(cc) '국가항공기'는 국가 소유의 항공기로써 오직 비상업적인 국가의 공무에만 사용되는 항공기이다.

(dd) '무인항공기(Unmanned Aerial Vehicle : UAV)'라 함은 크기에 상관없이 무기를 장착하지 않고 무기를 통제할 수 없는, 사람이 탑승하지 않는 항공기를 뜻한다.

(ee) '무인전투기(Unmanned Combat Aerial Vehicle : UCAV)'라 함은 크기에 상관없이 사람이 탑승하지 않고 무장을 하거나 유도장치를 탑재하여 다른 무기를 유도하는 역할을 하는 항공기를 뜻한다.

(ff) '무기'라 함은 전투작전에 사용되는 전투수단이다. 여기에는 (ⅰ)사람에게 부상을 입히거나 사망에 이르게 할 수 있거나, (ⅱ)목표물에 손상을 입히거나 파괴할 수 있는 총, 미사일, 폭탄 또는 기타 탄약이 포함된다.

제B절 전체적 구성

규칙 2

(a) 본 매뉴얼의 목적은 국제적 무력분쟁에서 공중 또는 미사일전에 적용되는 현존하는 법을 재확인함에 있다. 비국제적 무력분쟁에의 본 매뉴얼의 일부 규칙의 적용을 침해하는 것은 아니다.

(b) 본 매뉴얼의 어떠한 내용도 체약당사국 간의 조약상의 의무에 영향을 미치지 않는다.

(c) 본 매뉴얼에서 다루어지지 않는 상황이 발생한 경우 민간인과 전투요원들은 확립된 관행, 인도적 제원칙 및 공공양심의 명령에서 유래한 국제법 제원칙의 보호와 권위하에 있게 된다.

규칙 3

(a) UN헌장 제7장에 따라 안전보장이사회에 의해 채택된 결정에 구속되는 것을 조건으로 하여 본 매뉴얼의 규칙들은 전투원으로 무력분쟁에 개입하였고 또 개입하고 있는 동안 UN군이 지휘하는 공중작전과 미사일작전에 영향을 미친다.

(b) 본 매뉴얼의 규칙들은 세계적 또는 지역적 정부간 국제기구가 개입된 무력분쟁에도 적용된다.

규칙 4 그 어떠한 무력분쟁에서도 전투수단과 방법을 선택함에 있어 교전당사국의 권리는 무제한적이지 않다는 것이 기본원칙이다.

제C절 무기

규칙 5 공중 및 미사일전에서 사용되는 무기들은 다음을 준수하여야 한다.

(a) 민간인과 전투원 간, 민간물자와 군사목표물 간의 기본적인 구별원칙

공중작전과 미사일작전을 수행함에 있어서 민간인을 식별하여 타격할 수 없는 무기 또는 무기의 효과가 국제적 무력분쟁에 적용되는 법에 의해 제한받을 수 없어서 민간인과 민간물자를 구별하지 않고 타격할 수 있는 무기는 사용이 금지된다.

(b) 불필요한 고통과 과도한 상해의 금지

불필요한 고통과 과도한 상해를 입히도록 설계되었거나 그러한 특성을 지닌 무기는 공중전과 미사일전에서 사용이 금지된다.

규칙 6 다음과 같은 특정한 무기는 공중전과 미사일전에서 사용이 금지된다.

(a) 세균, 생물 무기

(b) 화학 무기

(c) 나안이나 교정 장치를 착용한 눈에 실명이나 시력저하를 일으킬 수 있도록 설계된 레이저무기

(d) 독, 독극물 또는 독이 포함된 무기

(e) 인체에 충돌하면 폭발하거나 인체 내에서 폭발하도록 설계되었거나 기본적인 성질이 그러한 소형 무기

(f) 파편으로 인체를 해하며 그러한 파편이 엑스레이로 탐지가 불가능한 무기

규칙 7 본 절에서 명시적으로 언급되지 않은 무기의 사용은 국제적 무력분쟁에 적용되는 관습법 및 조약상의 규칙과 원칙(특히 구별원칙과 불필요한 고통 금지) 그리고 체약당사국에 적용되는 여타의 조약에 따른다.

규칙 8 교전당사국이 정밀 유도무기를 사용해야 할 의무는 없다. 그러나 정밀유도무기를 사용하지 않고서는 무차별 공격의 금지 또는 부수적 피해의 회피(또는 최소화) 의무를 달성할 수 없는 상황도 있다.

규칙 9 각 국들은 실전에서의 사용에 앞서 그 무기의 사용이 일부 또는 모든 상황하에서 금지되는지를 결정하기 위하여 무기의 합법성을 평가하여야 한다.

제D절 공격

I. 총칙

규칙 10

(a) 기본적인 구별원칙에 따라 공격은 합법적인 표적에 한정되어야 한다.

(b) 합법적인 표적은 다음과 같다.

  (i) 전투원,

  (ii) 군사목표물 (규칙 1 (y)과 22에 정의된 바와 같음)

  (iii) 교전에 직접적으로 참여하는 민간인 (본 매뉴얼의 제F절 참조)

규칙 11 민간인과 민간물자에 대한 공격은 금지된다.

규칙 12

(a) 어떠한 자가 민간인인지 아닌지 의심될 경우에는 민간인으로 간주하는 것이 원칙이다.

(b) 평상시에 민간 목적으로 사용되는 시설이 군사 목적으로 사용되는지 의심스러울 경우 당시 지휘관이 합리적으로 획득할 수 있는 모든 정보에 기초하여 그것이 군사목표물이 되었고 또 유지되고 있다는 근거가 있을 때에만 공격할 수 있다.

규칙 13

(a) 무차별적인 공격은 금지된다.

(b) 무차별적인 공격이라 함은 합법적 표적(규칙 10(b)에 정의)으로 향할 수 없거나 향하지 않는 또는 국제적 무력분쟁에 적용되는 법에 의해 요구되는 대로 제한될 수 없는 그래서 그 성질상 합법적 표적과 민간인 또는 민간물자를 구별없이 타격하는 공격이다.

(c) 도시, 읍, 마을 또는 비슷하게 생긴 민간인 혹은 민간물자 집결장소가 있는 지역에 위치하고 있는 명백하게 떨어져 있고 구별되는 여러 합법적 표적을 하나의 합법적 표적으로

간주하여 공격해서는 안 된다.

규칙 14 구체적이고 직접적으로 기대되는 군사적 이익과 비교하여 부수적인 피해가 과도할 것으로 예상되는 공격은 금지된다.

규칙 15

(a) 전투작전에 있어 생존자에 대한 전멸 명령, 그러한 명령으로 적을 위협하라는 명령 및 생존자를 전멸시킬 목적으로 행하는 적대행위는 금지된다.

(b) 명백하게 항복할 의도를 표현했거나 질병, 부상 혹은 조난에 의해 전투력을 상실한 자가 어떠한 적대행위도 하지 않았고 억류로부터 회피하려는 시도 또한 하지 않았다면 그들을 공격해서는 절대 안 된다.

규칙 16

(a) 항상, 특히 교전이 끝났을 경우 교전당사국은 지체없이 가능한 한 모든 방법을 동원하여 약탈과 질병으로부터 보호하기 위해 부상자, 병자, 난선자들을 탐색하여 구조하여야 하고, 사체가 훼손되는 것을 방지하기 위해 이를 수습하여야 한다.

(b) 부상자, 병자, 난선자들은 반드시 최대한 실용적이고 또 가능한 한 지체없이 자신들의 상태에 요구되는 의료조치를 받아야 한다. 의료적 근거 외 어떠한 이유더라도 그것을 근거로 환자들을 차별해서는 안 된다.

II. 세부 규칙

규칙 17

(a) 오직 군용항공기만이(무인공격기 포함) 공격을 개시할 자격이 있다.

(b) 차단과 같은 교전권의 행사에도 동일한 규칙이 적용된다.

규칙 18 공중 혹은 미사일 작전 중 폭력행위나 폭력의 위협은 오로지 민간인들 사이에 공포를 유포함을 유일한 또는 주요한 목적으로 행해져서는 안 된다.

규칙 19 공중 혹은 미사일 작전을 수행하거나 또는 그 대상이 되는 교전당사국은

(a) 반드시 가능한 한 모든 수단을 이용하여 부상자, 병자, 난선자를 찾아 구조하고 충분한 치료를 보장하며 그들의 이동·교환·수송을 허가하고, 사망자들을 탐색하여야 한다.

(b) 상황이 허락하는 경우 (a)에 규정된 활동을 가능하게 하기 위해서 필요하다면 중립적 중개를 통해 정전을 협의하여야 한다.

(c) 공정한 인도적 기구의 지원을 수용하고 공중 혹은 미사일 공격의 부상자와 여타 피해자를 위해 이들 기구의 활동을 용이하게 해주어야 한다.

규칙 20 공중 혹은 미사일 공격은 부수적인 피해를 피하거나 최소화하기 위해 설계된 본 매뉴얼의 제G절에서 요구되는 실행 가능한 예방조치에 따라서 실시되어야 한다.

규칙 21 민간인 혹은 민간물자에 대한 공격과 무차별적인 공격을 금지하는 일반적인 규칙의 적용은 폭력적인 효과, 즉 사망, 부상, 피해 혹은 파괴를 초래하는 행위를 수반하는 공중 혹은 미사일 공격에 한정된다.

제E절 군사목표물

I. 총칙

규칙 22 군사목표물의 정의에는 (규칙 1(y) 참조) 다음의 기준들이 적용된다.

(a) 목표물의 '성질'(nature)은 그것의 근본적인 특성을 상징한다. 성질로서의 군사목표물의 예로는 군용항공기(무인기/무인공격기 포함), (의료적 수송 이외의)군용차, 미사일과 여타 무기

들, 군용 장비, 군용 방어시설, 시설물과 창고, 군함, 방위용 건물과 병기공장이 있다.

(b) '위치' 기준의 적용은 산길, 교두보 또는 밀림지대의 오솔길과 같은 특정한 지역들을 군사목표물이 되게 하는 결과를 초래할 수 있다.

(c) 목표물의 '용도'는 본질적으로 군사적이 아니더라도 목표물의 계획된 장래의 사용과 관련이 있다.

(d) 목표물의 '사용'은 민간 시설이 군대의 사용에 의해 군사목표물이 될 수 있으므로 목표물의 현재 기능과 관련된다.

규칙 23 규칙 1(y)와 22(a)의 정의에 따라 군사목표물 자격을 갖는 목표물은 공장, 기계장치, 비행장, 철도, 도로, 교량 그리고 터널과 같은 교통수단, 발전 시설, 석유 창고, 송신 시설과 장비 등을 포함한다.

규칙 24 군사목표물과 군사조치 간의 연관성은 직접적일 수도 있고 간접적일 수도 있다.

II. 세부 규칙

규칙 25 항공기는 오직 군사목표물이 될 때만 공격대상이 된다.

규칙 26 모든 적 군용항공기는 본 매뉴얼의 제L절에 의해 보호되거나 제N절에 의해 교전당사국의 동의가 있지 않는 이상 군사목표물이다.

규칙 27 본 매뉴얼의 제I절, 제J절 그리고 제L절을 침해하지 않는 다음 행위들은 여타의 적 항공기를 군사목표물이 되게 한다.

(a) 적을 지원하기 위한 목적으로 하는 적대적인 조치에 참가하는 행위. 그 예로는 여타 항공기를 요격하거나 공격하는 것, 지상 혹은 해상의 사람 혹은 물체를 공격하는 것, 공격수단으로 이용되는 것, 전자전을 실시하는 것 혹은 적 세력에게 표적 첩보를 전달하는 것이

있다.

(b) 적군의 군사작전을 가능하게 하는 행위. 그 예로는 부대를 수송하거나, 군사물자를 운반하거나 군용항공기에 급유하는 것이 있다.

(c) 적의 정보수집 시스템에 통합되거나 그것을 지원하는 행위. 그 예로는 수색, 조기경보, 감시 또는 지휘, 통제 그리고 통신시스템 임무 등이 있다.

(d) 착륙 지시, 검색 그리고 억류와 같은 군 당국의 명령에 순응할 것을 거부하는 행위 혹은 명백하게 요격하지 않으려는 행위.

(e) 혹은 군사적 행동에 효과적으로 기여하는 행위.

제F절 적대행위에의 직접적인 가담

규칙 28 민간인들은 적대행위에 직접적으로 가담할 경우 공격으로부터 보호받을 권리를 상실한다.

규칙 29 당시의 지배적인 상황에 따라, 다음의 행위들은 적대행위에 대한 직접적인 가담으로 여겨질 수 있는 행위들의 예시이다.

(a) 적의 공격에 대항하여 군사목표물을 방어하는 행위

(b) 적대행위에 가담하는 세력에게 명령과 지시를 내리는 행위, 작전적 및 전략적 배치에 대해 결정을 내리는 행위 그리고 의사결정에 가담하는 행위

(c) 군사목표물, 전투원 혹은 민간인에게 사망이나 부상을 초래하거나 민간물자에 피해를 주거나 파괴하는 적대행위에 직접적으로 가담하는 민간인을 군사목표물로 하는 전자전이나 컴퓨터 네트워크 공격에 가담하는 행위

(d) 표적 획득에 참여하는 행위

(e) 공중 혹은 미사일 공격을 계획하는 임무에 가담하는 행위

(f) 무인기(UAVs)와 무인공격기(UCAVs)의 무선 조종을 포함하는 공중 또는 미사일 전투작전

의 무기체계나 무기를 작동하거나 조종하는 행위

(g) 구체적인 공중 혹은 미사일 전투작전을 지원하기 위해 군사통신 네트워크와 시설을 이용하는 행위

(h) 지상 또는 공중에서 공중 또는 미사일 전투작전에 투입예정이거나 이미 투입된 군용항공기에 급유하는 행위

(i) 공중 또는 미사일 전투작전에 투입예정이거나 이미 투입된 군용항공기에 병기 혹은 임무에 필수적인 장비를 적재하는 행위

(j) 공중 및 미사일 전투작전에 투입예정이거나 이미 투입된 군용항공기에서 근무하거나 그것을 수리하는 행위

(k) 군용항공기 및 미사일 소프트웨어 시스템에 임무통제 자료를 탑재하는 행위

(l) 항공기 승무원, 항공기 기술자들 그리고 특정 공중 및 미사일 전투작전의 구체적인 요구사항에 부합하는 전투훈련 행위

제G절 공격에 있어서의 사전예방조치

Ⅰ. 총칙

규칙 30 민간주민, 민간인 그리고 민간물자에 피해를 주지 않기 위한 지속적인 주의가 취하여져야 한다.

규칙 31 본 매뉴얼의 제K절, 제L절, 제M절 그리고 제N절에서 특정한 보호를 받는 모든 자들과 물자에 피해를 주지 않기 위한 실행 가능한 모든 사전예방조치가 취하여져야 한다.

규칙 32 지속적인 주의에는 다음의 사전예방조치가 포함된다.

(a) 합리적으로 이용할 수 있는 모든 정보에 근거하여 표적이 합법적이고 또한 그것이 특별

보호로부터 이익을 취하지 않음을 입증하기 위한 실행 가능한 모든 행위

(b) 부수적인 피해를 피하거나 최소화할 수 있는 전투수단과 방법을 정하기 위한 실행 가능한 모든 행위

(c) 공격으로부터 예상되는 부수적인 피해가 구체적이고 직접적인 군사적 이익과 관련하여 과도한지 아닌지를 결정하는 행위

규칙 33 유사한 군사적 이익을 획득할 수 있는 군사목표물 중 어느 하나를 선택해야 하는 상황이 발생한다면, 선택되는 것은 민간인들의 생명과 민간물자 또는 여타의 보호되는 자와 물자에 대해 최소한의 위험만을 초래하는 것이어야 한다.

II. 세부 규칙

규칙 34 계획수립, 명령 그리고 공중 및 미사일 전투작전 실행에 참여하는 모든 자들은 민간주민과 민간인 그리고 민간물자를 보호하기 위한 지속적인 관리에 동참하여야 한다.

규칙 35 다음의 상황이 분명해지면 공중 및 미사일 전투 작전 중의 공격은 반드시 취소되거나 연기되어야 한다.

(a) 표적이 합법적이지 않거나,

(b) 표적이 본 매뉴얼의 제K절, 제L절, 제M절 그리고 제N절에 따라 구체적인 보호를 받을 자격이 있는 경우 또는

(c) 구체적이고 직접적인 군사적 이익과 관련하여 기대되는 부수적인 피해가 과도할 경우

규칙 36 위험물질의 유출로 민간주민에게 심각한 피해를 끼치지 않기 위해서는 위험물질이 포함된 작업이나 시설, 즉 댐, 제방, 원자력 발전시설(인근의 시설들도 포함)이 공격을 받았을 때 특별한 조치를 취해야 한다.

규칙 37 공중 및 미사일 전투작전으로 인한 합법적 표적의 공격이 민간인들에게 사망이나 부상의 피해를 초래할 수 있다면, 상황이 허락하는 한 민간주민에게 실질적인 사전경고가 행해져야 한다. 실질적인 사전경고의 예로는 경고전단을 살포하거나 경고방송을 발하는 것이 있다. 상황이 허락하는 한 이러한 경고는 가능한 한 구체적이어야 한다.

규칙 38 실질적인 사전경고는 반드시 본 매뉴얼의 제K절, 제L절, 제M절, 제N절 및 제J절에 따라 구체적인 보호를 받을 자격이 있는 자들과 목표물을 공격하기 이전에 통보되어야 한다.

규칙 39 공격에 있어 실행 가능한 사전예방조치를 취해야 할 의무는 무인기 및 무인공격기 작전에도 동등하게 적용된다.

Ⅲ. 공중에서의 항공기 공격시 세부 규칙

규칙 40 공중에서 어떠한 항공기를 공격하기 전 그것이 군사목표물에 해당하는지 여부를 식별하기 위한 모든 실행 가능한 사전예방조치가 취해져야 한다. 식별은 여하한 내재적 위협의 급박성을 고려하는 가운데 당시의 지배적인 상황하에서 최선의 수단을 이용해야 한다. 식별에 관한 관련 요소로는 다음의 것들이 있다.

(a) 시각적 식별

(b) 라디오를 통한 음성 경고에 대한 반응

(c) 적외선 신호

(d) 레이더 신호

(e) 전자 신호

(f) 식별방식과 식별부호

(g) 항공기의 숫자와 대형

(h) 고도, 속도, 궤도, 프로필 그리고 다른 비행 특징들

(i) 비행 전 그리고 비행 중 예상되는 비행에 대한 항공 교통 관제 정보

규칙 41 항공 교통 관제 서비스를 제공하는 교전당사자와 중립국은 군용항공기의 기장을 포함하는 군 지휘관에게 지속적으로 적대행위 지역에 있어서의 민간항공기에게 지정된 항로 및 신청된 비행계획을 포함하는 정보를 제공받을 수 있는 절차를 확립하여야 한다(이러한 정보에는 통신 채널, 식별방식과 식별부호, 목적지, 승객과 화물에 대한 정보를 포함한다).

제H절 공격시 교전당사국의 예방조치

규칙 42 공중 혹은 미사일 공격의 대상이 되는 교전당사국은 최대한 군사목표물을 인구 밀집지역, 병원, 문화재, 순례 지역, 포로수용소 그리고 제K절, 제L절 및 제N(II)절에 따라 구체적 보호를 받을 자격이 있는 다른 시설들 내 또는 인근에 위치시켜서는 안 된다.

규칙 43 공중 혹은 미사일 공격의 대상이 되는 교전당사국은 할 수 있는 최대한 자신의 통제하에 있는 민간주민, 민간인 그리고 여타의 피보호자와 시설을 군사목표물로부터 이격시키도록 노력해야 한다.

규칙 44 공중 혹은 미사일 공격의 대상이 되는 교전당사국은 할 수 있는 최대한 자신들의 통제하에 있는 민간주민, 민간인 그리고 그들의 재산을 군사작전 수행과정에서 발생하는 위험요소들로부터 보호하기 위하여 필요한 예방조치를 취하여야 한다.

규칙 45 실제로 또는 잠재적으로 공중 또는 미사일 작전의 대상이 되는 교전당사국은 민간주민이나 민간인의 주둔과 이주를 어떤 지점이나 지역을 공중이나 미사일 공격으로부터 면하도록 하는 수단으로 이용해서는 안 된다. 특히, 그들은 합법적 표적을 공격으로부터 방어하거나, 군사작전을 방어·이용·방해해서는 안 된다. 교전당사국은 합법적 표적에 대한 공격을

방어하고 군사작전을 유지시키기 위한 시도로 민간주민과 민간인의 이주를 지시해서는 안 된다.

규칙 46 공중이나 미사일 공격을 행하는 교전당사국과 그러한 공격의 대상이 되는 교전당사국 모두 예방조치를 취할 의무가 있다. 그럼에도 불구하고 예방조치를 취해야 할 후자가 그러지 못하더라도 실행 가능한 예방조치를 위해야 하는 공중 또는 미사일 공격을 행하는 교전당사국의 의무를 면해주는 것은 아니다.

제I절 민간항공기의 보호

I. 총칙

규칙 47
(a) 적국이든 중립국이든 민간항공기는 민간물자로 공격으로부터 보호받을 권리가 있다.
(b) 민간항공기는 군사목표물이 될 경우에만 공격 대상이 된다.

규칙 48
(a) 군용항공기가 아닌 모든 적국 민간항공기와 적국 소유 항공기는 제U절에 의거 차단 또는 조사하거나 회항시킬 수 있다.
(b) 중립국 민간항공기는 제U절에 따라서 차단 또는 조사하거나 회항시킬 수 있다.

II. 적국 민간항공기

규칙 49 적국 민간항공기는 규칙 134에 의해 전리품으로 포획할 수 있다.

규칙 50 본 매뉴얼의 제K절과 제L절에 명시된 특정보호에 관해서는 적국 민간항공기가 규칙 127에 언급된 활동들에 연루되면 공격할 수 있다.

III. 중립국 민간항공기

규칙 51 중립국 민간항공기는 규칙 140에 열거되어 있는 활동들에 연루되어 있고 규칙 142의 요건들을 충족할 경우 전리품으로 포획할 수 있다.

규칙 52 중립국 민간항공기는 규칙 174에 열거되어 있는 활동들에 연루되어 있지 않으면 공격받지 않는다.

IV. 비행시의 안전

규칙 53

(a) 적대행위 지역 인근에 있을 경우 안전을 더 보장하기 위해 민간항공기는 관련 항공통제 기관의 비행계획에 맞추어야 하는데, 이에는 등록, 목적지, 승객, 화물, 신별 코드 및 모드(업데이트된 항로 포함)와 같은 정보가 포함된다.

(b) 적합한 통보가 즉각적으로 이루어져야 하는 안전과 조난에 관련된 예측되지 않은 상황이 발생되지 않는 한 민간항공기는 항공교통통제 허가없이 지정된 항로나 항공계획에서 이탈해서는 안 된다.

규칙 54 민간항공기는 잠재적으로 위험한 군사작전 구역을 피하여야 한다. 위협에 근접해 있을 경우 민간항공기는 반드시 방향과 고도에 관해서 군으로부터 지시를 받아야 한다.

규칙 55 가능한 한 교전당사국은 NOTAM(Notice to Airmen)을 공고하여야 하고, 민간인이나 다른 보호받는 항공기를 위협하는 군사작전에 대해 일정 지역에 일시적 영공규제를 포함한 정보를 제공하여야 한다. NOTAM은 다음과 같은 정보를 포함하고 있어야 한다.

(a) 항공기가 계속적으로 유지하고 있어야 하는 무선신호 주파수

(b) 민간기상레이더와 식별 모드 및 코드의 지속적인 작동

(c) 고도, 항로 그리고 속도 제한

(d) 군의 통신호출에 대한 반응절차 및 교신설정 절차

(e) NOTAM에 따르지 않거나 민간인 또는 보호를 받는 항공기가 군대에 위협으로 인식되었을 때 군의 가능한 조치

규칙 56 민간 또는 기타 피보호 항공기가 잠재적으로 위험한 군사활동 구역에 들어가는 경우 관련 NOTAM에 따라야 한다.

규칙 57 NOTAM이 없는 경우(그리고 NOTAM에 따르지 않는 경우) 관련된 군대는 모든 방법을 총동원해서 민간 또는 피보호 항공기에 라디오 통신이나 기타 확립된 절차를 통해 어떠한 조치를 취하기전에 경고하여야 한다.

제J절 특정 종류의 항공기에 대한 보호

I. 민간여객기

규칙 58 민간여객기는 사전예방조치에 있어 특별 관리가 필요한 민간물자이다.

규칙 59 의심스러운 경우 민간여객기는 -항공 중이거나 민간공항에 착륙해 있거나- 군사활동에 특별히 가담하고 있지 않다고 간주된다.

규칙 60 민간여객기(적국이든 중립국이든)는 비행금지(no-fly) 또는 제한구역(exclusion zone)

또는 초근접 위험구역에 진입하는 것을 피해야 하지만, 그런 구역에 들어갔다고 해서 보호받을 권리를 박탈당하지 않는다.

규칙 61 타당한 근거에 따라 전시금제품을 운송하고 있다고 또는 지위에 양립하지 않는 활동에 종사하고 있다고 의심되는 민간여객기는 관련 기종이 안전하게 그리고 충분히 도달할 수 있는 비행장에서 조사받을 수 있다.

규칙 62 모든 탑승자와 승무원들이 안전하게 비행기에서 내리고 그 비행기의 서류가 보존되는 경우 적 민간여객기는 전리품으로 포획될 수 있다.

규칙 63 규칙 68에 의거, 다음과 같은 활동으로 민간여객기는 군사목표물로 변경된다.

(a) 그 비행기를 군사목표물 만들 수 있는 상황에서 적군 군비행장에 착륙해 있을 때.

(b) 다른 항공기를 요격하거나 공격하는 등 적을 보조하는 적대적 활동에 가담할 경우, 육상이나 해상에 있는 사람이나 시설물을 공격할 경우, 공격수단으로 이용되고 있을 경우, 전자전에 참가할 경우 또는 적군에게 표적에 관한 정보를 제공할 경우.

(c) 적 군대의 군사활동을 용이하게 할 경우, 병력을 이동하거나 군사물자를 운반하거나 또는 군 항공기에 연료를 보급하는 경우.

(d) 적 정보수집체계에 편입되거나 원조할 경우, 정찰·조기경보·감시나 지휘·통제 및 통신 임무에 가담할 경우.

(e) 상륙 지시, 조사와 포획 또는 분명하게 저지에 저항하는 등 군 당국의 명령에 거부하는 경우.

(f) 군사활동에 효과적으로 기여하는 경우.

II. 안전통항권이 부여된 항공기

규칙 64 교전당사국 간의 합의에 의해 안전통항권(safe conduct)이 부여된 항공기 -예, 카르텔 항공기- 는 공격으로부터 특별 보호를 받을 자격이 있다.

규칙 65

(a) 안전통항권이 부여된 항공기는 다음 중 어느 하나에 포함되더라도 공격에 대한 특별 보
   호를 상실한다.

(i) 조사와 식별 유효성을 포함한 합의의 세부사항에 따르지 않을 경우.

(ii) 고의적으로 전투원의 이동을 방해하고 그들이 동의한 역할을 무해하게 수행하지 않을
   경우

(b) 특별 보호의 박탈은 불복종 정도가 군사목표물이 되었거나 그렇게 간주되는 것이 합리적
   일 정도로 충분히 심각한 경우에만 적용된다.

규칙 66 안전통항권이 부여된 항공기가 규칙 27에 따라 군사목표물로 분류되는지 의심스
러울 경우에는 군사목표물로 분류되지 않는다고 가정한다.

규칙 67 안전통항권이 부여된 항공기는 다음 조건하에 포획에서 제외된다.

(a) 무해하게 통상임무에 종사하는 경우

(b) 식별 및 검색요구에 따를 경우

(c) 전투원의 이동을 고의적으로 방해하지 않으며, 필요시 항로이탈 지시를 따를 경우

(d) 명시된 합의에 반하는 활동을 하지 않을 경우

III. 민간여객기와 안전통항권이 부여된 항공기에 적용되는 공통 규정

규칙 68 민간여객기와 안전통항권이 부여된 항공기는 그들이 규칙 63과 65에 따라 보호받
을 권리를 상실하거나 다음의 조건들이 충족될 때에만 공격받을 수 있다:

(a) 착륙, 조사 및 포획을 위한 항로변경이 실행 가능하지 않을 경우

(b) 군 통제를 실행하기 위한 다른 가능한 방법이 없을 경우

(c) 공격을 정당화할 정도로 보호 권리를 박탈하는 상황이 충분히 심각할 경우

(d) 예상되는 부수적인 피해가 기대되는 군사적 이익과 비교해 과도하지 않고 모든 가능한
사전예방조치가 취해졌을 때(본 매뉴얼 제G절 참조)

규칙 69 민간여객기나 규칙 68을 따르고 있는 안전통항권이 부여된 항공기에 대한 공격
결정은 적절한 지휘체계를 거쳐서 실행되어야 한다.

규칙 70 본 절을 따라 보호 권리를 박탈당할 경우 이들에게 어떤 조치가 취해지기 전에 상
황이 허락되는 한 비행 중인 민간여객기나 안전통항권이 부여된 항공기에 반드시 경고조치
가 취해져야 한다.

제K절 의료 및 종교요원, 의료부대와 수송수단에 대한
특별보호

규칙 71 규칙 74에 의거, 의료 및 종교 요원, 시설이나 이동 의료부대(병원 포함)와 공중, 육
상, 해상 및 여타 수역에서의 수송수단은 항상 존중되고 보호를 받아야 하며 공격대상으로
할 수 없다.

규칙 72

(a) 의료 및 종교요원은 국제적 무력분쟁에 적용되는 법에서 인정하고 있는 확실하게 구별되
는 방수가 되는 표식 완장을 차야 한다(적십자, 적신월 또는 적수정). 의료부대와 수송수단은
자신들의 지위를 나타내기 위해 동일한 표식을 하여야 한다. 필요시 다른 식별수단을 사
용할 수 있다.

(b) 구별되는 표식은 가능한 한 공중이나 미사일 작전에서 사용하는 기술적인 방법으로도 탐

지할 수 있는 재료로 만들어져야 한다.

(c) 구별되는 표식과 다른 식별수단은 식별을 용이하게 하기 위한 수단일 뿐이며 피보호 지위를 보장하는 것은 아니다.

(d) 의료 및 종교요원, 의료부대와 수송수단이 구별되는 표식을 하지 않았다고 해서 그들의 피보호 지위를 박탈할 수 없다.

규칙 73 교전당사국은 적국에 의료부대의 위치를 통지할 수 있다. 이러한 통지가 없었다는 것이 규칙 71의 의무로부터 교전당사국을 면제해주는 것은 아니다.

규칙 74

(a) 의료 및 종교요원, 의료부대와 수송수단에 부여된 보호는 인간적인 역할을 벗어나고 적에게 해가되는 행동을 하기 전까지 중단되지 않는다.

(b) 의료부대 또는 수송수단의 보호는 상당한 시간 제한을 두고 경고한 후에 그 경고가 무시될 경우에만 중단될 수 있다.

(c) 다음 항목들은 적에게 해가 되는 행동으로 여겨져선 안 된다:

(i) 의료부대의 요원들이 자기방위 또는 부상자, 병자 또는 난선자를 위해 개인용 경무기를 가지고 있음

(ii) 의료부대가 보초병 또는 호위병의 보호를 받고 있음

(iii) 부상자와 병자들에게서 회수하여 아직 정식 기관에 반납하지 못한 운반 가능한 무기들과 탄창이 의무부대에서 발견되었음

(iv) 무장세력 또는 다른 전투원이 치료 또는 다른 허가된 사유로 인해 의료부대에 있고 임무가 의료부대와 일치함

(d) 의료부대는 합법적 공격 목표를 보호하기 위해 사용되어서는 안 된다.

제L절 의료항공기에 대한 특별보호

규칙 75 본 절의 규정에 의거해 의료항공기는 공격으로부터 특별 보호를 받는다.

규칙 76

(a) 의료항공기에는 적십자, 적신월사, 그리고 적수정(이스라엘의 적십자)이 있는 국제적 무력 분쟁에 적용되는 법에서 허용되는 구별되는 표식을 국기와 함께 상단, 하단, 그리고 후방 표면에 확실하게 표시하여야 한다.

(b) 의료항공기는 필요한 부분에 추가적으로 식별표시를 해야 한다.

(c) 시간적인 제한이나 비행기 특성상 구별되는 표식을 표시할 수 없는 임시 의료항공기는 가능한 가장 효과적인 식별수단을 이용한다.

(d) 식별수단은 식별을 용이하게 하기 위해서만 사용되며 피보호 지위를 부여하는 것은 아니다.

규칙 77 우군이 통제하고 있는 지역 내 또는 상공에서 교전당사국의 의료항공기에 대한 특별 보호는 적국의 동의에 좌우되지 않는다.

규칙 78

(a) 적이 물리적으로 통제하고 있는 지역 내 및 상공뿐만 아니라 우군에 의해 물리적으로 통제되거나 물리적 통제가 명백하게 확립되지 않은 접경지대의 일부 지역 내 및 상공에서 의료항공기의 보호는 적국의 사전 동의를 얻었을 경우에만 완전히 효과적일 수 있다. 하지만 그러한 동의가 결여 되어있는 경우 의료항공기는 접경지대에서 위험을 감수하고 행동할 수 있지만, 그들이 식별되는 순간 존중되어야 한다.

(b) (a)에 명시된 적의 동의는 사전에(또는 의료항공기가 임무에 착수하기 바로 전에) 의료항공기를 이용하는 교전당사국에 의해 성립되어야 한다. 동의 요구에는 반드시 자세한 비행계획(국제민간항공기구 비행계획 양식을 준수한 계획)이 첨부되어야 한다.

(c) 동의는 요청되면 신속하게 이루어져야 한다. 항공기의 활동내역이 부상자, 병자 또는 난선자의 대피 그리고 의료요원이나 의료물자의 수송일 경우 타당한 근거를 제외하고는 거부되지 않아야 한다.

규칙 79 어떤 조건에서든 적에게서 받은 의료항공기의 보호에 대한 동의는 엄격하게 유지되어야 한다.

규칙 80

(a) 규칙 78 (a)에 명시된 지역의 상공을 비행할 시, 조사를 위해 지상이나 수면에 착륙하라고 지시 받을 수 있다. 의료항공기는 반드시 그러한 명령에 복종하여야 한다.

(b) 조사 후 의료항공기의 목적이 의료로 밝혀지면 지체없이 계속 비행이 허가되어야 한다.

(c) 하지만, 의료항공기가 활동내역이 의료목적과 일치하지 않거나 동의없이 비행 또는 사전에 동의한 내용에 위반되는 비행을 할 시에 포획할 수 있다. 탑승원들은 국제적 무력분쟁에 적용되는 법의 규칙에 의거해 처리되어야 한다.

(d) 영구적 의료항공기로 지정된 포획 항공기는 향후에 의료항공기로만 활용될 수 있다.

규칙 81 의료항공기는 적에게 해가 되는 정보를 수집 또는 전파할 수 있는 장비를 보유하거나 탑재해서는 안 된다. 하지만 비행, 식별 및 통신만을 위한 암호화된 통신장비 그리고 인도적 임무를 수행하는 데 필요한 통신장비들은 탑재할 수 있다.

규칙 82 의료항공기는 레이더 탐지 방해물과 조명탄과 같은 교란용 방어수단을 탑재할 수 있고, 항공기와 선체에 있는 의료요원과 부상자, 병자 또는 난선자를 보호하기 위한 개인용 경무기를 보유할 수 있다. 대피과정에서 부상자, 병자 또는 난선자의 개인무기를 소유하고 있다고 해서 보호받을 권리가 상실되는 것은 아니다.

규칙 83 규칙 74에 의거 의료항공기는 적에게 해가되는 행동에 가담 시 특별 보호 권리를 상실한다.

규칙 84 중립국과 사전에 합의했을 경우를 제외하고는 교전국 의료항공기는 중립국이 국제항행에 이용되는 국제해협에서의 통과통항 및 군도항로대통항 권리를 행사하는 것이 아니라면 중립국의 영토나 지상을 비행할 수 없다.

규칙 85

(a) 비행 오류나 비행안전에 치명적일 수 있는 비상상황 때문에 교전당사국 의료항공기가 중립국의 사전허가가 없거나 동의한 내용에 위반하며 중립 공역에 진입하면, 반드시 이를 통지하고 자신을 식별할 수 있도록 모든 노력을 하여야 한다. 항공기가 중립국에 의해서 의료항공기로 인지되었을 경우에는 공격할 수는 없지만 조사를 위해 착륙 지시를 내릴 수는 있다. 검사 완료 후 의료항공기 진위여부 결과가 나오면 다시 비행할 수 있도록 허가되어야 한다.

(b) 조사 후 항공기가 의료항공기가 아니라고 밝혀지면 포획할 수 있다. 탑승해있던 전투원들은 규칙 170(c)에 의해 중립국이 억류할 수 있다.

규칙 86

(a) 군용항공기가 아니더라도 군사요원을 구조하는 데 활용되는 탐색 및 구조용 항공기는 보호를 받을 자격이 없다.

(b) 의료항공기는 적에게서 사전에 동의를 얻은 것이 아니라면 부상자, 병자 또는 난선자를 찾기 위해 전투지역을 탐색해서는 안 된다.

규칙 87 국제적 무력분쟁에 적용되는 법의 관련 조항에 따라 의료요원으로서의 자격이 침해되지 않으면, 의료항공기의 요원들은 적에게 포획당해서는 안 되고 그들이 임무를 수행할 수 있도록 허가되어야 한다.

제M절 자연환경에 대한 특별보호

I. 총칙

규칙 88 심각한 자연환경 파괴는 금지된다.

II. 세부 규칙

규칙 89 공중 또는 미사일 작전을 계획하고 준비할 시 자연환경에 대해 적절히 고려하여야 한다.

제N절 기타 요원 및 물자의 특별보호

I. 민방위

규칙 90

(a) 민간인이든 군인이든 민방위 조직과 그 요원들에게는 특별 보호가 제공되어야 한다. 그들은 긴급한 군사 필요성 경우를 제외하고는 민방위 임무를 수행할 권리가 있다.

(b) 민방위 목적으로 사용되는 건물과 물자 그리고 민간인들을 위한 대피소에도 반드시 특별 보호가 제공되어야 한다. 민방위 목적으로 사용되는 것들은 그것이 속해있는 교전당사국에 의하지 않고서는 파괴되거나 다른 용도로 사용되어선 안 된다.

규칙 91 교전당사국은 자신들의 민방위 조직, 요원, 건물과 물자 그리고 민간인에게 제공된 대피소가 국제적으로 민방위를 구별할 수 있는 표식과 다른 적절한 식별수단을 이용해 식별이 보장되도록 노력해야 한다.

규칙 92 민간 민방위 조직, 요원, 건물 그리고 대피소와 물자들에 대한 보호는 그들의 임무 외에 적에게 해가 될 행동을 하거나 과거에 행했을 경우에만 중지된다.

II. 문화재

(i) 문화재의 사용

규칙 93

(a) 교전당사국은 문화재와 그 인근 지역 또는 문화재의 보호를 위해 사용되는 장비를 파괴 또는 손상을 입을 수 있게 이용하는 것을 자제하여야 한다.

(b) 문화재나 그 인근지역은 군사필요성이 긴급하게 요구될 경우에만 군사적 목적을 위해 사용될 수 있다. 그러한 결정은 문화재를 식별하는 표식을 제거한 후에만 적용될 수 있다.

규칙 94 교전당사국은 국제적으로 인정된 표식을 하고 적에게 문화재의 위치에 대한 위치에 대한 정보를 적시에 충분히 제공하는 방법으로 자신의 통제하에 있는 문화재의 식별과 보호를 용이하게 하여야 한다. 그러나 그러한 조치가 없다고 해서 문화재에 대한 국제적 무력분쟁법에 따른 보호가 박탈되지 않는다.

(ii) 문화재에 대한 공격

규칙 95

(a) (b)와 규칙 96에 의거 교전당사국은 문화재에 행해지는 어떠한 적대행위도 삼가야 한다.

(b) 문화재나 인근 지역은 군사필요성이 긴급하게 요구될 때에는 공격할 수 있다.

(c) 공중 또는 미사일 공격으로 문화재 인근 지역에 있는 군사목표물을 공격함에 있어 교전당사국은 문화재에 대한 피해를 회피하기 위한 실행 가능한 예방조치를 취하여야 한다(본 매뉴얼의 제G절 참조).

규칙 96 문화재가 군사목표물이 되었을 시, 이에 대한 공격 결정은 적절한 수준의 지휘에 따라 그리고 문화재라는 특별한 성격에 대한 적절히 고려하면서 취해져야 한다. 상황이 허용되는 경우 효과적인 사전경고가 행해져야 하며 공격은 그러한 경고가 무시되었을 때에만 행해져야 한다.

III. 민간주민의 생존에 필수적인 물자

규칙 97

(a) 전투방법으로서 민간인을 대상으로 한 기아는 금지된다.

(b) 식품, 식량 생산을 위한 농경지역, 수확물, 가축, 식수 시설 및 보급로 그리고 관개시설 등과 같은 민간주민의 생존에 필수적인 물자들은 민간주민이 그것들을 이용하는 것을 거부하려는 특수한 목적으로 공격, 파손, 제거 또는 무용화하는 것은 금지된다.

(c) 적에게 다음과 같은 용도로 사용될 경우 (b)의 금지사항은 적용되지 않는다.

(i) 오로지 군대 구성원의 급양으로 이용되는 경우 또는

(ii) 급양으로서가 아니라 하더라도 군사행동에 직접적으로 사용되는 경우. 다만 여하한 경우에도 민간주민의 기아를 야기시키거나 또는 그들의 퇴거를 강요하게 할 정도로 부족한 식량 또는 음용수를 남겨놓을 우려가 있는 조치는 취하지 않아야 한다.

IV. UN 요원

규칙 98

(a) UN 요원은 존중되고 보호받아야 한다.

(b) UN 요원은 민간인에 대한 보호를 향유할 권리가 있는 한 UN 요원에 대한 공격을 지시하는 것은 금지된다.

(c) UN의 물자, 기구, 부대 및 운송장비에 대한 공격을 지시하는 것은 그것들이 군사목표물을 구성하는 것이 아니면 금지된다.

V. 특별 합의에 의한 보호

규칙 99 교전당사국은 본 매뉴얼에 포함되어 있지 않은 인물이나 대상을 보호하기로 언제든지 합의할 수 있다.

제0절 인도적 원조

I. 총칙

규칙 100

(a) 교전당사국의 지배하에 있는 어떤 지역의 민간주민에게 식량, 의료품, 의류, 침구류, 거주수단 또는 다른 생존에 필요한 물품들이 적절하게 지급되지 않고 있다면, 관련 당사국의 동의하에 인도적이고 공평한 구호활동이 취해져야 한다. 이 같은 동의는 이미 점령한 영토에서도 보류될 수 없다.

(b) 구호활동은 국가 또는 국제적십자위원회 같은 공정한 인도적 기구에 의해 시행될 수 있다.

규칙 101 관련 당사국들은 규칙 100에 따라 검색을 포함한 기술적 조치에 의거해 구호물자, 장비 그리고 요원들의 신속하고 지체되지 않는 통과를 허용하여야 한다.

규칙 102

(a) 규정된 제한 내에서 임무를 수행하는 인도적 구호 요원들은 존중되고 보호되어야 한다. 여기서 보호는 인도적 수송수단, 장비 및 물품에도 해당된다.

(b) 구호물품을 받은 각 교전당사국은 구호활동 중인 (a)에 언급된 구호요원들을 가능한 최대한으로 원조해야 한다. 군사필요성에 의한 강제적인 조치가 있을 경우에만 구호요원들의

활동이 제한되거나 일시적으로 이동이 금지될 수 있다.

II. 세부 규칙

규칙 103 상황이 허용될 경우 공중 또는 미사일 작전을 행하는 교전당사국은 인도적 원조의 배분을 위해 공중 또는 미사일 공격을 중지해야 한다.

규칙 104 규정 101에 언급된 '기술적 조치'에는 다음 사항들도 포함된다.

ⓐ 항공기 전용로와 항공로 설정

ⓑ 공중 원조 편성

ⓒ 비행 세부항목에 대한 합의(시간, 경로, 착륙).

ⓓ 구호품 검색

제P절 제한구역과 비행금지구역

I. 총칙

규칙 105

ⓐ 교전당사국은 '제한구역' 또는 비행금지구역을 설정함으로써 국제적 무력분쟁에 적용되는 법의 의무로부터 면제되는 것은 아니다.

ⓑ 규제되지 않는 공중 또는 미사일 공격을 위한 구역 지정은 금지된다.

규칙 106 본 절의 내용은 다음과 같은 경우에 교전당사국의 권리를 훼손한다고 간주되어서는 안 된다.

ⓐ 적대행위 인접 지역에서의 민간항공 통제

(b) 경보구역의 설정과 같은 적절한 강제적 보호조치의 시행

II. 국제공역에서의 제한구역

규칙 107 교전당사국이 국제공역에 '제한구역'을 설정할 경우

(a) '제한구역' 내외에는 국제적 무력분쟁에 적용되는 법의 규칙들이 동일하게 적용된다.

(b) '제한구역'의 면적, 위치, 유효기간과 부과되는 조치들은 군사필요성에 의해 합리적으로 요구되는 것을 초과해서는 안 된다.

(c) '제한구역'의 개시, 지속기간, 위치, 범위와 그것에 부과된 제한사항들은 모든 이해관계 자들에게 적절히 공지되어야 한다.

(d) '제한구역'의 설정은 중립국 영공을 둘러싸거나 그 접근을 완전히 막아서는 안 된다.

(e) 중립국의 배타적 경제수역, 대륙붕, 특히 인공섬·장비·구조물 및 안전지대 등의 합법적 인 사용에 대해 적절히 고려하여야 한다.

III. 교전공역에서의 비행금지구역

규칙 108 교전당사국은 비행금지구역을 자국 또는 적국의 공역 내에 설정하고 강제할 수 있다.

규칙 109 비행금지구역의 개시, 기간, 위치 및 범위는 모든 관련 국가와 기구에 적절히 공 지되어야 한다.

규칙 110 본 매뉴얼의 제D절과 제G절에 명시된 규정들에 의거, 특별 허가없이 비행금지구 역에 진입하는 항공기에 대해서는 공격이 가능하다.

제Q절 기만, 기계 및 배신행위

I. 총칙

규칙 111

(a) 배신행위로 적을 죽이거나 상해를 입히는 것은 금지된다. 적의 신뢰를 배반하려는 의도를 갖고 국제적 무력분쟁에 적용되는 법의 규칙들 하에서 보호받을 권리가 있는 것처럼 또는 보호할 의무가 있는 것처럼 적의 신뢰를 유발하는 행위는 배신행위를 구성한다.

(b) 다음 사항들은 (a)에 명시된 배신행위의 예이다. 민간인, 중립국민 또는 여타의 피보호 지위로의 가장.

규칙 112 해전 규칙을 침해함이 없이 다음과 같은 사항들은 배신행위 여부를 떠나 무조건 금지된다.

(a) 적십자, 적신월사, 적수정 등의 특정 표식과 국제적 무력충돌에 적용되는 법에 규정된 여타 보호 표식, 표시 또는 신호의 부적절한 사용

(b) 정전기(停戰旗)의 부적절한 사용

(c) 타 교전당사국의 국기, 군 표식, 인장 또는 복장의 부적절한 사용

(d) 중립국기 또는 군 표식, 인장 또는 복장 사용

(e) UN이 허가한 경우를 제외한 UN 특정 표식 사용

규칙 113 기계는 허용된다. 기계는 적을 교란시키거나 무모한 행동을 하게끔 유도하는 행위이지만 국제적 무력분쟁에 적용되는 법의 어떠한 규정도 위반하는 것이 아니며, 규칙 111 (a)의 배신행위의 정의와도 일치하지 않는다.

II. 세부 규칙

규칙 114 공중 또는 미사일 전투작전에서 다음과 같은 행위는 배신행위이다(규칙 111에 명시된 정의에 구속된다).

(a) 의료항공기로 가장하는 경우. 특히 특정한 표식이나 의무항공기만을 위한 식별도구를 사용하는 경우

(b) 민간항공기로 가장하는 경우

(c) 중립국 항공기로 가장하는 경우

(d) 기타 피보호 지위로 가장하는 경우

(e) 항복을 가장하는 경우

규칙 115 배신행위 여부에 관계없이 공중 및 미사일 전투작전에서 다음과 같은 행위는 항시 금지된다.

(a) 조난항공기의 코드, 신호 또는 주파수의 부적절한 사용

(b) 공격수단으로 군용항공기가 아닌 타 종류의 항공기 사용

규칙 116 공중 또는 미사일 전투작전에서 다음과 같은 경우는 합법적인 기계로 인정된다.

(a) 기만작전

(b) 허위정보

(c) 적을 기만하기 위한 허위의 신호, 전자, 시각 및 음성 수단(구조신호나 안전코드 및 항복을 가장하는 신호는 제외)

(d) 항공기와 격납고의 유인물체의 사용과 모조품의 제작

(e) 위장수단 사용

규칙 117 항공기 외부인 지상 및 해상에서 전투작전을 수행 중인 항공기 승무원들은 국제적 무장분쟁에 적용되는 법에 의해 요구되는 바와 같이 자신들을 민간주민과 구별되도록 하

여야 한다.

제R절 간첩행위

I. 총칙

규칙 118 간첩행위는 스파이들의 활동이다. 스파이는 비밀스럽게 활동하거나 가짜 신분으로 활동하는 자들을 말하고, 적의 영토에서 군사적 가치가 있는 정보를 자국으로 유출하려는 의도로 취득하거나 취득하려는 자이다.

규칙 119 간첩행위는 국제적 무력분쟁에 적용되는 법에서 금지되지 않는다.

규칙 120 적에 의해 통제되는 영역에서 정보를 수집하거나 수집하려고 시도하는 교전당사국의 군요원들은 그러한 활동을 하고 있을 시 자국 군대의 군복을 입고 있을 경우에는 스파이로 간주되지 않는다.

규칙 121 간첩행위 도중 적에게 체포된 교전당사국의 군요원에게는 전쟁포로로 취급받을 권리가 주어지는 것이 아니라 국내재판에서 간첩행위로 기소 될 수 있다.

규칙 122 간첩행위를 하다 군에 다시 편입된 자는 적에게 체포되더라도 과거의 간첩행위로 기소되지 않는다.

II. 세부 규칙

규칙 123 정보수집, 차단, 혹은 취득하는 임무에 종사 중인 군용항공기는 간첩행위를 하고 있는 것으로 간주되지 않는다.

규칙 124 군용항공기가 아닌 적 민간항공기 또는 국가항공기가 적의 영공 밖에서 정보 수집, 차단 혹은 취득을 위해 비행할 경우 간첩행위를 하고 있는 것으로 간주되지 않는다. 하지만 정보를 수집하고 있는 동안에는 공격받을 수도 있다.

제S절 항복

I. 총칙

규칙 125 적 요원은 자신과 (자신의 통제하게 있는 군사장비와 함께) 교전당사국에게 항복할 수 있다.

규칙 126 항복 의사를 밝히는 자에게 숙소 제공을 거부하는 것은 금지된다.

규칙 127 항복은 다음의 3가지 요건의 여부에 따른다.
(a) 항복의사가 적에게 명확히 전달되어야 한다.
(b) 항복의사를 밝히는 자는 더 이상의 적대행위를 해서는 안 된다.
(c) 체포를 면하기 위해 항복해서는 안 된다.

II. 세부 규칙

규칙 128 군용항공기 승무원은 항복의사를 밝히기 위해서 가능한 한 모든 행동을 취해야 한다. 특히, 조난신호 주파수와 같은 공용 라디오 주파수로 항복의사를 밝혀야 한다.

규칙 129 교전당사국은 위와 같은 상태에 있는 적항공기의 항복을 요구할 수 있다. 그러한 지시를 따르지 않을 경우 적항공기와 그 승무원을 공격할 수 있다.

규칙 130 어떠한 상황에서는 항복을 원하는 군용항공기 승무원들은 항복의사를 밝히기 위해서 항공기에서 낙하산을 타고 뛰어내려야 할 수도 있다. 본 매뉴얼의 제 규칙은 조난비행기에서 낙하산을 타고 뛰어내린 승무원들의 항복할 권리를 침해하지 않는다.

규칙 131 규칙 87에 의하여 항복하는 전투원뿐만 아니라 (군용항공기 승무원 중 민간요원과 같은) 군대를 따라다니는 나포된 민간인과 더 나은 대우를 받지 못하는 교전당사국 민간항공기 승무원은 전쟁포로로서의 지위를 갖는다.

제T절 조난항공기에서 탈출한 비상낙하자

규칙 132
(a) 조난항공기의 비상낙하자는 어느 누구도 공격대상으로 삼을 수 없다.
(b) 조난항공기의 비상낙하자는 적 영토에 착륙 시 공격당하기 전에 항복의사를 밝힐 기회가 주어져야 한다. 단, 이것은 비상낙하자가 적대행위를 하지 않는 것이 명백하거나 적대행위를 하고 있지 않는 경우에만 해당한다.

규칙 133 본 절은 공수부대에는 적용되지 않는다.

제U절 전시금제품, 차단, 조사 및 포획

I. 적항공기와 적재 화물

규칙 134 적 민간항공기와 그 적재화물은 지상에서 포획되거나 또는 중립국 영공 밖을 비행 시 전리품으로 차단되며, 당해 기종이 안전하고 충분히 도달할 수 있는 교전국 비행장으로 향하도록 요구될 수 있다. 사전 조사는 요구되지 않는다.

규칙 135 예외적 조치로 체포된 적 민간항공기와 그 적재화물은 군사적 상황이 그 항공기를 포획심검하는 것을 불가능하게 하는 경우 파괴될 수 있다. 다만, 항공기 탑승객들의 안전은 확보되고, 그 문서는 보존되어야 한다.

규칙 136

(a) 적의 군용, 법집행용, 세관용 항공기는 전시 전리품이 된다. 포획된 적의 군항공기와 기타 국가항공기들은 포획 즉시 소유권이 정부로 이전되므로 전리품으로서의 절차를 밟지 않는다.

(b) 만약 군용항공기가 작동하지 않거나 기술적 문제가 있어서 적 영토에 착륙해야 할 경우 항공기는 포획되어 파괴되거나 적의 이용을 위해 개조될 수 있다.

(c) 포획된 군용항공기 승무원들은 전쟁포로가 된다.

II. 중립국 민간항공기

규칙 137

(a) 민간 비행의 안전에 적절한 고려가 주어진다면 교전당사국은 중립국 영공 밖에서 중립국 민간항공기를 차단할 수 있다.

(b) 만약 차단한 후에 중립국 민간항공기를 포획할 필요가 있고 의심이 드는 경우 조사하기

위해 당해 항공기가 안전하고 충분히 도달할 수 있는 교전국 비행장으로 향하도록 요구할 수 있다.

(c) 전리품으로 포획되는 대신 중립국 민간항공기는 선언한 목적지 외의 다른 장소로 항로를 변경할 수 있다.

규칙 138 교전당사국은 차단하는 대신에 중립국 민간항공기의 화물 조사 및 전시금제품을 수송하고 있지 않다는 증명을 위한 합리적 조치를 취하는 것이 허용된다.

규칙 139 중립국 민간항공기가 적재화물을 조사하는 어느 한 교전당사국의 감독조치에 따르거나 전시금제품이 아니라는 증명서를 제출하는 것은 타 교전당사국과 관련하여 비중립적 역무 역무는 아니다.

규칙 140 중립국 민간항공기는 조사 결과 또는 다음 요건의 어느 하나를 충족할 경우 중립적 영공 밖에서 전리품으로 포획될 수 있다.

(a) 전시금제품을 수송하고 있을 것

(b) 적군의 인원을 이송하고 있을 것

(c) 적의 통제, 명령, 용선, 이용 또는 지시를 직접적으로 따르고 있을 것

(d) 비공식적이거나 허위의 문서를 제시하거나, 필요한 문서가 없거나 또는 문서를 파괴, 훼손 또는 은닉할 경우

(e) 군사작전 인접지역에서 교전당사국이 정해 놓은 규정을 위반할 것

(f) 공중봉쇄(본 매뉴얼의 제V절 참조)를 침파할 것

규칙 141 중립국 영공 외에 있는 중립국 민간항공기에 적재된 화물은 다음 조건의 어느 하나에 해당될 경우 전리품으로 포획될 수 있다.

(a) 전시금제품을 구성할 것

(b) 중립국 민간항공기가 규칙 174의 군사목표물이 되게 하는 행위를 할 것

규칙 142 중립국 민간항공기와 그 적재 화물의 포획은 규칙 140과 규칙 141에 규정된 경우에만 그리고 포획심판을 받아야만 한다.

III. 보호

규칙 143 중립국이든 적국이든 포획된 민간항공기의 탑승객과 승무원의 안전은 어떤 경우에도 보장되어야 한다. 포획된 민간항공기에 관한 문서와 서류는 보호되어야 한다.

IV. 적성 결정

규칙 144 민간항공기가 적 교전당사국의 표식을 하고 있다는 사실은 적성(敵性)의 결정적 증거이다. 민간항공기의 적성은 등록, 소유, 용선 또는 다른 적절한 기준으로도 결정할 수 있다.

규칙 145 아무런 표식이 없는 민간항공기는 적성을 갖는 것으로 간주되어 나포 및 포획할 수 있다.

규칙 146
(a) 군용항공기의 지휘관이 중립국 표식을 한 민간항공기가 실제로 적성을 갖는다고 의심할 경우, 그 항공기를 차단하고 필요시에는 조사를 위해 다른 장소로 항로를 변경할 수 있다.
(b) 조사 후 중립국 표식을 한 민간항공기가 적성을 갖지 않는 것으로 판단될 경우, 지체없이 그 항공기가 출발할 수 있도록 허용하여야 한다.

제V절 공중봉쇄

규칙 147 공중봉쇄는 적 지배하의 비행장 또는 해안에 출입하려는 항공기를 제한하는 적대적 작전이다.

규칙 148

(a) 공중봉쇄는 교전당사국에 의해 선포되어야 하고, 모든 국가들에게 통보되어야 한다.

(b) 봉쇄의 선포는 개시, 지속기간, 위치, 범위 및 중립항공기가 봉쇄구역을 떠날 수 있는 시간이 명시되어야 한다.

(c) 가능한 한 공중봉쇄의 설정에 관한 Notice to Airmen(NOTAM)은 봉쇄국에 의해 규칙 55에 따라 통보되어야 한다.

규칙 149

(a) 공중봉쇄의 일시 중지, 임시 해제, 재설정, 확대 또는 여타의 변경은 모든 국가들에게 통보되어야 한다.

(b) 가능하다면 (a)의 변경에 관한 Notice to Airmen(NOTAM)은 규칙 55에 따라서 봉쇄국에 의해 통보되어야 한다.

규칙 150 공중봉쇄는 중립국의 공역에의 출입을 제한해서는 안 된다.

규칙 151 공중봉쇄는 효과적이어야 한다. 공중봉쇄가 효과적인지의 여부는 사실의 문제이다.

규칙 152 공중봉쇄를 행사 중인 세력은 군사적 필요에 의해 결정된 지점에 전개될 수 있다.

규칙 153

(a) 공중봉쇄는 합법적인 전투수단의 조합에 의해 강화되고 유지될 수 있다, 다만 이러한 조

합들이 국제적 무력분쟁법과 불일치해서는 안 된다.

(b) 고립되어있는 항공기는 필요시 공중봉쇄 구역에 진입하는 것이 허용되어야 한다.

규칙 154 공중봉쇄가 오로지 군항공기에 의해 지속적으로 유지되고 강화되고 있는 한, 유효성의 요건(규칙 151)은 충분한 정도의 공중우세를 요구한다.

규칙 155 공중봉쇄는 모든 국가의 항공기에 공평하게 강제되어야 한다.

규칙 156 규칙 151에 의하여 공중봉쇄가 '효과적'이기 위해서는 민간항공기가 공중봉쇄를 침파하거나 침파하려고 시도할 경우 착륙, 조사, 포획 혹은 회항할 것을 강요할 수 있으며, 만약 민간항공기가 이러한 차단을 회피하려는 의도가 명확하게 보인다면 경고 후 공격할 수도 있다.

규칙 157 공중봉쇄의 설정이나 유지는 다음의 어느 하나라도 발생할 경우에 금지된다.

(a) 공중봉쇄의 유일하고도 주요한 목적이 민간주민을 기아케 하거나 민간주민에게 생존에 필수적인 물자를 거부하는 경우

(b) 민간주민이 받는 고통이 공중봉쇄로부터 기대되는 구체적이고 직접적인 군사적 이익과 비교하여 과도하거나 과도할 것으로 예상되는 경우

규칙 158 규칙 100을 조건으로, 만약 봉쇄구역의 민간주민에게 필수적인 식량과 생필품의 조달이 불충분할 경우 봉쇄국은 다음의 요건에 따라 인도적인 항공전용로를 설정하여 식량과 생필품의 자유통과를 보장하여야 한다.

(a) 봉쇄국은 그러한 통과를 허용하는 경우 조사를 포함하는 기술적 조건을 정립할 권리를 가진다.

(b) 식량과 생필품의 분배는 이익보호국이나 공평성이 보장되는 국제적십자사와 같은 인도적 기구의 감독하에 이루어져야 한다.

규칙 159 봉쇄국은 조사를 포함하는 기술적 조건을 정립할 권리를 따를 것을 조건으로 민간주민이나 군 부상자 및 병자들을 위한 의료물자의 통과를 허용하여야 한다.

제W절 연합작전

규칙 160 연합작전이라 함은 국제적 무력분쟁에 있어서 둘 또는 그 이상의 국가가 일시적 혹은 영구적 동맹으로서 가담하는 작전을 뜻한다.

규칙 161 국가는 연합작전에의 가담을 자신들이 국제적 무력분쟁에 적용되는 법이 정하는 의무 이행에 실패한 것을 정당화하기 위한 근거로 할 수 없다.

규칙 162 연합작전에 가담하는 국가의 법적 의무는 군대가 타국 국적의 군지휘관의 지휘와 통제 하에 있는 다국적군에서 작전하는 경우에도 변경되지 않는다.

규칙 163 국제적 무력분쟁에 적용되는 법에 따른 국가의 의무는 공중 또는 미사일 세력이 공동교전국의 영역에서 작전을 수행할 경우에도 변하지 않는다. 공중 또는 미사일 세력이 국제적 무력분쟁에 적용되는 법의 다른 의무들을 갖는 공동교전국의 영역에서 작전을 수행할 경우에도 마찬가지로 국가의 의무는 변경되지 않는다.

규칙 164 국가는 국제적 무력분쟁에 적용되는 법의 의무를 부담하지 않는 타국, 비록 그 국가가 자국에서는 금지되는 행위을 행하고 있을 경우에도 연합작전을 수행할 수 있다.

제X절 중립

Ⅰ. 적용 범위

규칙 165 UN 안전보장이사회가 UN헌장 제Ⅶ장의 효력과 특정 국가 혹은 국가 집단의 무력사용에 대한 허가를 포함하는 법적 구속력이 있는 예방 혹은 강제조치를 취할 경우 어떠한 국가도 UN헌장상의 의무와 양립하지 않는 행동을 정당화하기 위해 중립법규를 원용할 수 없다.

Ⅱ. 총칙

규칙 166 교전 쌍방 간의 적대행위는 절대 중립지역 안에서 이루어져서는 안 된다.

규칙 167

(a) 교전당사국은 중립국 영역에서 어떠한 적대행위도 그리고 작전기지도 설치할 수 없고, 그러한 지역을 대피소로 쓸 수 없다. 또한 중립국 영역은 군용항공기나 미사일의 상공통과를 포함한 군대나 보급물자의 이동, 군사통신체계의 작동을 위해 교전당사국에 의해 이용되어서는 안 된다.

(b) 하지만 교전당사국이 군사적 목적을 위해 인터넷처럼 국제적이고 공개적으로 접근 가능한 통신망을 쓴다면 이러한 기반시설은 중립국의 관할권에 속하더도 중립성에 대한 침해가 되지 않는다.

규칙 168

(a) 중립국은 규칙 167에 명시되어 있는 어떠한 행위도 자국 영역에서 일어나도록 용납해서는 안 되며 그것을 예방하고 종식시킬 수 있도록 가능한 모든 수단을 활용하여야 한다.

(b) 교전당사국에 의한 중립국 영역 혹은 영공의 사용이 심각한 침해가 된다면 교전당사국

일방은 실행 가능하고 시기적절한 대안이 없을 시 중립성에 대한 침해를 막기 위해 무력을 사용할 수 있다.

규칙 169 중립국이 중립성에 대한 침해 시도를 막기 위한 행동이라면 그것이 설령 무력에 의한 것이라 할지라도 적대행위로 간주되지 않는다. 하지만 중립국의 무력사용은 중립성에 대한 침해을 막고 그것을 유지하기 위해 요구되는 정도를 초과해서는 안 된다.

III. 세부 규칙

규칙 170

(a) 교전국 군용항공기(무인기/무인공격기 포함) 및 미사일에 의한 중립국 영공 내로 또는 관통하는 침입 또는 통과는 금지된다. 급습이나 수송 그리고 미사일도 중립국 영공을 통과해서는 안 된다. 이것은 국제항행용 국제해협에서의 통과통항 또는 군도항로대통항을 할 권리를 침해하지 않는다.

(b) 중립국은 반드시 교전당사국 군대에 의해 중립성이 침해되는 것을 방지하기 위해 허용되는 모든 수단을 이용하여 감시해야 한다.

(c) 교전국 군용항공기가 중립국 영공(국제항행에 이용되는 해협 또는 군도항로대 이외)에 진입하는 경우 중립국은 반드시 모든 수단을 사용하여 그것을 막거나 종료시켜야 한다. 만약 군용항공기나 승무원들이 체포된다면 그들은 무력분쟁 동안 억류되어야 한다.

규칙 171 교전당사국은 다음의 어떠한 행위들도 행해서는 안 된다.

(a) 중립국의 영공에 위치한 자 혹은 시설물에 대한 공격이나 포획

(b) 공중, 영토 또는 영역 밖의 수역에 있는 적 목표물에 대한 작전기지로 중립국 영토 및 영공의 이용

(c) 중립국 영역에서의 선박이나 항공기의 차단, 검색, 침로(항로)변경, 포획 행위

(d) 중립국 영역에서의 자료 전송 및 탐색 및 구조활동을 포함한 군사력 이용 또는 전쟁 노력

에의 기여

규칙 172

(a) 교전국 군용항공기는 중립국 영공에 들어갈 수 없다. 그러나 다음의 경우에는 가능하다.

(i) 재난상태에 있는 교전당사국의 군용항공기는 중립국의 호위하에 중립국 영공에 들어갈 수 있고 중립국 영토에 착륙할 수 있다. 중립국은 그러한 항공기를 착륙시키고 그 승무원을 억류할 의무가 있다.

(ii) 중립국 해협해협 상공과 군도항로대 상공의 영공은 통과통항 또는 군도항로대통항을 하는 무장 군용항공기를 포함 교전당사국 항공기에 항상 개방된다.

(iii) 중립국은 항복하고자 하는 교전당사국의 군용항공기에 대한 출입을 허용할 수 있다.

(b) 중립국은 교전당사국이 항복 시에 중립국 영토 내에 상륙할 수 있도록 모든 수단을 사용하여야 한다. 그리고 국제적 무력분쟁 중에는 항공기와 그 승무원들을 억류하여야 한다. 만약 그러한 항공기가 적대적인 행위를 하거나 착륙에 대한 지시사항을 따르지 않는다면 더 이상의 경고없이 공격할 수 있다.

규칙 173 중립국은 교전당사국을 위하여 항공기, 항공기 부품, 물자, 보급품과 탄약을 사적으로 수출하거나 통과하는 것을 방지할 의무는 없다. 그러나 다음의 경우에는 그러하지 아니하다.

(a) 항공기가 다른 교전당사국에게 적대적인 공격을 가하거나 그러한 목적이 있다고 여겨지는 항공기의 관할권 이탈을 방지하기 위해

(b) 교전당사국의 군용항공기 승무원과 교전당사국의 군요원인 민간항공기의 승객과 승무원의 관할권 이탈을 방지하기 위해

규칙 174 본 매뉴얼의 제J절과 제V절과는 관계없이 다음과 같은 행동들은 중립국 민간항공기를 군사목표물로 간주되게 한다.

(a) 전시금제품을 적재하고 있는 것으로 합리적으로 판단되고, 사전경고와 차단에도 의도적

이고 명확하게 목적지 변경을 거부하거나 검색을 위해 해당 형태의 항공기가 안전하고 무리없이 접근할 수 있는 교전당사국 비행장으로 비행할 것을 의도적이고 명확하게 거부하는 경우

(b) 적의 적대행위에 가담하여 지원하는 경우. 예를 들어 다른 항공기를 저지하거나 공격하는 경우, 지상이나 해상에 있는 자와 목표물을 공격하는 경우, 공격의 수단으로 사용되는 경우, 전자전에 가담하는 경우 및 적에게 표적첩보를 제공하는 경우

(c) 적군의 군사행동을 용이하게 하는 경우. 예를 들어 적의 군사력을 수송하는 경우, 군사물품을 수송하는 경우, 적의 군용항공기를 급유하는 경우.

(d) 적의 정보수집체계에 포함되거나 조력하는 경우. 예를 들어 정찰에 가담하는 경우, 조기경보, 감시와 지휘, 통제와 통신 작전.

(e) 착륙에 대한 지시사항 포함 군 당국의 명령에 따르기를 거부하는 경우

(f) 군사적 행위에 효과적으로 기여하는 경우

규칙 175 민간항공기가 중립을 표시하고 있다는 사실은 일견(prima facie) 중립성의 증거이다.

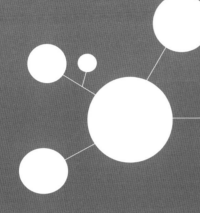

공전 및 미사일전에 관한

하버드 국제법 매뉴얼
해설

제A절 정의

[규칙 1] 본 매뉴얼의 적용에 있어서

1. 본 절에 표기된 정의는 전문가 그룹에 의해서 작성된 것이다. 전문가 그룹이 조약 문언을 반영할 경우 조약의 텍스트에 대한 해설에서 그 출처를 밝히거나 인용하였다.

2. 정의는 본 매뉴얼의 각 절에서 설명하고 있는 기본적인 규칙들과의 맥락에서 이해되어야 한다. 어떠한 정의가 비국제적 무력분쟁에도 적용되는지에 대한 물음도 이러한 맥락 속에서 다루어져야 한다. 예를 들면, 중립국(규칙1(aa) 참조)의 정의는 비국제적 무력분쟁과 아무런 관계가 없다.

3. 다른 한편, 1996 CCW 제2수정의정서 제2조(6)[1] 및 1954 헤이그협약 제2의정서 제1조 (f)[2]와 같은 조항들을 고려할 필요가 있다. 두 협약[3][4] 모두 국제적 및 비국제적 무력분쟁 모

---

1) 1996년 CCW 제2의정서 제2조(6): "군사목표물이라 함은 그 성질·위치·목적 또는 사용이 군사적 행동에 효과적으로 기여하며, 그 당시의 지배적인 상황하에서 그것의 전부 또는 일부의 파괴·노획 또는 무용화가 명백한 군사적 이익을 제공하는 물건을 말한다."

2) 1954년 헤이그협약 제2의정서 제1조(f): "군사목표물이라 함은 그 성질·위치·목적 또는 사용이 군사적 행동에 효과적으로 기여하며, 그 당시의 지배적인 상황하에서 그것의 전부 또는 일부의 파괴·노획 또는 무용화가 명백한 군사적 이익을 제공하는 물건을 말한다."

3) CCW 제2차 검토회의에서 채택된 바와 같이 CCW 2011년 수정안 제1조(1) 및 (2): (1)이 협약 및 부속의정서는 전쟁희생자의 보호를 위한 1949년 8월 12일자 제네바 제협약의 공통 제2조가 언급하고 있는 상황과 통제네바 제협약의 제1추가의정서 제1조 제4항에 기술되어 있는 모든 상황에 적용된다. (2)이 협약 및 부속의정서는 (1)항에 언급된 상황외에도 1949년 8월 12일자 제네바 제협약의 공통 제3조가 언급하고 있는 상황에도 적용된다. 이 협약 및 부속의정서는 무력분쟁이 아닌 폭동, 개개의 산발적인 폭력행위 및 이와 유사한 성질의 기타 행위와 같은 국내적 소요 및 긴장사태에는 적용되지 않는다.

4) 1954년 헤이그협약 제2의정서 제22조(1): "동 의정서는 어느 일 체약국의 영역 내에서 발생하는 국제적 성질을 갖지 않는 무력분쟁의 경우에도 적용된다."

두에 적용된다.

(a) '공중' 또는 '공역(空域)'이라 함은 항공기가 비행할 수 있는 가장 높은 고도의 상부와 궤도를 비행하는 인공위성의 가장 낮은 근지점의 하부 사이를 뜻한다. 국제법상 공역은 한 국가의 공역(일국의 영토, 내수, 군도수역, 영해 상공)과 국제적 공역(접속수역, 배타적 경제수역, 공해 및 일국의 주권에 복종하지 않는 영토 상공)으로 분류한다.

1. 모든 국가는 영토와 영해 상부의 영공에 대한 주권을 갖는다.[5]

2. 1957년 첫 인공위성이 등장하기 전까지 국가 영공에는 상한선이 없다는 인식이 널리 받아들여졌었다. 하지만 지구궤도로 인공위성이 발사된 이후 인공위성이 다닐 수 있는 공간은 어떠한 국가의 영공에 포함되지 않는다는 점이 명확해졌다.

3. 저궤도의 인공위성은 최소 초당 8km(5마일) 속도로 비행해야 중력의 힘으로 인해 궤도에서 이탈하는 현상을 피할 수 있다. 아주 얇은 공기라 하더라도 마찰에 의해 인공위성을 가열 및 감속시킬 수 있다. 이러한 현상은 대략 100km(약 328,000피트) 고도 이하에서 비행하는 물체에 일어난다. 따라서 인공위성이 비행하는 궤도의 최저점은 이 고도보다는 높아야 한다.

4. 대기에서 공기의 반응에서 양력을 얻는 항공기(규칙1(d) 참조)는 인공위성이 지나다니는 고도에는 도달하지 못한다. 풍선이 대략 35km(약 115,000피트)까지 도달하는 데 반해 제트 항공기는 25km(약 82,000피트)를 초과하는 데도 큰 어려움을 겪는다.

5. 높이 올라갈수록 공기밀도가 낮아지기 때문에 항공기가 더 높은 고도에 도달하기 위해서

---

5) 시카고협약 제1조(주권): "체약국은 각국이 그 영역상의 공간에 있어서 완전하고 배타적인 주권을 보유한다는 것을 승인한다."

는 매우 빠른 속도로 비행해야 한다. 대략 100km의 고도에서 항공기는 초당 약 8km 속도로 비행해야 한다. 이것은 원심력으로 항공기가 추락하는 것을 방지하는 궤도속도와 같다. 약 100km에 해당하는 이 고도는 일반적으로 영공비행과 우주비행을 구분하는 것으로 받아들여지고 있지만 국제법상 보편적으로 승인된 것은 아니다.

6. 한정된 시간 동안 탄도궤적을 따라 비행하는 탄도미사일과 항공기는 원칙적으로 현 기술상 '항공기가 날 수 있는 가장 높은 고도'와 '궤도에 있는 인공위성의 가장 낮은 근지점' 사이의 고도에 도달할 수 있다. 이러한 중간 고도에서의 비행이 타국의 영공을 침범하는 것인지는 아직 확정된 바 없다. 만약 미래의 기술발전으로 어떤 운송수단이 이러한 중간 고도에서 회전하거나 비행하고 또는 감속하거나 연소되지 않고 궤도에 진입할 수 있게 된다면 유사한 문제가 발생할 것이다.

7. 규칙 1(a)의 목적상 국가의 영역은 영토, 내수, 군도수역 그리고 당해 국가의 주권하에 있는 영해를 포함한다.[6] 영해에 있어 모든 외국선박들에게 인정되는 무해통항권[7]은 영공에서는 인정되지 않는다.

8. 국제해협과 군도항로대와 관련하여 모든 국가의 항공기는 통과통항권을 향유한다.

9. 일부 국가의 군사매뉴얼은 이 문제를 다른 방법으로 다루고 있는데, 그에 따라 자국 영공의 최고도 문제에 많은 관심을 보이지 않는다.[8]

---

6) 시카고협약 제2조(영역): "본 협약의 적용상 국가의 영역이라 함은 그 나라의 주권, 종주권, 보호 또는 위임통치 하에 있는 육지와 그에 인접하는 영수를 말한다."

7) UN해양법협약 제17조(무해통항권): "본 협약에 따라 연안국이든 내륙국이든 모든 국가의 선박은 영해에서의 무해통항권을 향유한다."

8) NWP para.1.10: "국가관할권에 종속되는 공역의 상부 이원의 공간은 국제법상 단정적으로 정의되지 않고 있다. 인공위성이 지구로 자유낙하 함이 없이 궤도에 있을 수 있는 지점 이하에서 공역은 끝난다는 국가관행이 확립되어 있다." German ZDV, para.12.13; UK Manual, para.12.13 참조.

10. '어느 국가의 주권에도 복종하지 않는 영토'는 남극의 일부 구역을 말한다.[9] 이론적으로 이는 공해상에서 도서가 새로 생성될 가능성을 언급하는 것이기도 하다.

(b) '공중 또는 미사일 작전'이라 함은 모든 종류의 항공기와 미사일의 사용을 포함하는 무력분쟁에서의 군사작전을 뜻하며, 공격 또는 방어의 모든 상황이 포함되고, 적대세력의 영토 상공인지는 구분하지 않는다.

1. '공중 또는 미사일 작전'은 공중에서의 군사활동과 관련된 포괄적인 어구이다. 이는 모든 종류의 항공기 혹은 미사일에 의한 공격과 차단을 포함한다.

2. '공중 또는 미사일 작전'이라는 용어는 항공기나 미사일이 비행 중일 때뿐만 아니라 전개, 발사, 유도, 검색과 같은 항공기 혹은 미사일의 실질적인 사용과 직접적으로 연관된 활동들도 포함한다. 이러한 활동들은 공중에서, 지상에서 혹은 선박에서 실시될 수 있다. 또한 항공기 혹은 미사일의 비행단계 전후 그리고 그 중간에서도 실시될 수 있다.

3. '군사작전'이라는 어구는 (i) 적에 대한 실질적 혹은 잠재적인 무력사용을 포함하는 작전, 및 (ii) 이들 작전에 대한 직접적인 지원작전을 의미한다.

4. '무력분쟁 중'이라는 어구는 본 매뉴얼에 언급된 군사작전이 무력분쟁의 법적 범위에 도달하지 않는 사건에서가 아니라 무력분쟁 상황하에서 행해져야 한다는 것을 명확하게 한다 (제B절 참조). 따라서 법집행을 목표로 하는 작전들은 그 과정에서 무력이 사용됨에도 불구하고 이에 포함되지 않는다. 법집행 작전은 무장세력에 통합되지 않는 이상 일반적으로 전투

---

9) 남극조약 제4조(2): "본 조약의 유효기간 중에 행하여진 행위 또는 활동은 남극지역에 있어서 영토에 관한 청구권을 주장하고 지지하며, 또한 부인하기 위한 기초를 이루며, 또는 남극지역에 있어서 주권을 인정하는 것은 아니다. 남극지역에 있어서 영토에 관한 新청구권 및 기존의 청구권의 확대는 본 조약의 유효기간 중은 주장하지 못한다."

부대로 간주되지 않는 경찰조직에 의해 행사된다.[10] 유사한 고려사항이 해안경비대에도 적용된다.

5. 군대가 무력분쟁 상황에서 적에 대한 실질적인 -혹은 잠재적인- 무력사용과 관계없는 민간사회의 지원으로 작전을 수행할 경우, 그러한 작전들은 국내법상으로는 '군사적'인 것으로 인정되더라도 본 매뉴얼의 의미에서는 '군사적'인 것으로 간주되지 않는다.

6. 본 매뉴얼의 제목에서 사용되었듯이 '공전 및 미사일전'이라는 어구는 적대행위와 구체적으로 관련된 공중 혹은 미사일 작전을 말한다. 공중 혹은 미사일 전투작전(규칙 1(c) 참조)외에도 공중 혹은 미사일 작전은 감시, 기상, 수색, 구조, 수송 그리고 진행 중인 적대행위들과 직접적인 관련이 없는 다른 작전도 포함한다.

7. '공격 또는 방어' 작전이 포함된 것은 작전의 전술적 혹은 운용상의 성격은 이에 적용 가능한 국제적 무력분쟁에 적용되는 법과 관련이 없다는 점을 강조하기 위해 의도된 것이다. 예를 들면, 본 매뉴얼에서 공격적인 공격과 방어적인 반격이라는 용어 사이에는 차이가 없다. '공격'이라는 정의에 대해서는 규칙1(e) 참조.

8. 중립국 관련 권리(제X절 참조)에 따라 규칙 1(b)는 공중 혹은 미사일 작전이 아무데서나 이루어질 수 있음을 강조한다. 이는 다음을 포함한다. (i) 모든 교전당사국 영토의 상부 영공, (ii) 공해상의 영공과 어느 국가의 주권 대상이 되지 않는 영토 상부 영공 및 (iii) 모든 국가(중립국 포함)의 접속수역 또는 배타적 경제수역 상부 영공. 배타적 경제수역과 대륙붕은 천연자원의 개발과 관련이 있다. 공중 혹은 미사일 작전의 목적상 이들 구역은 국제수역이며, 그 상공은 국제공역이다. 규칙 107(e)와 규칙 166에 대한 해설 para.3 참조.

---

10) 제1추가의정서 제43조(3): "분쟁당사국은 준군사적 또는 무장한 법집행기관을 군대에 포함시킬 경우 타분쟁당사국에 그러한 사실을 통고하여야 한다."

(c) '공중 혹은 미사일 전투작전' 이라 함은 상해, 살해, 파괴, 파손, 목표물의 포획, 목표물의 중립화와 같은 목적을 실현시키거나 지원하거나 저지하기 위해 설계된 공중 혹은 미사일 작전이다.

1. 공중 전투작전은 항공기나 지상(혹은 해상) 표적에 대한 타 항공기의 공격을 포함한다.

2. 미사일 전투작전은 항공기, 지상 표적(혹은 해상) 혹은 다른 미사일에 대한 지상 혹은 해상 플랫폼을 기반으로 한 미사일 공격을 포함하며, 지대지 미사일 공격도 포함한다.

3. 공중 혹은 미사일 전투작전은 '공격'을 행하는 항공기 혹은 미사일에 국한되지 않는다(규칙 1(e) 참조). 공중 전투작전의 예로는 재급유, 적 레이더에 대한 전파방해, 적 전파탐지소·對항공기 포대 혹은 미사일 기지를 공격함으로써 적의 방어체계를 진압하는 것, 공중경보 관제단의 사용, 폭격, 폭격 이전의 전투기 엄호와 전투기 소탕작전이 있다. 적에 대항하는 지상 혹은 해군 전투에 필수적인 작전들, 예를 들면 공수부대를 투하하거나 적해군 함정의 공격을 통제하기 위해 공중 플랫폼을 사용하는 것도 그 범주에 포함된다.

4. 공중 혹은 미사일 전투작전의 표적은 사람이 될 수도 있고 물체가 될 수도 있다. 규칙 10(b)는 어떠한 표적을 합법적으로 공격할 수 있는지를 설명한다.

(d) '항공기'라 함은 (유인(有人) 무인(無人) 관계없이) 대기에서 공기의 반응을 기반으로 양력을 얻으며, 고정익(固定翼), 회전익(回轉翼)을 가진 모든 운송수단을 뜻한다.

1. 본 매뉴얼에서 항공기라는 용어는 최광의의 의미로 사용되며 항공기(고정익 항공기), 헬리콥터(회전익 항공기), 심지어 풍선, 소형 비행선 그리고 동력 비행선을 포함한다. 항공기의 정의는 기능(예: 전투, 수송, 재급유 등), 지위(예: 군, 민간 등) 혹은 크기(예: 큰 수송선부터 작은 무인항공기)의 측면에만 국한되지 않는다. 또한 항공기의 정의는 모든 무인항공 운송수단을 포함하는데, 그것이 비무장(UAV) 혹은 무장(UCAV) 그리고 무선으로 조종되거나 자동으로 작동되는

것도 포함한다.

2. 풍선이나 소형 비행선과 같은 공기보다 가벼운 항공기는 공기 중에서 부유하는 경항공기이다. 이와 대조적으로, '공기보다 무거운' 항공기는 중항공기다. 가장 간단히 말하면 중항공기, 특히 고정익 항공기나 회전익 항공기는 항공기의 표면의 접촉을 통해 공기를 아래로 밀어내림으로써 양력을 얻는다.

3. 항공기는 무동력일 수도 있고(예, 글라이더), 프로펠러, 로켓 또는 하나 또는 그 이상의 제트 엔진에 의해 동력을 얻을 수도 있다. 제트 엔진은 공기를 빨아들이고(주로 터빈에 의해 가동되는 압력기를 통해), 연소한 뒤 배기가스를 방출함으로써 추진력을 얻는다.

4. 항공기의 핵심은 공기와의 반응이며, 미사일은 항공기로 인정되지 않는데 그 이유는 순항 미사일을 제외한 나머지 미사일들이 공기와의 반응에서 추진력을 얻지 않기 때문이다(규칙1(z) 참조).

(e) '공격'이라 함은 공격 또는 방어시에 행해지는 폭력적인 행위를 뜻한다.

1. 본 정의는 제1추가의정서 제49조(1)에 기초하고 있다.[11] 동 조항의 '적에 대항하는'이라는 수식 어구는 혼란을 피하기 위해 생략되었다. 본 매뉴얼에 있어 공격은 적국의 군대나 자산에 대한 직접적인 것일 필요는 없다. 가장 중요한 것은, '공격'은 그것이 불법적으로 민간인, 민간물자 혹은 중립국에 대한 것이라 하더라도 위의 정의가 성립된다는 것이다(규칙 11과 제X절 참조). 다른 말로 본 규칙에서 사용된 '공격'이라는 용어는 공격의 합법성과는 관련없는 물리적인 행동에도 위의 정의가 성립된다는 것을 보여준다.

---

11) 제1추가의정서 제49조(1): "공격이라 함은 공세나 수세를 불문하고 적대자에 대한 폭력행위를 말한다."

2. '공격'의 정의는 엄격하게 국제적 무력분쟁에 적용되는 법의 문제이다. 이는 UN헌장 제51조에 규정된 '무력공격'의 jus ad bellum 개념과는 아무런 상관이 없다.[12] 이는 jus ad bellum의 의미에서 폭력행위들이 국가에 대한 무력행위에 해당되는지의 여부와는 상관없이 본 매뉴얼의 규칙들이 무력분쟁의 폭력행위에 적용된다는 것을 의미한다.

3. '방어시'라는 구절은 작전의 의미로 사용되었다. 이는 UN헌장 제51조에 사용된 '자위'의 jus ad bellum 개념을 나타내기 위해 의도된 것은 아니다.

4. 규칙 1(b)의 해설 para.7에 명시되어 있듯이, '공격'은 반드시 상대세력에 대항하는 공격적인 행동을 암시하지는 않는다. 이는 공격 혹은 방어 작전들이 서로 구별되어 있지 않다는 점을 의미한다. 본 매뉴얼의 목적에 따르면 공격은 폭력성을 수반하는 군사적 행동이다. 이 용어의 의미는 하나 또는 그 이상의 공격으로 구성되거나 혹은 아예 행해지지 않은 공격을 포함하는 '군사작전'이라는 구절보다 더 좁은 의미로 사용되었다.

5. 본 규칙에 정의된 '공격'은 사람 또는 물체에 사상, 피해 혹은 파괴를 야기하지 않는 정보수집, 선전 혹은 여타의 군사적 행위는 포함하지 않는다.

6. '공격'이라는 용어는 폭력적인 효과를 초래하는 공격과 그것을 의도했으나 실패한 공격 모두를 포함한다. 예를 들어, 표적을 폭격하려 했으나 기계적 결함으로 무기시스템이 작동하지 않아 폭격에 실패한 경우에는 공격하지 않은 것이다. 이와 유사하게, 적의 방어는 효과적으로 공격을 좌절시킬 수 있고 따라서 공격이 완수되지 않았을 수도 있다. 완수되지 못한

---

12) UN헌장 제51조: "이 헌장의 어떠한 규정도 UN 회원국에 대하여 무력공격이 발생한 경우 안전보장이사회가 국제평화와 안전을 유지하기 위하여 필요한 조치를 취할 때까지 개별적 또는 집단적 자위의고유한 권리를 침해하지 아니한다. 자위권을 행사함에 있어 회원국이 취한 조치는 즉시 안전보장이사회에 보고된다. 또한 이 조치는 안전보장이사회가 국제평화와 안전의 유지 또는 회복을 위하여 필요하다고 인정하는 조치를 언제든지 취한다는 이 헌장에 의한 안전보장이사회의 권한과 책임에 어떠한 영향도 미치지 아니한다." 또한 본 매뉴얼의 범위에서 *jus ad bellum*을 제외하고 있는 서문 D 참조.

공격 또한 공격으로 간주된다.

7. '공격'의 정의는 사람 혹은 물체에 사상, 피해 혹은 파괴를 초래하는 '비활동적인' 공격 (예, 특정 CNA와 같이 에너지의 물리적인 이동을 포함하지 않는 공격. 규칙 1(m) 참조)도 포함한다. 인정컨대, '비활동적인' 작전이 국제적 무력분쟁에 적용되는 법의 맥락에서 '공격'에 해당하는지는 논란이 많다. 전문가 그룹 사이에서는 '공격'이라는 용어가 단순히 불편(예를 들면 인터넷 접속의 일시적인 장애)을 초래하는 CNAs를 포함하지 않는다는 합의가 있었다.

(f) '교전당사국'이라 함은 국제적인 무력분쟁에 참여 중인 국가를 뜻한다.

1. 본 매뉴얼의 목적상 '교전당사국'은 언제나 국가이다.

2. '국제적 무력분쟁'은 둘 또는 그 이상의 국가들 간의 무력분쟁을 뜻한다(규칙1(r) 참조).

3. 제1추가의정서 제1조 (4)에 따르면, 국제적 무력분쟁이란 "UN헌장에 따른 국가간 우호 관계와 협력에 관한 국제법원칙의 선언에 의하여 보장된 민족자결권을 행사하기 위하여 식민통치, 외국의 점령 및 인종차별에 대항하여 투쟁하는 무력분쟁"을 포함한다. 그러므로 제1추가의정서 체약국인 '교전당사국'이라는 용어는 제1추가의정서 제1조 4항에서 다루어지는 형태의 분쟁에 참여하는 자들을 대표하는 당국을 아우른다. 제1추가의정서 비체약국은 이를 인정하지 않는다.

4. 국가의 정규군과 그에 반대하는 비국가 무장단체간 혹은 비국가 무장단체들간의 무력분쟁은 비국제적 무력분쟁이다(규칙 2(a) 해설, 특히 paras. 5,6,7 참조).

5. 국제법은 국제적 무력분쟁 중인 국가와 관련된 보편적으로 인정되는 용어를 아직 만들지 못했다. 예를 들면, 1907년 헤이그협약(Ⅵ)이 '교전자'(belligerent)라는 용어를 쓰는 반면, 제

1추가의정서는 '분쟁당사자'(Party to the conflict)라는 용어를 사용한다. 하지만 이러한 의미상의 구분은 실질적이지 않다. 국제적 무력분쟁에 적용되는 법하에서 국제적 무력분쟁에 참여하는 단체로 인정받는 독립체들을 묘사하는 다소 느슨한 관점에서 전문가 그룹은 본 매뉴얼에서는 전반적으로 '교전당사국'(Belligerent Party)이라는 단어를 사용하기로 했다.

6. 본 매뉴얼에 반영된 모든 교전자의 권리는 아래에 정의된 바와 같이 교전당사국(국제적 무력분쟁에 참여하는 국가들)에게 확립되어 있다.

(g) '카르텔항공기'라 함은 교전당사국 간의 합의하에 안전을 보장받는 항공기이다. 이는 특정한 역할(전쟁 포로나 군사(軍使) 수송)을 수행하기 위한 목적을 가지고 있다.

1. '카르텔'이라는 용어는 교전당사국 간의 동의를 의미한다. 그러므로 이러한 동의는 카르텔 항공기의 특수한 지위의 구성요소이다. 동의는 가능한 한 구체적이어야 하고, 카르텔 항공기가 제공할 기능에 대해 합의하여야 하며 따라서 특수한 조건하에서 공격과 포위로부터 보호되어야 한다(제J절(II)와 (III) 참조).

2. 해전에서 잘 확립된 국가관행에 따라 카르텔 항공기는 교환된 전쟁포로들이나 '軍使'를 수송하는 임무를 위임받을 수 있다. '軍使'는 어느 일 교전당사국으로부터 적과 협상할 수 있는 자격을 부여받은 자를 일컫는다.

3. 교전당사국이 카르텔 항공기가 수행할 기능에 동의하는 것은 자유이다. 'such as'라는 용어는 제네바 제3협약 제109조와 제117조와 관련하여 교전당사국이 상병 전쟁포로들을 본국으로 송환하거나 중립국으로 수송해야 하는 현재의 관행을 고려하여 동 규칙에서 사용되었다. 카르텔 항공기가 제공할 수 있는 다른 기능들의 예로는 민간인 억류자나 문화재를 수송하는 것 등이 있다.

4. 군용(규칙 1(x) 참조), 민간(규칙 1(h)참조), 의료용(규칙1(u)참조) 또는 국가항공기(규칙 1(cc) 참조)로 지정되거나 정의된 항공기는 교전당사국의 합의 하에 카르텔 항공기가 될 수 있다.

5. 카르텔 항공기는 규칙 65에 규정된 상황들에서는 공격으로부터 특별보호를 받을 권리를 상실할 수 있다. 따라서 교전당사국 간 합의의 세부사항에 성실하게 따르고, 비협조적인 자세로 행동하지 않는 것이 중요하다. 또한 카르텔 항공기는 합의문의 세부사항에 명시된 항공기가 맞는지 확인하기 위해 상대 교전국의 검사 대상이 된다.

(h) '민간항공기'라 함은 군용항공기나 다른 국가항공기를 제외한 모든 항공기를 뜻한다.

1. 본 정의는 텍스트에는 'civil aircfaft'라고 언급하고 있지만 시카고협약 제3조에 기초하고 있다.[13] 'civilian'이라는 형용사를 쓰는 것이 맞는 지에 대해 전문가 그룹의 의견은 나뉘어졌다. 일부는 'civil'이라는 형용사를 쓰는 것을 선호했는데 그 이유는 이 용어가 조약과 각국의 군사매뉴얼에서 사용되고 있기 때문이었다. 하지만 대다수 전문가들은 그러한 항공기들이 민간물자임을 강조하기 위하여 'civilian'이라는 용어의 사용을 더 선호했다(규칙 1(j) 참조).

2. 시카고협약과 산레모 매뉴얼[14] 및 각국의 군사매뉴얼[15]에 포함된 정의는 모두 네가티브적으로 표현되고 있다. 따라서 민간항공기는 군용항공기도 아니며 여타의 국가항공기도 아니다. 국가항공기에 대한 정의에 대해서는 규칙 1(cc) 참조.

3. 시카고협약 제17조에 따르면, "항공기는 그것이 등록된 국가의 국적을 갖는다." 동 협약

---

13) 시카고협약 제3조: "(a)본 협약은 민간항공기에 한하여 적용하고 국가항공기에는 적용하지 아니한다. (b)군, 세관과 경찰업무에 사용하는 국가항공기로 간주한다."

14) 산레모 매뉴얼 제13항(1): "민간항공기는 군용항공기, 보조항공기 세관용 및 경찰용 항공기와 같은 국가소유 항공기 이외의 상업적 또는 사적 업무에 종사하고 있는 항공기를 말한다."

15) UK Manual, para.12.6; German ZDv, para.1009 참조.

제18조는 "항공기는 한 국가 이상에 유효하게 등록될 수 없지만, 그 등록은 한 국가에서 다른 국가로 변경될 수는 있다"라고 명시하고 있다. 국제항공에 종사하는 모든 항공기는 반드시 "적당한 국적과 등록의 표식을 게시하여야 한다."(시카고협약 제20조).

4. 민간항공기는 그것이 적 국적이든 중립국 국적이든 민간물자이며 따라서 그것이 군사목표물이 되지 않는 이상 직접적(규칙 11)이거나 무차별적(규칙 13)인 공격으로부터 보호된다(규칙 27 및 174 참조). 이러한 보호에도 불구하고 국제적 무력분쟁에 가담하는 민간항공기는 차단과 검사를 받을 수 있다(제U절). 적 민간항공기도 나포될 수 있다(규칙 134). 중립국 민간항공기는 중립국 영공을 벗어나 규칙 140에 열거된 요건에 해당될 시 나포될 수 있다.

5. 민간항공기의 보호에 대한 자세한 설명은 제I절 참조.

(i) '민간여객기'라 함은 계획되거나 계획되지 않은 민간인 승객을 운송 중인 것으로 식별되는 모든 민간항공기를 뜻한다.

1. '민간여객기'를 특별히 언급하는 카테고리가 조약에 따로 없긴 하지만, 산레모 매뉴얼[16] 및 여러 군사매뉴얼(영국 매뉴얼[17] 및 NWP[18])에서 그 특수한 지위가 인정되고 있다.

---

16) 산레모 매뉴얼 제13항(m): "민간여객기는 항공운송국의 항로를 따라 정기 및 비정기 비행계획에 의거 민간인의 수송에 종사하는 민간항공기라는 것이 명확히 표시된 항공기를 말한다."

17) UK Manual, para.12.7: "민간여객기는 명확히 표시되고 항공운송국의 항로를 따라 정기 및 비정기 비행계획에 의거민간인을 운송하는 민간항공기를 말한다."

18) NWP para.8.6.3: "일정한 범주의 적국 상선과 항공기가 단순하게 면제범주에 종사하게 되면 포획 및 파괴로부터 면제된다. 이와 같이 특별히 보호되는 선박과 항공기는 적대행위에 가담해서는 안 되고, 전투원의 이동을 방해할 수 없으며, 임검 및 수색에 복종하여야 하며, 위험한 진로에서 이탈할 것이 요구될 수도 있다. 특별면제가 인정되는 선박과 항고는 다음을 포함한다....(6)민간여객선과 민간여객기는 포획의 대상은 되지만 파괴로부터는 면제된다. 비록 현대전에서 일반적으로 적국의 정기 수송선단은 합법적인 군사목표물이 되지만, 조우시 적국에 의해 군사적 목적(병력 또는 군사물자의 수송)으로 활용되거나 차단하는 군함과 항공기의 항로변경 지시에 불응하지 않는 한, 해상에서 민간여객선과 민간항공기는 파괴로부터 면제된다. 항구의 민간여객선과 지상의 민간항공기는 파괴로부터 면제되지 않는다."

2. 민간여객기가 민간항공기에 부여되는 일반적인 보호를 능가하는 특별보호를 받는 특수한 범주로 해야 하는지에 대해 전문가 그룹의 의견이 나뉘었다. 그들은 민간여객기가 예방조치라는 측면에서 특별 보호를 받을 자격이 있다는 점에 합의했다(제J절(I) 및 (III), 특히 규칙 58 참조).

3. 민간여객기는 민간인 승객의 수송을 위해 전 세계적으로 운항하고 있으며, 무력분쟁 지역에서는 무고한 승객들에게 매우 큰 위험이 가해질 수도 있기 때문에 예방조치 측면에서 특별보호를 받는다.

4. '민간여객기'는 '민간항공기'의 하위 범주에 지나지 않기 때문에 등록에 관한 규칙과 시카고협약에 규정된 표식에 따라야 한다(규칙 1(h)에 대한 해설 para.3 참조).

5. '민간인 승객의 수송에 종사하는'이라는 어구는 민간인 승객들이 항공기가 비행 중이든 지상에 있든 반드시 실제로 항공기에 탑승하고 있어야 한다는 점을 의미한다. 규칙 (h)와 제I절에서 다루어지고 있듯이 민간인 승객이 탑승하고 있지 않은 항공기도 '민간항공기'이다. 한편 승객의 일부가 적 무장세력의 일원일 수 있다는 사실이 민간여객기의 지위에 영향을 미치지 않는다. 이는 민간여객기가 반드시 공격받아서는 안 된다는 의미는 아니다(제J절 (I) 및 (III) 참조).

6. 교전당사국이든 중립국이든 ICAO 규정과 절차에 따라 각국의 비행정보구역(flight information region)에서 항공교통서비스(Air Traffic Service)를 제공하기 때문에 어느 항공기가 민간여객기인지는 대체로 식별할 수 있다. 하지만 민간여객기 여부는 비행이 계획되어 있는가에 좌우되지 않는다. 또한 비행이 항공교통서비스의 항공로를 따랐는가 하는 것에도 좌우되지 않는다. 민간여객기 범주의 대상과 목적은 민간인 승객을 보호하는 것이기 때문에 항공교통서비스의 항공로에서 이탈한 민간항공기도 예방조치 측면에서 특별 대우를 받을 수 있다.

(j) '민간물자'라 함은 규칙 1(y)에서 정의된 바와 같이 군사목표물이 아닌 모든 물자를 뜻한다.

1. 본 정의는 민간물자를 '군사목표물이 아닌 모든 물자'라고 정의하는 제1추가의정서 제52조에 기초하고 있다. 군사목표물의 정의에 대해서는 규칙 1(y) 및 제E절 참조.

2. 어떤 물자의 민간성은 그 물자의 장소, 목적 또는 용도에 따라 상실될 수도 있다. 예를 들어, 산에 있는 통로는 민간물자이지만, 그러한 성격은 지리적 가치로 인해 군사적으로 중요시 될 경우 상실한다(규칙 22(b) 참조). 또한 주택은 민간물자이지만, 군숙소로 사용될 경우 군사목표물이 된다(규칙 22(d) 참조). 마지막으로 군인의 운송에 사용되는 민간 원양여객선은 군사적 목적으로 사용되기 때문에 군사목표물로 취급된다(규칙 22(c) 참조).

(k) '민방위(Civil defence)'라 함은 민간인들을 위험으로부터 보호하고 적대행위나 재해로 인해 발생하는 즉각적인 피해에 대응하며 생존을 위한 다음에 언급되는 인도적 임무를 수행하는 것을 의미한다. 구체적인 '민방위' 활동은 다음과 같다. 경고 전파, 대피, 피난처 관리, 등화관제 실시, 구조, 의료 활동(구급을 포함하는), 종교적 지원, 소화(消火), 위험구역에 대한 식별 및 표시, 오염 제거 및 그에 준하는 방어적 활동, 임시숙소와 보급품 공급, 재해 구역에 대한 복구 및 유지 과정에서의 긴급지원, 필수적인 공공재에 대한 긴급 수리, 사망자들에 대한 긴급 처분, 생존에 필수적인 장치들의 보존, 위에 언급된 일들을 수행하기 위한 계획 수립과 조직 구성.

1. 본 정의는 제2추가의정서 제61조의 민방위의 정의와 거의 동일하다. 민방위에 적용되는 실질적 조항들에 대해서는 제N절(Ⅰ) 참조.

2. 국가방위와 관련된 비군사적 조치들을 포함하는 광의의 '민방위' 정의와 대비하여, 규칙 1(k)에서 정의된 '민방위'는 15개의 인도주의적인 활동들에 한정되어 있다. 이러한 활동들의 목적은 (a)적대행위 또는 재난의 영향으로부터 민간인을 보호하고, (b)적대행위 또는 재난의 직접적 영향으로부터 민간주민의 회복을 도와주고, 그리고/또는 (c)민간주민의 생존에 필요한 조건들을 제공함에 있다.

3. 규칙 1(k)에 열거된 활동들은 '민방위'의 정의에 해당되고 민간주민 또는 민간물자의 보호 의도를 가진 활동인 경우에만 특별히 보호된다. 임무는 인도적이어야 하고 전쟁노력에 기여한다고 간주되어서는 안 된다. 예를 들어, 총격전은 민간인을 구하거나 민간물자의 손상을 방지할 경우에만 민방위 활동으로 인정되어 보호된다. 군비행장에서 총격전을 벌이는 자는 대체적으로 규칙 1(k) 하에서 보호되지 않는다. 그러나 발포가 민간인의 생명을 위태롭게 하거나 부근의 민간물자를 위협할 수도 있지만 민간인과 민간물자를 보호하려고 하는 경우에는 민방위 활동으로 간주된다(규칙 10(b)(i)에 대한 해설 para.6 참조).

4. 민방위 활동들은 적대행위의 영향과 관련있는 것만이 아니라 자연재해이든 인재이든 재난의 영향과도 관련있다(예를 들어, 화학연구소에서의 가스 누출). 하지만, 국제적 무력분쟁에 적용되는 법은 재난상황에서 수행되는 민방위 활동과 국제적 무력분쟁에 연루된 국가의 영토에서 적대행위와 무관하게 수행되는 민방위 활동에만 적용된다.

(l) '부수적 피해'라 함은 합법적 표적에 대한 공격에서 발생되는 부수적으로 발생하는 민간인 사상, 민간인 부상 그리고 민간물자와 보호물자의 피해를 의미한다.

1. 부수적인 피해의 개념은 공격의 결과 기대되는 구체적이고 직접적인 군사적 이익과 비교하여 부수적인 피해가 더 많을 것이라고 예상되는 공격을 금지하는 비례성 원칙의 핵심이다(규칙 14 참조). 이 정의는 제1추가의정서 제51조(5)(b), 제57조(2)(a)(iii) 및 제57조(2)(b)에 규정된 원칙에 근거한다.

2. 제1추가의정서 제57조에는 두 종류의 부수적인 피해가 언급되어 있다. 하나는 민간인에게 일어난 우발적인 손해 또는 부상이고, 다른 하나는 민간물자의 피해이다. 엄밀히 말해서 부수적인 피해는 민간물자 피해의 하위범주와 관련있다. 하지만 본 매뉴얼에서 '부수적 피해'라는 단어는 민간인에게 일어난 우발적인 피해 또는 부상의 하위범주도 포함한다.

3. 부수적인 피해에는 두 가지 요소가 기초하고 있다. 첫째, 손해/부상 또는 피해는 우발적인 것이어야 한다. 예를 들어, 의도적으로 혹은 무차별적으로(그리고 불법으로 - 규칙 11 및 규칙 13 참조) 공격당한 민간인 또는 민간물자는 부수적인 피해를 입은 것이 아니다. 둘째, 적대행위에 직접적으로 참가하는 전투원 또는 민간인의 사망 혹은 부상은 부수적인 피해를 구성하지 않는다. 이와 같이 (장소, 목적 또는 용도로 인해 군사목표물이 된 민간물자들을 포함한) 군사목표물의 피해 또는 파괴는 부수적인 피해로 성립되지 않는다. 전투원, 군사목표물 및 적대행위에 직접적으로 참가하는 민간인들은 합법적인 표적이다(규칙 10(b) 참조).

4. 국제적 무력분쟁에 적용되는 법의 문맥상 공격하는 자가 본의 아니게 민간인과 민간물자에 끼치는 피해는 공격하는 자가 피해의 예상을 지나치게 경시했다고 보지 않은 이상 비례적인 계산에 포함된 부수적인 피해로 분류되지 않는다(규칙 14에 대한 해설 참조). 그러한 손해와 관련된 핵심 문제는 공격시 행사 가능한 예방조치를 취할 요건이 이행되었는가 하는 것이다(제G절 참조).

5. 부수적 피해에는 민간주민의 단순한 불편함, 분개, 스트레스, 공포 또는 다른 무형의 영향들은 포함되지 않는다.

(m) '컴퓨터 네트워크 공격'이라 함은 컴퓨터 네트워크나 컴퓨터 안에 저장된 정보를 조작, 방해, 저지, 소멸, 파괴하기 위한 작전이거나 컴퓨터나 컴퓨터 네트워크를 지배하기 위한 작전이다.

1. 컴퓨터 네트워크 공격(CNAs)은 일종의 '정보작전'이다. 광의의 정의에 따르면, 정보작전은 "아군의 정보를 지키되 적의 인원 및 자동화된 의사결정에 영향을 미치고, 방해 및 파괴하고 또는 침해하기 위한 구체적인 지원 및 관련 능력과 제휴하여 전자전, 컴퓨터 네트워크 작전, 심리 작전, 군사적 기만과 작전보안에 관한 핵심능력을 통합적으로 사용하는 것"으로 정의된다.[19]

---

19) DoD Dictionary of Military Terms, at.260-261.

2. 컴퓨터 네트워크 공격의 본질은 표적체계에 대해 작전을 실행할 경우 정보의 흐름에 의존한다는 것이다. 그러므로 컴퓨터 네트워크 공격에서 사용되는 수단과 방법은 다른 형식의 정보작전들과 차별화 되어있다. 컴퓨터 네트워크 공격에는 여러 가지가 있다. 예를 들어, 컴퓨터를 부분적 또는 완전히 지배하기 위해서 컴퓨터 시스템에 접근하고, 데이터를 파괴하거나 변경하기 위해 바이러스를 퍼트리고, 어떤 일이 발생하거나 정해진 시간에 맞춰서 작동하는 논리 폭탄을 설치하거나, 컴퓨터 체계에 한번 들어가면 네트워크를 과부하시키는 웜을 컴퓨터에 심거나, 데이터 감시 및/또는 탈취를 위해 스니퍼(탐지기)를 이용하거나, 변경·삭제·추가를 통한 데이터 조작을 위해 체계에 접근하는 것을 안전하게 하거나 체계 내에 있는 데이터를 감시하기 위해 단지 침투하는 것 등이 있다.

3. 컴퓨터 네트워크 공격은 개인용 컴퓨터, 네트워크를 구성하고 있는 특정 컴퓨터 또는 컴퓨터 네트워크 전체에 대해 실행할 수 있다.

4. '컴퓨터 네트워크 공격'에서의 '공격'이라는 용어는 본 매뉴얼의 다른 부분에서 사용된 것처럼 항상 작전상의 공격이라는 뜻은 아니다(규칙 1(e)에서의 '공격'의 정의 참조). 어떠한 컴퓨터 네트워크 공격 작전들은 규칙 1에 정의된 공격의 수준으로 행해질 수 있다(규칙 1(e)에 대한 해설 참조).

(n) '전시금제품'이라 함은 국제적 무력분쟁에서 사용될 것으로 의심되는 교전당사국의 지배하에 있는 지역을 최종목적지로 하는 물자이다.

1. 본 정의는 산레모 매뉴얼 제148항,[20] NWP para.7.4.1[21] 및 영국 매뉴얼 para.12.8[22]에

---

20) 산레모 매뉴얼 제148항: "전시금제품이란 적국의 지배하에 있는 영역으로 최종적으로 향하거나 무력분쟁에 사용될 것으로 의심되는 것을 말한다."

21) NWP para.7.4.1: "전시금제품은 적 교전당사국으로 향하거나 무력분쟁에 사용될 것으로 의심되는 물자로 구성된다."

22) 영국 매뉴얼 para.12.8: "전시금제품은 적국의 지배하에 있는 영역으로 최종적으로 향하거나 무력분쟁에 사

기초하고 있다.

2. 전시금제품의 구성은 (i)중립국 화물과 (ii)중립국 항공기와만 관련 있다. 적 항공기에 적재된 적 화물은 항상 전리품으로 포획될 수 있다(제U절(I) 참조).

3. 어떤 물자가 '전시금제품'으로 분류되기 위해서는 2가지 요건을 충족해야 한다. (i)국제적 무력분쟁에 사용되는 것이어야 하고, (ii)적 영토 또는 적이 지배하는 영토로 최종적으로 향하는 것이어야 한다.

4. 전통적으로 전시금제품은 두 부류로 나눠진다.[23] 절대적 금제품은 성질상 적대행위시에 사용될 것이 명백한 물품을 말한다(런던선언 제22조 참조). 상대적 금제품은 평화적 용도로도 혹은 군사적 용도로도 사용될 수 있는 물품이다(런던선언 제24조 참조). 교전당사국은 적대행위 개시와 함께 중립국에게 절대적(런던선언 제23조 참조)이거나 상대적(런던선언 제25조 참조) 금제품 또는 금제품이 아닌 물품들을 통지하기 위해 금제품 목록을 발행할 수 있다('자유품'은 런던선언 제27조부터 제29조 참조). 제2차 세계대전시 그리고 그 이후의 국가관행에서 볼 때 절대적 금제품과 상대적 금제품 간의 전통적인 구별은 무의미해졌다. 이러한 관행을 고려, 전문가 그룹은 이러한 구별이 더 이상 불필요하다고 결론내렸다.

5. '국제적 무력분쟁에서 사용될 것으로 의심되는' 물품들은 병기, 탄약 그리고 군복, 식량 또는 연료와 같은 적군대가 사용할 것들이다. 교전당사국은 적대행위를 개시하면서 중립국에게 금제품인 물품들과 금제품이 아닌 물품들을 명시해놓은 목록을 발행할 수 있다. 교전당사국의 전시금제품 목록에 대한 정확한 성질은 분쟁상황에 따라 변한다.[24] 왜냐하면 사전

용될 것으로 의심되는 것을 말한다."

23) 런던선언은 서명은 되었지만 비준되지 못했다. 하지만 대부분 규정들은 국제관습법을 반영하고 있는 것으로 간주된다. 동 선언의 절대적 금제품과 상대적 금제품의 구별은 오늘날 무의미해졌다.

24) NWP, para.7.4.1.

에 정확히 '국제적 무력분쟁에 사용될 품목'들을 파악할 수 없기 때문이다. 문제는 교전당사국이 금제품 목록을 발행할 의무가 있느냐 없느냐 하는 것이다. 병기와 탄약은 그 목록에 포함되지 않아도 당연히 금제품으로 분류된다. 반면에 일상생활에 필요한 식량과 민간주민 및 군상병자를 위한 의료품은 금제품으로 선언되어서는 안 된다.[25]

6. 두 번째 요건(물품들이 적 영토 또는 적이 지배하는 영토로 최종적으로 향할 것)는 2개의 중요한 의미를 지니고 있다. 첫 번째 의미는 법적으로 금제품이라고 분류되는 모든 물품들은 '연속항해주의' 원칙이 적용된다는 것이다. 즉, 화물 문서상 표면적으로는 중립국 영토로 향하는 물품들이 중립국 영토에서 적 영토 또는 적의 지배하에 있는 영토로 향한다고 의심할 만한 타당한 이유가 있을 경우 금제품으로 분류된다.

7. 금제품의 개념은 중립국 민간항공기에 적재되어 있는 적의 수출품에는 적용되지 않는다. 중립국 민간항공기(민간선박)에 적재되어 있는 적의 수출을 막을 유일한 합법적인 방법은 전문가 그룹의 견해에서는 공중(또는 해상)봉쇄였다. 공중봉쇄에 대해서는 제V절 참조.

8. 본 규칙은 UN헌장 제7장하에서 안전보장이사회의 권한과는 관계가 없다. 그러므로 안전보장이사회가 결정한 엠바고(출항금지)는 국제적 무력분쟁에 사용되는 것으로 의심되지 않는 물품에 적용된다.

(o) '문화재'라 함은 발생지나 최초 소유권자에 관계없이

1. 본 규칙은 실질적으로 문화재에 대해 가장 포괄적으로 정의하고 있는 1954년 헤이그협

---

25) 런던선언 제27조-제29조. 특히, NWP, para.7.4.1.1(1) 및 (2) 참조: "일정한 물품은 비록 적국의 영역으로 향하고 일을 지라도 전시금제품으로써 포획이 면제된다. 이러한 물품으로는 (1)전적으로 군대의 상병자 치료와 질병방지를 위한 품목, (2)만약 다음의 물품들이 궁극적으로 군사적 이익을 제공하여 군사적 목적으로 사용 가능한 대용품으로 용도가 전환된다고 믿을만한 충분한 근거가 없다면, 의료와 병원물품, 종교적 물품, 의복, 침구류, 필수식량, 민간주민 특히 여성과 아동의 거처 수단."

약의 제1조와 거의 동일하다. 대부분의 다른 조약들은 정의의 한 부분만을 제시할 뿐이다. 예를 들어 (i)종교, 미술, 과학 또는 자선 목적으로 지어진 건물들,[26] (ii)역사적 건물, 박물관, 과학적, 미술적, 교육적 그리고 문화적 시설[27] 또는 (iii)현지인들의 문화적 혹은 정신적 유산인 역사적 건물, 예술작품, 예배장소.[28]

2. 본 규칙 (i)과 (ii)에 열거된 리스트는 모든 문화재를 망라한 것이 아니다.

(i) 건축물, 예술, 역사, 종교적 및 비종교적 기념비. 고고학적으로 가치가 있는 유적, 역사적으로나 예술적으로 가치가 있는 건물이나 그러한 건물들이 모여 있는 곳. 역사적·예술적·고고학적으로 가치가 있는 원고·책 등의 물건. 과학적 가치가 있는 물품, 중요한 책들의 모음과 그런 것들의 재생산품과 같이 모든 사람들에게 역사적 유산으로써 가치를 갖는 동산과 부동산

1. 본 규칙의 정의는 모든 인류에게 중요한 문화유산을 포괄한다. 1954년 헤이그협약에서 '모든 인류의 문화유산'이라는 표현은 여러 가지 해석을 낳았다. 그중 하나는 모든 인류의 공동의 문화유산을 가리킨다는 것이고, 또 다른 하나의 해석은 각 민족의 문화유산은 (개별적으로) 존중되어야 한다는 것이다.

2. 문화재는 동산일수도, 부동산일수도 있다. 종교적인 것일 수도 있고 비종교적인 것일 수도 있다. 문화재의 정의는 그러한 문화재를 포함하고 있는 건물 및 장소를 포괄할 수도 있다.

---

26) 1907년 헤이그규칙 제27조: "포위공격 및 포격을 행함에 있어서는 종교, 예술, 학술 및 자선의 용도에 제공되는 건물, 역사상의 기념건조물, 병원과 상병자 수용소는 그것이 동시에 군사상의 목적에 사용되지 않는 한, 되도록 피해를 면제케 하기 위해 필요한 모든 수단을 취하여야 한다. 포위공격을 당한 자는 보기 쉬운 특별 휘장으로 그러한 건물 또는 수용소를 표시하는 의무를 진다. 그 휘장을 사전에 포위공격자에게 통지하여야 한다."

27) Roerich Pact 제1조 참조.

28) 제1추가의정서 제53조(a): "무력분쟁의 경우에 있어서 문화재의 보호를 위한 1954년 5월 14일자 헤이그협약의 제규정 및 기타 관련 국제협약의 제규정을 침해함이 없이 다음 사항은 금지된다. 가 국민의 문화적 또는 정신적 유산을 형성하는 역사적 기념물, 예술작품 또는 예배장소를 목표로 모든 적대행위를 범하는 것"

(ii) (i)항에 명시된 동산과 부동산의 전시와 보존을 주목적으로 하는 건물들. 예를 들면 박물관, 대형 도서관, 문서고(文書庫)와 같이 물리적 분쟁 발생시 (i)항에 명시된 동산과 부동산을 보호하기 위한 목적이 있는 것

본 정의는 박물관, 도서관 및 문서고와 관련있다. 여기에 열거된 건물(규칙 1(o)(i)에서 말하듯이 역사적 또는 예술적 이익이 없는) 그 자체가 아니라 이러한 건물 내에 있는 보존할 가치가 있는 이동할 수 있는 문화재와 관련있다.

(iii) (i) 및 (ii)항에 명시된 다량의 문화재를 포함하고 있는 장소

다량의 문화재를 포함하고 있는 장소는 문화재를 포함하고 있는 도시(베니스와 브루제 같은) 전체로 구성된다. 이러한 정의는 규칙 1(o)(i) 및 (ii)에서 문화재로 인정되지 않는 도시의 일부에도 해당된다.

(p) '전자전'이라 함은 적의 전자기파 스펙트럼을 제어하거나 적을 공격하기 위해 전자기 및 지향성 에너지 사용을 포함하는 여타의 군사작전을 의미한다.

1. 전자전(EW)은 전투의 한 방법으로 광범위하게 사용되고 있다. 하지만 조약법에서는 특별히 규제되거나 언급조차 되지 않고 있다.

2. "적의 전투능력을 저하, 무용화 또는 파괴할 목적으로 인원, 시설 혹은 장비를 공격하기 위하여" 또는 "적의 전자기적 스펙트럼 사용을 방지하거나 감소시키기 위하여"[29] 전자기, 지향성 에너지 또는 對放射 무기를 사용하는 것은 본 매뉴얼과 관련있는 전자전의 한 형태인 전자적 공격으로 분류된다.

3. 전자방해와 적 대공제압(Suppression of Enemy Air Defences : SEAD)은 전자적 공격의 가

---

29) United States Air Force, Electronic Warfare, Air Force Doctrine Document(AFDD) 2-5.1, 5 November 5, 2002, at p.2.

장 흔한 형태이다. 적의 전자기적 스펙트럼의 이용을 좌절시키기 위하여 전자기 에너지는 방사, 재방사 또는 반사된다. 대표적인 표적으로는 레이더로 조종되는 무기, 정보망 및 지휘 통제체계가 있다. SEAD는 적의 지상방공체계를 무력화 또는 파괴하거나 일시적으로 기능을 저하시키는 항공작전이다. 이러한 작전에는 조기경보, 지상관제 차단, 표적획득 레이더, 대공 미사일 그리고 방공포들이 포함된다. 많은 SEAD 작전들은 표적이 방출하는 에너지를 자동적으로 추적하는 對방사추적미사일이 사용된다.[30]

4. 일국의 군대의 일반적인 재고목록에는 등재되어 있지 않음에도 불구하고 많은 국가들은 전자폭탄 연구프로그램을 가지고 있거나 가졌었다. 전장에서 전자폭탄이 제한적으로나마 사용되었었다는 기록도 있다. 전자폭탄은 폭발시 전류와 전압을 일으켜 전자펄스 (electromagnetic pulse, EMP)로 전자장치들을 중단시키거나 고장나게 한다. 통합회로, 트랜지스터, 유도자 및 전자모터는 EMP에 특히 취약하다.

5. 본 매뉴얼에서 사용된 바와 같이 전자전은 국제적 무력분쟁에서 군대에 의해서든 또는 정보기관과 같은 비군사력에 의해서든 적에게 행하는 모든 행위를 포함한다. 반대로 본 매뉴얼은 엄격히 법집행 목적을 위해 전개되는 무력분쟁과는 관련이 없는 전자전은 다루지 않는다.

(q) '실행 가능한'이라 함은 인도적 및 군사적 고려를 포함하여 당시의 상황을 고려할 때 현실적이거나 현실적으로 가능하다는 것을 의미한다.

1. 본 정의는 제41조, 제56조~제58조, 제78조 및 제86조에서 '실행 가능한'이라는 개념을 사용하고 있는 제1추가의정서의 비준시에 각국들이 행한 선언에 기초하고 있다. 유사한 정의가 CCW의 1996년 제2수정의정서 제3조(10)의 두 번째 문장에 명규되어 있다.[31]

---

30) *Ibid.,* at p.8.
31) 1996년 CCW 제2수정의정서 제3조: "이 조가 적용되는 무기의 효과로부터 민간인을 보호하기 위하여 모든

2. '실행 가능한' 이라는 단어는 본 매뉴얼의 여러 규칙들에서 사용되었으며, 그래서 문맥에 따라 실제의 의미가 다를 수도 있다. 예를 들어, 공중에서 어떤 항공기가 군사목표물을 구성하는가에 대한 검증과 관련하여 '실행 가능한' 것은 관찰 및 탐지수단의 사용 가능성에 달려 있다. 이러한 주장은 제1추가의정서에 대한 ICRC 해설에서도 지지되고 있다.[32] 군사목표물 인근지역으로부터의 민간주민의 이주와 관련한 실행 가능성은 수송수단 및 대체 거주시설의 이용 가능성에 달려 있다.

3. 특수한 행위의 실행 가능성은 군사 지휘관이 어떠한 정보들을 또는 어떠한 수단들을 이용할 수 있는지에 달려있다. 어떤 정보 또는 어떤 수단이 어딘가에 존재한다는 것을 안다는 것 자체는 실행 가능성을 검토하는 데 아무 도움이 되지 않는다. 그래서 오스트리아는 제1추가의정서를 비준하면서 제1추가의정서 제57조를 "군사 지휘관이 결정을 내릴 때, 결정 당시에 실제로 이용할 수 있는 지금 있는 정보만이 결정력 있는 증거로 삼는다라는 양해하에 적용할 것이다"라고 선언했다.

4. '그 당시'라는 단어는 실행 가능성 판단은 공격이 계획되거나 실행되는 '그 당시'에 행해져야 한다는 것을 강조하기 위한 것이다. 이는 개인의 통찰력에 의한 어떠한 분석도 명백하게 거부한다. 예를 들면, 호주는 제1추가의정서를 비준하면서 제51조~제58조와 관련하여 "공격의 계획, 결정 및 실행에 책임있는 군사 지휘관 및 기타 자들은 반드시 그 당시에 입수할 수 있는 모든 정보를 참조한 후에 결정을 내려야 한다"라고 선언했다. 즉, 그 당시에는 명확하지 않았지만 전투 후에 명확해진 대안은 아무 관련성이 없다는 것이다. 규칙 12(a)에 대한 해설 para.8 및 규칙 14에 대한 해설 para.5 참조.

실행 가능한 예방조치가 취하여져야 한다. 실행 가능한 예방조치라 함은 인도주의적, 군사적 고려사항을 포함하여 당시의 지배적인 모든 상황에 비추어 실행 가능하거나 실질적으로 가능한 예방조치를 말한다. 이러한 상황에는 다음 각 목의 경우가 포함되나 이에 한정되지 아니한다. (a)지뢰지대의 존속기간 동안 해당지역의 민간인에 대한 지뢰의 장·단기효과, (b)민간인의 보호를위한 가능한 조치(예를 들면, 담장설치·부호·경고 및 감시), (c)다 대체수단 사용의 가용성 및 실행 가능성 및 (d)지뢰지대의 장·단기의 군사적필요조건."

32) 제1추가의정서 제57조(2)(a)(ⅰ)에서의 '모든 실행 가능한'이라는 표현에 대한 제1추가의정서에 대한 ICRC Commentary, para.2198 및 2199.

5. 본 정의의 마지막 부분에서 명확히 하고 있듯이 실행 가능성은 인도적 및 군사적 고려를 참조하여 결정해야 한다. 그래서 군사지휘관들은 공격의 성공에 영향을 줄 상황과 군용항공기와 승무원의 생존을 포함한 군사작전 전체를 고려해야만 한다. 하지만 이러한 군사적 고려들을 세세하게 검토하는 것을 국제적 무력분쟁에 적용되는 법하에서의 인도적 의무를 무시하는 것이라고 볼 수는 없다. 이것은 어떠한 행동이 군사적 고려에 따라 실행 불가한 것으로 여겨지는 질 수 있는 반면에(항공기와 그 승무원에 대한 초과하는 위험 등), 일부 위험은 인도적 고려에 비춰 수용될 수도 있다는 것을 의미한다.

6. 국제적 무력분쟁에 적용되는 법하에서 실행 가능성의 결정은 '상식과 신념의 문제'이다.[33] 현재 실행 가능성을 판단하는 절대적인 기준은 없다.

(r) '국제적 무력분쟁'이라 함은 둘 또는 그 이상의 국가 간 무력분쟁을 의미한다.

1. 과거 1899년 및 1907년 헤이그협약 등의 조약은 '전쟁'이라는 용어를 사용했다. 최근에는 전쟁이라는 용어보다 '국제적 무력분쟁'이 일반적으로 사용되고 있다. 대표적인 예가 바로 제1추가의정서이다. '국제적 무력분쟁'이라는 용어를 사용하는 주된 이유는 바로 그 단어의 뜻이 더 폭넓고 '전쟁'(선언되었든 아니든) 뿐만 아니라 '단기간의 전쟁' 상황도 포함하기 때문이다, 중요한 것은 둘 또는 둘 이상의 국가가 적대행위에 참여한다는 것이다. 국제적 무력분쟁에 적용되는 법은 '전쟁'이라는 명칭과 관계없이 적용된다.

2. 한 국가의 군사력의 사용이 타 국가의 무력저항에 직면해야 하는 것은 아니다. 국제적 무력분쟁의 존재 여부는 적대행위의 기간 또는 강도와 관련이 없다.

3. 1949년 제네바협약 공통2조에 따르면, 본 협약은 "어느 일 체약국 영토의 일부 또는 전

---

33) *Ibid.*, para.2198.

부가 점령된 모든 경우에 대하여 비록 그러한 점령이 무력저항을 받지 아니한다 하더라도 적용된다"고 규정하고 있다. 예를 들면, 제2차 세계대전시 독일군은 덴마크 침략시에 아무런 저항도 받지 않았었다.

4. 무장한 반란세력 -중앙정부와의 무력분쟁을 촉발하고 있는- 에의 제3국의 개입 정도에 대해서는 논란의 여지가 있다. ICJ[34]와 ICTY[35]는 이 문제에 대해 서로 다른 입장을 보이고 있다. 만약 제3국 군대가 비국제적 무력분쟁 중인 중앙정부의 요구에 따라 정부군을 지원하고 있더라도 그 무력분쟁은 비국제적 성격을 잃지 않는다.

5. 국제적 무력분쟁은 비국제적 무력분쟁과 동시에 일어날 수도 있다(예, 2001년 아프가니스탄). 하지만 이것이 국제적 무력분쟁과 비국제적 무력분쟁이 필연적으로 겹쳐진다는 것을 뜻하는 것은 아니다. 무력분쟁이 비국제적 무력분쟁으로 개시되었지만 국제적 무력분쟁으로 전개되어 갈 수도 있다(1992년 보스니아 독립 이후 보스니아 헤르체고비나에서의 무력분쟁).

6. 국제적 무력분쟁이 존재하는가 하는 것은 사실 문제이다. 그러므로 그러한 분쟁의 존재는 (i)'전쟁상태' 또는 (ii)'국가'로서의 적, 또는 (iii)'정부'로서의 적의 공식적인 승인을 조건으로 하지 않는다.

(s) '국제적 무력분쟁에 적용되는 법'이라 함은 국가에 구속력이 있고 국가 간의 무력분쟁에 적용되는 조약 및 국제관습법의 원칙과 규칙을 뜻하며, '국제적 무력분쟁에 관한 국제인도법'과 유사하다.

1. 국제적 무력분쟁에 적용되는 법은 규칙 1(r)에서 정의되었듯이 모든 국제적 무력분쟁 상

---

34) ICJ, Case concerning Military and Paramilitary Activities in and against Nicaragua(Nicaragua v. United States of America), Merits, Judgement of 27 June, ICJ Report 1986, p.14, at para.115.

35) ICTY, Prosecutor v. Dusko Tadic, Case No.IT-94-1-A, Judgement of the Appeals Chamber of 15 July 1999, at para.145.

황에 적용된다. 국제적 무력분쟁에 적용되는 법은 국가에 의한 군사력에의 호소의 합법성을 규율하는 법(jus ad bellum)과는 명백히 구별되어야 한다.

2. 국제적 무력분쟁에 적용되는 법에 관한 한, 과거에는 '헤이그법'(적대행위를 규율하는 법)과 '제네바법'(교전의 피해자들을 보호하는 법칙)을 구별하는 것이 당연하였다. 오늘날에는 "무력분쟁에 적용되는 이러한 두 체계의 법은 너무 밀접해져 점진적으로 국제인도법으로 알려진 하나의 통합된 체계를 형성하고 있는 것으로 간주되고 있다."[36)]

3. 국제적 무력분쟁에 적용되는 법을 설명하기 위해 '국제인도법', 'jus in bello', '전쟁법', '무력분쟁법' 등과 같이 다양한 용어들이 사용되고 있다. 하지만, 전문가 그룹은 이 문제는 실체적 문제라기보다는 용어의 의미에 관한 문제라고 보았다. 그러므로 그들은 이러한 용어들을 동의어로 취급해야 한다고 보았다. 하지만 국제적 무력분쟁과 비국제적 무력분쟁을 확실히 구별하기 위하여 '국제적 무력분쟁에 적용되는 법'과 '국제적 무력분쟁에 관한 국제인도법'이라는 용어를 사용하기로 결정했다.

4. 조약은 오로지 체약국에게만 구속적인 반면 국제관습법은 그러한 관습적 규칙의 생성 초기부터 지속적으로 반대한 국가를 제외한 모든 국가를 구속한다.

(t) '전투수단'이라 함은 무기와 공격시에 사용되는 무기체계나 발사대를 의미한다.

1. 본 정의는 조약법에 명규되지는 않았음에도 불구하고, 전문가 그룹은 이러한 정의가 유용하며 통례를 정확하게 반영한 것이라고 간주하였다. 국제적 무력분쟁에 적용되는 법에서 전투수단은 공격에 사용된 물자를 말한다. 그 물자들은 무력분쟁에서 (i)개인의 죽음 또는 부상 또는 (ii)물자의 손상 또는 파괴를 야기시키기 위하여 사용된 도구이다.

---

36) ICJ, Nuclear Weapon Advisory Opinion, at p.256.

2. 공전에서 전투수단은 폭탄, 미사일, 로켓과 같은 무기들과 공격을 실시하는 항공기를 포함한다. 전투수단은 공격을 실시하는 데 직접적으로 이용하는 모든 물자들을 포함한다. 예를 들어, 표적의 데이터를 제공하고 표적 공격시 기타 주요 정보를 제공하는 항공기 또한 전투수단이다. 어떠한 경우에는 제2차 세계대전에서의 일본의 가미카제 특공대나 자살공격을 시도하는 민간항공기와 같이 항공기 자체가 무기로 사용될 수도 있다. 뉴욕시티의 쌍둥이 건물이 2001년 테러공격을 받은 것처럼 강탈당한 민간비행기도 국제적 무력분쟁에 적용되는 법의 심각한 위반이긴 하지만 전투수단으로 사용된 것이다.

3. 무기체계 전체가 전투수단이 될 수도 있다. 예를 들어, 공격을 행하는 항공기와 그 공격 실행에 통합된 지원체계 또한 전투수단으로 분류된다. 예를 들어, 무기를 표적으로 유도하기 위해 사용되는 지상표적지시기는 전투수단을 구성하는 한 부분이다. 전자전 체계를 사용하는 항공기도 전투수단이다. 규칙 1(ff) '무기'의 정의 참조.

4. '전투수단'이라는 용어는 공격 상황에서만 적용된다. 적에게 부상을 입히거나 사망케하거나 또는 물체에 손상을 입히거나 파손하기 위해 지정되거나 사용되는 군사장비는 전투수단으로 인정되지 않는다. 예를 들면, 수송기나 급유기는 군사작전에 직접적으로 공헌하지만 전투수단은 아니다.

5. 전투수단은 EW와 CNA에서 사용된 것과 같은 비활동체계를 포함한다. 전투수단은 컴퓨터와 공격을 실행하기 위한 컴퓨터 코드 외에 모든 관련 장비들도 포함한다.

6. 전투수단은 전투방법과 구별된다(규칙 1(v) 참조).

(u) '의료항공기(Medical aircraft)'라 함은 교전당사자의 자격있는 당국에 의해 영구적 또는 임시로 오로지 사상자, 병자 혹은 난선자의 수송 또는 치료 및/또는 의료요원 및 의료장비 또는 의료물자의 수송에 할당된 항공기를 뜻한다.

1. 본 규칙은 제네바 제2협약 제39조[37] 및 제1추가의정서 제8조(f), (g) 및 (j)[38]에 기초하고 있다.

2. 의료항공기는 그 기능에 따라서 정의되고 있는데 이는 부상자, 병자 및 난선자들의 항공수송과/또는 의료요원과 의료물품 또는 구호물자의 항공 수송수단이다. 본 정의는 종교요원들의 수송도 포함하는 것으로 해석되어야 한다.

3. 제1추가의정서와는 달리 본 정의는 의료항공기 내에서의 의학적 치료 규정도 염두에 두고 있다. 이러한 확대해석의 근거는 이러한 활동을 수행할 수 있는 능력이 증강되었기 때문이다. 오늘날 군대는 전지에서 환자와 부상자들을 효과적으로 대피시킬 수 있고 또한 수송 중 의학적 치료를 제공할 수 있는 환자수송기를 갖추고 있다.

4. 어떤 항공기든 그 임무에 따라서 의료항공기가 될 수 있다. 그러므로 군용항공기(규정 1(x) 참조) 또한 의료항공기가 될 수 있는데, 그럴 경우 더 이상 합법적인 공격대상으로 지정될 수 없다(적에게 해가 되는 행동을 하지 않을 경우)(규칙 26 및 제L절 참조).

5. 탐색 및 구조용 항공기는 의료항공기로써 적합하지 않고 적들의 허가가 먼저 나지 않는 이상 전투작전 지역 내의 부상자, 병자 및 난선자들의 탐색을 위해 사용될 수 없다(자세한 것은 규칙 86 참조).

---

37) 제네바 제2협약 제39조: "분쟁당사국은 의무항공기, 즉 전적으로 부상자, 병자 및 조난자의 이송과 의료요원이나 시설의 수송용으로 사용되는 항공기를 그 항공기가 관계 분쟁당사국 간에서 특별히 합의된 고도, 시간 및 항로에 따라 비행하는 동안 공격목표가 될 수 없으며 또한 존중되어야 한다."

38) 제1추가의정서 제8조: (f)"의무수송"이라 함은 제협약 및 본 의정서에 의하여 보호되는 부상자, 병자, 난선자, 의료요원, 종교요원, 의료장비, 의료품의 육지·해상·공중을 통한 수송을 의미한다. (g)"의무수송수단"이라 함은 군용 또는 민간용이든 영구적 또는 일시적이든 간에 분쟁당사국의 권한있는 당국의 통치하에 있고 의료수송에 전적으로 할당된 모든 수송수단을 의미한다. (j)"의료항공기"라 함은 공중 의료수송수단을 의미한다."

6. '부상자', '병자', '난선자' 및 '의료요원'과 같은 용어들은 1949 제네바협약과 1997년 제1추가의정서 제8조에 따라 해석되어야 한다. 부상자, 병자 및 난선자의 정의에 대해서는 규칙 16에 대한 해설 참조. 의료나 종교요원의 정의에 대한 자세한 설명은 규칙 71에 대한 해설 참조.

7. 의료항공기는 '오로지' 언급된 임무의 하나에 지정되어야 한다. 그러므로 그러한 목적에 지정되는 한 그 정의에 맞는 요원, 의료장비 또는 의료물자만을 포함하여야 한다. 예를 들면, 의료요원이나 종교요원만 태우고 있는 경우 또는 환자수송기일 경우 의료항공기로써 적합하다. 만약 항공기가 전투요원과 의료 및 구호물품으로 적합하지 않은 물자들을 추가적으로 적재할 경우 의료항공기라는 정의에 맞지 않는다.

8. 오로지 의료 목적에 항공기를 지정하는 것은 교전당사국의 완전한 권능에 따라 행해진다. 지정 이후 그 항공기는 의료항공기가 되고, 제L절에 의거 특별보호를 받는다. 제1추가의정서 제8조(g)은 의료항공기의 기능에 지정될 뿐만 아니라 교전당사국의 통제하에 있을 것을 요구한다. 만약 항공기가 군용항공기 또는 기타 국가항공기일 경우, 교전당사국의 완전한 통제는 지정 당시와 그 이후 의료항공기로써 활동하는 동안을 내포한다. 만약 그 의료항공기가 민간항공기일 경우, 교전당사국은 그 항공기가 국제적 무력분쟁에 적용되는 법을 준수하고 특히, 보호표식의 부착을 위반되지 않도록 책임지고 보장하여야 한다(규칙 72 참조).

9. 의료항공기는 의료수송 또는 의료분야의 목적에 영구적으로 또는 일시적으로 지정될 수 있다. '영구적' 의료항공기로 지정되려면 반드시(제1추가의정서 제8조(k)[39]) '불확정기간 동안 오로지 의료 목적에 지정'되어야 하지만 '일시적' 의료항공기는 한정된 기간 동안 지정되거

---

39) 제1추가의정서 제8조(k): "상임의료요원, 상설의료부대 및 상설의료수송수단"이라 함은 불특정한 기간 동안 의료목적에 전적으로 할당된 것들을 의미한다. "임시의료요원, 임시의료부대 및 임시의료수송수단"이라 함은 그러한 기간 천체의 한정된 기간 동안 의료목적에 전적으로 할당된 것들을 의미한다. 별도의 규정이 없는 한 "의료요원, 의료부대 및 의료수송수단"은 상설 및 임시적인 부류를 모두 포함한다."

나 사용된다. 의료항공기의 임무는 새로운 임무가 주어지거나 의료와 관련없는 목적으로 사용될 경우 종료된다. 가끔 같은 비행기가 상병자를 태우고 일정 구간을 비행하고, 다른 구간에서는 무장요원들과 장비들을 실고 비행하기도 한다. 그 항공기가 부상자와 환자를 태우고 비행하고 있는 구간에서는 일시적인 일정이라는 특성에도 불구하고 의료항공기로 간주된다.

(v) '전투방법'이라 함은 적의 군사작전이나 군사력에 영향을 미치기 위해 행하는 모든 공격과 활동을 뜻한다. 군사작전에서 사용되는 무기를 일컫는 '전투수단'과는 다르다. 군사용어에 있어 전투방법은 폭격과 같은 다양하고 일반적인 범주의 작전뿐만 아니라 고고도 폭격과 같은 공격을 위해 사용되는 특수한 전술로 구성된다.

1. 본 정의가 어떠한 조약에도 명시된 바는 없지만, 전문가 그룹은 이러한 정의가 유용하며 통례를 정확하게 반영한 것이라고 간주하였다. 국제적 무력분쟁에 적용되는 법의 내용에 따르면 '전투방법'은 흔히들 '전투수단'이라고 말하는 전쟁에서 사용되는 장비들보다는 어떻게 공격이 진행되고 위협적인 상황이 발생하는지를 일컫는다. 예로 항공기와 무기는 전투방법인 공중폭격작전에 사용되는 전투수단이다.

2. 폭격작전, 미사일 공격, 포격, 기총소사 그리고 전자전은 공전의 특정 방법들이다. 이 용어는 대공작전, 대공제압, 공중차단, 전자전 그리고 지상작전의 근접 공중지원 등과 같은 제반 작전의 범주면에서 동일하게 이해될 수 있다. 게다가 '전투방법'은 또한 국제적 무력분쟁에 적용되는 법의 적용과 특별히 관련되는 넓은 군사작전 카테고리를 말한다. 예로는 기아(규칙 97 참조), 공중봉쇄(제V절 참조) 및 비행금지구역 설정(제P절 참조)이 있다. 마지막으로 가장 좁은 개념으로 보면, 전투방법은 특정 전술이나 전술절차를 칭하는 것일 수도 있다. 특정 고도에서의 무기 발사, 공격 각도 및 초가시거리 교전은 이러한 의미에서의 전투방법의 예시들이다.

3. 전투방법은 군사작전의 하위항목이다. 재보급, 부대의 수송 그리고 통신과 같은 여러 군

사작전들은 적의 군사작전이나 군사능력에 악영향을 미치지 않는 한 전투방법이 아니다.

4. 폭동진압물질을 사용하는 것이 CWC에 규정된 것처럼 전투방법을 구성하는지 아직도 논의가 끊이지 않고 있다.[40] 동 규칙에 명시된 정의는 오로지 본 매뉴얼의 목적을 위한 것이며, 폭동진압물질 문제에 대한 특별한 해결책을 제의하는 것으로 이해되지 않는다(규칙 2(a)에 대한 해설 para.9 및 규칙 6(b)에 대한 해설 para.4 참조).

(w) '군사적 이익'이라 함은 공격으로부터 발생되는 군사적 이익을 뜻한다. 여기서 언급되는 '공격'은 공격 전체를 뜻하며 공격의 일부분을 뜻하지는 않는다.

1. 군사적 이익이라는 용어는 헤이그 공전규칙 제24조(1)에서 처음으로 사용되었다. 오늘날 군사적 이익은 군사목표물 정의의 중요한 구성요소이다(제1추가의정서 제52조(2) 참조, 본 매뉴얼의 규칙 1(y) 및 제E절에서 자세하게 반영하고 있음). 게다가 군사적 이익이라는 개념은 비례성원칙(제1추가의정서 제51조(5)(b) 및 제57조[41] 참조. 본 매뉴얼의 규칙 14에서 자세하게 언급하고 있음) 뿐만 아니라 공격시 실행 가능한 예방조치를 취해야 할 의무(제G절 참조)의 핵심이다. 규칙 14에 자세하게 서술된 바와 같이, 예상되는 부수적 피해는 기대되는 '구체적이고 직접적인 군사적 이익'과 비교하여 초과되어서는 안 된다.

2. 군사적 이익은 공격을 계획 또는 실행할 그 당시에 결정된다. 군사적 이익의 예측은 합법적 표적에 대한 공격을 가능케 하는 핵심요소 중 하나이다. 공격의 실질적인 결과는 공격이 계획되었거나 실행된 그 당시의 군사적 이익에 대한 평가의 합리성과는 무관하다. 규칙 1(q)에 대한 해설 para.4, 규칙 12(a)에 대한 해설 para.8 및 규칙 14에 대한 해설 para.5 참조.

---

40) CWC 제1조(5): "각 체약국은 폭동진압물질을 전투방법으로 사용해서는 안 된다."

41) 제1추가의정서 제57조에서 '군사적 이익'이라는 표현은 제57조(2)(a)(iii), 제57조(2)(b) 및 제57조(3)서 나타나고 있다.

3. "군사적 이익은 영토 확장이나 적 군사력을 전멸시키거나 약화시킬 때만 존재한다"고 제의되곤 했다.[42] 보다 나은 접근은 군사적 이익을 우호적인 군사작전을 직접적으로 고양시키거나 적의 군사적전을 방해하는 공격의 결과라고 이해하는 것이다. 이것은 중요한 통신선을 차단하는 등 적 세력을 실제로 약화시키지 않으면서도 기동력을 감소시키는 공격일 수도 있다. 하지만 어떤 군사적 이익도 합법적 표적이 되지 않는 민간인 또는 민간물자에 대한 공격으로부터 생겨나지 않는다. 규칙 14에 대한 해설 para.10 참조.

4. 군사적 이익은 군사작전과 직접적으로 연관이 있는 이익을 말하는 것이지 분쟁과 일반적으로 관련있는 다른 형태의 이익은 말하는 것은 아니다. 군사적 이익은 오로지 정치적, 심리적, 경제적, 금융적, 사회적 또는 정신적인 이익은 포함하지 않는다. 그러므로 민간인의 사기에 영향을 미쳐 적과 협상함에 있어 변화를 강제하는 것은 군사적 이익으로서의 자격을 갖지 않는다.

5. 군사적 이익의 개념은 그 내용을 전후관계에 맞춰 이해하여야 한다. 예를 들면, 민간인이 거주하는 아파트 건물을 공격했을 경우 군사적 이익이 없지만, 같은 아파트지만 군인들이 숙소로 사용하고 있을 경우 군사적 이익이 생긴다. 따라서 군사적 이익이라는 용어는 어떤 물자를 그 성질, 위치, 용도 또는 사용에 따라 군사목표물로서의 자격을 부여하는 것과 복잡하게 엮여 있다. 군사목표물의 정의에 대해서는 규칙 1(y) 및 제E절 참조.

6. 군사적 이익은 일반적으로[43] 산발적이거나 특정한 공격에서가 아니라 전체로서의 공격에서 얻는 이익이라고 이해된다.[44] 예를 들면, 특정의 군사목표물에 대한 공격은 보다 광의

---

42) 제1추가의정서에 대한 ICRC 해설, para.2218.

43) 제1추가의정서 비준시 영국이 제51조 및 제57에 대하여 제출한 양해각서. 영국외에도 여러 국가가 있었는데, 특히 캐나다의 입장도 동일하다.

44) 국제적 무력분쟁에서 다음의 전쟁범죄에 대해 '제반'(overall)이라는 용어를 사용하고 있는 ICC 로마규정 제8조(2)(b)(iv) 참조: "예상되는 구체적이고 직접적인 제반 군사적 이익과의 관계에 있어서 명백히 과도하게 민간인에 대하여 부수적으로 인명의 살상이나 상해를, 민간대상물에 대하여 손해를, 또는 자연환경에 대하

의 의미를 갖는 계획된 핵심 공격의 실제 위치 외 다른 지역에 집중토록 하는 작전을 적으로 하여금 믿게 하는 기계 전략일 수 있다(제Q절, 특히 규칙 116(a) 참조). 그러한 경우 군사적 이익은 공격을 받은 특정 표적의 파괴로부터 얻는 것뿐만 아니라 적으로 하여금 핵심 공격 지역에서 멀리 벗어나 방어토록 함으로써 획득한 이익을 포함한다. 규칙 1(y)에 대한 해설 para.7, 규칙 14에 대한 해설 para.11 및 규칙 33에 대한 해설 para.3 참조.

7. 비례성 원칙의 상황에서 '군사적 이익'의 개념에 대해서는 규칙 14에 대한 해설 paras.9-13 참조.

(x) '군용항공기'라 함은 (i)일국의 군대에 의해 운용되고, (ii)그 국가의 군 표식을 하고 있으며, (iii)군 구성원에 의해 지휘되고, (iv)정규 군율에 복종하는 승무원에 의해 통제, 탑승 또는 사전 프로그램된 항공기를 말한다.

1. 본 정의는 일반적으로 국제관습법을 반영하고 있는 것으로 간주되는 헤이그 공전규칙 제3조[45] 및 제14조[46]에 기초하고 있다. 또한 (약간의 단어상의 차이가 있긴 하지만) 산레모 매뉴얼[47]뿐만 아니라 여러 국가의 군사매뉴얼에 이미 채택되어 있다.[48]

2. 본 정의는 군용항공기(규정 17참조)로 인정되어 그 명칭에 따른 권리를 부여받기 위해 갖추어야 하는 특징을 규정하고 있다. 명시된 특징 중 하나 이상이 결여된 항공기도 군사목표

여 광범위하고 장기간의 중대한 피해를 야기한다는 것을 인식하고서도 의도적인 공격의 개시."

45) 헤이그 공전규칙 제3조: "군용항공기는 그 국적 및 군사적 성질을 표시하는 외부표식을 게시하여야 한다."

46) 헤이그 공전규칙 제14조: "군용항공기는 그 국가의 군무에 관하여 정식으로 임명되거나 또는 군무에 편입된 자의 지휘하에 있으며, 그 승무원은 군인이어야 한다."

47) 산레모 매뉴얼 제13항(j): "'군용기'는 일국 군대의 지정 부대에 의해서 운용되는 항공기로서 당해국의 군용표식을 하고 군대구성원에 의해 지휘되며 정규군대의 규율에 복종하는 승무원이 배치되어 있는 것을 말한다."

48) NWP, para.2.4.1: "군용항공기는 당해 국가의 군대에 소속되고, 군사표지를 외부에 부착하며, 군대구성원의 지휘하에 정규 군율에 따르는 승무원이 배치되어 있는 모든 항공기를 말한다." UK Manual, para.12.10 참조.

물이 될 수 있다(규칙 1(y)와 규칙 22 참조).

3. 군용항공기는 반드시 "일국의 군대에 의해 운영되어야 한다." 국가의 임명된 군 기관에 의해 운용될 필요는 없다. 그 항공기가 군대의 소속일 필요도 없다.[49] 오늘날 소유는 결정적인 사항이 아니다. 왜냐하면 항공기가 사유 재산으로 남아있을 수 있기 때문이다(항공기가 임대되었을 경우와 같은). '군대'라는 용어는 공군에만 한정되지 않고 국가의 모든 군을 포함한다.

4. 군용항공기는 반드시 "군 구성원에 의해 지휘되어야 한다." 헤이그 공전규칙 제14조에 따라 항공기는 반드시 "정식으로 임명되거나 또는 군무에 편입된 자의 지휘하에 있어야 한다." '지휘'라는 용어는 규정 1(x)에 사용된 것처럼 항공기에 대해 권한을 행사하는 항공기에 탑승한(또는 원격으로 조종하는) 개인을 말한다. 이는 군부대 또는 기관에 대한 일반적인 '지휘'와는 구별되어야 한다.

5. 만약 군용항공기가 승무원에 의해 조종될 경우 그 승무원은 "정규의 군율에 따라야 한다." 군용항공기의 승무원은 포획시 전쟁포로의 지위가 인정되는 전투원이다. 이는 군용항공기의 승무원은 민간인(포획시 전쟁포로 자격이 인정되는)도 포함된다는 제네바 제3협약 제4조(A)(4)를 따른 것이다. 군용항공기에 탑승한 전쟁포로의 자격이 인정되는 그러한 민간 승무원의 존재가 항공기의 법적 지위를 변경시키는 것은 아니다. 군용항공기의 모든 승무원이 군 구성원으로 구성되어 있다고 가정하면 안 된다.

6. 승무원은 군율에 따라야 한다는 요건은 모든 군용항공기가 승무원에 의해 조종된다는 것을 의미하는 것은 아니다. 오늘날 무인항공기와 무인전투기도 만약에 원거리에서 조종하는 자가 정규군의 군율에 따르고 있다면 군용항공기로 분류된다. 자동화 프로그래밍이 정규군

---

49) German ZDv, para.1007 참조.

의 통제에 따르는 자에 의해 실행된다면 자동으로 작동하는 무인항공기에도 동일한 주장을 할 수 있다.

7. 모든 군용항공기(제L절, 제J절(II) 또는 제N절(v)에 의해 특별히 보호받지 못할 경우)는 성질상 군사목표물로 인정된다(규칙 1(y) 및 규칙 22(a) 참조). 왜냐하면 성질상 군용항공기는 적의 군사활동에 효과적으로 기여하고 군용항공기의 파괴, 포획 또는 무력화는 언제나 명확한 군사적 이익을 구성하기 때문이다.

8. 정의에 따르면 조직화된 비국가 무장단체가 운용하는 항공기는 (무력분쟁의 성질이 어떻든 간에) 군사목표물이 됨에도 불구하고 군용항공기 자격을 갖는 것은 아니다.

9. 항공기는 엄밀하게 군사적 목적의 수행을 위해 특별히 지정되거나 제작될 필요는 없다. 그러므로 헤이그 공전규칙 제9조[50]에 의해 승인되면, 국가항공기 또는 민간항공기는 군용항공기로 변경될 수 있다. 그러나 군용항공기로서의 지위를 인정받기 위해서는 변경된 항공기가 규칙 1(x)의 정의상의 조건들을 모두 충족하여야 한다.

10. 군용항공기의 정의에서 열거된 조건들은 항공기가 무장되어 있을 것을 요구하지 않는다.

11. "국가의 군 표식을 하고 있어야 한다"는 의무는 헤이그 공전규칙 제3조에 기초하고 있다.[51] 국적과 군을 나타내는 2개의 표식을 모두 할 필요는 없다. 일부 공군에서는 동일한 표식으로 국적과 군을 모두 표기하는 경우가 있다.[52] 여타 국가항공기 특히, 경찰 또는 관세용

---

50) 헤이그 공전규칙 제9조: "교전국의 비군용항공기는 그것이 공용의 것이건 사용의 것이건을 불문하고 군용항공기로 변경할 수 있다. 단 상기 변경은 그 항공기가 속하는 관할 내에서 행하며, 공해에서 행할 수 없다."

51) 헤이그 공전규칙 제7조에 따르면 "외부표식은 비행 중 변경할 수 없도록 고착되어 있어야 한다. 표식은 가능한 한 크게 하고 상방, 하방 및 각 측으로부터 볼 수 있는 것이어야 한다."

52) UK Manual, para. 12.10.4 참조.

항공기와 명확하게 구별할 수 있기 위해서는, 군용항공기의 표식은 반드시 항공기가 군사적 목적에 사용되고 있다는 것을 표시해야 한다. 통상적으로 군용항공기는 특별한 군등록부에 등재된다. 하지만 간혹 민간등록부에서 군사적인 것으로 확인되기도 한다.[53] 국적을 표시해야 된다는 표식 조건은 군용항공기가 오직 한 국가의 국적만 가지고 있다는 것을 확인하기 위해서이다. 군용항공기는 하나 이상의 국적을 보유하고 있어서는 안 된다(규칙 1(h)에 대한 해설 para.3 참조). 하지만 이 규정은 다른 모든 국가들에게 그 변경이 적절히 공지될 경우 NATO와 같은 국제기구를 나타내는 추가적인 표식을 부착할 수 있는 권리와는 아무런 관련이 없다.[54]

12. 교전당사국의 군용항공기외 어떠한 항공기도 그 국가의 군 표식을 부착해서는 안 된다(규칙 112(c) 참조).

13. 위에서 말한 조건들을 충족하는 군용항공기만이 "교전권을 행사할 권리가 있기 때문에" 적절하게 표식을 하지 않은 군용항공기는 지정된 안전기능을 수행할 수는 있지만, 공격, 차단 또는 다른 교전권의 행사를 수반하는 기타의 군사작전에 가담할 수는 없다. 국가항공기를 포함한 여타 항공기는 교전권을 행사하는 것이 금지되어 있다(규칙 17 참조).

14. 요건의 핵심은 표식 그 자체이다. 오늘날 국가들이 군용항공기에 희미한, 즉 저시정 표식을 하는 경우가 흔히 있다(규칙 114(b)에 대한 해설 paras.5와 6 그리고 규칙 116(e)에 대한 해설 참조). 이러한 광범위한 관행에 대해 공식적으로 이의제기를 하지 않는다는 것은 국가들은 일반적으로 이러한 관행을 불법적인 것으로 간주하지 않는다는 것을 보여준다.

---

53) EUROCONTROL, Decision of the Provisional Council Session of 12 July 2001, Principle 1 참조.

54) 영국 매뉴얼 para.12.10.4. 동 매뉴얼은 다음과 같은 헤이그 공전규칙 제8조의 내용을 지지한다는 것을 언급하고 있다. "외부표식은 조속히 모든 국가에 통고되어야 한다. 외부표식을 정하는 규칙의 평시에 있어서의 변경은 그 시행전에 다른 모든 국가에 통고되어야 한다. 개전시 또는 전쟁 중에 있어서의 상기 규칙의 변경은 각국이 될 수 있는 한 신속히 또한 늦어도 자국의 전투부대에 통지할 때까지 기타의 모든 국가에 통고하여야 한다."

15. 사기업 및 기타 개인 계약자에 의해 운행되는 항공기는 민간용이다. 군용항공기가 이런 기업들이나 계약자에 의해 운행되거나 지휘되면, 그 항공기는 지정된 안전 기능은 수행할 수 있지만, 군용항공기의 지위를 상실하게 되며, 국제적 무력분쟁에서 더 이상 공격에 가담할 수 없다.

(y) '군사목표물'라 함은 성질, 위치, 용도, 사용이 군사활동에 효과적으로 기여하는 것으로 그 전면적 혹은 부분적 파괴, 포획 또는 무력화가 당시 상황하에서 명확한 군사적 이익을 가져오는 물자이다.

1. '군사목표물'이라는 용어가 최초로 사용된 것은 헤이그 공전규칙 제24조(1)이다.[55] 군사목표물의 근원적인 정의는 본 매뉴얼에서의 정의가 기초로 하고 있는 제1추가의정서 제52조(2)[56]에 규정되어 있다. 본 정의는 관행상 정의에 대해 다른 해석이 있긴 하지만 국제관습법을 반영하고 있는 것으로 간주된다(규칙 24에 대한 해설 참조).

2. 본 정의는 물자와 관련하여 구성되어 있다. 적대행위에 직접적으로 참가하는 전투원과 민간인도 또한 합법적인 표적이 된다(규칙 10(b) 참조). 이 두 카테고리가 가끔 군사목표물로 언급됨에도 불구하고,[57] 본 매뉴얼의 목적상 군사목표물은 물자에 한정된다.

3. 본 정의는 두 개의 다른 기준점을 제시하고 있다. (i)적의 군사활동에 효과적으로 기여한다. (ii)파괴, 포획 또는 무력화가 공격자에게 명확한 군사적 이익이 된다. 실용적인 면에서 보면, 첫 번째 기준에 부합되면 일반적으로 두 번째 기준의 조건에 유리하게 적용된다. 규칙

---

55) 헤이그 공전규칙 제24조(1): "공중폭격은 군사적 목표 즉, 파괴 또는 훼손이 분명히 군사적 이익을 교전자에게 줄 수 있는 목표에 대하여 행하여진 경우에 한하여 적법으로 한다."

56) 제1추가의정서 제52조(2): "공격의 대상은 엄격히 군사목표물에 한정된다. 물건에 관한 군사목표물은 그 성질·위치·목적·용도상 군사적 행동에 유효한 기여를 하고, 당시의 지배적 상황에 있어 그것들의 전부 또는 일부의 파괴, 포획 또는 무용화가 명백한 군사적 이익을 제공하는 물건에 한정된다."

57) 제1추가의정서에 대한 ICRC Commentary, para.2017 참조. "본 정의는 물자에 한정되지만, 군대의 구성원도 군사목표물인 것은 분명하다는 것이 강조되어야 한다."

22에 대한 해설 para.4 참조.

4. '효과적'이라는 용어는 적의 군사활동에 반드시 기여한다는 뜻을 담고 있다. 그 기여가 중요한 것인지에 대한 조건은 없다.

5. 4가지 기준 -성질, 위치, 용도 또는 사용- 은 규칙 22에 정의되어 있다.

6. 일반적으로 공격에서 예상되는 군사적 이익은 고립되거나 특정부분의 공격이 아닌 공격 전체에서 예상되는 것이라고 이해되고 있다(규칙 1(w)에 대한 해설 para.6, 규칙 14에 대한 해설 para.11 및 규칙 33에 대한 해설 para.3 참조).

7. 정의에 따르면 파괴, 포획 또는 무력화는 그 당시의 지배적인 상황에서 '명확한 군사적 이익'을 제공하여야 한다. '명확한'이라는 단어는 잠재적, 이론적 또는 불확실한 이익을 배제하기 위해 사용되었다.[58]

8. 본 정의가 간접적이긴 하지만 효과적으로 군사작전을 지원하는 물자를 포함하는가 하는 것은 논쟁의 여지가 있다. 하지만 전문가 그룹은 군사작전을 직접적으로 지원하는 물자가 이러한 정의의 범위 안에 든다고 합의했다. 하지만 NWP는 "적의 전투능력을 간접적으로 그러나 효과적으로 지원하고 유지시키는 적의 경제적 물자"를 언급함으로써 '전쟁을 지속시키는' 물자를 포함하기 위하여 본 정의를 더욱 광범위하게 해석하고 있다. 규칙 24에 대한 해설 및 NWP의 para.8.2.5 참조.

(z) '미사일'은 항공기, 군함 또는 지상발사대에서 발사되는 자력으로 추진되는 무인의 유도 또는 탄도무기를 뜻한다.

---

58) 제1추가의정서에 대한 ICRC 해설, para.2024 참조.

1. 미사일은 항공기, 군함 또는 지상 미사일 발사 플랫폼에서 공중으로 발사되는 자력으로 추진되는 무기이다. 미사일은 로켓이나 제트엔진으로 추진된다. 로켓의 추진력을 이용한 엔진은 액체나 고체 연료를 이용한다. 전자는 일반적으로 지대지 미사일에 사용되는 반면, 후자는 공대공이나 공대지 미사일에 사용된다. 순항 미사일은 주로 제트엔진으로 추진된다. 미사일은 외부의 힘에 의해 추진되는 박격포와 포탄과 같은 탄환과는 구별된다.

2. 많은 미사일은 유도된다. 유도는 미사일이 표적을 추적할 수 있도록 표적의 적외선 신호 또는 레이저 지정으로 자동으로 표적으로 향하는 방출된 에너지의 사용을 기반으로 한다. 표적에 대한 레이저 지정은 당해 항공기에서 또는 다른 항공기 또는 지상군에 의해 행해질 수 있다. 가시광선 또는 적외선 영상을 사용하는 TV 카메라도 미사일을 표적으로 유도할 수 있다. 인간 운용자 또는 컴퓨터로 미사일을 표적으로 유도할 수 있다. 일부 미사일은 GPS(Global Positioning Satellite) 데이터를 이용하는 등 인공위성 체계의 데이터를 이용해 표적으로 유도된다. 또한 미사일을 유도하기 위해 INS(inertial navigation system)를 탑재할 수도 있다. 어떤 미사일은 정확도를 향상시키기 위해 복합적인 유도수단을 이용하기도 한다.

3. 탄도미사일은 발사단계에서부터 탄도궤도를 따라가는데, 이 궤적은 물리법칙 중에서도 중력에 의해 결정된다. 궤도가 곡선의 탄도이기 때문에, 이러한 미사일은 주로 지대지 전투, 즉 지상이나 바다에서 발사되어 육상의 표적을 격추하는 전투에 사용된다.

4. 미사일은 지대지, 지대공, 공대지 및 공대공에 지정된 미사일을 포함한다.

5. 미사일이란 용어는 로켓과는 동일하지 않다. '로켓'은 추진체를 탑재하여 추력을 얻으며 연료를 배출시킴에 따라 앞으로 나아간다. 어떤 미사일들은 로켓을 이용해 추진하긴 하지만 로켓이란 용어는 미사일에 한정되어 있지 않다. 예를 들면, 어떤 인공위성은 기동을 목적으로 로켓을 이용하기도 한다.

(aa) '중립국'은 국제적 무력분쟁에서 교전당사국이 아닌 국가를 말한다.

1. 본 정의는 전통적으로 국제법에서 사용된 그리고 본 매뉴얼뿐만 아니라 군사 매뉴얼[59] 및 산레모 매뉴얼[60]에서 승인된 중립의 정의와 같은 맥락에 있다. 따라서 본 매뉴얼의 목적상 '중립'이라는 국가의 지위는 중립의 선언과 1907년 헤이그협약(V)과 헤이그협약(XIII)에 따른 중립법의 적용과 관련하여 국가에 의해 취해진 다양한 입장에 달려 있지 않다.

2. 전문가 그룹의 일부는 UN헌장에 따라 국가들은 어느 교전당사국이 침략자인지 일방적으로 결정할 수 있고, 그에 기초하여 침략의 희생국을 위하여 무력분쟁에 참가하지는 않으면서도 전통적인 중립법을 벗어나 침략국을 차별할 수 있다는 견해를 취하였다. 전문가 그룹의 대다수는 UN헌장 제7장에 따라 안전보장이사회의 권위적인 결정이 없는 한, '자격을 갖춘 중립'이나 '비교전상태'라는 중간단계의 지위를 인정할 준비가 되어있지 않았다.

3. 전문가 그룹의 대다수는 만약 UN 안전보장이사회가 (i)하나 또는 그 이상의 교전당사국이 UN헌장 제2조 4항[61]을 위반하여 불법적으로 군사력을 사용한 것에 책임있는 것으로 인정하거나 (ii)UN 안전보장이사회가 회원국인 교전당사국에 대해 헌장 제7장에 따라 예방적인 강제조치를 취했다면 중립법이 적용될 수 있다는 입장을 취했다(규칙 165 참조).

(bb) '정밀유도무기'라 함은 외부의 유도기능이나 내재된 유도 기능을 사용하여 목표물을 향해 나아가는 무기를 뜻한다.

---

59) NWP, para.7.1: "중립국은 중립국임을 선포한 국가 또는 진행 중인 분쟁에 관해 중립적인 지위를 견지하고 있는 국가를 말한다." UK Manual, para.12.11, para.13.5(m) 참조.

60) 산레모 매뉴얼 제13조(d): "중립국이라 함은 분쟁당사국이 아닌 국가를 말한다."

61) UN헌장 제2조(4): "모든 회원국은 그 국제관계에 있어서 무력에 의한 위혁 또는 무력의 행사를 여하한 국가의 영토보전이나 정치적 독립에 대하여서도 또 UN의 목적과 양립할 수 없는 다른 여하한 방법에 의한 것이라도 이를 삼가야 한다."

1. 정밀유도무기(규칙 1(ff)에 정의된 바와 같이)는 "표적 또는 기준점에서 반사된 전자기 에너지를 탐지하기 위하여 그리고 프로세싱을 통해 무기를 표적으로 유도하는 통제체계로 지휘를 유도하는 탐지장치를 이용하는" 무기이다.[62] 하지만 다른 체계들도 무기의 정확도를 개선시키기 위해 이용될 수 있다. 보통 이 용어는 표적을 정확히 타격하기 위한 유도체계를 탑재하고 있는 무기(와 그 일부인 탄약)를 뜻한다.

2. 간혹 정밀도(precision)를 무기가 정확하게 목표한 곳(목표지점)을 맞추는 능력이라고 잘못 인식되어 왔다. 사실 이러한 능력은 '정확도'(accuracy)라고 명명하는 것이 옳다. 정확도를 찾을 때는 원형오류확률을 계산하는데, 이는 반 이상의 무기가 원 안의 반경 내를 타격하는 수치이다. 정밀도는 좀 더 넓은 범위의 개념이다. 이는 표적의 위치를 파악하고 식별하며, 정확하고 신속하게 목표를 타격 한 후, 의도한 효과를 달성했는지 또는 재타격이 필요한지를 결정한다. 강력한 지휘, 통제, 통신, 정보, 감시 및 정찰은 활용되는 무기만큼이나 정밀도가 결정적이다. 그러므로 정밀도를 고려할 때에는, 무기의 정확도는 무기의 기계적인 오차 때문일 수도 있지만 지휘체계에서의 능력에도 좌우되기 때문에 무기체계를 기준으로 생각하는 것이 더 유용하다.

3. 정밀유도무기에는 여러 형태의 유도장치가 사용된다(미사일의 정의에 관한 규칙 1(z) 참조). 유도장치는 내부에 있을 수도 있고(정밀유도무기 안에 내장) 외부에 있을 수도 있다(정밀유도무기를 공중투하한 항공기가 표적으로 유도하는 경우). 유도의 종류에는 레이저 유도, 레이더 유도, 적외선 및 적외선 이미지 유도, 전기광학 (TV) 유도, 인공위성 데이터 유도 및 관성항법 유도가 있다.

4. 현대무기들은 서로 다른 정도의 자동화를 이루고 있다. 몇몇 무기들은 표적을 향해 나아가게 하기 위하여 비행기나 인간이 작동하는 다른 물체에서 나오는 신호(레이더, 레이저 또는

---

62) DoD Dictionary of Military Terms, 12 April 2001, at pp.423-424.

기타)에 의존한다. 다른 무기들은 인공위성의 GPS 신호에 의존하기도 한다. 또 다른 무기들은 외부입력 없이도 공중에서 또는 지상에서 표적으로 무기를 유도하는 능력을 탑재하고 있다. 공중에서 발사되는 유도무기가 발사한 항공기로부터 신호를 받지 못한다면, 그것은 자체유도 능력을 갖고 있다고 할 수 있다.

5. 수많은 용어들이 정밀유도무기에 대해 사용되고 있다. 그것들에는 '스마트' 무기, 재래식 정밀무기(brilliant weapon) 및 정밀유도탄(precision guided munitions : PGMs)등이 있다.

(cc) '국가항공기'는 국가 소유의 항공기로써 오직 비상업적인 국가의 공무에만 사용되는 항공기이다.

1. 본 정의는 헤이그 공전규칙 제2조,[63] 제4조[64] 및 제5조[65]에 기초하고 있다. 제2조는 '공용항공기'는 '군용항공기'이거나 '공무에 전용하는 비군용항공기'라고 규정하고 있다. 따라서 항공기가 국가항공기가 되기 위한 결정적인 기준은 소유가 아닌 공무에 이용되는가 하는 것이다.

2. 전문가 그룹은 '공용항공기' 또는 일부 국가의 군사 매뉴얼에서 사용되고 있는 대체 용어인 '보조항공기'라는 용어보다는 '국가항공기'라는 표현의 사용을 선호했다.[66]

---

63) 헤이그 공전규칙 제2조: "다음은 공용항공기로 간주된다. ①군용항공기, ②공무에 전용하는 비군용항공기. 기타의 모든 항공기는 사항공기로 간주한다."

64) 헤이그 공전규칙 제4조: "관세용 또는 경찰용에 사용되는 비군용항공기는 그 공무에 전용되는 사실을 증명하는 서류를 휴대하여야 한다. 상기 항공기는 그 국적 및 군용이 아닌 공무의 자격을 표시하는 외부표식을 게시하여야 한다."

65) 헤이그 공전규칙 제5조: "관세용 또는 경찰용의 것이 아닌 비군용항공기는 전시에 있어서는 사항공기와 동일한 외부표식을 게시하며, 또한 본 규칙의 적용에 관하여는 사항공기와 같이 취급되지 않으면 아니된다."

66) 산레모 매뉴얼 제13항(k): "보조항공기는 일국의 군대가 소유하여 그 배타적 감독하에 있는 정부의 비상업적 역무에 완전히 종사할 수 있는 군용항공기 이외의 항공기를 말한다." 영국 매뉴얼 para.12.5도 동일한 내용임. UK Manual, para.12.5 참조.

3. 헤이그 공전규칙은 '관세용과 경찰용의 비군용항공기'와 '기타의 비군용항공기'(제5조)를 구별하고 있다. 헤이그 공전규칙 제5조에 따르면, 후자는 "사항공기와 동일하게 취급"되며, 제32조[67]에 따라 포획심검절차에 의하지 않고서는, 즉 전리품으로 인정되지 않으면 몰수되지 않는다(규칙 136(a) 참조).

4. 헤이그 공전규칙에 의해 취해진 이러한 문제에 대한 접근은 오늘날 여전히 유효한 것으로 일반적으로 받아들여지고 있다. 군사 매뉴얼들은 경찰용과 관세용 항공기를 명시적으로 언급하고 있다.[68] 게다가 '국가항공기'의 범주를 군사, 경찰 또는 관세업무를 수행하는 항공기에 한정하는 것은 EUROCONTROL과 국내법의 틀 안에서 시카고협약 제3조(b)[69]에서 인정되고 있다.

5. 경찰용 또는 관세용 항공기는 헤이그 공전규칙 제4조에 따르면 "공무에 전용되는 사실을 증명하는 서류를 휴대하여야 한다. 상기 항공기는 그 국적 및 군용이 아닌 공무의 자격을 표시하는 외부표식을 게시하여야 한다".

6. 모든 '국가항공기'는 평시에 주권면제를 향유한다. 국제적 무력분쟁시 이러한 면제는 중립국 국가항공기에 대해서만 계속 적용된다. 반면에 교전당사국의 국가항공기들은 주권면제가 적용되지 않는다. 하지만 전리품으로 포획될 수 있는 군용, 법집행 및 관세용 항공기(규칙 136(a) 참조)와 포획심검 후에야 포획물로 나포되는 기타 국가항공기는 구별되어야 한다. 규칙 136(a) 및 동 규칙에 대한 해설 para.3 참조.

7. 군용항공기 이외의 '국가항공기'는 교전권을 행사할 권리가 없다(규칙 17). 국가항공기는

---

67) 헤이그 공전규칙 제32조: "적국의 공용항공기는 사항공기와 동일하게 취급되는 것을 제외하고 포획심검절차에 의하지 않고 몰수된다."

68) UK Manual, para.12.6.1; German ZDv, para.1008 참조.

69) 시카고협약 제3조(b): "군, 세관과 경찰업무에 사용되는 항공기는 국가의 항공기로 간주한다."

성질상 군사목표물이 아니며(규칙 22(a) 및 규칙 23 참조), 그러므로 자동적으로 공격받지 않는다. 하지만 적 국가항공기가 군사목표물로 분류될 만한 활동에 가담한다면 군사목표물이 될 수 있다(규칙 27 참조).

(dd) '무인항공기(Unmanned Aerial Vehicle : UAV)'라 함은 크기에 상관없이 무기를 장착하지 않고 무기를 통제할 수 없는, 사람이 탑승하지 않는 항공기를 뜻한다.

1. 무인항공기에는 조종사가 탑승하지 않는다. 무인항공기는 원격으로 또는 미리 프로그램된 항로를 따라서 자동으로 운행하거나 다른 체계를 이용해 자동으로 비행할 수 있도록 설계되어 있다. 무인항공기는 공기역학의 힘을 이용하여 비행체가 뜨고 평행 비행을 유지할 수 있도록 설계되어있기 때문에 항공기의 한 부류로 정의된다. 미사일은 무인항공기로 인정되지 않는다(규칙 1(z) 참조). 미사일은 무인항공기와 유사하긴 하지만 순항미사일은 그 자체가 무기이기 때문에 무인항공기로 인정될 수 없다.

2. 무인항공기에는 매우 다양한 종류가 있다. 어떤 것들은 항공기와 유사하여 매우 큰 반면, 어떤 종류는 전술군이 사용할 수 있는 혼자서 운반 가능한 것도 있다. 무인항공기는 유인항공기와 마찬가지로 이·착륙이 가능하고 재사용할 수 있거나 또는 한 번의 비행을 위한 일회용으로 사용될 수도 있다. 고정익과 회전익(헬리콥터) 종류가 있다. 어떤 무인항공기는 단시간 비행만 가능한 반면 많은 무인항공기들은 장시간의 비행, 심지어는 수일 동안의 비행도 가능하다. 무인항공기는 제트 추진 또는 피스톤 엔진(프로펠러)으로 추진된다.

3. 무인항공기가 무조건 군용항공기가 되는 것은 아니다. 군용항공기 외의 국가항공기일 수도 있고, 민간항공기일 수도 있다. 각각의 정의에 대한 요건 참조(군용항공기는 규칙 1(x) 참조, 국가항공기는 규칙 1(cc) 참조, 민간항공기는 규칙 1(h) 참조).

4. 무인항공기의 군사적 역할은 다양한 바, 군사적인 기능과 민간 기능을 동시에 수행한다.

무인항공기의 사용 예로는 정찰과 감시, 장비와 물자의 수송(전장에 주둔해 있는 부대를 위한 의료물자), 탐색과 구조, 원거리 감시(적외선, 화학적 및 생물적 감시), 소방활동, 기상(허리케인에 이용) 또는 과학조사 등이 있다. 무인항공기는 또한 무인전투기(UCAVs)로 되지 않으면서도 공격을 지원하는 데 사용되기도 한다.

5. 무인항공기는 현재 몇 가지 이유로 활용되고 있다. 예를 들어서 유인항공기는 적의 방어로 인한 상당한 위험을 감수해야 할 수 있고, 즉각 대응하기가 어렵거나 불가능할 수 있으며 또는 대체 탐지수단(인공위성 영상)을 이용할 수 없거나 적시에 이용할 수 없을 수도 있다.

6. 군사적인 용도에 있어 무인항공기는 대체로 유인항공기를 사용하기에는 위험하거나, 유인항공기를 사용할 수가 없거나, 스텔스 목적 또는 장시간의 비행시간을 필요로 하는 환경에서 사용된다. 혼자서 운반 가능한 무인항공기는 지상군의 소규모, 전술적 교전을 위한 정찰에 특히 유용하다. 무인항공기가 사용되는 일반적인 이유는 다른 항공기 또는 지상군에 의한 공중 또는 지상공격을 지원하기 위한 정찰과 감시를 위해서다. 무인항공기의 독특한 특성들은 원거리에서도 운용이 가능하고, 민간인이나 민간 물자가 현존하는 표적지역을 종종 실시간으로 관찰 또는 감시하고, 개인이나 이동수단과 같은 잠재적 이동 표적을 추적하고, 표적을 공격하는 임무를 맡은 군에 표적정보를 제공하는 것들이다.

7. 유인항공기와 비교되는 무인항공기의 최적화된 크기와 소음의 특징은 개인 전투원과 군용 수송수단을 몰래 추적하고 있다는 사실을 모르도록 하여 경계심을 일으키지 않으면서 추적하는 데 유익하다. 그리고 무인항공기가 느리게 비행할 수 있는 능력은 공격시간대에 민간인이 표적지역에 노출되어 있는지 관찰하는 것을 가능하게 한다.

8. 무인항공기의 약자인 UAV에서 글자 "U"는 종종 'unmanned' 대신 'uninhabited'를 의미하기도 한다. 때때로 UAV는 무인항공체계(unmanned aircraft system)를 의미하는 UAS로 대체되기도 한다.

(ee) '무인전투기(Unmanned Combat Aerial Vehicle : UCAV)'라 함은 크기에 상관없이 사람이 탑승하지 않고 무장을 하거나 유도장치를 탑재하여 다른 무기를 유도하는 역할을 하는 항공기를 뜻한다.

1. 무인전투기(UCAV)는 표적을 공격하기 위해 사용되는 무장한 무인항공기(UAV)이다(규정 1(dd) 참조). 무인전투기는 원격으로 또는 직접 조종할 수 있다. 무인전투기에 탑재된 다양한 무기들은 (i)원격으로 조종되거나, (ii)항공기내 시스템으로 통제할 수 있다. 무인전투기는 종종 적외선 또는 TV 센서 또는 다수의 센서를 포함하고 있는 센서 세트(sensor-suite)를 장착하고 있다.

2. 아주 소수의 국가들만이 무인전투기를 활용하고 있다. 그러나 미국의, 특히 아프가니스탄에서의 광범위한 활용은 미래전에 명백한 영향을 미쳤다.

(ff) '무기'라 함은 전투작전에 사용되는 전투수단이다. 여기에는 (ⅰ)사람에게 부상을 입히거나 사망에 이르게 할 수 있거나, (ⅱ)목표물에 손상을 입히거나 파괴할 수 있는 총, 미사일, 폭탄 또는 기타 탄약이 포함된다.

1. 무기의 본질은 (i)사람을 죽이거나 부상을 입히거나, (ii)물체에 손상을 입히거나 파괴하는 용도로 쓰이는 물자라는 것이다. 하지만 이런 종류의 죽음, 부상, 손상 또는 파괴는 물리적인 영향 -총알의 관통 또는 폭탄의 폭발 효과- 에 의한 결과일 필요는 없다. 왜냐하면 그 파괴력에 쓰인 힘이 운동에 의해 생긴 힘일 필요는 없기 때문이다. 특히, CNA 하드웨어, 소프트웨어 및 코드는 데이터 스트림의 전달을 통해 그러한 효과를 야기하는 무기이다. 한 예로써, 항공교통통제체계에 대한 CNA(규칙 1(m) 참조)는 항공기의 충돌을 유발할 수 있기 때문에 관련 장비와 컴퓨터 코드들은 무기(또는 더 정확히 말하자면 무기체계)로서의 자격을 갖는다.

2. 무기는 간혹 무기체계의 일부를 구성한다(규칙 1(t)에 대한 해설 para.2 참조). 무기체계는 하나 이상의 무기들로 이루어져 있는데 이 무기들은 자급자족을 위해 요구되는 장비, 물자, 기

관, 그리고 운송수단과 배치로 이루어져있다. 미사일과 폭탄(무기)으로 무장한 군용항공기는 특히 무기, 항공기 및 그 항공기를 지휘 통제하고 데이터를 제공하는 체계를 포함하는 하나의 무기체계로 볼 수 있다. 마찬가지로 영공방위 능력을 제공하는 공격 및/또는 방어 무기들로 무장되어 있는 군함은 무기체계가 될 수 있을 것이다. 항상 염두에 두어야 할 것은 군함과 군용항공기 같은 무기체계들은 유인이거나 그리고/또는 요원에 의해 운용된다는 것이다.

3. '전투수단'은 플랫폼이나 장비와 같은 공격을 가능하게 하는 것들도 포함하는 '무기'보다는 광의의 개념이다. 전투수단의 정의에 대해서는 규정 1(t) 참조. 예를 들면, AWACS는 무기를 보유하고 있지는 않지만 공대공 전투에 대한 지시 및 통제를 용이하게 하기 위해 사용되는 전투수단이다. 마찬가지로 비무장한 합동감시 표적공격 레이더 체계는 부분적으로 공중 또는 지상으로부터 지상군에 대해 행해지는 공격에 사용되는 정보를 제공하기 위해 고안된 전투 운영, 지휘 및 통제, 정보, 감시 및 정찰 플랫폼이다.

4. 반대로 탄약(또는 총탄)은 '무기'보다는 협의의 개념으로 실질적인 부상, 사망, 손상 또는 파손을 일으키는 물자이다. 항공기에 탑재되는 폭탄 또는 미사일의 경우와 마찬가지로 일부 무기는 탄약 그 자체인 경우도 있다. 그러나 무기라는 용어는 탄약 또는 총탄을 발사하기 위한 직접적인 힘을 제공하는 전체적인 장비를 포함한다. 그러므로 對항공포(탄약이 아닌 무기)는 對항공탄(무기인 탄약)을 발사한다. 본 매뉴얼의 목적상 무기라는 용어는 탄약을 포함한다.

5. 어떤 물자가 특정 상황(예, 자살공격에 사용된 납치된 민간여객기)에서 무기를 구성할 수 있다는 것은 사실이긴 하지만, 본 매뉴얼에서 사용된 무기라는 용어는 공격수단으로 사용되도록 지정된 물자를 말한다.

제B절 전체적 구성

[규칙 2]

(a) 본 매뉴얼의 목적은 국제적 무력분쟁에서 공전 또는 미사일전에 적용되는 현존하는 법을 재확인함에 있다. 비국제적 무력분쟁에의 본 매뉴얼의 일부 규칙의 적용을 침해하는 것은 아니다.

1. 본 매뉴얼은 공전 및 미사일전에 적용되는 현존하는 국제법을 재확인하는 것을 목적으로 하고 있다. 본 매뉴얼에 포함된 규칙들은 조약 및 국제관습법에서 유래한 것들이다. 본 매뉴얼 및 매뉴얼상의 규칙들 그 자체는 법적 의무를 만들지도 발전시키지도 않는다. 또한 본 매뉴얼은 각국들이 자신이 체결한 조약 -행해진 유보, 해석 및 선언을 조건으로 하는- 및 국제관습법상의 현존하는 의무의 전부를 반영한 것도 아니다.

2. '현존하는 법(existing law)'이라는 용어의 사용은 본 매뉴얼이 lex lata의 재확인이라는 메시지를 전달하기 위함이다. 현존하는 법을 변경하기 위한 lex ferenda에 기초한 어떠한 시도도 행해지지 않았다.

3. '적용되는'(applicable)이라는 용어는 물론 현존하는 법과 관련이 있다. 본 매뉴얼 자체가 국가에 적용되는 것이 아니라 매뉴얼의 제규칙에 반영된 현존하는 법이 적용되는 것이다.

4. 본 매뉴얼 제규칙의 적용범위는 둘 또는 둘 이상의 국가들 간에 무력사용에 호소하는 경우(규칙 1(r) 참조)인 국제적 무력분쟁에 한정된다. 그러나 서문 E에서 설명된 바와 같이 본 해설서는 절 또는 개별규칙에서 동일하거나 유사한 규칙이 비국제적 무력분쟁에도 적용되는지를 언급할 것이다.

5. 비국제적 무력분쟁은 정부군과 하나 또는 그 이상의 비정부 무장세력이 조직한 무장단체 간에 발생하는 무력대치 상황이다. 그러한 무력대치는 최소한의 강도에 도달하여야 하고 분쟁에 관련된 당사자들이 최소한의 조직을 갖추어야 한다. 비국제적 성격의 분쟁이 타국의 영토로 확산되더라도 분쟁의 법적 지위가 변경되는 것은 아니다.

6. 비국제적 무력분쟁은 1949년 제네바협약 공통3조[70] 및 제2추가의정서에 의해 규율된다. 다양한 여타 조약 또한 부분적으로는 그러한 분쟁에 관련있으며, 그에 적용되는 국제관습법도 점증하고 있다.

7. 비국제적 무력분쟁은 제네바협약 공통3조(국제적 성격을 갖지 않는 무력분쟁이라고 언급)와 제2추가의정서(일국의 무장세력들 간의 무력분쟁 및 "체약당사국의 영토 내에서 동 체약당사국의 군대 및 책임있는 지휘하에 있으며 지속적이고 일치된 군사작전을 수행하고 본 의정서를 이행할 수 있을 정도로 그 영토의 일부분을 통제하고 있는 반란군대 또는 다른 조직된 무장집단 사이에 발생하는 무력분쟁"이라고 언급)에서 서로 다른 최소한의 요건을 요구하고 있다.

8. 본 매뉴얼의 여러 부분에서 밝힌 바와 같이 여러 규칙들은 para.7에서 언급된 최소한의 요건을 넘어서는 국제적 성격을 갖든 비국제적 성격을 갖든 관계없이 모든 무력분쟁에 적용된다. 하지만 비국제적 무력분쟁에 적용되는 법의 적용에 있어 요구되는 요건을 충족하지

---

70) 제네바 제협약 공통3조: "어느 한 체약국의 영역 내에서 발생하는 비국제적 성격의 무력분쟁의 경우에는 각 분쟁당사국은 최소한 하기의 제규정을 적용할 의무를 진다. 1.무기를 버린 군대의 구성원 및 질병, 부상, 억류 또는 기타 사유로 전투외에 놓여진 자를 포함하여 적대행위에 직접 가담하지 않는 자는 인종, 색, 종교 또는 신앙, 성, 가문 또는 재산 또는 기타 이와 유사한 기준에 근거한 불리한 차별을 받지 않고, 모든 경우에 있어서 인도적으로 대우하여야 한다. 이를 위하여 상술한 자에 관하여는 그 시기 및 장소 여하에 불구하고, 하기 행위는 금지된다. (가)생명 및 신체에 대한 폭행. 특히 모든 종류의 살인, 상해, 학대 및 고문. (나)인질로 잡는 일. (다)개인의 존엄성에 대한 유린. 특히 모욕적이며 비열한 취급. (라)정규로 구성된 법원에 의하여 문명국민이 불가결하다고 인정하는 모든 재판상의 보장을 부여하는 재판에 의하지 않은 판결의 언도 및 형의 집행. 2.상병자는 수용하고 간호하여야 한다. 국제적십자위원회와 같은 공정한 인도적 기구는 분쟁당사국에 대하여 그 용역을 제공할 수 있다. 분쟁당사국은 또한 특별협정에 의하여, 협약의 다른 규정의 전부 또는 일부를 실시하도록 노력하여야 한다. 전기 규정의 적용은 분쟁당사국의 법적 지위에 영향을 미치지 아니한다."

못하는 일국 내의 폭력 −폭동이 발생하고 이를 통제할 수 있는 강제적 수단을 보유하고 있는 국내적 소요 및 긴장사태와 같은− 은 법강제 문제이며, 본 매뉴얼이 적용되지 않는다. 이것은 제2추가의정서 제1조(2)[71]에 규정되어 있다.

9. 본 매뉴얼은 오로지 무력분쟁만을 다루고 있다. 제C절에 열거된 바와 같은 특정무기의 금지는 폭동통제상황에는 적용되지 않는다. 주요 사례로는 적대행위에서 전투수단으로 사용될 경우에는 불법적이지만 폭동통제 과정에서는 금지되지 않는 최루가스의 사용이 있다. 규칙 1(v)에 대한 해설 para.4 및 규칙 6(b)에 대한 해설 para.6 참조.

10. 제3국이 비국제적 무력분쟁에 개입할 경우 2개의 상반되는 시나리오를 구별할 필요가 있다. 만약에 제3국의 군사개입이 요청되었고 중앙정부를 위한 것이었다면 그 무력분쟁은 비국제적인 것으로 남는다. 반대로 제3국의 군사개입이 중앙정부에 대항하는 것이라면 법적 상황은 변경된다. 2개의 정부 간에 발발한 무력분쟁은 성격상 국제적이다. 마찬가지로 이는 비국제적 무력분쟁(중앙정부와 비국가 무장단체 간)에 필연적으로 영향을 미치지 않는다. 규칙 1(r)에 대한 해설 참조.

11. 일국(구유고와 같은)이 여러 주권국가로 분열되었을 때 지금까지는 모국의 구성국들 간의 비국제적 무력분쟁은 새로 성립된 국가들 간의 국가 간 무력분쟁이 된다는 것으로 보았다. 그러한 변화는 법적 용어로 설명하기는 쉽지만, 많은 문제가 야기되는 것을 면할 수 없다(ICTY의 Tadic 사건에서 구유고 무력분쟁의 성격에 대해 1심부와 상소심부[72]는 의견을 달리하였음).

(b) 본 매뉴얼의 어떠한 내용도 체약당사국 간의 조약상의 의무에 영향을 미치지 않는다.

---

71) 제2추가의정서 제1조(2): "본 의정서는 무력분쟁이 아닌 폭동, 고립되고 산발적인 폭력행위 및 기타 유사한 성질의 행위와 같은 내부혼란 및 긴장의 상황에는 적용되지 아니한다."

72) ICTY, Prosecutor v. Dusko Tadic, Judgement, Appeals Chamber, 15 July 1999, IT-94-1-A, para.84 참조.

1. 본 매뉴얼은 그것이 모든 국가에 구속적인 공중 및 미사일전에 적용되는 현존하는 국제법을 반영하고자 노력하였다. 본 매뉴얼에 규정된 제규칙은 모든 국제적 무력분쟁에서 일반적으로 적용된다.

2. 만약 조약이 적용범위에 있어 보편적이라면(즉, 모든 개별 국가가 체약국임), 그 규정들은 모든 국제사회에 구속력이 있을 것이다. 현재 실제 보편적인 조약으로는 1949년 제네바협약이 있다. 여타 조약에 관한 한, 그것들은 체약국 간에만 적용되는 법체계를 구성한다. 이러한 체계 내에서 국가들은 본 매뉴얼에 반영된 바와 같이 여타의 국제사회를 규율하는 관습법의 제한을 넘어서는 조약상의 의무를 부담한다.

3. 하지만 비보편적인 조약의 많은 규정들은 국제관습법을 명문화하거나 발생시킬 수 있다. 조약 그 자체는 여전히 체약국에게만 구속력이 있겠지만 선언된 또는 관습적인 국제법 규정들은 일반적인 법의 표현으로 간주된다.

(c) 본 매뉴얼에서 다루어지지 않는 상황이 발생한 경우 민간인과 전투요원들은 확립된 관행, 인도적 제원칙 및 공공양심의 명령에서 유래한 국제법 제원칙의 보호와 권위하에 있게 된다.

1. 본 규칙은 1899년 및 1907년 헤이그협약에서 채택을 주창한 러시아 외교관의 이름으로 명명된 유명한 '마르텐스 조항'(Martens Clause)에 기초하고 있다.[73] 마르텐스 조항의 최근의 표현은 제1추가의정서 제1조(2)[74] 및 CCW 서문[75] 참조. 마르텐스 조항은 ICJ 핵무기에 관한

---

[73] 1907년 헤이그협약 서문 8항: "더욱 완비된 전쟁법에 관한 법전이 제정되기까지는 체약국은 그들이 채택한 규칙에 포함되지 아니한 경우에 주민 및 교전자가 문명국 간에 수립된 관례, 인도의 법칙 및 공공양심의 요구로부터 유래하는 국제법 원칙의 보호 및 지배하에 있음을 선언하는 것이 타당하다고 생각한다." 1899년 협약 서문 8항도 동일한 내용이다.

[74] 제1추가의정서 제1조(2): "본 의정서 또는 다른 국제협정의 적용을 받지 아니하는 경우에는 민간인 및 전투원은 확립된 관습, 인도원칙 및 공공양심의 명령으로부터 연원하는 국제법 원칙의 보호와 권한하에 놓인다."

[75] CCW 서문 제5항: "이 협약과 그 부속의정서 및 다른 국제협정에 포함되지 아니하는 경우에 있어서 민간주민 및 전투원들은 항상 확립된 관습, 인도주의 원칙 및 공공양심의 명령에서 도출되는 국제법 원칙의 보호

권고적 의견과 ICTY[76])에 의해서도 마찬가지로 언급된 바 있다.

2. '인도적 제원칙 및 공공양심의 명령에서 유래하는'이라는 구문의 의의는 관행상 완전히 명확하지 않다. 동 규칙의 기초는 국제관습법에 대한 언급이다. 구속적이든 비구속적이든 법의 모든 명문화는 범위에 있어 제한적이며, 국제적 무력분쟁에 적용되는 법의 모든 측면과 차원을 다루어야 한다는 주장은 가능하지 않다. 만약 본 매뉴얼의 서문에서 다루지 않은 문제가 제기된다면, 그 문제는 텍스트에 반영된 구조를 넘어 현존하는 관습에 의해 해결될 수 있을 것이다.

3. 게다가 본 매뉴얼은 출판 당시(2010년)에 존재하던 국제관습법을 반영하고자 노력했다. 명문화된 텍스트는 정체되지만 국가관행은 계속적으로 진화한다. 국제관습법은 계속적으로 발전해 나가며, 최근에 형성된 관습은 본 매뉴얼에 반영된 법과의 간극을 좁혀줄 것이다.

4. 동일한 원칙이 비국제적 무력분쟁에도 적용된다. 제2추가의정서 서문 para.4 참조.[77])

[규칙 3]

(a) UN헌장 제7장에 따라 안전보장이사회에 의해 채택된 결정에 구속되는 것을 조건으로 본 매뉴얼의 규칙들은 전투원으로 무력분쟁에 개입하였고 또 개입하고 있는 동안 UN군이 지휘하는 공중작전과 미사일작전에 영향을 미친다.

1. 계획적이든 아니면 상황상 그러하든 무력분쟁 상황에서 전투임무 중인 UN군이 국제적 무력분쟁에 적용되는 법의 적용에 따라야 하는지에 대해 논쟁이 있어 왔다.

및 권위하에 놓여야 된다는 다짐을 확인하고,"

76) Prosecutor v. Zoran Kupresk et al., Trial Chamber, Judgment, IT-95-16-T, 14 January 2000, paras.525 to 527.

77) 제2추가의정서 서문 para.4: "현행법에 의하여 규율되지 않는 경우에 인간은 인도주의 원칙 및 공공양심의 명령의 보호하에 놓임을 상기하면서,"

2. 이러한 문제는 이제 해결되었다. 반박할 수 없을 정도로 답은 명확하다. 이러한 이슈와 관련된 어떠한 의문도 역사적인 1949년 UN 사무총장 회람(Bulletin)에서 종식되었다.[78]

3. 본 규칙은 전쟁 그 자체의 정당성(jus ad bellum)하의 개별 국가들의 입장과는 관계없이 교전당사국 간 법의 공평한 적용에 관한 전쟁수행과정에서의 법(jus in bello)의 기본 원칙이다.

4. UN군에 대한 국제적 무력분쟁에 적용되는 법의 적용범위는 2개의 요건에 달려있다. (ⅰ) UN군이 전투원으로 참여하고 있는 국제적 무력분쟁이 존재할 것, (ⅱ)UN헌장 제7장에 따라 채택된 특정 문제에 반하는 강제적 규칙을 규정하고 있는 구속력있는 안보리 결정이 없을 것.

5. 전문가 그룹의 일부는 UN 안보리는 국제적 무력분쟁에 적용되는 법을 무시하는 구속력있는 결정을 채택할 권리를 갖고 있지 않다는 견해를 나타냈다. 하지만 전문가 그룹에서 우세했던 의견은 UN헌장 제25조[79]와 제103조[80]에 따라 UN 안보리는 그렇게 할 수 있는 권한을 갖는다는 것이었다. 물론 UN 안보리는 그러한 권한을 이용할 것으로 예상되지 않는다. 또한 UN 안보리가 국제법의 절대적인 규범(강행규범, jus cogens)을 무시할 수 있는 권한을 갖는지에 관한 해결되지 않은 문제도 있다.

6. 어쨌든 국제적 무력분쟁에 적용되는 법과 의견을 달리하는 구속력있는 안보리 결정은 명시적이고 특정되어야 한다. 게다가 UN 안보리에 의해 명령된(단순히 허가된 것 이상의) 군사작전 또는 직접적인 UN 지휘에 따르는 군대인 UN군에게만 적용될 수 있다.

---

78) Secretary General's Bulletin : Observance by United Nations Forces of International Humanitarian Law, 6 August 1999, UN Doc.ST/SGB/1999/13, in 38 *I.L.M.* 1656.
79) UN헌장 제25조: "UN 회원국은 안전보장이사회의 결정을 이 헌장에 따라 수락하고 이행할 것을 동의한다."
80) UN헌장 제103조: "UN 회원국의 헌장상의 의무와 다른 국제협정상의 의무가 상충되는 경우에는 이 헌장상의 의무가 우선한다."

7. 본 규칙은 UN군이 비국제적 무력분쟁에서의 전투상황에 종사하고 있을 경우에도 적용된다.

8. UN군이 특정 국가에서 작전하고 있다는 사실 그 자체가 비제적 무력분쟁을 국제적 무력분쟁으로 변경시키는 것은 아니다.

(b) 본 매뉴얼의 규칙들은 세계적 또는 지역적 정부 간 국제기구가 개입된 무력분쟁에도 적용된다.

1. 최근에 UN 이외의 정부 간 국제기구(주로 나토)도 국제적 무력분쟁에서의 전투에 참여하고 있다. 국제적 무력분쟁에 적용되는 법은 당연히 그러한 기구의 요원들에게도 적용된다.

2. 물론 정부간 국제기구의 깃발하에서 무력분쟁에 종사하고 있는 모든 군사요원들은 국가별 할당부대로 구성되며, 국제적 무력분쟁에 적용되는 법(조약이든 관습법이든)에 의해 각국에 부과된 의무에 구속된다. 어쨌든 UN 안보리 이외 어떠한 정부간 국제기구도 이러한 의무로부터 벗어날 수 있는 권한을 갖고 있지 않다.

3. 연합훈련에 대해서는 제W절 참조.

4. 본 규칙은 정부간 국제기구가 비국제적 무력분쟁에서 전투에 참여하고 있는 경우에도 적용된다.

[규칙 4] 그 어떠한 무력분쟁에서도 전투수단과 방법을 선택함에 있어 교전당사국의 권리는 무제한적이지 않다는 것이 기본원칙이다.

1. 본 규칙은 1907년 헤이그규칙 제22조[81] 및 제1추가의정서 제35조[82]에 기초하고 있다.

---

81) 1907년 헤이그규칙 제22조: "교전자는 해적수단의 선택에 관하여 무제한의 권리를 갖는 것이 아니다."
82) 제1추가의정서 제35조(1): "어떤 무력분쟁에 있어서도 전투수단 및 방법을 선택할 분쟁당사국의 권리는 무

본 매뉴얼상의 모든 규칙은 이 기본원칙에서 추론되었다.

2. 본 규칙의 핵심적인 직접적 결과인 군사필요성은 만약에 개별 규칙에서 면제가 명시적으로 허용되는 경우가 아닌 한 본 매뉴얼의 규칙으로부터의 면제가 정당화되지 않는다는 기본원칙이다.

3. 본 규칙은 국제적 및 비국제적 무력분쟁에서 다르지 않다.

제한한 것이 아니다."

제C절 무기

1. 무기의 법적 검토와 관련있는 규칙 9를 제외한 본 절의 모든 규칙들은 국제적 및 비국제적 무력분쟁에 동등하게 적용된다.

2. 공전 및 미사일전을 포함한 전투에서의 무기사용은 조약법과 국제관습법에 의해 제한된다. 후자가 모든 국가를 구속하는 반면에 전자는 관련 문서의 체약국만 구속한다. 조약법은 국제관습법의 규범을 명문화하기도 한다. 본 절은 조약법은 특정 조약의 체약당사국의 군대에 더 큰 제한을 부과한다는 국제관습법에 기초한 규칙들을 규정하고 있다.

3. 구별 또는 불필요한 고통(규칙 5 참조)이라는 국제관습법상 원칙 중 어느 하나라도 준수할 수 없는 본질적으로 불법인 무기와 그 자체는 불법적이지 않지만 공격(제D절 참조)을 규율하는 규정을 위반하여 불법적으로 사용된 무기 간에는 기본적으로 구별이 존재한다. 예를 들면, 기대되는 군사적 이익과 비교하여 과도한 부수적 피해를 야기할 것으로 예상되는 상황에서 불법적으로 사용되는 무기와는 달리 본질적으로 불법적인 무기에는 어떤 것들이 있는가 하는 문제에 대해서는 아직 명확히 합의되지 않은 무기들도 있다. 그러한 논쟁을 유발하는 무기로는 집속탄(cluster munitions), 대인지뢰 및 열화우라늄탄(depleted uranium monitions)이 있다(규칙 7 해설 참조)

4. 비록 현재 또는 미래에 어떤 무기가 (무차별 공격(규칙 13 참조)에 대한 금지를 포함한) 국제관습법에 명시된 바와 같이 일반적인 구별원칙 또는 불필요한 고통에 기초하여 제외될 것이 분명함에도 불구하고 그에 적용되는 조약법이 없는 경우 관례상 타 국가들이 그 무기에 대해 항의를 할 수 있다는 것이 인정되어야 한다.

[규칙 5] 공전 및 미사일전에서 사용되는 무기들은 다음을 준수하여야 한다.

(a) 민간인과 전투원 간, 민간물자와 군사목표물 간의 기본적인 구별원칙

공중작전과 미사일작전을 수행함에 있어서 (ⅰ)특정한 군사목표물로 향할 수 없는, 그러므로 합법적 표적과 민간인 또는 민간물자를 구별함이 없이 공격하는 무기 또는 (ⅱ)무기의 효과가 국제적 무력분쟁에 적용되는 법에 의해 제한받을 수 없어서 민간인과 민간물자를 구별하지 않고 타격하는 무기는 사용이 금지된다.

1. ICJ는 구별원칙을 '인도법의 구조를 구성하는 가중 중요한 원칙' 중 하나라고 인정하였다. 동 원칙에 기초하여 ICJ는 "국가는 결과적으로 민간인과 군사목표물을 구별하지 못하는 무기를 사용해서는 안 된다"라고 강조했다.[83]

2. 표적선정에 있어서의 구별원칙은 무기는 특정의 군사목표물로 향할 능력이 있어야 한다는 것을 요구하고 있다. '향할 수 있는 능력'은 모든 상황하에서 표적에의 최종적인 유도 또는 가장 정확한 무기의 사용을 요구하지 않는다. 이는 합법적 표적으로 향할 것이 합리적으로 보장되지 않는 '맹목적인 무기'(blind weapon)를 금지한다. 무차별적 무기는 민간인과 전투원 또는 민간물자와 군사목표물을 구별하지 못하고 공격하는 무기이다. 한 예로는 제2차 세계대전시 일본 제국주의가 미국과 캐나다의 서부 연안에 발사한 통제되지 않는 기구폭탄을 들 수 있다.

3. '향할 수 없는'에 대한 평가는 기술이 발전함에 따라 변하기 마련이다. 즉, 기술발전, 더욱 정밀해진 체계를 이용할 수 있는 가능성의 증대는 무기가 향할 수 있는 능력이 없는 경우에 대한 일반적인 이해를 변경시킬 것이다. 특히 무기의 정확성의 발전은 정확성 평가에 대한 일반 대중의 기대를 높였다. 이러한 기대에도 불구하고 오늘날 대부분의 공군은 고도의 정

---

83) ICJ, Nuclear Weapon Advisory Opinion, p.257.

밀공격능력을 갖추고 있지 않다는 것이 강조되어야 한다.

4. 또한 본 규칙은 피보호자와 물자에 피해를 주는 통제되지 않는 효과를 갖는 무기의 사용을 금지한다. 환언하면, 그러한 무기사용의 결과는 공격에 의해 통제되지 않는다. 예를 들면, 전염성의 생물무기(비전염성 생물무기와는 구별되는)는 일단 누출되면 생물학적 전염이 전투원에게 한정되지 않으며 민간인에게도 확산되는 것을 통제할 수 없기 때문에 금지된다.[84]

5. 비례성 원칙과 공격시 실행 가능한 예방조치의 요구(각각 규칙 14 및 제G절)와는 달리 동 규칙은 공격자의 기대는 명시적으로 다루고 있지 않다. 공격자는 특정한 공격의 효과가 전투원과 민간인, 군사목표물과 민간물자를 구별함이 없이 타격할 수 있다는 것을 알지 못할 수도 있다. 동 규칙은 만약 그러한 효과가 공격자가 합리적으로 예상할 수 없다면 무기의 사용을 금지하지 않는다. 다른 한편, 만약 어떤 무기의 사용이 전투원과 민간인, 군사목표물과 민간물자를 구별함이 없이 타격할 수 있다는 것을 합리적으로 예상된다면 그 사용은 불법적인 것이 된다.

6. 본 규칙과 무차별공격 금지(규칙 13 참조)를 구별하는 것이 중요하다. 차별적 사용이 가능한 무기 -그리고 동 규칙을 준수하는- 는 규칙 13을 위반하여 무차별적으로 사용될 수도 있다. 예를 들면, 국가관행은 非유도폭탄은 성질상 무차별적이지 않다는 것을 보여준다. 많은 경우 그것들은 민간인 또는 민간물자에게 아주 작은 피해를 주면서 적 전투원에게 타격을 가할 수 있다. 한 예로는 비거주지역의 군 진형에 대한 非유도폭탄의 사용이 있다. 부가적으로 非유도폭탄은 운반방법에 따라 매우 정확할 수 있다. 하지만 민간인 거주지역 상공에의 非유도무기의 투하는 그 지역에 있는 군사목표물로 향하도록 하는 노력이 없거나 그렇게 사용되지 않는다면 차별적인 무기의 무차별적(그러므로 불법적인)인 사용이다(규칙 13 참조).

---

84) 생물무기는 조약법, 특히 1925년 가스의정서 및 BWC에서 금지되었다(규칙 6(a) 참조).

(b) 불필요한 고통과 과도한 상해의 금지

불필요한 고통과 과도한 상해를 야기하도록 계산되었거나 성질상 야기하는 무기는 공중전과 미사일전에서 사용이 금지된다.

1. 비록 전투는 필연적으로 전투원의 사망 및 상해를 야기하지만 국제적 무력분쟁에 적용되는 고전적인 법규는 불필요한 고통과 과도한 상해를 야기하는 무기를 금지하고 있다. 이러한 이유로 금지되는 무기의 예로는 유리파편으로 충진되어 있는 투사물이 있다. 왜냐하면 이러한 무기의 치료는 너무 복잡하고 동 무기의 상해 효과는 금속 파편에 의해서도 어렵지 않게 달성될 수 있기 때문이다.

2. 1868년 세인트피터스버그 선언의 넷째 문장은 상해를 입은 자의 고통을 무익하게 악화시키거나 그들의 사망을 피할 수 없게 하는 무기를 금지하고 있다.[85] 1899년 및 1907년 헤이그협약 제23조(e)의 불어본은 'maux superflus'라는 표현을 사용하고 있다. 하지만 이 조항의 비공식 영어본은 동일한 용어를 1899년 판에서는 'superfluous injury'(과도한 상해)로, 1907년 판에서는 'unnecessary suffering'(불필요한 고통)로 하고 있다. 제1추가의정서 제35조(2)은 이 둘을 'superfluous injury or unnecessary suffering'(과도한 상해 또는 불필요한 고통)로 통합하였다.[86] 'superfluous injury or unnecessary suffering'라는 표현은 CCW 서문[87] 및 1997년 Ottawa협약 서문[88]에서도 사용되었다. 본 매뉴얼은 어구의 변화가 본질,

---

85) 1868년 동 선언 넷째 문단: "이를 위하여 무력화된 전투원에게 불필요한 고통을 주거나 불가피하게 죽음에 이르게 하는 무기의 사용은 본래의 목적보다 지나친 것이라는 점을 유의하며,"

86) 제1추가의정서 제35조(2): "과도한 상해 및 불필요한 고통을 초래할 성질의 무기, 투사물, 물자, 전투수단을 사용하는 것은 금지된다."

87) CCW 서문 세 번째 문단: "무력분쟁의 당사자들이 전투방법 및 수단을 선택하는 권리는 무제한적인 것이 아니라는 국제법 원칙과 무력분쟁에 있어서 과도한 상해 또는 불필요한 고통을 초래하는 성질의 무기, 투사물, 물질 및 전투방법의 사용을 금지하는 원칙에 기초하고,"

88) 1997년 Ottawa협약 서문 열한 번째 문단: "무력분쟁 당사자의 권리가 무제한적이지 않다는 국제인도법 원칙, 과도한 상해 또는 불필요한 고통을 야기하는 성질의 무기, 투사물, 기타 전투수단의 사용금지원칙 및 민간인과 전투원 간 구별하여야 한다는 원칙에 기초하여,"

즉 '과도한 상해'와 '불필요한 고통'은 동일한 의미를 갖는다는 생각에 영향을 미치지 않는
다고 보아 이러한 현대적 어구를 사용한다.

3. 1868년 세인트피터스버그 선언은 어떤 무기를 불법적인 것으로 하는 것은 객관적인 무
기의 성질이지 주관적인 설계 의도가 아니라면서 "무익하게 고통을 증가시키는" 무기를 금
지하고 있다. 1899년 헤이그협약 제23조(e)는 1868년 세인트피터스버그 선언을 추적하면
서 '성질상 야기하는' 무기를 언급하고 있다. 반대로 1907년 비구속적인 영어본은 제23조
(e)에서 '야기하도록 계산된'이라는 표현을 사용하고 있는데, 이는 무기설계의 의도가 금지
에 있어 결정적인 요소라는 것이다. 그렇지만 공식적인 프랑스본의 동일 조항은 초안자들이
금지의 범위를 변경시킬 것을 의도하지 않았음을 암시하는 1899년 규정의 표현을 사용하고
있다. 사실상 제1추가의정서 제35조(2)는 CCW와 1977년 오타와협약 서문 및 ICC 로마규
정 제8조(2)(b)(xx)[89]에서 되풀이된 문구인 '성질상 야기하는' 문구로 되돌아갔다. 본 매뉴얼
은 어떤 무기가 금지되는 범주에 해당되는 지를 명확하게 하기 위하여 '야기하도록 의도(계
산)되었거나 성질상 야기하는'이라는 문구를 사용한다. 즉, 무기가 불필요한 고통 및 과도한
상해를 야기하도록 의도되었는가 하는 것은 필수적인 문제가 아니다. 만약 무기가 성질상
그러한 결과를 초래하는 것으로 충분하다.

4. 과도한 상해 또는 불필요한 고통을 야기하도록 계산된 또는 성질상 야기하는 무기의 금
지는 전투원에 대한 필요한 고통은 합법적이라는 것을 인정하는 것으로, 심각한 상해나 사
망도 이에 포함된다. 문제의 무기가 군사적 목적에 도움이 되지 않는 상해의 야기라는 의도
된 목적을 위해 사용되거나 그럴 것으로 예상될 경우 이러한 금지를 위반하는 것이다. 과도
한 상해 또는 불필요한 고통에 대한 객관적인 기준에 대한 합의는 없었다. 대체로 어떤 무기
가 불가피하게(통상적인 사용과정에서) 특별한 형태의 상해, 즉 고통 또는 상해를 덜 야기하는

---

89) ICC 로마규정 제8조(2)(b)(xx)는 국제적 무력분쟁에서 다음을 전쟁범죄를 하고 있다: "과도한 상해나 불필요
한 괴로움을 야기하는 성질을 가지거나 또는 무력분쟁에 관한 국제법에 위반되는 무차별적 성질의 무기, 발
사체, 장비 및 전투방식의 사용. 다만, 그러한 무기, 발사체, 장비 및 전투방식은 포괄적 금지의 대상이어야
하며, 제121조와 제123조에 규정된 관련 조항에 따른 개정에 의하여 이 규정의 부속서에 포함되어야 한다."

비교할 수 있는 합법적 무기의 효용에 비추어 전투원에게 불필요한 고통이나 과도한 상해를 야기한다면 금지를 위반한 것으로 간주된다. 다른 말로, 무기의 효과는 동등한 군사적 목적을 달성할 수 있는 현재 사용 중인 다른 무기에 비추어 고려되어야 한다. 평가에는 두 가지 문제가 기저를 이루고 있다. (i)상해를 덜 유발하는 대체무기를 이용할 수 있는가?, (ii)대체무기는 의도한 군사목적을 달성함에 있어 충분히 효과적인가?

5. 과도한 상해 또는 불필요한 고통은 특정무기 및 탄환과 관련하여 결정된다. 만약 무기가 이미 사용 중이라면 이는 실제 국가관행에서 사용된 무기의 효과를 분석함으로써 가능하지만, 어떤 경우에는 무기 설계의 사전검토를 통해서도 가능하다(규칙 9 참조).

6. 비록 본 규칙의 목적과 대상이 전투원의 보호이기는 하지만, 적대행위에 직접적으로 참가한 민간인에 대해 무기를 사용할 경우에도 적용된다. 자연적으로 민간인에게 부수적 피해가 야기될 것으로 예상되는 경우 특성상 과도한 상해 또는 불필요한 고통을 유발하는 무기로 인해 그들에게 미치는 영향을 무시할 수는 없다.

[규칙 6] 다음과 같은 특정한 무기는 공전과 미사일전에서 사용이 금지된다.

1. 본 규칙에 열거된 특정 무기들은 다음과 같은 근거(복합적이든 개별적이든)에 따라 금지된다. 즉, 무기의 무차별적 성격(규칙 5(a) 참조)에 따른 구별원칙의 위반(규칙 5(a) 및 규칙 10(a) 참조), 불필요한 고통 및 과도한 상해 금지 위반(규칙 5(b) 참조). 하지만 국제적 무력분쟁에 적용되는 법에서 그러한 명시적 금지가 있다는 것을 고려하면 이러한 원칙들을 왜 준수해야 하는지를 논하는 것은 무의미하다.

2. CCW 제1조에 대한 2001년 개정[90]에서 선언된 국제적 무력분쟁에서 특정 무기를 금지하는 규칙이 비국제적 무력분쟁에서도 적용되는 경향이 점증하고 있다.

---

90) CCW 제1조에 대한 2001년 개정 제1조 및 제2조.

(a) 세균, 생물 무기

1. 생물무기란 병원균과 독소를 사용한 무기를 말한다. 병원균은 세균(그러므로 세균성 무기), 바이러스 또는 기타 생물학적 질병을 유발하는 매개제를 포함한다.

2. '세균성 전투방법의 사용' 금지는 1925년 가스의정서에서 처음으로 금지되었다. 동 금지는 BWC에서 확인되었는데, 제1조는 다음과 같이 규정하고 있다; 체약국은 어떠한 경우에도 아래 물체를 개발, 생산, 비축 또는 기타 방법으로 획득하거나 보유하지 않는다. (1)원천이나 생산방식이 어떠하든지 형태나 양으로 보아 질병예방, 보호 또는 기타 평화적 목적으로 정당화되지 아니하는 미생물, 기타 세균 또는 독소, (2)적대목적이나 무력분쟁시 전기의 물체나 독소를 사용하기 위하여 고안된 무기, 설비 또는 수송수단. 비록 사용에 대해서는 명시적으로 언급되지 않았지만 보유 금지는 당연히 사용을 포함한다. 생물학적 및 세균학적 무기의 사용금지는 의심의 여지없이 국제관습법을 반영한 것이다.

3. 생물학적 무기의 보유는 금지되기 때문에 비국제적 무력분쟁에서의 이들 사용은 국제적 무력분쟁에서와 마찬가지로 금지된다.

(b) 화학 무기

1. CWC는 제2조(1)에서 '화학무기',[91] 제2조(2)에서 '독성화학물질'[92] 및 제2조(3)에서 '원료

---

[91] CWC 제2조(1): "화학무기라 함은 다음 각 호의 하나 또는 전체를 의미한다. 가. 독성화학물질 및 그 원료물질. 단, 이 협약에서 금지되지 아니하는 목적을 위한 것으로서 그 형태와 수량이 이러한 목적과 일치하는 경우는 제외. 나. 그 사용 결과로 방출되는 가 호에 규정된 독성 화학물질의 독성을 이용, 사망 또는 그밖의 상해를 일으키도록 특수하게 설계된 탄약 및 장치. 다. 나 호에 규정된 탄약 및 장치의 사용과 직접 관련된 용도를 위하여 특수하게 설계된 모든 장비."

[92] CWC 제2조(2): ""독성화학물질이라 함은 다음을 의미한다. 생명과정에 대한 화학작용을 통하여 인간 또는 동물에게 사망, 일시적 무능화 또는 영구적 상해를 유발시킬 수 있는 모든 화학물질. 여기에는 화학물질의 근원 또는 생산방법과 화학물질이 생산시설에서 생산되었는지, 탄약 내에서 또는 기타 장소에서 생산되었는지를 불문하고 이러한 모든 화학물질이 포함된다."

물질'을 정의하고 있다.[93]

2. 화학무기는 발사체에 의한 가스 공격을 금지하고 있는 1899년 질식성 가스에 관한 헤이그선언(Ⅳ, 2)에도 불구하고 제1차 세계대전시 광범위하게 사용되었다. 1915년 Ypres에서 독일이 염소가스를 방출하는 지상체계를 사용하여 이 지역을 포위하자 뒤이어 보복과 대항보복이 잇따랐다. 비록 1925년 가스의정서가 '질식성, 독성 또는 기타 가스 및 모든 유사한 액체, 물질 또는 수단'의 사용을 금지함으로써 이 문제를 치유하고자 시도했지만, 화학무기의 보유를 금지하지 못했으며 단지 선제사용을 금지하는 것에 만족해야 했다. 이탈리아는 1935년 12월 초 이디오피아에서 겨자 가스를 사용했다. 제2차 세계대전시 연합국 및 추축국이 전장에서 화학무기를 사용하지 않은 것은 조약법 못지않게 상호억제 때문이었다. CWC는 화학무기의 개발, 생산, 획득, 저장 및 사용(또는 다른 자가 사용하는 것을 지원)을 금지하며 강력한 검증체계를 부과하고 있다.[94] 무력분쟁에서의 화학무기의 사용은 국제관습법에 의해 금지된다는 것은 의문의 여지가 없다.[95]

3. 화학무기에 관한 2가지 문제가 언급되어야 한다. 첫째는 최루가스와 같은 폭도진압작용제(규칙 1(v)에 대한 해설 para.4 및 규칙 2(a)에 대한 해설 para.9 참조)의 사용이다. 이러한 화학물질(CWC 제Ⅱ(7) 참조)은 "노출 종료 후 짧은 시간 내에 사라지는 인체 감각기관에 대한 자극 또는 신체의 무력화를 급속하게 유발시킬 수 있는 물질"이다. CWC는 체약국에게 '전투수단으로서의 폭도진압작용제'의 사용을 금지하고 있지만,[96] 일부 특정문제를 강조하는 데는 실

---

93) CWC 제2조(3): "원료물질이라 함은 다음을 의미한다. 방법 여하에 관계없이 독성화학물질의 생산단계에 투입되는 모든 화학반응물. 여기에는 이 성분 또는 다성분 화학체계의 모든 핵심성분이 포함된다."

94) CWC 제1조(1): "이 협약의 각 당사국은 어떠한 상황하에서도 다음을 행하지 아니할 것을 약속한다. 가. 화학무기의 개발, 생산 혹은 기타 법으로 획득, 비축, 보유 또는 직접적이거나 간접적인 화학무기의 인도. 나. 화학무기의 사용. 다. 화학무기의 사용을 위한 모든 군사적 준비행위. 라. 여하한 방법으로 제3자로 하여금 이 협약 당사국에게 금지된 활동에 종사하도록 지원, 장려 또는 권유하는 행위."

95) ICC 로마규정 제8조(2)(b)(xviii)은 국제적 무력분쟁에서 전쟁범죄로 간주된다: "질식가스, 유독가스 또는 기타 가스와 이와 유사한 모든 액체·물질 또는 장치의 사용."

96) CWC 제1조(5), 각주 77) 참조.

패했다. CWC는 민간소요시 폭동진압 목적에 그러한 화학물질의 사용이 한정되는 것은 아니다. 어떤 국가들은 전쟁포로 수용소에서의 폭도를 통제하는 것은 전투수단이 아니라고 주장한다. 하지만 기타 형태의 작전에 대해서는 논쟁이 있었다.[97]

4. 두 번째 문제는 적의 이동을 감추기 위해 사용되는 나무, 숲, 관목 및 기타 식물을 황폐화시키기 위하여 사용되는 화학물질인 제초제에 관한 것이다. 예를 들면, 미국 항공기는 베트남전에서 적의 합법적 표적을 감추지 못하도록 하기 위하여 제초제를 살포했다. 이는 다른 국가들에 의해 비난을 받았다. CWC에서 제조체에 대한 유일한 언급은 전투수단으로서의 사용을 금지하고 있는 서문이다.[98] 미국은 미국기지 및 시설 내와 인근 방어구역 주변의 식물 통제를 제외하고는 공식적으로 제초제의 선제 사용을 금지하고 있다.[99]

5. 화학무기의 사용뿐만 아니라 보유도 금지되기 때문에 비국제적 무력분쟁에서의 이들 사용은 국제적 무력분쟁에서와 마찬가지로 금지된다.

(c) 나안이나 교정 장치를 착용한 눈에 실명이나 시력저하를 일으킬 수 있도록 설계된 레이저무기

---

97) NWP, para.10.3.2.1: "행정명령 11850에 따라 제조체와 폭도진압작용제의 전시 사용을 중지하지만, 미국은 다음과 같은 경우 생명을 살리기 위한 방어적인 군사양식인 것을 제외한 무력분쟁시 폭도진압작용제의 선제사용을 포기한다. (1)미국 병력의 효과적인 통제하에 있는 지역에서 폭도진압 상황은 포로의 폭도진압을 포함한다. (2)민간인들이 복면을 하거나 진형을 형성하여 공격하고 민간인 사상자가 감소될 수 있거나 피할 수 있는 경우. (3)추락한 항공기 승무원 또는 탈출 포로의 구조 임무. (4)민간인 소요, 테러활동 또는 준군사작전으로부터 군사보급창고, 군대호송, 기타 후방 제대지역에서의 군대활동 보호. 무력분쟁시 미국 병력의 폭도진압작용제 사용은 국가통수기구의 승인이 요구된다. 미국은 이러한 금지가 국제적 무력분쟁과 비국제적 무력분쟁에는 적용되지만, 정상적인 평화유지작전, 법집행작전, 인도와 재난구호작전, 대테러작전과 인질구출작전, 무력분쟁 지역 밖에서 수행되는 비전투원 구조작전에는 적용되지 않는다고 간주한다."

98) CWC 서문 일곱 번째 문단: "관련 협정 및 국제법의 관련 원칙에 구현된 전투수단으로서의 제초제 사용의 금지를 인정하며,"

99) NWP, para.10.3.3: "미국은 전시 제초제의 사용이 1925년 가스의정서나 1993년 화학무기금지협정상 금지되어 있지 않다고 간주하지만, 공식적으로는 미국 기지와 시설 내 또는 수비경계 현장 주변에서의 식물통제를 제외하고는 전시 제초제의 선제사용을 포기하고 있다. 전시 제초제의 사용에는 국가통수기구의 승인이 필요하다. 평시 제초제의 사용은 국방부 장관의 승인이 요구되며, 제한된 상황의 경우 전투지휘관의 승인에 따른다."

1. 본 규칙은 1995년 CCW 제4의정서에 기초하고 있다.[100]

2. 제4의정서는 안경 또는 콘택트 렌즈와 같은 시력교정장치를 착용한 경우에도 영구실명을 야기할 수 있는 '전투기능'으로 특별히 고안된 광선무기의 사용을 금지하고 있다. 이러한 금지는 국제관습법을 구성한다는 것이 폭넓게 수용되었다. 그 사용이 인근에 있는 자에게 영구실명을 야기할 위험이 있더라도 거리 측정 및 표적 획득과 같은 기타 목적을 위하여 적대행위시 광선을 사용하는 것은 금지되지 않는다는 것은 주목할 만하다.

3. 모든 무기와 마찬가지로 광선기술을 포함하는 무기체계의 이용은 공격시 실행 가능한 예방조치를 취하여야 한다는 요건에 따라야 한다. 제4의정서 제2조는 "체약당사국은 광선무기체계를 사용함에 있어 비강화시력 영구실명 사고를 방지하기 위한 가능한 예방조치를 강구해야 한다. 그러한 예방조치에는 군대교육 및 기타 실용적인 조치가 포함되어야 한다"고 규정함으로써 비구속적인 광선무기에 대한 이러한 의무를 주장하고 있다.

4. 2001년 CCW 개정 체약국에 대한 제4의정서의 적용 가능성은 비국제적 무력분쟁에까지 확대된다.

(d) 독, 독극물 또는 독이 포함된 무기

1. 독 또는 독을 포함한 무기의 금지는 1907년 헤이그규칙 제23조(a)[101]에서 국제적 무력분쟁에 적용되는 법의 현대적 법전화보다 선행한 것이다. 이는 의심의 여지없이 국제관습법의

---

100) 1995년 CCW 제4의정서 제1조: "특별히 육안 또는 교정시력과 같은 비강화시력에 영구실명을 야기하는 것을 주 또는 일부 전투기능으로 하는 광선무기를 사용하는 것은 금지된다. 체약당사국은 이러한 무기를 어떠한 국가 또는 단체에 이전할 수 없다."

101) 1907년 헤이그규칙 제23조(a): "특별한 조약으로써 규정한 금지 이외에 특히 금지하는 것은 다음과 같다. (a)독 또는 독을 가공한 무기의 사용." 유사한 규정은 이미 1899년 헤이그규정 제23조(a)에서 규정되었었다. 또한 ICC 로마규정 제8조(2)(b)(xviii)는 "독 또는 독을 가공한 무기의 사용"을 국제적 무력분쟁에서 전쟁범죄로 선언하고 있다.

지위를 향유한다.

2. 독의 개념은 국제적 무력분쟁에 적용되는 법의 어디에도 없다. 하지만 일반적으로 이해되듯이 독은 신체에 또는 신체 내에서 화학적 반응을 통해 인간과 동물을 해롭게 할 수 있는 모든 물질이다. 이에는 그러한 효과를 갖는 화학물질뿐만 아니라 독소(생물학적으로 생성된 물질)도 포함된다. 무해한 물질을 오염시킴으로서 그것을 독으로 사용하는 것도 금지된다는 것은 주목할 만하다. 예를 들면, 이용할 수 없도록 오염시키기 위하여 수원지에 동물 사체를 방치하는 것은 불법이다.

3. 본 금지는 인도적 및 군사적 기반을 갖고 있다. 예를 들면, 군사적 관점에서 우물에 독을 푸는 것은 불필요한 파괴일 뿐만 아니라 불이익한 것으로 간주된다. 왜냐하면 철수하는 지휘관은 만약 전투과정이 변경되면 물을 공급받기 위해 동일한 우물에 의존할 수도 있기 때문이다. 마찬가지로 인도적 관점에서 무기의 독성화는 이미 전투능력을 상실한 전투원의 상병을 무익하게 악화시킬 뿐 어떠한 군사적 목적에도 도움이 되지 않는다.

4. 특정한 독의 사용은 생물학적, 세균학적 및 화학적 무기와 관련하여 부과된 금지에도 해당될 수 있다.

5. 독 사용의 관습적 금지는 비국제적 무력분쟁에서도 마찬가지다.

(e) 인체에 충돌하면 폭발하거나 인체 내에서 폭발하도록 설계되었거나 기본적인 성질이 그러한 소형 무기

1. 1868년 세인터피터즈버그 선언(St. Petersburg Declaration)은 무익하게 상처를 악화시킨다는 것을 근거로 400g 미만의 폭발성 물질 또는 연소물을 실은 발사체의 사용을 금지하였

다.[102] 이는 과도한 상해 또는 불필요한 고통의 야기 금지와 조화를 이룬다.

2. 400g은 1868년 동 선언의 채택 당시 가장 작은 포탄의 외피 무게였다. 모든 미사일은 이러한 무게제한을 초과하기 때문에 동 선언은 미사일의 사용에는 적용되지 않는다.

3. 국가관행은 특히 공전에서의 동 규범의 적용에 영향을 미쳤다. 제1차 세계대전시(그리고 그 이후의 무력분쟁) 양측은 폭발성 對항공기 탄환을 사용했다. 이러한 관행은 "항공기에 의하여 또는 항공기에 대하여 광탄, 소이탄 또는 폭발성의 투하물을 사용하는 것을 금지하지 아니한다"고 규정하고 있는 헤이그 공전규칙 제18조에서 확인되었다. 비록 헤이그 공전규칙이 모든 정부에 의해 구속적인 것으로 수락되지는 않았지만 제18조는 오늘날 관습법을 반영하고 있는 것으로 간주되고 있다. 오늘날의 국가관행은 1868년 선언의 금지를 수정하였으며, 이는 헤이그 공전규칙 제18와 조화를 이루고 있다.[103]

4. 헤이그 공전규칙 제18조를 작성한 법률가위원회의 이론적 근거는 "비행 중 항공기 내에서 기관총에 사용되는 탄환을 교체하는 것은 불가능하다"는 것이었다.[104] 1923년 이래 국가관행은 헤이그 공전규칙 제18조와 일치한다. 하지만 오늘날 일부 항공기(특히, 헬리콥타)는 공중에서 탄환을 교체하는 요원을 수송할 수 있다. 만약 그렇다면, 1868년 세인터피터스버그 선언의 원래 규정은 변하지 않은 채 남아있어야 한다는 것은 논쟁의 여지가 있다.

5. 규칙 5(e)에 포함된 금지는 오로지 인체에 충격시 또는 인체 내에서 폭발할 것으로 계산된 투사물의 사용과 관련이 있다. 즉 그러한 금지는 항공기를 포함한 비생물 표적에 대한 투사

---

102) 동 선언은 실질적 규정 첫 번째 문단에서 다음과 같이 규정하고 있다. "모든 당사국들은 그들 간의 전쟁에 있어서 육군 및 해군부대의 무기로 400g 이하로 제조된 작렬성 및 화염성 탄환은 이를 사용치 않을 것을 약속한다."

103) 이러한 국가관행의 발전은 ICRC에 의해 승인되어 왔다. ICRC Customary IHL Study, Rule 78, Explanation thereto, pp.272-273. 현재 ICRC는 인체 내에서 폭발하는 탄환의 對人 사용은 이미 금지되었다고 간주한다.

104) Commentary on the HRAW, pp.20-21.

물의 사용에는 영향을 미치지 않는다.

6. 1868년 세인터피터스버그 선언 이래, 폭발성 투사물은 사람에게 사용되어서는 안 된다는 것이 폭넓게 수용되었다. 동 금지는 국제적 및 비국제적 무력분쟁에 똑같이 적용되며,[105] 이는 헤이그 공전규칙 제18조의 조건에 따라야 한다.

(f) 파편으로 인체를 해하며 그러한 파편이 엑스레이로 탐지가 불가능한 무기

1. 의료적 치료 과정에서 탐지가 불가능한 무기안에 충진되는 파편(유리와 같은)은 전투원의 전투능력을 상실하게 하는 데 기여하지 못하며, 치료 또는 회복을 필요 이상으로 위태롭게 한다. 이러한 금지는 1980년 CCW 제1의정서에 기초하고 있다.[106] 외피 또는 타이밍 체계 등 탄환의 일부는 무게와 생산비용 줄이기 위하여 비금속 또는 엑스레이로 탐지되지 않는 물질로 만들어진다. 이는 그것들이 일으키는 상해가 그 무기의 주요한 효과에 부수적인 것이기 때문에 금지되지 않는다.

2. 2001년 CCW 개정협약 체약국에 대한 동 규칙의 적용 가능성은 비국제적 무력분쟁에까지 확대된다.

[규칙 7] 본 절에서 명시적으로 언급되지 않은 무기의 사용은 국제적 무력분쟁에 적용되는 관습법 및 조약상의 규칙과 원칙(특히 구별원칙과 불필요한 고통 금지) 그리고 체약당사국에 적용되는 여타의 조약에 따른다.

1. 어떠한 무기라도 무기의 사용은 본 매뉴얼 제D절(공격) 및 제G절(공격시의 사전예방조치)에

---

105) NIAC Manual to SRM/ACS, p.35.
106) 1980년 CCW 제1의정서: "무기의 주효과가 인체 내 X선에 의한 탐지불능 파편에 의하여 사람을 상해하는 것인 경우 이의 사용은 금지된다."

서 언급된 규칙들을 따라야 한다. 동 규칙의 해설에서 언급된 무기들은 공전 및 미사일전과 관련이 있다. 또한 수많은 조약들이 다음과 같은 무기나 무기체계의 사용을 제한하고 체약국의 사용도 일괄적으로 제한하고 있다. 이러한 조약체제는 체약국에게만 적용 가능하다는 이해를 바탕으로 아래에서 논의될 것이다.

2. 다음 언급되는 무기들은 주의하여야 한다. (a)공중투발지뢰, (b)공중투발기뢰, (c)비가시거리 무기체계, (d)폭발성 무기, (e)집속탄(集束彈), (f)지발(遲發)성 폭탄, (g)우라늄탄, (h)파편탄, (i)소이성 무기, (j)비살상 무기, (k)핵무기 및 (l)소구경 발사체

(a) 공중투발지뢰

1. 지뢰 사용에 대한 국제관습법상의 금지는 존재하지 않는다.

2. 1997년 오타와협약 체약국에게는 공중살포를 포함한 대인지뢰의 사용은 금지되어 있다.[107] 그러나 1997년 오타와협약은 수동폭발무기나 대전차/차량지뢰는 다루지 않는다.

3. 1996년의 CCW 제2의정서는 특정한 형태의 부비트랩은 금지하면서도,[108] 대인지뢰의 사용을 금지하지 않는데, 체약국의 대인지뢰의 사용(및 대전차지뢰의 사용)을 제한하고 있다.

---

107) 1997년 오타와협약 제1조(1): "각 당사국은 어떤 경우에도 다음 행위를 해서는 안 된다. (a)대인지뢰 사용. (b)대인지뢰의 개발, 생산, 기타 취득, 비축, 보유 또는 직간접 이전. (c)본 협약에 의해 당사국에 금지된 행위에 참가하도록 조력, 고취 또는 유인." '대인지뢰'의 정의는 동 협약 제2조(1)에 규정되어 있다.

108) 1996년 CCW 제2의정서 제7조(1) 및 (2): "1. 반역 및 배신행위와 관련하여 무력분쟁에 적용되는 국제법 규칙을 저해함이 없이, 부비트랩 및 기타 장치는 어떠한 경우에 있어서도 다음 각 목에 열거된 물체에 부착 또는 결합하여 사용하는 것이 금지된다. 가. 국제적으로 승인된 보호표장·부호 또는 신호. 나. 병자·부상자 또는 사망자. 다. 매장지·화장지 또는 묘지. 라. 의료시설·의료장비·의약품 또는 의료수송수단. 마. 아동용 장난감 기타 휴대용 물건 또는 아동을 위한 급식·건강·위생·의류 또는 교육목적으로 특별히 보안된 제품. 바. 음식물 또는 음료수. 사. 군시설·군주둔지 또는 군보급창이 아닌 장소에 있는 주방용품 또는 주방기구. 아. 종교적 성격이 명백한 물건. 자. 국민의 문화적 또는 정신적 유산을 형성하는 역사적 기념물, 예술작품 또는 예배장소. 차. 동물 또는 동물의 사체. 2. 폭발물질을 내장할 수 있게 특별히 고안·제작되고, 외견상 무해하게 보이는 휴대용 물건의 형태로 부비트랩 및 기타 장치를 사용하는 것은 금지된다."

특히 공중투발지뢰는 항공기에서 투하되거나 기타의 자동폭파 또는 자동무능화에 관한 특별한 제한(1996년 CCW 제2의정서 제6조[109])이 적용되는 '원격투발 지뢰'(remotely delivered mines)[110]이다.

(b) 공중투발기뢰

자유로이 부유하는(닻으로 고정되지 않은) 공중투발기뢰는 군사목표물을 표적으로 하거나 또는 그것이 투하된 후 상당한 시간 내에 무해화되었을 때만 사용이 가능하다. 1907년 헤이그 제8협약의 제1조(1)[111]은 이 상당한 시간을 한 시간으로 규정하고 있다. 이는 산레모 매뉴얼에 대한 해설서에서도 마찬가지다.[112] 기뢰의 부설 혹은 이미 설치된 기뢰의 작동은 반드시 NOTMAR("Notice to Marines") 시스템을 통해 고지되어야 한다. 군사목표물인 선박을 폭파시키기 위해 고안된 기뢰일 경우에는 이러한 절차를 밟지 않아도 된다.

(c) 비가시거리 무기체계

1. '비가시거리'라는 용어는 표적이 육안으로 식별할 수 없는 상황을 의미한다. 예를 들면,

---

109) 1996년 CCW 제2의정서 제6조: "1.원격투발지뢰는 기술부속서 제1 항 나목에 일치시켜 기록하지 아니하는 한 그 사용이 금지된다. 2.기술부속서상의 자동폭파 및 자동무능화 관련 규정에 일치하지 아니하는 원격투발 대인지뢰의 사용은 금지된다. 3.원격투발지뢰로서 대인지뢰가 아닌 지뢰는 실행 가능한 범위안에서 효과적인 자동폭파 또는 자동무능화 장치를 갖추지 못하거나 보조 자동무능화장치를 갖추지 못하는 경우 그 사용이 금지된다. 보조 자동무농화장치라 함은 해당 지뢰가 최초로 설치된 군사적 목적에 맞지 아니하는 경우 지뢰로서의 기능을 상실하게 되도록 고안된 장치를 말한다. 4.상황이 허락하는 한 민간주민에 영향을 미칠수 있는 원격투발지뢰의 투발이나 낙하에 대하여는 효과적인 사전경고를 실시한다."

110) 1996년 CCW 제2의정서 제2조(2): "원격투발지뢰라 함은 직접 설치되는 것이 아닌, 야포·미사일·로케트·박격포 또는 이와 유사한 수단에 의하여 투발되거나, 항공기에서 투하되는 지뢰를 말한다. 다만, 사거리500미터 이내의 지상투발수단에 의하여 투발되는 지뢰는 이 의정서 제5조 및 기타 관련 조항에 따라 사용되는 한 원격투발지뢰로 간주되지 아니 한다."

111) 1907년 헤이그 제8협약의 제1조(1): "이는 금지된다. 1.부설자의 감리를 떠나면서부터 늦어도 1시간 이내에 무해의 구조를 가진 것을 제외하고 무계류 자동촉발수뢰를 부설하는 것."

112) 산레모 매뉴얼 제82항: "부유기뢰는 다음의 경우 이외에는 사용이 금지된다. (a)군사목표물에 대한 사용. (b)통제상실 후 1시간 이내에 무력화되는 경우."

표적이 너무 멀리 있거나('수평선 넘어') 또는 야간, 기상조건 및 지형 등의 문제로 보이지 않는 상황이 이에 해당한다.

2. 비가시거리 무기체계는 조약이나 국제관습법에서 개별적으로 다루어지지 않고 있다. 이러한 체계의 사용은 국제적 무력분쟁에서의 공격에 적용되는 모든 표준 규칙을 따라야 한다.[113]

3. 비가시거리에서 발사될 수 있는 미사일과 기타 모든 무기들은 그 사용이 군사목표물과 전투원을 민간인과 민간물자로부터 구별을 허용하는 경우에는 합법적이다. 이러한 허용은 무기에 장착된 감지센서를 통해 이루어질 수도 있고, 항공기와 같이 외부의 지원을 통해서도 이루어질 수 있다.

(d) 폭발성 무기

1. 폭발성 무기는 표적에 피해를 가하기 위해 또는 적 전투원에게 부상을 입히기 위해 발생시키는 폭발로 인해 나오는 충격파를 생성한다. 다른 말로, 폭발 무기의 파괴적인 힘은 그것이 발생시키는 과압과 동일하다. 예를 들어, 폭발에 의존하는 폭탄은 건물을 무너뜨리기 위해 사용될 수도 있다. 폭발성 무기는 반드시 수류탄과 같은 파편무기와는 구별되어야 하는데, 파편무기는 무기 자체의 파편들을 통해 물질적인 피해를 입히기 때문이다. 폭발은 폭발성 탄약의 본질적인 특성으로 인해 폭발 자체에만 의존하거나 폭발과 파편의 결합에 의존하는 무기 모두에 적용되는 특성이다. 파편탄에 대해서는 규칙 7(h)에 대한 해설 참조.

2. 폭발을 통한 군사목표물에 대한 피해 또는 파괴 및 전투원의 사망 또는 부상은 공전이 시작된 이래로 공중투발무기의 특징이 되어왔다. 국제적 무력분쟁에 관한 어떠한 조약도 폭발

---

113) 산레모 매뉴얼 제78항: "미사일 및 초수평선(over the horizon : OTH) 능력을 갖는 발사체는 제38항~제46항에 규정된 목표물 구별원칙에 따라 사용되어야 한다." NWP, para.9.10: "효과적인 표적식별을 충분히 보장하기 위한 센서를 갖추고 있거나 표적정보의 외부적 근거와 관련하여 사용될 경우, 유도탄과 초수평적 또는 가시거리를 초과하는 포탄의 사용은 금지된다."

성 무기를 금지하지 않는다. 국가관행에 따르면, 폭발성 무기는 "전투원에 대한 불필요한 고통이나 과도한 상해를 초래하기 위해 계산되거나 또는 본질적인" 무기로 간주되지 않는다 (규칙 5(b) 참조).

3. 일부 폭발성 무기는 소이탄으로 간주될 수 있는데, 이는 그것이 초래하는 폭발이 화재를 발생시킬 수 있기 때문이다. 하지만 폭발성 무기는 다른 폭발성 탄약들에 비해 더 뛰어난 발화 능력을 갖고 있지 않다. 또한 폭발성 무기가 화재를 지속시킬 수 있는 능력을 가지고 있지도 않다. CCW 제3의정서에 명시된 소이탄의 정의에 비춰볼 때,[114] 폭발성 무기는 소이탄이 아니다. 소이탄에 대해서는 규칙 (7)(i)에 대한 해설 참조.

(e) 집속탄

1. 집속탄은 산탄이나 다량의 재래식 폭발성 파쇄 탄약을 내포하고 있는데 이는 대상 지역에 전반적으로 피해를 주기 위해 고안된 것이다. 집속탄의 본질적인 특성에 따르면 이러한 탄약들은 중화기로 무장한 적, 경화기로 무장한 차량, 착륙해 있는 항공기, 연질의 물질로 만들어진 표적 및 적 전투원들을 상대로 상당히 효과적일 수 있다.

2. 유고슬라비아에 대한 NATO의 폭격전을 검토하기 위해 설치된 ICTY 소추관의 최종보고서[115]는 1999년에 일어난 다국적군 작전에서의 집속탄 사용을 검토했다. 동 보고서는 집속탄의 사용에 따른 소추를 반대했다. 왜냐하면 비록 동 보고서는 "집속탄은 반드시 다른 모든 무기들에 적용되는 일반적인 규칙을 준수하면서 사용되어야 한다"(27항)라고 경고를 하고 있긴 하지만 국제적 무력분쟁에 적용되는 법은 그러한 문기를 특별하게 언급하고 있지 않다. 그로부터 몇 년 후 집속탄에 대한 국제적인 관심이 일어났다. 특히, 집속탄이 다량의 폭

---

114) 소이탄의 정의에 대해서는 CCW 제3의정서 제1조(1) 참조.

115) Final Report to the Prosecutor by the Committee Established to Review the NATO Bombing Campaign Against the Federal Republic of Yugoslavia.

발성 탄약을 넓은 지역에 산포된다는 점을 고려할 때, 이들은 민간인에게 피해를 입히기 쉬운 것이 사실이기 때문이다(특히 인구 밀집지역에 사용되었을 때 더욱 그러하다). 그리고 이 탄약들은 폭발하지 않았을 때 민간인에게 장기간 피해를 입힐 수 있다. 최근의 기술발전은 새로 생산된 집속탄의 실패율을 상당 부분 감소시켰다. 그럼에도 불구하고, 집속탄 내의 탄약들의 광범위한 산포에 대한 우려는 여전히 남아있다.

3. 부분적으로 2003년 CCW 제5의정서에서 이 문제가 부분적으로 다루어진 적이 있다. 동 의정서는 집속탄 뿐만 아니라 전쟁터에서 사용되는 모든 형태의 폭발무기의 제거에 초점을 맞추고 있다. 동 의정서의 체약국들은 적극적인 적대행위가 정지된 후 가능한 한 즉시 그들의 통제지역 내에 있는 폭발성 잔여물을 표시, 제거 및 파괴하는 데 동의하여야 한다. 잔여 폭발물의 사용자가 그것이 부설된 지역을 통제하지 않는 상황에서는 반드시 기술적, 경제적, 물질적 혹은 인적 자원의 지원을 제공하여 제거를 도와야 한다.[116] 국제관습법을 따르지 않더라도, 폭발 잔여물에 대한 조약상의 의무는 모든 국가를 대상으로 한다.

4. 하지만 상당수 국가들은 2003년 CCW 제5의정서가 집속탄의 사용에 따른 인도적인 문제들을 다루기에는 역량이 충분치 않다고 느꼈다. 그 이유는 집속탄의 본질적인 특성에 있다. 이러한 연유로 2008년에 '집속탄에 대한 더블린협약'이 채택되었다. 동 협약 제1조(1)

---

116) 2003년 CCW 제5의정서 제3조: "1. 각 체약당사국과 무력분쟁 당사자는 자기 통제하의 영역 내에 있는 모든 전쟁잔류폭발물에 대하여 이 조항에 규정된 책임을 진다. 전쟁잔류폭발물이 된 폭발물의 사용자가 그 지역을 통제하지 않는 경우, 그 사용자는 적대행위의 중단 후 양자 간 또는 특히 UN 체제, 기타 관련기구들을 포함하여 상호합의한 제3자를 통해서 그러한 전쟁잔류폭발물의 표기 및 정리, 제거 또는 파괴가 용이하도록 가능한 범위 내에서 특히 기술적, 재정적, 물적 또는 인적자원을 지원한다. 2. 적대행위의 중단 후 가능한 빠른 시일 내로 각 체약당사국과 무력분쟁 당사자는 그 통제하 영향지역 내의 전쟁잔류폭발물을 표기하고 정리, 제거 또는 파괴한다. 이 조의 제3항에 따라 심각한 인도적 우려를 제기하는 것으로 평가되는 전쟁잔류폭발물의 영향을 받은 지역은 정리, 제거 또는 파괴를 위한 우선적 지위를 부여받는다. 3. 적대행위의 중단 후 가능한 빠른 시일 내로 전쟁잔류폭발물로 인한 위험을 줄이기 위해 각 체약당사국과 무력분쟁 당사자는 그 통제하의 영향을 받은 지역에서 다음의 조치를 취한다. 가. 전쟁잔류폭발물로 인한 위험을 조사하고 평가한다. 나. 표기 및 정리, 제거 또는 파괴에 대한 필요성과 실행 가능성을 평가하고 우선순위를 결정한다. 다. 전쟁잔류폭발물을 표기하고 정리, 제거 또는 파괴한다. 라. 이러한 활동을 수행하기 위한자원을 동원하는 조치를 취한다."

은 많은 집속탄의 사용을 금지하고 있다.[117] 오직 체약국에게만 적용되는 동 협약(제2조(2)의 '집속탄'의 정의에 따라)은 자가 해제기능을 갖고 있는 20킬로그램 이상의 탄약을 포함하거나 4킬로그램 이상, 10개 이하의 탄약을 포함하고 있거나 단일 표적을 감지하고 추적할 수 있도록 고안된 탄약을 포함하고 있는 집속탄은 다루고 있지 않다. 현재 동 협약 체약국은 30개국이며, 서명국은 104개이다. 하지만 동 협약은 많은 수의 국가들에게 개방되어 있다.

(f) 지발성 폭탄

지발성 폭탄은 일반적으로 표준이 되는 즉시 폭발물과 결합되어 사용되는 고성능 폭발성 폭탄이다. 공중 투발 지발성 폭탄의 핵심 목적은 표적인 비행장 또는 유사한 군사목표물의 피해 통제를 방해하기 위함이다. 군사목표물을 대상으로 하는 지발성 폭탄의 사용이 금지되지는 않지만, 민간인들이 밀집해 있는 지역에서의 폭탄의 효과는 제D절, 특히 비례성 원칙(규칙 14 참조)을 고려하여 속고되어야 한다.

(g) 열화우라늄탄

공중투발 관통탄은 흔하다. 관통탄은 무장하고 있는 목표물을 관통하기 위해 고안된 열화우라늄 혹은 텅스텐을 포함하고 있는 고속의 발사체이다. 열화우라늄은 공중투발 관통탄에 쓰이는데, 이는 밀집도가 높고 단단하여 어느 거리에서나 무장하고 있는 적을 무찌를 수 있는 강력한 효과를 만들어내기 때문이다. 열화우라늄은 여러 다국적 및 국제조직의 건강연구의 대상이 되어왔다. 하지만 어떠한 연구결과도 열화우라늄탄이 불법적인 무기가 되어야 한다는 근거를 규명해내지 못했다.

---

117) 2008년 더블린협약 제1조(1): "각 체약당사국은 어떠한 상황에서도 다음을 행하지 않아야 한다. (a)집속탄의 사용, (b)집속탄의 개발, 생산, 획득, 저장, 보유 또는 직간접으로 제3자에게 이전, (c)본 협약하에서 체약국에게 금지되는 활동에 제3자에게 종사하도록 지원, 장려 또는 권유하는 행위."

(h) 파편탄

1. 파편탄은 인명살상용임과 동시에 대물탄으로써 다량의 발사체를 통해 투사되어 폭발한다. 파편탄은 전장에서 치명상을 입히는 주요 무기로서 활용되었으며, 산탄이나 수류탄 혹은 더욱 현대적인 형태로써 지상과 공중에서 살포되어 왔다. 다중 파편탄의 목표는 적 전투원들의 부상 가능성을 높이는 데 있다. 공중투발 파편탄으로는 다양한 중량의 하나의 폭탄과 다량의 소형폭탄을 충진하고 있는 산탄폭탄이 있는데, 후자는 일반적으로 집속탄이라 불린다(집속탄에 대해서는 규칙 7(e)에 대한 해설 참조).

2. 여기서 언급되는 파편탄은 규칙 6(f)에서 다루어지는 무기("주요 효과가 x-ray로 탐지되지 않는 파편으로 부상을 야기하는 무기")와 혼동해서는 안 된다. 이는 여기서 언급되는 파편탄은 x-ray를 통해 감지되는 파편을 내포하고 있기 때문이다.

(i) 소이성 무기

1. 소이성 무기는 물체를 발화시키거나 화염, 열 혹은 그 둘의 결합으로 인간에게 화상 피해를 입힐 수 있는 모든 무기를 일컫는다. 소이탄은 폭탄, 로켓, 탄피 그리고 다른 소이물질을 포함하는 발사체의 형태를 취할 수 있다.[118]

2. 1868년의 St. Petersburg 선언은 "부상자에게 고통을 주거나 죽음의 원인이 되는" 400그

---

118) CCW 제3의정서 제1조(1): "소이성무기라 함은 목표물에 가해진 화학적 반응에 의해 야기된 화염, 열 또는 그 조합에 의해 물체에 불을 놓거나 사람에게 화상을 가할 목적을 주로 하는 모든 무기 또는 군수품을 의미한다. (a)예를 들어 소이성 무기는 화염방사기, fougasses, 포탄, 로켓, 수류탄 지뢰, 폭탄 기타 소이성 물질을 포함하는 용기. (b)아래의 무기들은 소이성 무기에 포함되지 않는다. (i)조명탄, 예광탄, 연막탄 또는 신호탄과 같이 부수적인 소이효과를 갖는 군수품. (ii)관통, 폭발, 파편효과외 추가적인 소이효과를 겸비한 군수품으로서 소이효과가 인체에 화상을 가할 수 있도록 특별히 제작된 것은 아니지만 장갑차량·항공기 및 설비·시설과 같은 군사목표물에 대하여 사용되는 장갑관통발사체, 파편포탄, 폭발성 폭탄 및 이와 유사한 결합효과를 갖는 군수품"

램 이하의 폭발성 및 가연성 발사체 사용을 금지하였다. 하지만 국가관행상 예광탄 사용은 금지되어 있지 않다. 이러한 관행은 다음과 같이 규정하고 있는 헤이그 공전규칙 제18조에서 명확해졌다. "항공기에 의하여 또는 항공기에 대하여 예광탄, 소이탄 또는 폭발성의 투하물을 사용하는 것은 금지되지 아니한다." 국가관행은 헤이그 공전규칙 제18조의 규정에 근거한 것이다. 항공기는 종종 어둠속에서 거리측정 임무수행 시 예광탄과 표준탄약을 혼합하여 사용한다. 차량 및 인원을 포함한 다수의 표적에 이러한 탄약을 사용하는 것은 대인 용도에 배타적으로 지정된 것이 아니기 때문에 불법이 아니다.

3. 공중투발 소이성 무기는 네이팜과 같은 대인 화염무기를 포함한다. 1980년의 CCW 제3의정서는 위와 같은 무기의 사용을 제한하지만 소이성 무기 그 자체를 금지하는 것은 아니다. 공중투발 소이성 무기와 관련하여 동 의정서는 체약국은 "어떠한 상황에서도" 민간인이 집중된 구역 내에 위치해 있는 군사목표물에 대해 사용하는 것을 금지하고 있다.[119] 동 의정서의 비체약국을 포함한 모든 국가들은 특히 무차별 공격과 공격시 비례성원칙 및 실행 가능한 예방조치를 취할 의무를 위반하는 공격을 금지하는 규칙에 의해 규제된다.

4. 1980년의 CCW 제3의정서 제2조(민간인 및 민간물자의 보호)는 사용은 제한하지만, 전투원에 대한 소이성 무기의 운용은 금지하지 않는다.[120]

5. 조명탄, 예광탄, 연막탄 또는 신호탄과 같이 부수적인 소이효과를 갖는 군수품은 소이성 무기로 간주되지 않는다. 예를 들면, 비자연발화성 혼합 바륨질산염을 소이탄에 사용하는 이유는 표적을 잡는 데 도움이 되기 때문이다. 마찬가지로 탄약은 하얀 인(燐)을 사용할 수

---

119) CCW 제3의정서 제2조(2): "어떠한 경우에도 민간인 밀집지역 내에 위치한 군사목표물에 대한 공중투하 소이성 무기의 사용은 금지된다." '민간인 밀집지역'이라는 표현은 동 의정서 제1조(2)에서 "도시거주지역, 사람이 거주하는 마을, 피난민 거주지 또는 유목민 집단 등과 같이 항구적이거나 임시적인 민간인 밀집지역"이라고 정의되어 있다.

120) 하지만 ICRC는 "소이성 무기의 對人 사용은 어떤 자를 전투능력을 상실하도록 하기 위하여 보다 덜 해로운 무기를 사용하는 것이 가능하다면 금지된다"는 입장을 취한다.

있다. 그것은 보통 표적을 표시하거나 아군의 움직임을 감추는 데 사용된다. 그러한 목적에 사용되는 이러한 무기들은 소이성 무기가 아니다. 하지만 이러한 무기들이 부수적으로 불을 일으킬 수 있기 때문에 인구가 집중된 지역에서의 사용은 주의해야 한다.

6. 연기는 전장에서의 탄약의 사용으로 인한 당연한 부산물이지만, 지상 및 공중살포 탄약은 아군의 움직임을 감추는 연막의 목적으로 사용된다. 위 의정서상 소이성 무기의 정의에 연기는 포함되어 있지 않다. 연기는 CWC의 화학무기의 정의를 충족할 경우에만 화학무기이다. 군사용 연무무기는 역사적으로 존재하지 않는다.

7. 소이성 무기는 CWC에 정의된 바와 같이,[121] 화학무기도 폭발무기(규칙 7(d) 참조)도 아니다.

(j) 비살상 무기

1. 치명적이지 않은 무기는 인명에 해를 입히지 않으면서 적군을 전투 불능으로 만들거나 장비를 무능하게 만든다. 비살상 무기와 치명적인 무기의 차이는 무기의 목적이 인명을 위협하느냐에 달려 있다. 하지만 때때로 비살상 무기가 심각한 부상을 일으킬 수도 있고, 치명적인 무기가 가벼운 상처만 일으킬 수도 있다. 따라서 일부 평론가는 비살상 무기를 따로 분류하는 것에 반대하기도 한다.

2. 어떤 조약도 공중에 살포되든 아니든 비살상 무기를 하나의 범주로 다루고 있지 않다. '비살상'적인 무기로의 지정이 받아들여지더라도 모든 무기는 –무엇이라고 명명되든– 국제적 무력분쟁에 적용되는 법에 따라야 한다는 것을 잊어서는 안 된다. 실명을 일으키는 레이저 무기(규칙 6(c) 참조)와 같은 '비살상'인 것으로 간주되는 무기들은 체약국들이 조약법으로 금

---

121) CWC 제2조(1).

지되어 왔다. 하지만 모든 무기의 사용은 국제적 무력분쟁에 적용되는 법에 의해 규제된다.

(k) 핵무기

1. 히로시마와 나가사키에의 핵 투하 이후 핵무기의 사용에 관한 많은 논쟁이 있었다.

2. 1996년 핵무기 사용에 관한 권고적 의견에서 ICJ는 "많은 국가들과 학자들의 관점에서 핵무기의 사용에는 국제인도법이 적용되어야 한다는 것은 의심의 여지가 없다"고 주장하였다.[122] 또한 ICJ는 구별원칙 및 불필요한 고통[123]뿐만 아니라 비례성 원칙과 환경보호에 관한 규칙의 중요성을 강조했다[124](규칙 14 뿐만 아니라 제D절 및 제M절 참조).

3. ICJ는 찬성 11, 반대 3으로 "핵무기의 사용과 위협을 포괄적이고 일반적으로 금지하는 국제관습법도 국제조약법도 없다"고 하였다.[125] 이러한 ICJ 결정은 독, 독무기, 독가스, 세균무기, 화학무기 및 환경보호 및 핵무기 금지구역의 설정에 관한 조약까지 일련의 조약 리스트를 검토한 후에 다다른 결론이었다.

4. ICJ는 "핵무기의 위협 또는 사용은 일반적으로 무력분쟁에 적용되는 국제법, 특히 국제인도법 원칙 및 규칙에 반한다. 하지만 현 국제법 상황의 관점에서 볼 때 ICJ는 국가의 생존이 절체절명의 위험에 처해 있을 때 자위의 엄중한 상황에서 핵무기를 사용하는 것이 정당한

---

122) ICJ, Nuclear Weapon Advisory Opinion, para.85.

123) ICJ, Nuclear Weapon Advisory Opinion, para.78.

124) ICJ, Nuclear Weapon Advisory Opinion, para.30.

125) ICJ, Nuclear Weapon Advisory Opinion, para.105(2)B. 제1추가의정서 비준시 영국은 다음과 같이 선언하였다. "본 의정서에 의해 도입된 규칙들은 다른 형태의 무기에 적용되는 여타의 국제법 규칙과는 관계없이 오로지 재래식 무기에만 적용된다. 특히, 동 규칙들은 핵무기에 대해 어떠한 효과도 갖지 않으며, 핵무기의 사용을 규제하지도 금지하지도 않는다." 마찬가지로 미국도 비준시 "본 의정서에 의해 설정된 규칙들은 핵무기에 대해 어떠한 효과도 갖지 않으며, 핵무기의 사용을 규제하지도 금지하지도 않는다는 것으로 의도되었다"고 양해하였다.

행위인지에 대해 결론내릴 수 없다"고 하였다.[126] 이 마지막 문장은 전쟁의 정당성과 전쟁수행 과정에서의 합법성을 혼동하였다는 이유에서 격심한 비판의 대상이 되었다.

5. 정책적 문제로서 핵무기를 사용할 수 있는 권한은 주로 정부의 최고권자가 갖고 있다.

(I) 소구경 발사체

1. 1970년도 후반에 특정 형태의 군사용 소구경 발사체를 규제하기 위한 CCW 의정서를 제정하자는 제안이 있었다. 하지만 이러한 제안들은 CCW 회의에서 잘 받아들여지지 않았으며 어떠한 지지도 얻지 못했다.

2. 소구경 발사체는 역사적으로 공군에서 많이 사용되었다. 하지만 제2차 세계대전 이후 발사체 사용은 점차 줄어들었다. 소구경 발사체는 현대 공중전에서 회전익 무장 헬기와 같은 특정 항공기와 임무에 유효하다.

[규칙 8] 교전당사국이 정밀 유도무기를 사용해야 할 의무는 없다. 그러나 정밀유도무기를 사용하지 않고서는 무차별 공격의 금지 또는 부수적 피해의 회피(또는 최소화) 의무를 달성할 수 없는 상황도 있다.

1. 조약이나 국제관습법에 정밀유도무기를 사용하라는 의무는 없다(규칙 1(bb) 참조). 지휘관 및 공격을 집행하거나 통제하는 자는 예상되는 군사적 이익을 고려하여 민간인 및 민간물자가 입을 손상이 과도한지를 결정하기 위해 비례성 분석을 해야 한다. 정밀유도무기를 사용하거나 정확한 표적 확인이 되지 않은 상태에서 인구밀도가 높은 지역에 있는 군사목표물에 대해 공중 또는 미사일 공격을 할 수는 없다. 정밀유도무기를 사용할 경우 민간인 및 민간물

---

126) ICJ, Nuclear Weapon Advisory Opinion, para. 105(2)E.

자가 입을 부수적 피해는 최소화된다. 규칙 42에 대한 해설 para.4 참조.

2. 정밀유도무기의 이용 가능성은 2개의 서로 다른 차원을 갖고 있다. 정밀유도무기의 잠재적인 일반적 이용 가능성의 문제(그러한 무기가 분쟁당사국에 의해 습득될 수 있다는 의미에서)와 특정한 상황에 정밀유도무기가 실제로 사용될 수 있는가 하는 문제. 위의 두 조건이 충족되어야 정밀유도무기가 사용될 수 있는 것은 아니다. 먼저, 국제적 무력분쟁에 적용되는 법에는 어떤 종류의 무기를 획득하라고 강요하지 않는다. 그리고 작전상 정밀유도무기의 사용이 어려울 경우가 있을 수 있다. 예를 들어, 정밀유도무기가 부족한 상황에서는 지휘관이 시가지전투에서 그러한 무기를 사용하기 위해 아껴둘 수도 있다. 그러므로 정밀유도무기의 사용은 무차별 공격을 막거나 민간인 및 민간물자가 입을 부수적 피해를 최소화하려는 의지가 있을 때 사용된다. 부수적 피해를 최소화해야 할 의무는 제G절, 특히 규칙 32에 규정되어 있다. 하지만 군사목표물 인근에 민간인 및 민간물자가 없을 경우, 지휘관은 어떠한 합법적 무기를 선택하든 자유이다. 비례성 원칙에 대해서는 규칙 14 참조.

[규칙 9] 각 국들은 실전에서의 사용에 앞서 그 무기의 사용이 일부 또는 모든 상황하에서 금지되는지를 결정하기 위하여 무기의 합법성을 평가하여야 한다.

1. 무기를 전투에 이용하기 전에 무기(탄환 포함)의 합법성을 검토해야 할 국가의 의무는 오래된 것이다.[127] 그러한 무기를 이용하는 국가는 법적 검토 그 자체를 행할 필요는 없다. 하지만 무기를 개발했거나 제공한 국가에 의해 이미 평가가 행해졌다는 사실이 그것을 이용하는 국가에게 합법적인 무기만을 전선에 배치할 의무를 경감시키는 것은 아니다.

---

127) 1899년 헤이그 제2협약 제1조: "체약국은 그들의 육군부대에 '육전에서의 법과 관례를에 관한 규칙'에 따를 것을 지시하여야 한다." 동 규칙은 과도한 성질상 상해를 야기하는 무기, 투사물 또는 물자의 사용을 금지하고 있다(제23조(e)). 이는 1907년 헤이그 제4협약은 제1조에서 거의 변경되지 않은 채 반복되었다. "체약국은 그 육군부대에 대하여 본 협약에 부속하는 육전에서의 법규와 관례에 관한 규칙에 적합한 훈령을 발하여야 한다". 1907년 헤이그규칙은 제23조(e)에서 "불필요한 고통을 야기하도록 고안된 무기, 투사물 또는 물질"의 사용을 금지하고 있다.

2. 제1추가의정서 제36조는 체약국에게 신 전투'수단'의 검토를 요구하고 있다.[128] 게다가 그러한 검토는 '연구, 개발, 획득 또는 채택' 단계 동안에 요구된다. 하지만 이와 관련한 국가 관행은 많지 않다.

3. 비록(제C절에 대한 해설 para.1에서 언급하였듯이) 신무기의 검토요건이 국제적 무력분쟁에만 적용될 수 있음에도, 비국제적 무력분쟁에서도 합법적 무기만을 전선에 배치할 국가의 책임을 경감시키는 것은 아니다.

---

128) 제1추가의정서 제36조: "신무기, 전투수단 또는 방법의 연구·개발·획득 및 채택에 있어서 체약당사국은 동 무기 및 전투수단의 사용이 본 의정서 및 체약당사국에 적용 가능한 국제법의 다른 규칙에 의하여 금지되는지의 여부를 결정할 의무가 있다."

제D절 공격

I. 총칙

[규칙 10]

(a) 기본적인 구별원칙에 따라 공격은 합법적인 표적에 한정되어야 한다.

1. 구별원칙은 '전쟁의 법규 및 관례가 의존하는 기초'이다. 1868년 세인트피터스버그 선언에서 처음으로 명시된 후 제1추가의정서 제48조[129]에서 재확인된 동 원칙은 직접적인 공격으로부터의 보호를 의도한 것이다.[130] (a) 적대행위에 직접적으로 참가하지 않은 그리고 그러한 기간 중의 민간인(제F절 참조); (b) 군사목표물과 구별되는 민간물자(규칙 1(y) 및 제E절 참조). 구별원칙은 또한 무차별 공격의 금지(규칙 13 참조), 비례성 원칙의 준수(규칙 14 참조) 및 공격시 행사 가능한 예방조치의 요구 등과 같은 의무의 기초를 보강한다.

2. 핵무기의 위협 또는 사용의 합법성에 관한 권고적 의견에서 ICJ는 구별을 국제인도법의 2개의 '중요한' 원칙 중의 하나이며, 다른 하나는 불필요한 고통의 금지임을 인정했다.[131] 권고적 의견에서 ICJ는 "국가는 민간인을 공격의 목표로 해서는 안 되며 따라서 민간인과 군사표적을 구별할 수 없는 무기를 사용해서도 안 된다"[132]고 하였다. 구별원칙은 논쟁의 여지가 없는 국제관습법 원칙이다.

---

129) 제1추가의정서 제48조: "민간주민과 민간물자의 존중 및 보호를 보장하기 위하여 분쟁당사국은 항시 민간주민과 전투원, 민간물자와 군사목표물을 구별하며 따라서 그들의 작전은 군사목표물에 대해서만 행하여지도록 한다."

130) 제1추가의정서에 대한 ICRC Commentary, para.1863 참조.

131) ICJ, Nuclear Weapon Advisory Opinion, para.78.

132) *Ibid.*

3. 합법적 표적에의 공격으로 한정하는 동 규칙은 민간인에 대한 직접적이고 무차별적인 공격을 배제하고 있다(적대행위에 직접적으로 참여하지 않거나 참여하고 있지 않는 동안, 제F절 참조). 전투에 있어서 민간인과 민간물자는 직접적이고 무차별적인 공격의 대상이 아님에도 종종 피해를 입는다. 이는 원칙적으로 비례성 원칙에 의해 규율되는 부수적 피해와 중요하게 관련이 있다(규칙 14 참조).

4. 만약 합법적 표적 이외의 표적을 목표로 하는 공격은 궁극적으로 실제적인 피해를 야기하지 않더라도 불법적이다(규칙 10(b) 참조).

5. 본 규칙은 비국제적 무력분쟁에도 적용된다.

(b) 합법적인 표적은 다음과 같다.

본 규칙은 '전투원'이라는 용어가 국제적 무력분쟁에 유보된 것임에도 불구하고 비국제적 무력분쟁에도 적용된다. 그래서 관련 국가의 정규군의 구성원과 마찬가지로 비국제적 무력분쟁에서의 조직화된 비국가적 무장단체는 합법적인 표적이다.[133]

(i) 전투원

1. 1907년 헤이그규칙 제1조[134]에서 기원한 전투원의 관습적인 정의는 제네바 제3협약 제4조(A)(1) 및 제4조(A)(2)에 확립되어 있다.[135]

---

133) 적대행위에서 직접적인 참여의 개념에 대한 ICRC의 해석지침에 따르면, 비국제적 무력분쟁에서 조직화된 무장집단은 오로지 적대행위에 직접적인 참가라고 할 정도 지속적인 기능을 하는 개인들로 구성된다.

134) 1907년 헤이그규칙 제1조: "전쟁법 및 전쟁의 권리와 의무는 군대에 적용될 뿐만 아니라 다음 조건을 구비하는 민병 및 의용병단에도 적용된다. 1. 자신의 부하들을 책임지는 사람에 의해 지휘될 것. 2. 원거리에서 식별 가능한 특수한 휘장을 부착할 것. 3. 공공연히 무기를 휴대할 것. 4. 작전수행에 있어서 전쟁의 법 및 관습을 준수할 것. 일국의 군대가 시민군이나 지원군으로 이루어지거나 그 일부를 구성하는 경우 그들은 군대라는 명칭하에 포섭된다."

135) 제네바 제3협약 제4조(A)(1)-(2): "본 협약에서 포로라 함은 다음 부류의 하나에 속하는 자로서 적의 수중에

2. 전투원은 의료 및 종교요원을 제외한 교전당사국 군대의 모든 구성원을 포함한다. 군대는 공식적으로 조직된 군대뿐만 아니라 책임있는 당사국 및 부하에 대해 책임을 지는 지휘하에 있는 조직화된 군대, 단체 및 부대를 포함한다; 민간주민과 구별되는 표식(예, 복장 또는 기타 장구)을 하고 있고, 공개적으로 무기를 휴대하고 있으며, 전쟁의 법규 및 관례에 따라 일반적으로 작전을 행할 것.

3. 준군사 기관 또는 기타 무장한 법집행 기관이 군대에 편입될 수도 있다. 이러한 경우 그러한 기관의 구성원들은 전투원이 된다. 합법적 표적이 되는 것이다. 제1추가의정서 제43조(3)는 그러한 편입은 다른 교전당사국에게 고지되어야 한다고 요구하고 있다.[136] 하지만 적국에 고지하는 것이 실패했다고 해서 그들을 합법적 표적으로 다루는 것을 막지 못한다.

4. 앞에서 언급된 기준을 충족시키지 못하는 그럼에도 불구하고 적대행위에 직접 참가하고 있는 자가 '민간인' 또는 '특권이 없는 교전자'(또한 '불법적인 전투원'으로 불림)로 특정화될 수 있는지에 대해 불일치가 존재한다(규칙 111(b)에 대한 해설 para.4 참조). 그들이 '특권이 없는 교전자'인가 하는 문제는 오로지 그들의 억류를 규율하는 규칙들과 관련이 있다(전쟁포로, 민간억류자 또는 여타의 카테고리 하에서). 하지만 적대행위에 직접적으로 참가하고 있는 민간인은 비록 그들이 '민간인' 또는 '특권이 없는 교전자'로 특정화되더라도 공격을 받고 나포될 수 있다는 것은 명확하다(제F절 참조).

5. 전투원을 포함한 전투능력을 상실한 자를 공격해서는 안 된다.

들어간 자를 말한다. (1)분쟁당사국의 군대의 구성원 및 그러한 군대의 일부를 구성하는 민병대 또는 의용대의 구성원. (2)분쟁당사국에 속하며 그들 자신의 영토(동 영토가 점령되고 있는지의 여부를 불문한다) 내외에서 활동하는 기타의 민병대 구성원 및 기타의 의용대의 구성원(이에는 조직적인 저항운동의 구성원을 포함한다). 단, 그러한 조직적 저항운동을 포함하는 그러한 민병대 또는 의용대는 다음의 조건을 충족시켜야 한다. (a)그 부하에 대하여 책임을 지는 자에 의하여 지휘될 것. (b)멀리서 인식할 수 있는 고정된 식별표지를 가질 것. (c)공공연하게 무기를 휴대할 것. (4)전쟁에 관한 법규 및 관행에 따라 그들의 작전을 행할 것."

136) 제1추가의정서 제43조(3): "분쟁당사국은 준군사적 또는 무장한 법집행기관을 군대에 포함시킬 경우 타 분쟁당사국에 그러한 사실을 통고하여야 한다."

6. 어떤 범주의 개인들은 국제적 무력분쟁에 적용되는 법에서 그들이 행하는 기능때문에 특별한 보호를 향유하는 것이 인정되었다. 의료 및 종교요원(제K절 참조)은 제외하고서라도 이것은 적에게 해로운 행위를 하지 않는 한 공격을 받지 않는 민방위 요원을 언급한다(제N절(Ⅰ) 참조). 민방위 기능은 군부대에 의해서도 수행될 수 있다는 것이 유의되어야 한다. 민방위 요원은 만약 영구적으로 배치되어 오로지 민방위 목적의 수행에 전념한다면 피보호 지위를 갖는다(제1추가의정서 제76조 참조). 승인된 민방위 가능의 수행은 만약 화재가 민간주민의 생명을 위태롭게 하거나 인근에 있는 민간물자를 위협한다면 군사목표물에 발생한 화재를 진압하더라도 적에게 해로운 것으로 간주되어서는 안 된다(규칙 1(k)에 대한 해설 para.3 참조).

(ⅱ) 군사목표물 (규칙1(y)과 22에 정의된 바와 같음)

1. 규칙 1(y)에서 정의된 바와 같이 군사목표물은 성질, 위치, 용도 또는 사용에 의해 구분된다. 사용, 위치 또는 용도 기준은 특정 상황하에서 민간물자를 군사목표물이 되게도 한다.

2. 제1추가의정서 제59조(2)에 따라 교전당사국은 접전지역에 인접한 거주지역을 무방호지구로 선언할 수 있다(모든 전투원과 이동 가능한 무기 및 군사장비의 철수 및 고정군사시설 또는 설비의 적대적 사용 금지 등과 같은 몇몇 조건에 따라).[137] 이 개념은 1899년[138] 및 1907년[139] 헤이그규칙 제25조까지 거슬러 올라간다.[140] 선언된 무방호지구를 공격해서는 안 된다. 하지만 전반적인 개념은 무방호지구가 접전지역 내 또는 인근에 위치하고 있어 원하는 경

---

[137] 제1추가의정서 제59조(2): "분쟁당사국의 적절한 당국은 군대가 접전하고있는 지대에 인접하여 있거나 또는 그안에 있는 어떠한 거주지역이라도 적대국에 의한 점령을 위하여 개방되어 있을 경우에는 동 지역을 무방호지구로 선언할 수 있다. 그러한 지구는 다음의 조건을 충족시켜야 한다. (a)모든 전투원과 이동 가능한 무기 및 군사장비는 철수되었을 것. (b)고정 군사시설 또는 설비가 적대적으로 사용되지 아니 할 것. (c)당국 또는 주민에 의하여 여하한 적대행위도 행하여지지 아니할 것. (d)군사작전을 지원하는 어떠한 활동도 행하여지지 아니할 것."

[138] 1899년 헤이그규칙 제25조: "방어되지 않은 도시, 촌락, 주거지 또는 건물은 공격 또는 포격할 수 없다."

[139] 1907년 헤이그규칙 제25조: "방어되지 않은 도시, 촌락, 주택 또는 건물은 어떠한 수단에 의하건 이를 공격 또는 포격할 수 없다."

[140] 제1추가의정서 제59조(1): "분쟁당사국이 무방호지구를 공격하는 것은 어떠한 방법에 의해서든지 금지된다."

우 무방호지구에 들어갈 수 있다는 생각에 기초하고 있다.

(iii) 교전에 직접적으로 참여하는 민간인(본 매뉴얼의 제F절 참조)

적대행위에 직접적으로 참여하는 민간인은 참여하고 있는 시간 동안 공격으로부터 면제를 상실한다(제F절 참조). 비록 그들은 전투원의 권리를 갖지 않음에도 전투원과 마찬가지로 직접적으로 공격을 받을 수 있다. 그러나 일단 전투능력을 상실하게 되면 그들에게는 규칙 15(b)가 적용된다.

[규칙 11] 민간인과 민간물자에 대한 공격은 금지된다.

1. 본 규칙은 1868년 세인트피터스버그 선언[141]에 기초하고 있으며, 제1추가의정서 제51조(2)의 첫 문장[142] 및 제52조[143]에서 재확인되었다.

2. 금지되고 있는 민간인 또는 민간물자에 대한 2가지 공격 모드를 구별할 필요가 있다: (ⅰ) 본 규칙은 민간인 또는 민간물자에 대해 행해지는 공격 문제를 언급하고 있다. (ⅱ) 규칙 13은 특정한 사람이나 물자에 대해 행해지지 않은 '무차별 공격'을 다루고 있다. 그러한 공격은 민간인 또는 민간물자를 구별하지 않은 채 합법적 표적을 타격한다.

3. 민간인 또는 민간물자에 대한 직접적인 공격은 용도와 관계없이 금지된다. 공격이 성공적이었는지는 중요하지 않다.

4. 무력분쟁시 민간인 또는 민간물자에 대한 공격은 무기체계의 오작동에서 비롯될 수 있

---

141) 동 선언 둘째 실질 문단: "국가가 전시에 달성하고자 노력해야 하는 유일한 합법적인 목표는 적군대의 약화이다."
142) 제1추가의정서 제51조(2) 첫 번째 문장: "민간개인은 물론 민간주민도 공격의 대상이 되지 아니한다."
143) 제1추가의정서 제52조(1): "민간물자는 공격 또는 보복의 대상이 되지 아니한다. 민간물자라 함은 제2항에 정의한 군사목표물이 아닌 모든 물건을 말한다."

다. 규칙 11의 목적상 이것은 '민간인 또는 민간물자에 행해진 공격'으로 인정되지 않는다. 예를 들면, 유도미사일이 탄도를 따라가는 자동추적능력을 상실하면, 이것은 본 규칙에서 금지되는 공격으로 인정되지 않는다.

5. 본 규칙의 금지는 표적선정에 있어서의 인간이 실수하는 경우를 예방하지 못한다. 사실의 오류 문제는 특히 관련자의 형사법 절차와 관련이 있다. ICC 로마규정 제32조(1) 참조.[144]

6. 본 규칙의 목적상 민간인은 전투원이 아닌 자이다. 하지만 민간인은 만약 그가 직접적으로 적대행위에 참가하는 동안 공격으로부터의 보호를 상실한다.

7. 규칙 1(j)에서 정의된 바와 같이 민간물자는 규칙 1(y)에 정의된 군사목표물이 아닌 모든 물자이다. 이러한 보호는 위치, 용도 및 사용을 통하여 군사목표물이 되는 민간물자에는 적용되지 않는다.

8. 본 규칙은 비국제적 무력분쟁에도 적용된다.

[규칙 12]
(a) 어떠한 자가 민간인인지 아닌지 의심될 경우에는 민간인으로 간주하는 것이 원칙이다.

1. 본 규칙은 제1추가의정서 제50조(1)[145]에 기초하고 있다.

2. 모든 실행 가능한 예방조치는 공격이 합법적 표적에 대해 행해졌는지를 검증하기 위하여

---

144) ICC 로마규정 제32조(1): "사실의 착오는 그것이 범죄성립에 요구되는 주관적 요소를 흠결시키는 경우에만 형사책임 조각사유가 된다."

145) 제1추가의정서 제50조(1) 두 번째 문장: "어떤 사람이 민간인인지의 여부가 의심스러운 경우에는 민간인으로 간주된다."

취해져야 한다(규칙 32(a) 및 규칙 35(a) 참조). 동 규칙은 검증과정 후에도 여전히 의심스러울 경우에 적용된다.

3. 어떠한 자가 전투원으로 또는 적대행위에 직접 참가한 민간인으로 합법적 표적이 된다는 것은 상황에 따라 다르다. 예를 들면, 어떤 사회에서는 남자들이 일상적으로 소화기를 휴대하는 것이 정상이지만, 유사한 행위는 조직화된 비국가적 무장단체에서는 그 조직의 구성원이라는 결정적인 증거로 간주되기도 한다.

4. 공전에서 어떠한 자가 민간인의 지위를 갖는지 불명확한 경우가 종종 있다. 공격을 배제하기 위해 필요한 의심의 정도는 합리적인 공격자가 동일한 또는 유사한 환경에서 공격을 명령하고 집행하는 것을 삼가는 정도가 되어야 한다.

5. 어떤 자가 민간인인지에 대한 의심의 문제는 적대행위에 직접 참여하는 상황에서는 매우 중요하다(제F절 참조).

6. 본 규칙은 비국제적 무력분쟁에도 적용된다.

(b) 평상시에 민간 목적으로 사용되는 시설이 군사 목적으로 사용되는지 의심스러울 경우 당시 지휘관이 합리적으로 획득할 수 있는 모든 정보에 기초하여 그것이 군사목표물이 되었고 또 유지되고 있다는 근거가 있을 때에만 공격할 수 있다.

1. 본 규칙은 제1추가의정서 제52조(3)[146]에 기초하고 있다.

2. 본 규칙은 오로지 '사용'을 통한 군사목표물의 범주와 관련이 있다. 다른 말로하면, 그러

---

146) 제1추가의정서 제52조(3): "예배장소, 가옥이나 기타 주거 또는 학교와 같이 통상적으로 민간목적에 전용되는 물건이 군사행동에 유효한 기여를 하기 위하여 사용되는지 여부가 의심스러운 경우에는 그렇게 사용되지 아니하는 것으로 추정된다."

한 상황은 통상적으로 민간목적에 전용되는 물자를 군사적 목적과 대상으로 이용하는 적군대를 포함한다. 제1추가의정서 제52조(3)은 통상적으로 민간목적에 전용되는 물자의 예로 '예배장소, 가옥이나 기타 주거 또는 학교'를 들고 있다. 이러한 예들은 오로지 예시적인 것으로 간주된다. 언급된 건물들은 여타의 전형적인 민간 건물이나 시설과 비교하여 특별한 지위를 갖지 않는다. 추가적인 예로는 상업시설, 쇼핑지역 및 시설, 마켓 등이 있다.[147]

3. 모든 실행 가능한 예방조치는 공격이 합법적 표적에 대해 행해졌는지를 검증하기 위하여 취해져야 한다(규칙 32(a) 및 규칙 35(a) 참조). 동 규칙은 검증과정 후에도 여전히 의심스러울 경우에 적용된다.

4. 의심은 무력분쟁 상황에서 종종 존재한다. 동 규칙은 그 기준을 명확하게 하고 있다. 공격을 배제할 의심의 존재가 아니라 합리적인 의심이면 된다. 다른 말로, 공격자는 그러한 물자에 대해 공격을 할 것인지를 결정함에 있어 여러 요소들 중에서 의도된 표적이 통상적으로 민간목적을 위하여 사용되는 것이라는 사실을 특별히 고려하면서 합리적으로 행동하여야 한다. 공격자는 또한 그 물자가 군사목적을 위해 사용되고 있다는 것을 나타내는 정보의 신뢰성을 고려하여야 한다. 만약 정보의 신뢰성에 대한 의심이 합리적이라면 그러한 기초에 따라 합리적으로 행동할 수 없다.

5. 군사적 목적에 사용되고 있다고 여겨지는 물자의 지위는 합리적 의심을 넘어 설정될 필요가 없다. 물자가 그렇게 사용되고 있다는 효과에 대한 합리적 결론만으로 충분하다. 군지휘관은 항상 위험과 이익을 비교하면서 여러 대안 중에서 선택해야 하는 의심스러운 상황에 직면하게 된다. 통상적으로 민간목적에 사용되는 물자가 군사적 목적에 사용되고 있는지에 대해 불확실성이 있는 경우도 그러하다.

6. 어떤 상황에서는 조그만 예배장소를 관측장소 또는 저격수 위치 등과 같은 군사적 목적

147) UK Manual, para.5.4.2 참조.

으로 사용할 수도 있다. 공격이 개시되기 전에 특정한 예배장소가 군사적 목적으로 사용되고 있다는 것이 확정되어야 한다. 당시의 지배적인 상황하에서 예배장소가 민간인의 피난처로 이용된다는 것도 고려되어야 한다. 이 문제에 대해서는 비례성 원칙에 관한 특히 규칙 14, 부수적 피해를 피하는 -또는 최소화하는- 규칙 32(b) 및 35(c), 민간인을 인간방패로 이용하는 것을 금지하는 규칙 45 참조.

7. 정보는 군사첩보를 포함한다. 첩보의 질과 시의적절성이 고려되어야 한다. 군사첩보를 확증하거나 부정할 수 있는 장소에서의 시각적 관측과 같은 기타 정보 또한 고려되어야 한다.

8. 종종 공격시에 이용할 수 없는 뒤늦은 정보도 있다. 하지만 문제는 결정을 내릴 그리고 공격이 실제로 개시될 당시 의문이 있었는가 하는 것이다(규칙 1(q)에 대한 해설 para.4 및 규칙 14에 대한 해설 para.5 참조). 표적이 합법적임을 검증하기 위하여(규칙 10 참조) 만약 실행 가능한 모든 예방조치가 취해진다면(각각 32(a) 및 규칙 35(a)), 다소 늦게 획득된(아마 공격의 결과로서) 추가정보도 상관이 없다.

9. 적에 의하여 군사적 목적을 위해 사용되었던 물자가 민간목적에 지정되면 피보호 지위를 다시 갖는다(비록 그것들은 용도상 군사목적물로 간주될 수 있음에도 불구하고, 규칙 22(c) 참조). 규칙 1(j)하에서 군사목표물이 아닌 모든 것은 민간물자이다.

10. 본 규칙은 비국제적 무력분쟁에도 적용된다.

[규칙 13]
(a) 무차별적인 공격은 금지된다.

1. 본 규칙은 제1추가의정서 제51조(4)에 기초하고 있다.[148]

---

148) 제1추가의정서 제51조(4): "무차별공격은 금지된다. 무차별공격이라함은 (a)특정한 군사목표물을 표적으

2. 어떤 공격이 무차별적인지는 전형적으로 사례에 따라 결정된다. 관련 요소는 다음을 포함하지만 공격자의 무관심을 나타내는 것에 한정되지 않는다; 사용된 무기의 성질, 군사목표물과 관련있는 민간인 또는 민간물자의 위치 및 밀도.

3. 본 규칙은 비국제적 무력분쟁에도 적용된다.

(b) 무차별적인 공격이라 함은 합법적 표적(규칙 10(b)에 정의)으로 향할 수 없거나 향하지 않은 또는 국제적 무력분쟁에 적용되는 법에 의해 요구되는 대로 제한될 수 없는 그래서 그 성질상 합법적 표적과 민간인 또는 민간물자를 구별없이 타격하는 공격이다.

1. 본 규칙은 제1추가의정서 제51조(4)에 기초하고 있다.

2. 무차별적 공격은 전투의 무차별적 방법(전술) 또는 수단(무기)의 이용의 결과이다. 후자에 대해서는 규칙 5(a) 참조.

3. 민간인 또는 민간물자에 대해 행해진 공격과 같은 무차별적 공격(규칙 11 참조)은 무기체계의 오작동 또는 인간의 실수와 같은 사례들과 구별될 필요가 있다. 무기가 합법적 표적을 목표로 하는 한, 무기 또는 무기체계의 오작동 및 그 결과 민간인 또는 민간물자를 공격하더라도 합법적 표적에 대해 행해졌다는 사실을 변경시키는 것은 아니다. 또한 규칙 11에 대한 해설 para.4 및 5 참조.

4. 만약 적 방어 및 대응조치가 의도된 표적으로부터 무기를 빗나가게 하면(빗나가지 않았다면

로 하지 아니하는 공격. (b)특정한 군사목표물을 표적으로 할 수 없는 전투의 방법 또는 수단을 사용하는 공격 또는 (c)그것의 영향이 본 의정서가 요구하는 바와 같이 제한될 수 없는 전투의 방법 또는 수단을 사용하는 공격을 말하며, 그 결과 개개의 경우에 있어서 군사목표물과 민간인 또는 민간물자를 무차별적으로 타격하는 성질을 갖는 것을 말한다." 또한 NWP, para.5.3.2의 subpara.2 첫 번째 문단 참조: "군사필요성과 결합하여 구별원칙은 무차별공격을 금지한다."

무차별적인 것이 아닌) 민간인 또는 민간물자를 타격하였더라도 그러한 공격은 무치별적인 것으로 간주되지 않는다.

5. 표적식별 및 무기유도시스템이 사용되었을 때조차도 공격은 악천후 기상조건 뜨는 유사한 이유로 무차별적일 수 있다. 마찬가지로 야간공격은 충분히 차별적으로 행할 수 없다.

6. 민간인 또는 민간물자 인근에 있는 표적에 대한 공격이 무차별적인가 하는 문제는 표적의 성질, 무기의 선택 및 기상조건 등과 같은 요소들에 달려있다. 예를 들면, 2007년 Martic 사건에 대한 ICTY의 판결 참조. ICTY는 약 50Km 떨어진 곳에서 인구밀도가 높은 민간지역에 작렬탄을 장착한 비유도무기를 발사한 것은 무차별적 공격을 구성한다고 판결했다.[149]

7. 민간인 또는 민간물자가 있을 것으로 추정되는 지역의 상공에 어디를 타격할 것인지를 고려하지 않고 무기를 발사하는 항공기는 무차별 공격을 행하는 것이 될 것이다. 이는 기지로 귀환하기 전에 무기를 버리기로 결정한 항공기를 포함한다. 하지만 극단적인 상황에서는 몇몇 농장과 오두막집들이 흩어져있는 인구가 희박한 지역 상공에 무기를 발사하는 것은 허용될 수 있다.

8. 가시거리 밖에서('수평선 밖에서', '초가시거리 무기시스템'에 관한 규칙 7에 대한 해설 참조) 발사된 미사일 및 기타 투사물을 이용한 공격은 그 사용이 민간인 및 민간물자로부터 군사목표물과 전투원을 구별하는 것을 허용할 경우 무차별적이지 않다. 이는 무기에 장착된 센서, 항공기로부터의 외부 유도를 통해 행해질 수도 있다. 사실 표적을 식별하고 그러한 공격을 소추하기 위해 사용된 기술체계는 육안보다 더 신뢰할 수 있다.

9. 작전이 '무차별적'인 것으로 금지되기 전에 '공격'(규칙 1(e) 참조)으로 인정되어야 한다. 예

---

149) ICTY, Prosecutor v. Milan Martic, case No.IT-95-11-T, Judgement by the Trial Chamber of 12 June 2007, paras.462-463.

를 들면, 민간인의 사망/상해 또는 민간물자의 파괴/피해를 야기하지 않는 민간주민에게 행해진 심리작전은 국제적 무력분쟁에 적용되는 법을 위반한 것이 아니다(만약 민간인에 공포를 의도하지 않았다면 규칙 18 참조). 이 문제에 대해서는 특히 규칙 21 참조.

10. 본 규칙은 비국제적 무력분쟁에도 적용된다.

(c) 도시, 읍, 마을 또는 비슷하게 생긴 민간인 혹은 민간물자 집결장소가 있는 지역에 위치하고 있는 명백하게 떨어져 있고 구별되는 여러 합법적 표적을 하나의 합법적 표적으로 간주하여 공격해서는 안 된다.

1. 본 규칙은 제1추가의정서 제51조(5)(a)[150]에 기초하고 있다. 또한 기타 조약 및 NPW[151] 및 UK Manual[152]과 같은 군사 매뉴얼에도 확립되어 있다.

2. 본 규칙은 제2차 세계대전에서 있었던 '표적지역'에 대한 폭격의 문제에 직면해야 할 명확한 필요에서 추론되었다. 그 상황은 다수의 군사목표물이 마치 하나의 합법적 표적인 것처럼 공격받을 가능성에 한정된다. 다른 한편, 명확하게 구분되거나 구별되지 않는 수많은 합법적인 표적이 하나의 합법적인 표적으로 간주될 가능성은 부정되지 않는다.

3. 제2차 세계대전의 경험이 논증하듯이 '표적지역'을 폭격하는 것은 도시 또는 기타 거주지역 내 -명확하게 구분되거나 구별되지 않은- 합법적 표적의 위치 때문에 전례없는 대규모의

---

150) 제1추가의정서 제51조(5): "그중에서도 다음 유형의 공격은 무차별적인 것으로 간주된다. (a)도시, 읍, 촌락 또는 민간인이나 민간물자가 유사하게 집결되어 있는 기타 지역 내에 위치한 다수의 명확하게 분리되고 구별되는 군사목표물을 단일 군사목표물로 취급하는 모든 방법 또는 수단에 의한 폭격. (b)우발적인 민간인 생명의 손실, 민간인에 대한상해, 민간물자에 대한 손상 또는 그 복합적 결과를 야기할 우려가 있는 공격으로서 소기의 구체적이고 직접적인 군사적 이익에 비하여 과도한 공격."

151) NWP, para.5.3.2의 subpara.2: "특정의 군사목표물로 향해지지 않는 전투수단과 방법을 사용한 공격(도시 전체를 군사목표물로 선언하는 것 및 분리되어 있는 표적인 도시 전체에 걸쳐 여러 구별되는 군사목표물이 널려 있을 경우 폭격으로 공격하는 것 등)."

152) UK Manual, para.5.23.2 참조.

황폐화를 유발할 것이다. 하지만 현 국제적 무력분쟁에 적용되는 법 하에서는 모든 공격은 비례성 원칙(규칙 14 참조)과 공격시 실행 가능한 예방조치를 취할 요구(제G절 참조)에 따라야 한다는 것을 명심해야 한다. 그러므로 민간인 또는 민간물자에 대한 예상되는 부수적 피해는 기대되는 군사적 이익과 비교하여 초과해서는 안 된다.

4. 공격자가 비례성 원칙을 위반할 위험에 직면하는 다른 경우에서처럼 정확한 유도무기의 이용 가능성은 민간인 또는 민간물자에 대한 부수적 피해를 피하는 -또는 최소화하는- 방법으로 합법적 표적을 타격하는 것을 용이하게 할 것이다.

5. 본 규칙은 비국제적 무력분쟁에도 적용된다.

[규칙 14] 구체적이고 직접적으로 기대되는 군사적 이익과 비교하여 부수적인 피해가 과도할 것으로 예상되는 공격은 금지된다.

1. 본 규칙은 제1추가의정서 제51조(5)(b)에 기초하고 있으며, 종종 비례성 원칙이라고 언급된다.

2. '부수적 피해'는 민간주민에게 야기되는 불편, 분개, 스트레스 및 공포는 포함하지 않는다. 이는 민간인의 살해/상해 또는 물자의 피해/파괴에 한정된다. 부수적 피해의 정의에 대해서는 규칙 1(l) 참조.

3. 공중 또는 미사일 작전 상황에서 특히 군사목표물이 민간인 또는 민간물자 인근에 위치해 있거나 민간인이 군사목표물 내에 위치해 있을 경우 종종 합법적 표적에 대한 공격 도중 민간인 또는 민간물자에 피해가 발생하는 것을 피할 수 없다. 이같은 경우 과잉금지원칙(또는 비례성원칙)과 제G절의 필요조건들이 충족되어야만 공격할 수 있다. 만약 공격에 기대되는 군사적 이익과 비교해 민간인 또는 민간물자에 예상되는 부수적 피해가 과도할 경우, 공

격이 합법적 표적에 행해졌을지라도 이는 금지된다. '군사적 이익'에 정의를 위해서는 규칙 1(w) 참조.

4. 전문가들은 비례를 계산할 때 어느 정도의 범위를 공격의 간접적("반향적") 영향으로 취급할지에 대해 동의하지 못했다. 어떤 경우든 지나치게 관계가 적거나 합리적으로 예상할 수 없는 것이라면 간접적인 영향은 고려될 수 없다는 데에는 논쟁의 여지가 없다. 전문가들은 공격의 간접적 영향 문제를 해결할 그 어떤 결정적 국가관행도 찾지 못했다.

5. 본 규칙을 적용함에 있어서 중요한 요소는 '기대되는'과 '예상되는'이라는 표현이다. 과잉금지원칙(비례성원칙)은 지난 일에 대해서는 다루지 않는다. 중요한 것은 지난 일이 아닌 미래에 대한 선견이라 할 수 있다(규칙 1(q)에 대한 해설 para.4 및 규칙 12(a)에 대한 해설 para.4 참조). 선견이란 실행 가능한 모든 예방조치(제G절 참조)를 강구하고 계획된 공격의 결과를 판단하며 기대되는 군사적 이익을 염두에 두는 것이다. 공격자가 부수적인 피해를 합리적으로 예상할 수 있었는지 사후 평가 과정에서 공격으로 인한 실질적 영향을 따진다. 하지만 쟁점은 주로 결과가 아닌 예상이다(규칙 12(b)에 대한 해설 para.8 참조).

6. 기준은 예상이 합리적인 한 객관적이라고 할 수 있다. 만약 공격자가 당시에 입수 가능했던 신뢰할 수 있는 정보를 기반으로 민간인 또는 민간물자에 대한 부수적인 피해가 예상되는 군사적 이익에 비해 과도하다고 판단됨에도 불구하고 공격할 시에는 과잉금지원칙(비례성원칙)을 위반한 것이다. 이 경우 '기대되는' 부수적 피해와 '예상되는' 군사적 이익은 결과가 가능하다는 것을 의미한다. 두 표현 모두 공격을 계획 혹은 승인하는 지휘관 또는 이를 수행하는 전투원이 신의로 평가한다고 가정한다. 그것들은 당시에 "합리적으로 입수 가능한 정보로 판단한다."[153] 더 나아가 '전쟁의 안개' 또는 그릇된 정보 등으로 인해 현실이 기대한

---

153) UK Manual, para.5.20.4. 또한 영국은 제1추가의서 비준시 다음과 같은 양해를 발표하였다: "군지휘관 및 기타 공격을 계획, 결정, 집행하는 것에 책임있는 자는 반드시 당시 이용 가능한 모든 원천에서 수집한 정보의 평가에 기초한 결론에 이르러야 한다."

바와 다를 때 실수가 발생한다는 점을 인정해야 한다. 공격은 그러한 실수가 그 상황에서 비합리적인 것이 아니라면 공격은 과잉금지원칙(비례성원칙)을 위반한 것이 아니다. 공격시 실행 가능한 예방조치에 대해서는 제G절 참조.

7. '과도한'이라는 표현은 종종 잘못 해석된다. 이는 민간인 사상자 수와 전투에 더 이상 참여할 수 없게 된 적 전투원의 수를 비교하는 문제가 아니다. 이는 군사적 이익과 민간인 또는 민간물자에 예상되는 부수적 피해 사이에 상당한 불균형이 있을 때 적용된다.

8. 부수적 피해가 광범위하다고 해서 무조건 과도하다고 볼 수는 없다. 과도함의 개념은 절대적인 것이 아니다. 과도함은 공격자가 공격을 통해 얻고자 하는 예상되는 군사적 이익을 통해 측정된다. 만약 예상되는 군사적 이익이 적은 경우, 공격이 과도하지 않기 위해서는 부수적 피해 또한 적어야 한다. 반대로 공격으로 인해 많은 군사적 이익이 예상되면 표적의 군사적 가치에 따라 광범위한 부수적 피해도 법적으로 정당화될 수 있다.[154]

9. '구체적이고 직접적인'이라는 표현은 명백히 확인 가능한 군사적 이익을 칭하며 대다수의 경우에는 정량화할 수 있다.[155] 물론 군사적 이익이 항상 쉽게 입증되고 예측될 수 있는 것은 아니다. 다른 한편 군사적 이익이 구체적이고 직접적이기 위해서는 단순히 기대 또는 추측에 근거해서는 안 된다.

10. '군사적 이익'이라는 표현을 지나치게 한정적으로 해석해서는 안 된다. 예를 들면 거점 확보 또는 적군 세력을 약화시키는 것으로 제한해서는 안 된다(규칙 1(w)에 대한 해설 para.3 참조). 이것은 특히 공전에서 그러하다. 예를 들어 어떤 공격은 기계의 요소일 수 있다(제Q절, 특히 규칙 116(a) 참조). 공격 세력의 안전뿐만 아니라 지휘 체계를 방해 혹은 통신을 제어하는

---

154) 제1추가의정서 제51조에 대한 ICRC Commentary, para.1980은 이러한 입장에 동의하지 않는다. 하지만 이러한 ICRC의 Commentary는 국제관습법으로 확립되지 않았다.

155) 제1추가의정서 제57조(2)(b)에 대한 ICRC Commentary, para.2209. 참조.

것 또한 군사적 이익의 구성요소가 된다.[156] 다른 한편 '군사적 이익'이라는 표현을 지나치게 확대 해석해서는 안 된다: 적군의 전술 또는 작전상의 수준에 대한 영향에 한정된다. 그러므로 비록 군사목표물을 공격하는 것이 적 민간주민의 사기를 저하시킬지라도(규칙 18 참조) 동 규칙에 따라 이 효과 자체만으로는 적절한 '군사적 이익'이라고 할 수 없다.

11. 국제관습법상 "공격으로 인해 예상되는 군사적 이익은 고립된 혹은 특정 공격이 아닌 공격 전체를 고려해서 예상되는 군사적 이익을 일컫는다"는 것이 통용된다.[157] 이는 ICC의 로마규정에서 채택된 기준이다.[158] 이는 단순히 공격이 행해지는 당시 즉각적으로 발생되는 군사적 이익이 아닌 군사작전 전체를 고려해야 할 필요가 있음을 의미한다. 예를 들어 교량을 공격함으로써 적들이 강을 건널 수 있는 능력을 제거하더라도 적이 실제로 그 교량을 사용하지 않는다면 군사적 이익이 낮다고 할 수 있다. 그러나 교량을 공격한 목적이 미리 계획된 공격으로 인해 적군의 퇴각로로 사용될 것임을 인지한 지휘관이 이를 막기 위한 것이었다면 교량을 파괴하는 것은 군사적 이익이 매우 크다고 할 수 있다. 이 문제에 관해서는 규칙 1(w)에 대한 해설 para.6, 규칙 1(y)에 대한 해설 para.7 및 규칙 33에 대한 해설 para.3 참조.

12. 공습은 주로 다수의 군용항공기에 의해 수행되는데, 이 경우 각각의 출격으로 인한 영향을 따로 분리하여 그 영향을 고려하는 것은 부적절하다. 전체적으로 임무를 평가해야 할 상당한 필요성이 있다. 군사적 이익에 '공격 전체'를 고려하는 데에는 다른 이유도 있다. 한 예로는 같은 강을 가로지르는 여러 교량들이 서로 근접해 있을 경우 연속적으로 공격이 가해질 수 있다. 비록 이 교량에 대한 첫 번째 공격은 낮은 군사적 이익을 가져오는 듯 보이지만,

---

156) '군사적 이익'이라는 용어는 공격군의 안전을 포함한 여러 고려요소를 포함한다. 이에 대해서는 제1추가의정서 비준시 호주와 뉴질랜드에 의한 선언 참조: "제51조(5)(b) 및 제57조(2)(a)(iii)과 관련하여 [우리는 다음과 같이 이해한다] '군사적 이익'은 공격군의 안전을 포함한 여러 고려요소를 포함한다."

157) 이는 제1추가의정서 제57조에 대한 영국의 양해와 동일하다. 유사한 양해가 호주, 캐나다, 독일 및 네덜란드 등에 의해서도 취해졌다.

158) ICC 로마규정 제8조(2)(b)(iv).

적군이 남아있는 교량을 사용할 수 있다는 점을 고려하여 나머지 교량에 대한 공격으로 인해 군사적 이익은 명백해진다.

13. '전체로 고려된 공격'은 모든 무력분쟁과 혼동되어서는 안 되지만 대규모의 항공 출정으로 볼 수는 있다. 예를 들어 일련의 공중공격은 -다른 구역에 대해 군사작전을 할 것으로 예상하도록 하고서는- 계획된 공격의 실제 위치에 관하여 적을 기만하는 기계로서 어느 구역의 군사목표물을 대해 행해질 수 있다(규칙 116(a) 참조). 비록 개개의 표적 파괴로 이득을 얻은 관점에서는 공격으로 인해 민간인 또는 민간물자에 예상되는 부수적인 피해가 과도해 보일지라도 다른 곳에서의 군사작전과 관련된 계략으로서의 가치를 고려해야 한다.

14. 군사목표물 내에 있는 민간인(예, 군수품 공장에서 일하는 민간 고용인)이 비례성원칙의 적용 목적상 계산되어야 하는지에 대해 전문가들의 의견이 나뉘었었다. 3가지 관점이 피력되었었다. 일부 전문가들은 이같은 민간인들은 그 곳에 있기를 선택했기에 자발적으로 적으로부터 공격받을 수 있는 위험을 받아들였다고 볼 수 있기 때문에 계산할 필요가 없다고 주장했다. 대다수 전문가들은 다른 모든 경우에서처럼 이러한 민간인들에게도 비례성원칙이 적용되어야 한다고 보았다. 그러나 또 다른 전문가들은 -위의 대다수 전문가에 속하면서도- 고가치 자산(군수품 공장과 같은)을 목표로 할 경우 비례성원칙을 적용하더라도 중요한 차이를 만들지 않는다며 광범위한 사상자가 무조건적으로 과도한 부수적 피해가 되지 않는다는 점을 지적했다.

15. 비례성 원칙은 계획부터 실행까지 공격의 모든 단계에 걸쳐 적용된다. 기대되는 부수적인 피해가 예상되는 군사적 이익에 비해 과도하다고 결론에 도달하게 되면 공격을 보류, 중지 또는 종료시킬 능력과 권한이 있는 자는 그래야만 한다. 예를 들어 표적을 바라보던 조종사가 표적지역에서 예상치 못한 민간인을 발견할 경우 -공격 이전의 브리핑에서 제공된 정보를 근거로 볼 때 그곳에 있으면 안 되는- 그들에게 닥칠 기대되는 부수적 피해를 평가해야 하며 비례성 원칙이 위반되었다고 판단될 시 공격을 종료해야 한다. 규칙 32(b) 및 규칙

35(c) 참조.

16. 부수적인 피해가 사전에 결정된 수준에 도달하면 명시된 명령 체계의 승인을 얻어야 한다는 국가적 혹은 정책적 요건이 국제적 무력분쟁에 적용되는 법에 따라 비례성 원칙을 적용하는 것을 대체해서는 안 된다. 계획된 공격을 허용하는 고위급 간부의 결정이 규칙 14를 위반한 공격을 적법화하지는 않는다.

17. 동 규칙은 비국제적 무력분쟁에도 적용된다.

[규칙 15]
(a) 전투작전에 있어 생존자에 대한 전멸 명령, 그러한 명령으로 적을 위협하라는 명령 및 생존자를 전멸시킬 목적으로 행하는 적대행위는 금지된다.

1. 본 규칙은 제1추가의정서 제40조[159]에 기초하고 있다. 또한 1907년 헤이그규칙 제23조(d) 참조.[160]

2. 전문가 그룹에서 숙소의 거부 문제는 규칙 126에서도 다루어지고 있다고 생각하여 본 매뉴얼에 동 규칙을 둘 필요가 있는가 하는 것에 대한 논쟁이 있었다. 하지만 대다수 전문가들은 숙소 거부 문제 -또는 그러한 위협- 는 범위가 훨씬 넓기 때문에 제D절에 포함되어야 한다고 보았다.

3. 본 규칙이 강조하는 핵심은 '어떠한 자도 포로로 하지 않는다'는 정책은 전적으로 허용되지 않으며, 전투를 행하기 전에 그리고 당연히 항복 문제가 관련되기 전에 그러한 정책으로

---

159) 제1추가의정서 제40조: "전멸명령을 내리거나 그러한 식으로 상대방을 위협하거나 그러한 근거위에서 적대행위를 수행하는 것은 금지된다."

160) 1907년 헤이그규칙 제23조(d): "특별한 조약으로써 규정한 금지 이외에 특히 금지하는 것은 다음과 같다. ...(d)투항자를 구명하지 않을 것을 선언하는 것."

위협할 수 없다는 것이다.

4. 항복하거나 스스로 포획된 자는 더 이상 적에게 위협이 되지 않는다(제S절, 특히 규칙 126에 대한 해설 para.3 참조). 그들이 전투원 또는 적대행위에 직접 참가한 민간인이 아니더라도 그들을 살해하거나 상해를 입히는 것은 불법이다.

5. 본 규칙은 비국제적 무력분쟁에도 적용된다.

(b) 명백하게 항복할 의도를 표현했거나 질병, 부상 혹은 조난에 의해 전투력을 상실한 자가 어떠한 적대행위도 하지 않았고 억류로부터 회피하려는 시도 또한 하지 않았다면 그들을 공격해서는 절대 안 된다.

1. 본 규칙은 제1추가의정서 제41조[161]에서 추론되었다. 또한 1907년 헤이그규칙 제23조(c) 참조.[162]

2. 공중 및 미사일 작전이라는 특수한 상황에는 전투능력을 상실한 2부류가 있다. (ⅰ)항복의 사를 명시적으로 밝힌 자, (ⅱ)능력을 상실한 자. 후자의 범주에는 부상자, 병자 및 난선자가 있다.

3. 적절한 고려에 따라 전문가 그룹의 대다수는 공전과 관계가 없기 때문에 제1추가의정서 제41조(a)의 범주, 즉 '적 당사국의 권력 내에 있는' 자를 유지하지 않기로 결정했다.

---

161) 제1추가의정서 제41조: "(1)전의를 상실한 것으로 인정되는 자 또는 상황에 따라서 그러한 자로 되어야만 하는 자는 공격의 목표가 되어서는 아니된다. (2)다음 경우에 처한 자는 적대행위를 하지 않고도 피하려하지 않는다면 전의 상실자이다. (a)적대당사국의 권력 내에 있는 자. (b)항복할 의사를 분명히 표시한 자. (c)의식을 잃었거나 상처나 병으로 무력하게 되었거나 해서 자신을 방어할 수 없는 자."

162) 1907년 헤이그규칙 제23조(c): "특별한 조약으로써 규정한 금지 이외에 특히 금지하는 것은 다음과 같다. ...(c)무기를 버리거나 자위수단없이 투항하는 적의 살상."

4. 본 규칙의 목적상 '전투능력을 상실한'이라는 표현은 전투원에게 유보되어 있음에도 전투원과 적대행위에 직접 참가한 민간인의 능력상실을 포함한다.

5. 전투원(또는 적대행위에 직접 참가하는 민간인)은 공격으로부터 면제되기 전에 항복의사를 분명하게 전달하여야 한다. 만약 전투원(또는 적대행위에 직접 참가하는 민간인)이 적이 지각하고 이해할 수 있는 방법으로 항복의사를 나타내지 않는다면, 그는 여전이 공격받을 수 있다. 예를 들면, 가시거리 밖에서 공격을 가하는 항공기 승무원은 그들이 공격하고 있는 군대가 항복을 원하는지를 알 수 없다. 그러한 사실을 알지 못한 것이 상황상 합리적인 한 항복의사가 승무원에게 효과적으로 전달되지 않았기 때문에 공격은 합법적으로 행해진 것으로 보아야 한다.

6. 공전에 있어서 어떤 자가 전투능력을 상실했는지를 평가하는 것이 종종 문제가 된다. 어떤 자가 공중에 떠있는 항공기 내에 있을 경우, 그 항공기는 공격으로부터 면제되지 않으며, 항공기가 효과적으로 항복의사를 전달하지 못하면 실제로 부상을 당했음에도 불구하고 그는 공격의 결과로 고통을 받게 된다(제S절 참조). 어떠한 자가 지상에 누워있을 경우 그것이 무능력화하는 부상 때문인지 공중공격을 피하고 있는 것인지를 공중에서 결정하기란 종종 어려운 일이다. 그래서 보호는 합리적인 공격자의 관점에서 전투능력을 상실한 자에게만 확대되어야 한다는 것을 강조하는 것이 필수적이다.

7. 공전 상황에서 실제로 체포되지 않고서도 항복 의사를 전달할 수 있다. 예를 들면 지상에 있는 전투원은 항공기에 항복할 수 있다(para.8의 반대의견 참조). 공격에 대한 보호는 무기를 버리거나 양손을 들어 올림으로써 항복의사가 적에게 분명하게 전달됨과 동시에 시작된다. 화평교섭 요구를 의미하는 백기를 사용하는 것은 관행상 종종 항복의사를 전달하는 수단으로 사용되었다.

8. 지상 또는 선박 내에 있는 요원이 포로로 할 뿐 항복을 받아들이지 않는 항공기에 유효하

게 항복하는 것이 가능하지에 대해 전문가 그룹의 의견은 심각하게 나뉘어졌다. 2가지 견해가 있다. 전문가 그룹의 일부는 항공기가 포로를 포획할 수 있는지와는 관계가 없다고 보았다: 항복의사를 선언한 자를 공격해서는 안 된다. 반대로 다른 전문가들은 단지 지상에 있는 자가 손을 들어 올리고 백기를 흔들고 있다는 이유로 공격을 중단할 필요가 없다고 주장했다. 왜냐하면 이것은 남용되기 쉽기 때문이었다. 하지만 모든 전문가 그룹 구성원들은 만약 대규모 부대가 집단적으로 항복하고 그리고 지상군이 항복하는 적 병사를 가료하기 위하여 소집된다면 그들은 공격받아서는 안 된다는 것에 합의했다. 항복에 대해서는 제S절 참조.

9. 전문가 그룹은 항복의사를 선언한 자는 신의로 그렇게 해야 한다는 것에 합의했다. 만약 교전당사국의 지상군이 적 군용항공기의 공격을 회피하기 위하여 반복적으로 손을 들어 올리고 항공기가 떠난 후 다시 계속하여 싸운다면 이는 배신행위에 해당된다(제Q절, 특히 규칙 114(e) 참조). 게다가 그러한 요원은 향후 유사한 행위가 진정한 항복의 제의로 행해질 것이라는 것을 기대할 수 없다.

10. 부상과 질병으로 무능력(전투능력의 상실)해 질수 있다. 무능력은 분쟁에 의해 야기되는 것만은 아니다. 이에는 뇌졸중, 심장마비 또는 식중독으로 고통을 받고 있는 자 및 심지어 아기를 낳는 산모도 포함한다.

11. 무능력의 개념은 (i)계속해서 적대행위를 행하지 않고, 그리고 (ii)탈출을 시도하지 않는 전투원(또는 적대행위에 직접 참가한 민간인)에 달려있다.[163] 무능력은 방위능력의 부족과 혼동되어서는 안 된다. 예를 들면, 공중공격시 적군은 공격 항공기의 범위 내에 방어용 전투수단을 갖고 있지 않을 수 있다. 이는 전투능력을 상실한 것으로 보지 않는다. 만약 그들이 공격으로부터 면제를 원한다면, 항복의사를 유효하게 전달하여야 한다.

---

163) 제1추가의정서 제41조(2)와 관련한 ICRC Commentary, para.1610.

12. '부상자', '병자', 및 '난선자'는 제1추가의정서 제8조에서 정의되고 있다. 부상자와 병자는 군인 또는 민간인을 불문하고 의료적 가료가 필요한 자로서 적대행위를 하지 아니하는 자이다.[164] 난선자는 군인 또는 민간인을 불문하고 해상 또는 기타 수역에서 조난을 당한 자로서 적대행위를 하지 아니하는 자이다. 제1추가의정서 제8조(a)하에서 해상 또는 기타 수역(호수 포함)에서 조난을 당한 자를 포함하는 것으로 확대되었다.[165] '조난'이라는 용어는 원인의 여하를 불구한 모든 조난을 말하며, 또한 항공기에 의한 또는 항공기로부터의 해상에의 불시착을 포함한다(제네바 제2협약 제12조 첫째 문장[166] 참조).

13. 재난항공기로부터 낙하산을 타고 강하하고 있는 자는 전투능력을 상실한 자와 같으며 강하하고 있는 동안 공격의 표적으로 해서는 안 된다. 적에 의해 통제되는 영역에 착륙하면 재난으로 강하한 자에게는 항복할 기회가 주어져야 한다(제T절, 특히 규칙 132 참조).

14. 본 규칙은 비국제적 무력분쟁에도 적용된다.

[규칙 16]
(a) 항상, 특히 교전이 끝났을 경우 교전당사국은 지체없이 가능한 한 모든 방법을 동원하여 약탈과 질병으로부터 보호하기 위해 부상자, 병자, 난선자들을 탐색하여 구조하여야 하고, 사체가 훼손되는 것을 방지하기 위해 이를 수습하여야 한다.

---

164) 제1추가의정서 제8조(a): 부상자와 병자는 군인 또는 민간인을 불문하고 외상, 질별, 기타 신체적·정신적인 질환 또는 불구로 인하여 의료적 지원 또는 가료가 필요한 자로서 적대행위를 하지 아니하는 자이다. 이들 용어는 임산부, 신생아 및 허약자나 임부와 같은 즉각적인 의료적 지원 또는 가료를 필요로 하는 자로서 적대행위를 하지 아니하는 자를 포함한다.

165) 제1추가의정서 제8조(b): "난선자라 함은 군인 또는 민간인을 불문하고 본인 또는 그를 수송하는 선박 또는 항공기에 영향이 미치는 재난의 결과로 해상 또는 기타 수역에서 조난을 당한 자로서 적대행위를 하지 아니하는 자를 말한다. 이들은 적대행위를 하지 아니하는 한 제협약 또는 본 의정서에 따라 다른 지위를 취득할 때까지의 구조기간 중 난선자로 간주한다."

166) 제네바 제2협약 제12조 첫째 문장: "다음의 조항에서 말하는 군대의 구성원과 기타의 자로서 해상에 있고 또한 부상자, 병자 또는 조난자인 자는 모든 경우에 존중되고 보호되어야 한다. 단, 조난이라 함은 원인의 여하를 불문한 모든 조난을 말하며 또한 항공기에 의한 또는 항공기로부터의 해상에의 불시착을 포함하는 것으로 양해한다."

1. 본 규칙은 1949년 제네바협약과 제1추가의정서의 여러 규정들에 기초하고 있다. 부상자, 병자, 난선자 및 사자를 수색, 수용 및 보호하기 위하여 모든 가능한 조치를 취할 의무는 제네바 제1협약 제15조,[167] 제네바 제2협약 제18조,[168] 제네바 제4협약 제16조[169] 및 제1추가의정서 제10조[170]에 포함되어 있다. 사자를 수색하여 수용할 의무에 대한 존중은 생존자의 귀환, 사자의 적절한 매장 및 식별 등에 관한 국제적 무력분쟁에 적용되는 법의 제규칙에 대한 존중의 필수불가결한 조건이다.

2. 공중 및 미사일 작전이라는 특수한 상황에서의 동 규칙의 적용에 대해서는 규칙 19 참조.

3. '부상자', '병자' 및 '난선자'의 개념에 대해서는 규칙 15(b)에 대한 해설 para.12 참조.

4. 본 규칙에 명시된 요건은 '항상' 적용된다. 하지만 관행상 동 규칙에 언급된 활동을 행할

---

167) 제네바 제1협약 제15조: "분쟁당사국은 항상 특히, 매 교전 후에 부상자 및 병자를 찾아 수용하고 그들을 약탈 및 학대로부터 보호하며 그들에 대한 충분한 간호를 보장하고 또한 사망자를 찾아 그들이 약탈을 당하는 것을 방지하기 위하여 모든 가능한 조치를 지체없이 취하여야 한다. 분쟁당사국은 사정이 허용하는 한 전장에 남아있는 부상자의 수용, 교환 및 이송을 가능하게 하기 위하여 휴전이나 발포정지를 약정하든가 현지협정을 마련하여야 한다. 같은 방식으로 점령 또는 포위된 지역으로부터의 부상자 및 병자의 수용과 교환 또는 동 지역으로 갈 의료요원, 군목 및 장비를 통과시키기 위하여 분쟁당사국 상호 간에 현지약정을 체결하여야 한다."

168) 제네바 제2협약 제18조: "분쟁당사국은 매 교전 후에, 부상자, 병자 및 조난자를 찾아 수용하고, 그들을 약탈과 학대로부터 보호하며, 그들에 대한 충분한 간호를 보장하고 또한 사망자를 찾아 그들이 약탈을 당하는 것을 방지하기 위하여 모든 가능한 조치를 지체 없이 취하여야 한다. 분쟁당사국은 사정이 허용하는 한 언제든지, 점령 또는 포위된 지역으로부터 부상자 및 병자를 해로로 이송하기 위하여, 또한 동 지역으로 갈 의무요원, 종교요원 및 장비를 통과시키기 위하여 현지약정을 체결하여야 한다."

169) 제네바 제4협약 제16조: "부상자, 병자, 허약자 및 임산부는 특별한 보호 및 존중의 대상이 되어야 한다. 군사적인 사정이 허락하는 한, 각 분쟁당사국은 사망자 및 부상자를 수색하고, 조난자 및 기타 중대한 위험에 처한 자를 구조하고 약탈 및 학대로부터 이들을 보호하기 위하여 취하여지는 조치에 편익을 제공하여야 한다."

170) 제1추가의정서 제10조: "1. 모든 부상자, 병자 및 난선자는 그들의 소속국 여하를 불문하고 존중되고 보호된다. 2. 모든 경우에 있어서 그들은 가능한 최대한으로 그리고 지체없이 그들의 상태에 따라 요구되는 의료적 가료와 보호를 받고 인도적으로 대우되어야 한다. 의료적인 것 이외의 다른 이유에 근거하여 그들 사이에 차별을 두어서는 아니된다."

교전당사국의 능력은 수색 및 수용 능력, 기상, 지형 및 적대행위에 대한 제한의 이용 가능성과 같은 여러 요소들에 의해 결정된다.

5. 본 규칙은 비국제적 무력분쟁에도 적용된다.

(b) 부상자, 병자, 난선자들은 반드시 최대한 실용적이고 또 가능한 한 지체없이 자신들의 상태에 요구되는 의료조치를 받아야 한다. 의료적 근거 외 어떠한 이유더라도 그것을 근거로 환자들을 차별해서는 안 된다.

1. 부상자, 병자 및 난선자에게 의료적 가료 및 치료를 제공해야 할 의무는 제네바 제1협약 제12조[171] 및 제15조, 제2협약 제12조[172] 및 제18조, 제4협약 제16조 및 제1추가의정서 제10조에 기초하고 있다.

2. 본 규칙은 불리한 차별없이 모든 부상자, 병자 및 난선자에게 적용된다. 즉, 특정인 또는

---

[171] 제네바 제1협약 제12조: "다음의 조항에서 말하는 군대의 구성원과 기타의 자로서 부상자 또는 병자인 자는 모든 경우에 존중되고 보호되어야 한다. 그들은 그들을 그 권력 내에 두고 있을 분쟁당사국에 의하여 성별, 인종, 국적, 종교, 정견 또는 기타의 유사한 기준에 근거를 둔 차별없이 인도적으로 대우 또한 간호되어야 한다. 그들의 생명에 대한위협 또는 그들의 신체에 대한 폭행은 엄중히 금지한다. 특히 그들은 살해되고 몰살되거나 고문 또는 생물학적 실험을 받도록 되어서는 아니된다. 그들은 고의로 치료나 간호를 제공받음이 없이 방치되어서는 아니되며 또한 전염이나 감염에 그들을 노출하는 상태도 조성되어서는 아니된다. 치료의 순서에 있어서의 우선권은 긴급한 의료상의 이유로서만 허용된다. 부녀자는 여성이 당연히 받아야 할 모든 고려로서 대우되어야 한다. 분쟁당사국은 부상자 또는 병자를 부득이하게 적측에 유기할 경우에는 군사상의 고려가 허용하는 한 그들의 간호를 돕기 위한 의료요원과 자재의 일부를 그들과 함께 잔류시켜야 한다."

[172] 제2협약 제12조: "다음의 조항에서 말하는 군대의 구성원과 기타의 자로서 해상에 있고 또한 부상자, 병자 또는 조난자인 자는 모든 경우에 존중되고 보호되어야 한다. 단, 조난이라 함은 원인의 여하를 불문한 모든 조난을 말하며 또한 항공기에 의한 또는 항공기로부터의 해상에의 불시착을 포함하는 것으로 양해한다. 그들은 그들을 그 권력하에 두고 있을 분쟁당사국에 의하여 성별, 인종, 국적, 종교, 정견 또는 기타의 유사한 기준에 근거를 둔 차별 없이 인도적으로 대우 또한 간호되어야 한다. 그들의 생명에 대한 위협 또는 그들의 신체에 대한 폭행은 엄중히 금지한다. 특히 그들은 살해되고 몰살되거나 고문 또는 생물학적 실험을 받도록 되어서는 아니된다. 그들은 고의로 의료와 간호를 제공받음이 없이 방치되어서는 아니되며, 또한 전염이나 감염에 그들을 노출하는 상태도 조성되어서는 아니된다. 실시될 치료의 순서에 있어서의 우선권은 긴급한 의료상의 이유로서만 허용된다. 부녀자는 여성이 당연히 받아야 할 모든 고려로서 대우되어야 한다."

특정 범주의 자에 대해 편견을 가져서는 안 된다. 특히 인종, 피부색, 성, 종교 또는 신념, 정치적 또는 기타 의견, 국적, 부, 출생 또는 기타 지위에 근거한 차별은 금지된다. 제네바 제1협약 제12조, 제2협약 제12조 및 제1추가의정서 제10조 참조.

3. 본 규칙의 의무는 행위의 의무이지 결과의 의무는 아니다. 각 교전당사국은 이러한 의무를 이행하기 위하여 상황이 허용하는 한 공정한 인도적 기구에 의해 제공되는 원조의 수락을 포함한 최선의 노력을 하여야 한다.

4. 본 규칙에 언급된 부상자, 병자 및 난선자는 전투원과 적대행위에 참여한 민간인뿐만 아니라 보통의 민간인도 포함한다.

5. 부상자와 병자는 오로지 어떤 다른 기준보다도 의료적 우선순위에 따라 대우받아야 한다. 전장에서의 항공후송과 관련한 우선순위는 만약 그들이 더 긴급한 의료적 지원을 필요로 한다면 적 상병 전투원에게 주어져야 한다. 대우의 긴급성은 전형적으로 부상자의 분류를 통해 결정된다.

6. 본 규칙은 비국제적 무력분쟁에도 적용된다.

II. 세부 규칙

[규칙 17]

(a) 오직 군용항공기만이(무인공격기 포함) 공격을 개시할 자격이 있다.

1. 본 규칙은 헤이그 공전규칙 제13조[173]와 제16조[174]에 기초하고 있으며 각국의 매뉴

---

173) 헤이그 공전규칙 제13조: "교전권은 군용항공기에 한하여 행사될 수 있다."

174) 헤이그 공전규칙 제16조: "교전국의 군용항공기 이외의 항공기는 형식의 여하를 불문하고 적대행위에 종사

얼[175])에도 확립되어 있다. 규칙 115(b) 참조.

2. 본 규칙의 목적은 오로지 군용항공기만이 교전국 권리를 행사할 자격이 있다는 것을 강조하는 것이다. 민간항공기와 마찬가지로 군용항공기 이외의 국가항공기는 군대가 소유하고 있거나 오로지 군대의 통제하에 있으며 그리고 정부의 비상업적 역무에 사용되더라도 공격에 참여할 권리가 없다.[176]) 이는 군용항공기로 인정되지 않는 법집행, 관세 또는 해안경비용[177]) 항공기(규칙 1(x) 참조)는 그들이 군대에 편입되지 않는 한 적대행위에 참가할 수 없다는 것을 의미한다.

3. UCAVs(규칙 1(ee)의 정의 참조)는 원거리에서 조종되든 자동으로 작동하든 군용항공기로서 자격을 갖는 한 공격에 참가할 수 있다. 자동적인 작동은 무인항공기가 컴퓨터 프로그램에 따라 공격을 결정할 수 있는 센서와 데이터 처리능력을 갖고 있음을 의미한다. 센서와 컴퓨터 프로그램은 군사목표물과 민간물자, 민간인과 전투원을 구별할 수 있어야 한다.

4. 규칙 1(cc)에 정의된 바와 같이 군용항공기 이외의 기타 국가항공기에 의한 교전국 권리의 행사 금지는 공격과 같은 군용항공기에게 유보된 교전국 권리의 행사에 한정된다. 군용항공기 이외의 기타 국가항공기는 법집행 활동과 같은 자신들의 기능을 계속해서 수행할 수 있다.

5. 법집행 기구는 군대에 편입될 수 있다(제1추가의정서 제43조(3) 참조). 그러한 경우 법집행 항공기는 군용항공기 자격을 갖는다. 그들은 군용항공기가 갖는 모든 권리를 향유할 수 있

할 수 없다. 적대행위라는 말은 교전자가 직접 사용하기 위한 군사정보를 비행 중에 전달하는 것을 포함한다. 사항공기는 전시에 그 본국의 관할외에 있어서는 무장을 할 수 없다."

175) UK Manual, para.12.35; German ZDv, para.1015.
176) UK Manual, para.12.5는 '보조항공기'라는 용어를 사용한다.
177) 일부 국가들은 비군사적인 법집행기관으로 해안경비대를 조직하였다. 해안경비대를 군대의 일부로 조직한 국가에 있어서는 이러한 예외는 관련이 없다.

으며 공격을 받을 수도 있다. 군대에 편입된 그러한 기관의 구성원들은 전투원이 된다(규칙 10(b)(i)에 대한 해설 참조). 국가항공기인 그러한 기관의 항공기는 공격에 참가하기 전에 군용항공기(규칙 1(x)의 군용항공기의 정의 참조)로 변경되어야 한다.

6. 군용항공기의 자격 요건을 충족하지 못하는 사적 보안회사 또는 기타 계약자에 의해 운용되는 항공기는 민간항공기이다. 사적 회사에 의해 군용항공기가 운용되고 지휘된다면 비록 정부를 위하여 할당된 안보 기능을 수행한다 하더라도 군용항공기로서의 지위를 상실하며 더 이상 국제적 무력분쟁에서 공격에 참가할 수 없다.

7. 본 규칙은 비국제적 무력분쟁에는 적용되지 않는다. 국가들은 이러한 무력분쟁 동안에 법집행 항공기와 기타 국가항공기를 사용하게 된다. 만약 그러한 항공기가 전투기능을 수행하더라도 이는 국제적 무력분쟁에 적용되는 법을 위반하는 것은 아니다.

8. 경우에 따라 국가는 비국제적 무력분쟁에서 공중작전을 수행하기 위해 사적 보안회사의 역무를 이용하기도 한다. 비록 정부는 비국제적 무력분쟁에서 공중전투작전을 수행하기 위해 군용항공기를 사용해야 할 의무가 없음에도 불구하고 모든 그러한 작전들은 본 매뉴얼에 반영된 규칙에 의해 규제된다.

(b) 차단과 같은 교전권의 행사에도 동일한 규칙이 적용된다.

1. 공격 이외의 교전자 권리의 예로는 동 규칙에 언급된 차단뿐만 아니라 검색, 항로변경 및 포획이 있다.

2. 이러한 교전자 권리는 비국제적 무력분쟁에서는 법의 문제로 존재하지 않는다.

[규칙 18] 공중 혹은 미사일 작전 중 폭력행위나 폭력의 위협은 오로지 민간주민 사이에 공포

를 유포함을 유일한 또는 주요한 목적으로 행해져서는 안 된다.

1. 본 규칙은 제1추가의정서 제51조(2)[178]에 기초하고 있다.

2. 본 규칙은 '폭력행위' 및 '폭력의 위협'과 관련 있다. 폭력행위는 항상 공격의 정의(규칙 1(e) 참조)에 해당된다. 폭력의 위협에 관해서는 그것은 방송, 전단지 투하 및 기타 다른 방법으로 행해질 수 있다. 폭력행위이든 또는 폭력의 위협을 구성하든 그러한 활동들은 민간주민 사이에 공포를 유포하는 것을 유일한 또는 주요한 목적으로 추구되어서는 안 된다.

3. 동 규칙은 '유일한 또는 주요한' 목적이 민간주민 사이에 공포를 유포하는 활동에 한정된다. '주요한'이라는 용어는 제1추가의정서 제51조(2)에서 확립되었다. 이는 그렇게 하는 것이 '유일한' 목적인 상황을 포함한다. 전문가 그룹의 대다수는 위협의 '유일한 목적'이 민간주민에게 공포를 유포하는 것인 상황에 NWP에서의 금지를 한정하는 데 동의하지 않았다.[179]

4. 본 규칙은 '민간주민 사이에 공포를 유포함'의 개념에 한정된다. 동 규칙은 전투원 사이에 '공포를 유포'하기 위한 '충격과 공포'(shock and awe) 작전과는 관계가 없다.

5. 수동적인 예방조치(제H절 참조) 의무에도 불구하고 매우 종종 일부 군사목표물은 민간주민과 혼재되어 있다. 만약 폭력행위 또는 폭력의 위협이 합법적인 표적과 관련하여 추구된다면 민간주민 사이에 부수적으로 공포가 유포되는 것은 동 규칙에 의해 금지되지 않는다. 하지만 그 지역에 합법적인 표적의 존재가 단순이 작전행위의 변명으로 이용된다면 그리고 사실은 폭력행위(또는 폭력의 위협)의 '주요한' 목적이 민간주민 사이에 공포를 유발하는 것이라면 그 작전은 동 규칙에 따라 금지된다.

---

178) 제1추가의정서 제51조(2): "민간개인은 물론 민간주민도 공격의 대상이 되지 아니한다. 민간주민사이에 테러를 만연시킴을 주목적으로 하는 폭력행위 및 위협은 금지된다."
179) NWP, para.8.9.1.2: "민간주민 사이에 테러를 만연시킴을 주목적으로 하는 폭격은 금지된다."

6. 본 규칙은 민간주민에게 '공포를 유포'하는 작전에 한정된다. 이는 민간주민 사이에 공포를 유포하지 않고 민간인의 사기에 영향을 미치기 위한 작전과는 구별되어야 한다. 그러한 활동의 예로는 -종종 심리작전 또는 정보작전이라고 명명됨- 정부를 전복시키거나 정부의 리더십에 대한 지지를 감소시킬 것을 민간주민에게 요구하는 것이 있다. 그러한 작전은 '공격'(규칙 1(e) 참조)의 범주에 들지 않는다.

7. 일부 해설자는 만약 적대행위를 조기에 종식할 수 있다면 민간인의 사기를 떨어뜨리기 위한 공격은 허용될 수 있다고 주장했다. 전문가 그룹의 대다수는 민간주민에 대한 테러 금지는 절대적인 것으로 민간인의 사기를 해치는 것은 소위 실용적인 입장에 따라 설명한다고 하더라도 받아들일 수 없다고 믿었다.

8. 공격을 받고 있는 표적이 합법적 표적(규칙 10(b) 참조)인 한, 부수적으로 민간인의 사기에 영향을 미치는 파괴도 금지되지 않는다. 적군의 사기뿐만 아니라 민간인의 사기는 군사목표물을 무난하게 타격할 수 있는 공격자의 능력을 보여주는 공중작전의 예기치 못한 여파에 영향을 받는다.

9. 민간주민은 민간인인 모든 자를 포함한다.[180]

10. 본 규칙은 비국제적 무력분쟁에도 적용된다.

[규칙 19] 공중 혹은 미사일 작전을 수행하거나 또는 그 대상이 되는 교전당사국은
(a) 반드시 가능한 한 모든 수단을 이용하여 부상자, 병자, 난선자를 찾아 구조하고 충분한 치료를 보장하며 그들의 이동·교환·수송을 허가하고, 사망자들을 탐색하여야 한다.

---

180) 제1추가의정서 제50조(2): "민간주민은 민간인인 모든 사람들로 구성된다."

1. 교전당사국에게 부상자와 병자를 수색하여 수용하고, 이러한 목적을 위해 휴전을 합의할 가능성을 제공하기 위해 가능한 모든 조치를 취할 것을 부담지우는 동 규칙은 제네바 제1협약 제15조에 기초하고 있다. 제네바 제1협약 제15에 따라 전장에 남아있는 부상자의 수용, 교환 및 이송을 허용하는 현지협정이 체결될 수 있다.

2. '모든 가능한 조치'라는 표현에 주목해야 한다. 이러한 조치들은 공전의 특수한 상황에 의해 영향을 받는다. 게다가 육상에서의 공전과 해상에서의 공전 행위는 구별될 필요가 있다.

3. 본 규칙은 비국제적 무력분쟁에도 적용된다.

(b) 상황이 허용되는 경우 (a)에 규정된 활동을 가능하게 하기 위해서 필요하다면 중립적 중개를 통해 정전을 협의하여야 한다.

1. 본 규칙은 제네바 제1협약 제15조[181]에서 유래되었다.

2. 정전은 일시적인 적대행위의 중지이며 현장지휘관에 의해 체결된다. 그러한 지역적인 정전은 부상자, 병자 및 난선자를 수용하거나 소개해야 할 때 특히 중요하다.

3. 정전이 적국과의 합의를 전제로 하는 반면, 부상자, 병자 및 난선자를 수용하기 위한 모든 필요한 조치를 취해야 할 의무는 -상황이 허용되는 경우- 작전의 일방적인 중지를 요구할 수 있다. 유사한 상황에 대해서는 인도적 원조에 관한 규칙 103 참조.

4. '상황이 허용되는 경우'라는 어구는 작전을 수행하고 있는 교전당사국에게 어느 정도의 재량을 허용한다. 특히 군사필요성의 고려는 공중 또는 미사일 공격의 중지를 불가능하게

---

181) *Ibid.*

할 수 있다.

5. 교전당사국은 공중 및 미사일 공격의 중지 기간을 협상하는 것이 어려울 수 있다. 그러므로 교전당사국 간 협상을 개시하도록 하기 위해 중립적 중개가 요구된다. 중립적 중개자는 국가 또는 ICRC와 같은 공정한 인도적 기구가 될 것이다.

6. 본 규칙은 비국제적 무력분쟁에도 적용된다.

(c) 공정한 인도적 기구의 지원을 수용하고 공중 혹은 미사일 공격의 부상자와 여타 피해자를 위해 이들 기구의 활동을 용이하게 해주어야 한다.

1. 본 규칙은 제1추가의정서 제81조[182]에 의해 고취되었다.

2. 본 규칙은 부상자, 병자 및 난선자의 수색, 수용 및 치료에 관한 의무(규칙 19(a))는 이러한 임무의 달성에 있어 교전당사국을 돕기 위한 공정한 인도적 기구를 허용할 필요가 있음을 의미한다는 것을 강조하고 있다.

3. 공정한 인도적 기구의 개념에 대해서는 규칙 100(b) 참조.

---

182) 제1추가의정서 제81조: "1. 분쟁당사국은 분쟁희생자에 대한 보호와 원조를 보장하기 위하여 제협약 및 본 의정서에 의하여 국제적십자위원회에 맡겨진 기능을 수행할 수 있도록 하기 위하여 자국의 능력의 범위 내에서의 모든 편의를 동 위원회에 제공하여야 한다. 국제적십자위원회는 또한 관계 분쟁당사국의 동의를 조건으로 이러한 희생자들을 위한 기타 모든 인도적 활동을 수행할 수 있다. 2. 분쟁당사국은 각기 자국의 적십자, 적신월, 적사자태양 단체들이 제협약 및 본 의정서의 제규정과 국제적십자회의에서 제정된 적십자 기본원칙에 따라 분쟁희생자들을 위한 그들의 인도적 활동을 수행하도록 하기 위하여 필요한 편의를 제공하여야 한다. 3. 체약당사국 및 분쟁당사국은 적십자(적신월, 적사자태양)단체 및 적십자사연맹이 제협약 및 본 의정서의 제규정과 국제적십자회의에서 제정된 적십자 기본원칙에 따라 분쟁희생자들에게 제공하는 원조에 대하여 모든 가능한 방법으로 편의를 제공하여야 한다. 4. 체약당사국 및 분쟁당사국은 가능한 한 최대한도로 제협약 및 본의정서에 언급된 것들로서 각기 분쟁당사국에 의하여 정식으로 허가되고 제협약 및 본 의정서에 제규정에 따라 자체의 인도적 활동을 수행하는 기타 인도적 단체들에게 제공되는 제2항 및 제3항에서 언급한 것과 유사한 편의를 제공하여야 한다."

4. 공정한 인도적 기구의 활동은 그들이 활동하는 교전당사국의 승인에 따라야 한다. 그러나 이러한 승인은 자의적으로 허락되지 않아서는 안 된다.

5. 본 규칙은 비국제적 무력분쟁에도 적용된다.

[규칙 20] 공중 혹은 미사일 공격은 부수적인 피해를 피하거나 최소화하기 위해 설계된 본 매뉴얼의 제G절에서 요구되는 실행 가능한 예방조치에 따라서 실시되어야 한다.

본 규칙은 가능한 한 민간인 또는 민간주민에게 부수적 피해를 회피 -적어도 감소- 하기 위한 '실행 가능한 예방조치'를 언급하고 있다. 세부사항에 대해서는 제G절 참조.

[규칙 21] 민간인 혹은 민간물자에 대한 공격과 무차별적인 공격을 금지하는 일반적인 규칙의 적용은 폭력적인 효과, 즉 사망, 부상, 피해 혹은 파괴를 초래하는 행위를 수반하는 공중 혹은 미사일 공격에 한정된다.

1. 조약법상 동 규칙을 위한 직접적인 권위의 부족에도 불구하고 전문가 그룹의 대다수는 이는 국가관행을 일반적으로 반영하고 있다는 결론을 내렸다.

2. '사망, 부상, 피해 또는 파괴를 초래하는 행위'에 대한 동 규칙의 강조는 전투원 또는 민간인에 대해 행해진 폭력적 효과를 발생시키지 않는 심리전을 배제시키기 위해 고안되었다. 규칙 13(b)에 대한 해설 para.9 참조.

3. 마찬가지로 항공운항통제를 간섭하기는 하나 '사망, 부상, 피해 또는 파괴'를 초래하지 않는 CNA는 공격으로 인정되지 않는다.

4. 본 규칙은 비국제적 무력분쟁에도 적용된다.

제E절 군사목표물

1. 본 절은 국제적 및 비국제적 무력분쟁 양자에 모두 전적으로 적용된다.

2. 합법적 표적은 국제적 무력분쟁에 적용되는 법의 적용 가능한 규칙에 따라 공격받을 수 있다(비례성 규칙 및 공격시 가능한 예방조치 요구 등. 제D절, 특히 규칙 14 및 제G절 참조). 합법적 표적은 규칙 10(b)에서 전투원, 군사목표물 및 적대행위에 직접 참가하는 민간인을 포함하는 것으로 정의되었다.

3. '군사목표물'이라는 용어는 공중폭격은 군사목표물에 대해서만 행해져야 한다고 규정하고 있는 헤이그 공전규칙 제24조(1)에서 유래했다. 이는 여러 조약에서 반복되었는데, 그 가운데서 현저한 것은 "공격은 군사목표물에 엄격히 한정되어야 한다"는 제1추가의정서 제52조(2)이다.

4. 합법적 표적만을 공격할 수 있다는 원칙의 기초는 ICJ의 핵무기에 관한 권고적 의견[183]에서 국제법의 '위반할 수 없는' 원칙으로 그리고 국제적 무력분쟁에 적용되는 법의 2개의 '중요한' 원칙(불필요한 고통 또는 과도한 상해) 중 하나로 승인된 구별원칙이다. 한편으로는 전투원과 군사목표물을, 다른 한편으로는 민간인과 민간물자 간은 구별해야 한다는 기본적인 요구는 제1추가의정서 제48조에서도 강조되고 있다. 의심의 여지없이 이는 또한 국제관습법을 반영하고 있다. 규칙 11 및 12 참조.

---

183) ICJ, Nuclear Weapon Advisory Opinion, paras.78 and 79.

Ⅰ. 총칙

[규칙 22] 군사목표물의 정의에는 (규칙 1(y) 참조) 다음의 기준들이 적용된다.

1. 어떤 물자를 군사목표물로 인정하기 위해서는 성질, 위치, 용도 및 사용 등 4가지 기준이 있다. 이러한 4가지 기준은 군사목표물 정의의 핵심이며 동 규칙의 4개의 하위 항에서 자세하게 분석될 것이다.

2. 실질적 문제로서 공격은 통상적으로 물자의 성질(일반적으로 적군의 장비 및 시설) 또는 적에 의한 사용에 기초한다. 용도에 의한 자격 부여(적의 향후에 사용할 의도) 또는 위치는 덜 통상적이다.

3. 군사목표물의 정의는 '성질, 위치, 용도 및 사용'에 의해 '군사활동에 효과적으로 기여하는' 물자일 뿐만 아니라 "그 전면적 혹은 부분적 파괴, 포획 또는 무력화가 당시 상황하에서 명확한 군사적 이익을 가져오는" 물자를 요구한다(규칙 1(y) 참조). 규칙 1(y)에 대한 해설 para.3에 나타나있듯이 첫째 기준의 준수는 일반적으로 둘째 기준을 획득하게 한다.

(a) 목표물의 '성질'(nature)은 그것의 근본적인 특성을 상징한다. 성질상의 군사목표물의 예로는 군용항공기(무인기/무인공격기 포함), (의료적 수송 이외의)군용차, 미사일과 여타 무기들, 군용 장비, 군용 방어시설, 시설물과 창고, 군함, 방위용 건물과 병기공장이 있다.

1. 성질을 기준으로 군가목표물을 결정하기 위해서는 문제의 대상이 군사적 활동에 기여하는 것이라는 고유한 특징 및 특성이 있어야 한다. 군사장비 및 시설은 대부분 이러한 배경에서 군사목표물로 인정되고 있는데, 탱크, 군용항공기, 또는 군 막사 등이 그에 해당된다. 사용되지 않은 경우라 하더라도 그러한 대상은 항상 무력분쟁시 합법적인 표적이 된다.

2. 규칙 22(a)에서 언급되고 있듯이 성질상 군사목표물은 국방부를 포함한다. 비록 국방부가 부분적으로 민간인 참모를 두고 있다 하더라도 마찬가지다. 물론 국방부가 물리적으로 스위스 연방방위부처럼 방위 목적을 갖지 않는 부처와 구분되는 한, 오로지 민간기능에 기여하는 민간보호 및 스포츠, 그와 관련된 시설들은 성질상 군사목표물이 아니다.

3. 동 규칙에 언급된 사례는 망라적이지 않다. 그것들의 구별되는 특징은 모든 상황에서 성질에 의해 군사목표물로 인정된다는 것이다. 다른 물자들도 마찬가지로 그 성질에 의해 군사목표물의 지위를 갖는다(규칙 23 참조).

(b) '위치' 기준의 적용은 산길, 교두보 또는 밀림지대의 오솔길과 같은 특정한 지역들을 군사목표물이 되게 하는 결과를 초래할 수 있다.

위치는 계획된 공격에 직면한 적 군대의 퇴각로가 될 수 있는 산길과 같은 군사작전에 특별이 중요한 특정 지역과 관련 있다. 이러한 산길은 그 위치 때문에 실제 사용과는 관계없이 공중공격으로 이를 차단하는 것은 합법적이다. 마찬가지로 공격자는 자신들의 작전을 볼 수 있는 높은 지대를 허용치 않음으로써 적이 보지 못하게 하기를 원할 수 있다. 적이 관찰지점으로 이용하지 못하도록 그 지역에 있는 자연적인 엄폐물을 파괴할 수도 있다. 이러한 경우 이는 실제적인 사용도 아니며, 적이 의도한 향후 사용(용도)도 아니다. 지배적인 기준은 공격자의 작전을 강화하거나 보호하는 또는 적의 선택을 감소시키는 위치를 공격할 필요성이다.

(c) 목표물의 '용도'는 본질적으로 군사적이 아니더라도 목표물의 계획된 장래의 사용과 관련이 있다.

1. 용도와 사용을 구별하는 것은 중요하다(규칙 22(d) 참조). 후자는 대상의 현재의 기능을 말하는 것이지만, 전자는 계획된 미래의 사용에 초점을 맞추고 있다. 용도 기준에 따르면 공격자는 어떤 물자가 군사목표물로서 공격이 허용되기 전에 실제로 군사적 목적에 이용될 때까

지 기다릴 필요가 없다.

2. 용도를 결정하는 핵심 이슈는 적의 의도이다. 많은 경우 어떤 물자의 미래 사용에 관한 적의 의도는 분명하다. 그러한 사례는 군막사로 이용할 목적으로 아파트를 개조하고 있다는 믿을만한 첩보 및 정보가 있는 경우이다. 아파트는 실제 또는 최종적인 사용과는 관계없이 용도상 군사목표물이 된다.

3. 하지만 종종 적의 의도는 명확하지 않다. 그러한 경우 순수한 추론을 피하고 수집된 첩보에 기초한 명확한 증거에 의존하는 것이 필요하다. 문제는 그러한 첩보가 신뢰성에 있어 천차만별이라는 것이다. 공격자는 타 교전당사국들도 유사한 상황에서 그러하듯이 항상 합리적으로 행동하여야 한다. 즉, 공격자는 자신에게 첩보가 당시 지배적인 상황에서 공격을 행할 정도로 믿을 수 있는 것으로 결론내리는 것이 합리적인지 자문해야 한다.

4. 적의 의도는 기존 계획을 실제로 이행하기 전에 명시된 전제요건에 기초한다. 그러한 경우 이러한 명시된 전제조건은 민간물자가 용도에 의해 군사목표물이 되기 전에 이행되어야 한다. 즉, 첩보 및 기타 정보는 계획이 이행과정 중에 있거나 가까운 장래에 이행될 것이라는 합리적 결론을 이끌어 내야 한다. 이와 관련해서는 2개의 예가 있다. (ⅰ)통신 도청 및 기타 첩보는 군용 비행장을 사용할 수 없는 경우 대체 비행장으로 특정 민간 비행장이 지정되었다는 것을 보여준다. (ⅱ)일단 군용비행장이 사용할 수 없게 되면, 지정된 대체 비행장은 실제 또는 최종적인 사용과는 관계없이 용도상 군사목표물이 되어 공격을 받게 된다. 어떤 민간물자(민간 수송수단 등)를 군의 공수 용도에 사용한다는 공개적인 비상대책이 있을 수 있다. 어떠한 조치도 민간 수송수단을 이러한 용도에 활용되지 않는 한, 그것들은 민간물자이다. 하지만 군사 역무에 종사하는 한 문제의 수송수단은 실제 또는 최종적인 사용과는 관계없이 용도상 군사목표물이 된다.

(d) 목표물의 '사용'은 민간 시설이 군대의 사용에 의해 군사목표물이 될 수 있으므로 목표물의

현재 기능과 관련된다.

1. 위 기준은 성질상 민간용인 특정 물자를 적이 실제로 사용할 것을 요구한다. 즉, 그 물자는 성질상 군사목표물이 아니지만, 군사적 용도로 전환된 결과 합법적 표적이 되는 것이다.

2. 예를 들면, 군용기를 발진하거나 수리하기 위해 사용되는 민간비행장은 군사적으로 사용되는 기간 중에는 민간성을 상실하고 군사목표물이 된다. 다른 사례로는는 (ⅰ)민간 호텔이나 학교를 숙소로 하고 있는 적 군대, (ⅱ)적의 군용방송을 위한 민간방송국 사용 또는 (ⅲ)부대 또는 물자를 수송하기 위해 적 군대에 의해 지휘되는 민간차량 등이 있다.

3. 그러한 모든 경우, 민간물자는 사용을 통해 비례성 원칙(규칙 14 참조)과 제G절에 따라 군사목표물이 되어 공격을 받게 된다. 군사적 목적을 위해 그 물자를 사용할 적의 의도를 입증할 충분한 증거가 없다면, 사용하기 전에 공격해서는 안 된다(용도 기준에 따라 군사목표물로 인정되는 것에 대해서는 규칙 22(c) 참조).

4. 군사적 목적을 위한 사용이 중지되면 합법적 표적으로의 인정도 중지되어 더 이상 공격해서는 안 된다. 만약 장차 다시 사용할 것이라는 적의 의도에 대한 믿을만한 정보가 있다면 군사목표물이 된다. 하지만 군사목표물로 사용되었었다는 단순한 사실이 미래에도 그러할 것이라고 확정하기에는 충분치 않다.

5. 어떠한 민간물자도 특별보호를 받지만 교전당사국이 군사적으로 사용하는 등의 경우에는 군사목표물이 된다(제K-N절 참조). 의료부대(제K절 참조) 또는 문화재(제N절 Ⅱ 참조)와 같은 특별보호를 받을 자격이 있는 물자조차도 만약 군사적으로 사용된다면 군사목표물이 된다. 그러한 경우에 대해서는 규칙 32(a), 규칙 35(a) 및 35(b) 참조.

6. 통상 민간용도에 지정된 어떤 물자가 군사목적으로 사용되는지가 의심스러운 경우 당시

지휘관이 합리적으로 이용할 수 있는 모든 정보에 기초하여 그것이 군사목표물이 되고 유지된다고 믿을 만한 합리적 근거가 있을 경우 이를 공격할 수 있다(규칙 12(b) 참조).

7. 민간물자의 군사적 사용은 이를 군사목표물이 되게 한다. 하지만 사용으로 인해 군사목표물이 된다는 사실은 동시에 민간용으로 사용될 가능성을 배제하지 않는다. 그러한 물자는 통상 '이중 용도'물자라고 언급된다. 그것들은 군사목표물이 된다는 사실에도 불구하고 공격의 여부에 대한 결정은 비례성 원칙의 적용에 달려있다(규칙 14 참조). 공중 및 미사일 작전 상황에서의 고전적인 사례에는 군용항공기와 민간항공기가 동시에 사용하는 비행장이 있다.

[규칙 23] 규칙 1(y)와 22(a)의 정의에 따라 군사목표물 자격을 갖는 목표물은 공장, 기계장치, 비행장, 철도, 도로, 교량 그리고 터널과 같은 교통수단, 발전 시설, 석유 창고, 송신 시설과 장비 등을 포함한다.

1. 전문가 그룹은 규칙 22(a)에 비추어 성질에 따라 군사목표물이 되는 추가리스트가 요구되는지에 대해 확신할 수 없었다. 전문가 그룹에서는 3가지의 견해가 존재했었다. 첫째, 여기에 열거된 모든 목표물은 항상 성질상 군사목표물이 되기 때문에 규칙 22(a)에 해당된다. 둘째, 규칙 23에 열거된 목표물은 성질상 반드시 군사목표물이 되는 것은 아니나 이용, 용도, 위치에 의해 군사목표물이 될 수는 있다. 전문가 그룹의 대다수는 동 규칙을 성질상의 군사목표물은 2개의 부분집합으로 나누어진다고 보아 절충적인 셋째 견해로서 받아들였다. 규칙 22(a)에 반영된 첫 번째 부분집합은 항상 성질상 군사목표물을 구성하지만, 규칙 23에 반영된 두 번째 부분집합은 오로지 당시의 지배적인 상황에 비추어서 성질상 군사목표물이 될 수 있는 물자이다.

2. 규칙 1(y)에 대한 참조는 사례로 열거된 물자는 만약 규칙 1(y)의 기준이 충족되지 않을 경우 공격해서는 안 된다는 사실을 강조하기 위한 것이다. 하지만 동 리스트는 성질상 군사목

표물과 관련한 것이라는 것을 명심해야 한다. 그러므로 주안점은 규칙 22(a)에 대한 상호참조에 있다. 말하자면, 동 규칙은 규칙 22(b)~(d)에 대해서는 언급하지 않는다. 동 규칙에 열거된 물자는 논쟁과 일부 불일치가 있음에도 불구하고 전문가 그룹의 대다수의 견해를 반영한 것이다.

[규칙 24] 군사목표물과 군사조치 간의 연관성은 직접적일 수도 있고 간접적일 수도 있다.

1. 규칙 1(y)에서 설명되었듯이 군사목표물의 정의는 부분적으로는 '군사조치에 효과적으로 기여'하는 것에 달려 있다. 동 규칙은 표적과 진행 중인 군사작전간의 관계는 직접적인 필요가 없다는 것을 강조하고 있다. 예를 들면, 전장에서 멀리 떨어져 있는 적 군사저장시설이나 막사를 공격하는 것은 합법적이다. 왜냐하면 그러한 시설물들은 적이 더 이상의 군사조치를 할 수 있게 하기 때문이다. 또한 탄환과 군사장비를 생산하는 공장들이 합법적 표적(규칙 22(a) 참조)이라는 것은 널리 수용되고 있다. 군수공장에서의 생산에 필요한 물자의 수송에 사용되는 항구, 철도, 도로 및 공항 또한 그러하다.

2. '전쟁을 지속시키는' 경제적 물자가 군사목표물의 자격을 갖는지에 대해 논쟁이 있다. 전쟁을 지속시키는 경제적 물자는 간접적으로 그러나 효과적으로 적의 전반적인 전쟁노력을 지원하는 물자이다.[184] 그러한 물자의 군사목표물로서의 지위에 동의하는 자들은 교전당사국의 전쟁지속 능력은 직접적으로는 전투작전과 관계가 있다고 주장한다. 예를 들면, 그들은 중립국에 수출되는 오일제품은 그 이익이 전쟁노력에 자금을 대줄 수 있기 때문에 교전당사국이 공격할 수 있다고 본다. 적에게 실제적인 군사적 가치가 있는 물자 -군사적 목적에 이용되는 오일 및 휘발유- 는 그것들이 성실상 군사목표물을 구성하는 한 그러한 주장과 관계가 없다. 이 문제의 초점은 적에 의해 군사적 이용에 사용되지 않는 오일의 수출에서 얻는

---

184) NWP, para.8.2.5 sub.2: "적절한 공격 표적은 또한 적의 통신망, 철도시설, 교량, 바지, 거룻배, 전쟁수행 물자를 생산하는 산업시설과 발전소 등을 포함한다. 간접적이지만 효율적으로 전쟁수행능력을 지원하고 유지하는 적의 경제적 표적 역시 공격될 수 있다."

세입과 관련이 있다. 전문가 그룹의 대다수는 그러한 수출에서 얻는 세입과 군사조치 간의 관계는 너무 멀리 떨어져 있다는 입장을 취하였다. 결과적으로 전쟁지속 주장을 거부하였다 (규칙 1(y)에 대한 해설 para.8 참조).

3. 군사목표물과 군사조치 간의 관계는 가설적이고 추상적이어서는 안 되고 실제적이고 구별될 수 있어야 한다. 예를 들면, 군용항공기를 발진할 수 없는 민간비행장을 파괴하는 것은 적국도 언젠가는 그 비행장에서 발사하고 수리할 수단을 보유하게 될 것이라는 이유로 정당화되지 않는다. 물론 만약 적국이 민간비행장을 군사적 목적에 사용할 수 있는 비행장으로 개조하려는 명확한 의도를 갖고 있다면 규칙 22(c)의 용도 기준에 따라 군사목표물이 될 수 있다.

4. 게다가 문제의 조치가 성질상 군사적이어야지 정치적, 재정적, 경제적 또는 사회적인 것이어서는 안 된다. 예로서 적 민간 리더십이 허약하다는 인상을 주기 위하여 민간물자 타격하는 것은 적의 군사조치에 기여하는 군사목표물에 대한 공격이 아니다.

II. 세부 규칙

[규칙 25] 항공기는 오직 군사목표물이 될 때만 공격대상이 된다.

1. 본 규칙은 합법적 표적에 대한 공격을 제한하는 총칙에서 유래한 것이다(규칙 10 참조).

2. 본 규칙의 주요한 목적은 민간항공기, 민간여객기, 군용항공기가 아닌 국가항공기, 의료용 항공기 및 카르텔 항공기에 대한 공격은 만약 규칙 27(적 민간여객기를 제외한 군용항공기가 아닌 적항공기에 대한), 규칙 63(적국이든 중립국이든 민간여객기에 대한) 및 규칙 174(중립국 민간여객기를 제외한 중립국 민간항공기에 대한)에서 설명된 바와 같이 보호를 상실하지 않는다면 또는 군사목표물을 구성하지 않는 항공기에 대해서는 금지된다는 것을 강조하기 위한 것이다.

3. 군용항공기에 대해서는 규칙 23(a) 및 규칙26 참조.

4. 법집행 항공기와 같은 국가항공기는 군사작전 이외의 목적을 위해 무장하고 있을 수 있다. 그럼에도 그것들은 만약 군사적 목적을 위해 사용되지 않거나 교전당사국의 군대에 편입되지 않으면 군사목표물을 구성하지 않는다(자세한 설명은 규칙 27 참조). 그것들은 전시 노획물로 취급되거나 포획될 수도 있다(자세한 내용은 제U절, 특히 규칙 136(a) 참조).

5. 본 규칙은 적항공기에 한정되지 않는다. 특수한 상황에서는 중립국 항공기도 군사목표물이 될 수 있다(중립국 민간항공기에 관한 규칙 174 및 그 해설 참조).

6. 비국제적 무력분쟁에서 조직화된 비국가 무장단체는 자신들이 운용하는 항공기를 보유하고 있을 수 있다. 하지만 그러한 항공기는 군용항공기가 아니다(규칙 1(x) 참조). 그것은 민간항공기이지만 군사적 목적으로 사용될 경우 공격을 받게 된다(규칙 1(x)에 대한 해설 para.8 및 규칙 17(a)에 대한 해설 para.7 참조).

[규칙 26] 모든 적 군용항공기는 본 매뉴얼의 제L절에 의해 보호되거나 제N절에 의해 교전당사국의 동의가 있지 않는 이상 군사목표물이다.

1. 국제관습법에 기초하고 있는 동 규칙은 UK Manual, para.12.39에서 추론되었다.[185]

2. 군용항공기는 규칙 1(x)에 정의되어 있다. 군용항공기는 표식을 하여야 하는데, 표식을 적절하게 하지 않은 경우 군용항공기 자격을 상실하며 따라서 교전권을 행사할 수 없다. 하지만 만약 군사적 목적을 위해 사용되면, '사용'이라는 기준에 의해 군사목표물의 지위를 갖는다.(규칙 22(d) 참조).

---

185) UK Manual, para.12.39: "para.13.33 또는 12.29하에서 공격면제가 되지 않으면, 적 군함 및 항공기, 적 보조선박 및 보조항공기는 군사목표물이 된다."

3. 규칙 1(x)에 정의되었듯이 모든 군용항공기는 항상 특성상 군사목표물을 구성한다(규칙 22(aa) 참조). 군용항공기는 무장할 것이 요구되지 않는다. 군용항공기는 공중급유기로 사용 될 수 있으며 민간공무원의 수송, 기상 관측 또는 과학연구 수행 등에 이용될 수 있다. 모든 이러한 항공기들은 '이용'과는 관계없이 '성질'상 군사목표물이다.

4. 군용항공기는 짧은 시간에 장거리를 비행할 수 있기 때문에 일반적으로 전 작전 전역에 서 유용하게 이용된다. 그 결과 군용항공기를 파괴, 피해 및 무능화하는 것은 공격자에게 항 상 군사적 이익을 줄 것이다. 왜냐하면 적의 향후의 이용을 박탈하고 그에 따라 항상 성질상 군사목표물을 구성할 것이다(규칙 22(a) 참조).

5. 항복의사를 명확하게 통신하는 군용항공기는 공격해서는 안 된다(제S절 참조).

6. 군용항공기는 카르텔 항공기로 안전통항권이 부여될 수 있다(규칙 1(g)의 정의 및 제J절(II)와 (III)의 제규칙 참조).

7. 군용항공기는 다른 법체계가 적용되는 의료용 항공기를 구성할 수 있다. 규칙 1(u) 및 제L 절의 의료용 항공기에 대한 정의 참조.

8. 국제적 무력분쟁과 마찬가지로 비국제적 무력분쟁 동안 어느 한 당사자가 군사목표물이 아닌 항공기를 공격하는 것은 무력분쟁법 위반이다. 법집행 기관은 분쟁과는 관련없는 목적 을 위해 국가항공기를 이용할 수 있다. 그러한 경우 그것들에 대한 공격은 무력분쟁법 위반 이다. 하지만 만약 그러한 항공기가 그것들을 군사목표물이 되게 하는 요건을 충족하고 무 력분쟁과 관련된 목적에 사용된다면 조직화된 비국가적 무장단체에 의한 그것들에 대한 공 격은 분쟁이 발생한 국가의 국내법 위반이 될 수는 있지만 무력분쟁법 위반은 아니다.

[규칙 27] 본 매뉴얼의 제I절, 제J절 그리고 제L절을 침해하지 않는 다음 행위들은 여타의 적

항공기를 군사목표물이 되게 한다.

1. 동 규칙은 산레모 매뉴얼에 기초하고 있다.[186] 또한 NWP, para.8.8[187] 및 UK Manual, paras.12.36[188] 참조.

2. 본 규칙의 가장 중요한 점은 군사목표물로서의 자격조건이다. 이와 관련하여 문제의 항공기가 공격을 행하는지는 필요하지 않다(규칙 1(e) 참조). 대신에 적의 군사활동에 대한 효과적인 기여하고, 그 파괴, 나포 및 무력화가 당시 지배적인 상황에서 명확한 군사적 이익을 가져올 것이 필요하다(규칙 1(y) 참조). 예를 들면, 단순히 적국의 통신을 간섭하는 수동적인 첩보수집 또는 전자전을 수행하는 국가항공기 –군용항공기 자격을 갖지 않는– 는 '공격하는 것'은 아니지만, 그러한 행위는 그 항공기를 군사목표물이 되게는 할 수 있다.

3. 그러한 항공기에 대한 공격은 제D절 및 제G절, 특히 공중에서 항공기에 대해 행해지는 공격의 특수성에 관한 제G절(Ⅲ)의 모든 요소들을 준수하여야 한다.

4. 적 군용항공기 이외의 모든 적 항공기가 보호를 상실하더라도 민간항공기, 의료용 항공

---

186) 산레모 매뉴얼 제63항: "적민간기가 다음의 활동을 하는 경우 군사목표물로 간주된다. (a)적을 대신하여 적대행위를 하는 경우. 즉, 기뢰부설 및 소해, 수중음향장치의 부설 또는 수신, 전자전 수행, 여타 민항기에 대한 요격 또는 공격, 적군에게 목표물에 관한 정보 제공. (b)적 군대의 보조항공기로 행동하는 경우. 즉, 군대 또는 군용화물의 수송 또는 군용기에 대한 재급유 등. (c)적의 정보수집체계로 편입 또는 이를 원조하는 행위. 즉, 정찰, 조기경보, 탐색 또는 통제 및 통신임무에의 종사. (d)적 군함 및 군용기의 호위하에 비행하는 경우. (e)식별조치, 항로변경 명령 등을 회피하거나 항공무기체계의 사격통제 장비 운용, 교전국 군용항공기의 공격을 위해 기동하는 경우. (f)공대공(空對空) 또는 공대함(空對艦) 무장을 한 경우. (g)기타 군사행위에 효과적으로 기여하는 경우."

187) NWP, para.8.8: "적 상선 및 민간항공기는 다음의 상황하에서만 군용항공기에 의해 공격 및 파괴될 수 있다. 1.차단항공기의 지시에 완강히 거부하는 경우, 2.적국의 군함 또는 군용항공기에 의해 호송되는 경우, 3.무장하고 있는 경우, 4.적국 병력의 정보체계에 편입되었거나 어떠한 방법으로든 지원하는 경우, 5. 적군 병력의 해군 또는 군대 보조함으로써의 역량을 행사하는 경우, 6. 적국의 전쟁수행 및 전쟁지속 능력에 통합된 경우."

188) UK Manual, para.12.36: "para.5.4.1에서의 군사목표물의 정의를 충족시키지 않는다면 적 민간항공기를 공격할 수 없다." 이어서 paras.12.37은 적 민간항공기를 군사목표물이 되게 하는 경우를 규정하고 있다.

기, 민간여객기 및 안전통항권이 부여된 항공기는 정 요건이 충족되지 않으면 자신들의 보호를 상실하지 않는다는 것이 강조될 필요가 있다. 이러한 요건들은 각각 제I절, 제L절 및 제J절에 규정되어 있다.

5. 다음의 활동들은 의도된 미래의 이용('용도') 및 '이용'과 관련되기 때문에 규칙 22(c) 및 22(d)의 적용에 따라야 한다.

6. 본 규칙은 규칙 63에서 다루어지고 있는 민간여객기에는 적용되지 않는다.

7. 적 민간항공기에 대해서는 규칙 50 참조.

8. 본 규칙은 적 항공기에도 적용된다. 중립국 민간항공기는 규칙 174에서 다루고 있다.

(a) 적을 지원하기 위한 목적으로 하는 적대적인 조치에 참가하는 행위. 그 예로는 여타 항공기를 요격하거나 공격하는 것, 지상 혹은 해상의 사람 혹은 물체를 공격하는 것, 공격수단으로 이용되는 것, 전자전을 실시하는 것 혹은 적 세력에게 표적정보를 제공하는 것이 있다.

1. 본 규칙은 용도나 이용을 통해 군사목표물이 되는 가장 명확한 예를 설명하고 있다(규칙 22(c) 및 22(d) 참조).

2. '적대적인 조치'라는 구절은 적대활동 중 및 적대활동과 관련하여 군용항공기에 의해 행해지는 조치를 말한다. 그러한 활동들은 공격에 한정되지 않으며 첩보수집, 감시 및 정찰활동 등을 포함한다.

3. '적대적인 조치'는 군대 또는 군 자산에 대해 행해질 필요는 없다. 무력분쟁과 관련이 있는 한 그러한 조치들은 민간인, 민간주민 또는 자신의 영역 내에 있는 물자에 대해서도 행해

질 수 있다. 그 물자가 군사적 성질을 갖든 민간적 성질을 갖든, 그 조치가 합법적이든 그렇지 못하든 관계없다.

4. '적을 지원하기 위한'이라는 구절은 분쟁과의 연결, 즉 문제의 행위가 적을 이롭게 하기 위해 의도된 것이어야 한다는 것을 강조하기 위해 포함되었다. 이러한 기준은 적대적인 조치와 단순한 범죄행위를 구별한다.

5. '표적정보'는 공격이 행해질 수 있도록 하는 정보이다. 예로는 표적의 위치, 표적지역의 방위, 표적지역의 묘사 및 표적식별을 위한 참고사항에 관한 정보를 포함한다. 표적정보의 획득 및 전송은 민간 목적을 위해 사용되는 센서가 부착된 민간항공기(적외선 센서가 부착된 탐색 및 구조 항공기와 같은)에 의해 수행될 수 있으며 또는 단순히 승무원이 관찰한 정보를 전달하는 것을 포함할 수 있다. 그러한 활동들은 적을 지원하기 위한 적대적인 조치를 구성할 수 있다.

6. 적이 문제가 되는 행위의 발생을 지시, 유발 및 승인할 필요는 없다. 중요한 것은 그것을 행하는 행위자의 의도와 무력분쟁이 관련있다는 것을 결정하는 그 행위가 성질상 적을 지원하기 위한 것인가 하는 점이다.

7. '공격수단으로 이용'되는 항공기에 대한 언급은 특히 민간항공기가 의도된 표적으로 비행하는 상황을 다루기 위해 포함되었다. 그러한 경우 그 항공기는 효과적으로 전투수단, 즉 무기가 된다. 제2차 대전시 일본의 가미카제 공격에 사용된 것과 같은 이러한 목적을 위하여 사용되는 군용항공기는 이미 성질상 군사목표물이 된다. (납치된) 민간여객기에 대해서는 규칙 63 참조.

8. 공격수단으로서 군용항공기 외의 항공기 이용은 항상 금지된다. 규칙 115(b) 참조.

9. 군용항공기가 아닌 국가항공기는 교전권(공격 등)을 행사할 자격이 없으며(규칙 17 참조), 대체로 성질상 군사목표물이 아니다. 하지만 군대의 배타적 통제하에 있으며 군사적 목적을 위해 사용되는 경우 그러한 항공기는 규칙 27(a) 및 (b)하에서 군사목표물로서의 자격을 갖는다. 그러므로 그렇게 이용되는 한 공격을 받을 수 있다.

10. 본 규칙은 비국제적 무력분쟁에도 적용된다.

(b) 적군의 군사작전을 용이하게 하는 행위. 그 예로는 부대를 수송하거나, 군사물자를 운반하거나 군용항공기에 급유하는 것이 있다.

1. 본 규칙에 설명되고 있는 예는 단순히 설명적이다. 예를 들면, 공대공 또는 공대지 미사일을 무장하는 것은 그 항공기를 항상 공격에 노출시킨다. 왜냐하면 그러한 무장을 하는 것은 민간목적을 수반하지 않기 때문이다. 모든 경우 핵심적인 질문은 문제가 되는 항공기가 이용이나 용도상 군사목표물이 되는가 하는 것이다.

2. 본 규칙은 항공기가 군사목표물이 되기 위해서는 '공격'에 가담해야만 하는 것은 아니라는 점을 명확하게 하기 위해 포함되었다. 요건은 그러한 행위가 적의 군사활동에 효과적으로 기여하여야 한다는 것이다. '군사작전'이라는 구절은 성질상 매우 일반적인 활동, 특히 적의 전쟁노력에의 일반적인 지원을 배제하기 위해 의도적으로 사용되었다. 군사작전의 용이성의 예로는 군부대가 사용할 탄환을 이동하는 것이 있다. 핵심은 비행과 적의 군사작전 간에는 명확한 연결이 존재해야 한다는 것이다.

3. 본 규칙은 비국제적 무력분쟁에도 적용된다.

(c) 적의 정보수집 시스템에 통합되거나 그것을 지원하는 행위. 그 예로는 수색, 조기경보, 감시 또는 지휘, 통제 그리고 통신시스템 임무 등이 있다.

1. 본 규칙은 헤이그 공전규칙 제16조 둘째 문장에 기초하고 있다.

2. '통합'은 항공기가 적의 정보수집체계에 통합된 일부라는 것을 의미한다. 이는 예를 들면, 주요한 기능이 배타적 경제수역의 환경감시이거나 외국 군함의 존재를 정기적으로 보고하거나 임무가 과도한 군 해상초계기를 지원하는 경우 등이다. 통합의 본질은 문제의 활동이 정기적 또는 체계적인가, 적은 그의 행위를 계산함에 있어 제공된 정보에 의존하는가 그리고 그러한 정보 그 자체를 수집할 필요성을 경감시키는가 하는 것들이다. '지원'은 정보수집체계의 통합된 한부분이 반드시 될 필요없이 적에게 원조를 제공하는 것을 의미한다.

3. 본 규칙은 표적정보의 규정에 관한 규칙 27(a)에 설명된 것과는 다르다. 동 규칙에서 의도는 표적선정 목적을 위해 정보를 사용하는 군대에 넘겨지는 정보를 획득하기 위하여 항공기가 단지 유연히 정보를 얻는 것과는 달리 적의 정보수집체계에 합쳐지거나(통합) 군대가 특수작전을 위한 원조를 얻는(지원) 활동을 말하는 것이다. 환언하면 동 규칙이 계획된 활동을 말하는 반면에 규칙 27(a)는 그러한 정보의 부수적 규정을 언급한다.

4. 어떤 활동을 정보수집으로 특징지우는 것은 조심스럽게 행해져야 한다. 군용항공기 이외의 항공기에 의해 운용된 정상적인 비행과정에서 획득된 정보는 적군에게도 가치가 있을 것이다. 예를 들면, 기상, 타 항공기의 접근, 타 항공기 또는 지상 관제소와의 통신에 관한 정보는 모두 군사적으로 유용하다. 하지만 통상적인 비행채널을 통한 그러한 정보의 보고는 정보수집에 해당되지 않는다. 정보수집은 군사적 목적을 위한 정보의 의도적인 수집에 한정된다.

5. 본 규칙은 비국제적 무력분쟁에도 적용된다.

(d) 착륙 지시, 검색 그리고 억류와 같은 군 당국의 명령에 순응할 것을 거부하는 행위 혹은 명백하게 차단에 저항하는 행위

1. 본 규칙은 산레모 매뉴얼 제63항(e)을 반영한 것이다.[189] 동 규칙은 군대가 군사목표물의 지위를 가질 수 있는 활동에 종사하는지가 명확하지 않은 군용항공기 이외의 적항공기를 조우하는 상황을 말하고 있다. 이러한 상황이 발생할 경우 군대는 항공기 자체와 그 활동을 식별하기 위해 명령할 수 있다. 만약 필요하다면 그 항공기는 검사를 위해 착륙을 명받을 수 있다(규칙 134 참조). 어떤 상황(제U절(Ⅰ) 참조)에서는 포획될 수 있다. 또한 군사작전 지역으로부터 항로가 변경될 수도 있다. 착륙지시에 순응할 것을 거부하거나 차단에 명백하게 저항하는 것은 그 항공기를 군사목표물이 되게 한다.

2. 군용항공기 이외의 적항공기가 적 군용항공기 또는 군함에 의해 '호송'되는 경우 국제적 공역에서든 또는 교전당사국의 영공에서든 그러한 항공기는 군 당국의 명령에 순응할 것을 거부하는 것으로 간주된다.[190] 부대 상황이 공격자에게 호송되는 항공기가 사실은 순응하고 있다는 것을 나타낼 수 있기 때문에 그러한 가정은 반박될 수 있다. 예를 들면, 비행지휘관은 그의 순응할 의도를 차단하는 항공기에 전달하는 것이다. 물론 호송하는 군용항공기 또는 군함은 성질상 군사목표물이다.

(e) 혹은 군사적 행동에 효과적으로 기여하는 행위

1. 동 규칙은 군용항공기 이외의 적항공기를 공격할 수 있게 하는 활동은 반드시 규칙 27(a)

---

189) 산레모 매뉴얼 제63항(e): "적민간기가 다음의 활동을 하는 경우 군사목표물로 간주된다....(e)식별조치, 항로변경 명령 등을 회피하거나 항공무기체계의 사격통제 장비 운용, 교전국 군용항공기의 공격을 위해 기동하는 경우."

190) 산레모 매뉴얼에 대한 해설, para.63.3: "(d)는 적국 군함이나 군용기의 호위하에서 항행하는 적국 상선을 군사목표로 규정한 제60항(d)와 같은 것이다. 적국의 군함이나 군용기의 호위하에서 비행하는 적민간기는 적국의 군함이나 군용기가 군사목표이기 때문에 전투지역 인근에 있는 경우 위험에 처하게 된다. 교전국 부대는 보호되는 적민간기가 적국 군대의 보조항공기로서 행동하고 있는 것으로 추정하거나 또는 공격을 강행하는 경우에는 적민간기를 오인할 수도 있다. 1990년의 국제민간항공기구(ICAO)에 의한 '민간기의 행동에 잠재적으로 위험한 군사활동에 관한 안전조치 매뉴얼'(Manual Concerning Safety Measures Relating to Military Activities Potentially Harzadous to Civil Aircraft Operations)은 민간기는 통상 위험한 군사작전 구역에서 행동하면 안 된다고 규정하고 있다."

~(d)에서 열거된 예에 한정되지 않는다.

2. 핵심은 군사목표물의의 기준 즉, (ⅰ)군사활동에 효과적으로 기여하고, (ⅱ)그 전면적 혹은 부분적 파괴, 포획 또는 무력화가 당시 상황하에서 명확한 군사적 이익을 가져오는 것을 충족하는 활동에 종사(종사하려고 의도)하는 것이다(규칙 1(y) 및 규칙 22 참조).

제F절 적대행위에의 직접적인 가담

1. 국제적 무력분쟁과 비국제적 무력분쟁 모두에 적용되는 관습법과 조약법에 따르면 민간인은 적대행위에 직접 참가하지 않거나 않고 있는 기간 동안에는 직접적인(규칙 11) 그리고 무차별적인(규칙 13) 공격으로부터 보호된다.[191] 그래서 적대행위에 직접적으로 참가하고 동안에는 합법적인 표적이 된다(규칙 10(b)(iii) 참조).

2. 심각한 법적 중요성에도 불구하고 조약법은 적대행위에의 직접적인 참가의 의미를 규정하지 않고 있다. 그러므로 그 개념은 텍스트에서 용어의 통상적인 의미에 따라 신의로 그리고 국제적 무력분쟁에 적용되는 법의 목적에 비추어서 해석되어야 할 것이다.[192]

3. 본질적으로 그 개념은 2개의 구성 요소, 즉 '적대행위'와 '직접적인 참여'를 포함한다. '적대행위'의 개념이 교전당사국에 의한 적을 해롭게 하는 수단과 방법에의 집단적 호소를 언급하는 반면,[193] 적대행위에의 '참가'는 이러한 '적대행위'에의 어떤 자의 개인적인 연루를

---

191) 제1추가의정서 제51조(3): "민간인들은 적대행위에 직접 가담하지 아니하는 한 그리고 그러한 기간 동안 본 장에 의하여 부여되는 보호를 향유한다." 제2추가의정서 제13조(3): "민간인은 그들이 적대행위에 직접 참여하지 않는 한 그리고 그러한 기간 중 본 편에 규정된 보호를 향유한다."

192) 조약법에 관한 비엔나협약 제31조(1) 참조.

193) "적대행위"(Hostilities)라고 명명된 1907년 헤이그규칙, Section II 참조. 조약법들은 적대행위(conduct of hostilities)에 대한 동일한 용어를 확립하지 못하고 있다. 'Hostilities'외에도 다음과 같은 용어들을 사용하고 있다.
 - 제1추가의정서 part III의 제목(전투의 수단과 방법...) 및 제1추가의정서 part III, Section I 의 제목(전투의 수단과 방법)에서 사용된 "전투"(warfare). 동 표현은 제1추가의정서 제35조(1)에서도 사용되었다.
 - 제네바 제4협약 제53조에 사용된 "군사작전"(military operations): "개인적인 것이거나 또는 공동적인 것임을 불문하고 사인, 국가, 기타의 공공당국, 사회단체 또는 협동단체에 속하는 부동산 또는 동산의 점령군에 의한 파괴는 그것이 군사작전에 의하여 절대 필요하게 될 경우를 제외하고는 일체 금지된다'. '군사작전'이라는 용어는 제1추가의정서 제51조(1)에서도 사용되었다. "민간주민 및 민간개인은 군사작전으로부터 발생하는 위험으로부터 일반적 보호를 향유한다. 이러한 보호를 유효하게 하기 위하여 기타 적용 가능한 국

언급하는 것이다.[194] 그러한 연루의 질과 정도에 따라 적대행위에의 개인적인 참가는 '직접적' 또는 '간접적'인 것으로 묘사된다. 적대행위에의 간접적인 참가는 직접적인 공격으로부터의 보호를 상실하게 하지 않는다. '적대행위'라는 용어는 무력분쟁에서 행해지는 모든 적의가 있는 행위 전체에 해당하는 포괄적인 용어이다.[195] 그 개념은 '공격'개념보다 더 광의직이다.

4. 본 절 전체는 비국제적 부력분쟁에도 적용되며, 제네바협약 공통3조에 규정되어 있는 '적극적'(active)이라는 부사와 더욱 일반적으로 사용되고 있는 '직접적'(direct)이라는 부사 간에는 실질적인 차이가 없는 것으로 이해되고 있다.

[규칙 28] 민간인들은 적대행위에 직접적으로 가담하는 동안 공격으로부터 보호받을 권리를 상실한다.

1. 본 규칙은 오로지 '공격으로부터의 민간인 보호'에만 관한 것으로 억류 중에 적용되는 것과 같은 민간인에게 주어진 다른 보호와는 관계가 없다.

2. '하는 동안'이라는 표현은 국제관습법을 반영한 것으로 논쟁의 여지가 없다. 이것이 의미

제법의 제규칙에 추가되는 아래 규칙들이 모든 상황에 있어서 준수된다."; 제2추가의정서 제13조(1): "민간주민과 민간인은 군사작전으로부터 발생하는 위험에 대하여 일반적 보호를 향유한다..."
- 또는 제1추가의정서 제48조에서는 단순히 "작전"(operations))이라는 용어가 사용되고 있다.

194) 제1추가의정서 제43조(2): "분쟁당사국의 군대 구성원(제3협약 제33조에 규정된 의무요원 및 종교요원 제외)은 전투원이다 즉, 그들은 직접 적대행위에 참여할 권리가 있다." 제1추가의정서 제45조(1): "적대행위에 가담하고 적대당사국이 영역 내에 들어간 자는 전쟁포로로 간주되며 따라서 그가 전쟁포로의 지위를 주장하거나 그러한 지위의 자격이 있는 것처럼 보이거나 또는 그의 소속국이 그를 위하여 억류국 및 이익보호국에 통고함으로써 그러한 자유를 주장하는 경우 제3협약에 의하여 보호되어야 한다. 전쟁포로로서의 자격여부에 관하여 의문이 있을 때에도 그는 그러한 자격을 계속 보유하며 따라서 그의 자격이 권한있는 재판정에 의하여 결정될 때 까지 제3협약 및 본 의정서에 의하여 계속 보호된다." 제1추가의정서 제45조(3): "적대행위에 참여하고 전쟁포로 지위의 자격이 없으며...."
195) 일부 조약 규정들은 'hostile act'라는 용어를 사용하고 있다. 제1추가의정서 제41조(2) 및 42조(2) 참조.

하는 바는 통상적으로 일단 적대행위에의 직접적인 참가가 끝나면 더 이상 관련 민간인을 공격할 수 없다. 하지만 3가지의 주요 논쟁이 제기되었다.

3. 첫 번째 이슈는 적대행위에의 직접적 참가가 정확히 언제 시작하며 마찬가지로 언제 끝나는가 하는 것이다. 이에 대해서는 의견이 분분하다. 한편에서는 -ICRC 해석 지침서에 반영된[196]- 구체적 준비 조치와 배치가 직접적 참가의 가장 이른 시점이며, 그 특정 교전에서 철수하는 것을 끝으로 한다는 입장을 취한다.[197] 다른 한편에서는 인과관계가 허용하는 한 직접적 참가는 양극으로 치달을 수 있다. 예를 들면, 개인이 급조폭발물을 만들기 위한 용도로 재료를 구하고자 할 경우, 그러한 행위를 시작한 순간부터 적대행위에 직접적으로 참가한 것으로 보아야 한다는 입장이었다.

4. 두 번째 이슈는 조직화된 비국가적 무장단체의 요원인 개인의 문제와 관련이 있다. 적대행위에 직접적으로 참가한 민간인은 전적으로 개별적인 특수 상황에 따라 행동할 것이다. 하지만 가끔 조직화된 비국가적 무장단체는 다수의 개별적 민간인들로 구성되곤 한다. 이같은 단체는 조직적이고 어느 일 교전당사국을 위하여 적대행위에 참가했지만, 반드시 그들이 일반적으로 지원하는 세력에 '종속'되어 있지는 않다.[198] 물론 그들이 교전세력에 속해 있을 경우 그들은 더 이상 민간인이 아닌 군대의 일부가 되어 전투원이 된다. 만약 이런 조직적인 무장단체가 교전당사국에 포함되면, 그 요원들을 항시 공격할 수 있다는 것은 의심의 여지가 없다. 하지만 이 문제의 핵심은 교전당사국에 포함되지 않은 조직화된 비국가적 무장단체가 국제적 무력분쟁에 가담했을 경우다. 한편에서는 만약 개인이 조직의 일원일 경우, 그는(적어도 전투역할이라면) 적에 대한 특정한 군사행위와는 관계없이 계속적으로 적대행위에

---

196) ICRC Interpretive Guidance, pp.65-68.
197) 이러한 입장에 따르면, 일반적인준비 및 능력의 구축(무기, 탄약 및 군가장비를 생산하는 민간 공장근로자 등)은 일반적인 전쟁노력에 기여하는 것이기는 하지만 전통적으로 적재행위에 직접적인 참여로 간주되지는 않는다.
198) 하지만 ICRC에 따르면, 어느 일 당사자를 위한 적대행위에의 직접적인 참여는 그 당사자에 속하는 것 그 이상도 그 이하도 아니다.

직접 참가하는 민간인으로 간주된다고 본다. 다른 한편으로는 ICRC 해석 지침[199])에 따르면 국제적 무력분쟁의 당사국에 포함되지 않는 조직적 무장단체의 조직원들은 민간인 지위를 보유하는 조직화된 범죄인으로 간주되어야 하거나 폭력이 강도와 조직에 있어 요구되는 최소요건에 이를 경우에는 별도의 비국제적 무력분쟁의 당사자로 분류될 수 있다. 후자의 경우 조직화된 문장단체는 그 당사자의 군대로서의 자격을 갖게 되며 관련민간인은 민간인 지위를 상실하게 된다.

5. 세 번째 이슈는 흔히 '회전문' 현상이라고 부르는 반복적으로('낮에는 농부, 밤에는 전사' 같은) 적대행위에 직접적으로 가담하는 자들과 관련된 문제이다. 한편에서는 조직화된 비국가적 무장단체의 요원이라고 해서 회전문 현상의 가능성에서 배제할 수 없고 '낮에는 농부, 밤에는 전사'가 되려는 사람은 항시 적대행위에 직접적으로 참여하고 있다는 것으로 간주되며, 이는 군사작전에서 공격당할 수 있음을 뜻한다고 보았다. 다른 한편에서는 무장단체의 일원이 아닐 경우, 적대행위와 직접적으로 관련되는 각 행위들은 다른 형태의 적대행위와는 다르게 평가되어야 한다. 그러므로 개인이 반복적으로 적대행위에 참여하고 있다는 사실만으로 특정 행동이나 작전에서 공격당할 수 없다.

6. 공격에 대한 보호를 상실했다고 해서 그 개인이 법의 보호 밖으로 떨어져 나가는 것은 아니다. 적대행위에 직접적으로 가담하는 민간인을 상대로 한 무력사용은 반드시 국제적 무력분쟁에 적용되는 법에 의거하여야 한다.

7. 마지막으로, 국제적 또는 비국제적 무력분쟁 지위를 얻지 못하는 조직화된 무장 폭력은 법집행 문제로 남게 된다는 것이 강조되어야 한다.

[규칙 29] 당시의 지배적인 상황에 따라, 다음의 행위들은 적대행위에 대한 직접적인 가담으

---

199) ICRC Interpretive Guidance, p.24.

로 여겨질 수 있는 행위들의 예시이다.

1. ICRC 해석 지침에 따르면,[200] 특정 활동이 적대행위에 직접적인 참여로 간주되려면 세 가지 요건을 충족하여야 한다. (i)행위의 결과로 생길 피해의 최소량, (ii)행위와 예상 피해의 직접적인 인과관계 그리고 (iii)그 행위와 교전당사국에 의해 행해진 적대행위 간의 적대적인 관계. 모두 충족될 경우, 이 세 가지 요건은 적대행위에의 직접적인 참여 활동과 무력분쟁의 상황에서 발생하더라도 적대행위에 포함되지 않고 따라서 직접적인 공격에 대한 보호가 상실되지 않는 활동을 확실하게 구분할 수 있도록 한다.

2. ICRC 해석 지침[201]에서 '피해의 최소량' 조건은 다음과 같이 설명되어 있다. 특정 행위가 적대행위와 직접적인 관련이 있다고 분류되려면, 그로 인해 생기는 피해가 어떤 한계치를 달성하여야 한다. 이 한계치에 도달하면 군사작전 또는 교전당사국의 군사능력에 부정적인 영향을 미치게 된다(특히, 군대에 대한무기의 사용, 무기의 배치 방해). 또한 그러한 한계치는 직접적인 공격으로부터 보호받는 사람이나 물자에 사망, 부상 또는 파손을 가함으로서 달성될 수 있다(특히, 거주지역에 대한 폭격 또는 폭탄 투하, 개별 민간인에 대한 저격). 적대행위에의 직접적인 참여는 한계치에 도달할 만한 피해를 현실화할 것을 요구하는 것이 아니라 문제의 행위가 단지 그러한 피해를 유발할 수 있는 개관적인 가능성이다. 따라서 관련된 한계치의 결정은 반드시 있을 수 있는 피해, 즉 행위의 결과 합리적으로 예상되는 피해에 기반되어야 한다.

3. '직접적인 인과관계' 요건은 ICRC 해석 지침[202]에 다음과 같이 설명되어 있다. 민간주민은 항상 무기, 장비, 식량, 피난처 또는 경제적, 행정적 및 정치적 지원을 통해 일반적인 전쟁

---

200) ICRC Interpretive Guidance, "특별 행위로서의 적대행위에의 직접적인 참여", pp.43-45 및 "적대행위에의 직접적인 참여의 구성요소", pp.46-64.

201) ICRC Interpretive Guidance, pp.47-50.

202) ICRC Interpretive Guidance, pp.51-58.

준비에 공헌하고 있다. 하지만 적대행위에의 '간접적인' 참여가 아닌 '직접적으로' 참여하기 위해서는 반드시 문제의 행위와 그에 따른 결과적인 피해 간에 직접적인 인과관계가 성립되어야 한다. 여기서 직접적인 인과관계란 피해가 한 개의 과정에서 생기는 것을 말한다. 그러므로 그것들이 방해받지 않은 일련의 사건들을 통해 피해를 야기하도록 연결되어 있거나 인과관계에 필수불가결 하더라도 불투명한 미래의 작전에서 적에게 피해를 줄 정도로 교전당사국의 능력을 단지 건설하거나 유지하는 행위는 적대행위에의 '직접적인' 참여에 해당되지 않는다(특히, 무기와 탄약의 생산, 일반적인 모병과 훈련). 하지만 적대행위에 대한 직접적인 참여에 대한 개념은 다른 행위들과 결합하여서만 피해를 가할 수 있는 행위를 포함하며(특히, 특정 전투작전의 일부로서 표적 정보 제공), 이는 특히 그 행위가 요구되는 피해의 최소량을 직접적으로 야기하는 합동전술작전의 필수적인 부분일 때가 가장 두드러진 경우이다.

4. "적대적인 관계" 요건은 ICRC 해석 지침[203]에 적대행위에 대한 직접적인 참여에 해당하는 행동은 앞의 2가지 요건을 충족하는 객관적으로 피해를 가할 것 같은 것뿐만 아니라 어느 일 교전당사국을 지원하고 상대 교전당사국에게 손해를 입히는 것이 특정하게 설계되어 있어야 한다. 적대적인 결합은 적대행위의 일부로서의 행동과 작전의 객관적인 목적과 설계와 관련있으며 그리고 참여하는 개인의 주관적인 생각 또는 의도에 달려있는 것은 아니다. 어느 일 교전당사국에게 피해를 입힐 의도로 계획된 것이 아니거나 다른 교전당사국을 지원할 의도로 계획된 것이 아닌 무장 폭력은 그러한 당사국 간에 발생한 적대행위에의 '참여'에 해당하지 않는다. 그러므로 일반규칙으로써, 다음의 경우에 발생하는 피해는 비적대적인 성질을 띠고 있을 것이다: (a)분쟁당사국의 권력하에 있는 인원 및 영역에 대한 권한의 행사(예, 범죄자에 대한 합법적 또는 비합법적인 무력의 사용), (b)그러한 권한 행사에 대한 국내 불안(예, 무력시위 또는 폭동), (c)국제적 무력분쟁에 적용되는 법에서 금지하는 폭력에 대한 개인적 자위조치(예, 약탈을 저지르는 군인들에 대한 민간인들의 무장 방어), (d)민간인들 간의 폭력(예, 법과 질서의 와해로 인한 무질서한 노략질) 또는 (e)적대행위와 관련없는 이유(예, 살인 또는 사적인 목적을 위

---

203) ICRC Interpretive Guidance, pp.58-64.

한 화기 사용).

5. ICRC 해석 지침에서 규정한 세 가지 기준은 -본 규칙에 대한 해설 para.2~4에서 요약된 바와 같이- 전문가들의 만장일치로 수용된 것이 아니다. 일부 전문가들은 이 기준들이 존현존하는 법의 일부가 아니며 적대행위에의 직접적 참여라는 범위에 적합하지 않는 제한을 가하고 있다고 주장하였다.

6. 본 규칙에 열거된 활동들은 그 당시의 상황에 따라서 적대행위에 대한 직접적인 참여를 보여주는 '예시'일 뿐이라는 것을 강조하는 것이 중요하다. ICRC에 따르면, 이 예시들은 피해의 최소량, 직접적 인과관계 그리고 적대적 관계 같은 해석 지침서에 정의된 세 가지 총괄적 조건을 충족시켜야만 적대행위에 대한 직접적 참여에 해당한다.

(ⅰ) 적의 공격에 대항하여 군사목표물을 방어하는 행위

1. 적대행위는 공격뿐만 아니라 적에 대한 방어적 폭력행위를 포함한다. 그러므로 원칙적으로 적의 공격으로부터의 군사목표물 방어는 적재행위에의 직접적인 참여를 보여주는 분명한 사례이다. '공격'의 정의에 대해서는 규칙 1(e) 참조. 군사목표물의 정의는 규칙 1(y) 및 규칙 22 참조.

2. 교전당사국이 사기업 사용에 의존할 경우 그 활동의 정확한 성격 결정은 항상 쉬운 것은 아니다. 예를 들면, 인원 및 물자를 보호할 것을 지정받으면, 적의 공격에 대한 방어(적대행의에의 직접적인 참여에 해당)와 적대행위와 무관한 범죄 또는 폭력에 대한 방어 간의 차이는 미미할 것이다.

(ⅱ) 적대행위에 가담하는 세력에게 명령과 지시를 내리는 행위, 작전적 및 전략적 배치에 대해 결정을 내리는 행위 그리고 의사결정에 가담하는 행위

본 규칙은 적대행위에의 직접적인 참가는 비록 계획하는 자가 실제로 계획을 실행하지 않았으며 지리적으로 그 계획이 실행되는 곳에서 멀리 떨어져 있다 하더라도 적에게 직

접적으로 피해를 줄 수 있는 행위(예, 피해를 주기 위한 전술적 및 작전적 계획)라는 것을 보여
준다.

(ⅲ) 군사목표물, 전투원 혹은 민간인에게 사망이나 부상을 초래하거나 민간물자에 피해를 주거나 파괴하는 적대행위에 직접적으로 가담하는 민간인을 군사목표물로 하는 전자전이나 컴퓨터 네트워크 공격에 가담하는 행위

1. CNAs의 정의에 대해서는 규칙 1(m) 참조. 전자전의 정의에 대해서는 규칙 1(p) 참조.

2. CNAs는 적의 군사능력 또는 군사작전에 부정적인 영향을 미치는 사망, 상해 또는 파괴, 체계 오작동 등을 야기한다. 그러한 작전이 행해지면, 이는 적대행위에의 직접적인 참가에 해당된다. 하지만 군사기지의 내부통신망에 대한 단순한 해킹은 자동적으로 규칙 29(ⅲ)에 해당되는 것은 아니다.

(ⅳ) 표적획득에 참여하는 행위

'표적 획득'은 교전에 필요한 식별 및 위치확인이 해당된다. 이는 적군에 대한 자세한 정보 제공과 지속적인 감시, 표적 지정 및 교전을 허용하기에 충분할 정도로 정확하게 위치를 파악하는 것 등을 포함한다.

(ⅴ) 공중 혹은 미사일 공격을 계획하는 임무에 가담하는 행위

공중 또는 미사일 공격을 포함하는 계획뿐만 아니라 준비는 적대행위에의 직접적인 참가에 해당한다. 반면에 일반적으로 전쟁 노력에의 개입은 적대행위에의 직접적인 참가의 요구조건을 충족시키기에는 충분하지 않다.

(ⅵ) 무인항공기(UAVs)와 무인공격기(UCAVs)의 무선 조종을 포함하는 공중 또는 미사일 전투작전의 무기체계나 무기를 작동하거나 조종하는 행위

전투작전 중 무기체계의 사용은 거의 항상 적대행위에의 직접적인 참가로 인정된다. 일시적 또는 지리적 근접이 반드시 요구되는 것은 아니다. 지발성(예, 기뢰, 부비 트랩 또는 시간조절장치 등) 또는 원거리 통제(예, 미사일, 무인항공기/무인공격기 등) 무기체계는 일시적으

로 또는 지리적으로 피해 발생지역에서 멀리 떨어져 있긴 하지만, 그러한 활동들은 적대 행위에의 직접적인 참가로 인정된다.

(vii) 구체적인 공중 또는 미사일 전투작전을 지원하기 위해 군사통신 네트워크와 시설을 이용하는 행위

1. 구체적인 공중 또는 미사일 작전을 지원하기 위해 통신 네트워크 및 시설을 사용할 경우 -예, 명령, 정보 또는 기타 전술자료의 전송을 통해- 그러한 활동들은 적대행위에의 직접적인 참가로 간주된다.

2. 본 규칙은 군사통신 네트워크 및 시설의 사용에만 적용된다. 민간 네트워크 및 시설의 사용이 적대행위에의 직접적인 참가를 구성하는지는 그러한 사용의 특별한 상황에 달려 있다.

(viii) 지상 또는 공중에서 공중 또는 미사일 전투작전에 투입예정이거나 이미 투입된 군용항공기에 급유하는 행위

1. 공중 및 미사일 전투작전에 투입되었거나 또는 투입이 예정되어 있는 군용항공기에 급 유하는 것은 계속되는 적대적인 활동의 한 부분이긴 하나 적대활동의 사전조치를 구성하 기 때문에 적대행위에의 직접적인 참가에 해당된다.

2. 반대로 공중 및 미사일 전투작전에 투입되지 않은 또는 투입이 예정되어 있지 않은 군 용항공기에 급유하는 것은 적대행위에의 직접적인 참가로 인정되지 않는다.

3. '~예정인'(about to)라는 표현에 대해서는 규칙 29(viii)에 대한 해설 para.3 참조.

(ix) 공중 또는 미사일 전투작전에 투입예정이거나 이미 투입된 군용항공기에 병기 혹은 임무에 필 수적인 장비를 적재하는 행위

1. 공중 및 미사일 전투작전에 투입되었거나 또는 투입이 예정되어 있는 군용항공기에 병 기 또는 장비를 탑재하는 것은 계속되는 적대적인 활동의 한 부분이긴 하나 그러한 활동

의 사전조치 즉, 적대행위에의 직접적인 참가를 구성한다.

2. 반대로 전투작전에 투입되지 않은 또는 투입이 예정되어 있지 않은 군용항공기에 병기 또는 장비를 탑재하는 것은 적대행위에의 직접적인 참가로 인정되지 않는다.

3. '~예정인'(about to)라는 표현에 대해서는 규칙 29(ⅷ)에 대한 해서는 para.3 참조.

(ⅹ) 공중 및 미사일 전투작전에 투입예정이거나 이미 투입된 군용항공기를 지원하거나 그것을 수리하는 행위

1. 공중 및 미사일 전투작전에 투입되었거나 또는 투입이 예정되어 있는 군용항공기를 지원하거나 수리하는 것은 계속되는 적대적인 활동의 한 부분이긴 하나 그러한 활동의 사전조치 즉, 적대행위에의 직접적인 참가를 구성한다.

2. 반대로 전투작전에 투입되지 않은 또는 투입이 예정되어 있지 않은 군용항공기를 지원하거나 수리하는 것은 분쟁의 한 당사자의 군사능력을 유지하거나 건설하는 것일 수 있으나, 적대행위에의 직접적인 참가로 인정되지 않는다.

3. '~예정인'(about to)라는 표현에 대해서는 규칙 29(ⅷ)에 대한 해설 para.3 참조.

(ⅺ) 군용항공기 및 미사일 소프트웨어 시스템에 임무통제자료를 탑재하는 행위

1. 군용항공기/미사일의 소프트웨어 체계에의 임무통제자료의 탑재는 항상 적대행위에의 직접적인 참가에 해당된다.

2. '임무'라는 용어는 자료의 탑재가 공중 또는 미사일 작전의 일부임을 의미한다.

3. '임무통제자료'는 특수한 출격을 위한 자료를 말한다.

4. 본 규칙은 의료용 항공기에의 임무통제자료 탑재에는 적용되지 않는다.

(xii) 항공기 승무원, 항공기 기술자들 그리고 특정 공중 및 미사일 전투 작전의 구체적인 요건에 부합하는 자의 전투 훈련 행위

1. 사전 확정된 공중 또는 미사일 전투작전의 실행을 위한 항공기 승무원, 항공기 기술자들 및 기타의 인원들의 준비 및 훈련은 구체적인 적대적 활동의 준비 조치를 구성하며 그러므로 적대행위에의 직접적인 참가에 해당된다. 이는 훈련은 '특정 공중 또는 미사일 작전의 구체적 요건'을 위해 필요하다는 사실에서 나온 것이다.

2. 반대로 미래에 행해질 비구체적인 군사작전을 위해 항공기 승무원, 항공기 기술자들 및 기타 인원의 일반적인 준비 및 훈련은 분쟁당사자 어느 일방의 군사능력을 유지하거나 증강시킬 수는 있지만 적대행위에의 직접적인 참가로 인정되지는 않는다.

제G절 공격에 있어서의 사전예방조치

1. 본 절에서는 민간인과 민간물자를 교전당사국으로부터 보호하기 위한 '능동적인 사전예방조치'를 다룬다.

2. 규칙 41을 제외하고 본 절은 비국제적 무장분쟁에도 적용된다.

I. 총칙

[규칙 30] 민간주민, 민간인 그리고 민간물자에 피해를 주지 않기 위한 지속적인 주의가 취하여져야 한다.

1. 본 규칙은 제1추가의정서 제57조(1)-(4)에 기초하고 있다.[204] 또한 NWP, para.8.1

---

204) 제1추가의정서 제57조: "1. 군사작전 수행에 있어 민간주민, 민간인 및 민간물자가 피해를 받지 아니하도록 하기 위하여 부단한 보호조치가 취하여져야 한다. 2. 공격에 관하여 다음의 예방조치가 취하여져야 한다. 가 공격을 계획하거나 결정하는 자들은 (1)공격의 목표가 민간인도 아니고 민간물자도 아니며, 특별한 보호를 받는 것도 아니나 제52조 제2항의 의미에 속하는 군사목표물이기 때문에 그것들을 공격하는 것이 본 의정서의 제규정에 의하여 금지되지 아니한다는 것을 증명하기 위하여 실행 가능한 모든 것을 다하여야 한다. (2)우발적인 민간인 생명의 손실, 민간인에 대한 상해 및 민간물자에 대한 손상을 피하고 어떠한 경우에도 그것을 극소화하기 위하여 공격의 수단 및 방법의 선택에 있어서 실행 가능한 모든 예방조치를 취하여야 한다. (3)우발적인 민간인 생명의 손실, 민간인에 대한 상해, 민간물자에 대한 손상 또는 그 복합적 결과를 야기할 우려가 있거나 또는 구체적이고 직접적인 소기의 군사적 이익과 비교하여 과도한 모든 공격의 개시를 결정하는 것을 피하여야 한다. 나 목표물이 군사목표물이 아니거나 특별한 보호를 받는 것이 분명한 경우 및 공격이 우발적인 민간인 생명의 손실·민간인에 대한 상해·물자에 대한 손상 또는 그것들의 결합을 야기할 우려가 있거나 또는 구체적이고 직접적인 소기의 군사적 이익과 관련하여 과도한 것으로 될 것이 분명한 경우에는 그 공격은 취소 또는 중지되어야 한다. 다. 상황이 허용되는 한 민간주민에게 영향을 미칠 공격에 관하여 유효한 사전경고가 주어져야 한다. 3. 유사한 군사적 이익을 취득하기 위하여 수 개의 군사목표물의 선택이 가능한 경우에는 선택되는 목표물은 그것에 대한 공격이 민간인 생명 및 민간물자에 대하여 최소한의 위험만을 야기시킬 것으로 예상되는 것이어야 한다. 4. 해상 또는 공중에서의 군사작전수

참조.[205]

2. 본 규칙은 육전, 해전 또는 공전에서의 군사작전 간 어떠한 구별도 하지 않는다. 일반원칙으로서 동일한 규범이 모든 전투 영역에 적용된다. 제1추가의정서 제49조(3)[206] 및 제57조(4)는 육지에서의 군사적전과 비교하여 해상 및 공중에서 군사적전은 구별되어야 한다는 것을 의미한다. 하지만 전문가들은 일반원칙으로서 동일한 법체제가 모든 전추 영역에 동일하게 적용된다는 결론에 이르렀다.

3. '지속적인 주의'라 함은 민간주민, 민간인 그리고 민간물자에게 피해를 입히지 않도록 해야 할 의무에 대한 예외는 없다는 뜻이다.

4. 전문가 그룹은 비록 엄밀하게는 민간물자에 해당되지 않지만 동 규칙에 해당되는 물자가 있다는 것을 주목했다. 가장 주된 예시는 명백한 군사 시설물인 전쟁포로 수용소다. 전문가 그룹은 관행상 '지속적인 주의'의 적용과 관련하여 전쟁포로 수용소와 민간물자를 구별해야 할 적절한 이유를 찾지 못했다.

[규칙 31] 본 매뉴얼의 제K절, 제L절, 제M절 그리고 제N절에서 특정한 보호를 받는 모든 자들과 물자에 피해를 주지 않기 위한 실행 가능한 모든 사전예방조치가 취하여져야 한다.

1. 본 절에서의 실행 가능한 사전예방조치는 제1추가의정서 제57조(2)(a)(ii)에 기초하고

행에 있어 분쟁당사국은 무력분쟁에 적용되는 국제법의 제규칙하에서의 자국의 권리와 의무에 따라 민간인 생명의 손실 및 민간물자의 손상을 피하기 위하여 모든 합리적인 예방조치를 취하여야 한다."

205) NWP, para.8.1: "표적 선정법은 군사목표물만이 표적으로 선정됨으로써 비전투원, 민간인 및 민간물자가 전쟁의 파괴로부터 보호되도록 보장할 합리적인 예방조치가 취해질 것이 요구된다."

206) 제1추가의정서 제49조(3): "본 장의 제규정은 지상의 민간주민, 민간인 또는 민간물자에 영향을 미칠 수 있는 모든 지상, 공중 및 해상에서의 전투에 적용된다. 동 제규정은 또한 지상의 목표물에 대한 해상 및 공중으로부터의 모든 공격에도 적용되나, 해상 또는 공중에서의 무력분쟁에 적용되는 국제법의 제규칙에 영향을 미치지 아니한다."

있다.

2. '실행 가능한'이라는 표현은 규칙 1(q)에서 정의되었다. 동 규칙에서 언급된 '실행 가능한 사전예방조치'라는 표현은 (ⅰ)모든 민간물자가 누릴 수 있는 일반저 보호 및 (ⅱ)제K질, 제L 절, 제M절 및 제N절에서 자세하게 규정된 특별보호와 관련한 사전예방조치들을 포함한다.

3. 모든 민간물자는 일반적 보호를 향유한다. 특별보호는 국제적 무력분쟁에 적용되는 법이 특정 물자의 보호에 대한 특별한 보호수단을 제공하고 있다는 것을 뜻한다. 이러한 보호수 단은 민간 물자로서 향유하는 일반적 보호에 추가적으로 제공된다.

[규칙 32] 지속적인 주의에는 다음의 사전예방조치가 포함된다.

1. 본 규칙은 제1추가의정서 제57조(2)(a)에 기초하고 있다. 또한 NWP, para.8.1 및 para.8.3.1[207] 참조.

2. 실행 가능한 사전예방조치의 목적은 군사목표물에 대한 공격시 부수적 피해를 피하기 위 하여 -또는 최소화하기 위하여- 민간인, 민간물자 혹은 특별보호를 받는 물자에 대해 행해 지는 공격을 회피하는 것이다.

(a) 합리적으로 이용할 수 있는 모든 정보에 근거하여 표적이 합법적이고 또한 그것이 특별보호 로부터 이익을 취하지 않음을 입증하기 위한 실행 가능한 모든 행위

---

207) NWP, para.8.3.1: "해군지휘관은 임무수행과 병력의 안전에 부합하는 차원에서 민간사상자와 피해를 최 소한으로 유지하기 위한 모든 합리적인 예방조치를 취하여야 하며, 군사 및 인도적 고려를 하여야 한다. 개 개의 경우에 있어서 지휘관은 자신에게 가능한 사실의 진솔하고 합리적인 평가를 기초로 반드시 이차적 손 상과 부수적 피해가 과도할 것인지 여부를 결정해야 한다. 마찬가지로 지휘관은 반드시 민간 사상과 피해 를 줄이기 위해 가능하다면 자원 보존의 필요와 성공적인 임무완수, 기타 공격수단을 택할 수 있는지 여부 를 포함하여 알려진 모든 사실 또는 자신에게 합리적으로 가용한 견지에서 결정하여야 한다."

1. 표적이 합법적인 목표물이며 특별보호를 받고 있지 않다는 점을 입증하기 위하여 지휘부는 가용 가능한 정보, 정찰 그리고 감시체계와 같은 모든 기술적인 자원을 이용하여야 한다. 이러한 자산은 합리적으로 이용할 수 있어야 하고 이를 이용하는 것은 모든 전역에서 군사적으로 정상적인 것이어야 한다.

2. 입증은 믿을만한 최신의 정보를 바탕으로 정상적인 군사관행에 따라 이루어져야 한다. '정보'라 함은 군사첩보를 포함한다. 정보의 질과 시의성이 고려되어야 한다. 적이 허위 정보(규칙 116(b) 참조)를 고의로 제공하고자 시도하거나 표적정보활동을 방해할 수도 고려하여야 한다. 군사첩보를 입증하거나 반박할 수 있는 현장에서의 시각관찰과 같은 기타 정보 또한 고려되어야 한다(이에 대해서는 규칙 35 참조). 수집된 모든 정보는 당시의 모든 상황을 고려하여 평가되어야 한다.

3. '지속적인 주의' 규칙에 영향을 끼칠 수 있는 신뢰성 있는 정보를 수집하기 위한 실행 가능한 모든 노력은 이루어져야 한다. 공격을 계획, 지휘 그리고 실행하는 자는 합리적인 노력으로 얻어진 정보에 의해서만 행동할 수 있다. 오스트리아와 같은 몇몇 국가들은 제1추가의정서 비준시에 제57조(2)와 관련하여 "군 지휘관의 결정과 관련한 정보는 결정이 내려진 그 당시에 실제로 이용 가능한 것"으로 이해한다는 성명을 발표했다.

4. '지속적인 주의' 규칙의 목적을 위한 사전예방조치 요건의 적용 가능성은 지휘의 단계와 정보의 이용 가능성에 따라 다르다. 현장에 있는 조종사가 이용할 수 있는 정보는 현장에서 어느 정도 떨어져 있는 지휘부가 결정의 기초로 하는 정보와는 다를 것이다. 조종사는 실시간 관찰함으로써 공격결정의 기초가 되는 정보를 무효화할 수 있다. 다른 한편 지휘관은 조종사보다 전반적인 공격 목표물에 대해 더 많이 알 수 있으며, 인공위성 정보나 인간정보와 같은 조종사가 즉시 이용할 수 없는 정보에 접근할 수도 있다. 그러므로 조종사가 현장에서 보고 판단한 결과가 지휘관의 결정과 명백한 차이가 있는지가 가장 중요한 점이다.

5. 지속적인 주의를 위하여 교전당사국은 관련 정보를 수집 및 가공하고 평가하여 전투부대에 지시할 수 있는 지휘통제체계를 갖추어야 한다.

6. 공중에 있는 항공기에 대한 공격에 대해서는 규칙 40 참조.

(b) 부수적인 피해를 피하거나 최소화할 수 있는 전투수단과 방법을 정하기 위한 실행 가능한 모든 행위

1. 본 규칙은 규칙 14에서 다루어진 비례성 일반원칙에서 추론되었다.

2. 전투수단과 방법은 무기, 무기체계, 탄약 그리고 전술(공격의 시점, 각도 및 고도와 같은)을 포함한다. 전쟁수단은 규칙 1(t), 전투방법은 규칙 1(v), 무기는 규칙 1(ff) 및 부수적 피해는 규칙 1(l)에 정의되어 있다.

3. 본 규칙은 대체할 무기와 피해야 할 전술 그리고 부수적인 피해를 줄일 방법을 고려해야 할 의무를 부과하고 있다. 예를 들어, 부수적 피해의 가능성을 최소화할 수 있다면 군사적으로 실행 가능할 경우 공격자는 정밀도 더 높거나 폭발력이 더 약한 무기를 선택해야 한다. 동 규칙은 또한 공격자는 이용할 수 있는 가장 정밀도가 높은 무기를 선택할 의무가 있는지에 대한 질문을 불러일으킨다.

4. 마찬가지로 공격의 각도는 폭탄이 표적이 미치지 못하거나 지나쳐 떨어지는 경우 투하지점을 결정짓는 요소의 하나다. 예를 들어 표적의 서쪽에 빈 건물이 있다면 북쪽이나 남쪽에서 공격하는 것이 권장된다.

5. 나아가 동 규칙은 적절하고 이용 가능한 그리고 그 이용이 군사적으로 실행 가능함에도 표적식별이나 그러한 표적에 무기를 향하도록 하는 무기유도기술을 사용하지 않은 군사목

표물에 대한 공중 또는 미사일 공격을 행하는 것이 금지된다는 것을 포함하고 있다.[208] 만약 그와 같은 기술적인 자원을 보유하고 있지 않고, 공격자가 무차별공격(규칙 13 참조) 금지의 원칙에 응할 수 없는 상황이라면 공격은 취소되어야 한다(규칙 35 참조). 이러한 일반규칙은 특히 군사목표물이 인구밀집지역에 위치하고 있는 경우와 관련이 있다.

6. 공항과 같이 민간항공기와 군용항공기가 같이 사용할 수 있는 '이중용도' 물자는 동 규칙을 적용할 경우 특별한 관련이 있다. 활주로를 일시적으로 이용 불능상태로 만드는 것만으로 충분하다는 것을 고려할 때 공격자는 영구적인 시설물을 파괴하기보다는 활주로에 구덩이를 파 일시적으로 이용하지 못하도록 할 필요가 있다. 이러한 것이 민간인과 민간물자에 대한 부수적인 피해를 방지하고 발생하더라도 최소화되도록 할 것이다.

(c) 공격으로부터 예상되는 부수적인 피해가 구체적이고 직접적인 군사적 이익과 관련하여 과도한지 아닌지를 결정하는 행위

1. 지휘관은 공격에 사용되는 무기의 특성, 표적 주위의 민간 건물의 취약성, 특정 시점 표적지역 주위에 위치하는 민간인의 수, 공격을 행하기 전에 민간인이 엄폐물에 숨을 수 있는 가능성 등을 고려하여 공격으로 인해 발생할 수 있는 부수적인 피해에 대해 정직하게 추산할 의무가 있다.

2. 규칙 32(a)에 대한 해설에 의하면 조종사가 임무수행 전에 받은 정보와 현지에서 파악한 상황은 다를 수 있다. 이러한 경우에 대해서는 동 규칙 참조.

3. 이중용도 물자 및 예상되는 군사적 이익과 비교하여 과도할 것으로 기대되는 부수적 피해를 피할 -또는 최소화- 필요성에 대해서는 규칙 32(b)에 대한 해설 para.5 참조.

---

208) UK Manual, para.5.32.5 참조.

4. 과도한 부수적 피해에 대한 개념은 규칙 1(ㅣ)과 14에 대한 해설에 설명되어 있다.

[규칙 33] 유사한 군사적 이익을 획득할 수 있는 군사목표물 중 어느 하나를 선택해야 하는 상황이 발생한다면, 선택되는 것은 민간인들의 생명과 민간물자 또는 여타의 보호되는 자와 물자에 대해 최소한의 위험만을 초래하는 것이어야 한다.

1. 본 규칙은 제1추가의정서 제57조(3)에 기초하고 있다. '군사적 이익'이라는 용어는 규칙 1(w)에 정의되어 있다.

2. 본 규칙은 표적들 간의 선택을 다루고 있다. 유용한 시나리오로는 적의 통과에 사용되는 두 개의 강을 가로지르는 다리를 들 수 있다. 이러한 시나리오에서 다리 일부분을 불능 상태로 만든다면 적의 도로사용을 저지하고 도로를 효과적으로 끊어놓을 수 있을 것이다. 만약 두 개의 다리가 동등한 군사적 이익을 제공한다면, 공격자는 민간인의 생명과 민간물자 그리고 기타 피보호자와 물자에의 피해를 최소화할 수 있는 다리를 공격해야 한다. 마찬가지로 군사목표물 자체를 공격하는 것보다 목표물에 전력을 공급하는 시설을 공격하는 것이 군사적으로 더 이익일수도 있다. 군사적 이익이 동일하다고 가정한다면, 만약 민간인의 생명과 민간물자 그리고 기타 피보호자와 물자에 덜 위험하다면 이러한 대안이 채택될 것이 기대된다.

3. '유사한 군사적 이익'이라는 개념은 공격으로 인해 발생하는 군사적 이익은 산발적이거나 부분적 공격에서가 아니라 공격 전체에서 예상되는 것으로 이해되어야 한다. 두 개 혹은 그 이상의 군사목표물이 대신하여 공격받을 수도 있다는 점이 강조되어야 한다. 각 공격에서 예상되는 군사적 이익은 전체로서 고려되어야 한다. 고로 만약 통신축을 파괴하기 위해 평행한 여러 다리가 파괴되었을 때 -그리고 달성될 수 있는 군사적 이익이 모든 다리의 파괴에 달려있다면- 그들 중 어느 하나만 파괴하는 것은 실질적 목적에 거의 도움이 않되거나 아무런 도움이 되지 않는다. 규칙 1(w)에 대한 해설 para.6, 규칙 1(y)에 대한 해설 para.7 및

규칙 14에 대한 해설 para.11 참조.

4. 분석을 위해 배산임수 형태의 지형에서 강은 세 개의 다리가 가로지르고 있고 산에는 하나의 터널이 지나고 있다고 가설을 세웠을 때, 강과 관련하여서는 다리를 하나라도 남겨두면 강을 건널 수 있기 때문에 다리 세 개 모두를 파괴하는 것이 터널을 막는 것보다는 가장 현실적인 선택이다. 후자의 대안은 다리를 파괴해야 할 실질적인 필요없이 적이 통신축을 이용하는 것을 저지할 수 있을 것이다. 다리와 터널은 민간인(특히 난민)과 적 무장세력이 동시에 이용할 수 있기 때문에 이중용도 표적으로 볼 수 있다. 따라서 부수적인 피해를 추정하기 위해서는 다리 세 개를 파괴했을 때의 부수적 피해와 터널을 파괴했을 때 발생하는 부수적 피해를 비교해야 한다.

5. 다른 예시로는 민간주민에게 필수적인 전력을 공급하는 민간인 및 민간물자 인근에 위치한 발전소에 대한 고의적인 공격을 들 수 있다. 만약 그러한 공격의 목적이 적에게 전력을 공급하는 행위를 일시적으로 저지하기 위한 것이라면 발전소의 변압기나 변전소를 공격하는 것으로 가능하다. 만약 변압기와 변전소를 공격하는 것이 민간인의 생명과 민간물자에 대해 최소한의 위험을 야기할 것이라고 기대된다면, 발전소를 공격하는 것보다 변압기나 변전소를 공격하는 것이 우선되어야 한다.

6. 본 규칙이 적용되기 위해서는 유사한 군사적 이익을 점하기 위한 여러 가지 군사목표물 간에 선택이 가능해야 한다. 만약 그렇게 하는 것이 군사적으로 합리적이지 못하다면 여러 목표물 중에서 선택해야 할 필요는 없다. 예를 들어 만약 두 개의 대안적인 군사목표물 간에 선택을 한다면 -어느 하나가 다른 것보다 훨씬 강하게 방어되고 있을 경우- 공격자는 공격군에게 더 큰 사상자의 발생이 예상될 경우 후자의 목표물을 선택해야 할 의무는 없다.[209]

---

209) NIAC Manual to SRM/ACS, p.28, para.9 참조.

II. 세부규칙

[규칙 34] 계획수립, 명령 그리고 공중 및 미사일 전투작전 실행에 참여하는 모든 자들은 민간주민과 민간인 그리고 민간물사를 보호하기 위한 지속적인 관리에 동참하여야 한다.

1. 본 규칙은 구체적인 공중 또는 미사일 전투에 대한 본 매뉴얼의 규칙 31~33의 적용이다 (규칙 1(c) 참조). 영국 매뉴얼 참조.[210]

2. '계획수립'은 공격대상 결정을 위한 준비, 전투수단 및 운반수단의 권고, 비행경로, 적 방어 세력에 대한 진압, 경고와 같은 부수적인 활동을 포함하는 작전명령을 시달하는 데 필요한 모든 요소를 포함한다.

3. '명령'은 특정 계획에 대한 실행을 결정하고 작전에 관계된 이들에게 세부 지시사항을 시달하는 것을 뜻한다.

4. '실행'은 전쟁수단을 직접 사용하는 것에 한정되지 않으며, 작전 방향이나 정보를 공중이나 지상의 지휘통제실에서 제공하고 좌표, 레이저 유도 또는 다른 방식으로 표적정보를 제공하고, 작전지시가 이행되도록 직접 관여하는 것까지 해당된다. 공중조기경보기나 합동최종공격통제관이 이에 해당된다.

[규칙 35] 다음의 상황이 분명해지면 공중 및 미사일 전투 작전 중의 공격은 반드시 취소되거나 연기되어야 한다.

1. 본 규칙의 세 가지 조건은 제1추가의정서 제57조(2)에서 추론되었다. 또한 산레모 매뉴얼

---

210) UK Manual, para.5.32.9 참조.

제46항(d)[211] 참조.

2. 본 규칙에 규정된 세 가지 조건은 공전 또는 미사일전의 특수한 상황에 관한 규칙 32의 일반적 규범에도 적용된다. 규칙 35(a)는 규칙 32(a)에, 규칙 35(b)는 규칙 31에, 규칙 35(c)는 규칙 14에 적용된다.

3. 본 규칙은 공격을 계획하고 명령하는 지휘부에게만 적용되는 것이 아니라, 동 규칙 35(a), (b), (c)의 조건 또는 이들 조건들이 복합적으로 발생할 경우 항공기의 승무원(또는 무인전투기 조종사)이 공격을 실행할 때에도 적용된다.

4. 비록 본 규칙은 강제적인 용어(must)로 규정되어 있지만 합리적으로 이해되어야 한다. 즉, 승무원은 공격을 실제로 취소하거나 중지시킬 준비가 되어있다고 추정하는 것이다.

5. 항공기 승무원은 경우에 따라 공격의 계획과 실행을 맡은 자보다 더 적거나 또는 많은 정보를 가지고 있다는 점을 유의해야 한다. 규칙 32(a)에 대한 해설 para.4 참조. 현장에서 수집한 정보가 규칙의 세 가지 조건 중 하나만 충족된다는 사실을 증명한다면 그들은 스스로 공격을 취소하거나 중지하여야 한다.

6. 미사일 공격의 취소 요건은 외부에서 통제하는 유도미사일뿐만 아니라 탄도미사일에도 해당된다.

7. 공중에서 항공기에 행해지는 공격에 대한 구체적인 사항을 대해서는 규칙 40 참조.

---

211) 산레모 매뉴얼 제46항(d): "공격시 다음의 예방조치를 취하지 않으면 안 된다..... (d)공격에 있어 예상되는 구체적이고 직접적인 군사적 이익과 비교하여 과도한 부수적인 사상 또는 손해를 야기하는 것이 예측되면 공격해서는 안 된다. 부수적인 사상 또는 손해를 야기하는 것이 명백해진 경우에는 신속하게 공격을 취소 또는 중지하지 않으면 안 된다."

8. 본 규칙은 비국제적 무력분쟁에도 적용된다.

(a) 표적이 합법적이지 않거나,

합법적 표적의 목록에 대해서는 규칙 10(b) 참조.

(b) 표적이 본 매뉴얼의 제K절, 제L절, 제M절 그리고 제N절에 따라 구체적인 보호를 받을 자격이 있는 경우 또는

제K절, 제L절, 제M절 및 제N절은 의료요원, 의료수송, 의료항공기, 자연환경 그리고 피보호자와 피보호물을 다루고 있다.

(c) 구체적이고 직접적인 군사적 이익과 관련하여 기대되는 부수적인 피해가 과도할 경우

이것은 비례의 원칙이다(규칙 14 참조).

[규칙 36] 위험물질의 유출로 민간주민에게 심각한 피해를 끼치지 않기 위해서는 위험물질이 포함된 작업이나 시설, 즉 댐, 제방, 원자력 발전시설(인근의 시설들도 포함)이 공격을 받았을 때 특별한 조치를 취해야 한다.

1. 본 규칙은 댐, 제방 그리고 원자력 발전소(뿐만 아니라 이들 시설물의 인근에 위치한 시설물)에 국한된다. 위험한 물리력을 포함하는 시설물이나 구조물에는 적용되지 않는다. 즉, 석유화학 공장 같은 시설은 동 규칙에 의해 다루어지지 않는다. 이러한 시설물에 대한 공격에는 규칙 30~33이 적용된다. 일반적인 국제관습법에 따라 이러한 시설물을 공격할 시 부수적 피해를 최소화하기 위해 실행 가능한 사전예방조치가 취해져야 한다.

2. 제1추가의정서 제56조[212]는 본 규칙에서 언급된 시설물이나 구조물은 비록 군사목표물이라 하더라도 위험한 물리력을 방출하고 그것으로 민간주민에 대하여 극심한 손상을 야기한다면 공격해서는 안 된다고 규정하고 있다. 제1추가의정서 제56조는 관습법을 구성하지 않는다는 것이 일반적 합의이며,[213] 그러므로 제1추가의정서 체약국은 관습법하에서 요구되는 것보다 더 높은 수준의 보호를 구속된다.

3. 하지만 제1추가의정서 비체약국은 규칙 14에 규정되어 있는 바와 같이,[214] 민간주민은

---

212) 제1추가의정서 제56조: "1. 위험한 물리력을 포함하고 있는 시설물, 즉 댐·제방·원자력발전소는 비록 군사목표물인 경우라도 그러한 공격이 위험한 물리력을 방출하고 그것으로 인하여 민간주민에 대해 극심한 손상을 야기하게 되는 경우에는 공격의 대상이 되지 아니한다. 이러한 시설물 내에 위치하거나 또는 그에 인접하여 위치한 기타 군사목표물도 그러한 공격이 시설물로부터 위험한 물리력을 방출하고 그것으로 민간주민에 대하여 극심한 손상을 야기하게 되는 경우에는 공격의 대상이 되지 아니한다. 2. 제1항에 규정된 공격에 대한 특별보호는 다음의 경우에 중지한다. 가 댐 또는 제방에 관하여는 그것이 통상적인 기능 이외의 다른 목적으로 사용되고 군사작전에 대한 정규적이고 중요한 직접적인 지원으로 사용되며 또한 그러한 공격이 지원을 종결시키기 위하여 실행 가능한 유일의 방법일 경우. 나. 원자력발전소에 관하여는 그것이 군사작전에 대한 정규적이고 중요한 직접적인 지원으로 전력을 제공하며 그러한 공격이 지원을 종결시키기 위하여 실행 가능한 유일의 방법일 경우. 다. 이러한 시설물 내에 또는 그에 인접하여 위치한 기타의 군사목표물에 관하여는 그것들이 군사작전에 대한 정규적이고 중요한 직접적인 지원으로 사용되며 또한 그러한 공격이 지원을 종결시키기 위하여 실행 가능한 유일의 방법일 경우. 3. 모든 경우에 있어서 민간주민 및 민간개인은 제57조에 규정된 예방조치의 보호를 포함하여 국제법에 의하여 그들에게 부여된 모든 보호를 받을 자격이 있다. 보호가 중지되고 제1항에 언급된 모든 시설물 또는 군사목표물이 공격받는 경우에는 위험한 물리력의 방출을 피하기 위하여 모든 실제적인 예방조치가 취하여져야 한다. 4. 제1항에 언급된 모든 시설물 또는 군사목표물을 보복의 대상으로 하는 것은 금지된다. 5. 분쟁당사국은 어떠한 군사목표물이라도 제1항에 언급된 시설물에 인접하여 설치되지 않도록 노력하여야 한다. 그러나 보호대상인 시설물을 공격으로부터 방위하려는 목적만을 위하여 건설된 시설물은 허용될 수 있으며, 그것들은 공격의 대상이 되지 아니한다. 단, 보호대상인 시설물에 대한 공격에 대응하기 위하여 필요한 방어적 행위의 경우를 제외하고는 그것들이 적대행위에 사용되지 아니할 것과 그것들의 무장화가 보호대상인 시설물에 대한 적대행위의 격퇴만을 가능하게 하는 무기에 국한될 것을 조건으로 한다. 6. 체약당사국 및 분쟁당사국은 위험한 물리력을 포함하는 물건에 대한 추가적 보호를 규정하기 위하여 그들 상호 간에 추가적 협정을 체결하도록 권고된다. 7. 본 조에 의하여 보호되는 물건들의 식별을 용이하게 하기 위하여 분쟁당사국은 본 의정서 제1부속서 제16조에 규정된 바와 같이 통일한 축선상에 위치하는 선명한 오렌지색의 3개의 원군으로 구성되는 특별한 표지로써 그것들을 표시할 수 있다. 그러한 표지의 부재는 어떠한 분쟁당사국에 대하여서도 본 조에 의한 그들의 의무를 결코 면제하지 아니한다."

213) ICRC Customary IHL, Study, Rule 42 및 the discussion, pp.139-141 참조.

214) NWP, para.8.9.1.7: "공격에 의해 예상되는 군사적 이익과 관련하여 비전투원에 대한 부수적 피해가 과도하게 클 때, 그러한 파괴가 민간주민을 위험하게 하는 댐, 제방, 둑과 기타 시설에 대한 포격은 금지된다. 반대로 교전국이 방패 또는 군사적 활동을 지지하기 위하여 사용하는 위험한 물리력을 보유하고 있는 시설물

댐, 제방, 원자력발전소에 공격으로 예상되는 초과하는 부수적 피해에 대한 보호를 향유한다는 것을 인정한다. 어쨌든 동 규칙이 명확하게 하고 있듯이 민간주민들 사이에 심각한 손실을 가져오는 위험한 물리력이 방출되는 것을 막기 위하여 특별한 주의가 취해져야 한다.

4. 제1추가의정서 제56조(2) 및 (3)에 따르면, 그러한 시설물에 대한 보호는 중지될 수 있다. 하지만 그 경우 특별한 규제에 따라야 한다.

[규칙 37] 공중 및 미사일 전투작전으로 인한 합법적 표적의 공격이 민간인들에게 사망이나 부상의 피해를 초래할 수 있다면, 상황이 허락하는 한 민간주민에게 실질적인 사전경고가 행해져야 한다. 실질적인 사전경고의 예로는 경고전단을 살포하거나 경고방송을 발하는 것이 있다. 상황이 허락하는 한 이러한 경고는 가능한 한 구체적이어야 한다.

1. 본 규칙은 제1추가의정서 제57조(2)(c) 및 1907년 헤이그규칙 제26조[215])에 기초하고 있다. 또한 1996년 CCW 제2수정의정서 제6조(4) 참조.

2. 본 규칙이 1907년 헤이그협약에 기초하고 있음을 고려할 때, 사전경고 의무는 관습법으로 간주된다.

3. 제1추가의정서 제57조(2)(c)는 '민간주민에게 영향을 미칠'이라는 용어를 사용하고 있다. 1996년 CCW 제2수정의정서 제6조(4)도 마찬가지다. 하지만 본 매뉴얼의 규칙 37은 '민간인에게 사망 또는 상해를 가져오는' 공전 및 미사일전에만 적용된다.

4. 본 규칙은 특정의 공중 또는 미사일 전투작전은 오로지 민간물자에 피해를 입히거나 이

은 보호될 수 없다."

215) 1907년 헤이그규칙 제26조: "공격군의 지휘관은 강습의 경우를 제외하고 포격을 개시하기 앞서 그 뜻을 관헌에게 통고하기 위하여 가능한 일체의 수단을 다하여야 한다."

를 파괴할 경우 적용되지 않는다. 동 규칙은 정전 또는 통신선 절단에 따른 기동성 감소로 민간인에게 단순한 불편을 가져오는 공격에도 적용되지 않는다.

5. 전문가 그룹 구성원들은 사전경고는 표적 근처에 있는 민간인들에게만 한정되는지에 관해 합의에 이르지 못했다.[216]

6. '상황이 허락하는 한'이라는 문구는 선전포고가 공격자의 기습 요소를 없애거나, 방어자의 방어지역을 늘리는 결과를 가져올 수 있다. 군사적 전투작전이 기습이라는 요소에 근거를 둘 경우 공격을 하는 데 있어서 사전에 경고를 할 필요가 없다.

7. '상황이 허락하는 한 구체적'이라는 문구는 경고의 구체성의 정도는 공격하기 전에 얼마만큼의 시간과 민간인들에게 경고를 선포하는 데 있어서 어떤 효율적인 방식 등과 같은 추가 요소들에 달려 있다는 것을 나타낸다.

8. 전문가 그룹은 (i)경고를 발해야 하는 지휘관의 계급 또는 (ii)경고가 적용되는 지리적 범위에 대해 결정을 내리지 못했다. 하지만 전문가들은 이와는 상관없이 만장일치로 사전경고는 공격에 의해 사망 또는 상해를 입을 민간인에게 효과적이어야 한다고 결정했다.

9. 민간주민에게 발해지는 경고의 형식은 이용 가능한 장비들과 항공기를 이용한 전단지 살포를 할 수 없게 하는 적의 방위와 같은 실현 가능성에 영향을 미치는 여러 요소들의 영향을 받는다. 경고를 함에 있어서 경고의 효율성에 영향을 미치는 요소들도 고려할 필요가 있다. 공격 직전에 선전포고를 하는 것보다 공격에 앞서서 어느 정도의 시간을 두고 선전포고를 하는 것이 더 효율적이다. 일부 민간인에게만 미리 경고하는 것보다 공격하기 직전에 민간

---

216) NWP, para.8.9.1.7: "군사적 상황이 허용하는 경우, 지휘관은 포격의 대상인 군사목표에 아주 인접한 곳에 위치하고 있는 민간인에게 경고를 위한 가능한 모든 수단을 사용, 포격에 대하여 경고하여야 한다. 경고는 포격 병력 또는 임무의 성공이 위태롭게 되지 않을 정도로 일반적으로 한다."

주민 전체에 선포하는 것보다 효율적이다.

10. 경고는 모호해서는 안 되지만 민간주민들이 은신처를 찾거나 특정한 장소를 피하도록 하는 등의 보호조치를 취하는 것을 허용하기 위해 상황이 허락하는 한 구체적이어야 한다.

11. 어떤 상황에서는 유일한 실행 가능한 경고방법은 민간인들이 공격개시 전에 피할 수 있게 예광탄을 이용 경고탄을 발사하는 것이다.

12. 경고는 현지주민들이 알아들을 수 있는 언어로 해야 한다.

13. '방송'은 라디오 방송뿐 아니라 텔레비전 방송과 기타 인터넷 방송 등의 수단을 포함한다.

14. 경고는 민간인들에게 공포를 퍼트리기 위해 악용해서는 안 된다. 민간주민에게 오직 공포를 주기 위한 이유로 항공 또는 미사일 작전을 이용하는 것은 규칙 18에서 금지되었다.

15. 경고는 공식적일 필요는 없고, 상황에 적합한 형식으로 말 또는 글로 발할 수 있다.

16. 효과적인 경고는 비합법적인 공격을 합법화하지도 않고, 다른 의무들로부터 자유롭게도 하지 않는다.

[규칙 38] 실질적인 사전경고는 반드시 본 매뉴얼의 제K절, 제L절, 제M절, 제N절 및 제J절에 따라 구체적인 보호를 받을 자격이 있는 자들과 목표물을 공격하기 이전에 통보되어야 한다.

1. 본 규칙은 제네바 제1협약 제21조에 기초하고 있다.[217] 또한 제네바 제2협약 제34조 첫

---

217) 제네바 제1협약 제21조: "의무기관의 고정 시설 및 이동 의무부대가 향유할 수 있는 보호는 그들 시설 및 부대가 인도적 임무로부터 이탈하여 적에게 유해한 행위를 행하기 위하여 사용된 조치를 제외하고는 동 보호

문단,[218] 제네바 제4협약 제19조,[219] 제1추가의정서 제13조 및 제65조(1) 뿐만 아니라 1954
년 헤이그협약의 제11조(1)[220] 참조.

2. 본 절에서 언급된 관련 규칙들은 (i)제J절 규칙 70, (ii)제K절 규칙 74, (iii)제L절 규칙 83,
(iv)제N절(I) 규칙 92, (v)제N절(II) 규칙 96들이다.

3. 본 규칙에서의 제J절, 제K절, 제L절, 제N절(I) 및 제N절(II)의 참조는 각 절에 반영되어
있듯이 경고를 하는 데 있어서 필요조건을 명시한다. 예를 들면 일단 문화재가 군사목표물
이 되면, 사전경고를 발해야 할 의무의 성격이 명확하지 않다는 것에 주목해야 한다(규칙 96
참조).

4. 특별한 보호를 받을 자격이 있는 물자의 경우 공격개시 전의 사전경고는 규칙 38하에서
경고의 목적이 남용을 종식시켜 공격이 필요하지 않게 하거나 취소되도록 하는 규칙 37에
따른 경고와는 다르다. 반대로 규칙 37에 따른 경고는 그러한 목적을 갖고 있지 않으며 민간
주민이나 민간물자에 부수적 피해가 없도록 -또는 최소화되도록- 하기 위하여 가까운 장래
에 공격이 있을 것이라는 정보를 전달하는 것이다.

는 소멸하지 아니한다. 단, 이 보호는 모든 적당한 경우에 합리적인 기한을 정한 경고가 있고 또한 그 경고
가 무시된 후가 아니면 소멸되는 일이 없다."

218) 제네바 제2협약 제34조 첫 문단: "병원선과 의무실이 받을 권리가 있는 보호는 그들의 인도적 임무를 이탈
하여 적에게 해로운 행위를 자행할 목적으로 사용되지 아니하는 한 소멸되지 아니한다."

219) 제네바 제4협약 제19조: "민간병원이 향유할 수 있는 보호는 그러한 병원이 그 인도적인 임무를 벗어나 적
에게 유해한 행위를 하도록 사용된 경우를 제외하고는 소멸되어서는 아니된다. 단, 그 보호는 모든 적당한
경우에 합리적인 기한을 정한 경고를 발하고 그 경고가 무시된 후가 아니면 소멸될 수 없다. 부상자 또는 병
자인 군대의 구성원이 이들 병원에서 간호되고 있는 사실 또는 이들 전투원으로부터 받아둔 소무기 및 탄
약이 존재하나, 아직 정당한 기관에 인도되지 않고 있는 사실은 적에게 유해한 행위로 인정되지 않는다."

220) 1954년 헤이그협약의 제11조(1): "체약국이 특별보호하에 있는 어느 문화재에 관하여 제9조에 규정하
는 의무에 위반한 때에는 적대국은 그 위반이 계속하는 동안 그 문화재의 불가침을 확보할 의무를 면하
는 것으로 한다. 단, 적대국은 가능한 때에는 사전에 그 위반행위를 상당한 기간에 금지하도록 요청하여야
한다."

5. 남용을 없애기 위해 경고를 할 경우 상황에 적합한 시간제한이 주어져야만 한다.

6. 경고는 공식적일 필요는 없다. 규칙 37에 대한 해설 para.15 참조.

[규칙 39] 공격에 있어 실행 가능한 사전예방조치를 취해야 할 의무는 무인기 및 무인공격기 작전에도 동등하게 적용된다.

1. 국제적 무력분쟁에 적용되는 법은 UAV/UCAV에 관한 조항을 두고 있지 않다. 그러므로 실행 가능한 사전예방조치를 취해야 할 일반적인 요건이 적용된다. UAV/UCAV가 무인이라는 사실이 공격자가 그러한 사전예방조치를 취해야 하는 것을 경감시키지 않는다. 무인항공기의 정의에 대해서는 규칙 1(dd), 무인전투기의 정의에 대해서는 규칙 1(ee) 참조.

2. 무인항공기는 공격에 있어 실행 가능한 사전예방조치를 취해야 할 의무에 따르는 데 유용한 자산이 될 수 있다. 센서기능이 있는 무인항공기는 의도된 표적물이 합법적 표적인지를 확인하는 데 사용될 수 있다(규칙 32(a) 및 규칙 35(a) 참조). 그러므로 이용 가능하고 그 사용이 가능할 경우 무인항공기는 부수적 피해의 추정에 대한 신뢰성을 높이기 위하여 이용되어야 한다.

3. 원격조종되는 무인전투기와 관련하여 그 조종자는 표적을 확인하고 부수적 피해를 예상하기 위하여 비행기에 탑재된 그리고/또는 가능한 한 기타 합리적으로 이용할 수 있는 센서를 사용하여야 한다. 무인전투기가 무인이라는 사실이 공격에 관한 정보가 정확하지 않다는 것을 반드시 뜻하는 것은 아니다. 사실 원격조종되는 기계가 항공기 승무원보다 종종 더 정확한 정보를 획득할 수도 있다.

4. 자율체계의 경우, UCAV는 잠재적 표적이 합법적 표적이라는 믿을만한 정보에 기초하여 이를 공격하도록 프로그램 되어야만 한다. 합법적 표적을 식별하는 센서와 프로그램의 성능

은 유인항공기의 그것 또는 원격조종되는(즉, 자율적이지 않은) 무인항공기의 그것과 비교되어야 한다.

5. 규칙 12에서 제시된 의심에 관한 기준은 자율적으로 조종되든 인간이 조종하든 무인전투기의 공격에도 적용된다.

6. 가능할 경우 유인항공기 또는 기타 무기체계 대신 무인전투기를 사용하기로 하는 선택이 부수적 피해를 예방하거나 최소화하면서 표적을 공격하는 가장 좋은 방법인지를 결정함에 있어 고려되어야 한다. 예를 들어, 표적의 시각식별이 필요한 상황에서 -표적을 신뢰할 정도로 식별하기 위해서 또는 과도한 부수적 피해를 피하기 위해서- 적의 방어행위가 항공기 승무원의 시각식별을 어렵게 할 경우 무인전투기의 사용이 요구된다. 하지만, 유인항공기에 탑재된 센서가 무인전투기의 센서보다 우수하거나 시각으로 표적을 확인해야 하는 경우에는 유인항공기의 사용이 더 효율적이다.

III. 공중에서의 항공기 공격시 세부 규칙

1. 본 매뉴얼에서 공중에 있는 항공기는 두 가지 이유로 특별하게 취급된다. 첫 번째 이유는 공중에 떠있을 경우 피해를 입을 가능성이 더 크다는 것이다. 성공적인 공격은 탑승객, 특히 통상적으로 탈출할 가능성이 없는 승객들이 모두 사망할 가능성이 높다는 것을 뜻한다. 두 번째 이유는 오늘날 항공기들의 속도가 너무나도 빨라 국제적 무력분쟁에 적용되는 법상 합법적인 표적인지 식별에 있어 신속한 결정이 요구된다는 것이다. 이 두 가지 요소들에 인해 공전과 미사일전에는 국제적 무력분쟁에 적용되는 법의 이행을 위한 정당한 절차를 확립할 필요가 있다. 즉, 법이 다른 것이 아니라, 이러한 상황들에 적용되는 방식이 다른 것이다.

2. 민간항공기의 차단에 관한 ICAO 매뉴얼의 참조와 관련하여,[221] 동 매뉴얼은 전시에 적용

---

221) ICAO, Doc.9533-AN/926(1990).

될 목적으로 작성된 것이 아니라는 것을 유념하여야 한다. ICAO 규정은 국제적 무력분쟁에 적용되는 법의 일부가 아니라 군사적 고려가 허용하는 한 준수되어야 하는 유용한 지침으로 간주되어야 한다.

3. 공격을 받고 있는 항공기가 군사목표물인지를 확인하기 위하여 실행 가능한 모든 사전예방조치를 취해야 한다는 요건(규칙 32(a) 및 규칙 35(a), 규칙 40 참조)은 표적이 UCAV일 경우에도 적용된다. 민간 무인항공기를 운용하는 교전당사국과 중립국들은 그 항공기의 민간지위를 명확하게 나타내기 위하여 모든 실질적인 조치를 취하여야 한다.

4. 일부 전문가들은 공중에서 추락한 항공기는 지상에서 부수적 피해를 줄 가능성이 있다는 것을 고려해야 한다고 생각했다. 하지만 대부분의 전문가들은 공전에서 이러한 결과론적인 피해를 고려하는 것은 비실용적이라는 이유로 그러한 주장을 받아들이지 않았다. 그러나 대다수 전문가들은 공중의 경우에는 아주 드물지만 예외적 상황이 있을 수도 있다는 것에 동의했다. 그러한 상황에서는 군용항공기가 인구가 밀집된 지역 상공에 있는 항공기를 격추시킬 경우 부수적 피해를 피하거나 최소화하기 위하여 공격은 지연되어야 한다.

[규칙 40] 공중에서 어떠한 항공기를 공격하기 전 그것이 군사목표물에 해당하는지 여부를 식별하기 위한 모든 실행 가능한 사전예방조치가 취해져야 한다. 식별은 여하한 내재적 위협의 급박성을 고려하는 가운데 당시의 지배적인 상황하에서 최선의 수단을 이용해야 한다. 식별에 관한 관련 요소로는 다음의 것들이 있다.

1. 사전예방조치를 취할 가능성은 미확인 항공기 또는 기타 요소들에 의한 위협의 정도에 달려있다. 빠르게 접근하고 있는 잠재적으로 적대적인 항공기는 다른 방향으로 비행하는 항공기보다 더 위협적이다. 교전을 결정하기 전 어느 정도의 시간이 있을 경우 항공기가 군사목표물을 구성한다는 것을 식별하기 위하여 더 큰 사전예방조치가 취해져야 한다.

2. 공격자는 적항공기는 현시 또는 군사적 지위를 숨기기 위해 위장, 스텔스기술 또는 기만작전을 사용할 수도 있다는 것을 유의하여야 한다. 하지만 특정 형태의 불법적인 배신행위에 해당된다. 제Q절 참조.

3. 본 규칙은 군사목표물을 구성하는 어떠한 항공기에게도 적용된다. 민간여객기는 사전예방조치에 있어 특별한 주의가 요구된다. 제J절(Ⅰ) 및 (Ⅲ) 참조.

4. 다음의 요소들은 그림으로 추가 설명이 있을 것이다. 항공기의 정체를 확인하는 데 있어서 다른 요소들도 중요할 경우가 있다. 또한 의료항공기는 정체를 밝히기 위해서 청색등을 반짝이고 라디오 메시지를 전하는 등 각각의 항공기는 식별에 유용한 수단을 갖고 있다(규칙 76(b)에 대한 해설 참조).

(a) 시각적 식별

시각적 식별은 나안으로 또는 기계를 이용해 사람의 눈으로 항공기를 식별하는 것을 말한다. 이는 주로 항공기를 차단하면서 사용된다.

(b) 라디오를 통한 음성 경고에 대한 반응

미확인 항공기에게는 라디오를 통해 정체와 의도를 밝히라고 요구할 수 있다. '반응'은 명시적이거나 묵시적일 것인데, 그것은 항공기가 방향을 바꾸거나 다른 조종을 통해 확인될 수 있다. 반응 또는 무반응은 항공기의 정체에 대한 결정을 강화하거나 약화시킬 것이다.

(c) 적외선 신호

적외선 신호는 적외선 센서에 항공기가 나타나는 것을 의미한다. 이는 항공기의 온도와 탐지 센서의 주파수대와 같은 여러 요소에 영향을 받는다.

(d) 레이더 신호

레이더 신호는 (ⅰ)항공기가 보낸 레이더 에코의 자세한 주파수 형태와 (ⅱ)항공기가 어떠한 종류익 레이더를 사용하는지를 알려주는 레이더 전송의 지세한 특징을 가리킨다. 레이더 에코는 헬리콥터의 로터와 같은 움직이는 부분을 포함한 항공기의 크기, 모양, 움직임과 같은 정보를 알려준다.

(e) 전자 신호

전자 신호는 항공기가 방출하는 전자의 특징을 가리킨다. 전자 신호는 항공기에서 어떠한 라디오 통신장치가 사용되는지 알려준다. 규칙 40(d)에 명규된 바와 같이 레이더 신호의 두 번째 정의는 또한 전자 신호 형태로 간주될 수 있을 것이다.

(f) 식별방식과 식별부호

식별모드와 식별코드는 레이더에 감지된 항공기가 전자 신호(또한 소위 2차 감시레이더(SSR))로 응답지령을 받고, 자동적으로 트레스폰더로 답신을 보내는 체계를 말한다. 이 답신은 군용항공기이든 민간항공기이든 차단 항공기와 영공 관리자 모두에게 항공기를 식별하는 데 사용된다. 민간체계는 항공교통의 관리를 지원하기 위해 고안된 것인 반면 군용체계의 목적(또한 소위 적아식별(IFF))은 우군('blue on blue') 또는 민간항공기에 대한 공격 지시를 피하는 것이다. 항공기가 자신을 우호적인 군용항공기 또는 민간항공기라고 밝힐지라도 그것이 그 항공기 성질의 결정적인 증거는 아니다.

(g) 항공기의 숫자와 대형

민간항공기는 주로 단독으로 비행하고 군용항공기는 임무에 따라 대형을 이루어 비행한다. 하지만 군용항공기에 의해 호송되는 민간항공기는 군사목표물이 될 수 있다(규칙 27(d)에 대한 해설 para.3 참조).

(h) 고도, 속도, 궤도, 프로필 그리고 다른 비행 특징들

1. 공격임무를 수행하고 있는 군용항공기는 레이더의 감지를 피하거나 지연시키기기 위해서 저고도 비행으로 접근한 후 무기를 발사하기 전 필요한 최소한의 고도로 급격하게 상승하는 등 민간항공기는 하지 않는 기동을 할 수 있다.

2. 민간공항에서 다른 민간공항으로 비행하는 항공기는 민간항공기로 취급된다.

(i) 비행 전 그리고 비행 중 예상되는 비행에 대한 항공 교통 관제 정보

1. 일부 지역에서는 민간항공교통(민간여객기 포함)이 혼잡한 반면 다른 지역에서는 그 반대일수도 있다. 이러한 요소들은 항공기의 성질을 결정함에 있어 고려되어야 한다.

2. 특정 시간에 특정 위치 주위에 계획 또는 비계획 비행이 예상된다는 항공교통관제서비스에서 제공되는 정보들은 비록 비행기가 스케줄이나 항로를 변경할 가능성도 있음에도 불구하고 고려되어야 한다.

[규칙 41] 항공교통관제서비스를 제공하는 교전당사자와 중립국은 군용항공기의 기장을 포함하는 군 지휘관에게 지속적인 적대행위 지역에 있어서의 민간항공기에게 지정된 항로 및 신청된 비행계획을 포함하는 정보를 제공받을 수 있는 절차를 확립하여야 한다(이러한 정보에는 통신 채널, 식별방식과 식별부호, 목적지, 승객과 화물에 대한 정보를 포함한다).

1. 본 규칙은 산레모 매뉴얼 제74항에 기초하고 있다.[222]

---

222) 산레모 매뉴얼 제74항: "교전국, 관련 중립국 및 항공관제업무를 담당하는 기관은 군사작전 구역 내에 있는

2. 본 규칙은 일반적 의미에서의 항공에서의 혼란과 실수의 여지를 최소화하기 위해서 항공 상황의 더 명확한 이해를 증진시키기 위한 목적인 일반적인 사전예방조치를 다루고 있다. 특히 규칙 40에 언급된 실행 가능한 사전예방조치들은 특정한 비행의 지위를 명확하게 한다.

3. 본 규칙의 실제 적용범위는 제반 상황, 특히 관련 영공에서 행사되는 항공통제의 정도에 달려 있다.

4. 항공교통관제서비스를 제공하는 국가들은 자국 영역에서 민간항공교통의 안전에 특별히 책임져야 한다.

5. 항공교통관제서비스를 제공하는 중립국들은 민간항공교통의 안전을 위해 최대한 협조해야 한다. 하지만 중립법규에 의거, 중립국들은 교전당사국의 군사작전을 지원해서는 안된다.

6. 개인회사가 항공교통관제서비스를 제공할 경우 관련된 모든 당사자들은 민간항공의 안전을 위하여 최대한 협조해야 한다.

7. 비국제적 무력분쟁에서는 법적 의미에서 중립이란 개념이 존재하지 않는다. 그러므로 동 규칙은 적용되지 않는다. 하지만 (ⅰ)항공교통관제서비스를 제공하는 중앙정부는 규칙 41번에 따라야 한다. (ⅱ)비국제적 무력분쟁이 발생한 국가에서 외국기업이 항공교통관제서비스를 제공할 경우 현지의 민간항공의 안전을 보장하기 위해 최대한 노력해야 한다.

8. 비국제적 무력분쟁에서 국가항공교통관제서비스는 조직화된 비국가적 무장단체의 지휘

민간기에 지정된 항로 또는 민간기가 제출한 비행계획(통신주파수, 식별 모드, 목적지, 승객 및 화물에 관한 정보 포함)을 군함 및 군용기 지휘관이 계속적으로 알 수 있는 절차를 제정하여야 한다."

관과 통신채널이 지속적으로 개통되어 있기를 거의 기대할 수 없다. 하지만 항공교통관제서비스를 제공하는 모든 기관들은 군 지휘관 -군용항공기 지휘관 포함- 이 군사작전 지역에서 민간항공기에 할당된 지정된 항로 또는 민간항공기가 제출한 비행계획(통신채널, 식별모드 및 코드, 목적지, 승객 및 화물 등에 대한 정보 포함)을 알 수 있도록(가능한 최대한) 하기 위하여 실행가능한 모든 조치들을 취해야 한다.

제H절 공격시 교전당사국의 예방조치

본 절은 비국제적 무력분쟁에도 적용된다.[223] 규칙 42에 대한 해설 para.6 참조.

[규칙 42] 공중 혹은 미사일 공격의 대상이 되는 교전당사국은 최대한 군사목표물을 인구 밀집지역, 병원, 문화재, 순례 지역, 포로수용소 그리고 제K절, 제L절 및 제N(II)절에 따라 구체적 보호를 받을 자격이 있는 다른 시설들 내 또는 인근에 위치시켜서는 안 된다.

1. 본 규칙은 제1추가의정서 제58조(b)에 기초하고 있다.[224] 또한 제네바 제1협약 제19조 둘째 문단[225] 및 제네바 제4협약 제83조[226] 참조.

2. 텍스트에서 직접적으로 추론할 수는 없지만, 제네바 제3협약 제23조[227]의 정신은 동일한

---

223) NIAC Manual to SRM/NIAC, p.44.

224) 제1추가의정서 제58조(b): "분쟁당사국은 가능한 한 최대한도로,. .(b)군사목표물을 인구가 밀집한 지역 내에 또는 인근에 위치하게 하는 것을 피하여야 한다."

225) 제네바 제1협약 제19조 둘째 문단: "책임있는 당국은 가능한 한 전기의의무시설 및 의무부대를 군사목표에 대한 공격에 의하여 그 안전이 위태로워지지 않도록 배치할 것을 보장하여야 한다."

226) 제네바 제4협약 제83조:"억류국은 전쟁의 위험을 많이 받고 있는 지구에 억류장소를 설치하여서는 아니된다. 억류국은 억류장소의 지리적 위치에 관한 모든 유익한 정보를 이익보호국의 중계를 통하여 적국에 제공 하여야 한다. 억류수용소는 군사상 사정이 허락할 때에는 하시라도 주간에 공중으로부터 명확히 식별될수 있도록 IC라는 문자로 표시되어야 한다. 그러나 관계 제국은 기타의 표지방법에 대하여도 합의할 수 있다. 억류수용소가 아닌 장소에는 그러한 표지를 사용하여서는 안 된다."

227) 제네바 제3협약 제23: "포로는 어떠한 때에도 전투지대의 포화에 노출될 우려가 있는 지역에 보내거나 또는 억류하지 못하며 또한 그의 존재를 일정한 지점이나 지역을 군사작전으로부터 면제되도록 이용하지 못한다. 포로는 지방의 민간주민과 동일한 정도로 공중폭격과 기타의 전쟁의 위험에 대한 대피소를 가져야한다. 그들의 숙사를 위에 말한 위험으로부터 보호하는 임무에 종사하는 자들을 제외하고 포로들은 경보발령과 동시에 조속히 그러한 대피소에 대피할 수 있다. 주민을 위하여 취한 기타의 보호조치도 그들에게 적용된다. 억류국들은 이익보호국의 중계를 통하여 포로수용소의 지리적 위치에 관한 모든 유용한 정보를 관계국에게 제공하여야 한다. 포로수용소는 군사상 고려로서 허용되는 경우에는 언제든지 주간에 공중으로

고려가 인구밀집 지역에 있는 전쟁포로 수용소와 병원에도 적용되어야 한다는 것이다. 전문가들은 전쟁포로 수용소와 민간물자를 구별해야 할 이유가 없다고 보았다.

3. 제네바 제3협약 제23조 및 제네바 제4협약 제83조에 따라 전쟁포로 수용소는 및 억류 캠프는 군사적 고려가 허용되는 한 PW/PG 및 IC라는 글자가 주간에 공중에서도 잘 보이도록 표시해야 한다. 하지만 관련 국가들은 다른 표식체계에 합의할 수 있다. 오늘날 공전 및 미사일전은 보호구역을 적군에게 알리기 위해서 기존의 표식 외 다른 방식을 고려할 필요도 있다는 것을 보여준다.

4. 본 규칙은 일반규칙이다. 하지만 때때로 군사목표물이 실용적이거나 군사적 이유로 도시에 위치해 있을 수도 있다는 것이 인정되어야 한다. 국방부 및 기타 군사목표물들은 오랫동안 도시지역에 위치해 있었기 때문에 제거될 수 없다. 이러한 경우 공격자는 과도한 부차적 피해가 없도록 노력해야 한다(규칙 14 참조). 이 목표를 이루기 위해 유도기능이 있는 정밀무기를 사용하는 것도 한 방법이다.

5. 도시 지역에 군사목표물이 위치해 있다는 것은 그 장소 부근이 무방수지역이 된다는 뜻은 아니다. 선언된 무방수지역의 발표에 대해서는 규칙 10(b)(ii) 참조.

6. 본 규칙은 비국제적 무력분쟁에도 적용된다.[228] 비국제적 무력분쟁에서는 전쟁포로 지위가 인정되지 않기 때문에 전쟁포로 수용소에 관한 사항들은 고려할 필요가 없다.

[규칙 43] 공중 혹은 미사일 공격의 대상이 되는 교전당사국은 할 수 있는 최대한 자신의 통제하에 있는 민간주민, 민간인 그리고 여타의 피보호자와 시설을 군사목표물로부터 이격시키

부터 명료하게 식별할 수 있는 위치에 PW 또는 PG라는 문자로서 표시되어야 한다. 단, 관련국은 다른 표지 방법에 대하여 합의할 수도 있다. 포로수용소 이외에는 위와 같이 표시하지 못한다."

228) 산레모 매뉴얼에 대한 NIAC Manual, p.44 참조.

도록 노력해야 한다.

1. 본 규칙은 제1추가의정서 제58조(1)[229] 및 NWP, para.8.3.2[230]에 기초하고 있다.

2. 일반적인 조치로는 접촉구들, 군용공항 및 군수품 공장 근처의 구역을 소개하는 것이다. 어떠한 상황에서는 아동 및 임산부와 같은 공격받기 쉬운 민간주민들을 대피시키는 것이 우선이다. 제네바 제4협약 제14조 첫째 문단[231]은 이러한 목적으로 병원과 안전지대 및 지구를 설정할 수 있다고 규정하고 있다. 동 협약 제15조는 전투가 계속되고 있는 지역 내의 중립지대에 관한 유사한 규정을 두고 있다.[232]

3. 동 규칙은 피보호자를 이주시키고자 하는 점령국의 권리를 제한하는 제네바 제4협약 제49조와는 관련이 없다. 제네바 제4협약 제49조에 따라 점령국은 주민의 안전 또는 군사상의 이유 때문에 필요할 경우에는 일정 구역의 전부 또는 일부에서 소개를 실시할 수 있다.[233]

---

229) 제1추가의정서 제58조(1): "분쟁당사국은 가능한 한 최대한도, 1. 제4 협약 제49조를 침해함이 없이 자국의 지배하에 있는 민간주민, 민간개인 및 민간물자를 군사목표물의 인근으로부터 이동시키도록 노력하여야 한다."

230) NWP, para.8.3.2 첫째 문단: "무력분쟁 당사국은 적의 공격대상이 될 수 있는 물체 인근으로부터 자신의 통제하에 있는 민간인(뿐만 아니라 부상자, 병자, 난선자 및 전쟁포로)를 이주해야 할 확고한 의무가 있다."

231) 제네바 제4협약 제14조 첫째 문단: "평시에 있어서 체약국 그리고 적대행위의 발발 후에 있어서 적대행위의 당사국은 각자의 영역 내에 그리고 필요한 경우에는 점령지역 내에 부상자, 병자, 노인, 15세 미만 아동, 임산부 및 7세 미만의 유아의 모를 전쟁의 영향으로부터 보호하기 위하여 편제되는 병원, 안전지대 및 지점을 설정할 수 있다."

232) 제네바 제4협약 제15조: "어느 분쟁당사국 일방은 직접으로 또는 중립국 또는 인도적인 기구를 통하여 전쟁이 계속되고 있는 지역 내에 하기자를 차별없이 전쟁의 영향으로부터 보호하기 위한 중립지대를 설치할 것을 상대방에게 제의할 수 있다. 가. 부상자 또는 병자(전투원, 비전투원 불문). 나. 적대행위에 참가하지 아니하고 그 지역에 거주하는 동안 여하한 군사적 성질을 가진 사업도 수행하지 아니하는 민간인. 관계국이 제안된 중립지대의 지리적 위치, 관리, 식량공급 및 감시에 관하여 합의하였을 경우에는 분쟁당사국의 대표자는 문서에 의한 협정을 체결, 서명하여야 한다. 동 협정은 지대 중립화의 시기와 존속기간을 확정해 두어야 한다."

233) 제네바 제4협약 제49조: "피보호자들을 점령지역으로부터 점령국의 영역 또는 피점령 여부를 불문하고 타국의 영역으로 개인적 또는 집단적으로 강제이송 또는 추방하는 것은 그 이유의 여하를 불문하고 금지된다. 그러나 점령국은 주민의 안전 또는 군사상의 이유로 필요할 경우에는 일정한 구역의 전부 또는 일부

소개된 자들은 그 지역에서의 적대행위가 종료되는 즉시 자신들의 집으로 송환되어야 한다. 점령지역에서 영구적으로 추방하는 것은 금지된다.

4. 교전당사국은 군사목표물로부터 격리되어야 하는 자들인 '자발적 인간방패'를 고무시키거나 허용해서는 안 된다.

5. '여타의 피보호자와 시설'이라는 표현은 전쟁포로, 이동할 수 있는 문화재 등을 포함한다.

[규칙 44] 공중 혹은 미사일 공격의 대상이 되는 교전당사국은 할 수 있는 최대한 자신들의 통제하에 있는 민간주민, 민간인 그리고 그들의 재산을 군사작전 수행과정에서 발생하는 위험요소들로부터 보호하기 위하여 필요한 예방조치를 취하여야 한다.

1. 본 규칙은 제1추가의정서 제58조(c)[234]에 기초하고 있다.

2. 여기서 말하는 '필요한 예방조치'는 항공경보체계, 공습 은신처 등을 포함한다.

3. 민간주민, 개별 민간인 및 민간물자를 보호하기 위하여 실행 가능한 예방조치를 취해야 할 교전당사국의 의무는 무인전투기에 의해 수행되는 공격에도 적용된다.

의 철거를 실시할 수 있다. 그러한 철거는 물적 이유 때문에 불가피한 경우를 제외하고는 피보호자들을 점령지역의 경계밖으로 이동시키는 것이어서는 아니된다. 이렇게 하여 철거당한 자들은 당해 지구에서의 적대행위가 종료되는 즉시로 각자의 가정으로 송환되어야 한다. 전기의 이동 또는 철거를 실시하는 점령국은 가능한 한 피보호자들을 받아들일 적당한 시설을 정비할 것과 동 이동의 위생, 보건, 안전 및 급식에 대하여 만족할 만한 조건하에서 행하여질 것 그리고 동일 가족의 구성원들이 이산하지 않을 것을 확보하여야 한다. 이동 및 철거를 실시할 때에는 즉시 이익보호국에 이를 통고하여야 한다. 점령국은 주민의 안전 또는 긴급한 군사상의 이유로 필요한 경우를 제외하고는 피보호자들을 전쟁의 위험을 많이 받고 있는 지구에 억류하여서는 아니된다. 점령국은 자국의 민간주민의 일부를 자기의 점령지역으로 추방하거나 또는 이동시켜서는 아니된다."

234) 제1추가의정서 제58조(3): "3. 자국의 지배하에 있는 민간주민, 민간인 및 민간물자를 군사작전으로부터 연유하는 위험으로부터 보호하기 위하여 기타 필요한 예방조치를 취하여야 한다."

4. 적의 무인전투기 이용은 민간인 및 민간물자에 대한 위협의 본질을 근본적으로 변화시킨다. 무인전투기는 작은 시각적, 레이더 및 소음 신호로도 유인항공기보다 더 뛰어난 침투성을 지닌다. 그러므로 무인전투기는 적의 효율적인 방어로 유인항공기에 의한 공격이 항공기와 그 승무원에게 더 위험한 경우에 사용될 수 있다. 적에게 무인전투기로 미사일 공격을 하고자 하는 교전당사국은 자신의 통제하에 있는 민간주민, 개별 민간인 및 민간물자를 군사작전에서 야기되는 피해로부터 보호하기 위하여 실행 가능한 모든 조치를 행할 의무가 강화된다.

5. 제1추가의정서 제56조에 따라, 교전당사국은 댐, 둑 또는 발전소에 제1추가의정서 제56조(7)에 규정된 국제부호(동일한 축선상에 위치하는 선명한 3개의 오렌지색 원으로 구성되는)를 표식할 수 있다. 그리고 교전당사국은 보호대상인 시설물을 공격으로부터 방위하려는 목적만을 위하여 건설된 시설물을 제외하고는 그러한 시설물에 인접하여 군사목표물을 설치되지 않도록 노력하여야 한다. 마지막으로 (제1추가의정서 제56조(6)) 교전당사국은 위험한 물리력을 포함하는 물자에 대한 추가적 보호를 규정하기 위해 그들 상호 간에 추가 협정을 체결할 것이 권고된다. 제1추가의정서에서 구체화된 표식(협정에 따라 적용되는 기타 표식들)들은 시설 확인에만 사용될 뿐 그 시설을 보호해주는 효력은 없다.

[규칙 45] 실제로 또는 잠재적으로 공중 또는 미사일 작전의 대상이 되는 교전당사국은 민간주민이나 민간인의 주둔과 이주를 어떤 지점이나 지역을 공중이나 미사일 공격으로부터 면하도록 하는 수단으로 이용해서는 안 된다. 특히, 그들은 합법적 표적을 공격으로부터 방어하거나, 군사작전을 방어·이용·방해해서는 안 된다. 교전당사국은 합법적 표적에 대한 공격을 방어하고 군사작전을 유지시키기 위한 시도로 민간주민과 민간인의 이주를 지시해서는 안 된다.

1. 본 규칙은 제1추가의정서 제51조(7)[235] 및 NWP para.8.3.2[236]에 기초하고 있다.

---

235) 제1추가의정서 제51조(7): "민간주민이나 민간개인의 존재 또는 이동은 특정지점이나 지역을 군사작전으로부터 면제받도록 하기 위하여 특히 군사목표물을 공격으로부터 엄폐하거나 또는 군사작전을 엄폐, 지원 또는 방해하려는 기도로 사용되어서는 아니된다. 분쟁당사국은 군사목표물을 공격으로부터 엄폐하거나 군사작전을 엄폐하기 위하여 민간주민 또는 민간개인의 이동을 지시하여서는 아니 된다."

236) NWP, para.8.3.2 두 번째 문장 이후: "적의 공격으로부터 군사목표물을 방호하기 위해 민간인을 고의적으

2. 금지법에 의하여 공중 또는 미사일 작전을 행하는 교전당사국은 합법적 표적 인근 또는 합법적 표적이 있는 곳에 민간인을 주재시키거나 이주시켜서는 안 된다.

3. 시가전에서 민간인들이 합법적 표적 근처에 있을 확률이 높다. 실제로나 잠재적으로 공격을 받는 교전당사국은 이러한 상황을 이용해서는 안 되며 상황이 허락하는 한 자국 군대를 민간주민으로부터 멀리 떨어져 있게 해야 한다. 이는 민간인들을 합법적 표적에서부터 최대한의 거리를 두게 하고, 학교, 시장 및 민간인들이 많이 모이는 곳 근처에 부대를 배치하는 것을 피해야 한다는 뜻이다.

4. 전투작전은 피난민의 대규모 이동을 일으킨다. 군인들은 자신의 신분을 숨기거나 공격을 피하기 위해 피난민들 사이에 끼어들어서는 안 된다.[237] 이는 '인간방패'의 금지를 위반한 행위이다. 교전당사국은 또한 적의 작전에 방해가 되는 지역으로 피난민들을 고의적으로 향하게 해서는 안 된다.

5. '인간방패'는 자발적이거나 비자발적일 수 있다. '자발적 인간방패'는 교전당사국의 공격에 대항하여 방어행위로 합법적 표적에 자리를 잡거나, 공격을 받는 교전당사국과 단결하는 행위를 하는 자를 의미한다.

6. '자발적 인간방패'의 지위에 대해 전문가들의 의견은 세 가지로 나뉘었다. 첫 번째 의견은 '자발적 인간방패'는 직접적으로 적대행위에 참여하기 때문에 부차적 피해로 계산하지 않아야 한다는 것이다. 두 번째 의견은 '자발적 인간 방패'가 민간인이 적대행위에 직접적으로

로 이용하는 것은 금지된다. 비록 부수적 피해 개념의 기초가 되는 비례성 원칙이 그러한 경우에도 적용됨에도 불구하고, 합법적인 군사목표물 내 또는 인근에 민간인이 존재하는 것은 이에 대한 공격을 배제하는 것은 아니다. 그러한 군사목표물은 합법적으로 표적이 되고 임무완수에 필요한 경우 파괴될 수 있다. 그러한 경우 민간인에 대한 부상 및/또는 사망에 대한 책임은 그들을 이용한 교전국에게 있다."

237) 제1추가의정서 제50조(3): "민간인의 정의에 포함되지 아니하는 개인들이 민간주민 내에 존재하는 경우라도 그것은 주민의 민간적 성격을 박탈하지 아니한다."

참가하는 것으로 여겨지지 않아야 한다는 것이다. 그러므로 비례성 분석에서 그들은 피보호 민간인으로 계산해야 한다.[238] 마지막으로 세 번째 의견은 자발적 인간 방패의 지위에 관해서는 두 번째 의견과 동일하지만 그들이 군사적 작전에 영향을 미치기 위하여 고의적으로 자신을 희생했기 때문에 수정된(더욱 완화된) 방법으로 비례성 원칙이 적용되어야 한다고 주장하였다.

7. '비자발적 인간방패'는 합법적 표적 근처에 강제로 있어야 하거나, 학생 등 상황을 모르거나 이해능력이 부족한 자들을 포함한다. 전문가들은 '비자발적 인간방패'가 비례성의 분석에서 민간인으로 계산되어야 한다는 것에 모두 동의했다. 하지만 비례성 원칙이 통상적인 형태로 그러한 상황에 적용되어야 하는지 또는 적군이 민간인에 해가 되는 상황을 야기하였기 때문에 수정된(더욱 완화된) 방법으로 그 상황에 적용될 수 있는지에 대해서는 논쟁이 있었다.

8. 상황만으로는 인간방패가 자발적인지 비자발적인지 판단하는 것은 어렵다. 판단이 어려울 경우, 그들은 우선적으로 비자발적 인간방패로 가정하여야 한다. 관련 민간인이 자발적으로 행동했는지 여부에 대한 거증책임은 공격자에게 있다.

[규칙 46] 공중이나 미사일 공격을 행하는 교전당사국과 그러한 공격의 대상이 되는 교전당사국 모두 예방조치를 취할 의무가 있다. 그럼에도 불구하고 예방조치를 취해야 할 후자가 그러지 못하더라도 실행 가능한 예방조치를 위해야 하는 공중 또는 미사일 공격을 행하는 교전당사국의 의무를 면해주는 것은 아니다.

1. 본 규칙은 제1추가의정서 제51조(8)[239]에 기초하고 있다.

---

[238] 자발적 인간방패에 대한 ICRC 입장에 자세한 설명은 ICRC 해설 지침서, pp.56-57 참조.

[239] 제1추가의정서 제51조(8): "이러한 금지에 대한 어떠한 위반도 제57조에 규정된 예방조치를 취할 의무를 포함하여 민간주민 및 민간인에 대한 분쟁당사국의 법적 의무를 면제하지 아니한다."

2. 본 규칙은 '적극적 예방조치'(제G절 참조)와 '수동적 예방조치'(규칙 42~45 참조) 간의 상호 작용을 다루고 있다. 동 규칙의 요점은 만약 공격을 당하는 교전당사국이 공습 피난처 설치 또는 사전에 민간인을 대피시키는 등 자국의 시민을 보호할 조치를 취하지 못했을 경우에도 공격자는 제G절에 나타나있듯이 실행 가능한 예방조치를 취할 의무가 있다.

3. 전문가들은 공격을 당하는 교전당사국이 군사목표물 및 그 근처에 '인간방패'를 두고, 고취하거나 허용할 경우 그 상황을 다르게 취급해야 되는지에 대해 의견이 달랐다. 이 상황은 규칙 45에서 다루어졌었다.

제I절 민간항공기의 보호

1. 규칙 1(h)에 따르면, '민간항공기'는 '군용 또는 국가항공기가 아닌 모든 항공기'를 의미한다. 그러므로 상업적 목적이 아닌 정부 업무를 수행하는 데 사용되는 항공기도 국가가 소유하거나 사용하지 않은 이상 민간항공기이다.

2. 본 절의 목적은 국적에 상관없이 모든 민간항공기는 민간물자라는 사실을 강조하는 것이다. 따라서 민간항공기에 대한 공격은 항공기가 적의 군사작전에 기여하고 있거나 항공기를 파괴하는 것이 명확한 군사적 이익을 보장한다는 등 이례적인 경우에만 합법이다.

3. 따라서 본 매뉴얼은 헤이그 공전규칙의 기초를 이루고 있는 접근방법과는 다르다. 헤이그 공전규칙 제33조[240] 및 제34조[241]에 따르면, 만약 이들 규정에서 규정하고 있는 조건들이 충족된다면 적 민간항공기는 "공격받을 수 있다." 그리고 헤이그 공전규칙 제35조에 따르면,[242] 교전국의 관할 내를 비행하고 상대교전국의 군용항공기의 접근을 경고 받았을 때 가장 가까운 적당한 장소에 착륙하지 못하는 중립국 항공기도 마찬가지다. 군사목표물 정의(규칙 1(y) 및 규칙 22 참조)의 관습적 성격을 고려하여 전문가들은 헤이그 공전규칙의 그러한 조항들이 더 이상 유효하지 않다는 입장을 취했다. 그러므로 군사목표물의 요건을 충족할 경

---

240) 헤이그 공전규칙 제33조: "자국의 관할 내를 비행하는 교전국의 비군용항공기는 그 공용, 사용을 불문하고 적국의 군용항공기가 접근하는 경우에는 가장 가깝지 않으면 적당한 장소에 착륙 또는 착수하면 사격된다."

241) 헤이그 공전규칙 제34조: "교전국의 비군용항공기는 그 공용, 사용을 불문하고 (i)적의 관할 내, (ii)이 관할의 접근지역으로서 항공기의 소속국의 관할 외, 또는 (iii)육상 혹은 해상에 있어서의 적의 군사행동의 접근지역을 비행하는 경우에는 사격된다."

242) 헤이그 공전규칙 제35조: "교전국의 관할 내를 비행하는 중립국의 항공기로서 상대교전국의 군용하공기의 접근을 경고받은 경우에는 가장 가까운 적당한 장소에 착륙하거나 또는 착수함을 요한다. 이를 행하지 않는 경우에는 중립국 항공기는 사격될 위험이 있다."

우에만 적국 민간항공기이든 중립국 민간항공기이든 공격 대상이 된다. 규칙 27(적 군용항공기 이외의 적 항공기) 및 규칙 174(중립국 민간항공기) 참조. 민간여객기가 군사목표물이 되는 경우에 대해서는 규칙 63 참조.

4. 제I절은 민간항공기를 차단하여 조사하고, 포획법에 따라 포획할 교전당사국의 권리를 침해하지 않는다.

I. 총칙

[규칙 47]

(a) 적국이든 중립국이든 민간항공기는 민간물자로 공격으로부터 보호받을 권리가 있다.

1. 본 규칙은 민간항공기는 민간물자이므로 공격할 수 없다는 것을 강조한다(규칙 11 및 13 참조).

2. 적성을 갖든 또는 중립성을 갖든 민간항공기는 근본적으로 군사목표물이 아니다. 민간항공기가 군사적 임무를 수행하고 있다고 의심되는 경우, 지휘관이 그 항공기의 군사적 활동을 확신할 만한 증거가 있어야만 이를 공격 할 수 있다(규칙 12(b) 참조).

3. 항공기의 적성 또는 중립성을 확인하기 위한 절차는 규칙 144-146 및 규칙 175 참조.

4. 본 규칙은 중립국 민간항공기를 제외하고는 비국제적 무력분쟁에도 적용된다.

(b) 민간항공기는 군사목표물이 될 경우에만 공격 대상이 된다.

1. 적 민간항공기가 군사목표물이 되는 특수한 상황에 대해서는 규칙 27 참조. 중립국 민간

항공기에 대해서는 규칙 174 참조.

2. 민간여객기(적국이든 중립국이든)군사목표물이 되는 상황에 대해서는 규칙 63 참조. 만약 민간여객기가 규칙 63에 따라 군사목표물을 구성하게 되면, 규칙 68에서 규정하고 있는 요건들을 충족할 경우에만 공격할 수 있다.

3. 본 규칙은 비국제적 무력분쟁에도 적용된다.

[규칙 48]

(a) 군용항공기가 아닌 모든 적국 민간항공기와 적국 소유 항공기는 제U절에 의거 차단 또는 조사하거나 회항시킬 수 있다.

1. 본 규칙은 적 민간항공기 및 군용항공기를 제외한 적 국가항공기, 즉 적 항공기를 다루고 있다. 중립국 민간항공기에 대해서는 규칙 48(b) 참조.

2. 적 민간항공기는 공격에서부터 보호를 받지만(군사목표물을 구성하지 않을 경우, 규칙 47(b) 참조), 적 교전당사국에 의한 다른 형식의 간섭에 대해서는 보호되지 않는다. 국제관습법(규칙 134 참조)에 따라 적 민간항공기는 지상에서 -중립구역을 벗어날 경우- 전시품으로 포획되거나 차단될 수 있다. 그리고 포획으로부터 면제되는 적 민간항공기(즉, 카르텔 항공기)는 포획을 면제받기 위한 요건을 준수하지 않고 있다는 의심에 합리적인 근거가 있을 경우 검사를 받을 수 있다.

3. 국가 소유의 항공기는 군용항공기뿐만 아니라 법집행 항공기, 관세항공기와 기타 비상업적 정부업무에 이용되는 항공기를 포함한다. 군용항공기가 아닌 모든 국가항공기들은 규칙 48(a)을 따라야만 한다.

4. 성질상 군사목표물인 적 군용항공기는 공격을 받는다. 그리고 적 군용항공기들은 교전에서의 권리가 주어진다.

5. 국가항공기는 통상 주권면제를 향유하지만 교전당사국 간의 관계에서는 관련성이 없다.

6. 민간여객기의 검사에 대해서는 규칙 61 참조.

7. 비국제적 무력분쟁에서는 오직 정부만이 군용항공기와 국가항공기를 소유할 수 있다.

(b) 중립국 민간항공기는 제U절에 따라서 차단 또는 조사하거나 회항시킬 수 있다.

1. 본 규칙은 중립국 민간항공기에도 동일하게 적용되는 헤이그 공전규칙 제49조에 따라 '민간 항공기를 차단하고 조사할 수 있는 교전당사국의 확립된 권리'를 유지하기 위함이다.[243] 이러한 권리의 행사에 대해서는 제U절(II) 참조.

2. 규칙 48(a)와는 달리, 동 규칙은 국가항공기에 대해 구체적으로 언급하지 않는다. 이는 중립국 민간항공기와 달리 중립국 국가항공기는 군사목표물을 구성하지 않는 한 교전당사국이 먼저 해치지 않기 때문이다(규칙 54에 대한 해설 para.5 및 규칙 174에 대한 해설 para.1 참조). 한 마디로 중립국 민간항공기를 대상으로 적용할 수 있는 차단, 검사 및 항로변경에 대한 교전당사국의 권리는 중립국국가 항공기에는 적용할 수 없다. 중립국 국가항공기는 교전당사국이 존중해야만 하는 주권면제를 향유한다.

3. 본 규칙은 비국제적 무력분쟁에는 적용되지 않는다.

---

243) 헤이그 공전규칙 제49조: "사항공기는 교전국 군용항공기에 의한 임검, 수색 및 포획에 복종하여야 한다."

II. 적국 민간항공기

[규칙 49] 적국 민간항공기는 규칙 134에 의해 전리품으로 포획할 수 있다.

1. 본 규칙은 적 민간항공기를 전리품으로 포획할 수 있는 교전당사국의 권리를 보장한다. 적 민간항공기는 자칫 군사목표물로 간주될 수 있는 활동에 참여하고 있지 않더라도 전리품으로써 포획될 수 있다(규칙 27 참조). 적 민간항공기의 포획에 대한 더 자세한 내용은 규칙 62 참조.

2. 전리품으로써의 포획은 반드시 군사목표물의 정의에 의거 행해지는 포획과는 구별되어야 한다(규칙 1(y) 및 규칙 22 참조).

3. 적 민간여객기 포획에 대해서는 규칙 62 참조.

4. 본 규칙은 비국제적 무력분쟁에는 적용되지 않는다. 비국제적 무력분쟁에는 포획과 관련된 법률적 개념이 존재하지 않기 때문이다.

[규칙 50] 본 매뉴얼의 제K절과 제L절에 명시된 특정보호에 관해서는 적국 민간항공기가 규칙 127에 언급된 활동들에 연루되면 공격할 수 있다.

1. 본 규칙은 적 민간항공기는 공격으로부터 보호되어야 한다는 사실을 강조하기 위한 것이다(규칙 47 참조).

2. 의료항공기로 지정된 적 민간항공기는 제L절에 따라 특별보호를 받는다. 이와 같은 특별보호는 해당 의료항공기가 적에게 위해를 가하는 행위에 가담했을 경우 즉시 효력을 잃는다(규칙 83 참조). '적에게 위해를 가하는 행위'라는 표현은 제K절의 규칙 74에서 다루고 있다.

3. 민간항공기는 규칙 63에 따라 군사목표물을 구성하거나 규칙 68에 명시된 조건들이 충족될 경우에만 공격받게 된다.

4. 본 규칙은 비국제적 무력분쟁에도 적용된다.

III. 중립국 민간항공기

[규칙 51] 중립국 민간항공기는 규칙 140에 열거되어 있는 활동들에 연루되어 있고 규칙 142의 요건들을 충족할 경우 전리품으로 포획할 수 있다.

1. 규칙 140과 규칙 142에 대한 해설 참조.

2. 본 규칙은 비국제적 무력분쟁에는 적용되지 않는다. 비국제적인 무력분쟁에는 중립이 존재하지 않기 때문이다.

[규칙 52] 중립국 민간항공기는 규칙 174에 열거되어 있는 활동들에 연루되어 있지 않으면 공격받지 않는다.

1. 규칙 174에 대한 해설 참조.

2. 본 규칙은 비국제적 무력분쟁에는 적용되지 않는다. 비국제적 무력분쟁에는 중립이 존재하지 않기 때문이다.

IV. 비행시의 안전

1. (i)규칙 53(a), (ii)규칙 54의 두 번째 문장 그리고 (iii)규칙 56을 제외하고 제 I 절(IV)에 명

시된 모든 규칙들은 권고적인 것으로 관례에 따른 국제관습법하의 의무를 반영한 것은 아니다. 이러한 규칙들의 목적은 비행 중인 민간항공기의 안전을 향상시키기 위함이다.

2. 제 Ⅰ 절(Ⅳ)은 적국 민간항공기와 중립국 민간항공기에 모두에 적용된다. 특별히 명시되지 않는 이상, 제 Ⅰ 절(Ⅳ)의 하위 항목 또한 마찬가지로 군용항공기가 아닌 중립국 국가항공기에 적용된다.

[규칙 53]

(a) 적대행위 지역 인근에 있을 경우 안전을 더 보장하기 위해 민간항공기는 관련 항공통제기관의 비행계획에 맞추어야 하는데, 이에는 등록, 목적지, 승객, 화물, 식별 모드 및 코드(업데이트된 항로 포함)와 같은 정보가 포함된다.

1. 본 규칙은 산레모 매뉴얼 제76항에서 추론되었다.[244] 주요한 차이점은 항공교통관제서비스와 관련한 요구되는 비행계획의 제출이 무력분쟁 기간 중에는 의무적이라는 것이다. 이러한 비행계획을 서류로 제출하는 것은 실수로 인한 공격받을 수 있는 위험을 최소화함으로써 항공기의 안전을 향상시킬 수 있기 때문이다.

2. 적대행위 직근에서의 민간비행을 통제하기 위한 조치를 취할 교전당사국의 권리에 대해서는 규칙 106 참조.

3. 민간항공기의 비행계획에 대한 사전정보와 긴급구조연락체계 및 시카고협약 부속서 10(Aeronautical Communications)에 명시된 2차 감시레이더시스템과 관련된 민간항공기의

---

244) 산레모 매뉴얼 제76항: "민간기는 요구된 등록, 목적지, 승객, 화물, 긴급통신채널, 식별 모드 및 코드, 비행 중의 변경에 관한 정보를 기재한 비행계획을 항공운송국에 제출하여야 하며 등록, 내항성, 승객 및 화물에 관한 증명서를 휴대하여야 한다. 민간기는 안전 또는 조난과 같은 즉시 적절한 통보가 행해져야 하는 예측할 수 없는 상황이 발생한 것이 아니라면 항공교통관제국의 허가가 없으면 지정된 항공교통관제국의 항로 및 비행계획을 변경해서는 안 된다."

식별방식과 코드는 항공교통관제서비스를 통해 군대가 이용할 수 있게 만들어져야 한다.

4. 본 규칙은 비국제적 무력분쟁에도 적용된다.

(b) 적합한 통보가 즉각적으로 이루어져야 하는 안전과 조난에 관련된 예측되지 않은 상황이 발생되지 않는 한 민간항공기는 항공교통통제 허가없이 지정된 항로나 항공계획에서 이탈해서는 안 된다.

1. 만약 민간항공기가 관제 승인없이 항공교통관제서비스가 지정한 경로에서 벗어나거나 합법적인 절차로 서류로 기록된 비행계획을 위반할 경우 그 항공기는 적대행위 인근에 있을 경우 오인사격을 받을 위험이 증가한다.

2. 오인사격으로 인해 격추될 위험을 줄이려면 경로이탈과 관련된 모든 정보를 즉시 적절한 연락망을 통해 전달하여야 한다. 이 규칙은 경로 이탈뿐만 아니라 연착에 대해서도 동일하게 적용된다.

3. 본 규칙은 비국제적 무력분쟁에도 적용된다.

[규칙 54] 민간항공기는 잠재적으로 위험한 군사작전 구역을 피하여야 한다. 적대행위 인근지역에서 민간항공기는 반드시 방향과 고도에 관해서 군으로부터 지시를 받아야 한다.

1. 본 규칙의 첫 번째 문장은 산레모 매뉴얼 제72항을 기초로 하고 있다.[245] 두 번째 문장은 산레모 매뉴얼 제73항에 포함된 원칙을 기초로 하고 있다.[246]

---

245) 산레모 매뉴얼 제72항: "민간기는 잠재적으로 위험한 군사작전구역을 피하여야 한다."
246) 산레모 매뉴얼 제73항: "해상작전 주변수역에 있는 민간기는 그 침로 및 고도에 관하여 교전당사국의 지시에 따라야 한다."

2. 만약 적대행위 인근에서 비행하는 민간항공기가 비행경로 및 고도와 관련된 군대의 지시사항을 무시할 경우 이는 위협행위로 인식되어 오인사격으로 격추될 위험에 처할 수 있다.

3. 민간항공기는 NOTAMs에 명시된 목적을 위해 지속적으로 주파수에 대한 청취 및 감시를 유지하여야 한다(규칙 55(a) 참조).

4. 민간여객기와 관련된 사항은 규칙 60 참조.

5. 본 규칙은 민간항공기와 관련된 사항을 다루고 있다. 중립국 항공기는 교전당사국이 존중해야 하는 주권면제를 향유한다(규칙 48(b)에 대한 해설 para.3 및 규칙 174에 대한 해설 para.1 참조). 하지만 주권면제는 중립국 항공기로 하여금 교전당사국의 허락없이 그들의 영공에 들어가는 것을 보장해주지는 않는다. 국제적 영공에서는 주권면제를 받을 자격이 있다 하더라도 중립국 항공기는 전시 교전당사국에 의한 군사작전의 위험을 무시할 수 없다. 그러므로 교전당사국 군대의 지시사항에 순응하지 않는 민간항공기는 -군사작전이 행해지고 있는 지역에서- 공격받을 위험이 더 커진다.

6. 본 규칙의 두 번째 문장은 '적대행위 인근지역'에 적용된다. 민간 혹은 다른 보호받는 항공기가 군사적 행위 때문에 잠재적으로 위험한 지역에 들어갈 때는 반드시 관련된 NOTAM을 준수하여야 한다(규칙 56 참조).

7. 비국제적 무력분쟁에서 동 규칙은 군용항공기보다는 민간항공기 및 국가항공기에 적용된다. 조직화된 비국가 무장단체에 의해 운용되는 항공기들은 민간항공기이다. 이들이 군사적 목적에 사용될 경우 공격으로부터 보호받을 권리를 상실한다(규칙 27 참조).

8. 비국제적 무력분쟁에서 조직화된 비국가 무장단체는 민간항공기에 대해 합법적으로 구속력이 있는 지시사항을 주장할 수 없다. 하지만 적대행위 인근지역에서 군대(정부군이든 조

직화된 비국가 무장단체든)의 지시사항에 순응하지 않는 항공기는 자발적으로 위험에 처하게 되는 것이므로 항공기 지휘자는 조직화된 비국가 무장단체로부터 주장된 지시사항이더라도 그것을 따르도록 하여야 한다.

[규칙 55] 가능한 한 교전당사국은 NOTAM(Notice to Airmen)을 공고하여야 하고, 민간인이나 기타 보호받는 항공기를 위협하는 군사작전에 대해 일정 지역에 일시적 영공규제를 포함한 정보를 제공하여야 한다. NOTAM은 다음과 같은 정보를 포함하고 있어야 한다.

1. 본 규칙은 산레모 매뉴얼 제75항에서 추론되었다.[247)]

2. 본 규칙에 명시된 절차들은 대체적으로 '민간항공기의 차단에 관한 ICAO 매뉴얼' 제3절에 기초하고 있다.[248)] NOTAM의 구성은 민간항공에 관한 시카고협약 부속서 15에서 수립된 ICAO의 절차에 기초하고 있다.[249)] 최근의 무력분쟁에서 국가관행은 NOTAMs의 용도가 유효함을 확인하였다.

3. 본 규칙의 목적상 '군사작전'이라는 용어는 훈련 및 사격훈련과 무기실험을 포함한다(산레모 매뉴얼 해설서 제75항1 참조).[250)]

---

247) 산레모 매뉴얼 제75항: "교전국 및 중립국은 위험구역 또는 임시 영공규제를 포함한 민간기에 잠재적으로 위험한 구역에서의 군사활동에 관한 정보를 제공하는 NOTAM(Notice to Airmen)의 발행을 보장하여야 한다. NOTAM은 다음의 정보를 포함한다. (a)항공기가 지속적으로 수신상태를 유지해야 하는 주파수, (b) 민간 기상레이더 및 식별 모드(Mode) 및 코드(Code)의 운용, (c)고도, 침로 및 속력 제한, (d)군용기의 통신 호출에 대한 반응절차 및 교신설정 절차 및 (e)만약 NOTAM이 준수되지 않고 항공기가 그러한 군사활동에 의해 위협받을 경우 군대에 의한 가능한 조치."

248) Manual concerning Interception of civil Aircraft(Consolidation of Current ICAO Provisions and Special Recommendations), Second Edition, 1990, Doc.9433-AN/926.

249) ICAO, Aeronautical Information Services, Annex 15 to the Chicago Convention on International Civil Aviation.

250) 산레모 매뉴얼 해설서 제75항1: "본 항은 잠재적으로 위험한 구역 내의 군사활동에 관한 상세한 정보를 민간기에 제공하는 NOTAM을 발할 것을 교전과 중립국에 의무지운다. 그 군사활동에는 해상무력분쟁 외에 연습, 사격훈련이나 무기실험도 포함될 것이다. 이 NOTAM의 절차는 교전국과 중립국의 군대에 의한 오

4. 교전당사국에 의한 NOTAM의 발행은 공격시 실행 가능한 예방조치를 취하여야 한다는 요건을 준수할 의무를 경감시키지 않는다. 이에 관해서는 규칙 57 참조.

5. '기타 보호받는 항공기'의 범주는 적국의 것이든 또는 중립국의 것이든 군사목표물을 구성하지 않는 모든 항공기를 아우른다.

6. 비국제적 무력분쟁에서 국가는 조직화된 비국가적 무장단체의 통제하에 있는 지역에서 벌어지는 위험한 활동과 관련하여 NOTAMs을 발행할 책임을 가지고 있다. 위와 같은 상황에서 구체적인 NOTAMs를 제공할 수 있는 가능성은 상황의 제약에 따라 줄어들 수 있다.

7. 비국제적 무력분쟁에서 조직화된 비국가적 무장단체는 공식적인 NOTAMs를 발행할 지위에 있지 않다. 하지만 조직화된 비국가적 무장단체가 특히 영공의 일부분에 대해 물리적인 지배력을 행사할 수 있는 경우, 능력이 닿는 한 유사한 경고 절차가 반드시 선행되어야 한다.

(a) 항공기가 계속적으로 유지하고 있어야 하는 무선신호 주파수

1. 교전당사국은 적대행위 인근지역을 비행하는 민간항공기에 지시할 권리가 있다(규칙 54 참조). 교전당사국은 또한 항공기를 식별하고 또 필요한 경우 직접적으로 경고하기 위해서 심문할 수 있다.

2. 민간항공기가 오인으로 격추된 전례가 있다. 그러므로 이러한 사고를 피하기 위한 지속

랜 관행에 의한 것이다. 최근의 예로서는 아드리드해와 걸프만에서의 해상작전에서 발행된 NOTAM이 있다. NOTAM은 민간기에 대해 잠재적으로 위험한 군사활동을 계획하고 조정하기 위한 ICAO 절차에도 규정되어 있다. 본 항 (e)는 민간기가 NOTAM에 따르지 않거나 예컨대 공격정면을 비행하는 것과 같이 해군부대가 위협적이라고 인정하는 방법으로 비행하면 그 민간기는 해군부대의 자위권 행사에 의해 공격받는다는 것을 경고하고 있다."

적인 청음초가 유지된다는 것은 매우 중요하다.

(b) 민간기상레이더와 식별 모드 및 코드의 지속적인 작동

민간 식별모드와 코드는 민간항공기를 식별하는 데 아주 유용한 수단이다(규칙 40(f) 참조). 이들을 정확하게 사용하면 민간항공기가 군사작전 인근지역에서 오인으로 격추당하게 될 위험을 줄일 수 있다.

(c) 고도, 항로 그리고 속도 제한

비행로는 위협을 가할 수 있는 미식별 항공기를 적발해낼 수 있는 요인들 중 하나이다. 이러한 이유로 민간항공기는 적대행위 인근지역에서 위협을 가하는 것처럼 보이지 않는 것이 중요하다. 고도와 항로 및 속도 제한이 부과될 수도 있는데, 이는 위와 같은 오해를 피하기 위함이다.

(d) 군의 통신호출에 대한 반응절차 및 교신설정 절차

군사작전 인근지역에서 군대와 민간항공기 간의 교신은 비행의 안전성을 보장하기 위해 필수적이기 때문에 NOTAMs는 그 둘 간의 교신이 원활하게 이루어질 수 있도록 세밀한 절차를 마련해야 한다. 특히 군대가 감시하는 라디오 채널을 통한 교신이 위에서 언급한 절차에 포함되어야 한다.

(e) NOTAM에 따르지 않거나 민간인 또는 보호를 받는 항공기가 군대에 위협으로 인식되었을 때 군의 가능한 조치

본 규칙은 NOTAM이 준수되지 않거나, 민간항공기 혹은 기타 보호받는 항공기가 군대가 위협행위라고 간주할만한 비행을 할 경우(예, 공격행위로 보이는 비행이나 군사적으로 민감한 시설에 허가없이 접근하는 것) 안전을 보장받을 수 없다(규칙 27(d) 참조).

[규칙 56] 민간 또는 기타 피보호 항공기가 잠재적으로 위험한 군사활동 구역에 들어가는 경우 관련 NOTAM에 따라야 한다.

1. 본 규칙은 산레모 매뉴얼 제77항 첫 번째 문장에서 추론된 것이다.[251] 하지만 전문가들은 국가관행에서 잠재적으로 위험한 군사행위가 발생하는 지역에서 민간 또는 기타 피보호 항공기에 의한 NOTAM의 준수는 강제적인 것이지 선택적인 것이 아니라는 것을 추론해냈다. 규칙 54의 두 번째 문장 참조.

2. '다른 보호받는 항공기'의 의미는 규칙55의 chapeau에 대한 해설서의 5번째 문단을 참고하라.

3. 민간여객기에 관한 사항은 규칙 60 참조.

4. 비록 조직화된 비국가 무장단체가 합법적 구속력이 있는 공식적인 NOTAM을 주장할 수 있는 위치에 있지 않는다 하더라도, 반란단체의 지시를 위반하는 항공기는 명백하게 위험해 처할 수 있다.

[규칙 57] NOTAM이 없는 경우(그리고 NOTAM에 따르지 않는 경우) 관련된 군대는 모든 방법을 총동원해서 민간 또는 피보호 항공기에 라디오 통신이나 기타 확립된 절차를 통해 어떠한 조치를

---

251) 산레모 매뉴얼 제77항: "민간기가 잠재적으로 위험한 군사활동 구역에 들어가는 경우 관련 NOTAM에 따라야 한다. 군대는 특히 2차감시레이다의 모드 및 코드, 통신, 비행계획정보와의 상호관련, 군용기에 의한 차단 및 가능한 경우 적절한 항공교통관제시설과의 연락 등을 이용하여 민간기를 식별하여 경고하기 위한 모든 이용 가능한 수단을 사용하여야 한다."

취하기전에 경고하여야 한다.

1. 본 규칙은 산레모 매뉴얼 제77항 두 번째 문장에 기초하고 있다.

2. NOTAM의 존재와 무관하게 또는 NOTAM에 순응하지 않는 경우라 하더라도, 교전당사국은 공격에 앞서 모든 실행 가능한 경고를 해야 할 의무를 지니고 있다(제G절 참조). 또한 그들은 앞으로 취할 조치(공격, 요격 등)에 대한 경고를 위해 접근 중인 항공기와 교신을 시도할 의무가 있다.

3. '어떠한 조치를 취하는'이라는 표현은 공격뿐만 아니라 차단이나 항로변경과 같은 교전상의 조치를 포함한다. 민간 혹은 기타 피보호 항공기에 대한 사격은 오직 그것들이 군사목표물로 간주될 수 있는 조건을 충족할 때에만 가능하다. 관련 군대는 어떠한 행위를 취하기에 앞서 접근하는 민간 및 기타 피보호 항공기에 경고하기 위한 모든 방법을 실행하여야 한다.

4. NOTAM이나 유사한 경고가 없을 경우에도 당해 지역에 있는 민간 및 기타 피보호 항공기가 멀리 떨어져 있도록(규칙 41 참조) 접근해오는 항공기가 군사목표물인지를 확인할 수 있는 실행 가능한 모든 예방조치를 강구하여야 한다(규칙 40 참조).

5. NOTAM에 대한 불응이 반드시 민간 혹은 기타 피보호 항공기에 대한 어떠한 적대적인 의도가 내재되어 있다는 사실을 의미하지 않는다는 점을 유념해야 한다. NOTAM에 대한 불응은 언어문제나 항로장치 오류와 같은 몇몇 무해한 이유 때문일 수도 있다. 이 때문에 접근해오는 민간 혹은 기타 피보호 항공기에 대한 경고가 어떤 행위가 취해지기 전에 주어지는 것이다.

6. '관련된 군대'라는 표현은 같은 말을 다르게 표현한 '현장에 있는 군대'와 비교하여 전문

가들이 더욱 선호하였다. 이는 행위가 취해지고 있는 현장으로부터 먼 곳에 있는 세력에 의해서도 어떠한 수단이 취해질 수 있다는 점을 나타내기 위해서이다.

7. '기타 피보호 항공기'라는 표현의 의미에 대해서는 규칙 55에 대한 해설 para.5 참조.

8. 본 규칙은 비국제적 무력분쟁에도 적용된다.

제J절 특정 종류의 항공기에 대한 보호

제J절은 세 가지 하위 항으로 세분화된다. Ⅰ항은 예방조치의 면에서 특별한 주의를 필요로 하는 적국 및 중립국의 민간여객기를 다룬다. Ⅱ항은 특별보호를 받을 자격이 있는 안전통항권이 부여된 항공기를 다룬다. Ⅲ항은 위 두 항에서 다루고 있는 항공기에 적용될 수 있는 규정들을 포함하고 있다.

I. 민간여객기

[규칙 58] 민간여객기는 예방조치에 있어 특별한 주의가 필요한 민간물자이다.

1. 민간여객기의 규칙 1(ⅰ)에서 정의되고 있다.

2. 본 규칙은 산레모 매뉴얼 제53항[252]과 영국 매뉴얼 para.12.28[253]에 기초하고 있다. 산레모 매뉴얼 제53항과 달리, 본 매뉴얼의 동 규칙은 '적기의 종류'뿐만 아니라 일반적인 '민간여객기'를 언급하고 있다. 따라서 동 규칙에 의거하면 적국과 중립국의 민간여객기는 둘 다 민간물자로 보호받을 자격이 있다.[254]

---

252) 산레모 매뉴얼 제53항: "다음 종류의 적항공기는 공격이 면제된다. (a)의료항공기, (b)분쟁당사국 간의 합의에 의해 안전통항권이 부여된 항공기 및 (c)민간항공기."

253) UK Manual, para.12.28: "다음 종류의 적 항공기는 공격으로부터 면제된다. (a)의료항공기, (b)분쟁당사국 간의 합의에 의한 안전통항권이 부여된 항공기, (c)민간여객기."

254) 산레모 매뉴얼의 제규정은 중립국 민간여객기들은 공격으로부터 특별한 보호를 받을 권리가 있다는 동일하다는 것을 명시적으로 밝히고 있지는 않다. 이 점은 산레모 매뉴얼에 대한 해설서 제70항1에서 묵시적으로 인정되고 있다: "본 항은 중립국 상선의 공격에 관한 제67항에 대응하는 것으로, 그 해설이 본 항에도 일반적으로 적용될 수 있다. 중립국 민간기는 여기에 규정된 활동에 종사하지 않은 한 공격할 수 없으며, 공격할 경우에도 제71항에 의해서 규율된다. 제70항과 제71항에 규정된 중립국 민간기란 위생항공기, 안전

3. 규칙 1(i)에 대한 해설 para.2에 명시되어 있듯이, 전문가들은 민간여객기가 일반적인 구별원칙의 적용을 뛰어넘는 특별보호를 받을 자격이 있는지에 대해 의견이 갈렸다. 구별원칙은 국제관습법의 일반적인 규범으로 당연하게 받아들여지고 있다.

4. 핵심 어구인 '예방조치에 있어 특별한 주의'는 민간인 사상을 회피할 의무 -또는 최소화할- 와 관련이 있다. 동 규칙의 목적은 교전당사국으로 하여금 모든 상황에서 민간여객기의 취약성을 인지하고 이에 따라 예방조치로서의 특별한 주의가 행해져 민간여객기의 뜻하지 않은 추락으로 이어질 수 있는 상황을 예방하기 위함이다.

5. 전문가들에 의해 채택된 타협은 다음과 같은 관점에서 초래되었다. 전문가 집단의 한 부류는 민간여객기는 민간항공기의 범주에 포함되며(규칙 1(h)에 명시된 바와 같이) 추가적인(특별한) 보호로부터 합법적으로 이득을 취할 수 없다고 주장했다. 전문가 집단의 다른 부류는 위험에 처한 많은 민간인 승객들을 태우고 있는 민간여객기의 취약성을 고려하여 위와는 상반되는 입장을 지지했다.

6. 타협이라는 차원에서 전문가 집단은 민간여객기는 구별원칙하에서 일반적인 보호를 받을 권리가 있다는 점에 동의했으며 또한 '예방조치에 있어 특별한 주의'를 받을 권리 또한 있다는 점에도 동의했다. 이 사실은 공격받을 목표물이 합법적인 목표물이라는 점을 규명하기 위해 가능한 모든 단계를 밟아야 한다는 일반적인 의무가 반드시 신중하게 검토되어야 한다는 점을 의미한다. 규칙 32(a) 참조. 또한 규칙 35(a)와 규칙 35(c) 또한 참조.

7. 민간여객기에 대한 보호는 시카고협약에도 규정되어 있다. 협약 제3조bis (a)는 "체약국들은 모든 국가는 비행 중인 민간항공기에 대해 무기의 사용에 호소하는 것을 삼가야 한다는 것을 인정한다"고 규정하고 있다. 시카고협약에서는 오직 '비행 중인'(민간여객기를 포함한)

통항권이 부여된 항공기 및 공격이 면제되는 민간여객기 이외의 민간기이다."

민간항공기를 지칭하는 것과 달리, 본 매뉴얼은 지상에 있는 민간여객기 또한 보호받을 수 있음을 단정하고 있다(규칙 59 참조). 시카고협약이 비록 무력분쟁에 있어서는 적용되지 않지만,[255] 본 매뉴얼은 민간여객기가 예방조치로서 특별한 주의를 받을 자격이 있다는 전제를 공유하고 있다.

8. 본 규칙은 민간항공기가 일반적인 보호를 받을 권리를 제한하지 않는다(제I절 참조).

9. 민간항공기의 보호는 교전당사국이 당해 항공기를 식별할 수 있는 한에서만 효과가 있기 때문에, 시카고협약 제20조는 "국제항공항로를 이용하는 모든 항공기는 적절한 국적과 등록마크를 표기하여야 한다"라고 규정하고 있다. 더욱이 시카고협약 Annex 7은 ICAO 체약국들의 국적과 등록마크의 선택을 위한 절차와 규칙을 명규하고 있다.[256] 또한 민간여객기는 시카고협약 Annex 10에서 구체적으로 명시된 2차 감시레이더(SSR) 모드와 코드를 사용함으로써 식별될 수 있다.[257]

10. 9/11 사건 이후로 민간여객기가 공중납치되어 공격수단으로 사용되거나 적에게 위해를 가하는 방식으로 사용될 위험이 있다는 사실을 간과하기가 어려워졌다. 따라서 특정 상황에서는 민간여객기의 보호가 상실되기 쉽다는 점을 강조하는 것이 중요하다(규칙 63 참조). 하지만 민간여객기가 그 보호를 상실한다 하더라도 공격당하기 전에 특정 조건들을 반드시 유지하여야 한다(제J절(III) 참조). 일반적인 상황에서는 민간 승무원 및 많은 민간인 승객들이 탑승하고 있는 민간여객기의 존재는 대부분 기대되는 군사적 이익과 비교하여 과도한 부수적

---

255) 시카고협약 제89조: "전쟁의 경우에 본 협약의 규정은 교전국이거나 중립국이거나를 불문하고 관계 체약국의 행동의 자유에 영향을 미치지 아니한다. 이러한 원칙은 국가긴급사태를 선언하고, 그 사실을 이사회에 통고한 체약국의 경우에도 적용한다."

256) ICAO, Aircraft Nationality and Registration Marks, Annex 7 to the Chicago Convention on International Civil Aviation.

257) ICAO, Aeronautical Telecommunications, Annex 10 to the Chicago Convention on International Civil Aviation.

피해를 피해야 할 필요성을 강조한다(규칙 68(d) 참조).

11. 본 규칙은 비국제적 무력분쟁에도 적용된다.

[규칙 59] 의심스러운 경우 민간여객기는 –비행 중이거나 민간공항에 착륙해 있거나 군사활동에 특별히 가담하고 있지 않다고 간주된다.

1. 본 규칙의 목적은 민간여객기가 군사활동에 효과적인 기여를 하고 있지 않다는 가정을 포함함으로써 민간여객기에 대한 보호를 확고히 하기 위함이다. '군사활동에 효과적으로 기여하는 것'은 민간여객기를 군사목표물로 만드는 활동들 중 하나를 말한다(규칙 63(f) 참조).

2. 위의 가정은 민간여객기가 비행 중이거나 지상에 착륙한 경우 모두에 적용된다. 지상에 착륙한 경우, 민간여객기는 군사목표물을 구성하지 민간공항에 있어야 한다(규칙 22(a) 참조).

3. 위의 가정에 대한 반박을 해볼 수 있는데, 이는 여객기가 실제로는 전투병을 수송하는 데 쓰였거나 군사활동에 효과적으로 기여하는 데 이용되었을 수도 있기 때문이다. 가정이 한 번 반박되고 나면, 여객기는 곧바로 보호권리를 상실한다(규칙 63(f) 참조). 따라서 만약 교전 당사국이 민간여객기가 군사활동에 효과적으로 기여하고 있다고 판단하면, 민간여객기는 군사목표물을 구성하는 것으로 간주될 수 있고 그렇게 다루어질 수 있다. 제G절과 제J절(Ⅲ) 참조.

4. 본 규칙은 비국제적 무력분쟁에도 적용된다.

[규칙 60] 민간여객기(적국이든 중립국이든)는 비행금지(no-fly) 또는 제한구역(exclusion zone) 또는 적대행위 초근접지역에 진입하는 것을 피해야 하지만, 그런 구역에 들어갔다고 해서 보호받을 권리를 박탈당하지 않는다.

1. 본 규칙은 부분적으로 산레모 매뉴얼 제72항에 기초하고 있다. 비행금지지역과 '제한구역'은 제P절에서 다루어질 것이다.

2. 본 규칙은 민간여객기가 부주의에 의해 피격될 수 있는 지역을 회피할 수 있도록 하기 위해서 제정되었다. 제P절에서 논의되는 '제한구역'과 비행금지지역 외에도 적대행위 초근접 지역 또한 포함된다.

3. 본 규칙은 '제한구역과 비행금지지역 및 적대행위 초근접지역을 회피해야 할 의무를 제정하지는 않지만 그렇게 하도록 권유하고 있다. 여기서 사용된 용어("민간여객기는 피해야 한다")는 동 규칙이 법적인 의무를 반영하고 있지 않음을 나타낸다.

4. 산레모 매뉴얼 해설 72.1는 동 매뉴얼 제72항이 "모든 국가, 항공교통국 그리고 민간항공기의 기장에게 민간기가 잠재적으로 위험한 군사활동 구역을 피하도록 조치할 의무를 부과하고 있다"고 명시하고 있다. '그리고'라는 단어의 사용은 각 실체(즉, 국가, 항공교통국 및 민간항공기 기장)들이 민간여객기가 위험한 지역에 들어가는 것을 피하도록 하여 민간여객기의 안전성을 보장하여야 한다는 점을 시사한다.

5. 민간항공기(민간여객기 포함)가 잠재적으로 위험한 군사작전 지역을 피해야 한다는 사실은 이미 규칙 54에 명시되어 있다. 동 규칙은 비행금지지역 혹은 '제한구역' 및 적대행위 초인근지역에 접근하는 민간여객기가 오직 해당 지역에 들어갔다는 이유만으로 보호받을 권리를 상실하지 않는다는 사실을 강조한다.

6. 만약 민간 혹은 기타 피보호 항공기가 잠재적으로 위험한 군사작전 지역에 들어가면, 해당 항공기는 반드시 관련 NOTAM에 순응하여야 한다(규칙 45 참조).

7. 본 규칙은 비행금지지역과 적대행위 초근접지역에 한해 비국제적 무력분쟁에도 적용된다. '제한구역'은 비국제적 무력분쟁에 적용되지 않으며 따라서 동 규칙은 해당 상황에 적용되지 않는다(제P절에 대한 해설 para.4 참조).

[규칙 61] 타당한 근거에 따라 전시금제품을 운송하고 있다고 또는 지위에 양립하지 않는 활동에 종사하고 있다고 합리적인 근거로 의심되는 민간여객기는 관련 기종이 안전하게 그리고 충분히 도달할 수 있는 비행장에서 조사받을 수 있다.

1. 본 규칙은 국제공역 혹은 교전당사국의 영공에 있는 민간여객기에 적용된다. 이러한 지역에서는 교전당사국이 민간여객기를 검사할 수 있는 자격을 갖는데, 이는 해당 여객기가 전시금제품을 수송하거나 해당 지위와 일치하지 않는 행위를 수행하고 있다고 의심될 경우에만 그렇다. 이는 교전당사국에게 모든 민간여객기(적국이든 중립국이든)를 차단, 검사하고 항로를 변경할 권리를 부여하는 규칙 48의 일반적인 규정과 그 맥락을 같이 한다. 하지만 산레모 매뉴얼 제125항[258]과 같이, 동 규칙은 민간여객기에게 안전하고 합리적으로 도달할 수 있는 비행장에서 검사해야 한다는 요건을 추가하고 있다.

2. 교전당사국은 전시금제품을 수송하고 있다거나 해당 지위와 일치하지 않는 행위에 가담하고 있다고 생각되는 항공기를 의심하기 이전에 반드시 합리적인 근거를 가지고 있어야 한다. '합리적인 근거'라는 어구는 교전당사국이 오직 합리적인 정보에 기반을 두고 행동해야 한다는 점을 의미한다. 즉, 검사는 오직 해당 항공기가 전시금제품을 수송하고 있다거나 해당 지위와 일치하지 않는 행위에 가담하고 있다고 생각되는 신뢰할만한 정보가 있을 때만

---

258) 산레모 매뉴얼 제125항: "국제적 해상무력분쟁에서 자신들의 법적 권리를 행사하기 위해 교전국 군용기는 민간기가 나포의 대상이 된다고 의심되는 합리적인 근거가 존재하는 경우, 그 민간기를 중립국 영공 밖에서 차단할 수 있다. 민간기가 차단된 후에도 여전히 나포의 대상이 된다고 의심되는 합리적인 근거가 존재하는 경우, 교전국 군용기는 임검 및 수색을 위해 해당 기종의 항공기가 안전하고 합리적으로 도달할 수 있는 교전국 비행장으로 향하도록 민간기에게 명할 수 있다. 만약 임검 및 수색을 위한 안전하고 합리적으로 도달할 수 있는 교전국 비행장이 없는 경우, 선언된 목적지로부터 민간기의 침로를 변경시킬 수 있다."

실시될 수 있다. 전시금제품에 대한 정의는 규칙1(n) 참조.

3. 민간여객기의 지위와 일치하지 않는 행위의 사례들은 규칙 63에서 확인할 수 있다.

4. 산레모 매뉴얼 제125항과 달리, 동 규칙은 차단이라는 행위를 검사에 앞서는 필수적인 단계로 보지 않는다. 이는 민간여객기에 한해서는 검사를 위한 착륙지시가 차단없이 전달되어야 하기 때문이다.

5. 중립국 민간여객기에 대한 검사의 필요성을 줄이고, 불편과 금전적 손실을 줄이기 위해서 중립국들은 합리적인 통제수단과 증명절차를 실시하도록 요구받는다. 이러한 수단으로는 '비행허가증'의 사용과 같은 것이 있는데, 이는 민간여객기가 전시금제품을 운반하고 있지 않다는 사실을 확실하게 하기 위해서이다(규칙 138 참조).[259]

6. 전시금제품은 비국제적 무력분쟁에는 적용되지 않는 포획법상의 개념이다. 이 개념은 전시금제품의 정의에서 "국제적 무력분쟁에 사용되는 것으로 의심되는"이라는 용어에 의해 더욱 명확해진다.

7. 해당 지위와 일치하지 않는 행위에 가담하는 민간여객기에 한해서 중앙정부는 비국제적 무력분쟁 중에 여객기를 검사할 수 있다. 조직화된 비국가 무장단체는 이와 같은 권리를 가지지 않는다.

[규칙 62] 모든 탑승자와 승무원들이 안전하게 비행기에서 내리고 그 비행기의 서류가 보존

---

259) 산레모 매뉴얼 제134항: "임검 및 수색을 피하기 위하여 중립국은 적민간기가 전시금제품을 수송하고 있지 않다는 것을 보장하기 위한 합리적인 통제조치 및 증명절차를 실시할 것이 장려된다." 산레모 매뉴얼 제132항: "임검 및 수색을 피하기 위하여 교전국은 중립국 민간기의 화물검사 및 전시금제품을 수송하고 있지 않다는 증명을 위한 합리적인 조치를 취할 수 있다."

되는 경우 적 민간여객기는 전리품으로 포획될 수 있다.

1. 본 매뉴얼 규칙 134는 적 민간항공기가 전리품으로서 포획될 수 있다는 점을 인정한다. 동 규칙에 따르면, 적 민간여객기 또한 이러한 포획에 노출되기 쉽다. 이러한 포획이 어떠한 조건에서 이루어지는지에 대해서는 제U절 참조.

2. 본 규칙은 오직 적 민간여객기만 다루고 있다. 본 매뉴얼은 의도적으로 중립국 민간여객기의 포획에 대해서는 고의적으로 여지를 남겨두고 있다. 합법적인 중립국 민간여객기가 전리품으로 포획될 수 있음을 보여주는 국가관행은 어디에도 존재하지 않는다. 하지만 중립국 민간여객기가 '적을 지원하는 적대행위'(예, 적 전투원 혹은 군사보급품을 운반하는 행위)(규칙 63(b)와 규칙 63(c) 참조)를 할 경우, 중립국 민간여객기는 적 민간여객기로 당연하게 받아들여질 수 있다. 어떠한 경우에서도 민간인 승객이 타고 있지 않은 중립국 민간여객기는 민간여객기의 정의를 충족하지 않는다(규칙 1(i)에 대한 해설 para.5 참조). 해당 여객기는 일반적인 중립국 민간항공기로 간주될 것이며, 이 경우에는 규칙 140이 적용될 것이다.

3. 본 규칙은 모든 승객과 승조원이 안전하게 비행기에서 내렸다는 조건 하에 이를 더욱 정당화한다. 이는 규칙 143에 명시되어 있듯이 승객과 승무원의 안전을 보장하여야 하는 교전당사국의 의무를 상기시킨다(산레모 매뉴얼 제145항 참조).[260] 승무원과 승객들의 개인적인 소지품들은 안전하게 보호되어야 한다(산레모 매뉴얼 제158항 참조).[261]

4. 만약 적 민간여객기가 조사를 받았는데 승객들 가운데 적 전투원이 탑승한 사실이 밝혀

---

260) 산레모 매뉴얼 제145항: "나포가 실시된 경우 승객 및 승조원과 그들의 개인용품의 안전이 제공되어야 한다. 포획물에 관한 문서 및 서류는 보호되지 않으면 안 된다."

261) 산레모 매뉴얼 제158항: "나포는 중립국 민간기를 차단하여 동일 기종의 항공기가 안전하고 합리적으로 도달할 수 있는 교전국 비행장으로 향할 것을 명하고, 착륙시켜 해당 항공기를 심검에 회부하기 위한 포획물로 확보함으로써 완료된다. 만약 안전하고 합리적으로 도달할 수 있는 교전국의 비행장이 존재하지 않는 경우, 중립국 민간기는 선언된 목적지로부터 침로를 변경시킬 수 있다."

진다면, 그들은 억류될 수 있다. 하지만 그들은 반드시 전쟁포로로 다루어져야 한다.

5. 중립지역에 착륙하는 적 민간여객기와 승객들에 대한 대우는 반드시 중립법규에 따라야 한다. 따라서 교전당사국 군 구성원들은 반드시 무력분쟁이 지속되는 동안 억류되어야 한다. 규칙 170(c)의 두 번째 문장 참조.

6. 본 규칙은 비국제적 무력분쟁에는 적용되지 않는다. 왜냐하면 첫째는 포획법이 이러한 무력분쟁에 적용되지 않기 때문이며, 둘째는 조직화된 비국가적 무장단체는 민간여객기를 포획할 권리를 갖고 있지 않기 때문이다.

[규칙 63] 규칙 68에 의거, 다음과 같은 활동으로 민간여객기는 군사목표물로 변경된다.

1. 본 규칙은 부분적으로 산레모 매뉴얼 제56항[262] 및 UK Manual, para.12.31[263]에 기초하고 있다.

2. 본 규칙은 민간여객기가 군사목표물이 될 수 있는 상황을 규정하고 있다. "~할 수"라는 용어는 규칙 63(a)-(f)에 명시된 상황이더라도 민간여객기가 자동적으로 군사목표물이 되는 것은 아니라는 사실을 명확히 한 것이다. 한편, 규칙 63(a)-(f)은 민간여객기가 군사목표물이 될 수 있는 행위에 망라적으로 열거한 것은 아니다. 이는 규칙 63의 'such as'와 같은 단어를 통해 알 수 있으며, 마찬가지로 규칙 63(f)에도 나타나 있다.

3. 규칙 63(a)-(f)는 민간여객기에 군사목표물의 정의를 어떻게 적용시킬지에 대한 지침을 주기 위한 것이(규칙 1(y)와 제E절, 특히 규칙 22 참조). 규칙 63(a)-(f)에 명시된 행위들은 오직

---

262) 산레모 매뉴얼 제56항: "민간여객기는 다음의 경우에만 공격이 면제된다. (a)통상의 임무에 무해하게 종사하는 경우, (b)전투원의 이동을 고의로 방해하지 않을 경우."
263) UK Manual, para.12.31의 내용은 산레모 매뉴얼 제56항의 내용과 동일하다.

'용도'와 '목적'에만 관련되며(예, 예정된 미래의 용도), 규칙 22(c) 또는 규칙 22(d)의 적용을 조건으로 한다.

4. 민간여객기가 군사목표물이 되었다 하더라도, 이것이 곧바로 해당 여객기가 공격받아도 된다는 것을 의미하는 것은 아니다. 민간여객기가 군사목표물이 되는 것 이외에도, 규칙 68의 조건들이 공격 이전에 미리 충족되어야 한다. 그리고 군사목표물이 된 민간여객기는 군사활동에 효과적으로 기여하는 행위를 중단하는 순간부터 민간지위를 다시 회복한다.

5. 본 규칙은 군용항공기가 아닌 적 항공기에 대한 공격과 관련된 규칙 27의 배경과 비교하여 이해되어야 한다. 규칙 63(b)~(f)는 문자상으로는 규칙 27(a)~(e)와 동일하다. 오직 규칙 63(a)만이 민간여객기에 대해 구체적으로 명시하고 있다.

6. 군용항공기 이외 기타 항공기를 공격의 목적으로 사용하는 것은 모든 상황에서 금지된다 (규칙 115(b) 참조).

7. 보호를 상실한 민간여객기에 대한 공격의 주요 선행 요건은 규칙 68에 열거되어 있다. 하지만 규칙 69와 70에 부수적인 조건들 또한 명시되어 있다.

8. 본 규칙은 비국제적 무력분쟁에도 적용된다.

(a) 그 비행기를 군사목표물 만들 수 있는 상황에서 적의 군비행장에 착륙해 있을 때.

1. 본 규칙은 오직 '적의 군비행장에 착륙한' 민간여객기에만 적용된다. 만약 민간여객기가 민간공항에 착륙해 있다면, 규칙 59가 적용된다.

2. '적의 군비행장에 착륙한' 민간여객기는 자동적으로 군사목표물이 되지는 않는다. 군사

목표물이 되기 위해서 민간여객기는 반드시 그것의 종류, 위치, 목적 혹은 용도에 의해 군사활동에 효과적으로 유효한 기여를 하여야 하며 그것의 전체 및 부분적인 파괴, 포획 혹은 무력화는 반드시 명확한 군사적 이익을 제공하여야 한다(규칙 1(y)와 규칙 22 참조).

3. 민간여객기의 존재는 군비행장을 공격으로부터 면제시키기 위한 의도로 적에 의해서 남용되어서는 안 된다(규칙 45 참조). 군비행장에 있는 민간여객기는 합법적인 공격에 따른 부수적인 피해에 의해 파괴될 수도 있는 위험을 감수하여야 한다.

4. 민간여객기(민간인 탑승객을 수송하고 있는 여객기, 규칙 1(j)의 정의 참조)가 조난에 의해 군비행장에 착륙한 경우, 전문가들은 첫째, 적에게 상황을 설명하려는 노력이 이루어져야 하며, 둘째, 여객기가 실제로 조난에 처했다는 사실을 알리기 위해 조종사는 가능한 한 모든 노력을 하여야 한다고 보았다(슬라이드 개방 등).

5. 만약 민간여객기가 군비행장으로 방향을 돌려 비행하고 있다면, 항로변경에 책임있는 교전당사국은 가능한 한 빨리 군비행장으로부터 민간여객기를 멀리 떨어져 있게 할 의무가 있다. 이는 민간여객기가 불필요하게 위험에 빠지지 않게 하기 위함이다.

(b) 다른 항공기를 요격하거나 공격하는 등 적을 보조하는 적대적 활동에 가담할 경우, 육상이나 해상에 있는 사람이나 시설물을 공격할 경우, 공격수단으로 이용되고 있을 경우, 전자전에 참가할 경우 또는 적군에게 표적에 관한 정보를 제공할 경우.

동 규칙은 구체적으로 민간여객기가 납치되어 목표물로 향해 날아가고 있는 상황을 포함한다. 이러한 상황에서 민간여객기는 효과적인 공격수단으로 간주되며, 이는 곧 무기가 되었음을 뜻한다(규칙 27(a)에 대한 해설 참조).

(c) 적 군대의 군사활동을 용이하게 할 경우, 병력을 이동하거나 군사물자를 운반하거나 또는 군

항공기에 연료를 보급하는 경우.

규칙 27(b)에 대한 해설 참조.

(d) 적 정보수집체계에 편입되거나 원조할 경우, 정찰·조기경보·감시나 지휘·통제 및 통신 임무에 가담할 경우.

규칙 27(c)에 대한 해설 참조.

(e) 상륙 지시, 조사와 포획 또는 분명하게 저지에 저항하는 등 군 당국의 명령에 거부하는 경우.

규칙 27(d)에 대한 해설 참조.

(f) 군사활동에 효과적으로 기여하는 경우.

규칙 27(e)에 대한 해설 참조. 민간여객기가 군사활동에 효과적인 기여를 하고 있는지의 여부가 의심스러운 경우, 규칙 59는 그렇지 않다는 반박 가능한 추정을 제공한다.

II. 안전통항권이 부여된 항공기

[규칙 64] 교전당사국 간의 합의에 의해 안전통항권(safe conduct)이 부여된 항공기 ―예, 카르텔 항공기― 는 공격으로부터 특별 보호를 받을 자격이 있다.

1. 본 규칙은 산레모 매뉴얼 제53항(b)를 기초로 하고 있다.

2. '안전통항권이 부여된 항공기'의 범주는 주로 카르텔 항공기(규칙 1(g) 참조)와 관련됨에도

불구하고, 항공기의 형태(군용 또는 기타 국가항공기, 민간 또는 의료항공기), 수행하는 활동, 합의에 안전통항권이 부여되었는지 등에 대한 제한이 없다.[264] 안전통항권은 인도적 구호물자를 수송하는 카르텔 항공기의 역할을 능가하는 목적을 위해 부여될 수 있다.

3. 안전통항권이 부여된 모든 항공기는 규칙 65에 명시된 조건들을 충족할 경우 공격으로부터 특별보호를 향유한다. 특별보호에 대해서는 제K절에 대한 해설 para.3 참조.

4. 안전통항권이 부여된 항공기의 특별보호는 교전당사국의 합의를 전제로 한다. 해당 항공기가 민간 또는 의료항공기라면 그 항공기들은 또한 그러한 지위에서 누릴 수 있는 보호도 향유한다(각각 제I절 및 제L절 참조).

5. 안전통항권이 부여된 항공기는 공격으로부터 특별보호를 받을 자격을 갖는데, 이는 전쟁포로 또는 군사(軍使)를 수송하는 등 그들에게 할당된 임무를 수행하고 있을 때뿐만 아니라 그러한 자들을 소집하고, 수송한 후 귀환할 때에도 인정된다.[265]

6. 교전당사국에 의해 달성된 합의는 안전통항권이 부여된 항공기의 비행과 행위들에 대한 상세한 정보들을 포함하고 있어야 한다. 이러한 상세정보들은 해당 항공기의 특별한 식별방법없이는 수집될 수 없다.

7. 안전통항권이 부여된 항공기는 본 매뉴얼 규칙 53(a)에 따른 구체적인 비행계획의 제출, 또는 민간여객기를 위한 2차 감시레이더(SSR) 모드와 코드를 통해 식별될 수 있다.[266] 하지

---

264) 산레모 매뉴얼에 대한 해설 제55항1 참조: "교전국은 안전통항권이 부여된 항공기가 본 항의 조건을 준수할 것을 기대할 것이다. 합의할 수 있는 역할에는 어떠한 제한도 없다. 안전통항권이 부여된 항공기는 포로 수송, 구호임무 실시, 문화재 수송 또는 환경보호 등을 실시할 수 있다."

265) 산레모 매뉴얼에 대한 해설 제47항22 참조: "카르텔선은 포로나 통신문을 수송하고 있는 기간뿐만 아니라 항해 또는 포로들을 수송한 후 귀환 중일 때에도 나포나 공격으로부터 면제된다."

266) 산레모 매뉴얼에 대한 해설 제55항1(다섯째 문장) 참조: "그 밖의 안전통항권이 부여된 항공기는 의료항공

만 의료항공기의 식별을 사용해서는 안 된다. ICRC 항공기 -안전통항권이 부여될 수 있는 항공기의 종류 중 하나- 는 이러한 맥락에서 예외이다. ICRC 항공기는 비록 교전당사국에 의해 부여된 안전통항권하에 운용되지만 의료항공기와 같은 식별수단을 사용할 수 있다.[267]

[규칙 65]

(a) 안전통항권이 부여된 항공기는 다음 중 어느 하나에 포함되더라도 공격에 대한 특별 보호를 상실한다.

1. 본 규칙은 산레모 매뉴얼 제55항[268] 및 영국 매뉴얼, para.12.30[269]을 기초로 하고 있다.

2. 안전통항권이 부여된 항공기는 공격으로부터 특별보호를 받는다. 하지만 이 특별보호는 작전의 근본이 되는 특별협정의 요건을 위반할 경우 취소될 수 있다. 제J절(III) 참조.

3. 안전통항권이 부여된 항공기의 특별보호가 취소될 경우 원래 지위로 되돌아간다. 이러한 항공기는 종류를 막론하고 동일하다(군용 또는 기타 국가항공기, 민간 또는 의료항공기. 규칙 64에 대한 해설 para.2 참조).

4. 특별보호가 취소됨에도 불구하고 이같은 항공기에 대한 공격에는 제J절(III)이 엄격히 적용된다.

기의 식별방식을 사용하여서는 안 되지만, 오늘날에는 상세한 비행계획을 기록해 두거나(제76항) 또한 민간항공기를 위한 2차 감시레이다(Secondary Surveillance Radar, SSR)의 모드(mode)와 코드(code)를 사용하지 않으면 안 된다."

267) 산레모 매뉴얼에 대한 해설 제55항1(넷째 문장) 참조: "적십자국제위원회에 용선된 항공기는 의료항공기와 같은 지위를 가지며 동일한 식별방식을 사용할 수 있다(제175항)."

268) 산레모 매뉴얼 제55항: "안전통항권이 부여된 항공기는 다음의 경우에만 공격이 면제된다. (a)합의된 역할에 무해하게 종사하는 경우, (b)전투원의 이동을 고의로 방해하지 않을 경우 및 (c)검색을 포함한 합의된 세부사항을 준수할 경우."

269) UK Manual, para.12.30의 내용은 산레모 매뉴얼 제55항의 내용과 동일하다.

5. 규칙 65 (a)(i) 및 (a)(ii)에 열거된 두 조건들은 중첩되는 것이 아닌 선택 가능한 대안들이다.

6. 본 규칙은 비국제적 무력분쟁에도 적용된다.

(i) 조사와 식별 유효성을 포함한 합의의 세부사항에 따르지 않을 경우.

1. 본 규칙은 산레모 매뉴얼 제55항(c)에 기초하고 있다.

2. 이같은 부류의 항공기에 대한 특별보호는 오로지 교전당사국 간의 합의에 의해 가능하므로 이러한 보호가 유지되기 위해서는 합의의 조건들이 준수되어야 한다(비록 규칙 64에 대한 해설 para.2에 설명되어 있듯이 다른 보호도 향유하지만).

3. 안전통항권이 부여된 항공기들은 교전당사국 간 합의 조건을 준수하고 있다는 것을 입증하기 위해 지상에서 검사를 받을 의무가 있다. 이러한 검사는 가급적 항공기가 이륙 전에 이착륙장 또는 공항에서 행해져야 한다(산레모 매뉴얼에 대한 해설 55.1 참조).

4. 안전통항권이 부여된 항공기는 자신의 신원을 밝히라는 지시에 응할 의무가 있다. 이같은 신원확인은 주로 비행 중(특히 차단을 통해)에 일어나며, 지상에서의 검사가 요구되지 않을 수도 있다.

(ii) 고의적으로 전투원의 이동을 방해하고 그리고 그들이 동의한 역할을 무해하게 수행하지 않을 경우

1. 본 규칙은 산레모 매뉴얼 제55항(a) 및 제55항(b)의 조합이다.

2. 접속사 'and'(그리고)가 의미하는 바는 동 규칙에 명시된 두가지 조건 모두 동시에 충족되어야 한다는 것이며, 안전통항권이 부여된 항공기는 반드시 고의적으로 전투원의 이동을 방해하고 사전에 협의된 역할에 무해하게 사용되는 것이 아니어야 한다.

3. 부사 'intentionally'(고의적으로)가 의미하는 바는 안전통항권이 부여된 항공기의 부적절한 행위가 우발적으로 일어난 경우에는 특별보호를 상실하지 않는다는 것이다.

4. 안전통항권이 부여된 항공기는 합의된 역할에 무해하게 사용되는 한, 전투원의 이동을 실제로(그러나 의도치 않게) 방해했다고 해서 이에 대해 책임을 지지 않는다.

5. 안전통항권이 부여된 항공기는 순수한 방어용 무기(예, chaff) 또는 승무원의 방어를 위한 개인용 경화기를 적재하고 있다고 해도 자신의 임무를 규제하는 기본적인 합의에 반하지 않는 한 특별보호를 잃지 않는다.

(b) 특별보호의 박탈은 불복종 정도가 군사목표물이 되었거나 그렇게 간주되는 것이 합리적일 정도로 충분히 심각한 경우에만 적용된다.

1. 본 규칙은 산레모 매뉴얼 제57항(c)에 기초하고 있다.

2. 'Sufficiently grave'(충분히 심각한)가 의미하는 바는 지시에 불응하는 상황은 사소한 문제로 취급될 수 없음을 뜻한다. 이는 최소허용보조 조항이다.

3. 본 규칙은 비국제적 무력분쟁에도 적용된다.

[규칙 66] 안전통항권이 부여된 항공기가 규칙 27에 따라 군사목표물로 분류되는지 의심스러울 경우에는 군사목표물로 분류되지 않는다고 가정한다.

1. 본 규칙은 제1추가의정서 제52조(3) 및 산레모 매뉴얼 제58항[270]에 기초하고 있다. 동 규칙의 목적은 의심스러운 상황에서는 안전통항권이 부여된 항공기에 유리하게 추정(반증 가능

---

270) 산레모 매뉴얼 제58항: "공격면제 선박 또는 항공기가 군사활동에 효과적인 기여를 하는 것으로 의심된다고 해서 당연히 그럴 것이라고 추정해서는 안 된다."

한)함으로써 항공기의 보호를 확실시 하여야 한다는 것이다.

2. 본 규칙에 포함된 추정은 규칙 59에 대응되는 것이다. 안전통항권이 부여된 항공기는 실제 군사목표물이 되는지가 의심스러운 경우에는 군사목표물로 간주해서는 안 된다. 규칙 59에 대한 해설 참조.

3. 본 규칙은 비국제적 무력분쟁에도 적용된다.

[규칙 67] 안전통항권이 부여된 항공기는 다음 조건하에 포획에서 제외된다.

1. 본 규칙은 산레모 매뉴얼 제142항[271] 및 제143항[272]에 기초하고 있다.

2. 안전통항권이 부여된 항공기는 나포가 면제되지 않는 적 민간여객기와는 다르다(규칙 62 참조). 하지만 안전통항권이 부여된 항공기도 자신들의 임무에 명시된 조건들을 따라야 한다는 점은 분명하다. 규칙 67 (a)-(d)에 나열된 네 가지 조건은 중첩적이다. 즉 'provided that'(다음의 조건하에)이라는 용어가 암시하듯 안전통항권이 부여된 항공기라 하더라도 규칙 67 (a)~(d)에 나열된 조건들 중 하나라도 위반할 경우에 포획을 면할 수 없다.

3. 본 규칙은 비국제적 무력분쟁에도 적용된다.

(a) 무해하게 통상임무에 종사하는 경우

---

271) 산레모 매뉴얼 제142항: "다음 항공기는 나포가 면제된다. (a)의료용 항공기, (b)분쟁당사국 간 합의에 의해 안전통항권이 발행된 항공기."
272) 산레모 매뉴얼 제143항: "제142항에 열거된 항공기는 다음의 경우에는 나포가 면제된다. (a)무해하게 통상적 임무에 종사하는 경우, (b)적국에게 유해한 행위를 하지 않은 경우, (c)요구시 차단 또는 식별에 즉시 따르는 경우, (d)전투원의 이동을 고의적으로 방해하지 않고 또한 요구시 그 항로로부터의 침로변경 명령에 따르는 경우."

'innocently employed'(무해하게 종사하는)이라는 표현에 대해서는 규칙65 (a)(ii)에 대한 해설 참조. 'normal role'(통상적 임무)가 뜻하는 바는 본래의 안전통항권이 부여된 행을 허용케 한 임무수행에서 벗어난 행동을 해서는 안 된다는 것이다.

(b) 식별 및 검색요구에 따를 경우

1. 교전당사국은 안전통항권이 부여된 항공기가 사전에 합의된 목적으로만 사용되는지 확인할 권리가 있다. 그러므로 안전통항권이 부여된 항공기는 비행 중 차단될 가능성이 있다.

2. 일반적인 비행 중 차단과 이에 필요한 절차는 제U절 참조. 이러한 주로 지상에서 추가적인 검사를 목적으로 실시된다(규칙 134 참조). 식별은 비행 중 또는 지상에서 검사를 하는 동안에 이루어진다. 안전통항권이 부여된 항공기는 차단시 차단을 행하는 항공기에 협력할 의무가 있다.

(c) 전투원의 이동을 고의적으로 방해하지 않으며, 필요시 항로변경 지시를 따를 경우

1. 부사 'intentionally'(고의적으로)가 의미하는 바는 안전통항권이 부여된 항공기의 활동이 우발적으로 일어난 경우에는 특별보호를 잃지 않는다는 것이다(규칙 65 (a)(ii)에 대한 해설 참조).

2. 안전통항권이 부여된 항공기가 군사작전에 방해되거나 보안상의 위험을 제기할 시 'Orders to divert from their track'(항로변경명령)이 내려질 수 있다. 항로를 변경하라는 명령은 신중히 결정되어야 하며, 반드시 군사적인 이유가 있어야 한다.

(d) 사전합의에 반하는 활동을 하지 않을 경우

사전합의란 주로 안전통항권을 부여하기로 한 합의를 발한다. 하지만 추가적인 합의사항이 있을 수 있다. 예를 들면, 교전당사국은 일반적인 합의 외에도 특별비행에 관한 임시협정을 추가적으로 체결할 수 있다.

III. 민간여객기와 안전통항권이 부여된 항공기에 적용되는 공통 규정

[규칙 68] 민간여객기와 안전통항권이 부여된 항공기는 그들이 규칙 63과 65에 따라 보호받을 권리를 상실하거나 다음의 조건들이 충족될 때에만 공격받을 수 있다.

1. 본 규칙은 부분적으로 산레모 매뉴얼 제57항[273] 및 영국 매뉴얼 para.12.32[274]에 기초하고 있다.

2. 본 규칙의 목적은 민간항공기 또는 보호를 상실한 안전통항권이 부여된 항공기(각각 규칙 63과 규칙 65(a)에 명시된 활동에 종사하였다는 이유로)가 공격받기 전에 충족해야 하는 조건들을 구체화하는 것이다.

3. 민간항공기 또는 안전통항권이 부여된 항공기가 공격받는 상황은 오로지 규칙 68(a)-(d)의 모든 조건들이 충족되어야만 가능하다.

4. 본 규칙의 적용은 제D절, 제E절 및 제G절(특히, 제G절(III))의 일반적 조건들, 그리고 규칙 69 및 70의 부수적 조건들에 달려있다.

---

273) 산레모 매뉴얼 제57항: "공격이 면제되는 항공기가 제54항~제56항에 규정된 면제조건을 위반한 경우, 다음의 경우에 한해 공격될 수 있다. (a)착륙, 임검, 수색 및 가능한 경우 나포를 위한 침로변경이 불가능한 경우, (b)군사통제를 행사하기 위한 이용 가능한 다른 방법이 없는 경우, (c)항공기가 군사목표물이 되었거나 될 것으로 합리적으로 추정할 수 있는 비준수 상황이 매우 중대한 경우 및 (d)부수적 사상 또는 손해가 획득되었거나 기대되는 군사적 이익에 비례할 경우."

274) UK Manual, para.12.32의 내용은 산레모 매뉴얼 제57항의 내용과 동일함.

5. 본 규칙은 비국제적 무력분쟁에도 적용된다.

(a) 착륙, 조사 및 포획을 위한 항로변경이 실행 가능하지 않을 경우

1. 본 조건은 산레모 매뉴얼 제57항(a)에서 추론되었다.

2. 착륙, 조사 및 포획을 위한 항로변경에 대한 규칙은 제U절에 규정되어 있다.

3. 공격에 불가결한 요건을 구성하는 동 규칙에 언급된 '착륙, 조사 및 포획을 위한 항로변경'은 공격 대신에 작전지역에서 벗어나게 하기 위한 다른 형태의 항로변경의 가능성을 배제하지 않는다. 어떤 지역에서의 항로변경이 착륙, 조사 및 포획을 수반하는 것은 아니다. 하지만 이러한 항로변경은 차단하는 세력의 관점에서는 충분하지 않을 수 있다. 예를 들어, 항공기가 전투원이나 군용품을 수송하는 데 사용되고 있다고 추정되면, 이는 안전통행 합의를 위반하는 것이다. 이러한 경우에는 착륙, 조사 및 포획을 위한 항로변경 외에는 다른 대안이 없을지도 모른다.

(b) 군 통제를 실행하기 위한 다른 가능한 방법이 없을 경우

1. 본 조건은 사실상 산레모 매뉴얼 제57항(b)와 동일하다.

2. 교전당사국은 먼저 가능한 한 모든 수단을 이용하여 항공기를 통제해야 한다. 규칙 63 및 규칙 65에 따라 보호를 상실하게 하는 활동은 중지되어야 한다.

3. 착륙 또는 항로변경을 하라는 명령이 내려질 경우 그것은 상황에 비추어 합리적이어야 한다. 착륙 또는 항로변경 명령을 받은 항공기는 시간 및 실행 가능성 면에서 그것을 수행할 합리적인 기회가 제공되어야 한다.

(c) 공격을 정당화할 정도로 보호를 박탈하는 상황이 충분히 심각할 경우

1. 본 조건은 산레모 매뉴얼 제57항(c)에 기초하고 있다.

2. 'Sufficiently grave'(충분히 심각한)가 뜻하는 바는 지시에 불응하는 상황은 사소한 문제로 취급될 수 없음을 뜻한다. 이것은 최소허용보조 조항이다. 규칙 65 (b)에 대한 해설 참조.

(d) 예상되는 부수적인 피해가 기대되는 군사적 이익과 비교해 과도하지 않고 모든 가능한 사전 예방조치가 취해졌을 때(본 매뉴얼 제G절 참조)

1. 본 조건은 규칙 14에 기초하고 있다. 산레모 매뉴얼 제57항(d) 참조.

2. 이러한 일반적 요건이 여기에 명시적으로 포함된 이유는 민간여객기와 안전통항권이 부여된 항공기와 같은 특별한 상황에서 일반적인 비례성 원칙(규칙 14)과 실현 가능한 모든 예방조치를 취하여야 한다는 조건(규칙 32(c) 및 규칙 35(c))강조하기 위함이다. 민간항공기는 예방조치에 있어 특별한 주의를 받을 권리가 있다.

3. 전문가들은 예상되는 부수적인 피해가 민간여객기기 또는 안전통항권이 부여된 항공기에 탑승한 민간인 손실에 한정되는지 아니면 더 나아가 지상에서의 민간인 손실까지 확장되는지 합의에 이르지 못했다(제G절에 대한 해설 para.4 참조).

[규칙 69] 민간여객기나 규칙 68을 따르고 있는 안전통항권이 부여된 항공기에 대한 공격 결정은 적절한 지휘체계에 의해 실행되어야 한다.

1. 'an appropriate level of command'(적절한 지휘체계)라는 구절은 본질적으로는 상대적이다. 이것은 국가마다 각기 다른 군사구조와 지휘체계를 갖고 있기 때문이다. 민간항공기

또는 안전통항권이 부여된 항공기에 대한 공격 결정은 중대한 사안인 만큼 충분히 높은 지휘부에서 명령되어야 한다.

2. 가능한 비유를 들어보자면 1954 헤이그협약 제2의정서 제13조(2)(c)(i)에 의서해 확정된 보호 하에 있는 문화재는 "가장 높은 작전 지휘체계"에서 지시가 내려졌을 경우에만 공격이 가능하다는 사실에 주목할 수 있다.

[규칙 70] 본 절에 따라 보호를 박탈당할 경우 이들에게 어떤 조치가 취해지기 전에 상황이 허락되는 한 비행 중인 민간여객기나 안전통항권이 부여된 항공기에 반드시 경고조치가 취해져야 한다.

1. 본 규칙은 규칙 38에서 이미 제시된 의무를 반복해서 명시한 것이다. 규칙 38은 특별보호의 자격이 주어진 물자(안전통항권이 부여된 항공기를 포함해서)에만 한정되는 반면에 규칙 70은 오로지 예방조치에 있어 특별한 주의를 받을 권리가 있는 민간여객기에도 그 권리가 확장되었다.

2. 'whenever circumstances permit'(상황이 허락되는 한) 경고조치가 취해져야 한다. 특히 항공기에 의한 적대행위가 임박하여 경고를 내릴 시간이 부족한 경우, 교전당사국은 경고를 행할 것이 기대되지 않는다.

3. 비행 중인 민간여객기나 안전통항권이 부여된 항공기에 경고를 보내는 방법은 라디오 통신 또는 제U절에 대한 해설에서 설명된 수용 가능한 차단 모드를 통해 취해져야 한다. 필요하다면 경고사격도 가능하다.

4. 경고해야 할 의무에 관한 자세한 설명은 규칙 37 및 규칙 38에 대한 해설 참조.

제K절 의료 및 종교요원, 의료부대와 수송수단에 대한 특별보호

1. 제K절 -제L절, 제M잘, 제N절 및 제J절(II)과 마찬가지로- 은 특정 물자와 사람들에게 제 공되는 '특별보호'를 다루고 있다. 물론 공격으로부터 면제되는 모든 물자와 사람들은 국제 적 무장력분쟁에 적용되는 법의 보호를 받을 자격이 있다. 하지만 '특별보호'라는 개념은 이 러한 보호를 강조하기 위한 것이며, 구별되는 표장을 이용하거나 본 매뉴얼에서 제시된 다 른 수단들을 이용해서 보호를 증대시키기 위한 것이다. 이러한 보호조치들은 민간물자로 써 받는 일반적인 보호뿐만 아니라 추가적으로 제공되는 것이다. 부사 'specific'의 사용이 'special'보다 선호되는 것은 모든 민간인이나 민간물자의 주어진 보호와 심하게 차이가 나 지 않기 때문이다. 더 나아가 1954년 헤이그협약 제2장에 명시된 문화재에 허용된 '특별보 호'와 혼동하지 않기 위함이다.

2. 제K절과 제L절은 서로 상호보완적이다. 제K절에서는 의료부대, 의료수송수단의 특별보 호에 대해서 다룬다면 이에 반해 제L절에서는 의료항공기에 제공된 특별보호를 다루는데 이것은 공전 및 미사일전 상황에서의 관련성과 중요성을 고려하여 따로 제시되었다. 환언하 면 제L절은 의료 항공기에 관해서 제K절을 보충하는 역할을 한다.

3. 제K절에서는 의료 및 종교 관련 종사자, 의료부대와 수송수단의 특별보호에 대한 포괄적 인 규칙을 모두 포함하고 있지는 않다. 여기서는 단순히 공전 및 미사일전과 관련있는 규칙 만을 포함한다. 몇몇 규칙들, 예를 들면 의료선과 해안구조작전을 위한 소형선박의 존중과 보호에 대해서는 지나치게 구체적이라 이유로 본 매뉴얼에 포함하지 않았다.

4. 본 절은 국제적 그리고 비국제적 무력분쟁 모두에 적용된다(제2추가의정서 제11조(1) 참

조).275)

[규칙 71] 규칙 74에 의거, 의료 및 종교 요원, 시설이나 이동 의료부대(병원 포함)와 공중, 육상, 해상 및 여타 수역에서의 수송수단은 항상 존중되고 보호를 받아야 하며 공격대상으로 할 수 없다.

1. 본 규칙은 제K절의 서론 조항으로써 의료 및 종교 관련 종사자, 의료 부대와 수송수단에 대해 존중과 보호를 할 일반적 의무에 대해서 다시 한 번 명시하고 있다. 이러한 일반적인 의무는 상병자들이 치료를 받을 수 있도록 하기 위한 부가적인 보호까지 포함한다.

2. 군 의료요원과 종교요원(군 구성원임)을 존중하고 보호할 의무는 제네바 제1협약 제24조 276) 및 제25조,277) 제네바 제2협약 제36조278) 및 제네바 제4협약 제20조 첫째 문단279)에 기초하고 있다. 제1추가의정서 제15조280)는 보호범위를 민간 의료요원과 종교요원에까지 확

---

275) 제2추가의정서 제11조(1): "의무부대 및 수송수단은 항시 존중되고 보호되며 공격의 목표가 되어서는 아니 된다."

276) 제네바 제1협약 제24조: "부상자 또는 병자의 수색, 수용, 수송이나 치료 또는 질병의 예방에만 전적으로 종사하는 요원, 의무부대 및 시설 관리에만 전적으로 종사하는 직원 및 군대에 수반하는 종교요원은 모든 경우에 있어서 존중되고 보호되어야 한다."

277) 제네바 제1협약 제25조: "부상자 및 병자의 수용, 수송 또는 치료를 필요한 경우에 담당할 병원 당직 간호원 또는 보조들 것 운반병으로 충당하기 위하여 특별히 훈련받은 군대 구성원도 그들의 임무를 수행하려고 할 경우 적과 접촉하고 있을 때나 또는 적의 수중에 들어가 있을 때에 역시 존중되고 보호되어야 한다."

278) 제네바 제2협약 제36조: "병원선의 종교요원, 의무요원 및 병원요원과 그 승조원은 존중되고 보호되어야 한다. 그들은 선내에 부상자와 병자의 유무를 불문하고 병원선에서 근무하고 있는 동안에는 포획되지 못한다."

279) 제네바 제4협약 제20조 첫째 문단: "민간인 부상자 및 병자, 허약자 및 임산부의 수색, 철수, 수송 및 간호에 종사하는 자를 포함하여 민간병원의 운영 및 관리에 정규로 또 전적으로 종사하는 자는 존중되고 보호되어야 한다."

280) 제1추가의정서 제15조: "1. 민간의료요원은 존중되고 보호된다. 2. 필요한 경우 전투행위로 인하여 민간 의료봉사가 중단된 지역에 있는 민간의료요원에 대하여 모든 가능한 원조가 제공되어야 한다. 3. 점령국은 점령지역에서 민간의료요원이 그들의 인도적 기능을 최대한 수행할 수 있도록 모든 원조를 제공하여야 한다. 점령국은 그러한 기능의 수행에 있어서 의학적 이유를 제외하고는 이들 요원으로 하여금 어떠한 자에게도 치료의 우선권을 주도록 요구하여서는 아니된다. 그들은 인도적임무와 양립될 수 없는 업무를 수행하

장하였다.

3. 의료부대와 의료수송수단에 대한 존중과 보호 의무는 제네바 제1협약 제19조[281]와 제35
조,[282] 제네바 제4협약 제18조[283]와 제21조[284] 및 제1추가의정서 제12조(1)[285], 제21조,[286]
및 제24조에 기초하고 있다.

4. 본 규칙의 위반은 국제적[287] 및 비국제적 무력분쟁[288] 모두에서 ICC의 로마규약에 따라
전쟁범죄로 여겨진다.

5. '의료요원'이라는 표현은 교전당사국에 의해 오로지 치료 목적에 지정된 자를 뜻한다. 이
문맥에서 '치료 목적'이란 상병자 및 조난자의 진단 및 치료(응급치료 포함) 또는 질병의 예방

도록 강요되어서는 아니된다. 4. 민간의료요원은 분쟁당사국이 필요하다고 인정하는 감독, 안전조치에 복
종하여 그들의 봉사가 필요한 어느 장소로도 출입이 가능하여야 한다. 5. 민간종교요원은 존중되고 보호된
다. 의료요원의 보호와 신분증명서에 관한 협약과 본 의정서의 규정은 이러한 자에 대하여 동동하게 적용
된다."

281) 제네바 제1협약 제19조 첫째 문단: "분쟁당사국은 어떠한 경우를 막론하고 의무기관의 고정시설이나 이동
    의무부대를 공격하여서는 아니되며 항상 이를 존중하고 보호하여야 한다."

282) 제네바 제1협약 제35조 첫째 문단: "부상자 및 병자 또는 의료장비의 수송수단은 이동위생부대의 경우와
    같이 존중 보호하여야 한다."

283) 제4협약 제18조 첫째 문단: "부상자, 병자, 허약자 및 임산부를 간호하기 위하여 설립된 민간병원은 어떠한
    경우에도 공격의 대상이 되어서는 안 되며 항시 분쟁당사국에 의하여 존중되고 보호되어야 한다."

284) 제4협약 제21조 첫째 문단: "민간인 부상자 및 병자, 허약자 및 임산부를 수송하는 육상의 호송 차량대 또
    는 병원열차 또는 해상의 특수선박은 제18조에서 규정된 병원과 동일하게 존중 및 보호되어야 하며,"

285) 제1추가의정서 제12조(1): "의료부대는 항상 존중되고 보호되며, 공격의 대상이 되어서는 아니된다."

286) 제1추가의정서 제21조: "의료차량온 협약과 본 의정서에 따라 동 의료부대와 같은 방법으로 존중되고 보호
    된다."

287) ICC 로마규정 제8조(2)(b)(ix): "군사목표물이 아닌 것을 조건으로 종교·교육·예술·과학 또는 자선 목적의
    건물, 역사적기념물, 병원, 병자와 부상자를 수용하는 장소에 대한 고의적 공격." 제8조(2)(b)(xxiv): "국제
    법에 따라 제네바협약의 식별표장을 사용하는 건물, 장비, 의료부대와 그 수송수단 및 요원에 대한 고의적
    공격."

288) ICC 로마규정 제8조(2)(e)(ii): "국제법에 따라 제네바협약의 식별표장을 사용하는 건물, 장비, 의료부대와 그
    수송수단 및 요원에 대한 고의적 공격." 제8조(2)(e)(iv): "군사목표물이 아닌 것을 조건으로 종교·교육·예술·
    과학 또는 자선 목적의 건물, 역사적 기념물, 병원, 병자 와 부상자를 수용하는 장소에 대한 고의적 공격."

을 위한 수색, 수집, 수송을 포함한다. 의료부대 또는 활동 그리고 의료수송수단을 관리하도록 교전당사국에 의해 지정된 요원도 '의료요원'의 정의에 포함된다. 이 정의의 목적상 관리사원은 사무직, 앰뷸런스 운전수, 청소부와 요리사 등이 해당된다.

6. '의료요원'이라는 표현은 다음을 포함한다. (i)민방위 기구에 지정된 자를 포함한 군요원이든 민간요원이든 교전당사국의 의료요원, (ii)교전당사국에 의해 정식으로 승인되고 공인된 국제적십자, 적신월사, 적수정과 기타 국내구호단체, (iii)중립국 -또는 중립국이 승인한 공인된 구호단체- 이 인도적인 차원에서 교전당사국에 제공한 의료요원 또는 ICRC 같은 공정한 인도적 단체. '의료요원'이라는 표현은 제1추가의정서 제8조(3)²⁸⁹⁾에 정의되어 있다.

7. '종교요원'이 뜻하는 바는 전적으로 종교적 직무에 종사하고 있는 다음에 소속된 군인 또는 민간인을 뜻한다. (i)분쟁당사국의 군대, (ii)분쟁당사국의 의료부대 또는 의료수송수단, (iii)분쟁당사국의 민방위 조직 또는 (iv)중립국 -또는 중립국이 승인한 공인된 구호단체- 이 인도적인 차원에서 교전당사국에 제공한 의료요원 또는 공정한 인도적 단체. '종교요원'이라는 표현은 제1추가의정서 제8조(4)²⁹⁰⁾에 정의되어 있다.

8. '의료요원'과 '종교인요원'은 규칙 71에 따른 존중 및 보호를 받기 위해서는 의료적 또는 종교적 본분에 전념해야 한다. 그들에게 부여된 의료적 또는 종교적 임무는 영구적 또는 임시적일 수 있다. 존중 및 보호는 담당 임무가 영구적일 경우에는 항시적이며, 임시적일 경우

---

289) 제1추가의정서 제8조(3): "의무요원이라 함은 분쟁당사국에 의하여 전적으로 (5)호에 열거된 의료목적이나 의료부대의 행정 또는 의료수송의 운영 또는 행정에 배속된 자를 의미한다. 가. 제1 및 제2협약에 규정된 자를 포함하여 군인 또는 민간인을 불문하고 분쟁당사국의 의료요원 또는 민방위 조직에 배속된 의료요원. 나. 국내적십자, 적신월, 적사자태양사와 분쟁당사국에 의하여 정당히 인정되고 허가된 기타 국내 자발적 구호단체의 의료요원. 다. 본 의정서 제9조 제2항에 규정된 의무부대와 의료수송차량의 의료요원."

290) 제1추가의정서 제8조(4): "종교요원이라 함은 군목과 같이 전적으로 성직에 종사하고 있고 아래에 소속된 군인 또는 민간인을 의미한다. 가. 분쟁당사국의 군대. 나. 분쟁당사국의 의료부대 또는 의료수송차량. 다. 특히 제9조 제2항에 규정된 의료부대 또는 의무수송차량. 라. 분쟁당사국의 민방위조직. 종교요원의 소속은 영구적 또는 임시적일 수 있으며 (11)호의 관련 규정이 그들에게 적용된다."

에는 임무가 지속되는 동안에만 인정된다.

9. 교전당사국에 의해 지시(또는 협의)받지 않은 채 의료적 또는 종교적 직무를 수행하는 자들은 종교요원 또는 의료요원으로 인정받지 못한다. 물론 민간인에게 허용된 일반적 보호(규칙 11 참조)는 받을 수 있으나 구별되는 표상을 사용해서는 안 된다(규칙 72(a) 참조).

10. '의료부대'는 의료목적으로 조직된 시설 또는 부대로 정의된다. '의료목적'이라는 표현의 자세한 설명은 규칙 71에 대한 해설 para.5 참조. 의료부대는 군 또는 민간, 영구적 또는 임시적, 고정 또는 이동성 등의 조건과 관계없이 특별보호의 혜택을 받을 수 있다. 의료부대의 예로는 병원 또는 기타 유사한 부대, 수혈센터, 예방약물센터 및 기관, 특히 백신 센터, 사상자 및 부상자 분류 시설, 치료를 제공하는 재활 센터, 의료 창고 그리고 부대의 의약품 저장소 등이 있다. '의료부대'라는 표현은 제1추가의정서 제8조(5)[291]에 정의되어 있다.

11. '의료수송수단'이라는 표현은 교전당사국의 합법적인 기관이 독점적으로 의료수송수단으로 지정한 모든 수송수단을 일컫는다. 이것들은 군 또는 민간, 영구적 또는 임시적일 수 있다. '의료수송수단'이라는 표현은 제1추가의정서 제8조(7)에 정의되어 있다.

12. 의료요원과 종교요원뿐만 아니라 의료 부대와 수송수단을 '존중'할 의무는 이러한 자 또는 물자에 공격 혹은 위해를 가하는 행위를 금지하며, 자신들의 역할을 수행함에 있어 불필요하게 방해되는 행위 또한 금지한다(특히, 의료 부대와 수송수단의 의약품을 차단하는 행위).

13. '보호'할 의무란 의료요원과 종교요원, 의료 부대와 수송수단이 존중을 받을 수 있도록

---

291) 제1추가의정서 제8조(5): "의무부대라 함은 부상자, 병자, 난선자에 대한 일차 진료를 포함한 수색, 수용, 수송, 진찰 및 치료와 같은 의료목적과 질병의 예방을 위하여 구성된 군인 또는 민간시설 및 기타 부대를 의미한다. 이 용어는 예를 들어 병원 및 유사한 단체, 수혈센터, 예방의료본부 및 기관, 의료창고와 의료부대의 의료 및 의약품 창고를 포함한다. 의료부대는 고정식 또는 이동식, 영구적 또는 임시적일 수 있다."

적절한 예방조치를 강구해야 할 의무를 의미한다.

14. 본 규칙은 의료요원과 종교용원, 의료 부대와 수송수단이 존중과 보호를 '항상' 받아야 함을 강조한다. 그럼에도 불구하고 특정한 상황에서는 이러한 보호 또한 잃을 수 있다 규칙 74 참조. 의료항공기의 보호 상실에 대해서는 규칙 83 참조.

[규칙 72]

(a) 의료 및 종교요원은 국제적 무력분쟁에 적용되는 법에서 인정하고 있는 확실하게 구별되는 방수가 되는 표식 완장을 차야 한다(적십자, 적신월 또는 적수정). 의료부대와 수송수단은 자신들의 지위를 나타내기 위해 동일한 표식을 하여야 한다. 필요시 다른 식별수단을 사용할 수 있다.

1. 본 규칙은 의료요원과 종교요원, 의료 부대와 수송수단에 구별되는 표상을 표시하는 원칙에 대해서 서술하고 있다. 이러한 원칙은 국제적 무력분쟁과 관련해서는 제네바 제1협약 제39조,[292] 제40조,[293] 제41조,[294] 제42조[295] 및 제1추가의정서 제18조

---

292) 제네바 제1협약 제39조: "관할 군당국의 지시에 따라 의료기관이 사용하는 기, 완장 및 모든 장비에 백지 적십자 문장을 표시하여야 한다."

293) 제네바 제1협약 제40조: "제24조, 제26조 및 제27조에서 규정하는 요원은 군당국이 압인 발급한 특수표장이 된 방수성의 완장을 좌완에 둘러야 한다. 이러한 요원은 제16조에 규정하는 신분표지에 부가하여 식별 표장이 표시된 특별한 신분증명서를 휴대하여야 한다. 이 증명서는 방수성이며, 또한 호주머니에 들어갈 만한 크기의 것이어야 한다. 이 증명서는 자국어로 기입되어야 하며, 적어도 소지자의 성명, 생년월일, 계급 및 군번이 표시되고 또한 소지자가 어떤 자격으로 본 협약의 보호를 받을 권리가 있는가가 기재되어 있어야 한다. 이 증명서에는 또한 소지자의 사진, 서명이나 지문 또는 그 양자가 첨부되어야 하며, 군 당국의 인장을 압인하여야 한다. 본 신분증명서는 동일국의 전군을 통하여 동일규격이어야 하며 가능한 한 모든 체약국의 군대에 대하여 유사한 규격이어야 한다. 분쟁당사국은 본 협약의 부록에 예시된 양식에 따를 수 있다. 분쟁당사국은 적대행위의 개시 전에 각국이 사용하는 신분증명서의 양식을 상호 통보하여야 한다. 신분증명서는 가능하면, 적어도 2매를 작성하여 그 1매는 본국이 보관하여야 한다. 어떠한 경우에도 전기의 요원은 그들의 계급장 또는 신분증명서, 완장을 두를 권리를 박탈당하지 아니한다. 이들은 신분증명서 또는 계급장을 분실하는 경우 신분증명서의 부본을 재교부받거나 계급장을 재수령할 권리를 가진다."

294) 제네바 제1협약 제41조: "제25조에서 지정하는 요원은 의무상의 임무수행 중에 한하여 가운데 자그마한 식별기장을 표시한 백색의 완장을 둘러야 한다. 그 완장은 군당국이 압인 발급하여야 한다. 그들 요원이 휴대할 군의 신분증명서류에는 그들 요원이 받은 특수훈련의 내용, 그들 요원이 종사하는 임무의 일시적인 성격 및 완장 패용권 등을 명기하여야 한다."

295) 제네바 제1협약 제42조: "본 협약에서 정하는 식별기는 본 협약에 의하여 존중되는 권리를 가지는 의료부

(4),[296] 비국제적 무력분쟁과 관련해서는 제2추가의정서 제12조에 기초하고 있다.[297]

2. 적십자 그리고 적신월(뿐만 아니라 더 이상 사용되지 않는 Red Lion and Sun[298])는 오랫동안 구별되는 표상으로 인정받아왔다. 2007년 1월 14일 발효된 제3추가의정서는 적수정을 동일한 지위를 갖는 구별되는 표상으로 추가하였다.

3. 대부분의 경우 의료요원과 종교요원, 의료 부대와 수송수단에 표시를 함으로써 적의 식별을 용이하게 하는 것이 교전당사국에게 이익이 된다. 그러나 군사상 긴급한 필요성에 해가 될 경우 교전당사국은 구별되는 표상을 표시하지 않아도 된다. 예를 들어 의료부대 혹은 의료수송수단의 위치 추정은 병력 배치에 대한 적의 주의를 요구할 수 있다(규칙 72 (c)와 규칙 72 (d) 참조).

4. 이러한 점에서 의료항공기는 제L절에 포함되어 있는 특정 규칙들이 적용된다, 규칙 76 참조.

5. 의료요원과 종교요원, 의료 부대와 수송수단에 구별되는 표상의 사용은 소속 교전당사국의 권능있는 기관의 승인이 필요하며 그러한 기관의 통제에 따라야 한다.[299] 그러한 기관은 의료목적으로 인정되지 않은 부대 또는 수송수단에 표상을 사용하는 것을 허가할 수 없다.

대 및 의료시설로서 군당국의 동의를 얻은 것에 한하여 게양하여야 한다. 이동부대는 고정시설에 있어서와 마찬가지로 그들 부대 또는 시설이 속하는 분쟁당사국의 국기를 전기의 국기와 더불어 게양할 수 있다."
296) 제1추가의정서 제18조(4): "의료부대 및 수송수단은 권한있는 당국의 동의를 얻어 식별표장에 의하여 표시되어야 한다. 본 의정서 제22조에 언급된 선박과 주정은 제2협약의 규정에 따라 표시되어야 한다."
297) 제2추가의정서 제12조: "권한있는 관계당국의 지도하에 흰바탕에 적십자, 적신월, 적사자태양의 식별표장은 의무요원, 종교요원, 의료부대 및 의료수송수단에 의하여 부착되어야 한다. 그것은 모든 상황에 있어서 존중되어야 하며 부당하게 사용되어서는 아니된다."
298) 이란공화국이 구별표식으로 적신월을 사용하기로 1980년 이후 적사자태양은 사용되지 않고 있다.
299) 그 문제와 관련하여 점령지역의 경우 소속 교전당사국이 적이될 수도 있다. 이와 유사한 상황이 비국제적 무력분쟁의 상황에서 제2추가의정서 제12조에 의해 취해진 바 있다.

교전당사국은 배신적인 사용 또는 표식과 명칭의 모방 사용을 포함한 구별되는 표상과 명칭
이 남용되는 것을 항상 예방 및 억제를 위해 필요한 모든 조치를 취하여야 한다. 배신행위에
대해서는 제Q절, 특히 규칙 112(a) 참조.

6. 의료요원과 종교요원들은 완장 상태를 최상으로 유지하기 위해 '방수완장'을 왼쪽 팔에
부착하도록 권고된다. 물론 방수가 되지 않는 완장을 착용하거나 또는 오른쪽 팔에 부착하
여도 여전히 보호를 받을 수 있다.

7. 의료 부대 및 수송수단은 제1추가의정서 부속서I에 명시되어 있듯이 구별되는 표상이 잘
보이도록 확실히 표시되어야 한다. 완장의 이상적인 크기는 따로 명시되지 않지만 넓어야
하며 적십자는 주어진 환경에 가능한 커야 한다. 또한 가능하다면 다양한 각도에서 그리고
멀리서 특히, 공중에서 잘 보일 수 있도록 표시되어야 하다. 야간 또는 가시성이 제한될 경
우 구별되는 표상은 불을 밝히거나 또는 조명장치를 할 수도 있다.[300]

8. 본 규칙의 두 번째 문장에서는 구별되는 표상 이외 식별을 용이하게 하는 다른 수단을 이
용할 수 있는 가능성을 가리키고 있다.[301] 이것은 현대전에서 장거리 또는 한정된 시야에서
도 표적을 겨냥하는 것이 가능해졌으며 구별되는 표상의 표시만으로는 정확한 식별이 충분
치 못할 수 있다는 우려로 제기되었다. 추가적인 식별 방법은 (1993년 수정된) 제1추가의정서
제1부속서에 언급되어 있다. 그 예로는 선택적 디지털 호출체계, 트랜스폰더 또는 해상자동

---

300) 제1추가의정서 제1부속서 제4조 및 제5조.

301) 구별표식에 기타의 식별수단을 추가할 수 있다는 가능성은 교전당사국에게 적대행위 개시 또는 과정 중에
특별협정을 체결할 수 있다는 것을 허용하고 있는 제네바 제1협약 제36조 둘째 문단으로 거슬러 올라간다.
"의료항공기는 그 하면, 상면 및측면에 제38조에서 정하는 특수표장을 자국의 국기와 함께 명백히 표시하
지 않으면 아니된다. 의료항공기는 적대행위의 개시 또는 진행 중에 교전국 간에 합의될 다른 표지 또는 식
별수단을 갖추지 않으면 아니된다." 제네바 제1협약이 채택시 동 협약은 의료항공기에 한정하였다. 그 이
후 제1추가의정서 제18조(5)는 의료수송수단 및 의료부대에도 추가적인 식별수단의 사용을 명시적으로 허
용하였다. "식별표장에 추가하여 분쟁당사국은 본 의정서 제1부속서 제3장에 규정된 바에 따라 의료부대
및 수송수단을 식별하기 위한 식별신호의 사용을 허가한다. 예외적으로 전기 제3장에서 취급되고 있는 특
별한 경우에는 의료수송수단은 식별표장을 부착함이 없이 식별신호를 사용할 수 있다."

식별체계를 통해서 모든 의료수송수단이 사용 할 수 있는 구별되는 라디오신호등이 포함된다. 의료항공기의 추가적인 식별방법에 관해서는 규칙 76(b)에 대한 해설 참조.

9. 제1추가의정서 체약국과 비체약국에게는 서로 다른 법체계가 적용되기 때문에 본 텍스트는 추가적인 식별방법을 'when appropriate'(필요시) 사용할 수 있다고 규정하고 있다. 물론 이 외에도 추가적인 식별방법의 사용은 항상 장려된다.

10. 추가적인 식별방법은 구별되는 표상을 주된 것으로 하고 보조용으로 사용되어야 한다. 하지만 시간의 부족 혹은 비행기의 특징으로 인하여 구별되는 표상을 표시할 수 없는 임시적인 의료항공기의 경우는 예외로 한다(규칙 76(c) 참조).

(b) 구별되는 표식은 가능한 한 공중이나 미사일 작전에서 사용하는 기술적인 방법으로도 탐지할 수 있는 재료로 만들어져야 한다.

1. 본 규칙은 (1993년 수정된) 제1추가의정서 제1부속서 제5조[302]에 기초하고 있다.

2. 공중 및 미사일 작전에서 적외선 카메라 또는 레이더 등 특정 탐지기술들은 구별되는 표상의 형태와 색상을 인지하지 못한다. 그러므로 특별한 물질을 사용하여 구별되는 표상을 인지할 수 있도록 만드는 것이 편리하다. 따라서 고열에 반사하는 접착성 테이프는 열화상 카메라로 구별되는 표상을 볼 수 있게 한다.

---

302) 제1추가의정서 제1부속서 제5조: "1. 식별표장은 가급적 여러 방향 및 원거리에서도 특히, 공중에서 보일 수 있도록 평면상에 또는 깃발로 표시되거나 또는 지형상 적절한 방법으로 표시된다. 2. 야간이나 또는 가시도가 감소된 때에는 식별표장은 조명 또는 채색될 수 있다. 3. 식별표장은 기술적인 탐지수단에 의하여 분간될 수 있는 물질로 만들어질 수 있다. 적색 부분은 특히 적외선 도구 등에 의하여 식별을 용이하게 하기 위하여 흑색 바탕 위에 채색되어야 한다. 4. 전투지역에서 자신의 임무를 수행하는 의료요원 및 종교요원은 가능한 한 식별표장이 부착된 모자 및 피복을 착용한다."

3. 대부분의 탐지기술들이 그러하듯이 동 규칙에 명시된 의무는 절대적인 것이 아닌 '가능한 한' 적용된다. '가능한 한'이라는 어구는 교전당사국이 이러한 기술들을 적용할 능력에 한계가 있다는 것을 인정한 것이다. 이 점에서 ICRC의 제1추가의정서 해설에서 다음과 같이 설명하고 있다. "이 의무가 절대적이지 않은 이유는 식별방법이 지니치게 고비용 혹은 기술적이어서 이를 사용할 수 없는 교전당사국에게 이러한 의무를 강요할 수 없기 때문이다."[303] 그러나 교전당사국이 위의 기술들을 적용할 수 있는 범위 내에서는 사용하여야 한다.

(c) 구별되는 표식과 다른 식별수단은 식별을 용이하게 하기 위한 수단일 뿐이며 피보호 지위를 보장하는 것은 아니다.

1. 보호는 의료요원과 종교요원, 의료 부대와 수송수단들이 수행하는 역할로 인해 허용되는 것이다. 구별되는 표식과 추가적인 식별수단들의 실질적인 가치는 의료요원과 종교요원, 의료 부대와 수송수단들의 신원이 확인될 가능성을 높여 보호를 보장하는 것에 있다.

2. 본 규칙은 구별되는 표식과 다른 식별수단이 보호를 보장하기보다는 그저 인원, 부대 및 수송수단의 의료적 신분을 확인시키는 데 도움이 된다는 국제적 무력분쟁에 적용되는 법의 일반원칙을 반복해서 명시한 것이다. 이 원칙은 (1993년에 수정된) 제1추가의정서 제1부속서 제1조[304] 및 제3추가의정서 서문 para.4[305]에서 강조되어 있다.

---

303) 제1추가의정서 제18조(1)에 대한 ICRC Commentary, para.747.

304) 제1추가의정서 제1부속서 제1조: "1. 이 부속서의 식별에 관한 규칙은 제네바협약 및 의정서의 관련 규정을 이행하는 것이다. 즉, 이는 제네바협약 및 의정서에서 보호되는 요원, 물질, 부대, 수송기관 및 장비의 확인을 용이하게 하는 것을 목적으로 한다. 2. 이 규칙은 자동적으로 보호권을 성립시키지 않는다. 이 권리는 협약 및 의정서의 관련 규정에 의하여 규율된다. 3. 제네바협약 및 의정서의 관련 규정에 따를 것을 조건으로 권한있는 당국은 항상 식별표장 및 신호의 사용, 표시, 채색 및 탐지를 규정한다. 4. 체약당사국 및 특히 분쟁당사국은 식별 가능성을 강화하고 또한 이 분야의 기술의 발전을 충분히 고려하여 그밖의 추가적인 신호, 수단, 체계를 설정하는 데 합의하도록 항상 요청된다."

305) 제3추가의정서 서문 para.4: "제네바협약과 추가의정서에 의하여 보호받는 사람과 대상을 존중할 의무는 국제법상 보호받고 있는 지위에서 파생되는 것이지 식별표장, 부호 또는 신호의 사용에 종속되지 아니함을 상기하며,"

(d) 의료 및 종교요원, 의료부대와 수송수단이 구별되는 표식을 하지 않았다고 해서 그들의 피보호 지위를 박탈할 수 없다.

1. 본 규칙은 규칙 72(c)의 당연한 결과이다. 즉, 피보호 지위는 구별되는 표식에서 추론된 것이 아니기 때문에 의료요원과 종교요원들은 표식의 착용 유무를 떠나서 보호를 받는다.

2. 의료 부대 및 수송수단뿐만 아니라 의료요원과 종교요원들은 확인이 된 직후부터 피보호 지위를 얻게 되며, 식별수단이 결핍되었다는 점을 보호하지 않는 구실로 삼아서는 안 된다.

[규칙 73] 교전당사국은 적국에 의료부대의 위치를 통지할 수 있다. 이러한 통지가 없었다는 것이 규칙 71의 의무로부터 교전당사국을 면제해주는 것은 아니다.

1. 본 규칙은 교전당사국에게 고정의료부대의 위치를 상호 통보할 것을 권고하는 제1추가의정서 제12조(3)[306]에 기초하고 있다.

2. 제1추가의정서 제12조(3)과는 달리 동 규칙의 적용범위는 고정의료부대에 한정되어 있지 않다. 많은 야전병원들은 배치될 수 있다는 점에서 이동적이며, 전문가들은 동 규이 이러한 병원에도 적용되어야 한다고 한다. 그러나 이동성 의료부대의 향후 위치를 적군에 통보할 때에 그 위치까지 이동하는 부대가 사용할 노선은 포함하지 않아도 된다(비록 그러한 상세정보를 제공하는 것이 부대의 안전성을 보장하지만 말이다).

3. 본 규칙은 의료수송수단에는 적용되지 않는다. 교전당사국이 적군에 지속적으로 그들의 움직임을 보고하길 기대하는 것은 비현실적이다. 그러나 원한다면 교전당사국은 의료수송수단의 주요한 이동을 적에게 통보함으로써 더욱 안전할 수 있다(특히, 승인없이 의료선박 또는

---

306) 제1추가의정서 제12조(3): "분쟁당사국은 고정 의료부대의 위치를 상호 통고할 것이 요청된다. 이러한 통고의 부재는 어느 당사국을 제1항의규정에 따를 의무로부터 면제하는 것이 아니다."

의료항공기가 이동하는 경우).

4. 본 규칙은 의료부대의 안전을 강화하기 위한 교전당사국에의 단순한 권고에 불과하다. 교전당사국이 자신의 의료부대의 위치를 적군에 노출시킬 것인지는 스스로 결정할 문제이다. 특정 상황에서 적군에게 알리는 것은 군사작전상 치명적일 수 있다. 예를 들면, 이동의료부대는 간혹 포격지역 주위에서 활동한다. 그러한 상황에서 그들의 위치를 통보하는 것은 의료부대 인근지역에 있는 군부대에 대한 공격을 초래할 수 있다.

5. 본 규칙에 따라 적군에의 통보는 특별한 형식을 요하지 않는다.[307] 의료부대의 위치는 신뢰성 있으며 효율적인 통신수단으로 적군에게 송달되면 된다.

6. 본 규칙의 두 번째 문장은 통보가 없었다고 해서 보호로부터 면제되는 것은 아니라는 원칙을 강조한다. 규칙 71에 포함된 의무는 통보와는 상관없이 (선택적이기 때문에) 존재한다. 통보하지 않으면 군사목표물에 대한 공격으로 인해 의료부대에 부수적 피해가 발생될 가능성은 높아질 수 있지만(규칙 14 참조), 의료부대로 확인될 경우 규칙 71의 의무가 결코 훼손되는 아니다. 또한 통보가 없어도 국제적 무력분쟁에 적용되는 법에서 요구되는 실행 가능한 예방조치의 실행에 영향을 미치는 것도 아니다(제G절, 특히 규칙 32와 규칙 35 참조).

[규칙 74]
(a) 의료 및 종교요원, 의료부대와 수송수단에 부여된 보호는 인도적인 역할을 벗어나고 적에게 해로운 행위를 하기 전까지 중단되지 않는다.

1. 본 규칙은 국제적 무력분쟁과 관련해서는 제네바 제1협약 제21조, 제네바 제2협약 제34조, 제네바 제4협약 제19조, 제1추가의정서 제13조(1)[308] 및 제21조에, 비국제적 무력분쟁

---

307) 본 규칙에 규정된 통고는 제V절의 통고와는 전혀 다른 것이다(규칙 148(a) 및 149(a) 참조).
308) 제1추가의정서 제13조(1): "민간의료부대가 받을 권리가 있는 보호는 동 부대가 인도적 기능 이외의 적에

에 관해서는 제2추가의정서 제11조(2)[309]에 기초하고 있다.

2. 본 규칙은 의료요원과 종교요원뿐만 아니라 의료 부대와 수송수단에 부여된 특별보호는 이들이 적에게 해로운 행위를 하거나 그러한 행위에 이용되는 경우를 제외하고는 취소될 수 없다. 그러므로 규칙 71에 규정된 의무는 어떠한 이유로도 정지되지 않는다.

3. '적에게 해로운 행위'라는 개념은 군사작전을 지원하거나 방해함으로써 적군에게 피해를 입히려는 목적의 행위를 모두 포함한다.[310] 따라서 적군에 직접적인 공격을 가하는 행위만을 일컫는 것이 아니라 어떠한 방법을 통해서든 군사작전을 방해하는 것 또한 포함한다(특히, 의료부대를 배치하여 군사작전을 방해하거나 또는 의료수송수단을 전투원의 피난처로 사용하는 행위 등). '적에게 해로운 행위'에는 정보수집도 포함된다.

4. 의료요원과 종교요원, 의료 부대와 수송수단의 '인도적인 역할을 벗어나 행한' 적군에 위협적인 행위는 특별보호를 잃는 결과를 가져올 수 있다. 이것은 적에게 해로운 어떤 행위가 의료요원과 종교요원, 의료 부대와 수송수단의 인도적 역할과 양립될 수 있다는 것을 의미한다. 그러한 행위들은 특별보호를 잃지 않고 수행할 수 있다(특히, 야전 병원에서 전자장비의 사용은 적의 통신체계에 간섭할 수 있다).

5. '적에게 해가되는 행위'로 간주되어서는 안 되는 것은 규칙 74(c) 참조.

6. 의료항공기의 특별보호의 상실에 대해서는 규칙 83 참조.

게 해로운 행위를 하는 데 이용되지 아니하는 한 정지되지 아니한다. 그러나 보호는 적절한 경우 합리적인 시한을 부친 경고를 발한 후 그리고 그러한 경고가 무시된 후에 정지될 수 있다."

309) 제2추가의정서 제11조(2): "의무부대 및 수송수단에 부여되는 보호는 그들이 인도적 기능을 일탈하여 적대행위를 하는 데 사용되지 아니하는 한 중단되지 아니한다. 단, 보호는 합리적인 시한을 정한 경고를 발하고 그러한 경고가 무시된 경우에만 중단될 수 있다."

310) 제1추가의정서에 대한 ICRC 해설, para.550.

(b) 의료부대 또는 수송수단의 보호는 상당한 시간 제한을 두고 경고한 후에 그 경고가 무시될 경우에만 중단될 수 있다.

1. 본 규칙은 규칙 38의 배경과는 다르게 해석되어야 한다. 상황이 허락하는 한에서만 경고를 해야 하는 규칙 37에서 언급된 경고와는 달리 동 규칙에 따라 경고를 할 의무는 무조건적이다.

2. 의료 부대 및 수송수단의 특별보호를 중단할 타당한 이유가 있을지라도 경고가 먼저 행해져야 한다. 경고는 다양한 형태로 할 수 있다. 많은 경우 단순히 특정 기간 동안 적대행위를 중지하라는 요구도 경고에 해당된다.

3. 공격이 행하기 전 불법행위를 중지하거나 의료 부대 및 수송수단이 상병자를 안전한 장소로 수송할 수 있는 합리적인 시간이 주어져야 한다.

4. 경우에 따라 경고에 즉각적으로 따라야 하는 것이 '합리적인' 시간이라고 여겨질 수 있지만, 공격시 과잉금지원칙을 준수하고 실행 가능한 모든 예방조치를 강구하여야 한다(제D절 및 제G절 참조).

(c) 다음 항목들은 적에게 해로운 행위로 간주되어서는 안 된다.

1. 본 규칙은 규칙 74(a)에서 추론된 것이다. 적에게 해로운 행위로 간주되어서는 안 되는 행위의 리스트가 제네바 제1협약 제22조[311] 및 제1추가의정서 제13조(2)[312]에 규정되어 있다.

---

311) 제네바 제1협약 제22조: "다음의 사실로 인하여 의무부대 또는 의무시설이 제19조에 의하여 보장받은 권리를 박탈하는 것으로 간주되지 아니한다. (1) 부대 또는 시설의 요원이 무장하고 또한 자위 또는 그들의 책임 하에 있는 부상자 및 병자의 방위를 위하여 무기를 사용하는 것. (2) 무장한 위생병이 없기 때문에 감시병, 보초 또는 호위병이 부대 또는 시설을 보호하는 것. (3) 부상자 및 병자로부터 받아둔 소무기 및 탄약으로서 아직 적당한 기관에 인도되지 않은 채로 부대 또는 시설 내에서 발견되는 것. (4) 수의기관의 요원 및 자재가 부대 또는 시설의 불가분의 일부분을 구성하지 아니한 경우. (5) 의무부대 및 시설 또는 이들의 요원이 민간인 부상자 및 병자의 간호를 위하여 행한 인도적인 활동."

312) 제1추가의정서 제13조(2): "다음 사항은 적에게 해로운 행위로 간주되지 아니한다. 가. 부대요원이 자신 또

이것들이 본 규칙의 기반이 되었다.

2. 적에게 해로운 행위로 간주되지 않는 행위들이 동 규칙에서 열거되어 있다는 사실이 상황에 따라 그러한 부류의 다른 행위들이 있을 수 있다는 가능성을 부인하는 것은 아니다. 그러므로 다음의 리스트는 모든 상황을 총망라했다고 볼 수 없다.

(i) 의료부대의 요원들이 자기방어 또는 부상자, 병자 또는 난선자를 위해 개인용 경무기를 지니고 있음

1. 본 규칙은 제1추가의정서 제22조(1)[313]과 제13조(2)(a)에 기초를 두고 있다.

2. (규칙 71에 대한 해설에서 정의된) 의료요원과 의료부대는 자기 자신과 그들의 책임하에 있는 부상자 및 병자가 폭력의 희생양이 되지 않도록 개인용 경무기를 소지하는 것이 허용된다. '방어'라는 용어는 약탈자 또는 폭도로부터의 공격 그리고 난동을 부리는(부상자 및 병자)들 사이의 질서유지를 위한 방어행위로 엄격히 제한된다. 하지만 의료요원은 방어가 반드시 필요한 상황에서만 무기를 사용할 수 있다. 의료부대를 억류하려는 적군에 맞서기 위해 무력을 사용할 경우 보호를 상실하게 된다.[314]

는 그들 책임하에 있는 부상자 및 병자의 방어를 위한 개인용 소화기를 휴대하는 것. 나. 동 부대가 초병, 보초 또는 호위병에 의하여 방어되는 것. 다. 부상자와 병자로부터 수거되었거나 아직 적절한 기관에 인계되지 못한 소화기, 탄약 등이 부대 내에서 발견되는 것. 라. 군대구성원 또는 기타 전투원이 의료상의 이유로 동 부대 내에 있는 것."

313) 제1추가의정서 제22조(1): "하기에 관한 제협약의 제규정, 즉 가. 제2협약의 제22조, 제24조, 제25조, 제27조에 규정된 선박. 나. 동 선박의 구명정 및 주정. 다. 동 선박의 요원 및 승무원. 라. 승선 중인 부상자, 병자, 난선자에 관한 제협약의 제규정은 이러한 선박이 제2협약 제13조의 어느 범주에도 속하지 아니하는 민간 부상자, 병자, 난선자를 수송하는 경우에도 적용된다. 그러나 그러한 민간인은 자국이 아닌 어느 당사국에 항복하거나 해상에서 체포되지 아니한다. 만일 그들이 타방당사국의 수중에 들어가는 경우에는 그들은 제4협약 및 본 의정서의 적용을 받는다."

314) NWP, para.8.6.3 subpara.2: "병원선은 무장할 수는 없지만, 병원선 승무원은 명령의 유지, 자신의 보호, 환자, 병자, 난선자의 보호를 위하여 휴대 가능한 개인병기를 소지할 수 있다. 하지만 적십자 표식이 여러 무장단체들 및 그 요원들에 의해 보호지위가 인정되지 않고 있는 변화되고 있는 위협상황 때문에, 미국은 병원선에 개인병기로 무장한 승무원과 유사한 대미사일 방어체계 또는 소형보트의 위협에 대응한 승무원이 갖고 있는 무기 및 병원선의 인도적 목적과 부상자와 병자를 보호해야 한다는 임무에 일치하는 방어무기체계는 설치할 수 있다고 본다."

3. '개인용 경무기'라는 표현은 주로 개인이 소지 및 사용하는 무기들을 일컫는다. 권총, 소총 그리고 기관단총이 허용된다. 의료요원이 혼자서 운송하지 못하며 작동시키는 데 다수의 사람들이 필요한 기관총 혹은 그 이외의 중화기를 소지할 경우 적군에 위협적인 행위로 간주된다.

4. 동 규칙은 의료부대가 방어체계(예, 섬광탄, 전파교란기 또는 유사한 보호장치)를 보유하는 것을 막을 수 없다. 이러한 시스템은 의료요원과 의료부대의 보호를 위해서만 사용되어야 한다. 이것들은 의료부대가 본질적 또는 표면상으로 공격용 무기를 갖추고 있다는 것으로 적이 오인하지 않도록 해야 한다.

(ii) 의료부대가 보초병 또는 호위병의 보호를 받고 있음

1. 동 규칙은 제네바 제1협약 제22조(2)와 제1추가의정서 제13조(2)(b)와 같은 개념을 포함하고 있다. 의료자원에 대한 약탈과 폭력을 방지하거나 의료부대에서 치료를 받고 있는 적 전투원의 탈출을 방지하기 위해 보초 또는 호위가 필요할 수 있다. 보초 또는 호위는 적의 의료부대에 대한 포획과 통제에 대항하기 위하여 시도되어서는 안 된다.

2. 만약 그 보초 또는 호위가 군 구성원일 경우, 그들은 의료부대 내에 있다는 단순한 사실만으로 보통 공격에서 보호되지만 전투원의 지위를 유지한다. 포획될 경우 전쟁포로 지위가 허용된다.

3. 보초 또는 호위에 민간안보기업의 민간 고용인 또는 법집행관리를 임명할 수 있다.

(iii) 부상자와 병자들에게서 회수하여 아직 정식 기관에 반납하지 못한 운반 가능한 무기들과 탄창이 의무부대에서 발견되었음

1. 본 규칙은 제네바 제1협약 제22조(3)와 제1추가의정서 제13조(2)에 기초를 두고 있다.

2. 부상자와 병자에게서 회수한 무기와 탄창은 반드시 적합한 기관에 가능한 빨리 이전되어야 한다. 한편으로는 의료부대가 이러한 무기를 소지하고 있다는 사실이 그들의 보호

를 상실시키는 것은 아니다.

3. 규칙 74(c)(i)에서 구체화된 개인용 경무기는 부상자와 병자에게서 회수한 운반 가능한 무기와 탄창에 포함되지 않는다. 규정 74(c)(iii)에 명시된 화기들은 좀 더 무겁지만 2명이나 3명의 군인에 의해서 옮길 수 있다(지대공 미사일 또는 대전차 장비).

(iv) 무장세력 또는 다른 전투원이 치료 또는 다른 허가된 사유로 인해 의료부대에 있고 임무가 의료부대와 일치함

1. 본 규정은 제1추가의정서 제13조(2)(d)에 기초하고 있다.

2. 전투원들이 의료적인 사유로 의료부대 내에 있다는 사실이 적에게 해가 되는 행위로 간주될 수 없다. 그렇기 때문에 의료부대에 대한 보호를 종료시키기 위해 의료부대 내에 군인 부상자 및 병자가 존재하고 있다는 것을 이유로 드는 것은 위법이다.

3. 그러한 면에서 의료적인 사유의 개념은 실제 의료조치보다 포괄적이다. 이는 군 구성원이 치료를 받지는 않지만 건강 진단 또는 백신을 받기 위한 의료적인 사유로 시설이나 부대 안에 있는 경우 또한 포함한다.

4. 전문가들은 제1추가의정서 제13조(2)(d)의 한 구절에 대해서 의견을 달리했다. 규정 74(c)(iv)에 따르면 군 구성원은 의료적인 사유 말고도 의료부대를 방문하는 것이 허용될 수 있다. 군 구성원 또는 전투원이 의료부대에 의료때문에 온 것이 아니더라도, 적에게 해가 되는 행위로 간주되어서는 안 된다. 예를 들면, 환자들에게 우편물을 전달해 주거나 그들을 방문하는 것은 의료부대의 임무와 일치하지 않는 것은 아니다.

(d) 의료부대는 합법적 공격목표를 보호하기 위해 사용되어서는 안 된다.

1. 본 규칙은 제1추가의정서 제12조(4)[315]의 첫 번째 문장에 기초하고 있으며, 공격을 받고

---

315) 제1추가의정서 제12조(4): "어떠한 경우에도 의료부대는 군사목표물을 공격으로부터 엄폐하기 위한 목적

있는 교전당사국의 사전예방조치와 관련이 있다(제H절, 특히 규정 45 참조).

2. 본 규칙 -규칙 71의 의무에서 추론되는- 은 교전당사국의 자국 의료부대와 그들의 수중에 들어온 의료부대와 관련된 의무를 의미한다.

3. 특히 교전당사국은 의료부대가 합법적인 공격대상을 보호하지 않도록 해야 한다. 실제 상황에서 의료부대는 부상자와 병자에게 긴급치료를 제공하기 위해 전투지역과 군사목표물 주위에 위치해야 할 때가 있다. 하지만, 교전당사국이 부수적인 피해를 방지하기 위해 고의적으로 부대를 그러한 장소에 위치시킴으로써 적이 합법적인 표적을 공격하는 것을 방해하고 적이 이러한 대상을 공격하는 것을 망설이게 하기 위한 전략으로 사용하는 것을 허용되지 않는다. 같은 이유로 합법적인 표적을 공격으로부터 보호하기 위하여 의료부대 근처나 내에 위치시키는 것은 금지된다.

4. 의료부대를 합법적인 표적에 대한 공격을 막기 위한 목적으로 활용하는 것은 어떤 상황에서도 정당화 될 수 없다(제1추가의정서 제12조(4) 참조).

5. 의료부대가 합법적인 표적을 보호하기 위해 활용되었어도 비례성 원칙을 존중해야 할 적의 의무가 면제되는 것은 아니며(하지만 규칙 45에 대한 해설 para.6 참조) 또한 실행 가능한 예방조치를 취하여야 한다(제G절 및 규칙 46 참조). 그리고 공격은 적이 의료부대를 방패로 삼는 행동을 중지토록 경고하고, 그 경고가 무시될 경우에만 실행되어야 한다(규칙 74(b) 참조). 이것은 군사목표물을 공격으로부터 보호하기 위해 의료부대 인근에 위치시키고자 하는 의도가 있는 경우에 특히 중요하다. 결국 의료부대는 치료 규정을 용이하게 하고 활발히 하기 위해서만 군대와 가까운 곳에 배치되어야 할 것이다.

으로 사용되어서는 아니된다. 분쟁당사국은 가능한 한 의료부대가 군사목표물에 대한 공격으로 인하여 그 안전이 위태롭지 않게 위치하도록 보장하여야 한다."

제L절 의료항공기에 대한 특별보호

1. 본 절은 규정 1(u)에서 정의된 바와 같이 의료항공기에 대한 특별보호를 다루고 있다.

2. 의료항공기 -특히 헬리콥터- 는 부상자와 병자, 난선자, 의료요원과 종교요원 그리고 의료장비와 물자를 운반하기에 매우 효과적인 수단이다. 이런 수단으로 인해 치료가 필요한 인원을 빠르게 이송하여 진료할 수 있다.

3. 의료항공기를 포함한 모든 항공기가 군사작전에 참여할 수 있는 잠재적인 능력을 가지고 있기 때문에(특히, 정보수집), 의료항공기와 군용항공기를 구분하는 것이 어려울 수도 있고 교전당사국이 잠재적 공격에 대응할 때 신속한 결정이 필요할 수 있다. 이럴 경우 의료항공기의 적절한 식별을 용이하게 하기 위한 자세한 규정이 필수적이다. 의료항공기가 규칙 78(a)에 명시된 지역을 비행할 경우 조사를 위해 착륙이 명해질 수 있다.

[규칙 75] 본 절의 규칙에 의거해 의료항공기는 공격으로부터 특별보호를 받는다.

1. 본 규칙은 제1추가의정서 제24조[316]에 기초하고 있다. 본 규칙은 의료항공기는 "특별보호를 받는다"라고 하고 있는 반면, 제1추가의정서는 "존중되고 보호된다"고 되어 있다. 이러한 차이를 두고 있는 이유는 의료항공기의 특별보호를 강조하고 싶은 바람 때문이다(제K절에 대한 해설 참조). 물론 동 규칙이 의료항공기가 보호되고 존중받을 의무를 덜 고려하는 것이 아니라, 오히려 그 의무를 강화시키는 것이 목적이다.

---

316) 제1추가의정서 제24조: "의료항공기는 본 편의 규정에 따라 존중되고 보호된다." 산레모 매뉴얼 제174항 참조: "의료항공기는 본 매뉴얼의 여러 항에서 규정된 바에 따라 보호되고 존중된다."

2. 의료항공기의 보호에 필요한 지원은 항공기가 있는 위치에 따라 달라진다. 규칙 77, 78, 그리고 80에 대한 해설은 2가지 상황을 구별하고 있다. (a)의료항공기가 아군 전력이 물리적으로 통제하고 있는 지역과 그 상공 또는 적이 물리적으로 통제하고 있지 않는 해상에서 활동하는 경우, (b)의료항공기가 적이 물리적으로 통제하고 있는 지역 및 그 상공뿐만 아니라 아군 전력이 물리적으로 통제하고 있거나 물리적 통제가 명확히 확립되지 않은 접촉지역 및 그 상공에서 활동하는 경우. 이는 동 규칙이 공격으로부터의 특별보호는 "매뉴얼의 본 절에 명시되어 있는 규칙에 따라야 한다"는 것을 명시하고 있는 이유를 설명하고 있다.

3. 본 규칙은 비국제적 무력분쟁에도 적용된다.

[규칙 76]
(a) 의료항공기에는 적십자, 적신월사, 그리고 적수정(이스라엘의 적십자)이 있는 국제적 무력분쟁에 적용되는 법에서 허용되는 구별되는 표식을 국기와 함께 상단, 하단, 그리고 후방 표면에 확실하게 표시하여야 한다.

1. 일반적인 의료수송에 적용되는 구별표식으로 "표시하여야 한다"(ought to)는 규칙 72(a)의 두 번째 문장과는 달리 본 규칙 -의료항공기에게만 해당되는- 은 이러한 표식을 부착하는 것은 명백한 의무임을 강조하고 있다. 이러한 의무는 제네바 제1협약 제36조의 둘째 문단[317]과 제1추가의정서 제18조(4)[318]에 기초를 두고 있고, 두 조항 모두 "~하여야 한다"(shall)

---

[317] 제네바 제1협약 제36조의 둘째 문단: "의료항공기는 그 하면, 상면 및 측면에 제38조에서 정하는 특수포장을 자국의 국기와 함께 명백히 표시하지 않으면 아니된다. 의료항공기는 적대행위의 개시 또는 진행 중에 교전국 간에 합의될 다른 표지 또는 식별수단을 갖추지 않으면 아니된다."

[318] 제1추가의정서 제18조(4): "의료부대 및 수송수단은 권한있는 당국의 동의를 얻어 식별표장에 의하여 표시되어야 한다. 본 의정서 제22조에 언급된 선박과 주정은 제2협약의 규정에 따라 표시되어야 한다." 이러한 의무는 산레모 매뉴얼 제175항에서도 발견된다. "의료항공기는 상하, 좌우 측면에 자국 국기와 함께 적십자 또는 적사자 표장을 명확하게 표시하지 않으면 안 된다. 의료항공기는 항상 제1추가의정서 제1부속서에 규정된 여러 식별수단을 시행할 것이 장려된다. 국제적십자위원회가 차용한 항공기는 의료항공기와 같은 식별수단을 사용할 수 있다. 시간 부족 또는 그 특성상 특수표식을 할 수 없는 임시용 의료항공기는 이용 가능한 효과적인 식별수단을 사용하여야 한다."

라는 표현을 이용하고 있다. 구별표식을 표시할 수 없는 임시 의료항공기에 관한 특별한 제도가 규칙 76(c)에 규정되어 있다.

2. 1929 제네바협약에서 의료항공기는 원래 하얀색으로 도색할 것이 요구되었으며,[319] 이 의무는 1949년 제네바 제1협약과 1977년 제1추가의정서에서는 언급되지 않았다. 또한 1929년 제네바협약은 식별표식이 항공기의 상부와 하부 표면에 국기와 함께 표시하기보다는 "양옆에 나란히" 표시할 것을 요구하였다. 1949년 제네바 제1협약은 항공기의 후방에도 표시하라는 조건을 추가하였다.

3. 적십자, 적신월 그리고 적수정의 구별표식에 대해서는 규칙 72에 대한 해설 참조.

4. 본 규칙은 비국제적 무력분쟁에도 적용된다.

(b) 의료항공기는 필요한 부분에 추가적으로 식별표시를 할 수 있다.

1. 구별표식에 다른 식별수단을 추가할 수 있는 가능성은 제네바 제1협약 제36조의 두 번째 단락에서 인용되었고, 이는 당사국들이 이 문제에 대한 특별협정을 체결하는 것을 허용하고 있다.

2. 제1추가의정서 제18조(5)[320]는 구별표식 외에 다른 추가적인 식별수단을 허용하고 있다. 추가적인 식별수단은 제1추가의정서 제1부속서에 나열되어 있다. 이는 다른 항공기들은 사용할 수 없는 푸른색 점멸등과 모든 의료수송에 배정된 구별되는 우선(긴급)신호로 이루어진

---

[319] 1929년 전지에서의 상병자의 상태개선에 관한 제네바협약 제18조.

[320] 제1추가의정서 제18조(5): "식별표장에 추가하여 분쟁당사국은 본 의정서 제1부속서 제3장에 규정된 바에 따라 의료부대 및 수송수단을 식별하기 위한 식별신호의 사용을 허가한다. 예외적으로 전기 제3장에서 취급되고 있는 특별한 경우에는 의료수송수단은 식별표장을 부착함이 없이 식별신호를 사용할 수 있다."

라디오 메시지를 포함한다. 이러한 발전은 "가시거리 밖에 있는" 표적도 가능하게 하는 현대전에서 항공기에 표시된 구별표식만으로는 충분한 보호를 제공할 수 없다는 우려에서 시작되었다.

3. 미래에는 자동라디오식별체계가 개발되어 응답기와 디지털 수신기술 그리고 이차 감시 레이더(SSR)시스템을 이용해 의료항공기의 항로를 식별하고 추적할 수 있을 것이 예상된다.

4. 교전당사국은 특별협정을 체결하여 의료항공기의 보충 조명, 라디오 및 전자식별수단을 설정할 수 있다.

5. 본 규칙은 비국제적 무력분쟁에도 적용된다.

(c) 시간적인 제한이나 비행기 특성상 구별되는 표식을 표시할 수 없는 임시 의료항공기는 가능한 가장 효과적인 식별수단을 이용한다.

1. 본 규칙은 산레모 매뉴얼 제175항의 마지막 문장의 일부분을 재언급하고 있다. 본 규칙과 산레모 매뉴얼 제175항은 대부분 제1추가의정서 제1부속서 제6조(4)[321]에 기초하고 있다(1993년 개정).

2. 본 규칙은 몇몇 국가는 항공기를 영구히 오로지 의료임무만에 할당할 형편이 되지 않는다는 사실을 고려한 것이다.[322] 임시 항공기가 규정되어야 하는 또 다른 이유는 영구 의료항

---

[321] 제1추가의정서 제1부속서 제6조(4): "시간 부족 또는 그 특성상 특수표식을 할 수 없는 임시용 의료항공기는 이 장에서 허용된 구별표식을 사용할 수 있다."

[322] 산레모 매뉴얼에 대한 해설, 제175항1: "항공기를 임시적으로 의료임무에 할당하는 것을 인정하는 규정은 오로지 의료임무에만 종사하는 항공기(특히 헬리콥터)를 구입할 수 없는 국가를 돕기 위해 삽입되었다. 그러나 의료임무에 임시적으로 할당된 항공기는 그 임무수행 중 의료항공기에 관한 모든 조항을 따르지 않으면 안 된다."

공기가 필요할 때 즉시 사용할 수 없을 수 있다는 사실 때문이다.

3. 표식과는 별개로 의료 임무에 지정된 임시 의료항공기는 반드시 그 임무만 오로지 수행하여야 한다(규칙 1(u) 및 특히, 규칙 1(u)에 대한 해설 para.7-9 참조).

4. '특성상'이라는 구절은 임시 의료항공기에 적합한 구별표식을 할 수 없는 형태를 말할 때 쓰인다. 예를 들면 유리구 표면 또는 표식을 할 적당한 표면이 제공되지 않을 경우 등이 있다.

5. 본 규칙에 따르면, 구별표식을 표시할 수 없는 임시 의료항공기는 "가장 효과적인 식별수단"을 이용하여야 한다. 하지만, 식별수단이 효과적이기 위해서는 적들이 사전에 이런 표식들에 익숙해져 있어야 한다.

6. 본 규칙은 비국제적 무력분쟁에도 적용된다.

(d) 식별수단은 식별을 용이하게 하기 위해서만 사용되며 피보호 지위를 부여하는 것은 아니다.

1. 특별보호는 의료항공기의 지위 그 자체에 주어지는 것이지 구별표식을 했다고 해서 주어지는 것은 아니다. 구별표식은 단지 의료항공기의 신분을 인지하는 수단일 뿐이다. 특별보호는 의료항공기로 지정되면 가능한 한 빠른 시일 내에 부여되어야 한다. 이는 의료항공기가 구별표식을 표시하고 있지 않거나 다른 추가적인 식별수단이 없을 경우에도 유효하다. 이와 관련해서는 규칙 72(c) 및 72(d) 참조.

2. 특별보호는 교전당사국이 사용하는 의료항공기에만 부여되는 것이 아니라 ICRC에 의해 사용되는 의료항공기에도 부여된다. 후자는 같은 식별수단을 이용할 수 있다.

3. 어떤 항공기든 적십자, 적신월 그리고 적수정의 부적절한 사용은 항시 금지된다(규칙 112(a) 참조).

4. 본 규칙은 비국제적 무력분쟁에도 적용된다.

[규칙 77] 우군이 통제하고 있는 지역 내 및 그 상공에서 교전당사국의 의료항공기에 대한 특별 보호는 적국의 동의에 좌우되지 않는다.

1. 1929년 제네바협약 제18조의 첫 번째 문단은 의료항공기의 보호를 규정하고 있지만, 세 번째 문단은 "특별한 그리고 명시적 허가 부재시 전선(firing line) 상공, 공터 또는 치료소 전방에 위치한 구역 그리고 모든 적 영역 또는 적에 의해 점령된 영역 상공을 비행하는 것은 금지된다"고 경고하고 있다. 그러므로 이런 지역의 상공비행은 특별한 그리고 명시적 허가가 있어야 가능하다. 1949년 제네바 제1협약 제36조 첫째 문단[323]의 공식은 보다 덜 자유로왔다 – 의료항공기의 활동(작전구역과는 관계없이)은 교전당사국 간의 협정에 달려있었다.

2. 제1추가의정서는 의료항공기의 위치에 따라 다른 보호관련 법적 제도를 도입했는데, 3개의 서로 다른 구역을 설정하고 있다. (i)제1추가의정서 제25조[324]는 우군에 의하여 실질적으로 통제되는 영역 및 그 상공과 적대당사국에 의하여 실질적으로 지배되지 아니하는 해상 및 그 상공에서의 의료항공기를 다룬다. (ii) 동 의정서 제26조[325]는 우군이 통제하고 있는

---

323) 제네바 제1협약 제36조 첫째 문단: "교전국은 의료항공기 즉, 부상자 및 병자의 수용 및 의료요원 및 재료의 수송에 전적으로 사용되는 항공기가 관계교전국 간에 특별히 합의된 고도, 시각 및 횡로에 따라서 비행하고 있는 중에는 공격하여서는 아니되고 이를 존중하여야 한다."

324) 제1추가의정서 제25조: "우호국에 의하여 실질적으로 지배되는 육지 및 그 상공과 적대당사국에 의하여 실질적으로 지배되지 아니하는 해상 및 그 상공에서의 분쟁당사국의 의료항공기의 존중과 보호는 적대당사국과의 어떠한 협정에도 의존하지 아니한다. 그러나 보다 큰 안전을 위하여 이 지역에서 의료항공기를 사용하는 당사국은 특히 그러한 항공기가 적대당사국의 지대공 무기체계의 사정거리 내를 비행할 때는 제29조에 규정한 것처럼 적대당사국에 통고할 수 있다."

325) 제1추가의정서 제26조: "우호국에 의하여 실질적으로 통치되는 접촉지역과 그 상공 및 실질적 지배가 확정되지 않은 지역과 그 상공에서의 의료항공기의 보호는 제29조에 규정된 바와 같이 분쟁당사국의 권한있는

접촉지역과 그 상공 및 실질적 통제가 확정되지 않은 지역과 그 상공에서의 의료항공기를 다룬다. 그리고 (iii)동 의정서 제27조[326]는 적대당사국에 의하여 통제되는 지역 내의 의료항공기를 다루고 있다. 본 규칙에서 상용된 표현은 제1추가의정서 제25조와 유사하다.

3. 본 규칙에 명시된 의료항공기에 대한 보호는 적의 동의와는 완전히 무관하다. 이는 의료항공기가 사전동의를 구하지 않고 위험을 감수하면서 비행하는 규칙 78(a)에 의해 다루어지는 지역과는 다르다.

4. 교전당사국은 어쨌든 서로의 의료비행에 관한 내용을 공지할 것이 권장된다.[327] 그러한 경우, 공지에는 자세한 비행계획이 수반되어야 한다(규칙 78(b)의 두 번째 문장 참조).

5. '지역 내 및 그 상공'이라는 구절은 의료항공기에 대한 특별보호는 비행 중 및 지상에 착륙했을 때 모두 적용된다는 것을 나타내기 위함이다. 동 규칙에는 '우군이 통제하고 있는 지역'이라고만 분명하게 명시되어있지만, 이 규정은 적이 물리적으로 통제하고 있지 않은 해상 지역에도 적용된다.

군당국 간의 사전협정에 의하여서만 완전히 유효하다. 그러한 협정의 부재시에는 의료항공기는 스스로 위험부담을 지고 운행되나 그럼에도 불구하고 의료항공기로 인지되었을 경우에는 존중되어야 한다. 2. "접촉지역"이라 함은 분쟁당사국의 선두부대가 상호접촉하는 육상지역, 특히 지상으로부터의 직접적인 포화에 노출되는 지역을 의미한다."

326) 제1추가의정서 제27조: "1. 분쟁당사국의 의료항공기는 항공에 대한 사전합의가 적대당사국의 권한있는 당국사이에 있는 경우, 적대당사국에 의해 실질적으로 지배되는 육지 및 해양의 상공비행 중 계속해서 보호되어야 한다. 2. 비행착오 또는 비행의 안전에 영향을 주는 긴급사태 때문에 1항에 규정된 합의없이 또는 합의의 규정을 이탈하여 적대당사국에 의하여 실질적으로 지배되는 지역을 비행하는 의료항공기는 자신을 식별시키고 적대당사국에 사태를 통보하여 주기 위하여 모든 노력을 다하여야 한다. 그러한 의료항공기가 적대당사국에 의하여 인식되는 즉시 동 당사국은 제30초 1항에 언급된 육지 및 해상에 착륙하도록 하거나 자신의 이익을 보호하기 위한 다른 조치를 취하도록 명령을 내리기 위하여 두 경우 모두 항공기에 대한 공격을 하기 전에 복종할 수 있는 시간을 항공기에 주도록 모든 합리적인 노력을 다하여야 한다."

327) 제1추가의정서 제25조 두 번째 문단 참조. 또한 산레모 매뉴얼 제177항: "교전국은 특히 교전국의 어느 일방에 의한 명확한 지배가 확립되지 못한 구역에서는 항상 의료항공기의 비행을 통고하고 협정을 체결하도록 장려된다. 그러한 협정이 체결되는 경우 안전운항을 위한 고도, 시간 및 항로를 규정하여야 하고, 식별 및 통신수단을 포함하여야 한다."

6. 본 규칙에서 통제라는 개념은 영역에 대한 교전당사국의 주권을 말하는 것이 아니라, 오히려 실질적인 지배를 뜻한다. 즉, 영역에 군대를 주둔하고 있다는 사실은 의료항공기의 안전을 확보하는 것을 가능하게 한다.

7. '아군'이라는 용어는 교전당사국과 공동교전국의 군대를 말한다.

8. 본 규칙은 비국제적 무력분쟁에도 적용된다.

[규칙 78]

(a) 적이 물리적으로 통제하고 있는 지역 내 및 상공뿐만 아니라 우군에 의해 물리적으로 통제되거나 물리적 통제가 명백하게 확립되지 않은 접경지대의 일부 지역 내 및 상공에서 의료항공기의 보호는 적국의 사전 동의를 얻었을 경우에만 완전히 효과적일 수 있다. 하지만 그러한 동의가 결여 되어있는 경우 의료항공기는 접경지대에서 위험을 감수하고 행동할 수 있지만, 그들이 식별되는 순간 존중되어야 한다.

1. 본 규칙은 제1추가의정서 제26조(1) 및 제27조(1)의 적용범위에 관한 전문가들의 토론에 의해 도출되었다. 실질문제로서 본 규칙은 적이 물리적으로 통제하고 있는 지역과 접경지대에 동일한 원칙을 적용하는 반면, 제1추가의정서 제26조(1)과 제27조(1)은 이 두 범주를 구별하고 있다. 하지만 이 두 지역을 구별하는 것은 지상과 공중 작전의 흐름에 따라 미묘해질 수 있다. 대부분의 전문가들은 교전당사국들이 그러한 지역의 상공에서 의료항공기 작전을 계획할 경우 보호를 받으면서 지원할 수 있도록 그러한 점을 고려해야 한다고 보았다.

2. 본 규칙의 목적은 교전당사국이 실수로 의료항공기 -의료항공기로 식별되지도 않고 사전 동의없이 해당 지역 상공을 비행할 경우- 를 공격했을 시 비난받지 않을 수도 있다는 것을 명확히 하는 것이다. 하지만 강조되어야 할 점은 이런 지역 상공을 동의없이 비행하는 의료항공기라도 특별보호를 상실하지는 않지만 의료항공기로 확인이 안 될 경우 격추당할 위험

도 있다.

3. 의료항공기가 본 규칙에 정의된 지역에 동의없이 진입했을 경우 항공기는 자신의 신원을 확인시키기 위해 모든 수단을 동원해서 적에게 자신의 상황을 알리고 적의 공중통제 지시에 따라야 한다. 의료항공기로 식별될 경우 적은 항공기에게 우회하거나 특정 항로로 비행 또는 조사를 위해 착륙하라고 지시를 내릴 권리는 있지만 공격은 금지된다. 지시에 불응한 해당 항공기는 공격대상이 될 수 있다. 하지만 공격하기 전에 항공기가 지시에 따를 수 있도록 충분한 시간이 주어져야 한다(제1추가의정서 제27조(2) 참조).

4. 제1추가의정서 제26조(2)에 정의된 것처럼 접경지대는 분쟁당사국의 선두부대가 상호 접촉하는 육상지역, 특히 지상으로부터의 직접적인 포화에 노출되는 지역을 의미한다. 지상으로부터의 직접적인 포화라는 구절은 항공기로부터의 포화는 배제된다.

5. 본 규칙은 '우군에 의해 물리적으로 통제되거나 물리적 통제가 명백하게 확립되지 않은 지역'에 적용된다. 대항세력과의 연속된 공격과 격퇴로 인해 복잡해질 수 있는 접경지대에서는 통제권이 확실히 성립되어 있지 않을 수도 있다.

6. 규칙 77에 대한 해설 para.5에서 설명되었듯이 '지역 내 및 그 상공'이라는 구절은 의료항공기의 특별보호는 비행 및 지상에 있을 때 모두 적용됨을 나타낸다.

7. 본 규칙은 비국제적 무력분쟁에도 적용된다.

(b) (a)에 명시된 적의 동의는 사전에(또는 의료항공기가 임무에 착수하기 바로 전에) 의료항공기를 이용하는 교전당사국에 의해 성립되어야 한다. 동의 요구에는 반드시 자세한 비행계획(국제민간항공기구 비행계획 양식을 준수한 계획)이 첨부되어야 한다.

1. 적의 동의를 미리 구해야 한다는 조건은 제1추가의정서 제29조(1)[328]의 '사전합의'(prior agreement)라고 언급된 내용에 내포되어 있다. ICAO의 비행계획에 관한 참고 내용은 제1추가의정서 제1부속서 제13조[329]에서 파생되었다(1993년 개정).

2. 적의 동의를 획득하는 데 실패한다면 의료항공기는 신원을 확인시키지 않은 이상 위험을 무릅쓰고 비행하여야 한다.

3. ICAO 비행계획 형식은 항공기 식별, 표식, 항로 및 기타 다른 요소들을 포함한다.[330] 그래서 다른 세부사항을 추가하지 않고 ICAO의 자세한 비행계획을 요구하는 것만으로도 충분하다(제1추가의정서 제29조(1)과 마찬가지로). 따라서 비행계획서는 최대한 정확하게 작성되어야 하며, 출발과 도착시간을 기입하고, 비행항로와 고도 또한 입력해야 한다. 다른 요소도 추가될 수 있다.

4. 본 규칙은 비국제적 무력분쟁에도 적용된다.

(c) 동의는 요청되면 신속하게 이루어져야 한다. 항공기의 의료적 지위에 일치하는 활동이 특히 부상자, 병자 또는 난선자의 대피 그리고 의료요원이나 의료물자의 수송일 경우 타당한 근거를 제외하고는 거부되어서는 안 된다.

1. 동의가 요청될 시 교전당사국은 최대한 신속하게 응해야 한다. 긍정적인 또는 부정적인 답변을 줄 수 있다. 또한 대안 및/또는 추가조건을 제안할 수 있다.

---

328) 제1추가의정서 제29조(1): "제25조에 규정된 통고 또는 제26조, 제28조 4항 또는 제31조에 규정된 사전합의의 요청에는 예정된 의료항공기의 수, 비행계획, 식별수단이 언급되어야 하며, 모든 비행은 제28조에 따라 수행될 것임을 의미하는 것으로서 이해되어야 한다."

329) 제1추가의정서 제1부속서 제13조: "의정서 제29조에 규정된 비행계획에 관한 합의 및 통고는 가능한 한 국제민간항공기구에 의하여 제정된 절차에 따라 작성된다."

330) ICAO, Rules of the Air, 시카고국제민간항공협약, Chapter 3.3(비행계획).

2. 본 규칙은 교전당사국이 정당한 사유가 있을 경우를 제외하고는 동의 요청을 거절하면 안 된다고 확실하게 명시하고 있다. 이는 의료항공기가 상병자의 구조라는 핵심적인 역할을 수행할 시 동의가 없으면 위험을 감수하고 작전을 수행해야 할 수도 있기 때문이다. 본 텍스트에서 동의를 거부할 수 있는 타당한 근거는 의료 목적의 비행을 금지할 만한 특히 보안 문제와 긴급한 이유로 해석될 수 있어야 할 것이다.

3. "항공기의 의료적 지위에 일치하는 활동"이라는 개념은 통상적인 의료 기능을 말한다. "적에게 해가 되는 행동" 외에(규칙 83 참조) 통상적 기능은 상병자 수색 및 전투 탐색구조작전을 제외한다(규칙 86 참조).

4. 본 규칙은 비국제적 무력분쟁에도 적용된다.

[규칙 79] 어떤 조건에서든 적에게서 받은 의료항공기의 보호에 대한 동의는 엄격하게 유지되어야 한다.

1. 동의 요건들을 준수해야 할 의무는 규칙 78의 논리적인 귀결이다. 본 규칙은 보호 체계의 활성화를 위해 필요한 명확성을 제공하기 위한 목적을 가지고 있다.

2. 적에게서 받은 동의 요건을 벗어난 의료항공기는 의료항공기로써의 식별되지 않은 이상 위험을 감수하고 비행하여야 한다(규칙 78(a)의 두 번째 문장).

3. 적이 규정한 동의 요건을 준수해야 하는 의무는 의료항공기가 적에게 해로운 행위에 포함되지 않는 의료항공기에 부과된 금지보다 더 광범위하다(규칙 83 참조). 적의 동의는 특정 항로 또는 고도와 같은 기술적인 문제에 대해 부수적일 수 있다. 하지만 그러한 기술적 조건들은 엄격히 준수되어야 한다.

4. 본 규칙은 비국제적 무력분쟁에도 적용된다.

[규칙 80]

(a) 규칙 78 (a)에 명시된 지역의 상공을 비행할 시, 조사를 위해 지상이나 수면에 착륙하라고 지시 받을 수 있다. 의료항공기는 반드시 그러한 명령에 복종하여야 한다.

1. 본 규칙은 규칙 78(a)의 해설에서 설명된 것처럼 본 매뉴얼이 의료항공기가 아군 전력이 물리적으로 통제하고 있는 접경지대 또는 통제가 확실하지 않는 지역과 마찬가지로 적이 물리적으로 통제하고 있는 지역을 비행할 때에도 동일한 법적 제도가 적용된다는 점을 제외하면 제1추가의정서 제30조(1)[331] 및 산레모 매뉴얼 제180항[332]에 기초하고 있다.

2. 의료항공기는 적의 동의를 받고 비행할 시에도 착륙하라는 명령을 지시받을 수 있다. 이러한 명령은 반드시 따라야 한다. 따르지 않을 경우 의료항공기는 강제적인 착륙 또는 최후 수단으로 공격받을 수 있다.

3. 착륙명령을 받았을 때 의료항공기가 적절한 안전 조건을 유지한 채 착륙할 수 있도록 보장해야 한다. '수상 착륙'은 수상 비행기, 수륙양용 항공기 또는 수상에 착륙할 수 있는 고정익 또는 회전익 항공기에만 해당된다.

4. 의료항공기는 조사를 허용할 만한 분명한 특정 사유가 있을 경우에만 착륙 또는 수상 착륙토록 지시받을 수 있다. 조사는 지체없이 시작되어야 하고 신속하게 이루어져야 한다. 이

---

331) 제1추가의정서 제30조(1): "적대당사국에 의하여 실질적으로 지배되거나 실질적 지배가 명백히 확립되지 않은 지역의 상공을 비행하는 의료항공기는 적절한 경우에는 하기 항에 따른 조사를 허용하도록 하기 위하여 착륙 또는 착수하도록 명령받을 수 있다. 의료항공기는 그러한 명령에 복종하여야 한다."
332) 산레모 매뉴얼 제180항: "적국에 의하여 실질적으로 지배되고 있는 지역 또는 실질적 지배가 명확하게 확립되어 있지 않은 지역의 상공을 비행하는 의료항공기는 검색을 위하여 착륙을 명할 수 있다. 의료항공기는 그러한 명령에 따라야 한다."

러한 신속한 절차가 이루어져야 하는 이유는 항공기에 탑승한 상병자들의 건강상태에 조사 과정이 좋지 않은 영향을 미쳐서는 안 되기 때문이다. 마찬가지로 조사하는 교전당사국은 조사에 필수적이지 않는 한 상병자를 항공기에서 옮기면 안 된다.[333] 상병자가 아닌 조난자는 항공기에서 이송될 수 있다. 전투원인 경우 그들은 전쟁포로로써 억류될 수 있다.

5. 본 규칙은 비국제적 무력분쟁에도 적용된다.

(b) 조사 후 의료항공기가 의료적 지위에 일치하는 활동에 종사한 것으로 밝혀지면 지체없이 계속 비행이 허가되어야 한다.

1. 본 규칙은 제1추가의정서 제30조(3)[334]에서 추론되었다.

2. '항공기의 의료적 지위에 일치하는 활동'이라는 개념은 규칙 78(c)에 대한 해설 para.3 참조.

3. 본 규칙은 비국제적 무력분쟁에도 적용된다.

(c) 하지만, 의료항공기가 의료적 지위에 일치하지 않는 활동에 종사하거나 동의없이 비행 또는 사전에 동의한 내용에 위반되는 비행을 할 시에 포획할 수 있다. 탑승원들은 국제적 무력분쟁에 적용되는 법의 규칙에 의거해 처리되어야 한다.

---

333) 제1추가의정서 제30조(2): "그러한 항공기가 그렇게 하도록 명령을 받거나 또는 다른 이유로 착륙 또는 착수할 경우 3항 및 4항에 언급된 문제를 결정하기 위하여서만 검열받을 수 있다. 그러한 검열은 지체없이 시작되어야 하며 신속히 수행되어야 한다. 검열국은 이동이 검열을 위하여 필수적이 아닌 한 부상자 및 병자를 항공기로부터 이동시키도록 요청할 수 없다. 검열국은 어떠한 경우에도 부상자나 병자의 상태가 검열이나 이동에 의하여 불리한 영향을 받지 않도록 보장하여야 한다."

334) 제1추가의정서 제30조(3): "검열에 의하여 그 항공기가 가. 제8조 차호에 의미에 부합되는 의료항공기라는 것. 나. 제28조에 규정된 조건을 위반한 것이 아니라는 것. 다. 사전합의가 요청되는 경우에는 사전합의없이 또는 사전합의를 위반하여 비행한 것이 아니라는 것이 밝혀지는 경우, 그 항공기 및 탑승원 중 적대당사국, 중립국 또는 분쟁비당사국에 속하는 자는 지체없이 비행을 계속하도록 허가되어야 한다."

1. 본 규칙은 제1추가의정서 제30조(4)[335]에서 추론되었다.

2. 의료항공기를 포획키로 결정하기 위해서는 항공기가 의료적 지위와 일치하는 활동을 하는 경우 또는 동의기 필요한 지역을 사전동의에 반하여 또는 사전동의없이 비행하는 등의 이유를 고려하여야 한다. 예를 들면, 교전당사국은 의료항공기가 고의가 아니라 손상을 입었거나 기계적인 문제 또는 악천후 등으로 그런 것이라면 비행을 계속할 수 있도록 허가하는 것을 조심스럽게 고려하여야 할 것이다.

3. 만약 항공기를 포획한 경우, 승무원들은 국제적 무력분쟁에 적용되는 법에 따라 대우되어야 한다. 따라서 상병자들은 반드시 적합한 치료를 받아야 하고, 의료요원은 전쟁포로로써 구금할 수 없다. 하지만 의료요원을 억류시킬 수는 있다(규칙 87에 대한 해설 para.4 참조).[336] 하지만 교전당사국이 의료항공기에 탑승한 상병자들의 건강 상태를 보장할 수 없는

---

[335] 제1추가의정서 제30조(4): "검열에 의하여 그 항공기가 가. 제8조 바호의 의미에 부합되는 의료항공기가 아니라는 것. 나. 제28조에 규정된 조건을 위반한 경우라는 것. 다. 사전합의가 요청되는 경우에는 사전합의없이 또는 사전합의를 위반하여 비행한 것 이라는 것이 밝혀지는 경우 그 항공기는 압류될 수 있다. 그 탑승원은 제협약 및 본 의정서의 관련 규정에 따라 취급된다. 영구 의료항공기로서 배정되었다가 압류된 모든 항공기는 그 후로는 의료항공기로서만 사용될 수 있다."

[336] 제네바 제3협약 제33조: "의료요원 및 종교요원은 억류국이 포로를 원조하기 위하여 억류하는 동안 포로로 간주되지 아니한다. 단, 그들은 적어도 본 협약의 혜택 및 보호를 받으며 또한 포로에 대하여 의료상의 간호 및 종교상의 봉사를 제공하기 위하여 필요한 모든 편의를 제공받아야 한다. 그들은 억류국의 군법의 범위 내에서 억류국의 권한있는 기관의 관리하에 그들의 직업적 양심에 따라 포로들 특히 자기가 소속하는 군대에 예속하는 포로들의 이익을 위하여 그들의 의료 및 종교에 관한 업무를 계속하여 수행하여야 한다. 그들은 또한 그들의 의료 또는 종교상의 임무를 수행하는 데 있어 다음의 편의를 향유한다. 가. 그들은 수용소 밖에 있는 작업반 또는 병원에 있는 포로들을 정기적으로 방문함이 허가된다. 이를 위해서 억류국은 필요한 수송수단을 그들이 자유롭게 사용하도록 제공한다. 나. 각 수용소의 선임 군의관은 억류되어 있는 의료요원의 활동에 관련하는 모든 사항에 관하여 수용소의 군당국에 책임을 진다. 이를 위하여 분쟁당사국은 전쟁의 개시와 함께 요원에 있어서의 군대의 부상자 및 병자의 상태개선에 관한 1949년 8월 12일 제네바협약 제26조에 말한 단체의 의료요원을 포함하는 전 의료요원의 상당한 계급에 관하여 합의하여야 한다. 이 선임 군의관 및 군종은 그들의 임무에 관한 모든 문제에 대하여 수용소의 권한있는 당국과 교섭할 권리를 가진다. 그러한 당국은 이들 문제에 관한 통신을 위하여 모든 필요한 편의를 그들에게 제공하여야 한다. 다. 그러한 요원은 그들이 억류되어 있는 수용소의 내부 규율에 따라야 하나, 그들의 의무상 또는 종교상의 임무에 관계가 있는 것 이외의 작업을 수행하도록 강제당하지 아니한다. 분쟁당사국들은 전쟁 중 억류된 요원의 가능한 교체에 관하여 합의하고 또한 따라야 할 절차를 정하여야 한다. 전기의 규정은 포로

경우, 의료항공기에게 비행을 계속하도록 허용할 수도 있다.

4. 포획한 의료항공기에 대한 포획심검 절차에 관한 국가관행은 없다.

5. 본 규칙은 비국제적 무력분쟁에도 적용된다. 단 -본 매뉴얼의 목적을 위해- '포획'은 국제적 무력분쟁에 적용되는 법의 내용이다. 비국제적 무력분쟁에서는 의료적 지위에 일치하지 않는 활동에 가담한 의료항공기의 운명은 국내법 체계를 기반으로 결정될 것이다.

(d) 영구적 의료항공기로 지정된 포획 항공기는 향후에 의료항공기로만 활용될 수 있다.

1. 본 규칙은 제1추가의정서 제30조(4)에 기초하고 있다.

2. 만약 영구적 의료항공기가 적에게 포획되었을 경우, 의료 외에 다른 목적에 활용될 수 없다. 이는 무력분쟁이 끝날 때까지 계속된다.

3. 만약 조사에서 항공기가 임시 의료항공기로 밝혀지면, 구별표식을 제거하고 다른 추가적인 식별수단을 더 이상 사용하지 않는다는 조건하에 다른 용도에 활용될 수 있다.

4. 본 규칙은 비국제적 무력분쟁에는 적용되지 않는다(하지만 규칙 80(c)에 대한 해설 para.5 참조).

[규칙 81] 의료항공기는 적에게 해가 되는 정보를 수집 또는 전송할 수 있는 장비를 보유하거나 탑재해서는 안 된다. 하지만 비행, 식별 및 통신만을 위한 암호화된 통신장비 그리고 인도적 임무를 수행하는 데 필요한 통신장비들은 탑재할 수 있다.

에 관한 의무 또는 종교상의 분야에서 억류국에 부과되는 의무를 면제하지 아니한다."

1. 본 규칙은 부분적으로 의료항공기가 정보자료를 수집 또는 전송하는 데 사용되어서는 안되며 그러한 목적을 위한 장비들을 탑재해서도 안 된다고 규정하고 있는 제1추가의정서 제28조(2)에 기초하고 있다.[337]

2. 본 규칙은 적에게 해가 되는 정보를 수집 또는 전송하는 장비를 소유하거나 사용할 수 없다. 적에게 피해를 줄 수 있는 정보를 수집 또는 전송하기 위한 장비를 탑재하는 것조차 금지되어 있는데 이는 항공기가 실제로 그러한 정보를 수집 또는 전송하는 데 쓰였는지 증명하는 것이 어렵기 때문이다.

3. 제1추가의정서 비준시 행한 체약당사국(특히, 아일랜드와 영국)의 선언들은 제1추가의정서 제28조(2)가 통신장비와 암호화 자료들을 탑재하는 것은 금지되지 않으며 의료수송을 지원함에 있어 비행, 식별 또는 통신을 용이하게 하기 위해 그러한 것들을 이용하는 것을 배제하지 않는다는 것이었다.

4. 추가적으로 UK Manual(para.12.120.1)은 의료항공기 내에 암호화 장비의 탑재여부는 금지되지 않는다고 규정하고 있다. "의료항공기로 운용되고 있는 항공기 내에 통신과 암호화 장비를 탑재하는 것은 금지되지 않는다. 비행, 식별 및 의료항공기의 작전을 지원하는 통신을 위한 장비의 사용도 마찬가지이다. 이러한 장비의 탑재 여부와 사용이 의료항공기에게 부여된 보호를 박탈하는 것은 아니다." 대부분의 전문가들은 이러한 허용은 오늘날의 국가관행과 일치한다고 주장했다. 물론 암호화 장비는 적에게 해로운 정보 자료의 전송에 사용되어서는 안 된다.

---

337) 제1추가의정서 제28조(2): "의료항공기는 정보자료를 수집하고 송부하는 데 사용될 수 없으며 그러한 목적으로 의도된 어떠한 장비도 수송하여서는 아니된다. 의료항공기가 제8조 바 호와 정의에 포함되지 않은 사람 또는 화물을 수송하는 것은 금지된다. 탑승원의 휴대품 또는 전적으로 비행, 통신, 식별을 촉진시키기 위한 목적을 가진 장비를 운반하는 것은 금지되는 것으로 간주되지 아니한다."

5. 본 규칙은 비국제적 무력분쟁에도 적용된다.

[규칙 82] 의료항공기는 레이더 탐지 방해물과 조명탄과 같은 교란용 방어수단을 탑재할 수 있고, 항공기와 선체에 있는 의료요원과 부상자, 병자 또는 난선자를 보호하기 위한 개인용 경무기를 보유할 수 있다. 대피과정에서 부상자, 병자 또는 난선자의 개인무기를 소유하고 있다고 해서 보호받을 권리가 상실되는 것은 아니다.

1. 본 규칙의 텍스트는 제1추가의정서 제28조(3)과 상당 부분 일치한다.[338] 주요한 다른 점은 -개인용 경무기를 허용하는 것 말고도- 본 규칙은 의료항공기가 회피용 방어수단을 탑재하는 것을 허용한다. 이 회피용 방어수단은 병원선에 관한 산레모 매뉴얼 제170항에 규정되어 있다.[339] 산레모 매뉴얼에 의료항공기에 관한 유사한 제도는 없지만, 대다수 전문가들은 의료항공기와 병원선이 이러한 맥락에서 특별히 다르지 않기 때문에 의료항공기에도 동일한 제도를 적용하는 것이 논리적이라고 주장하였다.

2. 의료항공기의 비행에 적의 동의가 필요할 경우, 적에게 회피용 방어수단의 탑재 여부를 알려주어야 한다.

3. 의료항공기는 부상자, 병자 및 조난자에게서 회수하였으나 아직 정당한 관련 기관에 반납하지 않은 개인용 경무기를 보유할 수 있다. 또한 의료요원들은 의료항공기에서 자신과 그들이 담당하는 부상자, 병자 및 조난자 보호에 필요한 개인용 경무기의 보유가 허용된다.

4. '개인용 경무기'의 정의는 규칙 74(c)(i)에 대한 해설 참조.

---

338) 제1추가의정서 제28조(3): "의료항공기는 탑승 중인 부상자, 병자, 난선자로부터 접수하여 아직 적절한 사용을 위하여 인계되지 않은 소화기, 탄약과 탑승 중인 의료요원 자신 및 그들의 보호하에 있는 부상자, 병자, 난선자를 방어하기 위하여 필요한 개인소화기 이외의 어떠한 무기도 수송하여서는 아니된다."

339) 산레모 매뉴얼 제170항: "병원선은 챠프 및 조명탄과 같은 순수한 방어용 회피수단을 장착할 수 있다. 그러한 장착 사실은 통고되어야 한다."

5. 본 규칙은 의료항공기에 다른 무기를 보유하는 것을 금지한다는 것으로 이해되어야 한다. 개인이 쉽게 운송할 수 없는 기관총 또는 다른 중화기를 의료항공기에 탑재하고 있을 경우, 그 의료항공기는 보호를 상실하고 구별표식을 표시할 권리를 잃는다. 법적 고려와는 별개로 헬리콥터에서 밖으로 돌출한 기관총이나 지상에서 확실하게 보일 경우 공격용 항공기로 인식될 수 있기 때문에 구별표식을 표시함으로서 얻게 되는 권리는 박탈당한다. 구별표식옆에 공격용 무기가 보일 경우 일반적으로 전 분쟁지역에서 구별표식의 보호 효과를 잃는다.

6. 본 규칙은 비국제적 무력분쟁에도 적용된다.

[규칙 83] 규칙 74에 의거 의료항공기는 적에게 해가되는 행동에 가담 시 특별보호를 상실한다.

1. 본 규칙은 산레모 매뉴얼 제178항[340]에 기초하고 있다. 이는 제1추가의정서 제28조(1)[341]에 의거 의료항공기의 작전에 부과되는 제한의 요약이다.

2. 본 규칙은 의료항공기를 포함한 의무수송이 공격으로부터 특별보호를 박탈당하는 요건에 대해 서술하고 있는 규칙 74를 따르고 있다. 특별히 "적에게 해로운 행위"라는 구절의 사용(규칙 74(a) 참조)과 사전경고를 해야 할 의무(규칙 74(b) 참조)에 대한 언급이 있어야 할 것이다.

3. 본 규칙은 비국제적 무력분쟁에도 적용된다.

---

340) 산레모 매뉴얼 제178항: "의료항공기는 적국에 유해한 행위를 하기 위한 목적에 이용되어서는 안 된다. 의료항공기는 정보자료의 수집 및 전달을 위한 어떠한 장비도 탑재해서도 안 되며 또한 자위목적의 경무기외에 무장해서도 안 되고, 의료요원 및 의료장비만을 탑재하여야 한다."

341) 제1추가의정서 제28조(1): "분쟁당사국이 적대당사국으로부터 군사적 이득을 얻기 위하여 의료항공기를 사용하는 것은 금지된다. 의료항공기의 배치는 군사목표물을 공격으로부터 면제시키기 위한 목적으로 사용되어서는 아니된다."

[규칙 84] 중립국과 사전에 합의했을 경우를 제외하고는 교전국 의료항공기는 중립국이 국제항행에 이용되는 국제해협에서의 통과통항 및 군도항로대통항 권리를 행사하는 것이 아니라면 중립국의 영토나 지상을 비행할 수 없다.

1. 본 규칙은 제1추가의정서 제31조(1)[342]과 산레모 매뉴얼 제181항[343]에 기초하고 있다. 교전당사국의 의료항공기가 중립국 영역에서 보호받기 위해서는 사전합의가 필요하다는 것이 원칙이다.[344] 이에는 2가지 예외사항이 있다. (i)국제항행용 해협 상공의 통과통항권 그리고 (ii)군도항로대통항권. 이 두 가지 사항은 각각 UN해양법협약 제38조(1)[345]과 제53조(1)-(3)[346]에 의해 허용되어 있다.

---

342) 제1추가의정서 제31조(1): "사전합의에 의하지 아니하고는 의료항공기는 중립국 또는 분쟁비당사국의 상공을 비행하거나 그 영토 내에 착륙하지 못한다. 그러나 그러한 합의가 있는 경우 그들은 전 비행기간 중 및 모든 기착기간 중 존중되어야 한다. 그럼에도 불구하고 동 항공기들은 적절한 경우 모든 착륙 또는 착수 명령에 복종하여야 한다."

343) 산레모 매뉴얼 제181항: "교전국 의료항공기는 사전의 합의가 없는 한 중립국 영공에 진입해서는 안 된다. 협정에 따라 중립국 영공 내에 있을 경우 의료항공기는 당해 협정에 따라야 한다. 협정은 해당항공기에 검색을 위하여 중립국 내에 지정된 공항에 착륙할 것을 요구할 수 있다. 협정이 그렇게 요구하는 경우 검색 및 그 후의 조치는 제182항~제183항에 따라서 실시하지 않으면 안 된다."

344) 하지만 제네바 제1협약 제37조는 교전당사국에게 그들의 의료항공기를 합의없이도 중립국 영역 상공으로 비행할 수 있도록 할 권리를 부여하고 있다는 사실을 주목할 필요가 있다. 중립국은 통과에 대한 조건을 부과할 수 있을 뿐이다. 제네바 제1협약 제37조: "분쟁당사국의 의료항공기는 제2항의 규정에 따를 것을 조건으로 하여 중립국 영역의 상공을 비행하고 필요한 경우에는 그 영역에 착륙하여 또는 그 영역을 기항지로 사용할 수 있다. 그들 의료항공기는 당해 영역 상공의 통과를 중립국에 사전통고하고 또한 착륙 또는 착수의 모든 요청에 따라야 한다. 그들 의료항공기는 분쟁당사국과 관계 중립국 간에 특별히 합의된 항로, 고도 및 시각에 따라서 비행하고 있는 경우에 한하여 공격을 면한다. 특히 중립국은 의료항공기가 자국 영역의 통과 또는 착륙에 관하여 조건 또는 제한을 과할 수 있다. 그 조건 또는 제한은 모든 분쟁당사국에 대하여 동등하게 적용되어야 한다...."

345) UN해양법협약 제38조(1): "제37조에 규정된 해협 내에서 모든 선박과 항공기는 방해받지 않는 통과통항권을 소유한다. 단, 해협이 해협연안국의 도서와 본토에 의해 형성되어 있는 경우 항해 및 수로상의 특성에 있어서 유사한 편의를 가진 공해를 통과하는 항로 또는 배타적 경제수역을 통과하는 항로가 동도서의 해양 측으로 존재한다면 통과통항권은 허용되지 아니한다."

346) UN해양법협약 제53조(1)-(3): "(1)군도국가는 자국의 군도수역이나 인접한 영해 또는 그 상공을 통과하는 외국선박이나 항공기의 부단, 신속한 통항에 적합한 항로대나 항공로를 지정할 수 있다. (2)모든 선박과 항공기는 이러한 항로대와 항공로에서 군도항로대통항권을 향유한다. (3)군도항로대통항은 본 협정에 따라 공해나 배타적 경제수역의 일부분과 공해나 배타적 경제수역의 타부분 간을 부단, 신속하며, 방해받지 아니하는 통과만을 목적으로 하는 통상적인 항행권과 비행권의 행사를 뜻한다."

2. 본 규칙에 언급된 합의는 적국이 합의에 참가하지 않더라도 하나 또는 그 이상의 교전당
사국과 중립국 간의 합의이다.

3. 중립국 영공에서 합의에 따른 삭선을 행사 중일 경우, 교전당사국의 의료항공기는 반드
시 합의사항을 준수하여야 한다. 이러한 사항들은 항공기에게 중립국 내의 지정된 공항에
착륙하여 조사를 받을 것을 요구할 수도 있다.

4. 중립법규는 국제적 무력분쟁에만 적용되기 때문에 본 규칙은 비국제적 무력분쟁에는 적
용되지 않는다.

[규칙 85]

**(a) 비행착오나 비행안전에 치명적일 수 있는 긴급사태 때문에 교전당사국 의료항공기가 중립국
의 사전합의 부재시 또는 합의내용을 위반하여 중립국 공역에 진입하면, 반드시 이를 통지하고
자신을 식별할 수 있도록 모든 노력을 하여야 한다. 항공기가 중립국에 의해서 의료항공기로 식
별되었을 경우에는 공격할 수는 없지만 조사를 위해 착륙을 지시할 수 있다. 조사 결과 의료항공
기임 밝혀지면 다시 비행할 수 있도록 허가되어야 한다.**

1. 본 규칙은 제1추가의정서 제31조(2)와 제31조(3)[347]의 내용을 요약하고 산레모 매뉴얼 제

---

347) 제1추가의정서 제31조: "2. 의료항공기가 비행착오 또는 비행안전에 영향을 주는 긴급사태 때문에 협정의
부재시 또는 협정규정을 이탈하여 중립국 또는 기타 분쟁비당사국의 상공을 비행하는 경우에는 비행을 통
지하고 자신을 식별하기 위하여 모든 노력을 다하여야 한다. 그러한 의료항공기가 인지되는 즉시 그 당사
국은 제30조 1항에 언급된 착륙 또는 착수명령을 하거나 자국의 이익을 보호하기 위한 다른 조치를 취하도
록 그리고 양 경우 모두 항공기에 대한 공격개시 전에 그 항공기에 복종할 수 있는 시간을 주도록 모든 합리
적인 노력을 다하여야 한다. 3. 의료항공기가 합의에 의하여 또는 본 조항에 언급된 상황하에서 명령에 의
해서건 또는 다른 이유에 의해서건 중립국 및 분쟁비당사국 영토에 착륙 또는 착수할 경우 그 항공기가 실
제로 의료항공기인지를 결정할 목적의 검열을 받아야 한다. 검열은 지체없이 시작되어야 하며 신속히 행하
여져야 한다. 검열국은 동 항공기를 운행하는 당사국의 부상자 및 병자의 이동이 검열에 필수적이 아닌 한
그들을 이동하도록 요청할 수 없다. 검열국은 모든 경우에 검열이나 이동에 의하여 부상자나 병자의 상태
가 불리한 영향을 받지 않도록 보장하여야 한다. 검열결과 동 항공기가 실제로 의료항공기임이 밝혀질 경
우 전시에 적용될 국제법 규칙에 따라 구금될 자 이외의 탑승원과 함께 항공기는 비행을 계속하도록 허가
되어야 하며, 비행의 계속을 위한 합리적인 편의가 주어져야 한다. 검열 결과 동 항공기가 의료항공기가 아

182항[348])의 축약이다. 의료항공기가 중립국 영공에 진입할 의도가 전혀 없기 때문에 교전당사국이 중립국과 합의를 하지 않는 상황도 있을 수 있다는 사실을 간과해서는 안 된다. 하지만 규칙 85(a)를 적용할만한 예기치 않게 진입하게 되는 두 가지 상황이 있다. (i)운항 오류 또는 (ii)비행의 안전에 영향을 미치는 비상상황.

2. 중립국이 교전당사국의 의료항공기를 차단하거나 항로를 변경시킬 경우, 군사적 고려가 허용하는 한 ICAO에서 발행한 민간항공기의 차단에 관한 지침서를 준수하여야 한다.[349])

3. 제1추가의정서 제31조(3)은 "조사는 지체없이 시작되어야 하며 신속히 행해져야 한다. 조사당국은 동 항공기를 운항하는 당사국과 부상자 및 병자의 이동이 조사에 필수적이 아닌 한 그들을 이동하도록 요청할 수 없다. 조사당국은 모든 경우에 조사나 이동에 의하여 부상자나 병자의 상태가 불리한 영향을 받지 않도록 보장하여야 한다"고 규정하고 있다.

4. 항공기가 의료항공기인지 아닌지는 규칙 1(u)에 기초할 것이 요구된다. 즉, 항공기가 오로지 "부상자, 병자 또는 조난자의 공중수송 또는 진료 그리고/또는 의료요원 및 의료장비 또는 물자의 수송"에 할당될 필요가 있다.

5. 만약 조사에서 항공기가 교전당사국의 의료항공기인 것이 밝혀지면, 비행을 반드시 허락해야 하고 비행을 계속하기 위한 합리적인 편의가 제공되어야 한다. 의료항공기의 모든 승조원은 부상자, 병자 그리고 조난당한 군 대원을 포함하여 비행을 다시 재개할 권리가 있다.

나라는 것이 밝혀질 경우에는 압류되며, 탑승원은 본 조항에 따라 취급된다."

348) 산레모 매뉴얼 제182항: "협정이 없거나 또는 협정을 일탈하여 운항상의 과오에 의하거나 안전비행에 영향을 미치는 긴급사태 때문에 중립국 영공에 진입한 경우 의료항공기는 통고하기 위하여 그리고 자신을 식별토록 하기 위하여 모든 노력을 기울여야 한다. 중립국이 동 항공기를 의료항공기로 인식하면 이를 공격해서는 안 되지만 검색을 위해 착륙을 명할 수 있다. 검색을 받은 경우 해당 항공기가 실제로 의료항공기인 것이 분명해졌을 때에는 그 항공기는 비행을 계속하는 것이 허용되어야 한다."

349) 산레모 매뉴얼 해설 제182.1항: "착륙을 위한 차단과 침로변경은 ICAO 절차에 따라야 한다."

제네바 제2협약 제40조350) 및 제1추가의정서 제31조(3) 참조.

6. 만약 의료항공기의 기장이 비행을 계속할 경우 부상자, 병자 또는 조난당한 전투원의 건강상태가 지명직이이시 등승할 수 없으면, 중립국은 교전당사국과 따로 합의하지 않은 이상 교전이 끝날 때까지 이들을 억류하여야 한다(즉, 적 포함). 제네바 제1협약 제37조 셋째 문단(부상자 및 병자),351) 제네바 제2협약 제40조 세 번째 문단 및 제1추가의정서 제31조(4) 참조.352)

7. 중립법규는 국제적 무력분쟁에만 적용되기 때문에 본 규칙은 비국제적 무력분쟁에는 적용되지 않는다.

(b) 조사 후 항공기가 의료항공기가 아니라고 밝혀지면 포획할 수 있다. 탑승해있던 전투원들은 규칙 170(c)에 의해 중립국이 억류할 수 있다.

---

350) 제네바 제2협약 제40조: "분쟁당사국의 의료항공기는 제2항의 규정에 따를 것을 조건으로 중립국 영공을 비행할 수 있으며 필요한 경우 그 영토에 착륙하고 또한 그 영토를 기항지로 사용할 수 있다. 의료항공기는 당해 영공의 통과를 중립국에 사전 통고하여야 하며 착륙, 착수 명령에 복종하여야 한다. 의료항공기는 분쟁당사국과 관계 중립국 간에 특별히 합의된 항로, 고도 및 시각에 따라 비행하는 경우에 한하여 공격목표가 되지 아니한다.
　그러나 중립국은 의료항공기가 자국의 영공을 비행하고 또한 착륙함에 있어 조건이나 제한을 가할 수 있다. 이러한 조건 또는 제한은 모든 분쟁당사국에 대하여 평등하게 적용되어야 한다.
　중립국과 분쟁당사국 간에 별도의 합의가 없는 한 의료항공기가 현지 당국의 동의를 얻어 중립국 영토에 착륙시킬 부상자, 병자 및 조난자는 국제법상 필요에 따라 군사행동에 다시 참가할 수 없도록 중립국이 억류하여야 한다. 이들의 수용과 억류에 소요되는 경비는 그들이 의존하는 국가가 부담하여야 한다."
351) 제네바 제1협약 제37조 셋째 문단: "중립국과 분쟁당사국 간에 반대의 합의가 없는 한 현지당국의 동의를 얻어 의료항공기가 중립지역에 내려놓는 부상자 및 병자는 국제법상 필요가 있는 경우에는 군사행동에 다시 참가할 수 없도록 중립국이 억류하여야 한다. 그들의 입원 및 수용을 위한 비용은 그들이 속하는 국가가 부담하여야 한다."
352) 제1추가의정서 제31조(4): "중립국 및 분쟁비당사국 영토 내의 타방 당사국의 동의를 얻어서 의료항공기로부터 일시적이 아닌 착륙을 한 부상자, 병자, 난선자는 그 당사국과 분쟁당사국 사이에 달리 합의되어 있지 않는 한 무력분쟁에 적용되는 국제법상 규칙이 요구하는 경우 재차 적대행위에 참가할 수 없도록 억류된다. 의료비와 억류비용은 그자들의 소속국이 부담한다."

1. 본 규칙은 산레모 매뉴얼 제183항[353])과 제1추가의정서 제31조(3) 및 제31조(4)의 내용에 기초하고 있다.

2. 조사한 항공기가 의료항공기가 아닌 것이 밝혀질 경우 두 가지 상황이 발생한다. (i)항공기가 중립국에게 포획될 것인지 그리고 (ii)중립국이 탑승해 있던 전투원들을 억류할 것인지를 결정해야 한다.

3. 중립국의 항공기 포획 관련 사항은 중립국과 교전당사국[354])이 제1추가의정서의 체약국인지 아닌지에 따라 달라진다(각각 동 규칙에 대한 해설 para.4 및 para.5 참조).

4. 만약 중립국과 교전당사국이 제1추가의정서에 구속된다면 중립국은 의료항공기가 아닌 사실이 밝혀지면 제1추가의정서 제31조(3)에 따라 그 항공기를 포획하여야 한다.

5. 만약 중립국 또는 교전당사국의 어느 일국이 제1추가의정서에 구속되지 않는다면 중립국은 규칙 85(b)에 따라 항공기를 포획 할 수 있다. 만약 중립국이 제1추가의정서 체약국이 아니고 항공기가 교전당사국의 군용항공기로 확인되면 규칙 170(c)가 적용된다. 만약 그 항공기가 민간항공기로 확인되면, 제1추가의정서 체약국이 아닌 중립국은 비행을 계속할 수 있도록 하여야 한다.

6. 항공기가 중립국에게 포획되는 것과는 별개로 중립국이 교전당사국의 의료항공기가 아닌 항공기의 승무원들을 억류해야 하는지에 대한 문제가 남아있다. 항공기가 포획되었는지

---

353) 산레모 매뉴얼 제183항: "검색 결과 항공기가 의료항공기가 아닌 것이 확인되면 이를 나포할 수 있으며, 탑승자는 중립국과 교전국 간의 별도 합의가 없는 한 적대행위에 다시 참가할 수 없도록 무력분쟁에 적용되는 국제법 규칙에 의거 중립국에 억류하여야 한다."

354) 제네바협약 공통2조 셋째 문단: "분쟁당사국의 하나가 본 협약의 당사국이 아닌 경우에도, 본 협약의 당사국은 그들 상호 간의 관계에 있어서 본 협약의 구속을 받는다. 또한 체약국은 본 협약 당사국 아닌 분쟁당사국이 본 협약의 규정을 수락하고 적용할 때에는 그 국가와의 관계에 있어서 본 협약의 구속을 받는다."

의 여부를 떠나 중립국은 부상자, 병자 또는 난선자가 아닌 모든 전투원들을 억류하여야 한다. 이는 석방되는 순간 적대행위에 가담할 수 있는 전투원에게 적용된다.[355] 하지만 부상자, 병자 및 난선자인 전투원들도 따로 교전당사국과 달리 합의되어 있지 않는 이상 억류되어야 한다.

7. 부상자, 병자 및 난선자인 전투원에 관해서는 중립국과 교전당사국사이에 특별히 합의한 사항이 없을 경우 억류하여야 한다.[356] 제네바 제1협약 제37조 세 번째 문단, 제네바 제2협약 제40조 세 번째 문단 및 제1추가의정서 제31조(4) 참조.

8. 중립법규는 국제적 무력분쟁에만 적용되기 때문에 본 규칙은 비국제적 무력분쟁에는 적용되지 않는다.

[규칙 86]

(a) 군용항공기가 아니더라도 군사요원을 구조하는 데 활용되는 탐색 및 구조용 항공기는 보호를 받을 자격이 없다.

1. 적이 장악한 영역 내에 있는 특수부대원 또는 장거리 정찰대원, 포위당한 보병, 적이 통제하고 있는 영역에서 뒤쳐져 있으면서 항복의사를 밝히지 않은 낙오병과 승무원은 합법적인 공격대상이다. 국제적 무력분쟁에 적용되는 법에 따라 군사적인 수단을 활용해 복구하고

---

[355] 1907년 헤이그 제5협약 제11조: "교전국 군대에 속하는 부대를 자신의 영토 내에 수용한 중립국은 가능한 한 전구에서 먼거리에 그들을 억류할 수 있다. 중립국은 그들을 막사에 수용하거나 심지어 요새 또는 이러한 목적으로 세워진 장소에 구금할 수 있다. 중립국은 허가없이 중립국 영토를 떠나지 않는다는 조건하에 장교를 가석방할 것인지 여부를 결정해야 한다."

[356] 1907년 헤이그 제5협약 제14조: "중립국은 상병자들을 후송하는 열차가 병력 또는 군수물자를 운반하지 않는 한 자신의 영토를 통과하는 것을 허용할 수 있다. 그러한 경우 중립국은 안전과 통제를 위하여 필요한 모든 조치를 취하여야 한다. 중립국은 일방 교전당사자에 의해 자신의 영토 내로 이송된 적국 상병자가 재차 전투행위에 참가하지 않도록 감시하여야 한다. 중립국은 자신에게 위탁된 타방 군대의 상병자에 관하여도 동일한 의무를 진다." 동 조항은 상병자에 한정되는 반면에, 오늘날 이는 난선자에게까지 확대되고 있다. 제네바 제1협약 제37조, 제네바 제2협약 제40조 및 제1추가의정서 제31조(4) 참조.

구조하는 것은 전투활동이다. 따라서 적은 구조원을 공격하거나 구조를 방해하고 방지할 수 있다.

2. 군 구성원을 복귀시키기 위하여 사용되는 수색 및 구조 항공기는 어떠한 보호를 향유할 권리를 가지고 있지 않다. 수색 및 구조를 행하는 교전당사국이 그 작전을 공정하게, 즉 적 대원도 구조하는 것은 가능하다. 이러한 것이 그 작전에 공격으로부터의 면제권을 부여하는 것은 아니다.

3. 특별보호를 받지 않는 채 민간인의 수색 및 구조 작전에 사용되는 민간항공기는 될 경우 민간항공기는 민간항공기이며 따라서 일반적인 보호를 향유한다.

4. 부상자, 병자 및 난선자와 관련하여 교전당사국은 모든 수단을 동원하여 수색하고 구조하여야 한다(규칙 16(a) 참조). 또한 규칙 86(b)도 참조.

(b) 의료항공기는 적에게서 사전에 동의를 얻은 것이 아니라면 부상자, 병자 또는 난선자를 찾기 위해 전투지역을 탐색해서는 안 된다.

1. 본 규칙은 제1추가의정서 제28조(4)에 기초하고 있다.[357]

2. 의료항공기는 아군이 통제하고 있는 지역에서 부상자, 병자 및 난선자 수색을 위해 이용될 수 있다(규칙 77 참조). 이러한 작전 중 그리고 아군 영역의 상공에 있을 시, 의료항공기는 계속하여 특별보호를 받는다.

3. '전투작전지역'이라는 문구는 아군이 통제하고 있지 않는 모든 지역과 관련 있다(규칙

---

357) 제1추가의정서 제28조(4): "제26조 및 제27조에 언급된 비행을 수행하는 중에 의료항공기는 적대당사국과의 사전협의에 의하지 아니하고는 부상자, 병자, 난선자의 수색에 사용되어서는 아니된다."

78(a) 참조).

4. 이러한 지역에서 의료항공기는 적에게 사전동의를 얻은 경우를 제외하고는 부상자, 병자 및 난선자를 수색하기 위해 사용될 수 없다.

5. 만약 의료항공기가 적과의 사전합의없이 전투작전지역에서 부상자 또는 병자의 수색에 사용될 경우, 그들은 위험을 감수해야 한다. 이를 피하기 위해서는 -그리고 부상자, 병자 또는 난선자의 수색 및 구조 의무를 고려하여- 교전당사국은 그러한 합의에 이르도록 최대한 협조해야 한다.

6. 물론 수색 및 구조 활동이 필요하다고 여겨지는 교전이 있은 다음이면 의료항공기가 수색구조 작전을 할 수 있도록 합의하에 이르는 것은 더 순조로울 것이다. 확인된 사상자가 없는 경우에 행해진 전반적인 수색 및 구조 작전은 정찰활동이라고 여겨져 합의가 달성될 가능성이 낮아질 것이다.

7. 본 규칙은 비국제적 무력분쟁에도 적용된다.

[규칙 87] 국제적 무력분쟁에 적용되는 법의 관련 조항에 따라 의료요원으로서의 자격이 침해되지 않으면, 의료항공기의 요원들은 적에게 포획당해서는 안 되고 그들이 임무를 수행할 수 있도록 허가되어야 한다.

1. 본 규칙은 제네바 제2협약 제39조 넷째 문단[358]과 제네바 제4협약 제22조의 다섯째 문단[359]에 기초하고 있다. 의료요원을 존중 및 보호하고, 그들이 임무를 수행할 수 있도록 허가

---

358) 제네바 제2협약 제39조 넷째 문단: "의무항공기는 착륙 또는 착수의 요구를 받았을 때에는 그 요구에 복종하여야 한다. 착륙(수)하였을 경우 항공기와 그 승무원은 검사 후 비행을 계속할 수 있다."

359) 제네바 제4협약 제22조의 다섯 째 문단: "그러한 항공기는 모든 착륙 요구에 복종하여야 한다. 이러한 요구

해야 할 의무의 논리적 결과이다(규칙 70 참조).

2. 규칙 80(a)에 의하면, 의료항공기가 적이 물리적으로 통제하고 있는 구역 또는 접경지대를 비행하고 있을 경우 조사를 위해 지상 또는 해상에 착륙할 것을 명할 수 있다. 의료항공기는 반드시 그러한 명령에 따라야 한다. 하지만 조사가 끝난 후 의료적 성질이 확인되면 항공기는 승무원과 함께 비행을 계속할 수 있다. 본 규칙에 따르면, 이러한 경우 직접적인 의료 활동을 수행하지 않았더라도 승무원을 포함한 의료요원들을 억류하는 것은 금지된다.

3. 의료항공기의 경우, 승무원이 '의료요원'이라는 정의에 포함되는 이유는 다른 의료수송 수단에 탑승해 있는 요원들보다 더욱 눈에 띄고, 의료항공기의 활동이 전문 조종사들의 능력에 전적으로 좌우되기 때문이다. 의료요원의 정의는 규칙 71에 대한 해설 참조.

4. 규칙 80(c)에 설명된 특정 상황하에서 의료항공기는 포획될 수 있다. 이런 상황에서 탑승자들은 국제적 무력분쟁에 적용되는 법의 관련 규칙에 따라 대우되어야 한다. 그 결과 의료요원은 포획할 수는 없지만 전쟁포로의 숫자나 건강상태에 따라 억류될 수는 있다. 규칙 80(c)에 대한 해설 para.3 참조.

5. 포획과 같은 의료요원의 특별한 지위는 비국제적 무력분쟁에는 적용되지 않는다.

에 의하여 착륙하는 경우에는 동 항공기는 그 승객과 함께 조사가 있을 때에는 조사를 받은 후에 비행을 계속할 수 있다."

제M절 자연환경에 대한 특별보호

1. 본 절과 관련된 2개의 중요한 조약은 재1추가의정서 제35조(3)과 제55조 및 환경변경기술의 군사적 또는 기타 적대적 사용의 금지에 관한 협약(이하 환경변경금지협약)이다.

2. 제1추가의정서 제35조(3)은 다음과 같이 규정하고 있다. "자연환경에 광범위하고 장기간의 심대한 손해를 야기할 의도를 가지거나 또는 그러한 것으로 예상되는 전투수단이나 방법을 사용하는 것은 금지된다".

3. 제1추가의정서 제55조(1)(자연환경의 보호)은 다음과 같이 규정하고 있다. "광범위하고 장기적인 심각한 손상으로부터 자연환경을 보호하기 위하여 전투 중에 주의조치가 취하여 져야 한다. 이러한 보호는 자연환경에 대하여 그러한 손상을 끼치고 그로 인하여 주민의 건강 또는 생존을 침해할 의도를 갖고 있거나 또는 침해할 것으로 예상되는 전투방법 또는 수단의 사용금지를 포함한다".

4. 환경변경금지협약은 적대적 목적을 위한 자연환경의 고의적인 변경을 금지하고 있다. 간단히 말해, 변경된 자연환경 그 자체를 무기로 사용하는 것은 금지된다. 동 협약 제1조(1)에 따르면 체약국은 "타 당사국에 대한 파괴, 손상 또는 위해의 수단으로서 광범위하거나 장기적이거나 또는 극심한 효과를 미치는 환경변경기술의 군사적 또는 기타 적대적 사용에 종사하지 아니한다".[360] '환경변경기술'이라는 용어는 자연과정의 고의적 조작을 통해 지구의 역

---

[360] 환경변경금지협약 부속서에서 광범위한, 장기간 및 극심한이라는 용어에 대한 양해 참조: "본 협약을 위해 위원회는 광범위한, 장기간 또는 극심한이라는 용어가 다음과 같이 해석되는 것으로 양해한다. (a)광범위한: 사방 수백 킬로의 지역을 둘러싼, (b)장기간: 몇 개월 혹은 약 한 계절 동안 지속되는, (c)극심한: 인간생활, 자연과 경제자원 및 기타 재산에 대한 심각하고 중요한 붕괴 및 피해를 포함함. 이상의 해석은 본 협약에 대한 분명한 이해를 뜻하며, 기타 국제협정 등에 사용된 동일 또는 유사한 용어의 해석에 편견을 가하는

학, 구성 또는 구조를 변화시키는 기술이다(환경변경금지협약 제2조)[361]. '환경변경기술'에 의해 야기되는 현상은 지진, 해일(쓰나미) 또는 기후패턴의 변화를 포함한다.[362] 예를 들면, 자연환경은 화산 분화구 또는 약한 지질 플레이트(지각과 맨틀 상층부의 판상 부분)에 강력한 폭탄을 투하시킴으로써 변경될 수 있다. 쓰나미는 해수면 아래에서의 강력한 폭발에 의해 촉발된다.

5. 전문가 그룹은 제1추가의정서 제35조(3)과 제55조 및 환경변경금지협약이 국제관습법을 선언한 것인지에 대해 의견이 나뉘었다.[363] 전문가 그룹의 다수는 자연환경의 보호에 관한 조약 규정이 국제관습법의 일부가 되었다는 것에 대해 의문을 나타냈다.

6. '자연환경'이라는 용어의 정확한 의미와 범위에 대한 일반적 합의가 없다. 어떤 학자들은 포괄적인 접근을 선호하며 자연환경을 '생태계'와 동일시하는 경향이 있다. 따라서 식물, 동물, 암석 또는 대기와 같은 자연환경의 구성요소는 상호의존적인 한 부분으로 간주되고 자연환경의 다양한 구성요소의 상호 영향을 미치는 체계로 상호작용하고 있는가라는 측면에서 다루어진다. 다른 한편, 어떤 학자들은 자연환경의 구성요소를 다른 요소와의 상호의존성과는 관계없이 국제적 무력분쟁에 적용되는 법에 의해 보호되는 것으로 간주한다. 하지만 두 그룹 학자들의 생각에는 공통분모가 있다. 첫째, '자연환경'이라는 용어는 환경의 인공적 요소는 포함되지 않는다. 둘째, 양 입장에 따라 아마존강 유역과 같은 '생태계'는 항상 '자연환경'으로서의 자격을 갖는다.

것이 아니다."

[361] 환경변경금지협약 제2조: "제1조에서 사용된 '환경변경기술'이란 용어는 자연과정의 고의적 조작을 통하여 생물상 암석권, 수권 및 대기권을 포함한 지구의 또는 외기권의 역학, 구성 또는 구조를 변화시키는 모든 기술을 의미한다."

[362] 제2조에 관한 양해를 포함하는 환경변경금지협약 부속서에 열거된 사례 참조: "지진, 해일, 한 지역의 생태 균형의 붕괴, 날씨 패턴의 변화(구름, 강수량, 각종 태풍 및 회오리 바람), 기후패턴의 변화, 오존층의 변화 그리고 전리층의 변화." 동일한 리스트가 UK Manual, para.5.28.1에도 열거되어 있다.

[363] ICRC Customary IHL Stud와 관련하여 이러한 제1추가의정서 규정들은 국제관습법을 반영한 것이다 (ICRC Customary IHL Study, 규칙 45 및 p.151의 국가관행의 요약 참조).

7. 1980년 특정재래식무기금지협약 제3의정서 제2조(4)는 '자연환경' 그 자체를 보호하지 않는다.[364] 단지 다음과 같이 규정하고 있다; 삼림 및 기타 식물들이 덮고 있는 물체를 소이성 무기로 공격하는 것은 금지된다. 동 의정서 어디에도 '자연환경'에 대해 정의하고 있지 않으며, 준비작업에서도 아무런 설명도 없었다.

8. '자연환경'이라는 용어의 내용과 범위에 대한 일반적 합의의 결여에 비추어서 전문가 그룹은 현 국제법의 확인이라는 자신들의 권한을 넘어서지 않고서는 일반적 정의를 내릴 수 있을 것이라고 보았다.

9. 자연환경의 악의적인 파괴는 분명히 금지된다(규칙 88 참조). 이는 자연환경은 그 일부가 군사목표물을 구성하지 않거나 구성할 때까지는 민간물자라는 것을 의미한다. 그래서 만약 삼림이 기갑사단을 은닉하거나 사용으로 인해 군사목표물 지위를 갖게 되면 고의적인 공격 하에 있게 된다. 만약 그러한 이유가 없는데도 고의적으로 공격을 받는다면, 그러한 공격은 민간물자에 대해 행해진 것으로 규칙 11에 따라 금지된다. 마찬가지로 군사목표물이 공격을 받고 부수적 피해가 예상되는 군사적 이익과 비례하는 것으로 평가될 경우, 비례성 분석은 또한 자연환경에 대한 예상되는 부수적 피해도 고려할 필요가 있다(규칙 14 참조).

10. 공격을 계획, 명령, 실행함에 있어서 교전당사국은 자연환경을 민간물자로 지속적으로 보호해야 할 의무가 있다(규칙 30). 특히 규칙 31-35에 따라 모든 가능한 조치를 취하여야 한다.

11. '특별보호'의 의미에 대해서는 제K절 해설 참조.

---

364) 1980년 특정재래식무기금지협약 제3의정서 제2조(4): "4. 산림 기타 식물과 같은 자연적 요소가 전투원 기타 군사목표물을 엄호, 은닉 또는 위장하는 데 사용되거나 그 자체가 군사목표물인 경우를 제외하고는 이들이 덮고 있는 물체를 소이성 무기로 공격하여서는 안 된다."

I. 총칙

[규칙 88] 심각한 자연환경 파괴는 금지된다.

1. '자연환경'이라는 용어에 대해 일반적으로 합의된 정의가 없음에도 국가관행상 동 규칙에 규정된 금지의 관습적 성격의 증거는 있다.[365] 게다가 적재산의 악의적인 파괴 금지는 1907년 헤이그규칙 제23조(g)[366] 및 제네바 제4협약 제147조[367]에 의해 확고해졌다. 또한 국제적 무력분쟁에 대해서는 ICC 로마규정 제8조(2)(a)(iv)를,[368] 비국제적 무력분쟁에 대해서는 ICC 로마규정 제8조(2)(e)(xii) 참조.[369]

2. '악의적'이라는 것은 행해진 고의적 조치가 악의적인 동기에서 나온 파괴를 의미한다. 즉, 긴박한 군사필요성의 고려에 의해 정당화되지 않는 조치이다. 주목할 만한 사례인 아마존강 유역, 발틱해 또는 슈바르츠발트(독일서남부의 삼림지대)와 같은 전 생태계의 파괴는 본 규칙의 위반이다.

3. 자연환경에 대한 악의적인 공격의 금지는 자연환경(민간목표물인)에 대한 여타의 직접적인 공격이 허용된다는 것을 의미하는 것도 아니고, 기대되는 군사적 이익과 비교해 볼 때 자연환경에 대한 초과적인 부수적 피해를 야기할 것으로 예상되는 군사목표물에 대한 공격이 받아들여져야 한다는 것을 의미하는 것도 아니다.

---

365) 산레모 매뉴얼 제44항 둘째 문장: "군사적 필요성에 의해 정당화되지 않고 또한 자의적으로 행하여지는 자연환경에 대한 손해 또는 파괴는 금지된다." NWP, para.8.4 및 영국 매뉴얼 para.12.26 참조.

366) 1907년 헤이그규칙 제23조(g): "특별한 조약으로써 규정한 금지 이외에 특히 금지하는 것은 다음과 같다. …(g)전쟁의 필요상 부득이한 경우를 제외하고 적의 재산을 파괴 또는 압류하는 것."

367) 제네바 제4협약 제147조는 "군사상의 필요에 따라 정당화되지 않는 불법 및 자의적인 재산의 광범한 파괴 또는 징발"을 중대한 위반행위 리스트에 포함하고 있다.

368) ICC 로마규정 제8조(2)(a)(iv): "군사적 필요에 의하여 정당화되지 아니하며 불법적이고 무분별하게 수행된 재산의 광범위한 파괴 또는 징수."

369) ICC 로마규정 제8조(2)(e)(?): "분쟁의 필요에 의하여 반드시 요구되지 않는 적의 재산의 파괴 또는 몰수."

4. '고의적인 파괴'와 '초토화'(scorched earth) 전략은 구별되어야 한다. 제1추가의정서에 따르면 후자는 교전당사국이 침략으로부터 자국 영역의 방위를 위해 긴박한 군사필요성에 의해 요구되는 경우 자국의 지배하에 있는 영역 내에서 행해지는 경우 합법적이다(제1추가의정서 제54조(5) 참조).[370]

5. 본 규칙은 비국제적 무력분쟁에도 적용된다.

II. 세부 규칙

[규칙 89] 공중 또는 미사일 작전을 계획하고 준비할 시 자연환경에 대해 적절히 고려하여야 한다.

1. 자연환경의 광의의 개념은 -본 절에 대한 해설 para.6에서 언급되었듯이- 공중 및 미사일 작전은 자연환경에 부정적 효과를 미친다는 것을 의미한다. 결과적으로 공중 또는 미사일 작전을 계획하고 수행하는 자는 표적을 분석하는 동안 이 점을 유념하여야 한다.[371] 자연환경에 적절한 고려와 지속적인 보호가 요구된다(본 절에 대한 해설 para.10 참조).[372]

2. 본 규칙은 공중 및 미사일 작전의 모든 환경적 영향의 사전분석을 요구하지는 않는다. 공격을 계획하는 자는 계획시 합리적으로 이용할 수 있는 자연환경에 대한 정보를 고려해야

---

370) 제1추가의정서 제54조(5): "침략으로부터 자국 영역을 방위함에 있어서 분쟁당사국의 필요불가결한 요구를 인정하여 분쟁당사국은 긴박한 군사상의 필요에 의하여 요구되는 경우에는 자국의 지배하에 있는 그러한 영역 내에서 제2항에 규정된 금지사항을 파기할 수 있다."

371) 이는 특히 다음과 같은 NWP, para.8.4의 문장에 의해 확고해졌다: "그러므로 지휘관은 합법적인 군사목표물에 대한 공격 결과인 환경피해를 표적선정 분석시의 요소 중 하나로 고려하여야 한다."

372) ICRC Customary IHL Study, 규칙 44 참조: "전투수단과 방법은 자연환경의 보호 및 보존에 대해 적절히 고려하면서 사용되어야 한다." 그리고 동 규칙은 다음과 같이 주장하고 있다. "군사작전의 수행에 있어서 자연에 대한 피해를 회피하거나 최소화하기 위한 실행 가능한 모든 조치를 취하여야 한다. 특정 군사작전의 자연에 대한 영향이 과학적으로 명확하지 않다는 것이 분쟁당사국이 그러한 예방조치를 취해야 하는 것을 면제해 주는 것은 아니다."

할 의무가 있다. 현재의 상황에서 조종사는 자기책임하에 그러한 결정을 내릴 것이라는 것이 통상적으로 기대되지 않는다.

3. 전문가 그룹의 일부는 자연환경의 보호는 공중 및 미사일 공격을 계획하고 수행할 경우 고려되어야만 한다고 강하게 주장했었다. 그들의 견해에 따르면 환경에 대한 예상되는 부수적 피해가 초과한다면 합법적 표적에 대한 공중 또는 미사일 공격은 중지되어야 한다. 그러나 다수의 전문가들은 그러한 높은 수준의 금지는 국제관습법에 의해 요구되지 않으며, '적절한 고려' 기준은 오늘날 비국제적 무력분쟁에 적용되는 법의 상태를 충분히 반영하고 있다는 결론에 이르렀다. 말할 필요없이, 핵무기의 사용에 관한 한 불일치는 광범위하다.

4. 본 규칙은 비국제적 무력분쟁에도 적용된다.

제N절 기타 요원 및 물자의 특별보호

1. 본 절은 의료 및 종교요원뿐만 아니라 한편으로는 의무부대 및 장비, 다른 한편으로는 의료항공기에 부여된 특별보호를 다루는 제K절 및 제L절을 보완한다. 또한 자연환경에의 특별보호에 관한 제M절을 보완한다. 본 절은 아래의 '기타요원 및 물자', 즉 민방위, 문화재, 민간주민의 생존에 불가결한 물자 및 UN 요원 및 특별협정에 의한 특별보호를 강조한다.

2. 본 절은 관련 요원 및 물자의 보호에 적용할 수 있는 망라적인 규정 리스트를 제공하는 것이 아니라 대부분의 규정은 공전 및 미사일전 상황과 관련있을 뿐이다.

3. 위험한 물리력을 포함하고 있는 공장 및 시설물은 또한 제1추가의정서 제56조에 따라 특별보호를 받는다. 결과적으로 전문가 그룹의 일부는 본 절에서 댐, 둑 및 핵발전소의 보호에 관한 엄격한 규칙의 포함을 주장했다. 하지만 이 제안은 제1추가의정서 제56조의 관습적 성격에 이의를 제기하고 이러한 규정들은 제1추가의정서 체약국에게만 구속적인 것이 될 것이라고 주장하는 대다수 전문가에 의해 거부되었다. 타협으로 규칙 36조가 위험한 물질을 포함하고 있는 공장 및 시설물(그 인근지역도 포함)을 공격할 경우 '특별보호'를 요구하는 제G절(공격시 예방조치)에 포함되었다. 게다가 규칙 99가 특별합의에 의해 그렇지 않으면 본 절에서 다루어지지 않았을 요원 및 물자를 보호할 가능성을 확실히 하는 본 절에 포함되었다.

4. '특별보호'의 의미에 대해서는 제K절에 대한 해설 참조.

I. 민방위

1. 민방위는 규칙 1(k)에서 정의되었다.

2. 규칙 90-93은 전투지역뿐만 아니라 배후지역과 점령지역에서의 민방위활동에 적용된다. 점령지역에서의 민방위를 규율하는 엄격한 규칙들은 본 매뉴얼에 포함되기에는 부적절한 것으로 간주된다.

3. 같은 맥락에서 규칙 90-93은 교전국 영역에서 민방위 임무를 수행하는 중립국의 민간 민방위 조직에도 적용된다.[373] 본 매뉴얼은 민방위에 대한 외국의 원조에 관한 조건을 정교하게 다루고 있지 않다.

4. 비국제적 무력분쟁에 적용되는 조약들은 민방위에 관한 특별규정을 포함하고 있지 않다. 하지만 민간 민방위 조직 및 그 요원, 민방위 목적을 위해 사용되는 건물 및 물자 그리고 대피소는 민간인 및 민간물자에게 부여된 특별보호로부터 이익을 얻는 민간주민을 위해 제공된다. 그것들은 만약 제D절, 제E절 및 제F절에서 상술되었듯이 총칙에 따라 민간인 보호를 상실하지 않으면 직접적으로 공격되어서는 안 된다.

5. 민방위 의무를 이행하고 있는 군사요원은 직접적으로 적대행위에 참여하지 않는 한 비국제적 무력분쟁에서에서도 보호되어야 한다(제1추가의정서 제67조(1)(e) 참조). 결과적으로 규칙 90의 기초는 비국제적 무력분쟁에 적용된다.

6. 명확한 식별을 보장하기 위하여 국제적 식별표식을 비국제적 무력분쟁에서도 사용하는 것은 민간 민방위 조직 및 그 요원과 물자에게 유용하다. 민방위 의무를 수행하고 있는 군사요원은 그들 자신을 여타의 전투원과 구별되도록 하여야 한다(규칙 91에 대한 해설 para.4

---

373) 제1추가의정서 제64조(1): "제62조, 제63조, 제65조 및 제66조는 한 분쟁당사국의 영역 내에서 그 당사국의 동의 및 그 통제 하에서 제61조에 언급된 민방위 임무를 수행하는 중립국 또는 기타 분쟁비당사국의 민간민방위단체들의 요원 및 자재에도 또한 전용된다. 그러한 원조의 통고는 가능한 한 조속히 모든 관계 적대국들에게 대하여 행하여진다. 어떠한 상황에 있어서도 이러한 활동은 분쟁에 대한 개입으로 간주되지 아니한다. 단, 이러한 활동은 관계 분쟁당사국의 안보상의 이해관계에 대하여 충분한 고려를 하여 수행되어야 한다."

참조).

[규칙 90]

(a) 민간인이든 군인이든 민방위 조직과 그 요원들에게는 특별 보호가 제공되어야 한다. 그들은 긴급한 군사필요성 경우를 제외하고는 민방위 임무를 수행할 권리가 있다.

1. 본 규칙은 민방위 조직과 그 요원의 특별보호, 특히 그러한 조직과 요원을 보호하고 존중해야 할 의무에 관한 것이다. 이는 민간 민방위 조직 및 그 요원에 관한 제1추가의정서 제62조(1)[374]과 민방위 조직에 할당된 군요원 및 군부대에 관한 제1추가의정서 제67조(1)[375]에 기초하고 있다. 비록 본 규칙은 민간 및 군 민방위 조직과 그 요원을 포함하고 있음에도 불구하고 민간 또는 군 민방위에 적용할 수 있는 법체계에는 약간의 상이함이 존재한다. 이는 아래에서 다루어질 것이다.

2. 본 매뉴얼의 목적상 '민방위 조직'이라는 용어는 민방위 임무를 수행하기 위하여 교전당사국의 권한있는 당국에 의해 조직되거나 권한이 부여된 그리고 오로지 그러한 임무에 할당되어 종사하고 있는 상설 편제 및 편성단위를 포함한다.[376] '조직'의 개념은 대규모의 조직적

---

374) 제1추가의정서 제62조(1): "민간민방위단체 및 그 요원은 본 의정서의 제규정, 특히 본 장의 제 규정을 따를 것을 조건으로 하여 보호된다. 그들은 절대적인 군사상 필요의 경우를 제외하고 그들의 민방위 임무를 수행할 자격이 있다"

375) 제1추가의정서 제67조(1): "1. 민방위 단체에 배속된 군대 구성원 및 군부대는 다음 사항을 조건으로 하여 존중되고 보호된다. 가. 그러한 요원 및 그러한 부대가 제61조에 언급된 어떠한 임무의 수행을 위하여 영구적으로 배속되고 전담될 것. 나. 상기와 같이 배속되었을 경우 그러한 요원은 분쟁기간 중에 어떠한 다른 군사적 임무도 수행하지 아니할 것. 다. 그러한 요원은 적절한 대형 규격의 국제적 민방위 식별표지를 뚜렷하게 부착함으로써 여타의 군대 구성원과 명백히 구별될 수 있어야 하며, 그들의 지위를 증명하는 본 의정서 제1부속서 제5장에서 말하는 신분증명서를 발급받을 것. 라. 그러한 요원 및 그러한 부대는 질서유지의 목적을 위하여 또는 자위를 위하여 개인용 소화기만으로 무장할 것. 제65조 제3항의 규정은 이 경우에도 또한 적용된다. 마. 그러한 요원은 적대행위에 직접 가담하지 아니할 것 그리고 그들의 민방위임무를 이탈하여 적대국에게 유해한 행위를 범하거나 또는 이를 범하기 위하여 사용되지 아니할 것. 바. 그러한 요원 및 그러한 부대는 자국의 영역 내에서만 그들의 민방위 임무를 수행할 것. 상기 가 및 나호에 규정된 조건에 의하여 구속되는 모든 군대 구성원에 의한 상기 마호에 기술된 조건의 위반은 금지된다."

376) 제1추가의정서 제61조(2): "민방위단체라 함은 분쟁당사국의 권한있는 당국에 의하여 (1)항에 언급된 모든

인 설립을 의미하는 것은 아니다. 이러한 조직은 오히려 소규모의 편제일 수 있다.

3. 본 매뉴얼의 목적상 민방위 조직의 '요원'은 민방위 임무의 수행만을 위하여 교전당사국에 의해 배속된 자를 의미한다. 이러한 정의는 특히, 민방위 조직의 정의에 상응하여 공식적으로 편입된 개인들도 포괄한다.

4. 본 규칙은 민방위 조직 및 그 요원에 대한 특별보호를 제한하는 것으로 해석되어서는 안 된다. 따라서 교전당사국 당국 -그 통제하에 활동하는- 의 호소에 호응하는 민간인은 그들이 비록 민방위 조직의 구성원이 아닐지라도 민방위 임무를 수행하는 동안에는 마찬가지로 특별보호가 제공되어야 한다.[377]

5. 민방위 조직에 배속된 의료 및 종교요원은 의료 및 종교요원으로서의 그들의 보호를 보유한다.[378] 의료 및 종교요원의 보호에 대해서는 제K절, 특히 규칙 71 참조.

6. 만약 그 기간이 민방위 임무에 전적으로 할당된다면, 제한된 그리고 상대적으로 단기간 동안 민방위 임무에의 배속은 가능하다. 민방위 배속은 어떤 자가 민방위 임무에 전적으로 배속될 경우에만 특별보호를 제공한다는 사실은 임무 전후에 향유하는 민간인으로서의 일반적 보호를 저하시키는 것은 아니다. 임무수행 동안 그리고 오로지 민방위 임무를 수행하는 한 민간인은 민간인이 향유하는 일반적인 보호를 넘어 본 절에서 설명하고 있는 것처럼 특별보호를 받을 자격이 있다.

7. 민방위 할당을 교체할 수 있는 유연한 체계는 군 민방위 부대에는 적용되지 않는다. 이러

임무를 수행하기 위하여 조직 또는 허가된 그리고 그러한 임무에 배속되어 그것을 전담하는 상설편제 및 기타 편성단위를 의미한다."

377) 제1추가의정서 제62조(2): "제1항의 규정은 비록 민간민방위단체의 구성원은 아니라 하더라도 권한있는 당국의 호소에 응하여 그것의 지배하에서 민방위 임무를 수행하는 민간인들에게도 또한 적용된다."

378) 민방위 조직에 할당된 종요원에 대해서는 제1추가의정서 제8조(d)(iv) 참조.

한 군부대는 만약 무력분쟁 동안 민방위 임무에 영구적으로 배속되어 오로지 민방위 업무에 전념하거나 여타 군사적인 의무를 수행하지 않는 것 등을 포함한 여러 누적적인 요건이 이행될 경우에만 특별보호로부터 이익을 얻는다. 일단 그러한 요원 또는 부대가 민방위에 배속되면, 그들은 -무력분쟁 숲기간 동안- 군사적인 임무, 특히 전투 또는 전투지원 임무를 수행하는 것이 금지된다.

8. 민방위 조직과 그 요원을 존중하고 보호해야 할 의무는 그들이 고의적으로 공격되어서는 안 되고 자신들의 임무를 수행하는 것을 불필요하게 방해해서는 안 된다는 것을 의미한다. 후자의 요소 -규칙 90의 둘째 문장에서 명시적으로 규정되었음- 에는 하나의 예외가 있다. '긴급한 군사필요성'의 경우 민방위 기능을 중지시킬 수 있는 권리. 이 제한은 군사작전은 민방위 활동에 의해 방해받아서는 안 된다는 것을 의미한다. 교전당사국은 민방위 활동에 영향을 미치는 것을 피하기 위하여 주요한 작전적 군사계획을 변경할 것을 강요받아서는 안 된다.

(b) 민방위 목적으로 사용되는 건물과 물자 그리고 민간인들을 위한 대피소에도 반드시 특별 보호가 제공되어야 한다. 민방위 목적으로 사용되는 것들은 그것이 속해있는 교전당사국에 의하지 않고서는 파괴되거나 다른 용도로 사용되어선 안 된다.

1. 본 규칙은 민방위 목적을 위해 사용되는 건물 및 물자와 민간주민에게 제공되는 대피소에까지 특별보호를 확대하고 있다. 민방위 목적에 사용되는 건물은 민방위 조직에 충당되는 것도 포함된다. 행정적 목적을 위한 건물, 민간 목적을 위한 의무를 감시하는 민방위 조직의 요원을 위한 장소, 물자를 저장하는 시설, 차량을 보관하는 창고 등이 그러한 예가 된다.[379]

2. '민방위 물자'는 장비와 보급품뿐만 아니라 민방위 조직의 수송수단(육상, 해상 또는 공중의)을 포함한다.[380]

---

379) 제1추가의정서 제62조에 대한 ICRC 해설 para.2454 참조.
380) 제1추가의정서 제61조(d): "민방위 단체의 "자재"라 함은 가호에 언급된 임무의 수행을 위하여 이러한 단체

3. 민방위 조직은 민간인을 구조 또는 소개하고, 화재를 진압하고 또는 민방위 물자를 수송하기 위해 항공기를 사용한다. 민방위 항공수송에 대해서는 명시적 규정이 없다. 하지만 민방위 항공기에 대한 특별보호는 의료항공기에 허용되는 특별보호를 유추함으로서 예상할 수 있다. 환언하면, 민방위 항공기는 우호적인 군에 의해 물리적으로 통제되는 육지 및 그 상공에서 또는 적에 의해 물리적으로 통제되고 있지 않은 해역 및 그 상공에서 활동할 경우 -적의 동의가 없는 경우에도- 특별보호를 향유하다. 적에 의해 통제되는 지역 및 그 상공에서 그리고 우호군에 의해 물리적으로 통제되거나 물리적 통제가 명확하게 확립되지 않은 접촉지대의 일부 및 그 상공에서 민방위 항공기의 보호는 적으로부터 획득된 사전 동의에 의해서만 완전히 효과적이다. 그러한 동의가 없으면 민방위 항공기는 위험에 노출된 채 활동하게 된다. 그럼에도 그러한 항공기는 일단 민방위 임무에 종사하는 것으로 식별이 되면 존중되어야 한다(규칙 77 및 78 참조).

4. 민방위 목적을 위해 사용되는 물자는 직접적으로 공격할 수 없다. 하지만 합법적 표적에 대한 공격으로 야기된 부수적 피해로부터 고통을 받을 수 있다(규칙 14 참조). 부수적 피해를 가져올 이들 물자의 취약성은 합법적 표적으로부터의 분리에 달려 있다. 다른 민간물자와 비교할 때 민방위 목적에 사용되는 물자는 특별보호를 받을 자격이 있는 민간물자로 식별될 수 있는 가능성을 증대시키기 위하여 식별표식(제1추가의정서 제66조 참조)을 하여야 한다.

5. 민방위의 목적을 위해 사용된 물자를 파괴하거나 그것의 적절한 사용을 못하게 하는 권리는 오직 '그들이 속한 당사국'에게만 허용된다.[381]

[규칙 91] 교전당사국은 자신들의 민방위 조직, 요원, 건물과 물자 그리고 민간인에게 제공된

에 의하여 사용되는 장비, 물자 및 수송기관을 의미한다."

381) 제1추가의정서 제62조(3): "민방위 목적에 사용되는 건물과 자재 및 민간주민에게 제공되는 대피소는 제52조의 적용을 받는다. 민방위 목적에 사용되는 물건은 그것들이 속하는 당사국에 의하지 아니하고는 파괴되거나 또는 그것들의 고유한 용도가 변경될 수 없다."

대피소가 국제적으로 민방위를 구별할 수 있는 표식과 다른 적절한 식별수단을 이용해 식별이 보장되도록 노력해야 한다.

1. 본 규칙은 민방위 조직, 요원, 건물 및 물자를 다루는 제1추가의정서 제66조,[382] 제67조 (1) 및 제67조(3)[383]에서 추론되었다.

2. 민방위의 국제적인 식별 표시는 '오렌지색 바탕에 청색 정삼각형'이다.[384]

3. 특별보호는 그 기능 때문에 민간 민방위 조직, 요원, 건물 및 물자에게 허용된다. 승인된 국제적 표식(그리고 여타 적절한 식별수단)의 실질적 가치는 피보호 요원 및 물자가 식별될 것이라는 가능성을 증대시킴으로써 보호를 용이하게 하는 것이다. 사실 -무력분쟁 상황하에서- 확인할 수 있는 실질적인 방법이 없다면 민방위 요원과 물자의 효과적인 보호를 보장하는 것은 어려워질 수 있다. 하지만 민간 민방위 조직, 그 요원 건물과 물자는 민방위의 국제적 식별표식에 따라 표시되는 것에 달려있다. 국제적 식별표식을 하고 있지 않더라도 확인

---

382) 제1추가의정서 제66조: "1. 각 분쟁당사국은 자국의 민방위 단체와 그 요원, 건물 및 자재가 민방위 임무를 전담 수행하는 기간 동안 식별될 수 있도록 보장하기 위하여 노력한다. 민간주민에게 제공되는 대피소도 동일하게 식별될 수 있어야 한다. 2. 각 분쟁당사국은 또한 민방위의 국제적 식별표지가 부착되는 민방위 요원, 건물 및 자재는 물론 민간인 대피소를 분간하는 것을 가능하게 할 방법 및 절차를 채택하고 시행하기 위하여 노력한다. 3. 피점령지역 및 전투가 진행되고 있거나 또는 진행될 것 같이 보이는 지역에 있어서는 민간민방위요원은 민방위의 국제적 식별표지에 의하여 그리고 그들의 지위를 증명하는 신분증명서에 의하여 인지될 수 있어야 한다. 4. 민방위의 국제적 식별표지는 그것이 민방위단체와 그 요원, 건물 및 자재의 보호와 민간인 대피소를 위하여 사용되는 경우 오렌지색 바탕에 청색 정삼각형으로 한다. 5. 식별표지에 추가하여 분쟁당사국은 민방위의 식별목적을 위한 식별신호의 사용에 관하여 합의할 수 있다. 6. 제1항부터 제4항까지의 제 규정의 적용은 본 의정서 제1부속서 제5장에 의하여 규정된다. 7. 평시에 있어서 제4항에 규정된 표지는 권한있는 국내 당국의 동의를 얻어 민방위 식별목적을 위하여 사용될 수 있다. 8. 체약당사국 및 분쟁당사국은 민방위의 국제적 식별표지의 부착을 감독하기 위하여 그리고 그것의 모든 남용을 방지하고 억제하기 위하여 필요한 조치를 취한다. 9. 민방위의 의료 및 종교요원, 의료부대 및 의료용 수송기관의 식별은 또한 제18조에 의하여 규제된다."

383) 제1추가의정서 제67조(3): "민방위단체에 배속된 군부대의 건물과 장비 및 수송기관의 주요물품은 국제적 민방위 식별표지로 명백히 표시된다. 이 식별표지는 적절한 대형의 규격이어야 한다."

384) 제1추가의정서 제1부속서 제16조.

되는 순간부터 존중되고 보호되어야 한다.

4. 민간인과 구별되는 군 민방위 요원은 오로지 자신들을 전투원과 명백하게 구별할 경우에만 특별보호를 받는다(제1추가의정서 67(1)(c) 참조).

5. 민방위 조직, 요원, 건물 및 물자는 민방위 임무에 배타적으로 충당되는 것이 아니라면 식별표식을 해서는 안 된다.

6. 교전당사국은 식별표식의 사용을 감독하고 남용되는 것을 방지 및 억제할 의무가 있다(제1추가의정서 제66조(8) 참조). 민방위 목적에 배타적으로 도움이 되지 않는 조직, 요원, 건물 및 물자에 민방위 보호표식을 하는 것은 남용이 된다. 환언하면, 어느 시설이 민방위 목적에 도움이 되더라도 그 시설이 민방위 지위와 양립하지 않는 목적에 사용된다면 표식을 사용할 수 없다. 방어하고 있는 교전당사국은 남용을 방지하고 그 시설이 보호받아야 한다는 권리에 대한 신뢰를 증진함으로써 이러한 시설의 보호를 보장함에 있어 중요한 역할을 한다(제H절 참조).

7. 교전당사국은 식별표식에 추가하여 식별목적의 신호 사용에 합의할 수 있다(제1추가의정서 제66조(5) 참조). 이는 '가시거리를 넘어서는' 표적의 식별 가능성 때문에 식별표식이 불충분한 보호를 제공하는 민방위 공중수송 상황에서 특히 중요하다.

[규칙 92] 민간 민방위 조직, 요원, 건물 그리고 대피소와 물자들에 대한 보호는 그들의 임무 외에 적에게 해가 될 행동을 하거나 과거에 행했을 경우에만 중지된다.

1. 본 규칙은 제1추가의정서 제65조(1)와 거의 동일하다.[385] 이는 오로지 고유한 임무에서

---

385) 제1추가의정서 제65(1) : "민간 민방위단체와 그 요원, 건물, 대피소 및 자재가 받을 자격이 있는 보호는 이들이 고유의 임무에서 일탈하여 적에게 유해한 행위를 범하거나 이를 범하도록 사용되지 아니하는 한, 정

벗어나 적에게 유해한 행위를 하거나 행하기 위해 사용되었기 때문에 보호를 상실하는 합법적인 근거가 있는 상황에서 민간 민방위 조직, 그 요원 건물, 대피소와 물자에 적용된다. 어느 행위가 반드시 적대적이 않으면서도 해가 될 수도 있다는 것이 강조되어야 한다. 즉, 적대적인 의도가 없는 행위 또한 특별보호의 상실로 이어질 수 있다.[386]

2. 제1추가의정서 제65조(2)[387]는 적에게 해로운 것으로 간주되지 않는 행위를 규정하고 있다. 이에는 민간 민방위 요원이 민방위 임수수행에 있어서 군요원과 협동하는 것 또는 민방위 임무가 군 당국의 지시 또는 통제하에 수행되는 것이 포함된다. 만약 민방위 임무 수행이 부수적으로 군인 희생자(특히 전투능력을 상실한 자)에게 이익을 준다고 해서 적에게 유해한 것으로 간주되어서는 안 된다.

3. 제1추가의정서 제65조(3)[388]에 따라 민간 민방위 요원은 자신들의 특별보호를 상실하지 않은 채 무기를 휴대하는 것이 허용된다. 하지만 이러한 허용은 엄격한 제한에 따라야 한다. 첫째, 민방위 요원이 개인용 소화기를 가질 자격이 있어야 한다(이러한 표현의 정의에 대해서는 규칙 74(c)(i)에 대한 해설 para.3 참조), 전투지역에서는 무기는 권총 -개인용 소화기보다는 더 좁은 개념- 에 제한되어야 한다 (규칙 74(c)(i) alc 규칙 82 참조). 둘째, 이러한 무기는 고통받고 있는 지역에서 법과 질서를 유지하거나 적에 대해서가 아니라 약탈자 또는 무장한 공격

지되지 아니한다. 단, 보호는 하시라도 적절한 경우, 타당한 시한이 설정된 경고가 발하여진 연후에 그리고 그러한 경고가 무시된 연후에만 정지될 수 있다."

386) 제1추가의정서 제65조(1)에 대한 ICRC 해설, para.2588 참조.

387) 제1추가의정서 제65조(2): "다음의 것은 적에게 유해한 행위로 간주되어서는 아니된다. 가. 민방위 임무가 군당국의 지시 또는 그 지배하에서 수행되는 것. 나. 민간민방위요원이 민방위 임무수행에 있어서 군요원과 협동하는 것 또는 약간의 군요원이 민간민방위단체에 부속되는 것. 다. 민방위 임무의 수행이 부수적으로 군인희생자들, 특히 전투능력 상실자들에게 이익을 주는 것."

388) 제1추가의정서 제65조(3): "민간민방위요원이 질서유지를 위하여 또는 자위를 위하여 개인용 소화기를 휴대하는 것도 또한 적에게 유해한 행위로 간주되어서는 아니된다. 단, 지상전투가 진행되고 있거나 또는 진행될 것 같이 보이는 지역에 있어서는 분쟁당사국은 민방위요원과 전투원 간의 구별을 용이하게 하기 위하여 동 화기를 피스톨 또는 연발권총과 같은 권총으로 한정시키는 적절한 조치를 취한다. 민방위요원이 그러한 지역 내에서 기타 개인소화기를 휴대하고 있는 경우라 하더라도, 일단 그들의 민방위요원으로서의 자격이 인지되는 즉시 그들은 존중되고 보호된다."

자로부터의 자위를 위해서만 사용되어야 한다. 이러한 규정은 의료 및 종교요원에게 적용되는 규정을 모델로 하였다.

4. 본 규칙은 규칙 38을 배경으로 하여 해석되어야 한다. 동 규칙에 따라 경고 발행 요구는 절대적이다. 이것은 '상황이 허용하면' 발행되어야 하는 규칙 37에서 언급된 경고와는 다른 것이다.

5. 보호가 중지되기 위해서는 그전에 합리적인 시간제한을 설정한 경고가 발해져 무시되어야 한다. 하지만 시간제한은 '적절한 경우에' 설정될 필요가 있다. 시간제한을 설정하는 것이 실행 불가능한 상황도 있다. 적에게 유해한 행위를 단념하도록 또는 상병자를 안전장소로 이동하도록 경고함으로써 즉각적인 준수를 요구하는 것은 합리적이다.

6. 게다가 기간은 '합리적'이어야 한다. 즉, (i)적에게 해가 되는 행위가 중지될 것을 허용하기에 충분히 길거나, (ii)의료부대 및 의료수송수단 내에 있는 상병자를 안전한 장소로 이동하기에 충분하여야 한다. 일부 경우에는 적에게 해로운 행위를 단념케 하거나 상병자를 안전한 장소로 이동시키라는 경고를 즉각 준수를 요구하는 것이 합리적이다.

7. 자격있는 민간인 민방위 조직, 요원, 건물, 대피소와 물자에 대한 특별보호의 종식이 반드시 공격을 받게 될 수 있다는 것을 의미하는 것은 아니다. 민간인 및 민간물자의 포괄적인 보호로부터 이익을 얻을 수 있다는 것이 유념되어야 한다. 공격은 요원 및 물자가 합법적인 표적의 자격을 갖는지에 달려 있다(제D, E, F 및 G절 참조).

II. 문화재

1. 문화재에 대한 특별보호는 제1, 2 추가의정서, 1954년 헤이그협약 및 동 협약 제1, 2 의

정서에 기초하고 있다.[389] 이러한 조약들은 보충적인 보호체계를 확립하고 있다. (ⅰ)1977년 제1, 2추가의정서 및 1954년 헤이그협약에서 개별적으로 정의된 모든 문화재에 적용되는 일반적 보호, (ⅱ)모든 인류의 공동유산으로서의 매우 큰 중요성을 갖는 문화재에 대한 '특별 보호', (ⅲ)최고의 인도적 중요성을 갖는 문화유산에 대한 '강화된 보호' 체계(1954년 헤이그협약 제2의정서).

2. 전문가 그룹은 문화재 보호를 보장하는 모든 법체계의 미묘한 차이를 -본 매뉴얼에서- 반복할 필요는 없다고 간주했다.

3. 문화재의 정의에 대해서는 규칙 1(o) 참조.

(i) 문화재의 이용

1. 전문가 그룹의 대다수는 군사적 목적을 위하여 문화재 및 그 주변 지역을 이용하기로 하는 결정은 대대 또는 그 상급 부대를 지휘하는 장교에 의해 취해진다고 결론내렸다. 소규모 부대의 지휘관은 상황이 다른 방법을 허용하지 않을 경우에만 이러한 결정을 내릴 수 있다.

2. 마찬가지로 전문가 그룹의 대다수는 상황이 허용되면 적국은 상당한 시간 미리 군사목적을 위해 문화재 및 그 주변지역을 이용하기로 결정했다는 것을 통지받아야 한다는 결론에 다다랐다.[390]

---

389) 1907년 헤이그규칙 또한 제27조 및 제56조 등 2개의 관련 규정을 포함하고 있다. 제56조는 다음과 같다. "시·읍의 재산, 그리고 국가에 속하는 것일지라도 종교, 자선, 교육, 예술 및 학술단체의 재산은 사유재산으로 취급되어야 한다. 이러한 단체, 역사적인 기념비, 예술 및 학술작품의 압수, 파괴 또는 고의로 손상하는 일체의 행위는 금지되며 소송의 대상이 된다."

390) 1954년 헤이그협약 제2의정서 제6조(d): "제(a)항에 따라 취해진 결정에 기초한 공격의 경우, 효과적인 사전경고는 상황이 허용하는 한 행해져야 한다."

[규칙 93]

(a) 교전당사국은 문화재와 그 인근 지역 또는 문화재의 보호를 위해 사용되는 장비를 파괴 또는 손상을 입을 수 있게 이용하는 것을 자제하여야 한다.

1. 본 규칙은 1954년 헤이그협약 제4조(1)에 기초하고 있다.[391] 이는 교전당사국에게 문화재와 그 인근지역 및 문화재를 보호하기 위하여 사용되는 장비를 파괴나 손상에 노출되지 않도록 해야 할 의무를 부과하고 있다.

2. 본 규칙은 '군사목적을 위하여'(1954년 헤이그협약 제9조[392]와 비교) 또는 '군사노력을 지원하기 위하여'(제1추가의정서 제53조(b)[393]와 비교) 문화재(또는 그 인근지역)의 이용을 금지뿐만 아니라 '파괴나 손상에 노출시킬 목적'이라는 더욱 폭넓은 이용도 금지하고 있다.

3. 1954년 헤이그협약 제4조 (1)에서 강조되었듯이, 동 규칙은 교전당사국 영역 내에 있는 문화재 및 다른 체약국의 영역 내에 있는 문화재에도 적용된다. 이에는 점령지역도 포함된다(1954년 헤이그협약 제5조).

4. 비국제적 무력분쟁에 대해서는 1954년 헤이그협약 제19조 참조.[394]

---

391) 1954년 헤이그협약 제4조(1): "체약국들은 자국의 영토 내에 있는 것과 마찬가지로 타 체약국들의 영토 내에 위치한 문화재를 다음과 같이 보호함으로써 존중하여야 한다. 즉, 문화재와 그의 직접 주면과 그것을 보호하기 위하여 사용 중인 장비를 전시에 파괴나 손상에 노출시킬 목적으로 사용하지 않아야 한다."

392) 1954년 헤이그협약 제9조: "체약국들은 특수보호 문화재가 국제등록부에 등록된 때로부터 그러한 문화재에 대한 적대행위를 행하지 않고, 제8조 제5항에 규정된 경우를 제외하고는 그러한 문화재나 그 주면을 군사적인목적에 사용하지 않음으로써 그러한 문화재의 불가침성을 보장하여야 한다."

393) 제1추가의정서 제53조: "무력분쟁의 경우에 있어서 문화재의 보호를 위한 1954년 5월 14일자 헤이그협약의 제 규정 및 기타 관련 국제협약의 제 규정을 침해함이 없이 다음 사항은 금지된다. (a)국민의 문화적 또는 정신적 유산을 형성하는 역사적 기념물, 예술작품 또는 예배장소를 목표로 모든 적대행위를 범하는 것. (b)그러한 물건을 군사적 노력을 지원하기 위하여 사용하는 것. (c)그러한 물건을 보복의 대상으로 하는 것."

394) 1954년 헤이그협약 제19조: "1. 체약국의 영토 내에서 발생한 국제적 성질을 갖지 않는 무력분쟁의 경우 각 분쟁당사국은 최소한 문화재 보호에 관련된 본 협약 내용을 적용하여야 한다. 2. 분쟁당사국은 특별협

(b) 문화재나 그 인근지역은 군사필요성이 긴급하게 요구될 경우에만 군사적 목적을 위해 사용될 수 있다. 그러한 결정은 문화재를 식별하는 표식을 제거한 후에만 적용될 수 있다.

1. 본 규칙의 첫 문장은 1954년 헤이그협약 제4조(2)에 기초하고 있다.[395]

2. 본 규칙은 군사필요성이 문화재 또는 그 인근 지역을 군사목적상 이용할 것을 긴급하게 요구하는 매우 드문 사례(예, 만약 역사적 교량이 강을 건너기 위해 사용할 수 있는 유일한 수단일 경우)를 예정하는 규칙 93(a)에 포함된 금지에 대한 예외를 설정하고 있다. 전문가 그룹의 대다수에 따르면, 긴급한 군사필요성은 유사한 군사적 이익을 얻기 위해 다른 가능한 방법이 없는 경우 및 그러한 동안에만 오로지 호소될 수 있다.[396]

3. 만약 교전당사국이 -긴급한 군사필요성이라는 이유로- 문화재와 그 인근지역을 군사목적으로 이용하기로 결정하면, 더 이상 식별표식을 하여서는 안 된다.

4. 본 규칙은 비국제적 무력분쟁에도 적용된다. 이러한 적용 가능성은 1954년 헤이그협약 제19조에서 유래되었다.

[규칙 94] 교전당사국은 국제적으로 인정된 표식을 하고 적에게 문화재의 위치에 대한 위치에 대한 정보를 적시에 충분히 제공하는 방법으로 자신의 통제하에 있는 문화재의 식별과 보호를 용이하게 하여야 한다. 그러나 그러한 조치가 없다고 해서 문화재에 대한 국제적 무력분쟁에 적용되는 법에 따른 보호가 박탈되지 않는다.

약에 의해 본 협약 다른 규정들의 일부 또는 전부가 효력을 발할 수 있도록 노력하여야 한다. 3. 유네스코는 분쟁당사국에게 조력을 제공할 수 있다. 4. 전기한 규정들의 적용은 분쟁당사국의 법적 지위에 어떠한 영향도 미치지 않는다."

395) 1954년 헤이그협약 제4조(2): "제1항에 언급된 의무는 군사적 필요성이 그러한 의무의 포기를 반드시 요구할 때에만 포기할 수 있다."

396) 1954년 헤이그협약 제2의정서 제6조(b) 참조.

1. 본 규칙은 부분적으로 1954년 헤이그협약 제6조[397] 및 제17조(1) 및 (2)[398]에 기초하고 있다. 문화재를 표시하고 적에게 이의 위치를 통지해야 할 선택은 문화재를 인근에 있는 다른 물자와는 구별함으로써 보호를 강화하기 위함이다.

2. 식별표식은 소위 'blue-and-white shield'이다. 이 표식(1954년 헤이그협약 제16조)은 하부가 뾰족한 남색과 백색의 사선십자형 방패의 형태이다(선명한 남색 사각형으로 그 한 개의 각이 방패 하부 뾰족한 끝을 형성하고, 사각형 상부에 선명한 남색 삼각형이 있으며 양쪽 공간은 백색 삼각형이 존재한다).

3. '자신의 통제하에'라는 단어로 강조된 것처럼 동 규칙은 교전당사국의 영역 내 또는 점령지 내에 있는 문화재에 적용된다.

4. 식별표식의 부재가 국제적 무력분쟁에 적용되는 법에서 유래된 문화재의 보호를 박탈하는 것은 아니다. 표식은 단지 식별을 용이하게 할 뿐이다(규칙 72(d)와 비교).

5. 본 규칙은 비국제적 무력분쟁에도 적용된다.

(ii) 문화재에 대한 공격

[규칙 95]

(a) (b)와 규칙 96에 의거 교전당사국은 문화재에 행해지는 어떠한 적대행위도 삼가야 한다.

---

397) 1954년 헤이그협약 제6조: "제16조에 따라서 문화재에 그의 식별을 용이하게 할 수 있는 특수한 표식을 부착할 수 있다."

398) 1954년 헤이그협약 제17조(1) 및 (2): "1. 세 번 반복된 식별표식은 다음사항의 확인수단으로만 사용될 수 있다. (a)특수보호를 받는 부동산 문화재. (b)제12조 및 제13조에서의 규정된 조건하에서의 문화재 수송. (c)본 협약 시행규칙에서의 규정된 조건하에서의 임시대피소. 2. 식별표식은 다음 사항의 확인수단으로만 사용될 수 있다. (a)특수보호를 받지 않는 문화재, (b)본 협약 시행규칙에 따라 통제업무에 책임을 지는 인원, (c)문화재 보호에 종사하는 인원, (d)본 협약 시행규칙에 언급된 신분증명서."

1. 본 규칙은 규칙 95(b) 및 규칙 96을 보충한다. 규칙 95(b) 및 규칙 96은 그 적용 상황이 충족되는 경우 따라야 한다.

2. 문화재에 대한 모든 직접적인 적대행위의 금지는 1907년 헤이그협약 제27조, 제1추가의정서 제53조 및 1954년 헤이그협약 제4조(1) 및 제9조에서 추론되었다.

3. 보호는 모든 적대행위로부터지 단지 공격만은 아니다. '공격'의 정의에 대해서는 규칙 1(e) 참조.

4. 본 규칙에서의 '어떠한 적대행위'의 금지는 절도, 약탈, 횡령 또는 파괴로부터 문화재를 보호할 의무를 감소시키는 것은 아니다.[399]

5. 본 규칙은 비국제적 무력분쟁에도 적용된다.

(b) 문화재나 인근 지역은 군사필요성이 긴급하게 요구될 때에는 공격할 수 있다.

1. '적대행위'를 다루는 규칙 95(a)와는 달리 본 규칙 –규칙 95(c)도– 은 '공격'을 다루고 있다. 공격의 정의에 대해서는 규칙 1(e) 참조.

2. 본 규칙은 1954년 헤이그협약 제4조(2) 및 제11조(2)[400]에서 유래되었다. 하지만 본 규칙

---

399) 1954년 헤이그협약 제4조(3) : "체약국들은 또한 문화재의 어떠한 형태의 절도, 약탈, 불법사용 및 문화재에 대한 어떠한 종류의 문화재 파괴행위도 이를 금지, 예방하고 필요에 따라서는 종식시켜야 한다. 체약국들은 타 체약국 내에 위치하고 있는 동산 문화재를 강제로 징발해서는 안 된다."

400) 1954년 헤이그협약 제11조 : "1. 만약 일방체약국이 특수부호문화재에 관하여 제9조상의 의무를 반대 당사국은 그 위반이 지속되는 한 위반한다면 관련 문화재의 불가침성을 보장할 의무에서 벗어난다. 그럼에도 불구하고 가능한 경우 그 반대 당사국은 합리적인 기간 내에 그 의무위반의 중지를 요청하여야 한다. 2. 특수보호문화재에 대한 불가침성은 본조 제1항에 규정된 경우와는 별도로 피할 수 없는 군사적 필요성이 존재한다면 그 필요성이 존재하는 동안만 정지될 수 있다. 그러한 필요성은 사단급 부대 이상 지휘관에 의

은 문화재 그 자체에 대한 공격뿐만 아니라 인접한 주변지역을 공격함에 있어 '긴급한 군사 필요성'을 존재를 요구하는 조약 규정들보다 더 넓게 규정하고 있다.

3. '긴급한 군사필요성'이라는 표현의 설명에 대해서는 규칙 93(b) 해설 참조.

4. 1954년 헤이그협약에서 유래된 '긴급한 군사필요성' 요건은 만약 군사필요성의 정의(규 칙 1(y) 및 규칙 22 참조)를 충족하면 공격을 받게 된다는 오늘날의 요건과 일치하지 않는 것으 로 간주된다. 2개의 개념이 1954년 헤이그협약 제2의정서 제6조(a)(i) 및 제13조(1)(b)에서 문화재를 위해 조화를 이루었다. 비록 모든 국가가 체약국이 아님에도 불구하고 전문가 그 룹의 대다수는 문화재가 군사목표물을 구성하지 않으면 문화재에 대해 어떠한 공격도 행하 지 않을 것이라고 보았다.

5. 본 규칙은 비국제적 무력분쟁에도 적용된다.

(c) 공중 또는 미사일 공격으로 문화재 인근 지역에 있는 군사목표물을 공격함에 있어 교전당사 국은 문화재에 대한 피해를 회피하기 위한 실행 가능한 예방조치를 취하여야 한다(본 매뉴얼의 제G절 참조).

1. 본 규칙은 규칙 95(b)을 보충한다. 규칙 95(b)가 문화재 및 그 인근 주변을 공격하는 것을 다루고 있는 반면, 규칙 95(c)는 문화재 가까이에 있는 군사목표물에 대한 공격을 다루고 있 다. 그러한 군사목표물에 대한 공격에 있어서 교전당사국은 문화재에 대한 부수적 피해를 제한하기 위하여 모든 가능한 예방조치를 취하여 한다(규칙 제14 및 제G절 참조).

해서만 결정될 수 있다. 반대당사국에는 사정이 허락하는 경우 불가침성의 정지결정을 합리적인 기간 전에 미리 고지하여야 한다. 3. 불가침성을 정지한 당사국은 가능한 한 신속히 서면으로 그 사유를 본 협약 시행규칙에 규정된 문화재 보호감시총감에게 통보하여야 한다."

2. '초과하는' 부수적 피해로부터 민간물자의 일반적 보호와는 달리, 문화재의 경우 교전당
사국은 초과적인 것이 아닐 경우에도 문화재에 대한 부수적인 피해를 피하기 위해 가능한
예방조치를 취해야 한다. 하지만 이러한 의무는 절대적인 방법으로 적용되기보다는 '가능
한' 예방조치를 취하는 데 한정된다.

3. 1954년 헤이그협약의 1999년 제2의정서 체약국에게는 의정서 제7조가 적용된다.

4. 본 규칙은 비국제적 무력분쟁에도 적용된다.

**[규칙 96] 문화재가 군사목표물이 되었을 시, 이에 대한 공격 결정은 적절한 수준의 지휘에
따라 그리고 문화재라는 특별한 성격에 대한 적절히 고려하면서 취해져야 한다. 상황이 허용
되는 경우 효과적인 사전경고가 행해져야 하며 공격은 그러한 경고가 무시되었을 때에만 행
해져야 한다.**

1. 본 규칙은 1954년 헤이그협약 제2의정서 제6조 및 제13조에서 유래하였다.

2. 본 규칙은 문화재가 군사목표물의 요건을 충족시키고 있다는 가정에 기초하고 있다.

3. 본 규칙은 규칙 38에서의 일반적인 사전경고 요구를 배경으로 하여 해석되어야 한다. 규
칙의 텍스트는 국제관습법에 그러한 의무가 있는가 하는 문제에 대한 전문가 그룹 간의 불
일치를 반영하여 '하여야 한다'(should)라는 어구를 포함하고 있다. 어쨌든 1954년 헤이그협
약 제2의정서 체약국은 (동 협약 제6조(d)에 따라) '상황이 허용하는 경우'에 그러한 경고를 발
하여야 한다.

4. 단지 한번 경고한 후 문화재를 공격하는 것은 불법적이다.

5. 문화재에 대한 공격 결정은 '적절한 수준의 지휘'에 의해서만 취해질 수 있다. 대다수 전문가 그룹의 의견은 1954년 헤이그협약 제2의정서 제6조(c)에서 언급된 바와 같이 대대 지휘관에 버금가는 비행중대 또는 상급기관의 지휘관을 의미하였다.

6. 문화재에 대한 공격 결정은 문화재의 특수한 성격에 대한 적절한 고려를 하면서 행해져야 한다.

7. 본 규칙은 비국제적 무력분쟁에도 적용된다.

III. 민간주민의 생존에 필수적인 물자

[규칙 97]

(a) 전투방법으로서 민간인을 대상으로 한 기아는 금지된다.

1. 본 규칙은 제1추가의정서 제54조(1)에 기초하고 있다.[401] 또한 국제적 무력분쟁에 대해서는 ICC 로마규정 제8조(2)(b)(xxv) 참조.[402]

2. 전투방법으로서의 민간인의 기아 금지는 식량, 음료수 또는 여타의 필수적인 보급품의 원천을 고의적으로 박탈하고 그렇게 함으로써 극심한 기아를 야기하거나 생활수단에 영향을 미쳐 민간주민을 전멸시키거나 약화시키는 것을 의미한다.

3. 전투방법으로서의 민간인의 기아 금지는 적군대의 유지를 위해 가장 필요한 것이라고 생각되는 물자에 대한 공격의 금지를 포함하지 않는다. 즉, 전투원의 기아는 전투방법으로 허

---

401) 제1추가의정서 제54조(1): "전투수단으로서의 기아는 금지된다."

402) ICC 로마규정 제8조(2)(b)(xxv): "제네바협약에 규정된 구호품 공급의 고의적 방해를 포함하여 민간인들의 생존에 불가결한 물건을 박탈함으로써 기아를 전투수단으로 이용하는 행위."

용된다.

4. 만약 본질적으로 목적이 군사적이고 민간주민을 기아게 하는 것이 유일한 또는 제일 중요한 것이 아니라면 포위공격전은 금지되지 않는다. 그러한 상황에서 만약 민간주민이 기아로부터 고통을 받는다면, 공격하는 교전당사국은 인도적인 구호물자의 자유로운 통과를 제공하여야 한다. 인도적 원조에 대해서는 제O절 참조. 공중봉쇄의 경우 인도적 원조에 대해서는 규칙 157-159 참조.

5. 본 규칙은 점령지역뿐만 아니라 미점령지역에도 적용된다.

6. 본 규칙은 비국제적 무력분쟁에도 적용된다.

(b) 식품, 식량 생산을 위한 농경지역, 수확물, 가축, 식수 시설 및 보급로 그리고 관개시설 등과 같은 민간주민의 생존에 필수적인 물자들은 민간주민이 그것들을 이용하는 것을 거부하려는 특수한 목적으로 공격, 파손, 제거 또는 무용화하는 것은 금지된다.

1. 민간주민의 생존에 불가결한 물자의 공격, 파괴, 제거 또는 무용화의 금지는 전투방법으로서의 기아 금지의 결과이다. 이는 제1추가의정서 제54(2)[403] 및 제2추가의정서 제14조[404]에 기초하고 있다.

2. 동 금지는 교전당사국의 특수한 목적이 민간주민이 그들의 생존에 필수불가결한 물자의

---

[403] 제1추가의정서 제54(2): "민간주민 또는 적대국에 대하여 식료품·식료품 생산을 위한 농경지역·농작물·가축·음료수 시설과 그 공급 및 관개시설과 같은 민간주민의 생존에 필요불가결한 물건들의 생계적 가치를 부정하려는 특수한 목적을 위하여 이들을 공격·파괴·이동 또는 무용화하는 것은 그 동기의 여하를 불문하고, 즉 민간인을 굶주리게 하거나 그들을 퇴거하게 하거나 또는 기타 여하한 동기에서이든 불문하고 금지된다."

[404] 제2추가의정서 제14조: "전투방법으로서의 민간인의 기아는 금지된다."

이용을 하지 못하도록 하는 데에 있는 경우에만 적용된다. 동 규칙은 여타의 합법적 군사작전에서 초래되는 민간인의 부차적인 재난상태는 다루지 않는다. 예를 들면, 만약 민간주민에게 제공하기 위한 식량 수송에 이용되더라도 군사목표물의 정의(규칙 1(y) 및 규칙 22 참조)에 해당하는 공항을 공격하는 것이 반드시 불법적인 것은 아니다. 하지만 그러한 공격은 민간주민의 이용을 위한 대규모 식료품 창고 및 음료수 저장시설과 같은 민간주민의 생존에 필수불가결한 물자의 파괴, 제거 및 무용화라는 '특수한 목적'으로 행해진다면 불법적이다.

3. '~등과 같은'이라는 용어에서 알 수 있듯이 본 규칙에서 인정되고 있는 민간주민의 생존에 필수불가결한 물자의 리스트는 망라적인 것이 아니다. 기상조건 또는 여타 상황에 따라 피난처 또는 의류 또한 생존에 필수불가결한 것이 될 수 있다.

4. 본 규칙은 민간주민의 생존에 불가결한 물자의 화학적 또는 여타의 매개체에 의해 식수저장소의 오염 또는 곡물파괴를 포함하는 공격, 파괴, 제거 또는 무용화하기 위하여 사용되는 전투수단과 방법의 금지를 포함하는 것으로 이해된다.[405]

5. 본 규칙은 비국제적 무력분쟁에도 적용된다.

(c) 적에게 다음과 같은 용도로 사용될 경우 (b)의 금지사항은 적용되지 않는다.

1. 본 규칙은 규칙 97(b)의 금지에 대한 2개의 예외를 규정하고 있다. 이는 제1추가의정서 제54조(3)에 기초하고 있다.[406]

---

405) 제1추가의정서 제54조에 대한 ICRC Commentary, para.2101: "'공격', '파괴', '제거' 또는 '무용화'와 같은 단어들은 화학적 또는 여타의 매개체에 의해 식수저장소의 오염 또는 곡물파괴를 포함하여 모든 가능성을 다루기 위하여 사용되었다."

406) 제1추가의정서 제54조(3): "제2항에서의 금지는 동 항의 적용을 받는 물건이 적대국에 의하여 다음과 같이 사용되는 경우에는 적용되지 아니한다. 가. 오직 군대구성원의 급양으로 사용되는 경우, 또는 나. 급양으로서가 아니라 하더라도 결국 군사행동에 대한 직접적 지원으로 사용되는 경우. 다만, 여하한 경우에라도 민간주민의 기아를 야기시키거나 또는 그들의 퇴거를 강요하게 할 정도로 부족한 식량 또는 물을 남겨놓을

2. 제2추가의정서 제14조가 이를 규정하고 있지 않고 이를 지지하는 관행도 확립되지 않았기 때문에 동 규칙이 비국제적 무력분쟁에도 적용되는지는 의문이다.[407]

(i) 오로지 군대 구성원의 급양으로 이용되는 경우 또는

첫 번째 예외는 오로지 군대의 급양을 위해 교전당사국에 의해 사용되는 물자이다. 이는 예를 들면, 오로지 군대를 위해 남겨둔 식량 및 가축에 적용된다. 또 다른 예로는 민간인이 연루되어 있지 않은 군사설비를 공격하는 것이다.

(ii) 급양으로서가 아니라 하더라도 군사행동에 직접적으로 사용되는 경우. 다만 여하한 경우에도 민간주민의 기아를 야기시키거나 또는 그들의 퇴거를 강요하게 할 정도로 부족한 식량 또는 음용수를 남겨놓을 우려가 있는 조치는 취하지 않아야 한다.

두 번째 예외는 군사조치의 직접적인 지원에 사용된 물자와 관련이 있다. 예를 들면, 적이 진격하는 것을 방지하기 위하여 식량생산지역을 공격할 수 있으며, 만약 무기저장 또는 은닉을 위해 적이 사용하는 식량저장창고도 파괴할 수 있다. 하지만 군사조치의 직접적인 지원에 사용되더라도 이러한 물자들은 만약 그 결과가 민간주민에게 기아를 야기하거나 이주를 강제할 만큼 식량 및 식수를 불충분하게 하는 것이 아니라면 공격, 파괴, 제거 및 무용화될 수 있다.

IV. UN 요원

[규칙 98]

(a) UN 요원은 존중되고 보호받아야 한다.

1. UN 요원(뿐만 아니라 UN 물자, 시설, 장비 및 차량)을 존중하고 보호해야 할 의무는 특히 UN 안전협약에 기초하고 있다. 동 협약 제7조(1)은 "UN 요원 및 관련 요원, 동 요원의 장비 및

우려가 있는 조치를 취하지 아니하는 것을 조건으로 한다."

407) Commentary on Rule 54 of the ICRC Customary IHL Study, p.192 참조.

체제지역은 공격의 목표가 되거나 임무수행을 방해하는 행동의 목표물이 되도록 하여서는 안 된다"고 규정하고 있다.[408]

2. 합법적 표적이 되는 UN 요원(뿐만 아니라 UN 물자, 시설, 장비 및 차량)을 공격함에 있어 교전 당사국은 제D절, 제E절 및 제G절을 존중하여야 한다.

3. UN 요원(뿐만 아니라 UN 물자, 시설, 장비 및 차량)은 1949년 12월 17일 UN 사무총장에 의해 발표된 코드(1952년 11월 11일 개정)에 따라 UN의 표장을 부착하여야 한다.[409] 이는 UN에 의해 인정된 경우 외에는 특유한 UN 표장을 사용하는 것이 금지된다(규칙 112(e) 참조). UN 요원과 물자가 국제적 무력분쟁에 적용되는 법하에서 민간요원 및 물자에게 부여되는 보호를 상실했을 경우 UN 표장은 보호 표장으로서 해석되지 않는다.

4. UN안전협약에 따라 'UN 요원'은 UN 활동의 임무수행을 지원하기 위하여 (ⅰ)UN 활동의 군대, 경찰 또는 민간요원으로 UN 사무총장이 고용 또는 배치한 인원, (ⅱ)UN 활동이 수행되고 있는 지역에서 공식 자격으로 활동하고 있는 UN, UN 전문기구 또는 국제원자력기구의 직원 및 전문가를 포함한다(협약 제1조(a)).

5. UN안전협약에서 'UN 활동'은 UN헌장에 따라 UN의 권한있는 기관에 의해 확립되고 UN의 권위와 통제하에 수행되는 활동으로써 (ⅰ)동 활동이 세계평화와 안전을 유지하거나 회복할 목적으로 행하여지거나, (ⅱ)이 협약의 목적을 위하여 안보리나 총회가 동 활동에 참여하고 있는 요원의 안전에 예외적으로 큰 위협이 존재하고 있다고 선언하였을 경우의 활동을 의미한다(협약 제1조(c)).

---

408) UN안전협약 제7조(1): "UN 요원 및 관련 요원, 동 요원의 장비 및 체재지역은 공격목표가 되거나 임무수행을 방해하는 행동의 목표물이 되도록 하여서는 안 된다."

409) UN Flag Code and Regulations, ST/SGB/132.

6. UN안전협약 선택의정서는 'UN 활동'을 UN안전협약 제1조(c)에 이미 포함된 활동에 추가하여 다음을 포함하는 것으로 확대하고 있다. "UN헌장에 따라 UN의 권한있는 기관에 의해 설정된 그리고 (a)평화구축에 있어서 인도적, 정치적 또는 개발 원조의 이행, (b)긴급한 인도적 지원의 이행을 목적으로 하는 UN의 권한과 통제하에서 수행되는 여타의 모든 UN 활동".

7. 본 규칙에 기술된 UN 요원을 존중해야 할 의무는 (i)어떠한 방법으로든 그들을 공격하거나 그들에게 피해를 주는 것은 금지되며, (ii)그들의 임무수행에 해가되는 간섭을 해서는 안 된다는 것을 의미한다.

8. 규칙 98(b)는 UN 요원은 그들이 민간인에게 부여되는 보호를 받을 자격이 있는 동안에만 그러한 보호를 향유한다고 명시하고 있다.[410] UN군의 국제인도법 준수에 관한 사무총장 보고서 제1.2조는 다음과 같다, "동 보고서의 공표는 무력분쟁에 관한 국제법에 따라 민간인에게 부여되는 보호를 받을 권리를 갖고 있는 한 1949년 UN안전협약에 다른 평화유지활동 요원의 피보호 지위 또는 비전투원으로서의 그들의 지위에 영향을 미치지 않는다".

9. 본 규칙은 비국제적 무력분쟁에도 적용된다.

(b) UN 요원은 민간인에 대한 보호를 향유할 권리가 있는 한 UN 요원에 대한 공격을 지시하는 것은 금지된다.

1. UN 요원에 대한 공격은 오로지 (i)UN이 분쟁당사국이 아닌 경우 또는 (ii)UN군이 적대행위에 직접적으로 참여하지 않는 경우에만 적용된다.

---

410) ICC 로마규정 제8조(2)(b)(iii)은 국제적 무력분쟁에서의 전쟁범죄로 다음을 선언하고 있다: "UN헌장에 따른 인도적 원조나 평화유지임무와 관련된 요원, 시설, 자재, 부대 또는 차량이 무력충돌에 관한 국제법에 따라 민간인 또는 민간대상물에게 부여되는 보호를 받을 자격이 있는 한도에서 그들에 대한 고의적 공격." 유사한 규정(제8조(2)(e)(iii))이 또한 국제적 성질을 갖지 않는 무력분쟁에 대해서 존재한다.

2. UN이 무력분쟁의 당사국일 경우 그 군사요원은 전투원으로 간주되며 따라서 공격을 받을 수 있다.

3. UN의 비군사 요원은 적대행위에 직접적으로 참여하지 않으면 그리고 않고 있는 동안에는 모든 경우에 민간인으로 간주된다.

4. UN이 무력분쟁 당사국이 아닐 경우 '자위' 또는 확고한 명령의 이행을 위해 무력에 호소하는 것이 반드시 그들에게 전투원의 역할을 부여하는 것은 아니다. 무력분쟁의 문턱을 넘어서지 않거나 적대행위에 대한 직접적인 참가에 해당되지 않는 조치는 국제적 무력분쟁에 적용되는 법하에서 민간인에게 허용되는 보호를 상실하게 하지 않는다.

5. UN 군사요원이 무력분쟁에 당사자로서 참가하고 있다고 해서 UN 임무에 참여하고 있는 모든 요원들이 직접적인 공격으로부터 자신들을 보호할 권리를 상실하는 것은 아니다. 적대행위에 직접 참가하는 UN군과 UN 요원은 보호를 상실하고 합법적인 표적이 되지만, 나머지 UN 요원 -예, 구호활동에 종사하는 자- 은 보호를 받는다.

6. 본 규칙은 비국제적 무력분쟁에도 적용된다.

(c) UN의 물자, 기구, 부대 및 운송장비에 대한 공격을 지시하는 것은 그것들이 군사목표물을 구성하는 것이 아니면 금지된다.

1. UN 물자, 시설, 장비 및 차량은 오로지 국제적 무력분쟁에 적용되는 법에 따라 민간물자에게 부여되는 보호를 받을 자격이 있는 동안에만 보호된다(규칙 1(j) 참조). 만약 그것들이 규칙 1(y) 및 제E절에서 정의된 바와 같이 군사목표물이라면 합법적인 표적이 된다.

2. UN 차량에 대한 직접적인 공격의 금지는 군사목표물을 구성하지 않으면 UN 항공기 및

UAVs 또는 UCAVs까지 확대된다. UN군은 그들의 전개 및 그 이후의 이동을 위해 유용한 정보제공에서부터 군대보호에 유용한 정보의 획득까지 다양한 목적을 위하여 UAVs를 이용한다. 또한 UN 사무총장의 명령을 완수하기 위해 사용되기도 한다. 예를 들면, UAVs는 인도적 구호 필요성 모니터링, 그러한 구호물자의 최선의 이송 방법 결정, 합의된 정전 동안의 군대의 위치와 활동 모니터링에 유용하다. UCAVs는 UN 사무총장의 명령에 따라 UN군 -그들 보호하에 있는 민간인- 을 보호하기 위해 사용되기도 한다. UN군의 이러한 그리고 여타의 전개에 있어 UCAV/UCAVs는 (ⅰ)UN이 분쟁당사국이 아니거나, (ⅱ)UN군이 적대행위에 직접 참가하고 있지 않는 한 공격으로부터 면제된다.

3. 본 규칙은 비국제적 무력분쟁에도 적용된다.

V. 특별 합의에 의한 보호

[규칙 99] 교전당사국은 본 매뉴얼에 포함되어 있지 않은 인물이나 대상을 보호하기로 언제든지 합의할 수 있다.

1. 본 규칙의 핵심 목적은 본 매뉴얼하에서 그러한 보호를 향유하지 못하는 요원 및 물자에 대해 특별보호를 확대하는 것이다.

2. 일반규칙으로 특별협정은 보호를 강화하고 부정적 영향을 감소하기 위하여 체결된다. 제네바협약 공통6조 참조.[411)]

3. 예를 들면, 제1추가의정서에 구속되지 않는 교전당사국은 위험한 물리력을 포함하는 공

---

411) 제네바 제협약 공통6조: "체약국은 별도규정을 설정함이 적당하다고 인정하는 모든 관계사항에 관하여 타의 특별협정을 체결할 수 있다. 어떠한 특별협정이라도 본 협약에서 정하는 피보호인의 지위에 불리한 영향을 미치거나 또는 본 협약이 그들 피보호인에게 부여하는 권리를 제한하여서는 아니된다."

장 및 시설물에 특별보호를 제공하는 특별협정을 체결할 수 있다. 마찬가지로 특별협정은 오일생산시설, 오일굴착장치, 석유저장시설 및 오일정제장치 또는 화학제품 생산시설을 보호하기 위하여 체결될 수 있다.

4. 본 규칙하에서 특별협정은 서명 및 비준의 통상적인 정규 절차에 따르지 않고도 체결될 수 있다. 특정 상황에서는 구도로 체결될 수 있다. 모든 경우 협정의 용어는 명확해야 한다.

5. ICRC와 같은 공정한 인도적 기구는 그러한 특별협정의 체결을 용이하게 한다.

6. 본 규칙은 비국제적 무력분쟁에도 적용된다. 제네바협약 공통3조의 끝에서 두 번째 문장은 다음과 같이 규정하고 있다. "분쟁당사국은 특별협정에 의하여 본 협약의 다른 규정의 전부 또는 일부를 실시하도록 더욱 노력하여야 한다."

제0절 인도적 원조

1. 본 절은 인도적 원조, 즉 무력분쟁의 결과 -질병, 부상, 배고픔 또는 이러한 곤경에의 노출과 같은- 가 생명과 건강을 위태롭게 하지 않는다는 것을 보장함으로서 희생자의 고통을 완화시킬 목적으로 하는 구호활동을 다루고 있다.

2. 본 매뉴얼 목적상 '인도적 원조' '인도적 지원' 및 '인도적 구호'와 같은 표현들은 동의어이다.

3. 인도적 원조는 무력분쟁 상황에 한정되는 것은 아니며 자연재해 같은 경우와도 관련이 있다. 하지만 무력분쟁 상황 외에서는 국제적 무력분쟁에 적용되는 법은 적용되지 않으며 인도적 지원은 다른 법체계에 의해 규정되고 있다.

4. 공중봉쇄 상황에서 민간주민의 생존을 위해 필수적인 물자의 공급에 대한 특별보호는 제 V절에 규정되어 있다(규칙 157~158 참조).

I. 총칙

[규칙 100]

(a) 교전당사국의 지배하에 있는 어떤 지역의 민간주민에게 식량, 의료품, 의류, 침구류, 거주수단 또는 다른 생존에 필요한 물품들이 적절하게 지급되지 않고 있다면, 관련 당사국의 동의하에 인도적이고 공평한 구호활동이 취해져야 한다. 이 같은 동의는 이미 점령한 영토에서도 보류될 수 없다.

1. 본 규칙은 제네바 제4협약 제23조, 제55조,[412] 제59조[413]와 제1추가의정서 제69조[414] 및 제70조(1)[415]에 기초하고 있다. 규칙 제19(c) 참조.

2. 교전당사국의 통제하에 있는 영역은 주로 국제적 무력분쟁에 연루된 국가의 영역과 교전당사국의 효과적인 통제 또는 권능하에 있는 영토를 포함한다. 본 규칙은 점령영역과 여타 영역을 예정한 구호조치를 다루고 있다.[416]

3. 본 규칙에서 민간주민의 생존에 필수적인 물품 목록(식량, 의약품, 의복, 침구류, 피난수단)은 제네바 제4협약 제55조 첫 문장 및 제1추가의정서 제69조(1)에 기초하고 있다. 하지만 동 목록은 망라적이지 않다('또는 생존에 필수적인 다른 물품'이라는 문언에 주목). 모든 것은 상황에 달려있다. 난방유는 추운 지역에서는 필수적인 물품이 될 수 있다. 여타 필수적인 물품으로는 제1추가의정서 제69조(1)에서 언급된 종교예배에 필요한 것이 있다.

---

412) 제네바 제4협약 제55조: "점령국은 이용 가능한 모든 수단으로써 주민의 식량 및 의료품의 공급을 확보할 의무를 진다. 특히, 점령국은 점령지역의 자원이 불충분할 경우에는 필요한 식량, 의료품 및 기타 물품들을 수입하여야 한다."

413) 제네바 제4협약 제59조: "점령지역 주민의 전부 또는 일부에 대한 물자의 공급이 불충분할 경우에는 점령국은 동 주민들을 위한 구호계획에 동의하여야 하며 또 사용 가능한 모든 수단을 다하여 동 계획이 실시될 수 있도록 편의를 제공하여야 한다. 국가 또는 국제적십자위원회와 같은 공정한 인도적 기구에 의하여 실시되는 전기의 계획은 특히식량, 의료품 및 의류의 송부를 내용으로 하는 것이어야 한다. 모든 체약국은 이러한 송부품들의 자유통과를 허하고 또 그것들의 보호를 보장하여야 한다."

414) 제1추가의정서 제69조: "1. 식량 및 의료품에 관한 제4협약 제55조에 규정된 의무에 추가하여 점령국은 가용한 수단을 다하여 그리고 어떠한 불리한 차별도 함이 없이 피복, 침구, 대피장소, 피점령지역의 민간주민의 생존에 필수적인 기타 물품 및 종교적 예배에 필요한 물건의 공급을 또한 보장한다. 2. 피점령지역의 민간주민을 위한 구호활동은 제4협약 제59조, 60조, 제62조, 제108조, 제109조, 제110조 및 제111 조 그리고 본 의정서 제71조에 의하여 규제되며 지체없이 시행된다."

415) 제1추가의정서 제70조(1): "만일 분쟁당사국의 지배하에 있는 자들로서 피점령지역이 아닌 모든 지역의 민간주민이 제69조에서 언급된 물품을 충분히 공급받지 못하는 경우에는 그 성질상 인도적이고 공정한 그리고 어떠한 불리한 차별도 없이 행하여지는 구호활동은 그러한 구호활동과 관계있는 당사국들의 합의에 따를 것을 조건으로 행하여져야 한다. 그러한 구호의 제의는 무력분쟁에 대한 개입이나 또는 비우호적 행위로 간주되어서는 아니된다. 구호품의 분배에 있어서는 아동, 임산부 및 보모로서 제4협약 또는 본 의정서에 의하여 특혜적 대우 또는 특별한 보호가 부여되는 자들에게 우선권이 주어진다."

416) 점령지역과 비점령지역의 차이는 제네바 제4협약 제59조 첫째 문단에 기초하고 있다.

4. 점령지역에서는 만약 민간주민의 생존에 필수적인 물자의 충분한 제공을 보장해야 할 입장에 있지 않다면 점령당국은 구호조치를 받아들여야 할 확정적인 의무가 있다.

5. 비점령지에서 인도적 구호조치는 '관련 당사국의 합의에 따른다.' 합의 요건은 관련 당사국에 의한 동의가 필수적이라는 것을 나타낸다. 합의의 부재가 외부로부터의 인도적 원조가 계속되도록 해야 할 의무가 없다는 것을 의미하는지에 대해 전문가 그룹의 견해는 나뉘어졌다. 그래서 'should'라는 단어가 사용되었다. 전문가 그룹의 대다수는 교전당사국에 의한 합의는 타당한 이유(예, 구호요원에게 객관적인 안전 위해 또는 원조가 성격상 인도적이고 공정하지 않다는 의심에 합리적 근거가 있음)가 있고 예외적 조치 외에 주장되어서는 안 된다. 그러므로 해외로부터의 인도적 원조에 대한 교전당사국에 의한 합의는 전투방법으로서의 민간인의 기아의 금지를 고려하여 보류할 수 없는 극단적으로 곤란한 상황도 있을 수 있다.[417]

6. 본 규칙은 모든 '관련 당사국'을 포함하고 있다. 이러한 당사국은 교전당사국뿐만 아니라 구호물자를 보내거나 구호물자가 통과되는 중립국을 포함한다.

7. 구호요원의 활동은 "자신들이 임무를 수행하고 있는 영역국의 승인에 따라 수행되어야 한다"(제1추가의정서 제71조 참조).[418]

8. 본 규칙은 (ⅰ)민간주민의 생존에 필수적인, (ⅱ)성격상 인도적이고 공정한 및 (ⅲ)불리한 차별없이 행해지는 '구호물자'를 언급하고 있다.

9. 인도적 구호활동은 희생자, 즉 필수적인 물자가 부족한 민간주민에게 구호를 제공하는

---

417) 산레모 매뉴얼에 대한 해설 para.47.26: "민간주민의 생존에 불가결한 물품을 수송하는 경우에 동의를 부여하지 않는 것은 불법이다."

418) 제1추가의정서 제71조(1): "필요한 경우에는 구호요원은 특히, 구호품의 수송 및 분배를 위하여 모든 구호활동에 제공된 원조의 일부를 형성할 수 있다. 그러한 요원의 참여는 그들이 자신의 임무를 수행할 영역이 속하는 당사국의 승인에 따를 것을 조건으로 한다."

것을 목적으로 해야 한다. 또한 성격상 공정해야 하며 불리한 차별없이 행해져야 한다. 개인 들은 오로지 그들의 필요성에 따라 주장되어야 한다(각 경우의 긴급성 및 심각성에 기초하여). 동 시에 특히 민간주민 중 취약층(아동, 산모 및 장애인 등)은 우선적인 대우를 받아야 한다.

10. 본 규칙은 비국제적 무력분쟁에도 적용된다. 점령의 개념은 비국제적 무력분쟁에서는 존재하지 않으므로 본 규칙의 마지막 문장은 적용되지 않는다. 국제적 무력분쟁에서처럼 그 러한 인도적 구호에 대한 합의는 자의적인 근거로 주장되어서는 안 된다(본 규칙 해설 para.5 참조).

(b) 구호활동은 국가 또는 국제적십자위원회 같은 공정한 인도적 기구에 의해 시행될 수 있다.

1. 본 규칙은 제네바 제4협약 제59조의 둘째 문단에 기초하고 있다.[419]

2. 원칙적으로 모든 국가는 구호활동을 취하지만 관행상 중립국만이 공정성의 본질적인 보 증을 제공할 수 있을 것이다.

3. 공정한 인도적 기구만이 동 규칙의 목적을 행할 자격이 있다. ICRC는 그 특수한 자격 때 문에 그리고 공정한 인도적 기구의 예로서 언급되었다.[420]

---

419) 제네바 제4협약 제59조의 둘째 문단: "국가 또는 국제적십자위원회와 같은 공정한 인도적 기구에 의하여 실시되는 전기의 계획은 특히 식량, 의료품 및 의류의 송부를 내용으로 하는 것이어야 한다." 제1추가의정 서 제70조에서 사용된 "성질상 인도적이고 공정한 구호활동"이라는 표현은 제1추가의정서에 대한 ICRC Commentary, para.2804은 "명백히 이러한 모든 조치는 ICRC와 같은 공정한인도적 기구에 의해 취해지 는 조치에도 적용된다"고 설명하고 있다.

420) 제네바 제4협약 제59조 둘째 문단에 대한 ICRC Commentary, page.321: "공정한 인도적 기구라는 표현 은 효과적으로 행동하며 신뢰할 가치가 있는 기관 또는 기구에도 일반적으로 미칠 수 있는 것이다. 국제위 원회는 독자적인 특별자격을 가진다는 것 그리고 공정성이 보장되는 인도적 기구의 전형이라는 것의 두 가 지 관점으로 규정되어 있다."

4. 본 규칙은 비국제적 무력분쟁에도 적용된다.

[규칙 101] 관련 당사국들은 규칙 100에 따라 검색을 포함한 기술적 조치에 의거해 구호물자, 장비 그리고 요원들의 신속하고 지체되지 않는 통과를 허용하여야 한다.

1. 본 규칙은 구호물자의 통과에 관한 것으로 제1추가의정서 제70조(2)-(4)에 기초하고 있다.[421] 규칙 100에 대한 언급은 조치는 비점령된 지역에서 요구된다는 것을 의미한다. 점령지에서는 민간주민의 생존에 필수적인 물자의 충분한 제공을 보장하지 않는 점령국은 구호물자의 통과를 용이하게 해야 할 확정적인 의무가 있다(규칙 100(a)에 대한 해설 para.4 참조).

2. '관련 당사국'이라는 표현의 의미에 관해서는 규칙 100(a)에 관한 해설 para.6 참조.

3. 관련 당사국은 구호물자의 신속하고 방해받지 않는 통과를 허용하고 용이하게 하여야 한다(규칙 100(a)에 관한 해설 para.9에 명규된 조건을 충족하는).

4. 본 규칙은 '허용하고 그리고 용이하게'라는 요건은 구호물자뿐만 아니라 구호요원 및 그들의 장비에도 적용된다는 것을 강조하고 있다.

5. 구호물자의 통과는 공격 또는 부적절한 지연없이 그리고 가능한 한 최소한의 절차로 신속하고 방해받지 않아야 한다.

---

421) 제1추가의정서 제70조(2)-(4): "2. 분쟁당사국 및 각 체약당사국은 그러한 원조가 적대국의 민간주민에게 행선하는 것이라 하더라도 본 장에 의하여 제공되는 모든 구호품, 장비 및 요원의 신속하고 무해한 통과를 허용하고 이에 대한 편의를 제공하여야 한다. 3. 제2항에 의하여 구호품, 장비 및 요원의 통과를 허용하는 분쟁당사국 및 각 체약당사국은 가. 그러한 통과가 허용되는 기술적 조치 검색을 포함할 것을 지시할 권리가 있다. 나. 이익보호국의 현지 감독하에 행하여지는 이러한 원조의 분배에 있어서 그러한 허용을 조건부로 할 수 있다. 다. 관계 민간주민의 이익관계상 긴급한 필요의 경우를 제외하고는 절대로 구호품의 본래 의도된 용도를 전용하거나 또는 전달을 지체하여서는 아니된다. 4. 분쟁당사국은 구호품을 보호하고 그것들의 신속한 분배를 용이하게 하여야 한다."

6. 관련 당사국은 기술적 조치(검색 포함)가 행해질 것을 요구할 수 있지만, 이러한 합의는 구호물자의 통과를 용이하게 해야 하는 전반적인 의무를 침해해서는 안 된다.

7. 본 규칙은 비국제적 무력분쟁에도 적용된다. 이의 적용 가능성은 제2추가의정서 제18조(2)에서 추론된 것이다.[422]

[규칙 102]

(a) 규정된 제한 내에서 임무를 수행하는 인도적 구호 요원들은 존중되고 보호를 받아야 한다. 여기서 보호는 인도적 수송수단, 장비 및 물품에도 해당된다.

1. 본 규칙은 제1추가의정서 제71조 (1) 및 (2)에 기초하고 있다.[423]

2. 인도적 구호요원들은 교전당사국 또는 중립국, 국내구호단체, 국제적인 비정부 간 기구 또는 국제기구의 어느 하나를 위해 활동할 수 있다. 인도적 구호요원의 개념은 의료 및 보조 의료요원, 보건 및 영양전문가 및 수송·배분·행정에 종사하고 있는 자들을 포함한다.

3. '규정된 제한' 구절은 특히 (ⅰ)성격상 공정하고 불리한 차별없이 행해지는 인도적 임무, (ⅱ)그들이 임무를 수행해야 할 영역국의 동의, (ⅲ)교전당사국에게 유해한 비범죄행위 및 (ⅳ) 당국이 부과하는 기술적 조치의 준수(항로, 스케줄, 야간통행금지 등)(제1추가의정서 제71조(4) 참조)을 의미하는 것으로 이해된다.[424]

---

422) 제2추가의정서 제18조(2): "민간주민이 식량 및 의료공급 등 생존에 필수적인 공급의 결핍으로 과도한 곤경에 처하고 있을 경우 오로지 인도적이고 공평한 성질을 띠며 불리한 차별을 행함이 없이 수행되는 민간주민을 위한 구호행위는 관련 체약당사국의 동의하에 실시되어야 한다."

423) 제1추가의정서 제71조(1)–(2): "1. 필요한 경우에는 구호요원은 특히 구호품의 수송 및 분배를 위하여 모든 구호활동에 제공된 원조의 일부를 형성할 수 있다. 그러한 요원의 참여는 그들이 자신의 임무를 수행할 영역이 속하는 당사국의 승인에 따를 것을 조건으로 한다. 2. 그러한 요원은 존중되고 보호된다."

424) 제1추가의정서 제71조(4): "어떠한 상황하에서라도 구호요원은 본 의정서에 의한 그들의 임무의 조건을 초과할 수 없다. 특히, 그들은 자신의 임무를 수행 중인 영역이 속하는 당사국의 안보상의 요구를 고려하여야

4. 규정된 제한이 준수되지 않는 경우 인도적 임무는 종료될 수 있다.

5. '수송수단, 장비 및 물품'이라는 구절은 관행은 대규모 구호작전은 단순한 장치를 능가하는 보호를 요구한다는 것을 증명하기 때문에 규칙 101에서 사용된 '장치'라는 표현보다 상당히 광의이다.

6. 구호작전은 항공기의 사용을 포함한다. 원조를 수송하는 것에 더하여 항공기(UAVs 포함)는 또한 특히 계속되고 있는 적대행위가 구호노력을 위태롭게 하거나 교전, 자연재해 또는 여타 원인으로 수송체계에 대한 심각한 피해가 발생한 경우 민간주민의 상황을 분석하거나 구호물자의 적합한 수송로를 식별하는 데 도움이 된다. 오로지 그러한 활동에만 종사하는 항공기는 공격으로부터 특별한 보호를 받을 자격이 있는 교전당사국 간의 합의에 따라야 한다.

7. 인도적 구호요원에게 제공된 보호는 교전당사국에 의해 남용되어서는 안 된다. 그러므로 적국은 전투원을 수송하기 위하여, 무기를 운반하고 특정지역에 침범하기 위하여 인도적 기구(ICRC와 같은)의 로고를 사용함으로서 기만해서는 안 된다. 그러한 행위는 인도적 구호요원의 보호체계 전체를 위태롭게 한다. 일부 이러한 행위들은 금지되는 배신행위에 해당된다 (제Q절, 특히 규칙 112(a) 참조).

8. 본 규칙은 비국제적 무력분쟁에도 적용된다. 민간 구호요원, 수송수단, 장비 및 물자의 보호는 필요로 하는 민간주민에게 구호를 제공하기 위해서는 필수적이다.

(b) 구호물품을 받은 각 교전당사국은 구호활동 중인 (a)에 언급된 구호요원들을 가능한 최대한으로 원조해야 한다. 군사필요성에 의한 강제적인 조치가 있을 경우에만 구호요원들의 활동이 제

한다. 이러한 조건을 존중하지 아니하는 모든 요원의 임무는 중지될 수 있다."

한되거나 일시적으로 이동이 금지될 수 있다.

1. 본 규칙은 제1추가의정서 제71조(3)에 기초하고 있다.[425]

2. 규칙 105(a)하에서 구호요원을 보호해야 할 의무에 추가하여 각 구호물자를 수령한 교전당사국은 임무를 수행하고 있는 구호요원들을 최대한 원조해야 할 의무가 있다. 예를 들면, 구호물자를 수령하는 교전당사국은 특히 하역시 행정을 단순화하고 실질적인 지원을 제공함으로써 구호요원의 임무를 최고로 용이하게 하여야 한다. 이러한 의무는 가능한 한 구호항공기가 이를 필요로 하는 자들에게 안전하게 접근할 수 있도록 항공교통통제능력 또는 임시활주로 수리(특히, 웅덩이 매립)에 까지 확대된다.

3. 구호요원의 활동 및 이동은 '긴급한 군사필요성'의 경우에 교전당사국에 의해 일시적으로 제한된다. 예를 들면, 민간주민에 대한 구호물자의 배분은 만약 구호요원이 적군에게 식료품을 넘겨주었다는 것이 알려지면 제한될 수 있다.[426] 관련 교전당사국에 의해 일방적인 결정이 취해지기 전에 구호요원의 활동에 대한 제한은 인도적 구호에 책임있는 자들과 논의되어야 한다. 동시에 격화되고 있는 적대행위를 고려하여 신속한 결정이 필요하다는 것도 고려되어야 한다.

4. 어쨌든 구호요원의 활동에 대해 교전당사국이 부과한 제한은 본질적으로 일시적인 것이며, '긴급한 군사필요성'에 의해 요구되는 것을 능가하여 연장되어서는 안 된다.

5. 본 규칙은 비국제적 무력분쟁에도 적용된다.

---

425) 제1추가의정서 제71조(3): "구호품을 수령하는 각 당사국은 실행 가능한 최대한도로 그들이 구호임무를 수행하는 데 있어서 제1항에서 말하는 구호요원에게 조력한다. 오직 긴급한 군사상 필요의 경우에 있어서만 구호요원의 활동은 제한될 수 있거나 또는 그들의 이동이 일시적으로 제한될 수 있다."

426) 제1추가의정서 제71조와 관련한 ICRC Commentary, para.2894 참조.

II. 세부 규칙

[규칙 103] 상황이 허용될 경우 공중 또는 미사일 작전을 행하는 교전당사국은 인도적 원조의 배분을 위해 공중 또는 미사일 공격을 중지해야 한다.

1. 교전당사국의 어느 일방이 거주지역에 들어가는 것을 매우 위험하게 하는 거주지역에 대한 강력한 공중군사행동을 행하는 상황에서는 인도적 기구는 일시적으로 인도적 원조를 제공하는 것이 금지될 수 있다. 그러므로 상황이 허용하는 한 교전당사국은 공중 및 미사일 작전을 중지하여야 한다. 이러한 중지는 인도적 구호요원이 인도적 필요가 있는 지역으로 안전하게 통과하는 것을 허용하며 민간인이 원조를 받기 위해 자신들의 피난처를 안전하게 떠나는 것을 허용한다.

2. 공중공격의 중지는 여러 형태로 나타난다. 이상적으로는 모든 교전당사국은 특정기간 동안 공중 및 미사일 공격을 중지하기 위하여 공식적 합의에 이르는 것이다. 대안으로는 어느 일 교전당사국이 일방적으로 공중 및 미사일 공격을 중지하는 것이다. 그러한 경우 적국은 그러한 상황을 군사목적을 촉진하기 위하여 사용해서는 안 된다. 물론 교전당사국은 모든 적대행위를 일시적으로 중지하는 공식적인 정전에 자유롭게 동의할 수 있다. 공중 또는 미사일 작전이 인도적 원조의 배분을 위협하는 곳에서는 이것은 특히 고려되어야 한다.

3. 교전당사국은 오로지 '상황이 허용하는 한' 공중 또는 미사일 공격을 중지하여야 한다. 군사필요성을 이유로 공중 또는 미사일 작전을 중지하는 것이 가능하지 않기 때문에 그러한 제한이 주장되어 왔다. 마찬가지로 어느 일방의 교전당사국이 공중 및 미사일 공격을 중지하는 반면 적국은 대항공격을 개시하는 것도 그러한 경우가 된다. 그러한 경우 공중 및 미사일 공격을 중지한 교전당사국이 그러한 공격을 재개하지 않을 것이라는 것을 기대하는 것은 합리적이지 않다. 하지만 그러한 시나리오에서는 그러한 지역으로부터 철수하고 피난처로 가는 것을 허용하기 위해 경고 및 충분한 시간이 구호요원과 민간인 모두에게 부여되어

야 한다.

4. 본 규칙은 비국제적 무력분쟁에도 적용된다.

[규칙 104] 규정 101에 언급된 '기술적 조치'에는 다음 사항들도 포함된다.

1. '다음 사항들도 포함된다'는 말에 나타나있듯이 동 규칙은 '기술적 조치'의 사례를 규정하고 있다.

2. 본 규칙은 비국제적 무력분쟁에도 적용된다.

(a) 항공기 전용로와 항공로 설정

관련당사국은 구호물자를 아무런 방해없이 통과하도록 허용하여야 하지만(규칙 101 참조), 구호물자는 항공기 전용로와 항공로를 통해 이송되어야 한다. 항공로가 더욱 일반절인 용어이다. 항공로란 '비행규칙의 적용을 위해 필요한 정도까지 인정되는 두 지점 간의 운항 가능한 영공'이다.[427] '항공기 전용로'란 더욱 특별한 의미를 갖고 있다. 이것은 '아군 항공기의 사용을 위해 특정된 그리고 아군 항공기가 아군에 의해 공격받는 것을 방지할 목적으로 설정된 제한적인 항공로'를 의미한다.[428]

(b) 공중 원조 편성

다른 방법으로 영토에 접근할 수 없을 경우 공중투하는 지상에서의 구호물품에 배분에 대한 대안이 된다. 분명한 것은 공중투하가 행해지는 곳에서는 '불리한 차별없이 행해지는' 구호

---

427) DoD Dictionary of Military and Associated Terms, p.24.

428) DoD Dictionary of Military and Associated Terms, p.13.

활동의 조건을 충족하기란 불가능하다는 것이다(규칙 100(a) 참조). 그러므로 가능한 신속하게 구호물품은 공정하고 필요로 하는 자에게 우선적으로 지상에서 배분되어야 한다.

(c) 비행 세부항목에 대한 합의(시간, 경로, 착륙).

구호물자의 제공자와 관련당사국은 시간, 경로 및 착륙 등과 같은 비행세부항목에 대해 합의할 수 있다. 점령지역에서도 마찬가지다(제네바 제4협약 제59조 넷째 문단 참조).[429] 하지만 구호물자를 운반하는 비행기가 합의상의 최소한의 요건을 충족하는 데 실패하더라도(예, 비행이 합의된 스케줄에서 약간의 시간차이로 행해지는 경우 등), 이것은 구호물자를 거부하기 위한 구실로 사용되어서는 안 된다.

(d) 구호물품 검색

관련 당사국은 구호물품을 검색할 수 있다(규칙 101에 대한 해설 참조). 궁극적으로 검색은 구호물품이 너무 오랫동안 지연되지 않도록 가능한 한 신속하게 행해져야 한다. 'relief supplies'와 'relief consigments'는 상호교환적으로 사용되었다. 양 단어는 인도적 목적을 위해 제공되는 물자를 의미한다.

---

429) 제네바 제4협약 제59조 넷째 문단: "적국에 의하여 점령되고 있는 지역으로 가는 송부품의 자유통과를 허가하는 국가는 송부품들을 검사하고 지정된 시각 및 경로에 의한 통과를 규율하며 그리고 그 송부품들이 궁핍한 주민들의 구호를 위하여 사용될 것이고 점령국의 이익을 위하여 사용될 것이 아니라는 것을 보호국을 통하여 충분히 확인할 권리를 가진다."

제P절 제한구역과 비행금지구역

1. '구역'이라는 용어는 때로는 관련이 없긴 하지만 다양한 작전적 개념을 위해 사용되었다. 안전구역, 안보구역, 보호구역, 경고구역, 방공식별구역, 작전구역 등.

2. 본 절은 국가관행의 일부가 된 '제한구역'(exclusion zones)과 '비행금지구역'(no-fly zones)이라는 2개의 구역에 대한 법체계를 규정하고 있다.[430] 다른 작전적 개념은 구별할 목적으로 언급되었다. 용어가 의미하듯이 비행금지구역이 단순히 항공기와 관련있는 반면에 '제한구역'은 비행과 해상에서의 선박에 의한 활동과도 관련이 있다.

3. 본 매뉴얼의 목적상 '제한구역'은 어느 국가의 영토적 주권을 넘어서는 3차원의 영공이다. 동 구역에서 교전당사국은 국제적 무력분쟁에 적용되는 법의 특정 규정으로부터 면제를 요구하거나 타국의 비행(또는 항행)의 자유를 제한할 권리가 있다고 주장한다.

4. 본 매뉴얼의 목적상 비행금지구역은 교전당사국이 자국 또는 적국 영역 내에서 비행을 제한하거나 금지하는 3차원의 영공이다.

5. 제한구역은 국제적 무력분쟁 상황과 관련해서만 논의되는 반면, 비행금지구역은 국제적 무력분쟁과 비국제적 무력분쟁 양 상황과 관련하여 논의되었다.

6. 국가관행은 '제한구역'의 선언을 확인하고 있음은 의문의 여지가 없긴 하지만, 교전당사

---

430) 국제공역에서의 구역과 영공에서의 구역 간의 차이에 대해서는 UK Manual, para.12.58 참조: "이러한 구역들은 무력분쟁에 연루된 국가의 영토 및 영수 상공에 설정되지만, 군사필요성이 이를 정당화할 경우에는 공해 상공에도 설정될 수 있다."

국이 동 구역 내에서 국제적 무력분쟁에 적용되는 법의 의무로부터 면제된다는 어떠한 증거
도 없다(규칙 105(a) 및 107(a) 참조). 그러므로 '제한구역'의 설정으로 얻게 되는 가치는 현재
명확하지 않지만, 최소한 적대행위 지역에서 중립국 항공기(또는 선박)를 이탈하도록 경고하
고 그렇게 함으로서 부수적 피해에 노출되는 것을 감소시킬 수 있을 것이다.[431]

7. 비행금지구역의 합법성은 심각할 정도로 문제되지 않는 반면, '제한구역'의 합법성은 제2
차 세계대전시 국가관행에서 논쟁의 문제였었다. 사실 과거의 국제적 무력분쟁에서 설정되
어 강제된 대다수 '구역'('전쟁구역', '금지구역' 등)들은 규제되지 않는 전투로 귀착되었기 때문
에 국제적 무력분쟁에 적용되는 법을 위반하는 것이었다. 하지만 1990년대 이래 '제한구역'
은 점차 수락되었으며 정도는 다르지만 군사매뉴얼 및 여타 문서에서 합법적인 전투방법으
로 승인되었다.[432] 최근의 국가관행에 기초하여 전문가 그룹은 '제한구역'의 설정과 운용을
위한 몇몇 지침을 확인하였다. '제한구역'의 유용성 및 범위에 대한 불확실성의 면에서 전문
가 그룹은 그러한 구역에 적용되는 한계를 열거적인 방법으로 확인하는 것이 필요하다고 보
았다.

8. 비행금지구역은 합법적인 전투수단 및 방법에 의해 강제될 수 있다. 전형적으로 그러한
구역은 항공기와 미사일(UAVs 및 UCAVs 포함)에 의해 강제된다. 하지만 해상에서 그러한 목
적에 군함을 이용하는 것은 통상적이지 않다. 마찬가지로 공중방어무기는 육지 상공에 설정

---

431) Australian Book of reference 5179 Manual of International Law와 관련하여 배타적 경제수역을 선포
하는 것은 분쟁의 지리적 확대를 제한하거나 중립국 상선에게 경고를 발하는 것 등과 같은 작전적 이점이
있다. NWP, para.7.9: "제2차 세계대전 후 해상 교전상태를 특징지워 왔던 제한전의 맥락에서 교전국들에
의해 설정된 제한구역 또는 전쟁구역은 강압적이기는 하지만 적어도 부분적으로는 합리적으로 분쟁의 지
리적 범위를 한정하거나, 실제 또는 잠재적 적대구역으로부터 안전한 거리에서 중립 해상운송을 유지한다
고 정당화되어 왔다. 그러한 구역이 전투행위로부터 중립국 선박과 항공기에 경고를 하는 기능을 하고, 따
라서 부수적인 피해와 우발적인 상해(para.8.3.1 참조)에 대한 노출을 감소시키는 한도에서 그러한 구역은
여심의 여지없이 적법하다."

432) UK Manual, para.13.77: "방어적 조치로서 그리고 분쟁지역의 지리적 확대를 제한하기 위하여 교전당사
국에 의해 안보수역이 설정될 수 있다. 하지만 교전당사국은 제한된 해상구역의 합법적 이용에 부정적인
영향을 미치는 방법으로 구역을 설정함으로서 무력분쟁법의 의무를 면할 수 없다."

된 비행금지구역을 강제하기 위하여 배치되기도 한다.

9. '제한구역'과 '비행금지구역'은 봉쇄와 명확하게 구별되어야 한다. 본 매뉴얼 규칙 147에 따라 공중봉쇄는 항공기(UAVs/UCAVs 포함)가 적에 속하거나 적에 의해 점령되었거나 적의 통제하에 있는 특정 비행장 또는 연안지역에 출입하는 것을 방지하기 위한 적대적인 작전이다. 봉쇄의 경우 초점은 봉쇄지역의 최외측 한계가 어디가지인가 하는 것이다. 그러한 선 안에 있는 지역 및 영공은 주된 관심사가 아니다. 반대로 '제한구역'과 '비행금지구역'의 초점은 선언된 경계선 이내의 3차원적인 지역/영공이라는 것이다.

10. 제한구역과 비행금지구역은 중립국 항공기(또는 선박)에 적재된 적국 수출품을 간섭할 목적으로 설정될 수 없다. 그러나 이러한 구역의 설정으로 인한 실제적인 효과는 그러한 결과를 가져올 수도 있다. 중립국 항공기(또는 선박)에 적재된 적국 수출품을 간섭할 수 있는 유일한 합법적인 방법은 공중(또는 해상)봉쇄이다.

11. 제한구역과 비행금지구역은 해상작전 인접지역과 해상에서 중립국 통신을 통제할 수 있는 교전국의 관습적 권리와는 명확하게 구별되어야 한다(산레모 매뉴얼 제108항[433] 및 NWP para.7.8[434] 참조).

12. 민간여객기(적국이든 중립국이든)은 비행금지구역 또는 제한구역(뿐만 아니라 적대행위 인접지역)에 들어가는 것을 회피하여야 하지만, 그러한 지역에 들어간다는 이유만으로 보호를 받을 지위를 상실하는 것은 아니다.

---

[433] 산레모 매뉴얼 제108항: "본 절의 어떠한 규정도 해상작전 인근에 있는 중립국 선박 및 항공기를 통제할 교전당사국의 관습적 권리를 저해하는 것으로 간주해서는 안 된다."

[434] NWP, para.7.8: "해군작전 현장 또는 인근에서 적절한 전투공간 관리와 자위목적 상 교전국은 중립국의 선박과 항공기의 활동에 특별한 제한을 가할 수 있고, 그 선박과 항공기가 그 구역에 진입하지 못하도록 금지할 수 있다. 해군작전 현장 또는 인근지역은 적대행위가 일어나거나 교전병력이 실제로 작전을 행하는 구역이다. 그러나 중립국 교통을 위해 유사 편의한 다른 교통로가 개방되어 있는 경우를 제외하고, 교전국은 중립국의 접근을 거부하거나 중립국 상선에 대하여 국제해협의 폐쇄를 주장할 수 없다."

I. 총칙

[규칙 105]

(a) 교전당사국은 '제한구역' 또는 비행금지구역을 설정함으로써 국제적 무력분쟁에 적용되는 법의 의무로부터 면제되는 것은 아니다.

1. 본 규칙은 제한구역 또는 비행금지구역의 설정에 의해 교전당사국은 국제적 무력분쟁에 적용되는 법에 따른 의무로부터 면제되지 않으며,[435] 추가적인 권리도 획득하지 않는다는 것을 강조하고 있다.

2. 군사목표물의 지위를 갖지 않는 항공기는 제한구역 또는 비행금지구역에서 조우했다는 단순한 이유만으로 공격할 수 없다. 승인을 받지 않고 그러한 구역 내에서 비행하는 것은 적대의도의 표시로 간주될 수 있기는 하지만 공격시 목표구별원칙 및 실행 가능한 예방조치 규칙은 여전히 적용된다(제D, E 및 G절 참조).[436]

3. 제한구역 또는 비행금지구역은 중립국 항공기(또는 선박)에 적재된 적 수출을 방지하기 위해 남용되어서는 안 된다. 그러한 목적을 달성하는 유일한 합법적 방법은 봉쇄이다(공중봉쇄에 대해서는 제V절 참조).

(b) 규제되지 않는 공중 또는 미사일 공격을 위한 구역 지정은 금지된다.

1. 본 규칙은 어떠한 형태의 규제되지 않는 공전 및 미사일전, 즉 사전 표적식별 또는 예방조

---

435) UK Manual, para.13.78: "만약 교전당사국이 예외적인 조치로서 그러한 구역을 설정한다면, (a)그 구역의 내외에서는 동일한 법이 적용된다." NWP, para.7.9: "하지만 그러한 구역의 설정이 적법한 표적이 아닌 선박과 항공기에 대하여 공격을 자제할 무력분쟁법상 교전당사국의 의무를 경감하는 것은 아니다. 즉, 달리 보호된 선박이 교전당사국이 해상에 그어 놓은 가상의 선을 넘었다고 하여 그 보호를 상실하지 않는다는 것이다."

436) UK Manual, para.12.58 참조.

치없이 구역 내에서 조우한 모든 물자 및 인원에 대해 즉시 공격하는 것을 분명하게 금지하고 있다(Canadian Joint Doctrine Manual[437] 및 NWP, para.7.9[438] 참조).[439] 때때로 본 텍스트에서는 공격금지구역(free-fire zone)이라는 용어가 사용되었다. 하지만 그것은 법적 용어가 아니기 때문에 전문가 그룹은 '규제되지 않는..... 공격'이라는 확립된 용어의 사용을 더 선호했다.

2. 단지 '제한구역' 또는 비행금지구역에 출현했다고 해서 비행기를 공격해서는 안 된다. 항공기는 공격대상이 되기 전에 규칙 1(y) 및 제E절에서 논의된 모든 기준에 따라 군사목표물을 구성하는 경우에만 공격대상이 된다.

3. 하지만 규제되지 않는 전투가 금지된다고 해서 특정의 육상 지역이 위치 기준에 따라 군사목표물이 될 수 있는 가능성이 손상되는 것은 아니다.[440]

[규칙 106] 본 절의 내용은 다음과 같은 경우에 교전당사국의 권리를 훼손한다고 간주되어서는 안 된다.

(a) 적대행위 인접 지역에서의 민간항공 통제

1. 본 절의 본 절 para.11에 나타나있듯이 '제한구역' 및 비행금지구역은 작전구역 인근에서의 교전국 통제권과 같은 여타의 잘 확립된 교전국 권리와는 구별되어야 한다.[441]

---

437) Canadian Joint Doctrine Manual, para.852 참조.
438) NWP, para.7.9: "제한 및 전쟁구역은 단순히 교전당사국 군함의 공격금지구역이 아니기 때문에, 그러한 구역의 설정은 그러한 구역에 들어가는 중립국 선박과 관련된 교전당사국의 의무를 수반하여야 한다."
439) Australian Book of reference 5179 Manual of International Law, para.8.18 참조.
440) 제1추가의정서 제52조와 관련하여 제1추가의정서 비준시 행한 영국의 성명 참조: "특정 육지역역은 그 위치 또는 본 조에서 구체화된 다른 이유로 군사목표물이 된다."
441) UK Manual, para.12.58: "분쟁당사국은 적대행위를 행하려고 하거나 적극적으로 행하는 지역 내에 인접한 작전구역 또는 배제구역을 설정할 수 있다." NWP, para.7.8 및 Canadian Joint Doctrine Manual, para.703 참조.

2. '적대행위 인접지역' 개념은 적대행위가 발생하였거나 또는 교전국 군대가 실제로 적대행위를 지원하는 작전을 수행하는 육상에의 접촉지역 및 해상 또는 공중에서의 대응구역을 포함한다.

3. '적대행위 인접지역에서의 민간항공'이 (ⅰ)현시 또는 (ⅱ)그러한 구역 밖에서의 통신을 통해 군사적전을 위태롭게 하는 것을 방지하기 위하여 교전당사국은 민간항공이 그 구역에 들어가는 것을 금지하거나 비행 또는 활동에 대한 특별 규제를 설정할 수 있다(예, 통신의 규제 또는 금지를 통해).

4, 1954년 헤이그협약 제30조는 다음과 같이 규정하고 있다. "교전국의 지휘관은 항공기의 존재가 그가 현재 수행하고 있는 작전의 성공을 해치는 것으로 인정할 때는 그 군대의 직근 지역에 있어서의 중립국 항공기의 통과를 금지하거나 또는 일정한 한로를 취할 것을 강제할 수 있다. 교전국 지휘관이 발부한 상기 명령의 통고를 받고 이에 복종치 않는 중립국 항공기는 공격을 받을 수 있다".

(b) 경고구역의 설정과 같은 적절한 강제적 보호조치의 시행

1. 동 규칙은 일반적으로 교전국 권리로 인정되는 '강제적 보호'(force protection)와 관련이 있다. 그러한 조치는 해군부대 또는 육상에 위치하고 있는 군부대 주위에 '경고구역'('방위구역')의 설정 및 강제 그리고 책임있는 지휘관이 당면한 위협에 필요하다고 고려하는 여타 조치들을 포함한다.

2. 그러한 '경고구역'은 단지 보호를 조건으로 군대로부터 멀리 떨어져서 비행 또는 항행하는 것을 돕고, 만약 구역에 들어가면 더 큰 방어적 조치의 위험에 직면할 것이라는 것을 나타낸다.

II. 국제공역에서의 제한구역

본 절은 '방공식별구역'(ADIZ)과 '비행정보구역'(FIR)을 설정할 권리와는 관계가 없다. 이러한 권리들은 평시 및 전시에 모든 국가에 의해 향유된다. 방공식별구역은 자국 영역 내에 들어오기 위한 합리적인 요건을 자국 영공에 인접한 국제공역에 설정한 구역이다. 비행정보구역은 비행정보가 제공되는 특수한 특성을 갖는 영공을 묘사하기 위해 사용되는 용어이다. 해양에서의 영공은 해양정보구역과 동 구역과 접하고 있는 통제 당국에 위임된 구역으로 구분된다. 이러한 분할은 국제민간항공기구(ICAO)에 의해 행해진다.

[규칙 107] 교전당사국이 국제공역에 '제한구역'을 설정할 경우

1. 본 규칙은 '제한구역'의 합법성을 구성하는 기준들을 규정화하고 있다.

2. 본 규칙에서 사용된 '국제공역'이라는 표현은 전문가 그룹에 의해 남극 상부의 영공에는 적용되지 않는 것으로 이해되었다. 비록 남극은 "어떤 국가의 주권에도 복종하지 않는 영역"으로 간주됨에도 불구하고 교전당사국은 남극 상부 영공에 제한구역을 설정할 수 있는 권리가 없다.

(a) '제한구역' 내외에는 국제적 무력분쟁에 적용되는 법의 규칙들이 동일하게 적용된다.

1. 본 규칙은 '제한구역'의 설정으로 교전당사국은 추가적인 권리를 얻는 것은 아니며 국제적 무력분쟁에 적용되는 법에 따른 의무로부터 면제되는 것도 아니라는 규칙 105(a)에 규정된 일반규칙을 재강조하고 있다. 특히 중립과 표적에 관한 법은 여전히 '제한구역' 내에서 적용된다(규칙 105에 대한 해설 참조).

2. 정책 문제로서 교전당사국은 '제한구역'에 포함되는 지역에 대한 적대행위를 제한할 것

을 결정할 수 있다.

(b) '제한구역'의 면적, 위치, 기간과 부과되는 조치들은 군사필요성에 의해 합리적으로 요구되는 것을 초과해서는 안 된다.

1. '제한구역'의 면적, 위치, 기간과 이 구역 내에서 국제운항에 부과되는 조치들에는 특별한 제한이 없다. 다만 각 경우의 상황에 달려 있을 뿐이다. 하지만 구역과 군사필요성의 고려 간에는 합리적이고 비례적인 관계가 있어야 한다. 군사필요성의 고려는 '제한구역'의 설정으로 인해 추구되는 특별한 목적에 비추어서 설정되어야 한다.

2. 게다가 제한구역이 설정된 각 지역의 특성이 고려되어야 한다. 예를 들면, 구역 내의 주요한 민간운항로의 위치 및 중립무역에 대한 영향은 '군사필요성에 의해 합리적으로 요구되는 것'을 평가하는 요소가 된다.

(c) '제한구역'의 개시, 지속기간, 위치, 범위와 그것에 부과된 제한사항들은 모든 이해관계자들에게 적절히 공지되어야 한다.

1. 제한구역이 국제공역에 설정되어 강제되면 국제민간운항(및 항행)에 영향을 미치는 것은 당연하다. 만약 중립국 항공기(및 선박)가 제한구역과 그 위치, 면적 및 기간을 알지 못하면 교전당사국은 국제민간운항(및 항행)이 부과된 제한을 준수할 것을 기대할 수 없다.

2. 규칙 107(c)에 기초하여 '제한구역'을 설정하는 교전당사국은 세부사항뿐만 아니라 제한구역 내에 적용할 제한조치들을 공표하여야 한다. 외교적 채널을 통해 정보를 통신할 필요는 없다. 대부분의 경우 NOTAM을 이용하는 것이 적절하다.

(d) '제한구역'의 설정은 중립국 영공을 둘러싸거나 그 접근을 완전히 막아서는 안 된다.

1. 중립국 영공을 포함한 중립국 영역은 국제적 무력분쟁에 적용되는 법에 따라 불가침이다 (규칙 166 참조). 게다가 국제적 무력분쟁의 존재는 중립국 영공에의 출입뿐만 아니라 군사연습 및 군사작전과 같은 모든 합법적 목적을 위해 자국 영공을 이용할 중립국 권리를 박탈할 수 없다. 본 규칙에 기초하여 교전당사국은 이러한 중립국 권리를 존중해야 할 확정적인 의무를 부담하고 있다.

2. 무엇이 허용되지 않는가(예, 중립국 영공을 포함한 '제한구역'의 설정)와 무엇이 허용되는가(예, 적절한 접근로 및 퇴로를 설정할 경우 EEZ를 포함한 공해 상공에 '제한구역'의 설정)를 구별하여야 한다. 중립국 영공을 포함하는 제한구역이 항상 불법적인 한 특정 루트로 중립국 영공에 접근하는 것이 더 이상 가능하지 않다는 단순한 사실은 '제한구역'을 불법적인 것으로 하기에는 충분하지 않다. 하지만 중립국 영공에의 접근의 부분적 금지는 만약 다른 유사한 안전하고 편의한 접근로를 이용할 수 없다면 중립국의 권리를 침해하는 것이다.

(e) 중립국의 배타적 경제수역, 대륙붕, 특히 인공섬 · 장비 · 구조물 및 안전지대 등의 합법적인 사용에 대해 적절히 고려하여야 한다.

1. 중립국 권리에 대해 적절한 고려를 해야 할 교전당사국의 의무는 중립국이 영역주권을 향유하는 지역에 한정되는 것은 아니다. UN해양법협약 제58조[442] 및 제87조[443]에서 유래

---

442) UN해양법협약 제58조: "1. 배타적 경제수역에서 연안국이나 내륙국에 관계없이 모든 국가는 본 협약의 규정에 따라 제87조에 규정된 항해, 비행 및 해저 전선과 도관부설의 자유와 선박, 항공기 및 해저 전선과 도관의 운행에 관계되거나 또한 본 협약의 기타 규정에 모순되지 아니하는 상기 자유와 관계되는 기타 합법적인 국제적 해양이용의 자유를 향유한다. 2. 제88조 내지 제115조 및 기타 국제법의 적절한 규정은 본장과 모순되지 아니하는 한 배타적 경제수역에 적용된다. 3. 배타적 경제수역에서 본 협약에 따라 권리를 행사하고 의무를 이행함에 있어서 각 국가는 연안국의 권리와 의무를 정당히 고려하여야 하며, 본 협약의 제 규정 및 본장의 규정과 모순되지 않는 한 기타 국제법 규정에 따라 연안국이 채택한 법령을 준수하여야 한다."

443) UN해양법협약 제87조: "1. 공해는 연안국이나 내륙국을 막론하고 모든 국가에 개방된다. 공해의 자유는 본 협약과 국제법의 기타 규칙에 정하여진 조건에 의거하여 행사된다. 공해의 자유는 연안국과 내륙국에 대해 특히 다음과 같은 것을 포함한다. 가. 항해의 자유, 나. 비행의 자유, 다. 제6장의 규정에 따른 해저 전선 및 도관 건설의 자유, 라. 제6장의 규정에 따라 국제법이 허용하는 인공도서 및 기타 시설의 설치 자유,

한 본 규칙에 따라 교전당사국은 중립국이 해양법의 각 규정에 따라 설치한 설비 및 구조물에 적절한 고려를 해야 한다.[444] 인공섬, 설비, 구조물 및 안전구역에 적절한 고려를 하는 한 교전당사국은 중립국의 EEZ 내에서 군사활동을 행할 수 있다(규칙 1(b)에 대한 해설 para.8 및 규칙 166에 대한 해설 para.3 참조).

2. '적절한 고려' 원칙은 해양법의 개념으로 평시 국제법에 확립되었다. 교전당사국과 중립국 간의 관계에 있어서 해양법 -중립법과 충돌되지 않는 정도까지- 은 계속 적용된다. '적절한 고려' 원칙은 절대적이고 확정적인 의무를 부과한다는 것을 강조할 필요가 있다. 그 원칙에 따라 교전당사국은 각 영공 및 해양에서 예상되는 군사적 이익과 중립국 권리에 대한 부정적인 영향 간에 균형을 맞출 것이 요구된다.

3. 전문가 그룹의 구성원들은 본 규칙이 국제관습법을 반영한 것인지에 대해 동의하지 않았다. 전문가 그룹의 일부는 동 원칙과 관련한 국가관행이 확립되어있지 않다고 보았다.

III. 교전공역에서의 비행금지구역

[규칙 108] 교전당사국은 비행금지구역을 자국 또는 적국의 공역 내에 설정하고 강제할 수 있다.

본 규칙의 대상과 목적은 이러한 교전국의 권리를 강조하고 비행금지구역을 '제한구역'과

마. 본 장 제2절에 정하여진 조건에 따른 어로의 자유, 바. 제6장 및 제8장의 규정에 따른 과학적 조사의 자유. 2. 모든 국가는 공해의 자유를 행사함에 있어서 타 국가의 이익과 심해저 활동에 관하여 본 협약에 규정한 권리에 대하여 정당한 고려를 하면서 상기의 자유를 행사하여야 한다."

444) 산레모 매뉴얼 제34항: "적대행위가 중립국의 배타적 경제수역 내 또는 대륙붕에서 행해지는 경우, 교전당사국은 해상무력분쟁법의 여타 적용 가능한 규칙의 준수외에 연안국의 권리와 의무, 특히 배타적 경제수역 및 대륙붕의 경제자원의 탐사 및 개발, 해양환경의 보호 및 보전에 타당한 고려를 하지 않으면 안 된다. 교전국은 특히 배타적 경제수역 및 대륙붕에 중립국이 설정한 인공섬, 시설물, 구조물 및 안전구역에 타당한 고려를 하지 않으면 안 된다."

구별하는 것이다. 본 매뉴얼의 목적상 비행금지구역은 국제공역에는 설정할 수 없다.

[규칙 109] 비행금지구역의 개시, 기간, 위치 및 범위는 모든 관련 국가와 기구에 적절히 공지되어야 한다.

비행금지구역을 설정하여 강제하는 교전당사국은 동 규칙에 규정된 세부사항을 '모든 관련 당사자', 즉 비행금지구역이 비행에 영향을 미칠 수 있는 -자국, 적국 또는 중립국의- 민간 운항에 공표해야 할 의무가 있다. (성질상 군사목표물인) 적 군용항공기에 통지해야 할 의무는 없다. 세부사항을 통보하는 수단(예, NOTAM)에 대해서는 규칙 107(c)에 대한 해설 para.2 참조.

[규칙 110] 본 매뉴얼의 제D절과 제G절에 명시된 규정들에 의거, 특별 허가없이 비행금지구역에 진입하는 항공기에 대해서는 공격이 가능하다.

1. 제D절 및 제G절은 각각 공격과 공격시의 예방조치를 다루고 있다.

2. 본 규칙은 비행금지구역 내 허가되지 않은 출현은 적대의도를 표시하는 것으로 간주될 수는 있으나, 동 구역에의 단순한 출현이 공격을 정당화하기에 충분하다는 것을 의미하지 않는다는 것을 반영하고 있다.

3. UK Manual에서 강조되었듯이 "명백한 민간항공기에 대한 공격은 그것이 공격에 이용되고 있다고 믿을 이유가 있는 경우 최종적인 방편으로서만 행해질 수 있다."[445]

4. 본 규칙은 자동적인 교전이나 '공격금지구역'을 인가하는 것은 아니다. '제한구역'에서처럼 목표구별원칙(제D절 및 제E절) 및 제G절의 규칙들 또한 적용된다.

---

445) UK Manual, para.12.58.2 참조.

제Q절 기만, 기계 및 배신행위

I. 총칙

[규칙 111]

(a) 배신행위로 적을 죽이거나 상해를 입히는 것은 금지된다. 적의 신뢰를 배반하려는 의도를 갖고 국제적 무력분쟁에 적용되는 법의 규칙들 하에서 보호받을 권리가 있는 것처럼 또는 보호할 의무가 있는 것처럼 적의 신뢰를 유발하는 행위는 배신행위를 구성한다.

1. 본 규칙은 제1추가의정서 제37조(1)에서 추론되었다.[446] 또한 NWP, para.12.1.2 참조.[447]

2. 신뢰의 배반은 배신행위의 핵심이다. 과거 배신은 '배반'으로 불려졌었다(1907년 헤이그규칙 제23조(b) 참조).[448] 배신행위의 소개 및 정의에 있어 제1추가의정서 제37조(1)도 동일한 개념을 나타내고 있다.

3. 모든 배신적인 행위(신뢰의 배반을 포함하는 행위)가 금지되는 것은 아니다. 제1추가의정서

---

446) 제1추가의정서 제37조(1): "적을 배신행위에 의하여 죽이거나 상해를 주거나 포획하는 것은 금지된다. 적으로 하여금 그가 무력분쟁시 적용 가능한 국제법 규칙하의 보호를 부여받을 권리가 있다거나 의무가 있다고 믿게 할 적의 신념을 유발하는 행위로서 그러한 신념을 배신할 목적의 행위는 배신행위를 구성한다. 하기 행위들은 배신행위의 예이다. 가. 정전이나 항복의 기치하에서 협상할 것처럼 위장하는 것. 나. 상처나 병으로 인하여 무능력한 것처럼 위장하는 것. 다. 민간인이나 비전투원의 지위인 것처럼 위장하는 것. 라. UN 또는 중립국, 비분쟁당사국의 부호, 표창, 제복을 사용함으로써 피보호 자격으로 위장하는 것."

447) NWP, para.12.1.2: "금지된 기만을 '배신행위'라 한다. 배신행위는 적으로 하여금 상대방이 그러한 자격이 있다고 믿게 하거나 신뢰를 배반하기 위한 의도로써 무력분쟁법상 보호지위를 유도하기 위한 기만이다. 적을 함정에 빠뜨리게 하기 위한 허위 항복은 배신행위이다."

448) 1907년 헤이그규칙 제23조(b): "해적수단을 선택할 교전자의 권리는 무제한적인 것은 아니다.... (b)적국 또는 적군에 속하는 개인을 배신행위로써 살상하는 것."

제37조(1)에서의 금지는 오로지 배신행위를 통해 적이 사망, 상해 및 나포되는 사례만을 다루고 있다.

4. ICC 로마규정 제8조(2)(b)(xi)는 다음의 행위를 국제적 무력분쟁에서 전쟁범죄라고 선언하고 있다. "적국 및 적 군대에 속하는 개인을 배신적으로 살해하거나 부상시키는 행위". 로마규정 제8조(2)(e)(ix)는 다음의 행위가 비국제적 무력분쟁에서 전쟁범죄가 된다고 선언하고 있다. "상대방 전투원을 배신적으로 살해하거나 부상시키는 행위".

5. 전문가 그룹은 국제관습법의 문제로서 금지가 배신행위에 의한 '포획'을 금지에 포함할 것인지에 대해 의견이 나뉘어졌었다. 전문가의 대다수는 배신적인 포획은 국제관습법의 필수적인 부분이 아니라는 결론에 이르렀다. 이는 오로지 "배신의 행위로 살상하는 것"을 금지 (제23조(b))하고 있는 1907년 헤이그협약에 포함되지 않았다. 배신행위에 의한 포획의 금지는 또한 여러 국가에 의해 승인되지 못했다. 다른 한편, 배신적인 살해 또는 상해는 거부할 수 없이 국제관습법으로 간주된다.

6. 소수의 전문가들은 포획은 관습적 금지에 포함된다는 결론에 이르고 있는 ICRC의 관습 국제인도법 연구에 의존했다.[449] 이러한 견해에 따라 ICC 로마규정에서의 포획의 누락은 전쟁범죄의 정의에 영향을 미쳤으나, 국제적 무력분쟁에 적용되는 법의 실질적인 규칙의 범위에는 영향을 미치지 못했다.

7. 모든 전문가 그룹 멤버들은 불법적인 배신적인 행위는 살해 또는 부상(또는 포획)을 넘어서

---

449) Rule 65 ICRC Customary IHL Study, with discussion at pages 221-226: "적을 배신행위로 살해, 상해 또는 나포하는 것은 금지된다." with at page 225: "이러한 관행에 기초하여 배신행위로 살해, 상해 또는 나포하는 것은 국제관습법하에서 불법이지만 살인 또는 상해와 같은 심각한 육체적 피해를 가져올 수 있는 행위만이 전쟁범죄를 구성한다고 주장할 수 있다. 또한 이러한 주장은 배신행위에 의한 적의 나포는 그 결과가 전쟁범죄로 구성할 정도로 충분히 심각한 것이 아니라 할지라도 국제인도법하에서 제공되는 보호를 해친다는 고려에 기초하고 있다."

지 않는다는 데 동의했다. 관습 국제인도법 또는 제1추가의정서하에서 '배신행위'로서 금지되지 않는 배신적인 행위의 명확한 사례는 재산의 파괴(상대방의 살해 또는 부상을 포함하지 않는)이다.

8. 배신행위의 전형적인 사례로는 정전기를 게양한 후 경계수위를 낮춘 채 의심하지 않고 있는 적을 공격하는 것이다.

9. 전투원이 이동하기 위해 앰뷸런스를 사용하는 시나리오를 분석하는 것은 유용하다. 앰뷸런스의 이러한 남용은 배신적인 것이지만 -앰뷸런스의 보호받는 지위를 자신들에게 유리하게 하는- 만약 전투원이 적군대에 은밀하게 접근하여 살해 또는 부상(또는 포획)을 가할 목적이 아니었다면 국제관습법 또는 제1추가의정서에 따른 배신행위의 금지에 해당되는 것은 아니다. 그럼에도 불구하고 규칙 112(a)의 관점에서 그러한 행위는 식별표식의 부적절한 사용을 이유로 금지된다.

10. 금지되는 배신행위는 간첩행위와 혼동되어서는 안 된다. 금지되는 배신행위의 핵심은 사람의 살해 또는 부상(또는 포획)이다. 반대로 간첩행위는 군사적 가치가 있는 정보를 은밀하게 수집하는 것이며, 사람의 살해 또는 부상(또는 포획)과는 관계가 없다. 간첩행위에 대한 설명에 대해서는 규칙 118 참조.

11. 본 규칙은 비국제적 무력분쟁에도 적용된다(또한 ICC 로마규정 제8조(2)(e)(ix) 참조).[450]

(b) 다음 사항들은 (a)에 명시된 배신행위의 예이다. 민간인, 중립국민 또는 여타의 피보호 지위로의 가장.

1. 본 규칙은 제1추가의정서 제37조(1)(a)~(d)에서 추론되었다.

---

450) ICC 로마규정 제8조(2)(e)(ix), 본 매뉴얼 Section Q, 규칙 111(a) para.4 참조.

2. 본 규칙은 금지의 범위를 총망라해서 다루지 않고 규칙 111(a)에 정의된 배신행위의 금지만을 설명하고 있다.

3. 전투원은 민간인, 중립국인 또는 여타 피보호자에 대한 보호를 허용해야 할 의무가 있다. 그러한 특권적인 지위를 가장하는 것은 전투원이 그들에게 보호를 허용해야 할 의무가 있다고 믿게 할 수 있다. 그러한 행위 -적의 신뢰를 유발하는- 가 신뢰를 배반하고자 하는 의도로 행해진다면 그 행위는 배신적인 것이다. 모든 배신적인 행위가 불법적인 것은 아니다. 배신적인 행위는 상대방의 살해 또는 부상(또는 포획)을 수반하는 경우에만 금지된다.

4. 어떤 자가 민간인 복장을 한 채 전투에 임하고 있다는 단순한 사실은 비록 그러한 자가 '특권을 누리지 못하는 교전자'('불법적인 전투원'이라는 용어도 사용되었다. 규칙 10(b)(i)에 대한 해설 para.4 및 규칙 117에 대한 해설 참조)가 됨에도 불구하고 배신행위를 구성하지 않는다. '특권을 누리지 못하는 교전자'는 전투원의 특권을 향유하지 못하며 적대행위에의 단순한 참가를 이유로 적국의 국내법에 위해 기소되어 처벌될 수 있다. 불법적인 배신행위와는 대조적으로 '특권을 누리지 못하는 교전자' 그 자체는 전쟁범죄가 아니다. 불법적인 배신행위가 되기 위해서는 의심하고 있지 않은 적을 살해 또는 부상시키기 위해 민간인으로 은폐하여 유리한 위치로 나아가는 자의 경우처럼 항상 신뢰를 배신하려는 의도가 있어야 한다.

5. '여타의 피보호 지위'(그리고 민간인 및 중립국 지위)에는 특히 UN 요원이 포함된다.

6. 본 규칙의 비국제적 무력분쟁에의 적용 가능성에 대해 여러 견해가 제시되고 있다. 법적 의미에서의 중립은 비국제적 무력분쟁에는 존재하지 않는다. 적어도 조직화된 비국가적 무장단체의 편이 아닌 전투원, '특권을 누리지 못하는 교전자' 및 민간인 지위 간에 차이도 존재하지 않는다. 하지만 민간인(적대행위에 적극적으로 참가하지 않은 동안 1949년 제네바협약 공통 3조에 의해 적대행위로부터 보호받는 자)으로 가장한 채 고의적으로 속인 후 적을 살해, 부상(또는 포획)시키는 것은 여전히 금지된다.

[규칙 112] 해전 규칙을 침해함이 없이 다음과 같은 사항들은 배신행위 여부를 떠나 무조건 금지된다.

1. 규칙 111이 본 규칙에 열거된 행위들의 배신적 성격을 결정하는 반면 본 규칙은 모든 경우 절대적으로 금지되는 행위들을 포함하고 있다.

2. 해전의 경우에는 특별한 규칙이 적용된다. 규칙 112(c)에 대한 해설 para.3 참조.

3. 배신행위의 금지는 기만과 연결되어 있는 모든 범주의 불법행위들을 다룰 수 없다. 관련 행위가 금지되는 배신행위를 구성하는지와 관계없이 그 자체가 금지되는 '부적절한' 행위의 특별한 금지도 있다. 게다가 '부적절한' 행위의 금지는 적의 신뢰를 배반하고자 하는 특별한 의도의 증거를 요구하지 않는다(배신과 '부적절'한 행위간의 교차 사례에 대해서는 규칙 111(a)에 대한 해설 para.9에서 설명된 앰뷸런스 시나리오 참조).

(a) 적십자, 적신월사, 적수정 등의 특정 표식과 국제적 무력분쟁에 적용되는 법에 규정된 여타 보호 표식, 표시 또는 신호의 부적절한 사용

1. 본 규칙은 제1추가의정서 제38조(1)에 기초하고 있다.[451] 본 규칙은 또한 1907년 헤이그 규칙 제23조(f)에 확립되어 있다.[452]

---

451) 제1추가의정서 제38조(1): "적십자·적신월·적사자태양 등 식별표장, 제협약 및 본 의정서에 의하여 부여된 다른 표장, 부호, 신호의 부당한 사용은 금지된다. 무력분쟁에 있어서 정전기를 포함하여 국제적으로 승인된 보호표장, 부호 또는 신호와 문화재의 보호표장을 고의적으로 남용하는 것 역시 금지된다." 또한 NWP, para.8.5.1.6 참조: "보호부호 또는 표장은 피보호 지위를 향유할 수 있는 사람, 물자 및 활동을 식별하기 위해서만 사용할 수 있다. 기타 다른 사용은 국제법상 금지된다."

452) 1907년 헤이그규칙 제23조(f): "해적수단을 선택할 교전자의 권리는 무제한적인 것은 아니다. … (f) 휴전기, 국기 또는 군용휘장, 적의 제복 및 제네바협약상의 특수휘장의 부당한 사용."

2. 본 규칙에서 언급된 '부적절한 사용'의 한 예로는 적십자 식별표식을 한 항공기로 탄약을 수송하는 것이 있다.

3. 다른 식별표상은 특히 문화재를 나타내는 보호표식(규칙 94), 민방위 보호표식(규칙 91) 및 위험한 물리력을 내포하고 있는 물자 및 건물의 표식(규칙 44에 대한 해설서 참조)을 포함한다.

4. 식별표상, 기호 또는 신호의 부적한 남용은 교전당사국이 그러한 문제가 되고 있는 표상, 기호 또는 신호를 설정한 특정 조약의 체약국 여부와 관계없이 적용된다.

5. ICC 로마규정은 '제네바협약의 식별표장의 남용'은 "사망 또는 심각한 신체적 상해를 가져오는 경우" 처벌된다고 규정하고 있다(ICC 로마규정 제8조(2)(b)(vii) 참조).

6. 본 규칙은 비국제적 무력분쟁에도 적용된다.

(b) 정전기(停戰旗)의 부적절한 사용

1. 본 규칙은 제1추가의정서 제38조(1) 및 1907년 헤이그규칙 제23조(f)에 기초하고 있다.

2. 전통적으로 정전기는 백색이다.[453]

3. 비행 중인 항공기는 당연히 정전기를 게양할 수 없다. 하지만 정전기는 정전을 협상할 의도가 없는 자가 지상에서 전투원에 의해 부적절하게 이용될 수 있다. 이는 지상군이 공중공격 또는 지상에서 전투 중인 승무원으로부터 자신들을 보호하기 위해 이용할 수 있다. 그러

---

[453] 1907년 헤이그규칙 제32조: "교전자 일방의 허가를 받아 타방과 교섭하기 위하여 백기를 들고 오는 자는 군사(軍使, parlementaire)로 인정된다. 군사와 그를 따르는 나팔수, 고수, 기수 및 통역은 불가침권을 갖는다."

므로 정전기의 부적절한 사용은 모든 경우에 금지된다는 것을 강조하는 것이 중요하다(상대방을 살해 또는 부상(또는 포획)시킬 의도와는 관계없이).

4. ICC 로마규정은 '정전기의 남용'은 "사망 또는 심각한 신체적 상해를 가져오는 경우" 국제적 무력분쟁에서 처벌될 수 있다고 규정하고 있다.[454]

5. 본 규칙은 비국제적 무력분쟁에도 적용된다.

(c) 타 교전당사국의 국기, 군 표식, 인장 또는 복장의 부적절한 사용

1. 본 규칙은 "군사기 및 적의 제복의 부적절한 사용"은 금지된다고 규정하고 있는 1907년 헤이그규칙 제23조(f)에 기초하고 있다. 또한 제1추가의정서 제39조(2)[455] 및 NWP para.12.5.3 참조.[456]

2. 적 제복의 사용 금지는 오로지 '부적절한 사용'과 관련이 있다. 그러한 사용이 '부적절한' 것이 아니라면 이는 합법적이다. 하나의 사례는 기후로부터 보호하기 위하여 포획된 적 창고에서 외투를 이용하는 것일 것이다(만약 모든 적 기장을 제거한다면). 적 제복을 입은 채 도주하려고 하는 전쟁포로 또한 이에 해당된다.[457]

3. 제1추가의정서는 간첩행위 및 해전시 기의 사용에 일반적으로 적용되는 승인된 기존 국

---

454) ICC 로마규정 제8조(2)(b)(vii): "사망 또는 심각한 신체적 상해를 가져오는 제네바협약상의 식별표장뿐만 아니라 휴전 깃발, 적이나 UN의 깃발 또는 군사표식 및 제복의 부적절한 사용."

455) 제1추가의정서 제39조(2): "공격에 참가하는 중에 또는 군사작전을 엄폐, 지원, 보호 또는 방해하기 위하여 적대당사국의 기, 군사표장, 기장, 제복을 사용하는 것은 금지된다."

456) NWP, para.12.5.3: "육전법규는 교전 전 또는 후에 적을 기만하기 위하여 적의 깃발, 기장, 제복을 착용하는 것을 금지하지 않는다. 그러나 전투 중 적의 깃발, 기장, 제복을 사용하다가 체포된 경우 엄한 처벌을 감수하여야 한다."

457) 제1추가의정서 제39조에 대한 ICRC Commentary, para.1576 참조.

제법과 관련한 예외를 포함하고 있다.[458] 간첩행위(제R절 참조)와 관련한 예외는 교전당사국의 군 구성원 -간첩행위에 참여하고 있는- 이 자신의 군대에 다시 편입되었으나 이후에 적에 의해 포획되면 그는 더 이상 이전의 행위 때문에 기소되지 않는다는 규칙 122와 관련이 있다. 이는 그가 은밀한 활동에 종사하는 동안 허위 제복을 사용한 경우에도 적용된다. 해전과 관련하여서는 군함은 실질적인 교전에 앞서 진정한 국기를 게양하는 한 적의 국기(또는 중립국기)를 게양할 수 있다는 것이 수락되었다.[459] 이러한 예외는 공전에서는 적용되지 않는다

4. 제1추가의정서 제39조(2)에 규정되어 있는 "공격에 참가하는 중에 또는 군사작전을 엄폐, 지원, 보호 또는 방해하기 위하여"라는 어구가 국제관습법을 완전하게 반영한 것인지에 대해 전문가 그룹의 견해는 나뉘어졌다. 일부 전문가들은 기만의 목적으로 적의 제복을 사용하는 것은 공격전이든 후이든 부적절한 것이라는 입장을 취했다.

5. ICC 로마규정은 "국기 또는 적의 군사기 및 제복의 부적절한 사용"은 사망 또는 심각한 부상을 가져오는 경우 처벌된다고 규정하고 있다.

6. 본 규칙에 언급되었듯이 '군 표식'이라는 용어는 군용항공기의 표시를 포함한다(규칙 1(x) 참조). 적 표시가 군용항공기 또는 기타 항공기에 표시되든 교전당사국에 의한 적국의 '군 표식'의 사용은 동 규칙하에서 '부적절한 것'이 된다.

7. 본 규칙은 비국제적 무력분쟁에도 적용된다.

---

458) 제1추가의정서 제39조(3): "본 조 또는 제37조 1항 가호의 어느 것도 간첩행위 및 해전 수행시기의 사용에 적용되는 일반적으로 승인된 기존 국제법규에 영향을 미치지 아니한다."

459) NWP, para.12.5.1: "수상함과 잠수함은 적을 기만하기 위하여 적의 깃발을 게양하고 적의 표지를 사용할 수 있다. 그러나 군함은 실제 교전 직전에는 진정한 깃발을 게양하여야 한다." Canadian Joint Doctrine Manual, para.856(4) 참조.

(d) 중립국기 또는 군 표식, 인장 또는 복장 사용

1. 본 규칙은 제1추가의정서 제39조(1)에 기초하고 있다.[460] 또한 NWP, para.12.3.2 참조.[461]

2. 본 규칙 -규칙 112(c)와는 달리- 은 '부적절한' 사용이 아니라 '사용'을 언급하고 있다. 그 이유는 국기, 군 표식, 중립국의 기장 또는 제복(규칙 112(c)에 대한 해설 para.3에서 설명되고 있듯이 해전 상황하에서는 제외)의 사용은 불법적이기 때문이다. 또한 규칙 114(c)에 대한 해설 para.5 참조.

3. 본 규칙은 비국제적 무력분쟁에는 적용되지 않는다. 왜냐하면 그러한 분쟁에는 법적 의미에서 중립이 존재하지 않기 때문이다. 하지만 적대행위에 참여하지 않은 타국의 국기, 군 표식, 기장 및 제복의 사용은 부적절한 것으로 간주된다.

(e) UN이 허가한 경우를 제외한 UN 특정 표식 사용

1. 본 규칙은 제1추가의정서 제38조(2)에 기초하고 있다.[462] 또한 NWP, para.12.4 참조.[463]

2. UN기는 적십자, 적신월, 적수정의 식별표식과 동일한 선상에 있는 보호표식은 아니지만, 중립국의 국기가 국적을 나타내는 것과 동일한 방법으로 UN과의 관계를 나타낸다. UN이 분쟁지역에서 순수하게 평화유지, 인도적 또는 공정한 임무를 수행하고 있다면 UN기는 보

---

460) 제1추가의정서 제39조(1): "중립국 및 분쟁비당사국의 기, 군표장, 기장, 제복을 무력분쟁시에 사용하는 것은 금지된다."
461) NWP, para.12.3.2: "중립국 국적으로 속이기 위해 교전국의 군용항공기에 허위표식을 부착하는 것은 금지된다."
462) 제1추가의정서 제38조(2): "UN의 식별표장을 UN에 의하여 승인된 것 이외로 사용하는 것은 금지된다."
463) NWP, para.12.4: "UN기와 'UN'이라는 문자는 UN의 허가없이 무력분쟁에서 어떠한 목적으로든 사용할 수 없다."

호기능을 갖는다. UN 요원은 그들이 민간인에게 부여되는 보호를 받을 자격이 있는 한 존중되고 보호받아야 한다.

3. UN이 무력분쟁에 당사자로 참가하여 그 입장이 교전당사국의 그것과 유사하고 그 요원이 민간인의 보호를 받을 자격이 없는 경우조차도 UN의 식별표식의 부적절한 사용이 있어서는 안 된다. 그러한 허가되지 않은 사용은 규칙 112(c)에서 금지되고 있는 적의 군표식이나 제복의 부적절한 사용과 유사하다.

4. ICC 로마규정은 "UN기의 부적절한 사용"은 사망 또는 심각한 신체의 부상을 초래하는 경우에는 처벌된다고 규정하고 있다.

5. 본 규칙은 비국제적 무력분쟁에도 적용된다.

[규칙 113] 기계는 허용된다. 기계는 적을 교란시키거나 무모한 행동을 하게끔 유도하는 행위이지만 국제적 무력분쟁에 적용되는 법의 어떠한 규정도 위반하는 것이 아니며, 규칙 111 (a)의 배신행위의 정의와도 일치하지 않는다.

1. 본 규칙은 1907년 헤이그규칙 제24조[464] 및 제1추가의정서 제37조(2)[465]에 기초하고 있다.

2. 국제적 무력분쟁에 적용되는 법하에서 교전당사국은 그러한 법을 위반하지 않는 행위이며 금지되는 배신행위를 구성하지 않는 기계를 사용할 권리가 있다.

---

464) 1907년 헤이그규칙 제24조: "기계의 적정 및 지형탐지를 위하여 필요한 수단의 행사는 적법한 것으로 한다."

465) 제1추가의정서 제37조(2): "전쟁의 위계는 금지되지 아니한다. 그러한 위계는 적을 오도하거나 무모하게 행동하도록 의도되었으나 전시에 적용되는 국제법 규칙에 위반되지 아니하며 또한 법에 의한 보호와 관련하여 적의 신뢰를 유발하지 아니하기 때문에 배신행위가 아닌 행위들을 말한다. 다음은 그러한 위계의 예이다. 위장, 유인, 양동작전, 오보의 이용."

3. 기계는 적의 사망을 초래할 수 있다. 기계가 신뢰의 배신이라는 요소를 포함하지 않는 한 기계 그 자체는 금지되는 배신행위에 해당하지 않는다. 특히 민간인, 중립국, 적국 또는 여타의 피보호 지위를 부적절하게 사용해서는 안 된다.

4. 공전 및 미사일전에서의 합법적인 기계의 특별한 사례는 규칙 제116에서 다루고 있다.

5. 본 규칙은 비국제적 무력분쟁에도 적용된다.

II. 세부 규칙

[규칙 114] 공중 또는 미사일 전투작전에서 다음과 같은 행위는 배신행위이다(규칙 111에 명시된 정의에 구속된다).

1. 본 규칙은 특히 공중 및 미사일 전투작전에 적합한 배신행위에 초점을 맞추고 있다. '배신행위'라는 용어의 사용은 규칙 111(a)에서의 일반적 정의에 기초하고 있다. 배신행위의 주요 구성요소는 적의 신뢰를 배반하려는 의도이다. 배신적인 행위 자체가 불법적인 것은 아니다. 배신행위는 그 행위가 적의 살해 또는 부상(또는 포획)과 관련되어 있을 경우에만 금지된다.

2. 규칙 114(a)-(e)에 열거된 행위들은 단지 배신행위의 예일 뿐이다. 환언하면, 동 리스트는 망라적이지 않다.

(a) 의료항공기로 가장하는 경우. 특히 특정한 표식이나 의료항공기만을 위한 식별도구를 사용하는 경우

1. 본 규칙에서 다루어지는 행위들은 적을 살해 또는 부상(또는 포획)시키기 위한 수단으로 사

용되면 금지되는 배신행위를 구성한다.

2. 의료항공기의 지위를 가장하는 방법은 여러 가지가 있다(제L절, 특히 규칙 76 참조). 한 가지 방법은 다자조약에 의해 -또는 적과의 양자조약에 의해- 의료항공기에 할당되어 있는 신호를 고의적으로 사용하는 경우이다(규칙 76(a) 또는 (b) 참조). 의료항공기 이외의 항공기가 오직 의료항공기의 사용을 위해 교전당사국 간 합의된 항공로 또는 항공기 전용로를 따라 비행하는 경우 이는 의료항공기의 지위를 가장하는 것에 해당된다.

3. 푸른색 섬광등과 같은 신호는 많은 국가에서 경찰, 소방관에 의해 사용되었으며, 어떤 상황에서는 의료항공기와 혼동되기도 했다. 의료항공기의 지위를 가장함으로서 적의 신뢰를 배반하려는 의도가 없는 한 배신행위에 해당하는 것은 아니다.

4. 본 규칙은 비국제적 무력분쟁에도 적용된다.

(b) 민간항공기로 가장하는 경우

1. 본 규칙은 제1추가의정서 제37조(1)에 기초하고 있다. 또한 산레모 매뉴얼 제109항 참조.[466]

2. 민간항공기로 가장하는 행위는 상대방을 살해 또는 부상(또는 포획)시키기 위한 수단으로 사용되는 경우에만 배신행위를 구성한다.

3. 군용항공기가 민간항공기의 지위를 가장하는 것은 배신적인 것이다. 예를 들면, 만약 군용항공기가 호출신호를 받았을 때 민간항공기라는 것을 나타내는 자동응답기를 사용할 경우가 그러하다.

---

466) 산레모 매뉴얼 제109항: "군용항공기 및 보조항공기는 항상 면제되는 지위, 민간인의 지위 또는 중립국의 지위를 가장하는 것이 금지된다."

4. 군용항공기에 민간항공기 표식을 함으로써 민간 지위로 가장하는 것은 민간인 복장을 함으로써 민간인 지위를 가장하는 전투원과 표면적으로 유사하다. 하지만 군용항공기의 표식 변경은 더 많은 노력이 요구되고 필연적으로 고의적인 것이 되는 것과 제복의 소모, 불충분한 물자 등의 결과 군인이 민간인 복장을 하고 나타나는 것에는 큰 차이가 있다.

5. 일부 공군은 국가표식을 나타내는 검정 또는 회색 윤곽으로 국기를 대체하여 군용기에 저시정 표식을 하기도 한다. 이는 위장 목적으로 행해지는 것이다. 비록 그러한 표식 체계에 의지하는 것이 국적을 확인하는 것을 그리고 가시의 수단에 의한 항공기의 군용 지위를 확인하는 것을 더욱 어렵게 함에도 불구하고 이는 민간항공기의 지위를 가장한 것으로 간주되지 않는다(규칙 1(x)에 대한 해설 para.11 및 규칙 116(e)에 대한 해설 참조).

6. 만약 군용항공기의 표식이 모두 지워졌다면, 항공기가 군용항공기의 정의상의 요건을 더 이상 충족시키지 못한다는 사실에 비추어서 더 이상 공격 –또는 차단과 같은 교전권을 행사할– 에 참여할 수 있는 권리가 없다(규칙 17 참조).

7. 공격을 행하기 위해 민간 무인항공기(UAVs) 지위를 가장하는 무인공격기(UCAVs)는 배신적으로 행동하는 것이며, 그러한 행위는 만약 적을 살해 또는 부상(또는 포획)시키는 결과를 초래한다면 불법적인 것이 된다.

8. 군대에 사용되면서도 민간 지위를 가장하는 무인항공기는 비록 주로 정보수집목적으로 사용됨에도 불구하고 만약 표적을 식별하고, 이를 지정하고, 교전을 모니터하거나 또는 재공격이 필요한지를 결정하기 위하여 공격부대와 밀접하게 연합하여 사용된다면 배신적으로 활동하는 것으로 간주된다. 그러한 모든 경우 무인항공기는 공격군의 일부로 간주될 수 있다.

9. 비국제적 무력분쟁에서 조직화된 비국가적 무장단체에 의해 사용되는 항공기에 군용항

공기(규칙 1(x)에 대한 해설 para.8 참조)의 자격이 부여되는 것은 아니다. 그러한 항공기는 기술적으로는 민간항공기이다. 하지만 만약 그것들이 오로지 무해한 민간목적에 이용되고 있다는 것을 적에게 확신시키고자 고의적으로 어떤 조치들이 취해진다면, 그러한 항공기에 의한 공격은 배신적인 행위를 구성하며 만약 적을 살해 또는 부상(또는 포획)시키는 결과를 초래한다면 불법적인 것이 된다.

(c) 중립국 항공기로 가장하는 경우

1. 본 금지는 제1추가의정서 제37조(1)(d)에 기초하고 있다. 또한 NWP para.12.3.2 및 산레모 매뉴얼 제109항 참조.

2. 본 규칙에서 다루어지고 있는 행위는 상대방을 살해 또는 부상(또는 포획)시키기 위한 수단으로 사용되는 경우에만 배신행위를 구성한다.

3. 본 금지의 핵심은 교전당사국의 항공기에 중립국 표식을 함으로써 중립국 항공기의 지위로 가장하는 것이다.

4. 중립국 항공기의 지위를 가장하는 것은 허위 전기신호를 사용하거나 기만적인 주파수 전송으로도 가능하다.

5. 중립국 항공기의 지위를 가장하는 것과 중립국 군 표식을 사용하는 것 간에는 표면적으로는 차이가 없다(규칙 112(d) 참조). 하지만 실제로는 차이가 있다. 배신행위는 적의 신뢰에 대한 배반을 수반하는 단순한 사용 그 이상이다.

6. 법적 의미에서 중립성은 비국제적 무력분쟁에서는 존재하지 않는다. 하지만 항공기의 지위를 적대행위에 참여하지 않는 국가의 그것으로 가장하는 것은 배신적이다.

(d) 기타 피보호 지위로 가장하는 경우

1. 또 다른 피보호 지위는 안전통항권이 부여된 항공기(카르텔 항공기. 제J절(II) 및 (III) 참조),
UN,[467] ICRC 등의 지위이다.

2. 피보호 지위로 가장하는 행위는 상대방을 살해 또는 부상(또는 포획)시키기 위한 수단으로
사용되는 경우에만 배신행위를 구성한다.

3. 본 규칙은 비국제적 무력분쟁에도 적용된다.

(e) 항복을 가장하는 경우

1. 본 금지는 제1추가의정서 제37조(1)(a)에 기초하고 있다. 또한 NWP, para.12.2[468] 및 산
레모 매뉴얼 제111항(b) 참조. 항복은 제S절에서 폭넓게 다루어지고 있다.

2. 항복하고자 하는 군용항공기의 승무원은 재난주파수와 같은 공동의 라디오 채널로 자신
들의 의도를 통신한다(규칙 128 참조). 거짓으로 그러한 의도를 통신하는 것은 배신적인 행위
에 해당한다.

3. 항공기의 날개를 전후좌우로 흔들거나 착륙기어를 내리는 것과 같은 신호는 항복할 의도
의 결정적인 증거가 아니라는 사실에 비추어 볼 때(규칙 128에 대한 해설 para.3 참조), 그러한
신호의 남용이 배신행위를 구성하는지는 명확하지 않다.

---

467) 산레모 매뉴얼 제111항 둘째 문단: "배신행위에는 다음과 같이 가장하여 공격을 개시하는 것을 포함한다.
(a)면제되는 지위, 민간인의 지위, 중립국의 지위 또는 UN의 지위. (b)항복 또는 조난(조난신호의 송신 또는
승무원을 구명정에 옮기는 것)."
468) NWP, para.12.2 마지막 문장: "적으로부터 군사적 이익을 얻기 위하여 백기를 사용하는 것은 불법이다."

4. 항복을 가장하는 행위는 상대방을 살해 또는 부상(또는 포획)시키기 위한 수단으로 사용되는 경우에만 배신행위를 구성한다.

5. 본 규칙은 비국제적 무력분쟁에도 적용된다.

[규칙 115] 배신행위 여부에 관계없이 공중 및 미사일 전투작전에서 다음과 같은 행위는 항시 금지된다.

(a) 조난항공기의 코드, 신호 또는 주파수의 부적절한 사용

1. 부적절한 사용은 통상적인 목적 이외의 다른 목적을 위해 조난 코드, 신호 및 주파수(권한 있는 국제기구에 의해 규정된)를 사용하는 것을 의미한다.

2. 조난신호의 부적절한 사용은 그러한 신호의 사용을 규율하는 규정의 위반이다(전시 무선전신의 통제에 관한 1923년 헤이그 규칙 제10조 참조). 조난신호는 인도적 목적을 위해 유보되어야만 한다.

3. 항공기에 의한 재난코드의 부적절한 사용은 항공기가 다른 수단을 통해 재난을 가장하는 상황과는 구별되어야 한다. 예를 들면, 항공기는 공격을 중단하게 하거나 다른 군사적 이익을 얻고자 적을 유도하기 위하여 피해를 입었다는 것을 제시함으로써 재난을 가장할 수 있다. 항복에 대해서는 제S절 참조.

4. 하지만 만약 항공기가 강하하고 있는 공수부대가 재난 항공기에서 낙하 중이라는 인상을 주기 위하여 재난상황을 가장한다면(제T절 참조), 이는 상대방을 살해 또는 부상(또는 포획)으로 이끈다면 금지되는 배신행위에 해당된다.

5. IFF 코드는 재난코드가 아니다. 적의 IFF 코드의 허위사용은 금지되지 않는다(규칙 116(c)

참조).

6. 본 규칙은 비국제적 무력분쟁에도 적용된다.

(b) 공격수단으로 군용항공기가 아닌 타 종류의 항공기 사용

1. 규칙 17(a)에 따라 군용항공기만이 공격에 참가할 수 있는 자격이 있다. 본 규칙은 군용항 공기 외 '공격수단'으로서의 항공기의 사용을 언급하고 있다.

2. 유인항공기의 무기로서의 사용은 대개 자살임무를 의미한다. 군용항공기에 의한 자살공 격은 그 자체가 불법적인 것은 아니지만, 군용항공기 이외의 항공기(특히 민간인이 탑승하고 있 는 납치된 민간여객기)에 의해 행해지는 자살공격은 불법적이다.

3. 2001년 9월 11일 테러리스트들은 뉴욕 세계무역센터와 여타 목표물에 대해 피랍 민간여 객기를 무기로 사용하여 공격했다. 민간항공기(또는 여타 피보호 항공기)를 공격수단으로 사용 하는 것은 국제적 무력분쟁에 적용되는 법을 위반하는 행위이다.

4. 본 규칙은 비국제적 무력분쟁에는 적용되지 않는다(규칙 17에 대한 해설 para.7 참조).

[규칙 116] 공중 또는 미사일 전투작전에서 다음과 같은 경우는 합법적인 기계로 인정된다.

1. 다음의 사례들은 제1추가의정서 제37조(2)에 기초하고 있다. 또한 NWP para.12.1.1 참조.[469]

---

469) NWP, para.12.1.1: "무력분쟁에서 허용되는 전쟁책략과 기계로는 위장, 허위등화, 모조선박 및 병기, 유 인책, 모의 병력, 허위공격과 철수, 매복, 허위정보, 전자기감, 적 코드, 암호 및 응답신호의 사용 등을 포함 한다."

2. 본 규칙은 비국제적 무력분쟁에도 적용된다.

(a) 기만작전

1. 합법적인 기계로서 기만작전은 대규모 공격이 특정 목표물에 대해 행해질 것이며, 그 목표물을 방어하기 위해 군대를 배치를 유도해 놓고 실제로는 방어가 매우 허술한 다른 목표물을 공격하는 것이다.

2. 역사적인 사례로는 1944년 D-Day 전 몇 주 동안 연합국은 Pas de Calais 지역에 공중폭격을 했었는데, 이는 나치 독일로 하여금 상륙작전 지역이 노르망디가 아니라 Pas de Calais 지역일 것이라고 확신시켰다.

3. 또 다른 사례로는 적이 공중강습이 항공모함에서 행해질 것이라고 믿게 하기 위해 특정 지역으로 항공모함을 이동시키는 것이다. 사실 공격의 주 목표물은 항공모함에 탑재된 항공기의 비행능력을 초과하는 지역에 위치해 있을 수 있다.

4. 가장 공격은 언제가 있을지도 모를 실제 공격시 사용할 수 있는 적의 공중방위체계에 관한 가치있는 정보를 얻기 위해 그 체계를 작동토록 적을 유인하는 합법적인 기계로 사용될 수 있다. 이는 고전적 의미에서의 기만작전과는 다르지만, 적에게 실제로 행해지고 있다는 허위 상황을 제시하고 그를 통해 합법적으로 군사적 이익을 얻는다는 공통된 요소를 갖고 있다.

(b) 허위정보

1. 허위정보(disinformation)는 거짓이거나 적으로 하여금 잘못된 결론에 이르도록 고안된 정보로 구성된다. 오보(misinformation)는 합법적인 기계로서 제1추가의정서 제37조(2)에서 언

급되고 있다. 오보가 개관적으로 부정확한 정보를 포함하는 보다 광의의 용어인 반면 허위정보는 오직 이를 전하는 자가 그 정보가 허위라는 것을 알고 있는 상황에 한정된다. 기만에 명백하게 기초하고 있는 허위정보는 합법적인 기계이다.

2. 허위정보 사용의 한 사례로는 공격이 계획되지도 가능하지도 않는데 포위되었고 대규모 공중공격이 임박했다는 거짓 인상을 줌으로써 적을 항복으로 유인하는 것이다. 역사적 사례로는 제2차 세계대전과 관계가 있다. 교전당사국이 적항공기를 포획했을 때 적절한 새로운 국적 표식을 하여 적으로 하여금 우호적인 군용항공기로 간주하게끔 오도하는 방법으로 그러한 항공기를 배치시켰다. 그러한 경우 포획된 항공기는 폭격임무 후 기지로 귀환하는 적 야간폭격기와 함께 귀환하는 척하면서 적 항공기지를 공격함으로서 중대한 이익을 얻기 위해 이용될 수 있다.

3. 민간인, 중립국인 또는 여타의 피보호 지위로 가장하는 허위정보는 합법적이지 않다(규칙 114 참조).

(c) 적을 기만하기 위한 허위의 신호·전자·시각·음성 수단(구조신호나 안전코드 및 항복을 가장하는 신호는 제외)

1. 적을 속이기 위하여 허위의 군사 코드 및 허위의 전자적, 광학적 또는 음향적 수단을 사용하는 것은 합법적인 허위정보의 특별한 경우이다.

2. 하나의 사례로는 적이 우호적인 지위로 오인하도록 IFF 호출신호(규칙 40(f)에 대한 해설 참조)에 응답할 때 적의 IFF 코드를 사용하는 것이다. 이는 적국의 제복을 착용하는 것(금지됨. 규칙 112(c) 참조)과 동등한 것이 아니다. 매우 유사한 예는 적의 초병으로부터 공격받는 것을 피하기 위하여 적의 암호를 이용하는 정찰(합법적인 기계)이다.

3. 합법적인 기계의 또 다른 사례로는 적 레이다에 교전당사국의 허위 반응을 유발하고 대규모의 진형을 갖춘 항공기가 접근하고 있는 것으로 오인하게 하여 적의 방위를 혼란에 빠뜨리는 것이 있다. 이는 제1차 세계대전에서는 알류미늄 조각을 산포하여, 오늘날에는 전자적 수단에 의해 행해진다.

(d) 항공기와 격납고의 유인물체의 사용과 모조품 제작

1. 무인 유인물체는 대단히 큰 레이더 반응을 유발하거나 더 큰 항공기로 가장함으로서 유인 군용항공기인 것처럼 가장하기 위해 사용될 수 있다.

2. 미사일 유인물체는 對미사일 방어를 오도하기 위해 사용될 수 있다. 미사일은 그 속도 때문에 폭약으로 충진된 탄두가 없더라도 육상에 부딪혔을 때 파괴를 야기한다.

3. 모조품 건설은 어떤 물자를 군수창고, 군용항공기 및 탱크 저장소로 가장하기 위하여 제2차 세계대전에서 교전당사국에 의해 사용되었다.

4. 적으로부터의 공격을 이끌어내기 위해 의도된 모조품 건설은 가능한 한 인구 밀집지역 내 또는 그 인근에 위치해서는 안 된다.

(e) 위장수단 사용

1. 비록 그 가시성이 손상되었더라도 항공기의 군표식이 있는 동안 위장색으로 군용항공기를 채색하는 것은 허용된다(규칙 114(b)에 대한 해설 paras.4 및 5와 규칙11(x)에 대한 해설 para.14 참조).

2. 위장수단의 사용은 인간의 눈 외 여타의 센서를 통해 '보이지 않는' 또는 '들을 수 없는'

것으로 만들기 위해 군용항공기의 전자적, 음향적 또는 적외선 신호의 감소를 포함한다.

3. 특별하지 않은 민간건물로 보이도록 하기 위하여 격납고 및 공장과 같은 군비행장에 지상 시설을 위장하는 것을 불법적인 것으로 간주해서는 안 된다.

[규칙 117] 항공기 외부인 지상 및 해상에서 전투작전을 수행 중인 항공기 승무원들은 국제적 무력분쟁에 적용되는 법에 의해 요구되는 바와 같이 자신들을 민간주민과 구별되도록 하여야 한다.

1. 헤이그 공전규칙은 제15조에서 군용항공기 승무원은 고유의 구별표식을 하여야 한다고 요구하고 있다.[470] 하지만 국가관행은 비행 중인 군용항공기의 승무원은 항공기 내에 있는 동안은 제복을 입고 있어 군용항공기의 필요 표식이 전투원 지위의 충분한 표시가 되고 그래서 군용항공기와 그 승무원을 민간항공기와 민간요원과 구별된다는 것을 명확하게 보여주고 있다.

2. 헤이그 공전규칙 제15조의 주안점은 승무원은 항공기로부터 이탈한 경우에 원방에서 식별할 수 있어야 한다는 것이다. 이 규정은 이후의 국가관행에 의해 지지된다. 만약 승무원이 항공기를 이탈하면, 육상과 해상에서 작전하고 있는 군인 또는 승무원과 다른 입장에 있는 것이 아니다. 그들은 통상적으로 군복을 입음으로써 국제적 무력분쟁에 적용되는 법에 의해 요구되는 것처럼 민간인과 자신들을 구별되도록 하여야 한다.

3. 만약 승무원이 동 규칙을 준수하지 않으면 이는 전투원으로서의 그들의 지위를 변경시키는 것은 아니며 적이 그들의 지위를 확인하는 것을 더욱 어렵게 하고 스파이로 오인되도록 할 위험이 증가한다(제R절 및 규칙 120 참조). 교전당사국이 그들을 '특권을 갖지 않는 교전자'

---

470) 헤이그 공전규칙 제15조: "군용항공기의 승무원은 그의 항공기로부터 이탈한 경우에 있어서 원방에서 식별할 수 있는 성질을 가진 고유의 특수기장을 휴대하여야 한다."

(또는 '불법적인 전투원'. 규칙 10(b)(i)에 대한 해설 para.4 및 규칙 111(b)에 대한 해설 참조)로 간주하는 것도 가능할 것이다.

4. 비국제적 무력분쟁에서 본 규칙이 어떻게 적용되었는지를 보여주는 국가관행이 없다.

제R절 간첩행위

간첩행위는 타국 또는 타국 기관에 대해 어느 一國 또는 그 기관(비군사요원 포함)에 의해 수행되는 활동에만 적용되기 때문에 본 절에 규정된 규칙들은 오직 국제적 무력분쟁에만 적용된다.

I. 총칙

[규칙 118] 간첩행위는 간첩의 활동이다. 간첩은 비밀스럽게 활동하거나 가짜 신분으로 활동하는 자들을 말하고, 적의 영토에서 군사적 가치가 있는 정보를 자국으로 유출하려는 의도로 취득하거나 취득하려는 자이다.

1. '비밀'이라는 용어는 1899년 헤이그규칙 제29조[471]에 나탄 이후 일관되게 반복되었으며 일관성의 목적상 동 규칙에 포함되었다. 그럼에도 국가관행상 용어에 있어 약간의 변화가 있었다. '비밀'(clandestine)작전과 '비공개'(covert)작전은 구별되어야 한다. 비밀작전은 비밀 또는 은폐을 확실하게 하고자 의도된 방법으로 수행된다. 항공기가 비행 사실을 숨기기 위하여 야간에 또는 레이더 범위 아래로 비행하는 경우가 이에 해당한다. 반대로 비공개작전은 작전을 수행하는 개인 또는 장비의 정체 및 때로는 이를 후원하는 국가의 정체를 은닉하기 위해 고안된 것이다. 예로는 허위로 표시된 항공기가 비공개작전에 종사하는 것이다. 비

---

[471] 1899년 헤이그규칙 제29는 1907년 헤이그규칙과 거의 동일하다. 후자의 내용은 다음과 같다; "교전자의 작전지역 내에서 상대 교전자에게 전달할 의사를 가지고 비밀리에 혹은 기망하여 정보를 수집하거나 수집하려는 자만이 간첩으로 간주된다. 따라서 변장하지 않은 군인으로서 정보를 수집하기 위하여 적군의 작전지역 내에 침투한 자는 간첩으로 간주되지 않는다. 또한 군인이건 민간인이건 자국군 또는 적군에 송부되는 전보를 전달하는 임무를 공공연히 수행하는 자도 간첩으로 인정되지 아니한다. 또한 전보를 전달하고 군 또는 지역의 다른 부분간 일반적으로 통신을 유지하기 위한 목적으로 경기구로 파견된 자도 이와 같다."

밀활동이 작전의 실체를 숨기기 위해 고안된 것인 반면, 비공개작전은 행위자의 정체를 숨기는 것이 목적이다. 결과적으로 본 규칙의 본질은 비공개로 또는 기망하에 활동한다는 것이다.

2. 1899/1907년 헤이그협약 제29조가 간첩행위 개념의 범위를 '교전자의 작전구역'에 한정함에도 불구하고 이는 국가관행상 교전당사국 전역을 포함하는 것으로 해석되어 왔다. 이는 또한 점령지역 또는 적의 통제하에 있는 지역도 포함한다.

3. 간첩행위가 되기 위해서는 정보가 군사적으로 가치가 있는 것이어야 한다. 예를 들면, 국제적 무력분쟁에 적용되는 법에 있어서 정치적 또는 경제적 가치가 있는 정보를 수집하는 것은 간첩행위에 해당되지 않는다.

4. 1907년 헤이그규칙 제24조[472]에서 강조되었듯이 '적에 대한 정보를 획득하는 것은 허용된다'. 적에 대한 정보를 수집하는 단순한 행위 그 자체는 간첩행위를 구성하지 않는다. 반대로 군대는 정보를 수집하기 위해 중요한 공급원에 전념한다. 그러한 활동은 정보수집, 감시, 정찰 및 적 컴퓨터 네트워크에 저장되어 있는 데이터를 이용하기 위한 CNAs를 포함한다.

5. 첩보는 일반적으로 적 군대 및 적 활동에 관한 정보뿐만 아니라 지형상의 특징 및 도시의 배치 등과 같은 작전을 용이하게 하는 데 필요한 정보를 말한다. 이는 통신첩보, 전자첩보, 전기광학첩보, 신호첩보, 인간첩보, 이미지첩보, 사진첩보, 레이더 첩보 및 방사성첩보를 포함한다.[473]

---

472) 1907년 헤이그규칙 제24조: "계계와 적정 및 지형탐지를 위하여 필요한 수단의 행사는 적법한 것으로 한다."

473) DoD Dictionary of Military Terms, pp.267-268.

6. 감시는 시각, 청각, 전자적·사진적 또는 기타 수단으로 지역, 장소, 사람 또는 사물을 체계적으로 관찰하는 것을 말한다.[474] 정찰은 -시각적인 관찰 또는 다른 탐지방법에 의해- 활동과 적의 공급원에 관한 특정 정보를 획득하기 위해 취해지는 임무의 하나이다.[475] 이러한 활동 중 어느 것도 적에 의해 통제되는 영역에서 비공개적으로('비밀리에') 행해지면 간접행위를 구성하지 않는다. 침입자의 정체를 숨김으로써 컴퓨터 데이터에 접근하기 위해 고안된 CNAs는 공격이 적이 통제하는 영역 내에서 또는 상공에서 시작된 것이 아니라면 간첩행위에 해당하지 않는다. 전형적으로 표적 네트워크에 대한 접속이 적이 통제하는 영역 이외의 곳으로부터 이루어질 수 있는데, 이러한 경우는 간첩행위에 해당되지 않는다.

7. 간첩행위의 정의는 군대의 구성원에 한정되지 않는다. 이는 간첩활동에 종사하는 민간인도 포함한다. 상황에 따라 간첩활동은 적대행위에의 직접적인 참가를 구성할 수 있다(제F절 참조). 하지만 본 절의 제규칙들은 각 규칙에 나타나있듯이 '군대의 구성원'에 한정하고 있다.

8. 1907년 헤이그협약 제29조는 비밀리에 수행할 경우 전보 전달은 간첩행위의 정의에 포함된다는 것을 의미하고 있다. 이러한 요소는 오늘날 적 국경을 가로질러 전보를 전송할 경우 일반적으로 전령의 이용을 요하지 않기 때문에 동 규칙에서는 삭제되었다.

[규칙 119] 간첩행위는 국제적 무력분쟁에 적용되는 법에서 금지되지 않는다.

1. 간첩행위는 적이 통제하는 영역에서 정보를 비공개적으로('비밀리에')으로 또는 기망으로 수집하는 규칙 118에서 정의된 것처럼 스파이 활동이다.

2. 간첩행위는 적의 신뢰를 배반하려는 의도로 피보호 지위를 가장하는 배신행위(제Q절 참

---

474) DoD Dictionary of Military Terms, p.528.

475) DoD Dictionary of Military Terms, p.453.

조)와 구별되어야 한다. 금지되는 배신행위와는 달리 간첩행위는 군사적으로 가치있는 정보를 수집하는 것에 한정되는 것으로 적의 살해 또는 상해(또는 포획)를 수반하지 않는다.

3. 간첩행위 그 자체는 국제적 무력분쟁에 적용되는 법하에서 불법은 아니며 더더구나 국제법하에서 전쟁범죄도 아니다. 스파이(군 구성원이든 또는 민간인이든)는 교전당사국의 국내법에 따라 기소될 수 있다(규칙 121 참조).

4. 헤이그협약 제24조는 "적 및 적국에 관한 정보를 수집하기 위해 필요한 수단의 사용은 허용된다"는 것을 인정하고 있다. 그 외에도 간첩행위 활동은 간첩에게 비공개적으로('비밀리에') 또는 기망하에 활동할 것을 요구한다.

[규칙 120] 적에 의해 통제되는 영역에서 정보를 수집하거나 수집하려고 시도하는 교전당사국의 군요원들은 그러한 활동을 하고 있을 시 자국 군대의 군복을 입고 있을 경우에는 스파이로 간주되지 않는다.

1. 본 규칙은 제1추가의정서 제46조(2)에 기초하고 있다.[476]

2. 공전은 간첩행위와 관련하여 독특한 환경을 나타낸다(규칙 123 및 124 참조). 일반적으로 작전이 비공개적('비밀의')인 것인지 또는 기망하에 행해지고 있는지를 결정하는 것은 항공기의 표식 또는 여타 특징(항공기에 의해 전송되는 전자신호와 같은)들이다. 승무원 중 군구성원이 민간복장을 착용한 것은 결코 비행의 특성에 영향을 미치는 않는다. 그래서 적절하게 표시된 군용항공기에 있는 민간복장을 한 군 승무원은 간첩이 아니다(규칙 117에 대한 해설 참조). 하지만 체포되면 제복을 입지 않았다는 것이 그들에게 전쟁포로 지위를 허용하지 않을 위험

---

476) 제1추가의정서 제46조(2): "소속당사국을 위하여 적대당사국에 의하여 지배되는 영토 내에서 정보를 수집하거나 또는 수집하려고 기도하는 분쟁당사국 군대의 제복을 착용하는 한 간첩행위에 종사하는 것으로 간주되지 아니한다."

에 처하게 할 수도 있다.(규칙 117 참조).

3. 마찬가지로 비공개('비밀의') 작전에 종사하는 항공기에서 군복을 입고 있는 승무원은 간첩으로 간주된다. 왜냐하면 군복 착용이 결코 작전의 비공개('비밀의') 특성을 감소시키는 것은 아니기 때문이다.

[규칙 121] 간첩행위 도중 적에게 체포된 교전당사국의 군요원에게는 전쟁포로로 취급받을 권리가 주어지는 것이 아니라 국내재판에서 간첩행위로 기소될 수 있다.

1. 본 규칙은 "간첩행위에 종사하는 동안 적국의 권력 내에 들어간 교전당사국의 군 구성원은 전쟁포로의 지위를 가질 권리가 없으며 간첩으로 취급될 수 있다"고 규정하고 있는 제1추가의정서 제46조(1)에 기초하고 있다. 제1추가의정서 제46조(1)은 국제관습법을 반영한 것이다.[477]

2. 간첩은 전쟁포로 지위를 가질 자격이 없음에도 불구하고 전쟁포로 자격이 없는 억류자가 국제관습법하에서 누리는 보호를 향유할 권리는 갖는다.

3. 강조되었듯이 간첩행위는 국제법하에서 전쟁범죄를 구성하지 않는다(규칙 119에 대한 해설 para.3 참조). 하지만 간첩행위는 대개 간첩활동이 행해진 또는 국내법에 의거 간첩행위자를 기소할 자격이 있는 국가의 국내법의 위반이다.[478] 헤이그협약 제30조에 반영되었듯이 국제관습법에 따라 "행위 중 체포된 간첩은 재판을 거치지 아니하고는 처벌할 수 없다".

4. 국내법 외에도 간첩은 점령국에서 제정된 안전보장에 관한 법률을 위반한 행위를 이유로

---

477) NWP, para.12.9: "무력분쟁 중 간첩은 국제법 위반이 아니다. 그러나 체포된 간첩은 전쟁포로 지위를 향유하지 못한다. 체포국은 자국의 국내법에 따라 간첩을 처벌할 수 있다...."
478) UK Manual, para.4.9.3 및 para.4.9.7 참조.

재판받을 수 있다.

5. 간첩행위 그 자체는 국제법하에서 전쟁범죄가 아님에도 불구하고 간첩은 간첩행위 임무에 종사하고 있는 동안 전쟁범죄를 저지를 수도 있다. 그러한 경우 그는 간첩행위와는 따로 전쟁범죄로 기소되어 처벌될 수 있다. 예를 들면, 만약 간첩이 간첩활동 중 민간인을 고의로 살해하면 관련 국제법에 의하면 그 간첩은 간첩행위로는 아니지만 전쟁범죄로는 재판받을 수 있다.

[규칙 122] 간첩행위를 하다 군에 다시 편입된 자는 적에게 체포되더라도 과거의 간첩행위로 기소되지 않는다.

1. 본 규칙은 1907년 헤이그규칙 제31조[479] 및 제1추가의정서 제46조(4)[480]에 기초하고 있다. 또한 NWP para.12.9 참조.[481]

2. 규칙 112에 따라 간첩행위에 종사하고 있는 군대의 구성원은 만약 소속군에 복귀한다면 그러한 행위에 대해서는 면제를 받는다. 이후에 체포되더라도 이전의 행위로 인해 더 이상 기소되지 않는다(소속군에 복귀한 후 행해진 새로운 간첩행위로 기소될 수는 있다).

3. 본 규칙은 간첩행위에 종사했다가 자국 영역으로 복귀한 이후에 체포된 민간인에게는 적용되지 않는다. 그들은 간첩행위를 이유로 국내법에 따라 소추된다.

---

479) 1907년 헤이그규칙 제31조: "일단 소속군에 복귀한 후에 다시 적에게 잡힌 간첩은 포로로서 취급되어야 하며, 이전의 간첩행위에 대해서는 어떤 책임도 지지 않는다."

480) 제1추가의정서 제46조(4): "적대당사국에 의하여 점령된 영토 내의 주민이 아니면서 그 영토 내에서 종사하는 분쟁당사국의 군대구성원은 전쟁포로로서의 권리를 잃지 아니하며 그의 소속군대로의 복귀전에 채포되지 아니하는 한 간첩으로 취급되지 아니한다."

481) NWP, para.12.9: "... 체포로부터 도주에 성공하였거나 우방국에 도착한 경우 처벌에 대한 책임은 종료된다. 다른 군사작전 중 그후에 체포되더라도 이전의 간첩행위로 인해 재판받거나 처벌할 수 없다."

II. 세부 규칙

[규칙 123] 정보수집, 차단, 혹은 취득하는 임무에 종사 중인 군용항공기는 간첩행위를 하고 있는 것으로 간주되지 않는다.

1. 간첩행위의 정의(규칙 118 참조)는 공개적으로 정보수집임무에 종사하는 군용항공기는 제외한다.

2. 적이 통제하는 영역의 영공에 들어가지 않는 군용항공기는 정보를 '적에 의해 통제되는 영역'에서 얻을 것을 요구하는 규칙 118의 범위 내에 들지 않기 때문에 간첩행위에 종사하는 것으로 결코 간주되지 않는다. 이는 적 영공 가까이에서 비행하는 동안 정보수집에 종사하는 경우에도 마찬가지다.

3. 첩보수집에 종사하는 군용항공기가 적이 통제하는 영역의 영공에 들어갈 경우 그들은 '비밀리에 또는 기망으로' 즉, 비공개적으로('비밀리에') 활동하는 경우에만 간첩행위에 종사하고 있는 것으로 간주된다.

4. 수집된 정보의 성질은 군사적으로 유용한 것인 한 관계가 없다. 예를 들면, 군용항공기는 전자신호 차단, 전화 및 여타 통신 감청, 사진 촬영, 열상신호 관찰 등을 할 수 있다.

5. 침투, 탈출 또는 공중강하를 포함한 특수작전을 위한 공중급유와 같은 작전은 첩보수집과는 관계가 없기 때문에 간첩행위에 해당되지 않는다.

6. 군용항공기가 간첩행위에 종사하는 것으로 인정되지 않으면, 그에 탑승하고 있는 승무원도 간첩행위에 종사하는 것이 아니다. 승무원이 탑승하고 있는 동안 제복을 입지 않은 경우에도 마찬가지다. 왜냐하면 제복의 착용은 일반적으로 적의 눈에는 보이지 않으며, 군용항

공기의 표식만으로 충분이 식별할 수 있기 때문이다. 규칙 117 참조.

7. 간첩행위에 종사하지 않은 경우에도 군용항공기는 그 성질상 군사목표물을 구성한다(규칙 1(y) 및 규칙 22(a) 참조).

8. 본 규칙은 군용항공기에만 적용된다. 다른 범주의 항공기에 대해서는 규칙 124 참조.

[규칙 124] 군용항공기가 아닌 적 민간항공기 또는 국가항공기가 적의 영공 밖에서 정보 수집, 차단 혹은 취득을 위해 비행할 경우 간첩행위를 하고 있는 것으로 간주되지 않는다. 하지만 정보를 수집하고 있는 동안에는 공격받을 수도 있다.

1. 교전당사국의 민간항공기 및 군용항공기 이외의 국가항공기는 적의 영공 또는 적에 의해 통제되고 있는 영공 밖에서 군사적으로 가치가 있는 정보를 수집하기 위해 사용되곤 한다. 그럼에도 그러한 할동에 종사하고 있는 항공기는 군사목표물을 구성한다(규칙 27(a) 및 규칙 27(c) 참조).

2. 물론 본 규칙은 '정보 목적'을 위한 중립국 영공의 사용을 허용하지 않는 규칙 171(b)의 권리를 침해하지 않는다.

3. 하지만 민간항공기 및 군용항공기 이외의 국가항공기가 적에 의해 통제되고 있는 영공 내에서 군사적으로 가치가 있는 정보를 수집하는 경우, 관련 행위는 공격으로부터 보호받을 수 있는 권리가 있는 것처럼 허위로 가장하는 것이기 때문에 간첩행위를 구성한다.

4. 기상항공기 -모니터를 갖추고 전시하며 기상조건에 관한 데이터를 대조하여 보고하는- 의 사용은 수집된 정보가 성질상 군사적인 것이 아니기 때문에 그러한 임무가 어디에서 행해졌든 간첩행위가 아니다(그럼에도 항공기가 군사적 목적을 위하여 그러한 임무를 수행하거나 군대

에 데이터를 제공하는 것은 군사목표물의 지위를 갖게 할 수 있다. 규칙 27, 특히 27(a) 및 (c) 참조).

5. '저에 이해 통제되는 영공'이라는 표현에는 점령지역의 영공도 포함된다. 점령지역 상공에서의 정보수집 임무는 적영역 상공에서 행해지는 것과 같다.

6. 본 규칙은 군용항공기 이외의 국가항공기를 포함하고 있다. 군용항공기에 대해서는 규칙 123 참조.

제S절 항복

I. 총칙

[규칙 125] 적 요원은 자신과 (자신의 통제하게 있는 군사장비와 함께) 교전당사국에게 항복할 수 있다.

1. 항복하는 적 요원은 비록 그들이 무능력해진 것은 아닐지라도 자동적으로 전투능력을 상실한 자이며, 적은 그들에게 숙소를 거부할 권리가 없다.

2. '적 요원'은 전쟁포로의 자격이 있는 전투원과 비전투원을 포함한다(제네바 제3협약 제4조 참조).

3. 의료 및 종교요원은 특별 제도에 따른다(제네바 제3협약 제33조 참조).

4. 교전당사국은 자국 법률하에서 자신의 관할권하에 있는 요원에게 항복을 금지할 수 있다. 하지만 이것이 국제적 무력분쟁에 적용되는 국제법에 영향을 미치는 것은 아니며, 국제법하에서 항복의 적법성에 영향을 미치는 것도 아니다.

5. 항복하는 적 요원은 통상 교전당사국의 구금 -그리고 보호하에 놓임- 을 받게 된다. 하지만 항상 그렇지는 않다. 항복한 요원들을 구금하는 군부대가 그들을 전쟁포로 캠프로 호송할 수 없으면 통상적이지 않은 전투상황 때문에 그들은 아무런 피해없이 석방되어야 한다(제1추가의정서 제41조(3) 참조).[482] 교전당사국에게 부과되는 의무는 항복하는 적 요원을 반드시

---

[482] 제1추가의정서 제41조(3): "전쟁포로로서 보호받을 권리가 있는 자가 제3협약 제3편 제1장에 규정된 바와

억류해야 하는 것이 아니라 규칙 27에 규정된 요건을 준수하는 자에 대한 더 이상의 공격을 중지토록 하는 것이다.

6. 비국제적 무력분쟁에 있어서 제네바 제3협약에 규정된 권리와 의무가 인정되는 항복은 관련이 없다. 그럼에도 군 요원 및 조직화된 비국가적인 무장단체 요원들은 스스로 나포되기 위해 항복할 수 있다.

[규칙 126] 항복 의사를 밝히는 자에게 숙소 제공을 거부하는 것은 금지된다.

1. 본 규칙은 1907년 헤이그규칙 제23조(d)[483] 및 제1추가의정서 제40조[484]에 기초하고 있다. NWP, para.6.2.6 참조.[485]

2. 적에게 숙소를 제공하는 것은 더 이상의 공격을 중지하는 것이다.

3. 항복한 자(또는 스스로 나포되도록 항복한 자, 규칙 125 해설 참조)은 더 이상 적에게 위협을 취하지 않는다. 그들이 전투원이었든 아니든 관계없이 그러한 자를 살해하거나 상해를 입히는 것은 불법이다.

4. 일견 규칙 15(a)는 숙소 거부뿐만 아니라 그러한 정책의 위협을 명시적으로 언급하고 있

같이 소개를 할 수 없도록 하는 특수한 전투상황하에서 적대당사국의 권력 내에 들어갔을 경우 그들은 석방되어야 하며 그들의 안전을 보장하기 위하여 모든 가능한 예방조치가 취하여져야 한다."

483) 1907년 헤이그규칙 제23조(d): "특별한 조약으로써 규정한 금지 이외에 특히 금지하는 것은 다음과 같다. ...(d)투항자를 구명하지 않을 것을 선언하는 것."

484) 제1추가의정서 제40조: "전멸명령을 내리거나 그러한 식으로 상대방을 위협하거나 그러한 근거위에서 적대행위를 수행하는 것은 금지된다."

485) NWP para.6.2.6: "다음의 행위가 고의로 행해지면 중대한 위반행위로 간주되는 전쟁범죄의 예이다: (4)구명거부(예를 들면 질병 또는 부상으로 싸울 수 없는 적 및 진실된 항복의사를 밝히는 자를 상해하거나 살상하는 행위 등) 및 무기를 내려놓았거나 항복한 전투원에 대한 공격."

기 때문에 규칙 126과 규칙 15(a)는 불일치하는 것으로 보일 수 있다. 하지만 전문가 그룹은 규칙 126은 항복 이후의 상황만을 다루는 것이며, 그러므로 '숙소 미제공' 정책의 위협을 반복해서 금지할 필요가 없다고 보았다.

5. 만약 어떤 병사가 동료들과 비행을 하고 있는 도중에 항복의사를 밝히면 어려운 상황이 야기된다. 이 경우 다음의 고려사항이 유념되어야 한다. (i)전투에서 항복하고자 하는 병사와 비행을 계속하는 그의 동료를 구분하는 것은 불가능하다는 것, (ii)항복의사를 밝히는 병사가 실제로는 적을 함정에 빠뜨리기 위해 그의 동료와 모의했을 수도 있다. 따라서 규칙 127이 중요하다.

6. 규칙 125 해설 para.6에서 설명된 바와 같이 본 규칙은 국제적 무력분쟁에서의 항복과 비국제적 무력분쟁에서의 체포에 적용된다.

[규칙 127] 항복은 다음 3가지 요건의 여부에 따른다.
(a) 항복의사가 적에게 명확히 전달되어야 한다.

1. 본 규칙은 NWP, para.8.2.3.3[486] 및 UK Manual, para.5.6에 기초하고 있다.

2. 이 요건은 실제의 문제이지 법적인 것은 아니다. 만약 교전당사국 군대가 항복할 의사를 알지 못하면 더 이상의 공격을 중지토록 할 수 없다.

---

486) NWP, para.8.2.3.3: "전투원이 개별적으로 항복을 위하여 무기를 내려놓은 경우, 더 이상 저항의 능력이 없는 경우, 소속 부대가 항복하거나 체포된 경우, 전투원은 더 이상공격의 대상이 아니다. 그러나 무력분쟁법은 언제 항복이 효력을 발생하는지 또는 실제로 항복이 어떻게 이루어지는지에 관해 명확한 규정을 두고 있지 않다. 항복은 항복하려는 당사자(부대 또는 개별당사자)에 의한 제의와 반대 당사자의 수락능력을 포함한다. 후자의 경우 의사소통이 되면 항복 제의를 거절할 수 없지만, 그러한 의사소통은 적절한 시점에 이루어져야 하는데 교전이 아주 격렬한 시점에서 항복의 시도는 의사소통이 쉽게 이루어지지 않을 뿐 아니라 수락하기 어렵다. 이는 합리성에 해당하는 문제이다. 전투원이나 적군대가 명확한 의도의 표시없이 전장에서 후퇴한다는 단순한 사실은 비록 그러한 전투원이나 군대가 무기나 장비를 버렸더라도 항복의 시도로 볼 수 없다."

3. 만약 명확하지 않은 방법으로 항복할 의사를 주고받는다면 본 요건은 충족될 수 없다. 하지만 상황이 허용되는 한 적은 명확성을 추구해야 한다.

4. 비록 후퇴하는 군대가 무기를 버렸을 지라도 후퇴가 항복이 아니라는 것이 강조되어야 한다.

5. 육전에서 항복하고자 하는 의사를 주고받는 전통적인 방법은 무기를 내던지는 것과 팔을 들어올리는 것이다. 오로지 협상 요청을 의미했던 백기를 이용하는 것은 오늘날 관례적으로 항복의사를 주고받는 수단으로 사용되고 있다.

6. 해전에서 전통적인 항복 신호는 기를 내리는 것이다.

7. 본 규칙은 비국제적 무력분쟁에서의 체포에도 준용된다(규칙 125 해설 para.6 참조).

(b) 항복의사를 밝히는 자는 더 이상의 적대행위를 해서는 안 된다.

1. 어떤 자가 적대행위에 참가하고 있는 한, 그는 법적 의미에서는 자신의 무기를 내려놓은 것으로 간주되지 않는다.

2. 적대행위는 적에게 정보를 제공하는 것을 포함한다. 그러한 행위는 항복과 양립하지 않는다.

3. 항복을 가장하여 적을 살해하거나 상해를 가하는(또는 체포하는) 것은 불법적인 배신행위이다(규칙 114(e) 참조).

4. 본 규칙은 비국제적 무력분쟁에서의 체포에도 준용된다(규칙 125 해설 para.6 참조).

(c) 체포를 면하기 위해 항복해서는 안 된다.

1. 체포를 면하기 위해 노력하는 자는 법적 의미로는 무기를 내려놓은 것이 아니며, 그러므로 전투능력을 상실한 것이 아니다. 따라서 그는 공격을 받을 수도 있다(규칙 15(b) 참조).

2. 지상과 육상에서 항공기에를 항복하고자 하는 전투원은 그 항공기에 의해 현장으로 출동 요청을 받은 항공기, 선박 또는 지상군에 의해 구금될 때까지 항공기가 볼 수 있는 곳에 위치해야 하고, 항공기의 지시에 따라야 한다. 비록 구금하는 것이 불가하더라도 그는 공격받지 않는다(규칙 125 해설 para.5 참조).

3. 항복할 의사를 표명하는 자는 신의로 그렇게 해야 한다. 만약 교전당사국의 지상군이 적 군용항공기의 공격을 피하기 위해 반복적으로 손을 들어 올리거나(그 항공기가 전쟁포로를 포획할 능력이 없다는 것을 알면서도) 그 군용기가 떠난 후 다시 비행을 계속한다면, 향후 유사한 행위를 아무리 진정성있게 행하더라도 진실된 항복 제의로 받아들여지리라고 기대할 수 없다.

4. 본 규칙은 준용하여 비국제적 무력분쟁에서의 체포에도 적용된다(규칙 125 해설 para.6 참조)

II. 세부 규칙

[규칙 128] 군용항공기 승무원은 항복의사를 밝히기 위해서 가능한 한 모든 행동을 취해야 한다. 특히, 조난신호 주파수와 같은 공용 라디오 주파수로 항복의사를 밝혀야 한다.

1. 국제적 무력분쟁에 적용되는 법은 군용항공기의 항복이 언제 발효되는지 또는 어떻게 달성되는지에 대해 실질적인 용어로 자세하게 규정하고 있지 않다.

2. 육전과 해전과는 달리(규칙 127(a) 해설 paras. 5 및 6 참조) 공전에서의 관례에는 승무원의

항복의사가 통상적으로 수용되는 표시방법이 없다.

3. 항공기의 날개 고정, 착륙기어 강하 및 여타 신호(비행등의 섬광 또는 무기의 투발 등과 같은) 들은 때때로 항복의사를 나타내는 것으로 인용되기도 되지만, 문제가 되는 활동늘이 다른 이유에 기인한 것일 수도 있기 때문에 그것들이 결정적인 증거가 되는 것은 아니다. 게다가 공전 및 미사일전이 현대전에서 빈번하게 일어나는 것처럼 가시거리 밖에서 행해질 때, 그 러한 제스처는 효과가 없다. 결론적으로 되도록이면 ICAO 조난신호 주파수로 적에게 정식 으로 전달된 적절한 무선통신은 수평위 상공에서 조우한 경우에 효과적인 항복 메시지로 간 주될 수 있다.

4. ICAO 조난신호 주파수는 교전당사국에 의해 두절되어서는 안 된다(규칙 115 해설 para.2 참조). 적절한 지휘센터에서 그러한 주파수에 대해 지속적인 감시하여야 한다.

5. 본 규칙은 비국제적 무력분쟁에도 준용된다(규칙 125 해설 para.6 참조).

[규칙 129] 교전당사국은 위와 같은 상태에 있는 적항공기의 항복을 요구할 수 있다. 그러한 지시를 따르지 않을 경우 적항공기와 그 승무원을 공격할 수 있다.

1. 공전에서 일반적으로 규정된 항복모드가 없는 경우에는 일반적인 상황에 비추어 교전당 사국에 의해 임시로 설정되는 모드 외에는 다른 대안이 없다.

2. '규정된 모드' -규칙 129에 따라 정해진- 는 고정된 고도, 사전에 정해놓은 속력뿐만 아 니라 미리 합의된 장소에 착륙하는 등 특정 코스로 비행하는 것을 포함한다.

3. 만약 규정된 모드가 규칙 129에 따라 설정되면, 이를 벗어난 비행은 비행기를 공격에 노 출시키게 된다.

4. 본 규칙은 비국제적 무력분쟁에서의 체포에도 준용된다(규칙 제125 해설 para.6 참조).

[규칙 130] 어떠한 상황에서는 항복을 원하는 군용항공기 승무원들은 항복의사를 밝히기 위해서 항공기에서 낙하산을 타고 뛰어내려야 할 수도 있다. 본 매뉴얼의 제 규칙은 조난비행기에서 낙하산을 타고 뛰어내린 승무원들의 항복할 권리를 침해하지 않는다(매뉴얼 제T절 참조).

1. 항공기와 그 승무원의 항복을 나타내는 일반적으로 규정된 모드가 없고 무선통신마저 실패하면, 군용항공기의 승무원은 만약 항복하기 위해 항공기에서 낙하는 것 외 다른 대안이 없을 수도 있다.

2. 군용항공기의 승무원은 항복의사와는 무관하게 조난항공기에서 낙하산을 타고 내려올 수 있다(제T절 참조). 그들이 항복을 원하든 아니든 강하하고 있는 동안에는 공격해서는 안되며, 적이 통제하고 있는 지역에 도착하여 항복할 수 있는 기회가 주어져야 한다(규칙 제132(b) 참조). 공수부대는 강하하는 동안에도 공격대상이 된다.

3. 본 규칙은 비국제적 무력분쟁에서의 체포에도 준용된다(규칙 제125 해설 para.6 참조).

[규칙 131] 규칙 87에 의하여 항복하는 전투원뿐만 아니라 (군용항공기 승무원 중 민간요원과 같은) 군대를 따라다니는 나포된 민간인과 더 나은 대우를 받지 못하는 교전당사국 민간항공기 승무원은 전쟁포로로서의 지위를 갖는다.

1. 본 규칙은 군용항공기 승무원 중 민간인과 같은 실제로는 군의 구성원이 아니면서 군대를 따라다니는 자를 다루는 제네바 제3협약 제4조(A)(4)-(5)에 기초하고 있다.[487] 또한 교전

---

487) 제네바 제3협약 제4조(A)(4)-(5): "(4)실제로 군대의 구성원은 아니나 군대에 수행하는 자. 즉, 군용기의 민간인, 승무원, 종군기자, 납품업자, 노무대원 또는 군대의 복지를 담당하는 부대의 구성원. 단, 이들은 이들이 수행하는 군대로부터 인가를 받고 있는 경우에 한하며, 이를 위하여 당해 군대는 이들에게 부속서의 양

당사국의 민간항공기의 승무원도 포함한다. 그러한 민간인은 체포될 경우 전쟁포로(POW) 지위를 향유할 권리가 있다.

2. 제네바 제3협약하에서 전쟁포로 지위를 향유할 권리가 있는 민간인은 제네바 제4협약에서 다루어지는 통상적인 민간인과는 구별되어야 한다.

3. 일반적으로 말해 국가항공기(군용항공기 제외)의 승무원과 승객은 민간인이다. 하지만 군용항공기 이외의 국가항공기에 의해 운송되는 일부 승객들은 군 구성원일수도 있다. 그러한 경우 그들은 비행기 나포시 전쟁포로가 된다.

4. 의무 및 종교요원은 전쟁포로로 할 수 없으며, 그들의 임무를 수행하는 것을 허용하여야 한다(규칙 제71 및 87 참조).

5. 전쟁포로 지위는 비국제적 무력분쟁에서는 법적 카테고리로 존재하지 않는다. 그럼에도 자신들을 스스로 체포되도록 한 자(규칙 125 해설 para.6 참조)들은 제네바협약 공통3조 및 국제관습법하에서 일정 보호를 향유한다.

식과 유사한 신분증명서를 발급하여야 한다. (5)선장, 수로안내인 및 견습선원을 포함하는 분쟁당사국의 상선의 승무원 및 민간항공기의 승무원으로서 국제법의 다른 어떠한 규정에 의하여도 더 유리한 대우의 혜택을 향유하지 아니하는 자."

제T절 조난항공기에서 탈출한 비상낙하자

[규칙 132]

(a) 조난항공기의 비상낙하자는 어느 누구도 공격대상으로 삼을 수 없다.

1. 본 규칙은 제1추가의정서 제42조(1)에 기초하고 있다.[488]

2. 본 규칙은 공수부대가 아닌 승무원과 승객을 다루고 있다(규칙 133 참조).

3. 본 규칙은 절대적이며 조난항공기에 낙하하는 승무원이 우군지역에 도착하여 -또는 우군에 의해 구조되어- 생존해서 전투를 계속하더라도 적용이 된다.

4. 본 규칙은 육상뿐만 아니라 해상에서 조난항공기에서 낙하하는 승무원과 승객을 다루고 있다. 일단 그들이 해상에 착수하면 난선자가 된다.

5. 교전당사국의 군 구성원으로서 해상에서 생존한 자가 중립국 선박에 의해 구조되면, 그들은 국제적 무력분쟁이 계속되는 동안에는 억류되어야 한다(규칙 172(b) 참조).

6. 본 규칙은 비국제적 무력분쟁에도 적용된다.

(b) 조난항공기에서 비상낙하하는 자는 적 영토에 착륙 시 공격당하기 전에 항복의사를 밝힐 기회가 주어져야 한다. 단, 이것은 비상낙하자가 적대행위를 하지 않는 것이 명백하거나 적대행위

---

488) 제1추가의정서 제42조(1): "조난당한 항공기로부터 낙하산으로 하강하는 자는 그의 하강 중 공격의 목표가 되어서는 아니된다."

를 하고 있지 않는 경우에만 해당한다.

1. 본 규칙은 제1추가의정서 제42조(2)에 기초하고 있다.[489] 또한 NWP, para.8.2.3.1 참조.[490]

2. 본 규칙의 요점은 조난항공기 낙하하여 적이 통제하고 있는 영역에 착륙하였을 때 낙하자에게 항복할 기회가 주어져야 한다는 것이다.

3. 강하한 낙하자는 적의 나포를 회피하고자 해서는 안 된다. 나포를 회피하기 위한 시도는 법적 의미에서는 자신의 무기를 내려놓은 것이 아니라는 것을 나타내는 것이다(규칙 15(b) 및 규칙 127 참조).

4. 낙하자에게 린치를 가할 목적으로 지역 민간인 폭도들로부터 공격을 받을 수 있다. 그러한 행위는 전쟁범죄를 구성한다. 이러한 경우 낙하자는 특별히 전투원의 지위를 잃지 않은 채 탈출을 시도할 수 있다.

5. 본 규칙은 낙하자가 '적에 의해 통제되는 지역'에 착륙했다는 것을 가정하고 있다. 만약 이유가 무엇이든 낙하자가 중립지역에 착륙하면, 그는 중립국에 의해 억류되어야 한다(규칙 170(c) 해설 참조).

6. 본 규칙은 비국제적 무력분쟁에도 적용된다.

---

489) 제1추가의정서 제42조(2): "조난당한 항공기로부터 낙하산으로 하강하는 자는 적대당사국에 의하여 통제되고 있는 영토 내의 육지에 도달하면 그가 적대행위를 취하고 있음이 명백하지 않는 한 공격의 대상이 되기에 앞서 항복할 기회가 주어져야 한다."

490) NWP, para.8.2.3.1: "낙하 중 전투행위에 종사하지 않는 한, 비행불능인 비행기로부터 낙하 중인 낙하산 강하자가 공중에 있는 동안 공격할 수 없다. 지상에 도달하는 대로 낙하산 강하자에게 항복의 기회를 부여하여야 한다."

[규칙 133] 본 절은 공수부대에는 적용되지 않는다.

1. 본 규칙은 제1추가의정서 제42조(3)에 기초하고 있다.[491] 또한 NWP, para.8.2.3.1 참조.[492]

2. 비록 '공수부대'(airborne troops)라는 용어는 복수로 사용되었음에도 불구하고 본 규칙은 한 명의 개인에게도 적용된다. 게다가 이 용어는 포괄적인 것으로 이해된다. 낙하산부대, 특수부대, 특공대 등을 포함한다.

3. '공수부대'와 '조난항공기에서 낙하한 자' 간의 진정한 차이는 항공기로부터 낙하하는 동안의 그들의 지위와 관련이 있다. 공수부대는 낙하하는 동안 합법적으로 공격대상이 된다. 하지만 착륙하면 항복할 수 있다(규칙 125 참조). 만약 그들이 항복하면, 그들은 다른 전투원과 차이가 없다. 그러므로 규칙 127의 모든 요건들이 준수되어야 한다.

4. 본 규칙은 비국제적 무력분쟁에도 적용된다.

---

491) 제1추가의정서 제42조(3): "공수부대는 본 조에 의하여 보호되지 않는다."

492) NWP para.8.2.3.1: "....전투지역 또는 적 후방에 강하 중인 낙하산 부대, 특수전 부대원, 첩보원은 지상에서와 마찬가지로 공중에서도 보호되지 않아 공격의 대상이 될 수 있다. 그러나 그러한 인원이 시의 적절하게 항복의 의도를 명백히 표시할 경우 공격할 수 없다."

제U절 전시금제품, 차단, 조사 및 포획

1. 본 절은 교전당사국이 적항공기 뿐만 아니라 만약 중립국 민간항공기가 규칙 제140(중립국 민간항공기의 포획) 및 제141(중립국 민간항공기에 적재된 화물의 포획)에 언급된 활동에 종사할 경우 중립국 민간항공기에도 간섭할 권리를 인정한다. 본 절에서 제기되는 문제들은 전통적으로 포획법, 즉 민간항공기와 그에 적재된 화물의 임검과 수색, 포획 및 몰수와 관련하여 다루어졌다.

2. 헤이그 공전규칙[493] 및 여타 문서들[494]에서의 '임검 및 수색' 개념의 사용에도 불구하고 전문가 그룹은 공중과 해상 상황 간의 구별을 명확하게 하기 위하여 '조사' 및 추가하여 '차단'이라는 용어를 사용하기로 결정했다. 해전에서는 상선의 '임검 및 수색'이 해상에서도 행해질 수 있다. 반대로 민간항공기는 오로지 육상에 있을 경우에만 조사를 받을 수 있다. 이것은 차단되어 육지에 착륙하도록 명령되었다는 것을 가정한다.

3. 본 절의 목적상 차단은 (ⅰ)식별, 목적지, 성질, 또는 기능에 대한 검증, (ⅱ)조사를 위한 항공기 착륙 요구 또는 (ⅲ)목적지로부터 항로 변경을 위하여 군용기가 시각, 주파수 또는 전자적 수단을 이용하여 타 항공기를 접촉하는 작전을 의미한다.

4. 규칙 17(a) "오직 군용항공기만이(무인공격기 포함) 공격을 개시할 자격이 있다" 및 17(b) "차단과 같은 교전권의 행사에도 동일한 규칙이 적용된다"에 기초하고 있다. 그래서 적국이든 중립국이든 민간항공기의 차단은 교전국 군용항공기만이 배타적으로 향유하는 권리이

---

493) 헤이그 공전규칙 제7장("임검, 수색, 나포 및 몰수").

494) UK Manual, paras.12.74. to 12.103. 및 para.13.91; 산레모 매뉴얼 제112항~제158항 참조.

다. 여타 국가항공기는 포획 조치를 행할 자격이 없다.

5. 모든 적 민간항공기는 전시금제품을 수송하고 있는지 여부에 관계없이 적화물을 적재하고 있거나 전리품으로 몰수될 경우 나포된다. 적 민간항공기와 그 적재화물의 포획 및 몰수는 군사목표물을 구성하는 적 민간항공기에 대한 직접적인 공격과 혼동되어서는 안 된다.

6. 적 민간항공기와 비교해서 중립국 민간항공기와 그 적재화물은 만약 적재된 화물이 전시금제품을 구성하지 않거나 규칙 제140과 제141에 규정된 활동에 종사하지 않을 경우에는 공격받거나 나포되지 않는다. 그러한 항공기와 화물의 나포는 항상 전리품으로서 몰수를 수반한다. 포획 절차는 차단과 조사에 따른다. 규칙 제174에 열거된 예외적 상황에서는 중립국 민간항공기는 군사목표물로서 공격받을 수도 있다.

7. 본 절에서 다루어지는 교전권은 오로지 국제적 무력분쟁 상황에만 적용된다. 비국제적 무력분쟁에는 포획법 개념이 없다.

I. 적항공기와 적재 화물

규칙 134 및 135는 적 민간항공기(규칙 62에서는 다루는 적 민간여객기는 제외)에 적용된다. 규칙 136은 적의 군용항공기, 법집행 및 관세용 항공기에 적용된다.

[규칙 134] 적 민간항공기와 그 적재화물은 지상에서 포획되거나 또는 중립국 영공 밖을 비행 시 전리품으로 차단되며, 당해 기종이 안전하고 충분히 도달할 수 있는 교전국 비행장으로 향하도록 요구될 수 있다. 사전조사는 요구되지 않는다.

1. 차단은 조사 및 포획의 사전 단계이다. 대체로 차단은 항공기 식별의 검증 목적상 필요하다. 하지만 만약 민간항공기의 적성이 다른 수단에 의해 결정되었다면, 차단은 불필요하다.

그러한 상황에서는 적재 화물에 대한 조사도 불필요하다.

2. 본 규칙은 국제적 무력분쟁에 적용되는 법에 따라 포획이 면제되는 특별한 범주에 들지 않는 이상 '적 민간항공기는 모든 경우에 포획할 수 있다'라는 국제관습법(규칙 49 참조)을 반영하고 있다(의료항공기에 관한 제K절 및 안전통항권이 발행된 항공기에 관한 규칙 67 참조).[495]

3. 이러한 면에서 공전은 해전과는 같으나 육전과는 다르다. 육전에서 교전당사국은 -예외적인 상황 이외에는- 사유재산을 침해하는 것이 허용되지 않는 반면, 해전에서 적 민간선박은 적국의 무역 및 상용통신선을 해하는 경우 전리품으로 포획된다. 민간항공기도 오로지 적성을 갖는다는 이유로 포획되는 공전에서도 마찬가지다.

4. 포획권은 중립국 영역 내에 있는 경우가 아닌 한 적 육상에 있는 -즉, 포획국, 그 동맹국 및 적국의 영역에서 조우한다면- 민간항공기와 그 적재화물에 적용된다. 포획은 항공기와 화물에 대한 물리적 통제를 통해 행사된다.

5. 공중에서 조우할 경우 항공기의 포획은 불가능하다. 그러므로 항공기는 차단되어 포획할 수 있는 비행장에 착륙하도록 명해진다. 동 규칙은 포획하는 교전당사국의 어느 일방 또는 그 동맹국이 통제하는 비행장을 의미하는 '교전국 비행장'을 언급하고 있다.

6. 차단된 비행기가 착륙하도록 명해진 비행장은 충분히 도달할 수 있고 당해 기종에 안전해야 한다. 따라서 적 민간항공기는 만약 항공기, 승무원 및 승객이 부적절한 위험에 노출될 경우 비행장에 착륙하도록 명해지거나 강제되어서는 안 된다. 이것은 적 민간기는 군사목표물이 아니며(규칙 27의 제 요건의 하나를 충족하지 않을 경우) 단지 포획될 수 있을 뿐이라는 사실

---

495) 헤이그 공전규칙 제52조; "적 민간항공기는 모든 경우에 포획할 수 있다." 또한 산레모 매뉴얼 제141항 참조: "제142항의 규정에 따를 것을 조건으로 적 민간기 및 그에 적재된 화물은 중립국 영공 밖에서 포획될 수 있다. 포획에 앞서 임검 및 수색이 요구되는 것은 아니다."

의 논리적 결과이다.

7. 중립국 민간항공기의 경우와는 달리(규칙 137(c) 해설 para.2 참조), 적 민간항공기를 선언된 목적지로부터 항로를 변경시키기 위해서는 동의가 필요하지 않다.

8. 포획권 행사 목적의 적 민간항공기 차단은 중립국 영공 밖에서만 허용된다. 중립국 영공에서의 항공기 차단은 중립국 영역주권의 침해이며 규칙 171(c)에 규정된 중립국 영역에서의 적대행위 금지를 위반하는 것이다.

9. 나포된 적 민간기의 승무원은 제네바 제3협약에 따라 전쟁포로 자격을 갖는다. 민간승객은 만약 그들이 제네바 제4협약 제42조[496] 및 제43조[497]에 따라 안보에 위협을 가할 경우에만 억류된다. 그렇지 않으면 즉시 석방되어야 한다.

10. 적 민간항공기와 그 적재화물의 포획은 중립국의 주장을 정당하게 청취하고 결정하기 위하여 포획심검소의 판결에 따라야 한다.[498]

11. 포획심검소는 교전당사국의 국내법원(대체로 해사법원)이다. 1907년의 국제포획심검소

---

496) 제네바 제4협약 제42조: "피보호자의 억류 또는 주거지정은 억류국의 안전보장상 이를 절대 필요로 하는 경우에 한하여 명할 수 있다. 만일 어떤 자가 이익보호국 대표를 통하여 자발적으로 억류를 구하고 또 그의 사정이 억류를 필요로 할 때에는 그 자를 권력하에 두고 있는 국가는 그를 억류하여야 한다."

497) 제네바 제4협약 제43조: "피보호자로 억류되었거나 또는 주거지정을 받은 자는 제심사를 위하여 억류국이 지정하는 적당한 법원 또는 행정기관에서 가능한 한 신속히 그러한 처분에 대하여 재심사를 받을 권리를 가진다. 억류 또는 주거지정이 계속될 경우에는 최초의 결정을 유리하게 변경시키기 위하여 정기적으로 그리고 최소한 년2회씩 각 사건의심사를 행하여야 한다. 억류국은 관계 피보호자의 반대가 없는 한 억류되었거나 주거지정을 받은 자 또는 억류 또는 주거지정으로부터 방면된 자들의 성명을 가능한 한 신속히 이익보호국에 통고하여야 한다. 본 조 제1항에서 언급한 법원 또는 행정기관의 결정은 동일한 조건하에서 가능한 한 신속히 이익보호국에 통고되어야 한다."

498) 헤이그 공전규칙 제55조 : "항공기 또는 항공기상에 있는 화물의 포획은 중립국의 청구를 정당하게 청취하고 또한 결정하기 위하여 포획심검절차에 회부되어야 한다."

설립 시도는 실패했다.[499)

[규칙 135] 예외적 조치로 체포된 적 민간항공기와 그 적재화물은 군사적 상황이 그 항공기를 포획심검하는 것을 불가능하게 하는 경우 파괴될 수 있다. 다만, 항공기 탑승객들의 안전은 확보되고, 그 문서는 보존되어야 한다.

1. 국제관습법에 따라 교전당사국은 판결에 따라 석방하는 것이 불가능하거나 교전국 항공기의 안전과 행해지고 있는 작전의 성공을 위태롭게 할 경우에는 포획된 전리품을 파괴할 수 있다.[500) 그러므로 군사필요성의 고려는 포획된 적 민간항공기와 그에 적재된 화물의 파괴를 정당화한다. 하지만 이러한 형태의 파괴는 예외적인 조치로 간주되어야 하며, 군사목표물의 정의에 따른 파괴와는 구별되어야 한다(규칙 11(y) 및 제E절 참조).

2. 파괴는 승객과 승무원이 안전한 장소에 있는 경우에만 허용된다. 그러한 자들에게 어떤 장소가 안전한지는 각 개별 상황에 달려있다. 포획은 항공기에 대한 물리적 통제를 가정하는 것이기 때문에 육상에서 행사될 수 있을 것이다. 그러므로 포획된 항공기가 착륙한 비행장이 전투지역 내에 있거나 적의 지속적인 공격하에 있을 경우에는 충분히 안전한 장소는 아니다.

3. 만약 포획된 적 민간항공기가 파괴된다면, 포획국은 포획물을 포획심검소에 제시하여야 한다.[501) 항공기의 문서를 보존해야 하는 의무는 포획심검소가 포획 및 파괴의 합법성 및 중

---

499) 1907년 국제포획심검소 설립에 관한 헤이그 제12협약은 비준국 미달로 발효되지 못했다.

500) 헤이그 공전규칙 제58조: "사항공기로 임검, 수색의 결과 군사적 원조의 이유로 인하여 또는 외부표식을 하지 않았거나 혹은 허위의 표식을 게시하였다는 이유로서 몰수되지 않으면 안 될 중립국의 항공기임이 발견된 것은 임검을 위하여 송치함이 불가능한 경우, 또는 교전국 항공기의 안전 혹은 그가 종사하는 작전행동을 해치는 경우에는 파괴할 수 있다. 전기의 경우 이외에 있어서는 중립국의 사항공기는 가장 중요한 군사상의 긴장상태로 인하여 교전국 지휘관이 석방하거나 또는 임검을 위하여 송치할 수 없을 경우 외에는 파괴할 수 없다."

501) 헤이그 공전규칙 제59조: "중립국 항공기를 파괴함에 있어 모든 승무원은 안전한 장소에 옮기고 그 항공기

립국의 여타 항의에 대한 결정을 내리도록 함을 의도한 것이다.

4. 만약 포획 또는 파괴가 불법이라고 포획심검소가 결정하면, 적 민간항공기에 적재된 중립국 화물주는 보상받을 권리를 갖는다.

[규칙 136]

(a) 적의 군용, 법집행용, 세관용 항공기는 전시 전리품이 된다. 포획된 적의 군용항공기와 기타 국가항공기들은 포획 즉시 소유권이 정부로 이전되므로 전리품으로서의 절차를 밟지 않는다.

1. 본 규칙은 헤이그 공전규칙 제32조[502]에 기초하고 있다. 적 민간항공기의 경우 그 자산은 포획심검소에서 포획물을 유죄로 확정하기 전까지는 포획국에게 이전되지 않는다. 그것들에 관한 한 지상에서 포획된 적 군용항공기는 여타 적 정부자산과 다르지 않다. 이동할 수 있는 모든 포획된 적 정부자산은 자동적으로 전리품으로 포획한 교전당사국의 자산이 된다.

2. 적 군용항공기의 성질을 고려할 때 그것들이 군사교전 이후에 나포되었는지 또는 어떤 수단에 의해서든 교전당사국의 영역에 착륙하도록 강제되었는지는 중요하지 않다. 포획은 항공기의 확보에 영향을 받는다. 적 군용항공기의 포획의 영향은 자신의 원하는 대로 군용항공기를 다룰 권리를 갖고 있는 포획한 교전당사국으로의 즉각적이고 최종적인 이전이다. 포획한 교전당사국에 의해 포획 항공기를 군용항공기로 이용하는 것은 문제의 항공기가 규칙 1(x)에 규정된 요건을 충족시킨다는 것을 전제로 한다.

의 모든 서류는 보존함이 필요하다. 중립국 사항공기를 파괴한 포획자는 이 포획사건을 포획심검소에 제기하며, 또한 제58조의 규정에 따라 정당히 파괴할 수 있었음을 우선 변명함이 필요하다. 포획자가 변명을 하지 않을 때에는 이 항공기 또는 그 재화의 이해관계인은 배상을 받을 권리를 갖는다. 이 포획이 무효로 검증된 때에는 파괴행위가 정당하다고 인정된 경우라도 당해 이해관계인에 대하여 그가 받을 것이었던 반환에 대체하여 배상을 부여함을 요한다."

502) 헤이그 공전규칙 제32조: "적국의 공용항공기는 민간항공기와 동일하게 취급되는 것을 제외하고 포획심검 절차에 의하지 않고 몰수된다."

3. 군용항공기외 국가항공기와 관련하여 법집행(경찰 포함)과 관세 목적을 위해 사용되는 항공기와 여타 국가항공기 간에는 차이가 있다는 것이 상기되어야 한다(규칙 1(c) 해설 참조). 헤이그 공전규칙 제5조에 따르면 경찰용 및 관세용이 아닌 국가항공기는 사(즉, 민간)항공기와 같이 취급되며, 헤이그 공전규칙 제32조에 따르면 이들 항공기는 포획심섬절차에 의하지 않고서는 몰수되지 않는다. 즉, 전리품을 구성하지 않는다. 규칙 136(a)의 '기타 국가항공기'라는 표현은 법집행 및 관세용 항공기 이외의 국가항공기로 해석되어야만 한다. 헤이그 공전규칙 제5조와 제32조에 확립된 전리품과 포획의 목적을 위한 구별은 오늘날 여전히 유효하다는 것은 의문의 여지가 없다.

4. 본 규칙은 '경찰'(police)이라는 용어 대신에 다소 넓은 의미를 갖는 '법집행'(law-enforcement)이라는 용어를 사용한다.

(b) 만약 군용항공기가 작동하지 않거나 기술적 문제가 있어서 적 영토에 착륙해야 할 경우 항공기는 포획되어 파괴되거나 적의 이용을 위해 개조될 수 있다.

군용항공기가 적 영토에 착륙할 것이 강제된다는 사실이 무능력해지거나 기술적 문제를 이유로 항공기의 전리품으로서의 성격을 변경시키는 것은 아니다(규칙 136(a) 참조).

(c) 포획된 군용항공기 승무원들은 전쟁포로가 된다.

군용항공기상의 군승무원은 전투원이며, 전쟁포로의 지위를 갖는다. 제네바 제3협약 제4A(4)에 따라 군용항공기 승무원 중 민간인 또한 전쟁포로 지위를 갖는다는 것이 준수되어야 한다.

II. 중립국 민간항공기

[규칙 137]

(a) 민간 비행의 안전에 적절한 고려가 주어진다면 교전당사국은 중립국 영공 밖에서 중립국 민간항공기를 차단할 수 있다.

1. 중립국 민간항공기는 교전당사국이 그것들의 진정한 성격이나 무해한 역할에 종사하고 있는지를 검증하기 위한 차단을 면할 수 없다는 것은 잘 확립된 국제관습법 규칙이다.[503] 대부분의 경우 중립국 민간항공기의 차단은 그들이 실제로 중립국 성격을 갖는지 그리고 규칙 140과 141에서 언급된 활동에 종사하지 않는지를 확인하는 것으로 충분할 것이다. 차단 이후 중립국 민간항공기는 조사를 위해 착륙이 명해질 수 있다. 또한 조사는 중립국 민간항공기가 육상에서 조우했을 때도 행해질 수 있다.

2. 중립국 군용항공기를 포함한 중립국 국가항공기는 주권면제를 향유하며 만약 그들이 적의 군사조치를 지원하는 활동에 종사하지 않는다면 방해받지 않는다(규칙 1(cc) 해설 para.6 참조).

3. 중립국 민간항공기의 차단은 안전에 대해 적절한 고려하에 행해져야만 한다. 국제민간항공기구(ICAO)는 평시 국제관습법을 반영한 것으로 간주되는 민간항공기의 차단에 관한 매뉴얼[504]을 공표했다. 동 ICAO 매뉴얼에 명시된 권고 및 절차는 반드시 무력분쟁시에 적용되는 것은 아니지만, 그것은 교전당사국에 의한 민간항공기의 차단을 위한 유용한 지침으로 도움이 될 수 있을 것이다.

---

503) 헤이그 공전규칙 제49조: "사항공기는 교전국 군용항공기에 의한 임검, 수색 및 포획에 복종하여야 한다."

504) International Civil Aviation Organization, Manual concerning Interception of Civil Aircraft(2nd ed. 1990), ICAO Doc.9433-AN/926.

4. 어쨌든 국제적 무력분쟁에 적용되는 법하에서 "교전당사국은 권한있는 국제기구가 정한 민간항공기의 안전한 차단절차를 공표하고 준수하여야 한다". 산레모 매뉴얼 제128항[505] 및 영국 매뉴얼 para.12.84 참조. 게다가 추가사례로는 미연방항공국이 정한 자세한 차단절차를 참조할 것.[506]

5. 규칙 제17(b)에 따라 군용항공기만이 중립국 민간항공기를 차단할 권리를 갖는다.

(b) 만약 차단한 후에 중립국 민간항공기를 포획할 필요가 있고 의심이 드는 경우 조사하기 위해 당해 항공기가 안전하고 충분히 도달할 수 있는 교전국 비행장으로 향하도록 요구할 수 있다.

1. 만약 차단하는 동안 획득한 정보가 불만족스럽거나 계속해서 의심스럽거나 의심이 강화되는 경우 중립국 민간항공기는 차단하는 교전당사국 또는 그 동맹국의 통제하에 있는 충분히 안전한 비행장으로 향하도록 지시받을 수 있다.

2. 지상에서 그 항공기는 조사를 받는다. 조사는 중립국 민간항공기가 나포될 수 있는 활동에 참여했는지를 검증하기에 필요한 조치들에 한정된다. 그러므로 그 항공기의 물리적 조사는 규칙을 넘어서는 예외적인 것이다. 대부분의 경우 항공기 문서의 조사는 규칙 제140에 따라 나포될 수 있는 활동에 종사하지 않았다는 것을 검증하는 데 충분할 것이다.

3. 헤이그 공전규칙 제58조 및 제59조의 입장에도 불구하고 전문가 그룹은 -나포된 적 민간항공기와는 달리(규칙 제135)- 나포된 중립국 민간항공기는 예외적인 조치로서도 파괴되어서는 안 된다는 결론에 이르렀다.

---

505) 산레모 매뉴얼 제128항: "교전국은 권한이 있는 국제기구가 정한 민간기의 차단에 관한 안전조치를 공표하고 준수하여야 한다."

506) US Federal Aviation Administration, Aeronautical Administration Manual, Official Guide to Basic Flight Information and ATC procedures, Chapter5, Section 6 참조.

(c) 전리품으로 포획되는 대신 중립국 민간항공기는 선언한 목적지 외의 다른 장소로 항로를 변경할 수 있다.

1. 어떤 상황에서는 차단하는 교전당사국은 조사권을 행사하는 대신에 항공기를 선언된 목적지로부터 변경시키는 것을 선호할 수 있다. 마찬가지로 중립국 민간항공기의 승무원은 교전국 비행장으로 가거나 조사를 따르기보다는 새로운 목적지로 비행하는 것을 선호할 수 있다. 따라서 본 규칙은 항공기를 그 목적지로부터 변경함으로써 나포에 대한 대안을 제시하고 있다.[507]

2. 하지만 중립국 민간항공기는 항로변경 요구를 준수해야 할 의무가 없기 때문에 중립국 민간항공기의 동의가 요구된다. 동의는 적 민간항공기를 선언된 목적지로부터 변경시키기 위해 요구되는 것이 아니라는 것을 상기할 필요가 있다.

[규칙 138] 교전당사국은 차단하는 대신에 중립국 민간항공기의 화물 조사 및 전시금제품을 수송하고 있지 않다는 증명을 위한 합리적 조치를 취하는 것이 허용된다.

1. 본 규칙은 산레모 매뉴얼 제132항에 기초하고 있다.[508]

2. 중립국 민간항공기의 차단, 조사 및 항로변경은 관련 항공기의 운항자뿐만 아니라 화물 소유자에게도 상당한 재정적 손실을 가져올 수 있다. 또한 그러한 조치들은 적군을 뭉치게 할 수 있을 뿐만 아니라 위험에 처하게 할 수도 있다. 이러한 문제들은 제1차 및 제2차 세계대전시에 봉쇄해역 통과증명서(navicert)를 도입함으로써 영국과 그 동맹국들에 의해 부분적

---

507) 산레모 매뉴얼 제126항: "임검 및 수색의 대체조치로서 (a)선언된 목적지로부터 적 민간기의 침로를 변경시킬 수 있다. (b)중립국 민간기는 동의를 얻어 선언된 목적지로부터 침로를 변경시킬 수 있다."

508) 산레모 매뉴얼 제132항: "임검 및 수색을 피하기 위하여 교전국은 중립국 민간기의 화물검사 및 전시금제품을 수송하고 있지 않다는 증명을 위한 합리적 조치를 취할 수 있다." UK Manual, para.12.88도 동일한 내용을 규정하고 있다.

으로 해결되었다.[509]

3. 오늘날 그러한 증명서를 발행할 권리는 폭넓게 인정되고 있으며 중립국 민간항공기에도 적용된다고 간주되고 있다. 따라서 교전당사국은 중립국 영역에서의 조사 후에 그 항공기가 전시금제품을 수송하고 있지 않다는 것을 증명하는 공중 통과증명서(aircert)를 발행할 자격이 있다.

4. 공중 통과증명서의 사전 발행에도 불구하고 교전당사국은 새로운 발견 또는 새로운 정보에 따라 중립국 민간항공기의 추가 조사를 주장할 권리를 보유한다.

[규칙 139] 중립국 민간항공기가 적재화물을 조사하는 어느 한 교전당사국의 감독조치에 따르거나 전시금제품이 아니라는 증명서를 제출하는 것은 타 교전당사국과 관련하여 비중립적 역무는 아니다.

1. 본 규칙은 산레모 매뉴얼 제133항에 기초하고 있다.[510]

2. 교전당사국에 의해 발행된 봉쇄해역 통과증명서(navicert)를 지참하고 있는 효과에 대해 – 특히 제2차세계대전시– 제기된 의문 때문에 전문가 그룹은 단지 공중 통과증명서(aircert)를

---

509) NWP, para.7.4.2: "비전기금제품 운공증명서는 통상 출발지에서 중립국 선박이나 항공기에 대하여 운송 중인 화물을 검사하였고 전시금제품이 아니라는 것이 확인되었다는 것을 증명하기 위하여 교전국영사 또는 지정된 공무원이 발행한 서류이다. 이러한 서류의 목적은 최소한의 간섭과 중립교역의 지연의 최소화를 통하여 교전국의 전시금제품 통제를 용이하게 하기 위한 것이다. 이 증명서는 그러한 선박이나 항공기 또는 화물이 임검 및 수색으로부터 면제되었다는 것을 보장하는 것은 아니다. 역으로 이러한 서류의 부재 자체가 화물 나포의 유효한 근거가 된다는 것은 아니다. 일방 교전국이 발행하는 증명서는 상대방 교전국이 행사하는 임검과 수색권에 관하여 아무런 효력을 미치지 못한다. 중립국 선박이나 항공기에 의한 증명서 수락은 '비중립적 역무'에 해당되지 않는다." UK Manual, para.13.97 참조.

510) 산레모 매뉴얼 제133항: "중립국 민간기가 화물의 검사 및 비금제품 화물증명서의 제출 등 어느 일방 교전국의 감독에 따르는 사실이 타방당사국과 관련하여 비중립국인 역무에 해당되는 행위를 하는 것은 아니다." 영국 매뉴얼 para.12.89도 동일한 내용을 규정하고 있다.

지참하는 것이 중립국 항공기가 적에게 나포되지 않게 하는 것이 아니라는 것이 강조될 필요가 있다고 보았다.

3. '비중립적 역무'(unneutral srevice)라는 표현은 국제적 무력분쟁에 적용되는 법에서는 오래된 것이며, 1909년 런던선언 제3장에서 자세하게 설명되어 있다.[511] 정의의 요점은 중립국 선박(이 경우는 항공기)이 중립국 성격과 양립하지 않는 활동에 종사하고 있다는 것이다.

[규칙 140] 중립국 민간항공기는 조사 결과 또는 다음 요건의 어느 하나를 충족할 경우 중립적 영공 밖에서 전리품으로 포획될 수 있다.

1. 전리품 포획은 적대행위이기 때문에 중립국 영역 내에서 행사되어서는 안 된다. 중립국 민간항공기가 포획을 면할 수 없다는 결정은 조사의 결과에 기초할 필요가 없다는 것이 규칙 140에서 명확해졌다. 포획하는 교전당사국은 중립국 민간항공기가 전리품으로 포획될 수 있는지를 결정하기 위하여 첩보와 여타 정보에 의존하게 된다. 그래서 획득된 정보가 규칙 제140(a)~(f)에 규정된 조건들 중 어느 하나를 확정하기에 충분한 경우 사전조사를 행할 필요는 없다. 하지만 정보의 원천을 확인할 수 없다면, 항공기는 포획심검소가 포획의 정당성을 심사할 수 있도록 하기 위하여 조사를 받아야만 한다.

2. 중립국 민간항공기를 나포로부터 면할 수 없게 하는 요건들은 일반적으로 국제관습법을

---

511) 런던선언 제2장("비중립적 역무"). 특히 제49조 참조: "중립선박은 다음에 게기하는 경우에는 몰수되며, 또한 일반적으로 전시금제품의 수송으로 인하여 몰수되는 중립선이 받는 바와 동일한 처분을 받는 것으로 한다. 1. 그 선박이 적국군에 편입된 승객을 수송할 목적으로서 또는 이적을 위하여 정보를 전달할 목적으로서 특히 항해하는 경우. 2. 선박의 소유자, 선박을 전체로서 고용한 자 또는 선장이 정보를 알고 적군대의 일부 또는 적의 작전에 대하여 항해 중 직접의 원조를 제공하는 1인 또는 수인을 수송하는 경우 전 제2호에서 규정한 경우에 선박소유자에 속하는 화물은 동일하게 몰수되는 것으로 한다. 선박이 해상에서 군함에 조우한 때 또는 개전의 사실을 모르거나, 또는 선장이 전쟁의 개시를 알고 있어도 아직 그 수송인원을 상륙시킬 수 없는 경우에는 본 조의 규정을 적용치 않는다. 선박이 전쟁개시 후에 적항을 출발한 때, 또는 중립항의 소속국에 대하여 시기에 전쟁개시의 통고가 있은 후 그 항구를 출발한 때에는 상기선박은 전쟁상태를 지득한 것으로 간주한다."

반영한 것으로 인정되고 있다(헤이그 공전규칙 제53조[512] 및 산레모 매뉴얼 제153항[513] 참조).

(a) 전시금제품을 수송하고 있을 것

1. 본 규칙은 헤이그 공전규칙 제53조(8) 및 산레모 매뉴얼 제153항(a)에 기초하고 있다.

2. 중립국 민간항공기는 국제적 무력분쟁이 행해지고 있는 경우에도 상업적 활동에 종사할 권리를 계속 향유한다. 이러한 권리는 중립성이든 적성이든 관계없이 화물수송을 포함한다. 하지만 중립국 민간항공기는 전시금제품을 수송할 자유는 없다.

3. 규칙 1(n)에 따르면, "전시금제품은 국제적 무력분쟁에서 사용될 것으로 의심되는 교전당사국의 통제하에 있는 지역을 최종목적지로 하는 물자를 의미한다". 그러므로 소유 -중립국이든 적국이든- 는 무관하다.

4. 본 규칙은 '상대적' 전시금제품과 '절대적' 전시금제품 간의 전통적인 구별을 폐지하는 국

---

512) 헤이그 공전규칙 제53조: "중립국의 사항공기는 다음의 경우에만 포획할 수 있다. 1.교전권의 적법한 행사에 저항하는 경우. 2.제30조에 따라 교전국의 지휘관이 발부한 금지의 통고를 받은 후에 이를 범한 경우. 3.군가적 원조에 종사하는 경우. 4.전시에 본국의 관할 외에서 무장을 한 경우. 5.외부표식을 하지 않았거나 또는 허위의 표식을 사용하는 경우. 6.서류를 갖지 않거나 또는 불충분한 혹은 정규가 아닌 서류를 가지고 있을 경우. 7.그 서류에 기재된 출발지와 목적지 간의 항로를 분명이 이탈하고 또한 교전자가 필요하다고 인정하는 조사 후 항로변경에 관한 이유를 제시치 않을 경우, 교전자는 이 항공기를 탑승원 및 승객이 있을 때는 승객과 함께 조사 중 억류할 수 있다. 8.전시금제품을 수송하며 또는 항공기 자체가 전시금제품일 경우. 9.정당히 설정되고 또한 실력으로써 유지되는 봉쇄를 침파할 경우. 10.적국의 항공기로서 받는 결과를 면하려는 의사가 있음을 표시할 시기 및 사정에서 교전국의 국적으로부터 중립국의 국적으로 이전된 경우. 단, 어떠한 경우(9항 제외)에도 포획의 이유는 이 중립국의 항공기가 수중에 속한 때의 비행 중, 즉 그 출발지를 떠나 그 목적지에 도달하기 이전에 행한 행위임을 요한다."

513) 산레모 매뉴얼 제153항: "중립국 민간기는 제70항에 규정된 활동에 종사하거나 임검 및 수색의 결과 또는 다른 수단에 의해 다음에 해당되는 것이 확인된 경우 중립국 영공 밖에서 나포된다. (a)전시금제품의 수송. (b)적군에 편입된 개인승객의 수송을 위한 비행. (c)적국의 직접적인 통제, 명령, 용선, 사용 또는 지시하에서의 운항. (d)비정규 또는 허위문서의 제시, 필요한 문서의 결여 또는 문서의 파괴·손상· 은닉. (e)해상작전 인근구역에서 교전국이 정한 규정의 위반. (f)봉쇄침파."

가관행을 반영하고 있다(규칙 1(n) 해설 참조). 게다가 전시금제품으로 고려되는 화물이 전시금제품 리스트에 포함되어야 한다는 것은 필요하지 않다. 화물이 교전자가 사용할 것으로 의심되고 최종적으로 적 교전당사국이 통제하고 있는 지역을 최종목적지로 한다는 것을 확정하는 것만으로 충분하다. 하지만 법적 명확성을 위해 교전당사국은 포획조치를 취하기 전에 전시금제품 리스트를 발표하여야 한다.[514]

5. 문제가 되는 화물이 적의 '통제하에 있는 지역을 최종목적지'로 하여야 한다는 사실은 '연속항해주의'(doctrine of continuous voyage)의 유효성을 확인하는 것이다. 항공기의 문서에 따라 화물은 중립국 영역을 목적으로 하는지 알 수 있다. 그럼에도 불구하고 포획하는 교전당사국은 화물이 궁극적으로 중립국에서 적이 통제하고 있는 지역으로 수송될 것이라는 정보를 가지고 있어야 할 것이다. 그러한 경우 초기 목적지는 무관하다. 포획의 합법성은 궁극적으로는 포획심검소에 의해 결정된다.

6. 전시금제품의 개념은 적의 통제하에 있는 지역을 목적지로 하는 화물에 한정되며 적영역에서 수출되는 것에는 적용되지 않는다. 적영역에서 수출된 화물은 전시금제품 자격이 없다. 중립국 민간항공기에 적재된 적국의 수출품에 대한 유일한 합법적인 간섭은 봉쇄를 설정하고 강제하는 것이다(공중봉쇄에 대해서는 제V절 참조).

7. 조종사, 승무원, 항공기 소유자 또는 운용자가 화물이 전시금제품인지를 알고 있느냐 하는 문제는 관계가 없다.

(b) 적군의 인원을 이송하고 있을 것

---

514) 산레모 매뉴얼 제149항: "제146항(a) 및 제147항에 규정된 나포권을 행사하기 위해서 교전국은 전시금제품 목록을 공표하지 않으면 안 된다. 교전국의 전시금제품 목록의 엄밀한 성격은 무력분쟁의 특수한 상황에 따라 변할 수 있다. 전시금제품 목록은 합리적인 구체성을 갖지 않으면 안 된다."

1. 본 규칙은 산레모 매뉴얼 제153항(b)에 기초하고 있다. 또한 1909년 런던선언 제45조(1) 참조.

2. 중립국 민간항공기가 적 군대를 수송하지 못하도록 하는 것은 잘 확립된 교전국 권리이다. 하지만 군사요원이나 입대예정인 일부 적 국민이 우연히 탑승하고 있다는 것이 포획을 정당화하지 않는다. 그러므로 비행은 특별히 그러한 목적을 위해 행해져야 한다.

(c) 적의 통제, 명령, 용선, 이용 또는 지시를 직접적으로 따르고 있을 것

1. 본 규칙은 1909년 런던선언 제46조(2)에 기초하고 있다.[515]

2. 적의 통제, 명령, 용선, 이용 또는 지시를 직접적으로 따르는 중립국 민간항공기는 중립성을 상실한다. 규칙 제134에 따르면, 그러한 항공기는 전리품으로 항상 포획될 수 있는 적 민간항공기와 유사하다.

(d) 비공식적이거나 허위의 문서를 제시하거나, 필요한 문서가 없거나 또는 문서를 파괴, 훼손 또는 은닉할 경우

1. 헤이그 공전규칙 제53조(6)에 따르면 서류를 갖고 있지 않거나 불충분하거나 정규문서가 아닐 경우 중립국 민간항공기는 포획된다.

2. 산레모 매뉴얼 제153항은 중립국 민간항공기는 제70항에 규정된 활동에 종사하거나 임

---

515) 1909년 런던선언 제46조: "중립선박은 다음에 게기하는 경우에는 몰수되며, 또한 일반적으로 적국의 상선으로서 취급되는 것으로 한다. 1. 당해선박이 직접으로 전투행위에 가담하는 경우. 2. 당해선박이 적국 정부에서 당해 선박 내 승선시킨 대리인의 명령 또는 감독을 받는 경우. 3. 당해선박이 전체로서 적국정부를 위하여 고용된 경우. 4. 당해 선박이 현재 전적으로 적국군대의 수송 또는 적을 이롭게 하기 위하여 정보의 전달에 종사하는 경우 본 조에 규정하는 경우에 선박소유자에 속하는 화물은 동일하게 몰수되는 것으로 한다."

검 및 수색의 결과 또는 다른 수단에 의해 다음에 해당되는 것이 확인된 경우 중립국 영공 밖에서 포획된다....(d)비정규 또는 허위문서의 제시, 필요한 문서의 결여 또는 문서의 파괴, 손상 및 은닉.

3. 문서의 부족 또는 비정규 또는 허위문서의 제시는 항공기가 사실은 적성을 갖는다는 것과 포획되어야 한다는 의심에 대한 충분한 근거가 된다.

4. 헤이그 공전규칙 제54조에 따르면, 사항공기의 서류로서 항공기의 국적을 명확히 하지 않고, 또한 그의 승무원 및 승객의 성명 및 국적, 항공의 출발지 및 목적지와 적화의 세목 및 수송조건을 표시하지 않은 것은 불충분한 것 또는 정규가 아닌 것으로 간주된다. 상기의 것 중에는 항공일지도 포함된다.

(e) 군사작전 인접지역에서 교전당사국이 정해 놓은 규정을 위반할 것

1. 본 규칙은 헤이그 공전규칙 제53조(2) 및 산레모 매뉴얼 제153항(e)에 기초하고 있다.

2. 군사작전 인접구역에서(규칙 106(a) 참조), 교전당사국은 만약 항공기의 존재가 작전의 성공을 해치는 것으로 인정될 경우 중립국 민간항공기의 통과를 방지할 권리를 갖는다.[516] 그러한 교전국의 명령에 따르지 않으면, 중립국 민간항공기는 전리품으로 포획된다.

(f) 공중봉쇄(본 매뉴얼의 제V절 참조)를 침파할 것

1. 헤이그 공전규칙 제53조(9)에 따르면, 중립국 민간항공기는 정당히 설정되고 실효적으로

---

[516] 헤이그 공전규칙 제30조: "교전국의 지휘관은 항공기의 존재가 그가 현재 수행하는 작전의 성공을 해치는 것으로 인정할 때는 그 군대의 접근지역에 있어서의 중립국 항공기의 통과를 금지하거나 또는 일정한 항로를 취할 것을 강제할 수 있다. 교전국의 지휘관이 발부한 상기 지령의 통보를 받고 이에 복종하지 않는 중립국의 항공기는 공격될 수 있다."

유지되는 봉쇄를 침파했을 때 포획된다. 산레모 매뉴얼 제153항(f) 참조.

2. 만약 교전당사국이 공중봉쇄를 설정하고 그러한 봉쇄가 실효성의 요건을 충족한다면, 모든 항공기가 봉쇄구역에 출입하는 것을 방지할 권리(그리고 실제로는 그렇게 할 것이 기대된다)가 있다(규칙 151 및 154 참조).

[규칙 141] 중립국 영공 외에 있는 중립국 민간항공기에 적재된 화물은 다음 조건의 어느 하나에 해당될 경우 전리품으로 포획될 수 있다.

본 규칙은 중립국 민간항공기에 적재된 화물은 포획으로부터 면제된다 것을 추론할 수 있는 자유선-자유화(free ship-free goods)[517]라는 전통원칙을 재확인하고 있다. 하지만 동 원칙에는 2가지 예외가 있다. 이러한 2가지 예외는 규칙 141(a)와 (b)에 열거되어 있다.[518]

(a) 전시금제품을 구성할 것

1. 중립국 민간항공기에 적재된 화물이 전시금제품을 구성할 경우 포획된다. 중립국 항공기는 조사 후 석방되어야 한다는 사실에도 불구하고 법적 입장으로는 그러하다.

2. 전통적으로 선박(항공기 포함)에 적재된 화물의 절반 이상이 전시금제품일 경우[519] 중립국 선박(항공기)은 포획된다.

---

517) 1856년 파리선언 제2원칙 및 제3원칙: "(2)중립국의 기를 계양한 선박에 적재한 적국의 화물은 전시금제품을 제외하고는 이를 나포치 아니할 것. (3)적국의 기를 계양하는 선박에 적재한 중립국의 화물은 전시금제품을 제외하고는 이를 나포치 아니할 것."

518) 산레모 매뉴얼 제154항: "중립국 민간기의 화물은 전시금제품인 경우에만 나포된다."

519) 1909년 런던선언 제40조: "전시금제품을 수송하는 선박은 당해 금제품이 그 가격, 중량, 용적 또는 운임상 전 적화의 반수를 넘는 경우에는 몰수한다."

(b) 중립국 민간항공기가 규칙 174의 군사목표물이 되게 하는 행위를 할 것

1. 제E절 및 규칙 174에 따르면, 중립국 민간항공기는 만약 적의 군사조치에 유효하게 기여하는 활동에 종사하는 경우 군사목표물이 되어 공격받을 수 있다.

2. 그러한 경우 화물은 항공기의 법적 지위와 동일한 지위를 갖는다. 만약 항공기가 단지 나포될 뿐 공격을 받지 않는다면 그 화물도 전시금제품으로서의 지위와는 관계없이 나포될 뿐이다.

[규칙 142] 중립국 민간항공기와 그 적재 화물의 포획은 규칙 140과 규칙 141에 규정된 경우에만 그리고 포획심판을 받아야만 한다.

1. 중립국 민간항공기 및 그에 적재된 화물에 대한 간섭은 오로지 중립국 영역 밖에서만 행해질 수 있다.

2. 중립국 민간항공기의 포획은 규칙 140에 따라 행해져야 한다.

3. 중립국 민간항공기에 적재된 화물의 포획은 규칙 141에 따라 행해져야 한다.

4. 모든 경우 포획의 유효성은 포획심검소의 결정에 따라야 한다.

5. 본 규칙에서 추론해 볼 때, 만약 포획심검소가 없다면 교전당사국은 규칙 140 및 141하에서 자신의 권리를 강제할 방법이 없다. 그러므로 중립국 민간항공기와 그에 적재된 화물을 포획하기 위해서는 포획심검소를 설치하는 것 이외의 방법은 없다.

III. 보호

[규칙 143] 중립국이든 적국이든 포획된 민간항공기의 탑승객과 승무원의 안전은 어떤 경우에도 보장되어야 한다. 포획된 민간항공기에 관한 문서의 시류는 보호되어야 한다.

1. 본 규칙은 산레모 매뉴얼 제158항에 기초한 것이다.[520]

2. 동 규칙은 교전당사국에게 포획된 민간항공기에 탑승하고 있는 모든 사람들의 안전을 제공하기 위해 필요한 모든 조치를 취할 의무를 부과한다. 포획한 교전당사국의 통제하에 있는 동안 그들의 안녕을 보증하기 위한 필요한 모든 수단이 제공되어야 한다.

3. 항공기와 관련있는 모든 문서와 서류를 보호해야 할 의무는 모든 포획물을 포획심검소의 결정에 맡겨야 한다는 것의 필연적인 결과이다.

IV. 적성 결정

[규칙 144] 민간항공기가 적 교전당사국의 표식을 하고 있다는 사실은 적성(敵性)의 결정적 증거이다. 민간항공기의 적성은 등록, 소유, 용선 또는 다른 적절한 기준으로도 결정할 수 있다.

1. 적국의 표식을 하고 있는 민간항공기는 논쟁의 여지없이 적성을 가지며 그에 따라 대우되어야 한다. 그러한 선박에 적재된 화물도 항공기의 법적 지위를 동일한 지위를 갖는다.

2. 적국의 표식을 하고 있다는 것이 민간항공기의 적성을 결정하는 유일한 기준은아니다. 등록, 소유권, 성질 등이 관련된 고려사항이 된다. 현장 지휘관이 이러한 기준으로 조사할

---

[520]   산레모 매뉴얼 제158항: "나포된 승객 및 승조원과 그들의 개인용품은 안전이 보장되어야 한다. 포획물에 관련된 문서 및 서류는 보호되지 않으면 안 된다."

수 있는 위치에 항상 있을 수는 없기 때문에 첩보원을 통해 정보가 유용하도록 다듬어져야 한다.

3. 소유권에 관한 한, 소유자의 적성이 국적 또는 주소지에 따라 결정되는지는 아직 해결되지 못한 문제이다. 만약 법인이 항공기를 소유하고 있다면, 그 적성이 회사의 위치, 본거지, 대주주의 국적 또는 주소지와 관련하여 결정되는지는 명확하지 않다.

4. 중립국 표식을 하고 있는 민간항공기에 대해서는 규칙 175 참조.

[규칙 145] 아무런 표식이 없는 민간항공기는 적성을 갖는 것으로 간주되어 나포 및 포획할 수 있다.

민간항공기가 진정한 국적을 나타내는 표식을 하고 있지 않은 경우 포획을 받지 않기 위해 노력하고 있다고 추정할 수 있다. 그러므로 헤이그 공전규칙 제53조(5)에 따라, 외부표식을 하지 않았거나 허위의 표식을 한 민간항공기는 포획되거나 몰수될 수 있다.[521]

[규칙 146]
(a) 군용항공기의 지휘관이 중립국 표식을 한 민간항공기가 실제로 적성을 갖는다고 의심할 경우, 그 항공기를 차단하고 필요시에는 조사를 위해 다른 장소로 항로를 변경할 수 있다.

1. 중립국 표식을 한 것은 일견 민간항공기의 중립성의 증거이지만(규칙 175 참조), 항공기의 진정한 성격은 규칙 144에 따라 기타 적절한 기준에 의해 결정된다. 그러므로 항공기가 적성을 갖고 있다는 의심에 대한 합리적인 근거를 정당화하는 정보를 수중에 갖고 있는 지휘관은 항공기의 진정한 성격을 결정하기 위한 모든 필요한 조치를 취하여야 한다.

---

[521] 헤이그 공전규칙 제56조 첫 번째 문단: "외부표식을 하지 않았거나 또는 허위의 표식을 사용하는 것 혹은 전시에 그 본국의 관할 외에 무장을 갖는 것을 이유로 하여 포획된 사항공기는 몰수할 수 있다."

2, 만약 주어진 정보가 진정한 성격에 대한 의심을 지우기에 충분하지 않다면, 민간항공기는 조사를 위해 교전국 비행장에 착륙할 것이 명령될 수 있다. 만약 조사로 적성이 밝혀지면, 민간항공기는 포획된다(규칙 134 참조).

(b) 조사 후 중립국 표식을 한 민간항공기가 적성을 갖지 않는 것으로 판단될 경우, 지체없이 그 항공기가 출발할 수 있도록 허용하여야 한다.

1. 만약 민간항공기가 실제로 중립성을 갖는 것으로 밝혀지면 조사의 결과 포획될 수 있는 활동에 종사하고 있는 것으로 밝혀지는 경우가 아닌 한 즉시 석방되어야 한다.

2. 비록 항로 및 조사가 소유자 및 운용자의 경제적 손실을 초래하더라도 항공기의 진정한 성격에 대한 의심을 정당화하는 이유가 합리적인 한 보상을 요구할 권리는 없다.[522] 만약 책임있는 지휘관이 항공기가 실제로는 적국민이 소유하고 있거나 적국민에 의해 용선되어 운용되고 있다는 결론을 정당화하는 유용한 정보에 기초하여 행동하는 경우가 이에 해당된다. 하지만 항로변경시 그러한 정보가 없었다면 소유자나 항공기에 대해 법적 이익을 갖는 자는 보상받을 권리가 있다. 만약 항로변경이 자의적이었다면 더더욱 그러하다.

---

[522] 유사한 접근에 대해서는 UN해양법협약 제10조 참조: "해적행위의 혐의로 인한 선박 또는 항공기의 나포가 충분한 근거 없이 행하여진 경우에는 나포국이 그 선박 또는 항공기의 국적국에 대하여 그 나포로 인하여 발생한 손실 또는 손해에 대하여 책임진다."

제V절 공중봉쇄

1. 봉쇄법은 전통적으로 해상봉쇄에서 발전되어 왔다.[523] 해상봉쇄는 역사적으로 전함을 이용한 선박에 대한 강제를 포함하는 것으로 이해되어 왔다. 하지만 항공기의 출현에 따라 해상봉쇄 -즉, 선박으로 출입하는 것을 방지하고자 의도된 봉쇄- 는 항공기와도 관련을 갖게 되었다.

2. 본 매뉴얼은 해상봉쇄가 군용항공기에 의해 강제되는 경우가 있지만, 해상봉쇄는 다루지 않았다.

3. 공중봉쇄는 적에게 속하는, 적이 점령한 또는 적의 통제하에 있는 특정 비행장 또는 연안지역에 항공기가 출입하는 것을 방지하고자 하는 교전활동이다.

4. 공중봉쇄를 설정하는 주요한 목적은 적국이 피봉쇄구역으로 또는 그곳으로부터 요원과 화물을 수송하기 위하여 중립국 항공기를 이용하는 것을 거부함에 있다. 하지만 공중봉쇄는 비록 실제로 요원이나 화물을 수송하지 않더라도 모든 항공기에 강제되어야 한다.

5. 공중봉쇄는 UAVs 및 UCAVs에 동등하게 강제되어야 한다(그렇지 않으면 공중봉쇄는 유효한 것으로 간주되지 않는다. 규칙 151 및 154 참조).

6. 공중봉쇄는 민간주민을 위한 화물이 규칙 158 및 159에 따라 통과하는 것을 금지할 수

---

523) 1856년 파리선언 및 1909년 런던선언. 1909 런던선언은 발효되지 못했으나 내용의 대부분은 국제관습법을 반영한 것으로 간주되었다.

없다. 의료항공기의 출입(제L절 참조) 및 안전통항권이 부여된 항공기(제J절(II) 및 (III))의 출입은 피봉쇄구역에의 출입 비행에 대한 봉쇄국의 동의에 달려있다. 재난상황에 빠진 항공기에 대해서는 규칙 153(b) 참조.

7. 공중봉쇄는 오로지 국제적 무력분쟁에 적용되는 전투방법이다. 그럼에도 비국제적 무력분쟁에서 중앙정부는 국가의 영토주권에 종속되는 지역, 실제로는 국가에 대항하고 있는 조직화된 비국가 무장단체의 통제하에 있는 지역에의 출입에 대해 항상 제한할 수 있다.

8. 만약 비국제적 무력분쟁의 과정에서 조직화된 비국가적 무장단체가 정부군 또는 그에 대항하는 조직화된 무장단체가 장악한 비행장 또는 연안에 접근하는 것을 금지한다면, 그러한 행위는 타국에게는 법률상의 효력이 없다.

9. 그러한 조치들이 조직화된 비국가적 무장단체에 의해 취해졌다는 사실이 국제해협 또는 군도항로대 상공비행의 위험에 대해 개별 국가가 적절한 공표를 행할 의무를 경감해 주는 것은 아니다.[524]

[규칙 147] 공중봉쇄는 적 지배 하의 비행장 또는 해안에 출입하려는 항공기를 제한하는 적대적 작전이다.

1. 공중봉쇄를 설정하는 주요 목적은 적이 통제하는 지역으로 요원과 화물을 출입시키기 위하여 중립국 항공기를 이용하는 것을 거부함에 있다. 그러한 목적은 다양한 합법적인 전투수단을 사용함으로써 달성된다.

---

[524] UN해양법협약 제44조: "해협연안국은 통과통항을 방해할 수 없고 자국이 알고 있는 해협 또는 그 이원해역에 있어서의 항해 또는 비행에 대한 어떠한 위험도 이를 적절히 공시하여야 한다. 통과통항의 정지는 있을 수 없다." 동 협약 제54조는 제44조가 군도항로대통항에도 마찬가지로 적용된다고 선언하고 있다.

2. 본 절의 해설에서 설명되었듯이 공중봉쇄가 항공기(UAVs/UCAVs 포함) -비록 적재된 것이 없더라도- 에 대해 강제되는 반면에 해상봉쇄는 선박에 대해 강제된다. 강제수단은 군함 또는 군용항공기에 의해 강제되는 봉쇄의 형태와는 관계없다(규칙 152(a) 및 154 참조).

3. '연안지역'에 대한 공중봉쇄는 당해 지역 내 비행장의 존재 유무와 관계없이 부과될 수 있다.

4. 공중봉쇄이든 해상봉쇄이든 봉쇄는 교전당사국으로 하여금 중립국 민간항공기(또는 선박)에 적재된 수출품에 합법적으로 간섭할 수 있는 권리를 부여하는 유일한 전투방법이다. 봉쇄가 설정 및 강제되지 않는다면, 중립국 민간항공기(또는 선박)에 적재된 화물은 전시금제품을 구성하는 경우에만 포획된다.

[규칙 148]

(a) **공중봉쇄는 교전당사국에 의해 선포되어야 하고, 모든 국가들에게 통보되어야 한다.**

1. 본 규칙은 중립국 항행에 구속력을 갖기 위해서는 해상봉쇄가 선언되어야 한다는 1909년 런던선언 제8조에 기초하고 있다.[525] 동일한 의무가 공중봉쇄의 경우 중립국 민간항공에도 적용된다.

2. 공중봉쇄는 전략적이거나 지역적이다. 전략봉쇄의 선언은 봉쇄국 정부에 유보되어 있다. 지역적 공중봉쇄는 권한있는 지휘관에 의해 부과되며 (군사적전의 비교에 있어) 범위와 기간이 제한된다.

3. 모든 공중봉쇄는 중립국에게 항상 고지되어야 한다. 전략적 공중봉쇄의 경우 적국 정부에게도 고지되어야 한다. 하지만 지역적 공중봉쇄의 경우에는 피봉쇄구역 당국에 고지되어

---

525) 1909년 런던선언 제8조: "봉쇄가 유효함에는 제9조의 규정에 의하여 선언하며 또한 제11조 및 제16조의 규정에 의하여 고지함이 필요하다."

야 한다.

(b) 봉쇄의 선포는 개시, 지속기간, 위치, 범위 및 중립항공기가 봉쇄구역을 떠날 수 있는 시간이 명시되어야 한다.

1. 공중봉쇄의 선언은 중립국의 운항이 봉쇄구역을 피하고 강제조치가 효과를 발휘하기 전에 떠날 수 있도록 가능한 한 구체적이어야 한다. 구체성이 결여된 경우 그 선언은 무효이다.[526) 게다가 봉쇄국에 의해 취해진 모든 조치는 선언의 상세한 내용과 일치하여야 한다.

2. 원칙적으로 선언은 중립국 항공기가 봉쇄지역을 떠날 수 있도록 은혜기간이 제공되어야 한다. 그러한 기간의 정도에 대해서는 절대적 규칙은 없다.[527) 하지만 대부분의 경우 24시간 정도가 합리적인 것으로 간주된다. 은혜기간은 실제로 중립국 항공기가 봉쇄지역에 존재하고 있을 경우에만 허용되어야 한다.

(c) 가능한 한 공중봉쇄의 설정에 관한 Notice to Airmen(NOTAM)은 봉쇄국에 의해 규칙 55에 따라 통보되어야 한다.

1. 공중봉쇄의 고지는 모든 국가에 대해 행해져야지 공중봉쇄가 설정된 지역 내에 있는 국가들에게만 행해져서는 안 된다. 왜냐하면 규칙 155에 따라 공중봉쇄는 국적과 출발지에 관계없이 모든 항공기에 대해 강제되어야 하기 때문이다.

2. 1909년 런던선언 제11조가 중립국에 대한 고지는 "중립국 정부에 송신하는 公信 또는 봉

---

526) 런던선언 제10조: "봉쇄를 시행하는 국가 또는 그 명의하에서 행동하는 해군관헌이 제9조 제2항 제1호 및 제2호에 의하여 그 봉쇄선언 중에 기재한 사항에 준거치 아니할 때에는 상기 선언은 무효로 한다. 따라서 그 봉쇄를 유효케 하기 위해서는 새로이 선언함이 필요하다."
527) 런던선언 제9조: "봉쇄의 선언은 봉쇄를 시행하는 국가 또는 그 명의에 의하여 행동하는 해군관헌이 이를 행하여야 한다. 선언에는 다음의 사항을 기재하여야 한다.... (3)중립국 선박에 허용하는 퇴거기간."

쇄국에 주재하는 중립국 대표자에게 보내는 公信으로 행하여야 한다"고 했지만,[528] 오늘날 국제사회에 알려진 공중봉쇄를 설정하는 그러한 공식적인 방법은 더 이상 필요하지 않다.

3. 일반적으로 봉쇄국은 국제운항을 위해 설정된 통상적인 채널의 이용을 통해 의무를 이행한다. 그러므로 NOTAM은 대부분의 경우 필요한 정보를 전달하는 효과적이고 시의적절한 수단이다. 다른 말로 하면, 외교적 채널을 통한 고지는 오로지 예외적 상황에서만 필요할 것이다.

4. 국제운항에 유용한 통상적인 채널의 이용에도 불구하고 만약 피봉쇄지역의 지방당국이 공중봉쇄의 설정을 알 수 없다면, 봉쇄국(또는 권한있는 지휘관)은 충분한 것으로 간주되는 통신수단을 통해 개별적으로 통지하여야 한다.

[규칙 149]

(a) 공중봉쇄의 일시 중지, 임시 해제, 재설정, 확대 또는 여타의 변경은 모든 국가들에게 통보되어야 한다.

1. 본 규칙은 1909년 런던선언 제12조[529] 및 제13조[530]에 기초하고 있다. 선언의 내용 및 고지의 방법에 대해서는 규칙 148(a)~(b)에 대한 해설 참조. 가능하다면 NOTAM이 발해져야 한다(규칙 148(c)에 대한 해설 참조)

---

528) 런던선언 제11조: "봉쇄의 선언은 다음의 관헌에 대하여 고지하여야 한다. 1.각 중립국. 상기의 고지는 봉쇄시행국에 있어서 직접으로 중립국 정부에 송부하는 공신 또는 봉쇄시행국에 주재하는 중립국 대표자에 보내는 공신으로써 행하여야 한다. 2.지방관헌. 상기의 고지는 봉쇄함대의 지휘관이 행한다. 지방관헌에 있어서는 가급적 속히 봉쇄항 또는 봉쇄해안에서 그 직무를 집행하는 외국의 영사관에서 이를 통지하여야 한다."

529) 런던선언 제12조: "봉쇄의 선언 및 고지에 관한 규정은 봉쇄지역을 확장하는 경우 또는 한번 봉쇄의 해제가 있은 후 다시 시행하는 경우에 적용한다."

530) 런던선언 제13조: "스스로 봉쇄를 해제한 경우 및 봉쇄에 관하여 제한을 설정한 경우에는 제11조의 규정에 의하여 이를 고지함이 필요하다."

2. 본 규칙하의 의무는 기상악화로 봉쇄국 군대가 일시적으로 철수하는 경우에는 적용되지 않는다.[531] 기상조건이 운항을 할 수 없을 정도인 경우에는 특히 그러하다.

3. 만약 봉쇄국 군대가 여타 이유로 철수한다면 그리고 봉쇄가 다시 설정된다면 처음에 설정할 때와 같은 동일한 절차가 준수되어야 한다.

4. 단지 공중봉쇄를 강제하는 군용항공기가 공중에 있지 않다는 사실을 중지 또는 일시적인 해제로 간주되어서는 안 된다. 영공은 공중봉쇄를 침파하려는 시도에 대해 봉쇄군 군대가 즉각 대응할 수 있게 하는 장거리 전자감시체계(예, AWACS)에 의해 감시될 수 있다. 규칙 151 para.3 및 규칙 154에 대한 해설 참조.

(b) 가능하다면 (a)의 변경에 관한 Notice to Airmen(NOTAM)은 규칙 55에 따라서 봉쇄국에 의해 통보되어야 한다.

NOTAM의 이용에 대해서는 규칙 148(c) 및 규칙 55 해설 참조.

[규칙 150] 공중봉쇄는 중립국의 공역에의 출입을 제한해서는 안 된다.

1. 본 규칙은 중립국 영역 및 영공의 불가침성을 고려한 국제관습법의 선언인 1909년 런던선언 제18조 기초하고 있다.[532]

2. 공중봉쇄는 적에게 직접 행해지는 전투방법이기 때문에 중립국 영공으로의 접근 및 이탈을 방지하는 효과를 갖지는 않는다. 그러므로 봉쇄국은 만약 공중봉쇄가 중립국 영역 인근에

---

531) 런던선언 제4조: "봉쇄는 봉쇄한대가 기상악화로 인하여 일시 그 장소를 이탈하더라도 이로 인하여 해제된 것으로 인정될 수 없다."

532) 런던선언 제18조: "봉쇄함대는 중립항 또는 중립연안에 도달함을 차단할 수 없다."

설정되어 유지된다면, 중립국 영공에의 출입을 위한 자유로운 통과를 허용할 의무가 있다.

3. 국제항행에 이용되는 국제해협 또는 군도항로대 상공에서 중립국 영공으로 향하는 중립국 운항은 이러한 해협과 항로대 상부 영공을 이용하는 것이 금지되지 않는다. UN해양법협약 제37조,[533] 제38조(1),[534] 제44조 및 제54조 참조.

[규칙 151] 공중봉쇄는 효과적이어야 한다. 공중봉쇄가 효과적인지의 여부는 사실의 문제이다.

1. 본 규칙은 1856년 파리선언 제4원칙[535]과 1909년 런던선언 제2조[536] 및 제3조[537]에 기초하고 있다. 이의 목적은 소위 '지상봉쇄' 즉, 단지 선언만 하고 불규칙하게 강제되거나 전혀 강제되지 않는 봉쇄를 배제하기 위함에 있다.

2. 봉쇄군의 강제력 또는 위치를 규정하고 있는 절대적인 규칙은 없다. 모든 것은 사실의 문제이며 지리적인 상황에 달려있다. 그러므로 유효성은 각 사례의 시비곡직에 따라 판단되어야 한다. 1856년 파리선언 규정 및 1909년 런던선언 제2조에 기초하여 공중봉쇄는 만약 적 연안에의 접근을 방지하기에 실제로 충분한 군사력에 의해 유지되는 경우에만 효과적이라고 할 수 있다. 이것이 모든 개별 항공기가 실제로 피봉쇄지역을 출입하는 것이 방지되어야 한다는 것을 의미하는 것은 아니다. 만약 봉쇄국 군대가 피봉쇄구역에의 출입을 탐지하여

---

533) UN해양법협약 제37조: "본 절은 공해 또는 배타적 경제수역의 일 수역과 공해 또는 배타적 경제수역의 타 수역 간의 국제항에 이용되는 국제해협에 적용된다."

534) UN해양법협약 제38조(1): "제37조에 규정된 해협 내에서 선박과 항공기는 방해받지 않는 통과통항권을 향유한다. 단, 해협이 해협연안국의 도서와 본토에 의해 형성되어 있는 경우 항해 및 수로상의 특성에 있어서 유사한 편의를 가진 공해를 통과하는 또는 배타적 경제수역을 통과하는 항로가 동 도서의 해양측으로 존재한다면 통과통항권은 허용되지 않는다."

535) 1856년 파리선언 제4원칙: "항구의 봉쇄를 유효케 함은 실력을 사용할 것, 즉 적국이 해안에 접근함을 실제로 방지함에 족할 만한 충분한 兵備를 요할 것."

536) 1909년 런던선언 제2조: "1856년의 파리선언에 준거하여 봉쇄가 유효하기 위해서는 충분한 병력으로서 유지함이 필요하다."

537) 1909년 런던선언 제3조: "봉쇄에 관하여 실력을 사용하느냐의 여부의 문제는 사실상의 문제이다."

방지할 가능성이 높은 강제력을 갖추는 것으로 충분하다. 즉, 공중봉쇄는 만약 피봉쇄구역에의 출입이 위험한 시도라는 것이 증명된다면 효과적인 것으로 간주된다.

3. 공중봉쇄가 효과적이기 의해서는 군용항공기가 영구기지 공중에 있을 필요는 없다. 봉쇄구역은 전자감시수단 및/또는 UAVs으로 감시할 수 있다. 만약 봉쇄국이 공중봉쇄의 침파시도에 대해 즉각 대응할 수 있는 위치에 있다면, 공중봉쇄는 효과적인 것으로 간주된다. 규칙 149(a)에 대한 해설 para.3 참조.

[규칙 152] 공중봉쇄를 행사 중인 세력은 군사적 필요에 의해 결정된 지점에 전개될 수 있다.

1. 공중봉쇄의 유효성을 판단할 때(해상봉쇄이든 공중봉쇄이든) 기술발전이 고려되어야만 한다는 일반적인 합의가 항상 있어 왔다. 오늘날 무기, 감시 및 통신기술의 발전을 고려하여 더 이상 봉쇄국 군대가 피봉쇄구역에 인접한 곳에 전개할 필요는 없다. 전통적인 '근접봉쇄'라는 개념은 '장거리봉쇄' 개념으로 대체되었다. 그러므로 봉쇄국 군대는 적국의 연안 또는 기타 방어체계의 유효범위를 넘어 장거리에 전개할 수도 있다.

2. 만약 공중봉쇄가 군용항공기에 의해 강제된다면 문제의 항공기는 대개 어느 정도 떨어진 곳에 전개하게 된다(예, 항공모함 또는 안전지역 내 육상). 만약 규칙 151 및 154의 요건이 준수된다면, 이것이 필연적으로 공중봉쇄의 유효성에 불리한 것은 아니다. 공중봉쇄의 유효성에 대한 검증은 봉쇄지역으로부터의 봉쇄국 군대의 거리가 아니라 피봉쇄구역에의 접근 및 이탈이 실제로 방지될 것이라는 합리적인 위험이 있는가 하는 것이다. 봉쇄국이 공중봉쇄의 침파시도를 탐지(예, UAVs를 포함한 장거리 감시체계)하고 공봉쇄의 강제를 위임한 군대와 관련 정보를 주고받음으로써 침파하고 있는 항공기에 적절한 시간 내에 도달할 역량이 있는 (실시간으로 반응할 수 있는) 위치에 있는 경우가 바로 그러한 경우이다. 그러므로 상당한 구역을 포괄하는 장거리 공중봉쇄조차도 만약 봉쇄국 군대가 필요한 감시, 통신 및 군사력 투사수단을 배치한다면 효과적인 것이라고 할 수 있을 것이다.

[규칙 153]

(a) 공중봉쇄는 합법적인 전투수단의 조합에 의해 강화되고 유지될 수 있다. 다만 이러한 조합들이 국제적 무력분쟁법과 불일치해서는 안 된다.

1. 공중봉쇄는 국제적 무력분쟁에 적용되는 법에서 금지되지 않는 전투수단의 이용을 통해 봉쇄국에 의해 유지된다. 그러므로 공중봉쇄는 군용항공기(UAVs 및 UCAVs), 마시일, 군함 또는 그것들의 결합에 의해 유지되고 강제된다.

2. 군용항공기 이외 어떠한 범주의 항공기도 공중봉쇄를 유지 및 강제하는 것이 허용되지 않는다(규칙 17(b) 참조).

(b) 고립되어있는 항공기는 필요시 공중봉쇄 구역에 진입하는 것이 허용되어야 한다.

1. 본 규칙은 1909년 런던선언 제7조[538]와 -UN해양법협약[539]에 반영되어 있듯이- 공중 또는 해상에서 재난상태에 빠진 자에게는 원조가 제공되어야 한다는 관습적 규범에 기초하고 있다.

2. '필요시'라는 말에서 알 수 있듯이 본 규칙은 절대적이지 않다. 예를 들면, 피봉쇄구역에의 접근은 만약 육상에서 재난상태에 있는 항공기에 대해 안전하고 시의적절한 대안이 있다면 거부될 것이다.

---

538) 1909년 런던선언 제7조: "중립선박은 봉쇄함대에 속하는 관헌이 그 해난에 조우하였음을 인정한 경우에는 재화의 양륙을 행하지 않음을 조건으로 하여 봉쇄지역에 출입하며 또한 출발할 수 있다."

539) 공해상에서 재난에 빠진 자에게 원조를 제공해야 할 관습법 및 조약법상의 확고한 위무가 확립되어 있다. UN해양법 협약 제98조(1) 참조: "모든 국가는 자국의 국기를 게양하고 항해하는 선박의 선장에 대하여 선박, 승무원, 선객에 대한 중대한 위험이 없는 한 다음 사항을 이행하도록 요구하여야 한다. 가. 해상에서 발견된 자로서 실족이 될 위험에 처한 자에 대하여 원조를 제공할 것. 나. 원조를 필요로 한다는 통보를 받은 경우에는 그 조치가 선장에게 합당하게 기대될 수 있는 것이라면 가능한 한 전속력으로 조난자의 구조에 착수할 것. 다. 충돌이 있은 후에는 타방의 선박, 승무원 및 선객에 대하여 원조를 제공하고 가능한 경우에는 타방의 선박에 대하여 자기 선박의 선명, 선적항 및 최근 거리에 있는 기항 예정지를 통보할 것."

[규칙 154] 공중봉쇄가 오로지 군항공기에 의해 지속적으로 유지되고 강화되고 있는 한, 유효성의 요건(규칙 151)은 충분한 정도의 공중우세를 요구한다.

1. 본 규칙은 오로지 군용항공기에 의해 유지 및 강제되는 공중봉쇄에만 적용된다. 공중봉쇄가 합법적인 전투수단(미사일 및 군함과 같은)에 의해 유지 및 강제되는 경우에는 적용되지 않는다. 만약 이러한 다른 전투수단이 공중봉쇄에 의해 영향을 받는 영공을 적국에게 거부하기에 충분하다면, 공중우세권과 같은 추가적인 유효성의 요소는 필요로 하지 않는다.

2. 전문가 그룹은 공중봉쇄가 구속적이기 위해서는 유효성의 원칙(규칙 151 참조)에 따라야 한다고 합의했었다. 하지만 군용항공기에 의한 공중봉쇄의 유효성을 어떻게 결정할 것인가에 대해서는 다양한 견해가 있었다. 일부 전문가들은 모든 공중봉쇄의 유효성을 결정할 수 있는 기준은 없다는 입장을 견지했다. 따라서 이들은 일반적이고 추상적인 규칙 151에 미루기를 더 선호했다. 하지만 다수는 공중봉쇄가 오로지 군용항공기에 의해 유지 및 강제되는 경우 만약 봉쇄국 군대가 공중봉쇄에 의해 영향을 받는 영공을 실제로 통제하지 않는다면 그러한 항공기는 상당한 공격위험에 처해진다는 사실을 지적했다. 차단작전은 가능하지 않을 수도 있고 그에 따라 공중봉쇄는 유효성을 상실할 수 있다.

3. 다수의 전문가 그룹이 공중봉쇄의 상황에서 '공중지배'(air domination) 또는 '공중주권'(air supremacy)의 개념을 거부하면서도 '공중우세'(air superiority)라는 용어를 채택하기로 결정했다. 전문가 그룹은 '공중우세'는 작전적 용어라는 것을 알고 있었다. 법적 개념으로서가 아니라 공중봉쇄의 유효성을 결정하기 위한 기준으로서 사용되는 용어로 결정되었다. 공중우세는 레이다와 AWACS 항공기를 포함한 합법적 전투수단과 방법의 혼용에 의해 달성된다.

4. 봉쇄국 군대는 작전적 의미에서 완전한 공중우세를 가질 필요는 없다. 이는 '충분할 정도의 공중우세' 공식에 의해 명확해진다. '충분한'이라는 말은 피봉쇄구역에의 출입을 방지한

다는 공중봉쇄의 목적과 관련이 있다. 공중우세의 정도는 공중봉쇄의 전 기간 동안 동일한 수준을 유지해야 한다는 것을 요구하는 것은 아니다. 충분한 정도의 공중우세의 결정은 일반적으로 유효성의 경우처럼 각 사례의 상황에 달려 있다. 그러므로 만약 공중봉쇄가 오로지 군용항공기에 의해 유지되는 것이 아니라 다른 전투수단(미사일과 군함과 같은)에 의해서도 유지되고 있다면 보다 낮은 정도도 충분한 것으로 볼 수 있다. '공중우세'의 시간적 요소는 관련 구역에서의 국제항공교통에 비추어 결정된다.

[규칙 155] 공중봉쇄는 모든 국가의 항공기에 공평하게 강제되어야 한다.

1. 본 규칙은 1909년 런던선언 제5조에 규정된 오래된 공평성 원칙에 기초하고 있다.[540] 이것은 유효성의 원칙 및 공중봉쇄의 목적의 필연적인 결과이다. 만약 공중봉쇄가 피봉쇄구역에의 출입을 항공기로 효과적으로 방지하더라도, 봉쇄국이 서로 다른 국적의 항공기를 차별할 경우 그러한 목적은 달성될 수 없다.

2. 따라서 공중봉쇄는 봉쇄국 또는 그 동맹국의 표식을 하고 있는 민간항공기를 포함하여 어떠한 국적이든 모든 항공기에 대해 강제되어야 한다. 이는 원칙적으로 중립국 군용항공기 또는 기타 중립국의 국가항공기는 피봉쇄구역에의 출입이 금지되어야 한다는 것을 의미한다. 중립국 군대 또는 기타 국가항공기 ―주권면제에도 불구하고― 는 봉쇄지역에 접근할 적극적인 권리를 향유하지 못한다. 하지만 예외적인 조치로서 봉쇄국 또는 지역 지휘관은 ―요건 또는 제한에 따라― 개별적인 중립국 군용항공기의 출입을 허가할 수 있다. 이러한 예외적 조치는 1909년 런던선언 제6조[541] 및 NWP, para.7.7.3[542]에 기초하고 있다.

---

540) 1909년 런던선언 제5조: "봉쇄는 각국의 선박에 대하여 공평하게 적용함이 필요하다."

541) 1909년 런던선언 제6조: "봉쇄함대의 지휘관은 군함에 대하여 봉쇄항 내에 입항 또는 출항하는 것을 허용할 수 있다."

542) NWP, para.7.7.3: "중립국 군함과 군용항공기는 봉쇄구역에 진입할 수 있는 적극적인 권리를 향유하진 않지만, 교전국은 그 진, 출입을 허가할 수 있다. 그러나 특별허가를 함에 있어서 봉쇄세력이 편리하다고 판단되는 조건을 달 수 있다. 명백한 재난시 중립국 선박과 항공기는 봉쇄부대 지휘관 또는 봉쇄수단(예, 기뢰)

3. 본 규칙은 재난상태에 있는 항공기가 봉쇄구역에 들어오는 것과 관련있는 규칙 153(b)의 유효성을 감소시키는 것은 아니다.

[규칙 156] 규칙 151에 의하여 공중봉쇄가 '효과적'이기 위해서는 민간항공기가 공중봉쇄를 침파하거나 침파하려고 시도할 경우 착륙, 조사, 포획 혹은 회항할 것을 강요할 수 있으며, 만약 민간항공기가 이러한 차단을 회피하려는 의도가 명확하게 보인다면 경고 후 공격할 수도 있다.

1. 본 규칙에서 규칙 151을 언급함에 따라 봉쇄국은 봉쇄구역에의 접근 및 그로부터의 이탈을 방지하기 위한 조치를 취하여야 한다. 만약 봉쇄군이 동 규칙상의 상황에서도 아무런 조치들을 취하지 않는다면 공중봉쇄는 더 이상 효과적이지도 않을뿐더러 무효이다.

2. 본 규칙의 첫째 문장은 차단이 강제적이어야 한다는 것을 반드시 의미하는 것은 아니다. 중요한 요소는 공중봉쇄를 침하했다고 의심되는 민간항공기에 대해서는 강제로 착륙, 조사, 포획 및 항로변경을 명할 수 있다는 것이다. 이것은 사전 차단없이 행해질 수 있다.

3. 중립국 민간항공기는 공표 및 유효성이라는 법적 요건에 따라 공중봉쇄를 존중해야 할 의무가 있기 때문에 그들도 조사, 포획 또는 항로변경을 면할 수 없다. 공중봉쇄의 침파 -봉쇄구역 안에서든 밖에서든- 는 항공기가 각 선언에서 한정된 봉쇄구역의 외측한계를 횡단하는 경우에 발생한다(규칙 148 참조).

4. 공중봉쇄 침파 시도는 다음 2가지 상황 중에서 발생하게 된다. (ⅰ)봉쇄구역에서 이륙한 항공기가 봉쇄구역의 외측한계 방향으로 항로를 명백하게 고정한 경우, (ⅱ)국제공역에 있으

유지 책임자가 정한 조건에 따라 봉쇄구역으로의 진입이 허용되어야 하며, 결과적으로 이탈도 허용되어야 한다. 마찬가지로 민간인과 환자, 병자에 구호품을 전달하는 중립국의 선박과 항공기가 봉쇄 차단을 통과할 수 있도록 허가하여야 한다."

면서 봉쇄구역으로 향하는 항로에 있는 경우.

5. 공중봉쇄의 침파 또는 침파시도가 있었다는 결론에 대한 합리적 근거는 다음과 같은 경우 존재한다고 할 수 있다. 소집된 중립국 민간항공기가 만약 (ⅰ)화물과 목적지에 대한 허위정보를 제공하거나, (ⅱ)봉쇄구역 근처를 맴돌면서 초계항공기가 영공을 이탈함과 동시에 봉쇄선을 통과할 의도를 가지고 있다고 의심한 만한 타당한 근거를 제공할 경우.

6. 포획에 대한 책임은 공중봉쇄의 존재를 알고 있다는 사실을 전제로 한다. 봉쇄가 설정되었다는 것을 안다는 것은 현실적이거나 추정적이어야 한다.[543] 봉쇄국은 중립적 비행은 NOTAM이 발행될 경우 이로부터 획득될 수 있다는 가정에 의존한다(규칙 148(특히 148(c) 및 규칙 149 참조).

7. 만약 중립국 민간항공기가 공중봉쇄를 무시한 채 봉쇄구역에 접근한다면(특히 NOTAM이 발행되지 않았을 때), 봉쇄국의 관헌에 의해 봉쇄구역의 존재에 대한 정보가 항공기에 개별적으로 고지되어야 한다(1909년 런던선언 제16조 참조).[544] 이것은 당해 항공기와의 라디오 통신을 설정함으로써 달성될 수 있다.

8. 만약 민간항공기가 명백하게 차단에 저항할 경우 군사목표물이 되며 사전경고 후 공격의 위험에 처해진다(그러한 상황에서의 민간항공기에 대한 공격은 공중봉쇄의 유효성을 보존하는 유일한

---

543) 1909년 런던선언 제14조: "봉쇄침파범으로서 중립선박을 나포함에는 그 선박이 현실상 또는 추정상 봉쇄의 사실을 알고 있음을 요건으로 한다." 런던선언 제15조: "출발항이 소속하는 중립국에 대하여 적당한 시기에 봉쇄의 고지가 있은 후 선박은 반증을 거증하지 아니하면 봉쇄의 사실을 알고 있었던 것으로 추정된다."

544) 1909년 런던선언 제16조 : "봉쇄함에 도달하는 선박으로서 봉쇄의 존재를 모르거나 또는 이를 알고 있었던 것으로 추정할 수 없는 경우에는 봉쇄함대에 속하는 군함의 사관은 그 선박에 대하여 고지함이 필요하다. 상기고지는 그 선박서류에 기입되며, 이를 행한 일 및 시, 그리고 당시에 있어서의 그 선박의 지리상의 위치를 명기하여야 한다. 봉쇄함대의 지휘관의 태만으로 인하여 봉쇄의 선언을 지방관헌에 고지하지 않은 경우 또는 고지한 선언 중에 퇴거기간을 규정하지 아니하는 경우에는 봉쇄항을 출발하려는 중립선박은 봉쇄선을 넘을 자유를 가진다."

수단이기 때문에 명백한 군사적 이익을 제공한다). 적 민간항공기에 대해서는 규칙 27(d) 참조. 중립국 민간항공기에 대해서는 규칙 174(e) 참조. 민간여객기(적국이든 중립국이든)에 대해서는 규칙 53(e) 참조.

9. 만약 민간항공기가 도주하려고 하면, 도주하는 항공기는 차단 군용기에 의해 추적될 수 있다. 추적이 포기되지 않는 한 공격을 받을 위험도 있다. 만약 도주하는 항공기가 AWACS와 같은 봉쇄군의 군용항공기에 의해 계속적으로 추적되면 그 추적은 충분한 것이 된다. 추적은 중립국 민간항공기가 중립국 영공으로 들어가면 중지된다.

10. 포획은 단지 공중봉쇄를 효과적으로 강제하기 위한 수단일 뿐이므로 징벌적 목적이 추구되어서는 안 된다. 그러므로 포획으로부터 성공적으로 벗어난 민간항공기는 이전의 공중봉쇄를 위반했다는 또는 위반하려고 시도했다는 이유만으로 포획되어서는 안 된다.

11. 민간여객기의 포획 또는 민간여객기에 대한 공격에 대해서는 제J절(I)과 제J절(Ⅲ) 참조.

[규칙 157] 공중봉쇄의 설정이나 유지는 다음의 어느 하나라도 발생할 경우에 금지된다.

규칙 157(a)와 (b)는 민간주민에 대한 공중봉쇄의 영향을 제한하고 있다. 동 규칙들은 전투원과 직접적으로 적대행위에 참가하고 있는 민간인에 대한 영향과는 관계가 없다.

(a) 공중봉쇄의 유일하고도 주요한 목적이 민간주민을 기아케 하거나 민간주민에게 생존에 필수적인 물자를 거부하는 경우

1. 국제관습법하에서 전투방법으로서의 민간주민의 기아는 금지된다(규칙 97 참조)

2. NWP, para.7.7.2.5는 마지막 문장에서 "봉쇄는 민간주민을 기아케 하거나 생존에 필수

적인 기타 물자를 거부하는 것이 유일한 목적일 경우에는 금지된다"고 밝히고 있다. 대다수 전문가들은 공중봉쇄 또한 '주요한 목적'이 민간주민을 기아케 하거나 생존에 필수적인 여타 물자를 거부하는 것일 경우 마찬가지로 금지된다는 입장을 취했다. 그러므로 공중봉쇄는 부차적이고 비교적 중요하지 않은 군사목적에 도움이 되더라도 불법적인 것이 될 수 있다.

3. 공중봉쇄는 생존에 필수적인 물자를 박탈당할 위험이 점증하고 종국에는 기아케 함으로써 반드시 봉쇄지역의 민간주민에게 영향을 미칠 것이다. 그러한 경우 봉쇄는 본 규칙하에서 봉쇄 그 자체가 불법적인 것이 되는 것은 아니다. 이것은 '유일한 또는 주요한 목적'이라는 단어에서 명확해진다. 주민에게 생존에 필수적인 물자를 거부하는 것이 봉쇄국에 의해 추구되는 단순한 부작용이라면 봉쇄는 합법적인 것이 된다. 그 경우에는 규칙 157(b) 및 규칙 158에 규정된 의무가 적용된다.

(b) 민간주민이 받는 고통이 공중봉쇄로부터 기대되는 구체적이고 직접적인 군사적 이익과 비교하여 과도하거나 과도할 것으로 예상되는 경우

1. 본 규칙의 '고통'은 민간주민의 단순한 불편을 의미하는 것이 아니다. 동 규칙의 주안점은 민간주민의 심각한 고통을 초래하는 '기아봉쇄'를 배제하는 것이다,

2. '민간주민의 고통'은 '기아봉쇄'라는 극단적인 사례에 한정되는 것은 아니다. '기아봉쇄'가 야기되지 않더라도 만약 구체적이고 직접적으로 기대되는 군사적 이익과 비교하여 과도하거나 과도할 것으로 예상되는 민간주민의 고통은 불법적인 것이 될 것이다.

3. 공중봉쇄의 설정과 유지는 구별할 필요가 있다. 민간주민의 고통은 구체적이고 직접적으로 기대되는 군사적 이익과 비교하여 처음에는 과도할 것이라고 예상되지 못했지만, 나중에 그러한 과도한 고통이 실제로 야기되었다는 경험적 증거가 있을 수도 있다. 이러한 상황에서 공중봉쇄는 철폐되거나 규칙 158에 따라 식료품과 필수적인 물자의 자유통과가 허용되

어야 한다.

[규칙 158] 규칙 100을 조건으로, 만약 봉쇄구역의 민간주민에게 필수적인 식량과 생필품의 조달이 불충분할 경우 봉쇄국은 다음의 요건에 따라 인노적인 항송선봉로를 설정하여 식량 과 생필품의 자유통과를 보장하여야 한다.

1. 본 규칙은 규칙 157의 당연한 결과이며, 규칙 100하의 의무를 재강조한 것이다.

2. 현존하는 국제적 무력분쟁에 적용되는 법에 따르면, 봉쇄구역의 민간주민이 식량 또는 다른 생존에 필수적인 물자를 공급받지 못할 경우 봉쇄국은 공중봉쇄가 기아봉쇄가 되는 것을 막기 위하여 식료품 또는 필수적인 물자의 자유로운 통과를 허용하여야 한다.

3. 구호물자의 안전한 통과를 위하여 봉쇄국은 항공기 또는 기타 수송수단이 봉쇄지역을 출입할 수 있는 특정 루트 -인도적인 통로- 를 지정할 수 있다.

4. 본 규칙은 인도적 원조에 관한 한 규칙 100에 따라야 한다. 외부세계로부터의 구호조치가 취해지기 위해서는 관련 당사자 간, 즉 이 경우 봉쇄국의 비점령지역에서의 합의가 요구된다. 하지만 봉쇄국에 의한 합의는 봉쇄가 전투방법으로서의 민간주민의 기아를 초래하는 경우에는 보류되어서는 안 된다.

(a) 봉쇄국은 그러한 통과를 허용하는 경우 조사를 포함하는 기술적 조건을 정립할 권리를 가진다.

1. 합의 문제와는 관계없이 봉쇄국은 조사를 포함하는 '기술적 조건'을 주장할 권리가 있다. 이는 구호물자가 봉쇄국에 유해한 군사적 또는 여타 목적을 위해 남용되지 않을 것이라는 것을 보장하기 위해 고안된 것이다.

2. 봉쇄국은 공중봉쇄의 유효성에 대한 침해 및 적군대의 구호물자 이용을 방지하기 위하여 양, 시간, 항로 및 수송수단 등으로 구호물자의 수송을 제한할 수 있다.

(b) 식량과 생필품의 분배는 이익보호국이나 공평성이 보장되는 국제적십자사와 같은 인도적 기구의 감독하에 이루어져야 한다.

1. 본 규칙은 물자의 배분은 감독하에 이루어져야 한다는 주장에 대한 봉쇄국의 최소한의 관심을 보증하기 위해 고안된 것이다. 감독은 이익보호국 또는 공정한 인도적 기구(예, ICRC)에 위탁되어야 한다.

2. 이익보호국(즉, 교전당사국의 이익을 보호하기 위하여 동의하에 지정된 국가) 제도는 1929년 제네바협약에서 국제적 무력분쟁에 적용되는 법에 도입되어[545] 1949년 제네바협약에서 재인용되었고[546] 제1추가의정서에서 강화되었다.[547] 관행상 이익보호국의 활동에 대한 동의는

---

[545] 1929년 전쟁포로의 처리에 관한 제네바협약은 제39조, 제42조, 제43조, 제77조, 제86조 및 제87조에서 이익보호국을 언급하고 있다.

[546] 제네바 제4협약 제9조 참조: "본 협약은 분쟁당사국의 이익보호를 임무로 하는 이익보호국의 협력과 면밀한 검토하에 적용되어야 한다 이 목적을 위하여 이익보호국은 그 외교 및 영사직원과는 별도로 자국국민 또는 기타의 중립국 국민 중에서 대표를 임명할 수 있다 상기 대표는 그들이 임무를 수행함에 있어 필요로 하는 국가의 분쟁당사국은 이익보호국 대표의 파업을 최대한으로 용이하게 하여야 한다. 이익보호국의 대표는 어떠한 경우에도 본 협약에 의한 그들의 임무의 범위를 넘어서는 안 된다. 이들 대표는 특히 그들의 직무를 수행하고 국가의 안전상의 긴급한 필요성을 고려해야 한다."

[547] 제1추가의정서 제5조: "1. 분쟁당사국은 분쟁이 개시된 때부터 하기 조항에 따라 특히, 이익보호국의 지명과 수락을 포함한 이익보호국 제도의 적용에 의하여 협약과 본 의정서의 감시와 실시를 확보할 의무가 있다. 이러한 이익보호국은 분쟁당사국의 이익을 보장할 의무를 진다. 2. 제1조에 규정된 사태가 개시된 날로부터 각 분쟁당사국은 지체없이 제협약 및 본 의정서의 적용을 목적으로 이익보호국을 지정하여야 하며, 지체없이 그리고 통일한 목적을 위하여 적대국에 의하여 지명되고 자국에 의하여 수락된 이익보호국의 활동을 허용하여야 한다. 3. 본 의정서 제1조에 규정된 사례가 개시된 때로부터 이익보호국이 지명되고 수락되지 않은 경우에는 기타 공정한 인도적 단체가 행동할 권리를 침해함이 없이 국제적십자위원회가 분쟁당사국이 동의하는 이익보호국의 지체없는 지명을 목적으로 주선을 제공한다. 이 목적을 위하여 국제적십자위원회는 각 당사국에게 그 당사국이 적대당사국과의 관계에서 자국을 위하여 이익보호국으로 행동함을 수락할 수 있다고 생각하는 최소한 5개국의 명단을 제공할 것과 각 적대당사국에게 상대당사국의 이익보호국으로 수락할 수 있는 최소한 5개국의 명단을 제공할 것을 요청할 수 있다. 이들 명단은 요청을 접수한 때부터 2주일 이내에 통보되어야 한다. 국제적십자위원회는 동 명단들을 비교하고 양측 명단에 기재된 후

드물었다. 그러므로 ICRC와 같은 국제적인 인도적 기구들이 이익보호국의 인도적 기능을 수행할 필요가 있다.

[규칙 159] 봉쇄국은 조사를 포함하는 기술적 조건을 정립할 권리를 따를 것을 조건으로 민간 주민이나 군 부상자 및 병자들을 위한 의료물자의 통과를 허용하여야 한다.

1. 본 규칙은 산레모 매뉴얼 제104항[548]에 기초하고 있다. 또한 제네바 제4협약 제23조[549] 참조.

2. 본 규칙은 규칙 158을 보완하고 있다. 이 경우 규칙 100을 따를 것을 조건으로 하는 규칙

보국가에 대한 합의를 모색한다. 4. 전 항의 규정에도 불구하고 이익보호국이 없는 경우에는 분쟁당사국은 국제적십자위원회 또는 공정성과 능률성이 보장되는 기타 조직이 관계당사국과 필요한 협의를 한 후 이러한 협의의 결과를 고려하여 대리기관으로 행동할 것을 제의하는 경우 이를 지체없이 수락하여야 한다. 이러한 대리기관의 기능은 분쟁당사국의 동의를 얻어야 한다. 분쟁당사국은 제협약 및 본 의정서에 따라 업무를 수행하는 대리기관의 활동을 촉진시키기 위하여 모든 노력을 다하여야 한다. 5. 제4조에 따라 제협약 및 본 의정서를 적용하기 위한 이익보호국의 지명과 수락은 분쟁당사국 또는 점령지를 포함한 어떠한 영토의 법적 지위에 대하여도 영향을 주지 아니한다. 6. 분쟁당사국 간의 외교관계의 유지 또는 당사국의 이익 및 자국국민의 이익의 보호를 외교관계에 관한 국제법의 규칙에 따라 제3국에게 위임하는 것은 협약과 본 의정서의 적용을 위한 이익보호국의 지명에 장애가 되지 아니한다. 7. 이하 본 의정서의 이익보호국에 관한 언급에는 대리기관도 포함된다."

548) 산레모 매뉴얼 제104항: "봉쇄를 실시하고 있는 교전당사국은 그러한 통과가 인정되는 수색을 포함한 기술적 조건을 정하는 권리에 따를 것을 조건으로 민간주민 또는 군상병자를 위한 의약품의 통과를 허용하여야 한다."

549) 제네바 제4협약 제23조: "각 체약국은 타방 체약국, 비록 적국일지라도 민간인에게만 향하는 의료품 및 병원용품 그리고 종교상의 의식을 위하여 필요로 하는 물품 등 모든 탁송품의 자유통과를 허용하여야 한다. 각 체약국은 15세 미만의 아동, 임산부에게 송부되는 불가결한 식료품, 피복 및 영양제 등 모든 탁송품의 자유통과를 허가하여야 한다. 체약국은 다음과 같은 경우들을 우려할 중대한 이유가 있다고 인정하는 경우를 제외하고는 전항에서 말한 탁송품의 자유통과를 허가할 의무를 진다. 가. 탁송품이 그 행선지에 도착하지 못할 우려가 있는 경우. 나. 관리가 유효하게 실시되지 못할 우려가 있는 경우. 다. 적이 당해 탁송품이 없으면 자신이 공급 또는 생산하지 않으면 안 될 물품의 대용으로 그 탁송품을 충당하거나 또는 당해 탁송품이 없었더라면 그러한 물품의 생산에 필요한 원료 용역 또는 설비를 사용치 않게 됨으로써 적의 군사력 또는 경제에 대하여 명백히 이익을 주게 될 우려가 있는 경우 본 조 제1항에서 언급한 탁송품의 통과를 허가하는 국가는 그 탁송품의 이익을 받는 자에 대한 분배가 현지에 있어서의 이익보호국의 감독하에 행하여질 것을 그 허가의 조건으로 할 수 있다. 전기의 탁송품은 가능한 한 신속히 수송되어야 하며 또 탁송품의 자유통과를 허가하는 국가는 그 통과를 허가하는 데 관한 기술적 조건을 정할 권리를 갖는다."

158에 내포된 동의 문제는 동 규칙에 포함되지 않는다. 민간주민 또는 무력분쟁의 상병자(피봉쇄지역에 억류된 전쟁포로 포함)를 위한 의료물자의 통과를 허용하는 것이 절대적으로 요구된다.

3. 비록 봉쇄국의 합의가 동 규칙의 작동을 위해 요구되지 않더라도 봉쇄국은 남용이 없을 것이라는 것을 보장하기 위하여 –조사를 포함한– 기술적 조건을 규정할 권리를 갖고 있다.

제W절 연합작전

1. 본 절의 필요성은 UN군과 기타 -전지구적이든 지역적이든- 정부 간 국제기구군을 포함하는 매뉴얼의 적용범위에 관한 규칙 3(a) 및 규칙 3(b)에서 비롯되었다.

2. 본 매뉴얼은 또한 어떤 기구의 테두리 밖에서 발생한 둘 또는 그 이상의 국가의 군대 간의 연합작전에도 적용된다. 그래서 본 절은 공동의 적에 대항하여 행해지는 다국적 활동을 다루고 있다. 연합작전이 영구적 동맹의 일부로서 수행되었는지 또는 특정 국제적 무력분쟁을 기초로 하여 특별히 형성되었는지는 문제가 되지 않는다.

3. 본 절은 오로지 둘 또는 그 이상의 국가의 군대를 포함하는 연합작전에만 적용된다. 서로 다른 조직화된 비국가적 무장단체 간의 연합작전에는 적용되지 않는다.

4. 본 절은 국제적 무력분쟁에만 적용된다. 전문가 그룹은 본절에 반영된 규칙이 비국제적 무력분쟁에의 적용을 허용할 것인지에 대한 결론에 도달하는 것은 불가능하다고 보았다.

5. 본 절은 일국의 법적 권리 및 의무가 어떻게 동맹국 군대의 활동에 의해 영향을 받는가 하는 것에 집중하고 있다.

6. 본 절의 목적은 국가책임 또는 국제기구의 책임을 다루는 것이 아니라 -하나 이상의 국가가 무력분쟁에서 같은 편에 가담하는- 연합작전에 적용되는 서로 다른 법적 의무가 연합작전의 파트너 간에 존재하는 경우에 발생될 수 있는 문제에 관한 법을 확인하는 것이다.

[규칙 160] 연합작전이라 함은 국제적 무력분쟁에 있어서 둘 또는 그 이상의 국가가 일시적

혹은 영구적 동맹으로서 가담하는 작전을 뜻한다.

본 규칙은 연합작전은 국제적 무력분쟁에서 공동의 적과 싸우는 연합작전 파트너인 둘 또는 그 이상의 국가의 통합 또는 연합군과 관련있다는 것을 명확히 하고 있다. 이러한 연합이 특별한 제휴 또는 영구적 동맹(나토와 같은)을 반영한 것인지는 중요하지 않다. 게다가 동 규칙은 마찬가지로 ―통일된 지휘하에서 싸우고 있는― 통합군 및 공동의 적에 대항하여 단순히 일정 정도로 협력하는 군에도 적용된다.

[규칙 161] 국가는 연합작전에의 가담을 자신들이 국제적 무력분쟁에 적용되는 법이 정하는 의무 이행에 실패한 것을 정당화하기 위한 근거로 할 수 없다.

1. 동 규칙은 주로 서로 다른 일련의 체약국에게 적용되고 그에 따라 다른 법체제를 생성하는 비보편조약을 주로 언급하고 있다. 국제관습법은 원칙적으로 모든 국가에게 동일하지만(지속적인 반대국은 제외), 국제관습법의 특정 규범의 해석에는 다양한 견해가 있을 수 있다.

2. 때때로 국가는 함께 연합작전을 하고 있는 타국에게는 구속력이 없는 조약(타국은 동일한 조약에 서명, 비준하지 않아 준수할 필요가 없음)상의 의무를 부담하기도 한다. 총가입조약상의 요건(즉, 조약의 적용이 모든 교전당사국이 체약국이어야 한다는 요건을 명시하고 있는 조약 규정)이 없으면, 동맹국이 체약국인가 하는 것과는 관계없이 구속력을 갖는다.

[규칙 162] 연합작전에 가담하는 국가의 법적 의무는 군대가 타국 국적의 군지휘관의 지휘와 통제 하에 있는 다국적군에서 작전하는 경우에도 변경되지 않는다.

1. 국제법에 포함된 모든 국가의 의무는 모두 관습법과 체약국 간의 조약에 기반을 두고 있다. 이러한 의무는 다른 의무를 부담하는 국가들과의 연합작전에 참여할 경우에도 변하지 않는다. 이는 다른 조약상의 의무를 지고 있는 국가에서 연합작전 지휘관이 부임했을 때도

적용된다.

2. 문제는 연합작전에서 파트너가 부담하는 다른 조약상의 의무를 능가한다는 것이다(규칙 161에 대한 해설 참조). 국가들이 종종 국제관습법을 달리 해석하는 것처럼, 제약국들은 어떤 조약의 특정 조항들을 다르게 해석하는 것은 흔히 있는 일이다. 이는 법적 상호운용성의 문제이다(규칙 164 참조). 후자의 현상을 다루는 좋은 예에는 군사목표물에 관한 원칙의 적용에 대한 다양한 접근방법이 포함된다(제E절, 특히 규칙 24에 대한 해설 para.2 참조). 특히 연합작전에 참가하는 둘 또는 그 이상의 파트너들은 특수한 폭격임무에 대한 합법성 평가에 영향을 미치는 방법으로 표적선정에 관한 국제적 무력분쟁에 적용되는 법에 대해 다른 해석을 할 수 있다. 이는 연합작전에서 한 쪽은 기꺼이 임무를 수행하고자 하지만, 다른 쪽은 아닐 수 있다. 여기서 발생하는 문제는 폭격 그 자체는 전자의 폭격기로 수행되지만, 그럼에도 불구하고 후자는 전자에게 전투기 호송을 제공해야 하느냐 하는 것이다.

3. 이를 해결할 수 있는 한 방법은 공통의 교전규칙이라는 도구를 이용하는 것이다. 연합작전에서 파트너의 행위와 조화를 이루기 위하거나 또는 다른 이유로 각국들은 국제적 무력분쟁에 적용되는 법상의 의무보다 더 엄격한 교전규칙에 동의할 수 있을 것이다.

4. 다른 방법으로는 공통의 교전규칙이 지나치게 '엄격할' 경우, 연합작전의 파트너가 '예고기재(단서조항)'을 추가할 수 있도록 허용하는 것이다. 이것은 주로 작전이 시작되기 전 또는 현재 진행 중인 연합작전의 공통의 교전규칙이 재검토되고 있을 때 시행된다. 이같은 예고기재(단서조항)는 법률적, 정치적 또는 다른 사유를 기반으로 할 수 있다. 연합작전의 파트너는 작전참여에 있어서 충분한 국내 정치적 지원을 유지하기 위해 부대의 작전에 특정한 제한을 설정해 놓을 필요가 있을 수 있다. 예고기재(단서조항)는 또한 연합작전에서 어느 일국이 타국에 비해 정확도가 낮은 무기를 보유하고 있고 그들이 더 엄격한 교전규칙을 적용함으로써 부수적인 피해를 입을 수 있는 위험을 충분히 낮추는 등의 기술적인 측면을 기반으로 할 수 있다.

5. 이와 같은 예고기재(단서조항)는 연합작전의 다른 파트너 국가들에게 자국의 특정 업무를 수행할 능력이 부족하거나 수행할 의지가 없다는 것을 사전에 공지함으로써 연합작전 지휘관이 이러한 정보를 바탕으로 계획을 수정할 수 있게 할 것이다. 이는 전형적으로 "임무를 수행할 부대" 해결책을 적용함으로써 정리되는데, 이는 특정 업무를 예고기재(단서조항)에 방해받지 않을 부대에 할당하게 된다. 많은 파트너 국가들과 다수의 예고기재(단서조항)가 허용된 연합작전에서 지휘관은 어떤 부대가 어느 업무를 담당하는지를 보여주는 정보망을 이용할 수 있다.

6. 작전수행의 효율성과 계획의 단순화 그리고 착오를 감소시키기 위해 부대 지휘관들은 연합작전에서 공통의 교전규칙에 대해 최소한의 예고기재(단서조항) 유지를 더 선호한다. 하지만 법률적, 정치적 제한은 어쩔 수 없이 예고기재(단서조항)를 증가시킬 수 있다.

7. 의사결정과정을 구성하는 것은 연합작전의 파트너 국가의 손에 달려있다. 한 가지 해결방안은 연합작전의 모든 파트너 국가의 대표를 뽑아서 비례성 원칙과 국제적 무력분쟁에 적용되는 법의 기타 요건의 분석 및 표적선정 문제를 다루는 하나의 집단기구를 만드는 것이다. 그러한 집단적인 절차가 채택될 경우, 연합작전의 각 파트너 국가들은 특정 공격에 대해서 거부권을 행사에 방해할 수 있다. 이같은 거부권 행사를 '레드카드' 절차라고 한다. 만약 연합작전에서의 파트너 국가가 계획되고 있는 특정 공격에 대해 '레드카드를 행사할 경우,' 그 공격은 취소될 것이다.

8. 의사결정과정을 조직하는 다른 방법으로 작전 지휘관 혼자서가 아닌 연합작전 파트너 국가들이 '레드카드'를 이용해 예고기재(단서조항)와 다른 사유들을 고려하여 각 전력부대에게 특정 임무를 부여하는 것을 방지하는 것을 허용하는 것이다(동 규칙에 대한 해설 paras.4~6 참조). 이런 방식으로 작전 지휘관은 여전히 계획을 시행할 수 있지만, 이는 그가 통솔하는 전력이 계획에 동의하고 실행할 의사가 있어야만 가능하다.

[규칙 163] 국제적 무력분쟁에 적용되는 법에 따른 국가의 의무는 공중 또는 미사일 세력이 공동교전국의 영역에서 작전을 수행하고 있을 경우에도 변하지 않는다. 공중 또는 미사일 세력이 국제적 무력분쟁에 적용되는 법의 다른 의무들을 갖는 공동교전국의 영역에서 작전을 수행할 경우에도 마찬가지로 국가의 의무는 변경되지 않는다.

1. 본 규칙의 기초는 규칙 162와 동일하다.

2. 본 규칙은 작전이 적국 영역에서 발생할 경우 명확하다. 또한 연합작전이 공동 교전국 영역에서 또는 영역으로부터 행해지는 경우에도 적용된다.

3. 본 규칙은 오로지 '공동교전국의 영역'에 적용된다는 것이 강조되어야 한다. 그래서 이는 제X절에서 야기되는 의무와는 관련이 없다.

4. 타 공동교전국 영역 이용의 구체적 내용은 양 국가 간의 합의에 달려있다. 이러한 합의는 특성상 일반적이거나 임시적인 것일 것이다.

5. 공동교전국 영토에서의 작전에 대한 동의는 접수국의 법적 의무 또는 기타 고려사항에 기초한 -접수국이 부과하는- 파견군에 대한 제한에 달려있다. 그러한 공동교전국 영토 내에 있는 기지에서 시작된 연합작전에서 파트너의 활동에 영향을 미치는 특수한 제한이 주장되어야 하는지는 접수국의 법적 의무의 성질에 달려 있다.

[규칙 164] 국가는 국제적 무력분쟁에 적용되는 법의 의무를 부담하지 않는 타국, 비록 그 국가가 자국에서는 금지되는 행위을 행하고 있을 경우에도 연합작전을 수행할 수 있다.

1. 동 규칙은 소위 '법적 상호적용성'이라고 알려진 문제를 다루고 있으며, 지난 20여 년간 발전된 일반적인 국가관행에 기초하고 있다.

2. 지금까지 유일한 조약법은 2008년 집속탄에 관한 더블린협약(Dublin Convention on Cluster Munitions) 제21조(3)이다: "동 협약 제1조에도 불구하고 그리고 국제법에 따라 체약국, 그 국가의 군사요원 및 국민은 체약국에게 금지되는 활동에 종사하고 있는 비체약국과 연합작전 및 작전에 종사할 수 있다."[550] 동 조항은 1977년 오타와협약의 여러 체약국들이 밝힌 양해사항과 일치한다.[551]

3. 어느 일 공동교전국이 작전을 수행할 경우 다른 공동교전국이 그 작전을 행하는 것은 불법이지만 그러한 상황을 이용하는 것은 금지되지 않는다. 만약 그러한 문제를 다루는 조약에 구속되지 않는 어느 일 공동교전국이 지뢰를 매설할 경우 체약국인 타 공동교전국은 지뢰 매설지역을 고려하여 군대를 배치할 수 있다.

---

550) 2008년 집속탄에 관한 더블린협약 제1조: "1. 본 협약의 체약국은 어떠한 상황하에서도 다음을 행하지 아니할 것을 약속한다. (a)집속탄의 사용, (b)집속탄의 개발, 생산, 혹은 기타 방법으로 획득, 비축, 보유 또는 직접적이거나 간접적인 인도. (c)본 협약하에서 체약국에게 금지된 활동에 종사하도록 지원, 장려 또는 권유하는 행위. 2. 본 조 제1항은 항공기에 장착된 발사기로 산포되거나 발사된 폭발성 소형 폭탄에도 준용하여 적용된다. 3. 본 협약은 기뢰에는 적용되지 않는다."

551) 예를 들면 오스트레일리아는 1997년 오타와협약 비준시 다음과 같은 양해사항을 행하였다. "UN 또는 기타 국제법에 일치하여 행해지는 작전, 훈련 또는 기타 군사활동, 본 협약에서 금지되는 활동에 종사하는 본 협약 체약국이 아닌 국가의 군대와 연합하여 행해지는 그러한 작전, 훈련 또는 군사활동에의 오스트레일리아 연방군 또는 오스트레일리아 시민 개인 또는 거주민의 참가는 본 협약을 위반하는 것으로 간주되지 않는다는 것이 오스트레일리아의 양행사항이다." 유사한 양해사항 선언이 캐나다와 영국에 의해서도 취해졌다.

제X절 중립

1. 본 매뉴얼의 규칙 1(aa)에 따르면, '중립국'은 '국제적 무력분쟁에서 교전당사자가 아닌 국가'를 의미한다. 따라서 중립국의 지위는 중립의 선언에 달려있는 것은 아니며, 전통적인 중립법에 대한 국가들의 다양한 입장에 비춰 판단되는 것도 아니다.[552]

2. 전문가 그룹은 1945년 이후 국가관행으로 공고화된 바와 같이 교전당사국과 적대행위에 참여하지 않은 국가 간의 관계를 규율하는 국제관습법의 규칙과 원칙의 목표 및 목적에 의해 인도되었다. 제2차 세계대전 이후에 발생한 국제적 무력분쟁은 전통적인 중립법의 지속적인 적용 가능성에 의문을 제기하기도 했지만, 모든 국제적 무력분쟁에 적용될 수 있는 승인된 핵심 규칙과 원칙에 대한 증거로는 충분하다.[553]

3. 그러한 규칙과 원칙들은 이중 보호 목적에 도움이 되는 것으로 요약할 수 있다. 그것들은

---

[552] 일부 국가는 중립법규는 오로지 공식적으로 선언된 전쟁에만 적용된다고 주장한다. 어떤 국가들은 중립법규는 상당한 규모의 무력분쟁이 발발한 경우에 적용된다는 입장을 취한다. 또 어떤 국가들은 중립법규는 공식적으로 중립국 지위를 선언한 국제적 무력분쟁 당사국이 아닌 국가에 대해 구속력을 갖는다고 주장한다.

[553] 따라서 동일한 접근이 '중립국'을 '분쟁당사국이 아닌 국가'로 para.13(d)에서 정의하고 있는 산레모 매뉴얼의 기초가 되고 있다. 산레모 매뉴얼에 대한 해설 para.13.11 및 13.13 참조: "13.11 이 정의는 국제법에서 전통적으로 사용되어온 중립의 정의에 해당한다. 그것이 현대 국제법에서도 적용되는가 하는 의문이 계속 제기되어 왔다. UN헌장에 규정된 국제관계에 있어서의 무력사용의 금지는 침략을 차별하고 그러므로 중립법으로부터 이탈할 수 있는 권리를 국가에 부여하고 있다고 주장되어 왔다. 헌장 제51조에 의거 국가는 UN 회원국에 대하여 무력공격이 발생한 경우 개별적인 또는 집단적인 자위권을 갖고 있다. 국가는 집단적인 자위권을 발동하여 희생국을 위해 전쟁에 참가할 수 있을 뿐만 아니라 무기의 공급과 같은 보다 낮은 수준의 수단에 의해서 희생국을 지원하는 것도 가능하다는 주장도 있다..... 13.13 위의 논쟁은 본 매뉴얼에 영향을 주지 않았다. 매뉴얼에 포함되어 있는 중립국에 관한 규칙들은 분쟁당사국이 아닌 모든 국가에 적용되며, 약간의 중립규칙으로부터 이탈하는 것이 허용된다고 생각하는 국가에 대해서도 적용된다. 이것은 공격으로부터 중립국 상선의 보호(제67항~제69항), 중립국 수역의 보호와 중립국 통항의 자유(제14항~제35항, 제80항~제92항, 제105항~제108항), 봉쇄(제93항~제104항) 및 중립국 상선의 임검, 수색, 침로변경 및 나포(제112항~제124항, 제146항~제152항)에 관한 규칙에서 일반적으로 합의되어 있다."

한편으로는 중립국과 그 국민을 적대행위의 영향으로부터 보호하고, 다른 한편으로는 중립국과 그 국민이 적국에게 이익이 되는 개입을 하지 못하게 하여 교전당사국의 이익을 보호함에 목적이 있다. 그래서 이러한 규칙과 원칙은 국제적 무력분쟁이 격화되는 것을 방지하는 목적이 있다. 따라서 교전당사국은 중립국의 불가침을 존중해야 할 의무가 있다. 반대로 중립국은 엄격한 공평의 의무와 중립의 지위를 유지해야 할 의무가 있다.

4. 본 절에 열거된 규칙 및 제U절에 열거된 규칙에 따르는 계속적인 무력분쟁 중의 중립국 비행 및 항행에 대한 금지는 없다.

5. 중립법은 한편으로는 교전당사국에게, 다른 한편으로는 중립국에게 적용된다. 따라서 본 절은 비국제적 무력분쟁에는 적용되지 않는다.

Ⅰ. 적용 범위

[규칙 165] UN 안전보장이사회가 UN헌장 제Ⅶ장의 효력과 특정 국가 혹은 국가 집단의 무력사용에 대한 허가를 포함하는 법적 구속력이 있는 예방 혹은 강제조치를 취할 경우 어떠한 국가도 UN헌장상의 의무와 양립하지 않는 행동을 정당화하기 위해 중립법규를 원용할 수 없다.

1. 본 규칙은 UN헌장 제7장하에 활동하는 안보리가 제39조[554]에 따라 평화에 대한 위협, 평화의 파괴 및 침략행위가 있었는지를 결정하고 예방적인 또는 강제적인 조치를 취하는 상황을 다루고 있다. 이러한 것들이 발생할 경우 문제의 국제적 무력분쟁 당사국이 아닌 국가들은 더 이상 중립법에 의존하는 것을 허용하지 않는다. UN헌장 제25조[555]에 따르면, 안보리

---

554) UN헌장 제39조: "안전보장이사회는 평화에 대한 위협, 평화의 파괴 또는 침략행위의 존재를 결정하고 국제평화와 안전을 유지하거나 이를 회복하기 위하여 권고하거나 또는 제41조 및 제42조에 따라 어떠한 조치를 취할 것인지를 결정한다."

555) UN헌장 제25조: "UN 회원국은 안전보장이사회의 결정을 이 헌장에 따라 수락하고 이행할 것을 동의

의 결정은 권고와는 달리 회원국들을 구속한다. 게다가 1907년 헤이그 제5협약 및 제13협약과 같은 조약들은 "UN 회원국의 헌장상의 의무와 다른 국제협정상의 의무가 충돌하는 경우에는 이 헌장상의 의무가 우선한다"라고 규정하고 있는 UN헌장 제103조 때문에 적용되지 않는다.

2. 무력사용(헌장 제8장의 무력상용의 허가 포함)에 관한 UN 안보리에 의한 구속적인 결정은 UN 안보리의 권한에 따라 무력에의 호소하는 법적 기초로서 기능할 뿐만 아니라 강제 또는 예방조치에 참가하지 않는 국가에 의무를 부과한다. 이는 국가관행에 의해 논증되었다. 적대행위에 참여하지 않는 국가들은 UN 안보리의 구속적인 결정에 따라 취해진 조치를 방해하지 않는다. 그들은 중립국의 공평에 의존하거나 UN 안보리의 결정에 기초하여 활동하는 군대 구성원을 억류할 권리가 없다.

3. UN 안보리는 강제 또는 예방조치를 결정할 수 있다. 강제조치는 평화의 위반 또는 침략행위에 대해 취해진다. 예방조치는 평화에 대한 위협시에 취해진다.

4. 동 규칙은 UN 안보리가 헌장 제7장하의 구속적인 결정을 채택할 경우에만 적용된다. 동 규칙은 UN 안보리가 어떠한 이유에서든 그렇게 하는 것을 삼가는 기타 상황에서는 적용되지 않는다.

II. 총칙

[규칙 166] 교전 쌍방 간의 적대행위는 절대 중립지역 안에서 이루어져서는 안 된다.

1. 중립국 영역 내에서의 적대행위 금지는 1907년 헤이그 제5협약 제1조,[556] 헤이그 제13

한다."

556) 1907년 헤이그 제5협약 제1조: "중립국의 영역은 침범할 수 없다."

협약 제1조[557])에 반영되어 있다. 이는 헤이그 공전규칙 제39조[558]) 및 제40조[559])에서 재확인 되었으며, 오늘날 국제관습법의 일부로 간주되고 있다. 중립법의 목적에 비추어 보면 교전 당사국은 중립국의 영토주권을 존중해야 할 엄중한 의무가 있다.

2. '중립국 영역'은 중립국 영토뿐만 아니라 중립국의 영토주권하에 있는 해양, 즉 내수, 영해 및 적용 가능한 경우 군도수역 및 이들 해양의 상부 영공을 포함한다. 중립국 영역 내에서의 적대행위 금지는 교전당사국이 국제해협 및 군도항로대에서 그리고 그 상공에서 계속해서 향유하는 통항권에는 아무런 영향을 미치지 않는다.

3. 비록 국가는 배타적 경제수역에서 주권적 권리를 갖긴 하지만 영토주권을 향유하는 것은 아니다(규칙 1(b)에 대한 해설 para.8 참조). 따라서 중립국의 배타적 경제수역 또는 배타적 경제수역 상부 국제공역에서 적대행위를 행하는 것은 금지되지 않는다(산레모 매뉴얼 제34항[560]) 및 제35항[561]) 참조). 하지만 이는 교전당사국에게 중립 연안국의 주권을 무시할 권리가 있음을 의미하는 것은 아니다. 교전당사국은 특히 배타적 경제수역의 경제적 자원의 개발과 탐사, 해양환경의 보존과 보호에 대한 중립 연안국의 권리와 의무에 대한 '적절한 고려'를 하여야 할

---

557) 1907년 헤이그 제13협약 제1조: "교전자는 중립국의 주권을 존중하며, 또한 중립국의 관용의 결과, 그의 중립위반을 구성하게 되는 일체의 행위를 중립영토 또는 영수에서 행하는 것을 피할 것이 요구된다."

558) 헤이그 공전규칙 제39조 : "교전국의 항공기는 중립국의 권리를 존중하며, 또한 중립국에서 저지할 의무가 있는 행위를 중립국 관할 내에서 행하는 것을 금지하여야 한다."

559) 헤이그 공전규칙 제40조: "교전국의 군용항공기는 중립국의 관할 내에 들어갈 수 없다."

560) 산레모 매뉴얼 제34항: "적대행위가 중립국의 배타적 경제수역 내 또는 대륙붕에서 행해지는 경우, 교전당사국은 해상무력분쟁법의 여타 적용 가능한 규칙의 준수외에 연안국의 권리와 의무, 특히 배타적 경제수역 및 대륙붕의 경제자원의 탐사 및 개발, 해양환경의 보호 및 보전에 타당한 고려를 하지 않으면 안 된다. 교전국은 특히 배타적 경제수역 및 대륙붕에 중립국이 설정한 인공섬, 시설물, 구조물 및 안전구역에 타당한 고려를 하지 않으면 안 된다."

561) 산레모 매뉴얼 제35항: "교전당사국이 중립국의 배타적 경제수역 또는 대륙붕에 기뢰부설이 필요하다고 생각하는 경우 교전국은 그 중립국에 통보하지 않으면 안 되고 또한 기뢰부설원의 규모 및 사용 기뢰의 종류가 인공섬, 시설물 및 구조물에 위험을 미치지 않고 출입을 저해하지 않도록 하여야 한다. 또한 교전국은 가능한 한 중립국의 해당구역의 탐사 및 개발에 대해 실질적인 방해를 해서는 안 되며, 해양환경의 보호 및 보전에도 타당한 고려를 하지 않으면 안 된다."

의무가 있다. 이러한 의무는 중립국의 배타적 경제수역 내에 있는 특히 인공섬, 시설 및 구조물 주위에 설정된 안전수역에 적용된다(규칙 107(e) 참조).[562] '적절한 고려' 원칙은 어떠한 절대적 의무도 부과하지 않는다. 대신에 교전당사국은 중립국 권리에 대한 부정적 영향과 예상되는 군사적 이익 간 균형을 맞추어야 한다고 생각한디.

[규칙 167]

(a) 교전당사국은 중립국 영역에서 어떠한 적대행위도 그리고 작전기지도 설치할 수 없고, 그러한 지역을 대피소로 쓸 수 없다. 또한 중립국 영역은 군용항공기나 미사일의 상공통과를 포함한 군대나 보급물자의 이동, 군사통신체계의 작동을 위해 교전당사국에 의해 이용되어서는 안 된다.

1. 본 규칙은 중립국 영토에서 행해지는 적대행위의 일반적 금지를 구체화하고 있다. 이는 1907년 헤이그 제5협약 제2조[563] 및 제3조,[564] 1907년 헤이그 제13협약 제2조[565] 및 제5조,[566] 헤이그 공전규칙 제39조, 제40조, 제42조[567] 및 제47조[568] 그리고 관련 국제관습법

---

562) UN해양법협약 제60조(4) 및 (6): "4. 연안국은 필요한 경우 항해와 인공도서, 시설 및 구조물의 안전을 보장하기 위하여 적절한 조치를 취할 수 있는 합당한 안전수역을 상기 인공도서, 시설 및 구조물의 주위에 위치할 수 있다....6. 모든 선박은 상기 안전수역을 존중하여야 하며, 인공도서, 시설, 구조물 및 안전수역주변에서의 항해에 관한 일반적으로 승인된 국제기준을 준수하여야 한다."

563) 1907년 헤이그 제5협약 제2조: "교전자는 중립국의 영토를 통과하여 군대 또는 탄약이나 군수품위 수송대를 이동시킬 수 없다."

564) 1907년 헤이그 제5협약 제3조: "교전자는 자음과 같은 행위도 마찬가지로 금지된다. 1. 무선전신국 또는 육상 혹은 해상에서 교전국과의 통신용으로 제공되는 일체의 기계를 중립국 영토에 설치하는 것. 2. 교전국이 전쟁전에 순수히 군사상의 목적으로 중립국 영토에 설치한 그와 같은 정류의 설비로서 공중통신용으로 제공되지 않던 것을 이용하는 것."

565) 1907년 헤이그 제13협약 제2조: "교전국 군함이 중립국 영수에서 포획, 임검, 수색권의 행사, 기타 일체의 적대행위를 행하는 것은 중립의 침범을 구성하는 것으로 이를 엄금한다."

566) 1907년 헤이그 제13협약 제5조: "교전자는 중립국의 항구 및 영수를 적에 대한 해군 작전근거지로 할 수없다. 특히, 무선전신국 또는 육상 혹은 해상에 있어서의 교전국 병력과의 통신용에 제공될 일체의 기구를 설치할 수 없다."

567) 헤이그 공전규칙 제42조: "중립국 정부는 교전국의 군용항공기가 그 관할 내에 들어옴을 방지하기 위하여 또는 그 관할 내에 들어갈 때에는 그 착륙 또는 착수를 강제하기 위하여 시행할 수 있는 수단을 취함을 요한다. 중립국 정부는 원인여하를 불문하고 그 관할 내에 착륙하거나 또는 착수한 교전국의 군용항공기를 승무원 및 승객이 있을 때에는 그의 승객과 함께 억류하기 위하여 시행할 수 있는 수단을 사용하여야 한다."

568) 헤이그 공전규칙 제47조: "중립국은 타방의 교전자에게 통보할 의사로서 일방의 교전자의 이동, 작전행동

에 기초하고 있다.

2. 본 규칙에 언급된 활동들은 절대적으로 금지된다. 중립국은 그러한 활동들에 동의할 권리가 없다. 만약 그럼에도 그렇게 한다면, 이는 중립법의 위반이다.

3. 해양체제에 관한 UN해양법협약의 규정들은 계속해서 적용된다. 따라서 교전국 군함은 중립국 영해에서 무해통항권을 향유할 수 있다. 하지만 무해통항은 UN해양법협약에서 엄격하게 정의되어 있다. 교전당사국은 '항공기의 이륙, 착륙 또는 탑재' 또는 '군사장치의 발진, 착륙 또는 탑재'와 같은 활동에 종사할 수 없다.[569]

(b) 하지만 교전당사국이 군사적 목적을 위해 인터넷처럼 국제적이고 공개적으로 접근 가능한 통신망을 쓴다면 이러한 기반시설은 중립국의 관할권에 속하더라도 중립성에 대한 침해가 되지 않는다.

1. 전문가 그룹은 본 규칙을 실증하기 위한 조약법 또는 국제관습법을 확인하지 못했다. 하지만 1907년 헤이그 제5협약 제8조에 따르면, "중립국은 그 소유에 속하든 회사 또는 개인에 속하든 이를 불문하고 교전자를 위하여 전신 또는 전화선과 무선전신을 사용함을 금지하거나 제한함을 요하지 않는다." 전문가 그룹은 유사한 규칙이 인터넷에도 추정된다고 확신

또는 방위를 자국의 관할 내에 있어서 공중에서 정찰하는 것을 방지하기 위하여 시행할 수 있는 수단을 사용할 의무를 갖는다. 상기 규정은 군함에 적재 중인 교전국 군용항공기에도 다같이 적용된다."

569) UN해양법협약 제19조(2): "2. 외국선박의 통항은 영해에서의 다음 활동 중 어느 것에 해당하는 경우, 그 통항은 연안국의 평화, 공공질서 또는 안전보장을 해하는 것으로 본다. 가. 연안국의 주권, 영토보전 또는 정치적 독립에 대한, 또는 UN헌장에 구현된 국제법원칙을 위반하는 기타 방법에 의한, 무력의 위협 또는 행사. 나. 어떠한 종류이던 무기를 사용하여 행하는 훈련 또는 연습. 다. 연안국의 국방 또는 안전보장에 유해한 정보수집을 목적으로 하는 행위. 라. 연안국의 국방 또는 안전보장에 영향을 미치는 것을 목적으로 하는 선전행위. 마. 항공기의 이륙, 착륙 또는 탑재. 바. 군사장치의 선상발진, 착륙 또는 탑재. 사. 연안국의 관세, 재정, 출입국관리 또는 위생법규에 위반한 물품, 통화의 양하, 적하 또는 사람의 승선, 하선. 아. 본 협약에 위배되는 고의적이고 중대한 위반행위. 자. 일체의 어로활동. 차. 조사 또는 측량활동의 수행. 카. 연안국의 통신체제 또는 기타설비, 시설의 방해를 목적으로 하는 행위. 타. 통항과 직접관련이 없는 기타 행위."

하였다.

2. 인터넷과 같은 공개적으로 접근할 수 있는 네트워크의 복잡성과 상호의존성을 고려하면 어떤 국가가 그러한 네트워크 전반의 통신을 효과적으로 통제하거나 간섭하는 것은 불가능 하다. 결국 대부분의 인터넷 통신은 최종 목적지에 도착하기 전에 여러 국가들을 관통하는 통신라인과 라우터를 통해 전송되기 때문에 추적할 수 없다. 그러므로 CNAs를 포함한 군사 통신이 중립국 영역 내에 위치한 라우터를 통해 전송되었다는 단순한 사실은 중립 위반으로 간주되지 않는다.

[규칙 168]

(a) 중립국은 규칙 167에 명시되어 있는 어떠한 행위도 자국 영역에서 일어나도록 용납해서는 안 되며 그것을 예방하고 종식시킬 수 있도록 가능한 모든 수단을 활용하여야 한다.

1. 본 규칙은 중립국 영역 또는 영공의 군사적 사용이 제X절하에서 중립법의 위반을 구성 할 수 있다는 것을 재강조하고 있다. 만약 중립국이 중립법에 의해 계속 보호받기를 원한다 면 그 영역이 남용되는 것을 동의하도록 허용되어서는 안 된다. 규칙 167(a)에서 언급된 행 위들이 자신의 영역 내에서 발생하는 것을 허용하지 않을 중립국의 의무는 1907년 헤이그 제5협약 제5조,[570] 헤이그 공전규칙 제42조에 기초하고 있다. 또한 국제관습법을 반영하고 있다.[571]

---

570) 1907년 헤이그 제5협약 제5조.: "중립국은 그 영토에 있어서 제2조 내지 제4조에서 규정된 일체의 행위를 허용하여서는 안 된다. 중립국은 영토 내에서 행하여진 것이 아니면 중립위반의 행위를 처벌함을 요하지 않는다."

571) 산레모 매뉴얼 제22항: "교전국이 본 매뉴얼에 규정된 중립국 수역제도를 위반한 경우, 중립국은 이를 종료 시키기 위하여 필요한 조치를 취할 의무가 있다. 만약 중립국이 어느 일방 교전국의 중립국 수역제도의 위 반을 종료시키지 않고 있으면, 타방 교전국은 중립국에게 이를 통지하고, 교전국의 위반을 종료시키기에 필 요한 합리적인 시간을 해당 중립국에 주지 않으면 안 된다. 어느 일방 교전국에 의한 중립국의 중립 위반이 타방 교전국의 안전보장에 중대하고 또한 직접적인 위험을 구성하며, 그 위반이 종료되지 않고 있는 경우 타방 교전국은 실행 가능한 적절한 대안이 없을 경우에는 그러한 위협으로 인하여 발생되는 위협에 대처하 기 위하여 필요한 무력을 행사할 수 있다."

2. 게다가 어느 일 교전당사국에 의해 영역이 침범된 중립국은 중립국 지위의 위반을 방지하기 위하여 행사 가능한 모든 수단을 사용하여야 한다. 이는 1907년 헤이그 제13협약 제8조,[572] 헤이그 공전규칙 제42조 및 제47조에 기초하고 있다. 이 또한 국제관습법을 반영하고 있다.[573]

3. 상황에 따라 어느 일 교전당사국에 의해 영역이 침범된 중립국에 의해 사용된 수단들은 외교적 조치에서 무력사용까지 가능하다(규칙 170 참조).

(b) 교전당사국에 의한 중립국 영역 혹은 영공의 사용이 심각한 침해가 된다면 교전당사국 일방은 실행 가능하고 시기적절한 대안이 없을 시 중립성에 대한 침해를 막기 위해 무력을 사용할 수 있다.

1. 만약 중립국이 교전당사국에 의한 자신의 중립국 지위 침해를 방지 또는 종식시키고자 하지 않거나 할 능력이 없다면, 권리를 침해당한 교전당사국은 그러한 침해를 종식시키기 위하여 필요한 경우 무력사용을 포함한 필요한 조치를 취할 권리가 있다.[574] 이러한 예외적

---

572) 1907년 헤이그 제13협약 제8조: "중립국 정부는 자국과 평화관계를 가진 국가에 대하여 순량용에 제공되거나 또는 적대행위에 참가하는 것이라고 믿을 만한 상당한 이유가 있는 일체의 선박이 그 관할 내에서 의장 또는 무장되는 것을 방지하기 위하여 시행할 수 있는 수단을 다함을 요한다. 중립국 정부는 또 순량용에 제공되거나 또는 적대행위에 참가한 선박으로서 그 관할 내에서 전부 또는 일부가 전쟁의 용도에 적합하게 된 것은 모두 그의 관할외로 출항함을 방지하기 위하여 同樣의 감시를 행할 것을 요한다."

573) 산레모 매뉴얼 제15항 : "중립국 수역(국제해협 및 군도항로대통항권을 행사할 수 있는 수역으로 이루어지는 중립국 수역 포함) 내 및 그 상공에서의 교전국 군대에 의한 적대행위는 금지된다. 중립국은 교전국 군대에 의한 중립위반을 방지하기 위해서 제2부 후 제2절과 모순되지 않는 조치(이용 가능한 수단에 의한 감시 포함)를 취하지 않으면 안 된다." 또한 산레모 매뉴얼 제제18항 참조: "교전국의 군용기 및 보조항공기는 중립국 공역(空域)에 진입할 수 없다. 진입한 경우에는 중립국은 이용 가능한 수단을 동원하여 자국 영토 내에 착륙하도록 해당 항공기에 요구하여야 하며, 무력분쟁 기간 중 기체와 승무원을 억류하지 않으면 안 된다. 항공기가 착륙명령을 따르지 않을 경우 제181항~제183항에 규정된 의료항공기에 관한 특별규칙에 따를 것을 조건으로 공격할 수 있다."

574) 산레모 매뉴얼 제22항 참조. NWP, para.7.3: "국제법의 일반규범으로써 중립국의 육지, 해역, 영공을 포함한 중립국 영토에서의 모든 적대행위는 금지된다. 중립국은 자국의 영토가 교전국 병력에 의해 피난처 또는 작전기지로 사용되는 것을 방지할 의무가 있다. 만약 중립국이 자국의 불가침 권리를 유효하게 집행하지 못하거나 그러할 의사가 없을 때, 침해받은 교전국은 중립국 영토를 불법적으로 사용하는 적 병력에 대항하기

상황에서 중립국 영토의 불가침성은 중립국에 의해 강제되지 않고 권리가 침해된 교전당사국에 의해 강제된다. 가능한 경우 그러한 중립법의 '대리적인' 강제조치들은 사전경고와 그 침해(위반)를 종식시키도록 중립국에게 합리적인 시간이 부여된 후에 취해져야 한다.[575] 만약 교전당사국에 의한 중립국 지위의 침해가 적국의 안전에 대해 즉각적인 위협이 되며, 가능하고 시의적절한 대체수단이 없는 경우 침해를 종식시키기에 필요한 무력 등을 사용할 수 있다.

2. 일단 본 규칙에 규정된 조건들이 충족되면 그리고 교전당사국이 중립 위반을 종식시키기 위해 필요한 무력을 사용하면, 중립국은 그러한 조치를 UN헌장 제51조상의 '무력공격'으로 간주해서는 안 된다. 결과적으로 이러한 상황에서는 중립국은 그러한 조치를 취한 교전당사국에게 자위권을 행사할 수 없다.

[규칙 169] 중립국이 중립성에 대한 침해 시도를 막기 위한 행동이라면 그것이 설령 무력에 의한 것이라 할지라도 적대행위로 간주되지 않는다. 하지만 중립국의 무력사용은 중립성에 대한 침해을 막고 그것을 유지하기 위해 요구되는 정도를 초과해서는 안 된다.

1. 본 규칙은 1907년 헤이그 제5협약 제10조,[576] 헤이그 제13협약 제26조[577] 및 헤이그 공전규칙 제48조[578]에 기초하고 있다. 또한 국제관습법을 반영한 것으로 간주되고 있다. 중립

위해서 군함과 군용항공기를 포함한 필요한 조치를 취할 수 있다. 또한 교전국은 중립국의 영토에서 공격을 받거나 공격의 위험이 있는 경우와 중립국 영토로부터 공격 또는 휘협이 있을 때 자위권을 행사할 수 있다."

[575] 사전예방조치 및 시간제한 요건은 UK Manual 및 산레모 매뉴얼에서는 인정되었지만 NWP에서는 인정되지 못했다. UK Manual, para.13.9E 참조.

[576] 1907년 헤이그 제5협약 제10조: "중립국이 그 중립의 침해를 방지하는 것은 병력을 사용하는 경우라고 하더라도 이를 적대행위로 승인할 수 없다."

[577] 1907년 헤이그 제13협약 제26조: "중립국이 본 협약에 규정하는 권리를 실행하는 것은 이에 관한 조항을 승인한 교전자의 일방 또는 타방에 있어서 우의에 위반되는 행위로 인정할 수 없다."

[578] 헤이그 공전규칙 제48조: "중립국이 본 규정에 기하는 권리의무의 시행상 병력 또는 기타의 시행할 수 있는 수단을 사용하는 것과 같은 행위는 적대행위로 인정할 수 없다."

국이 중립국 영역을 존중해야 할 의무를 위반하는 활동을 하고 있는 교전당사국에 대해 취한 조치들은 불법적인 것으로 간주되어서는 안 된다. 더욱 특별한 것은 만약 중립국이 교전당사국에게 무력을 사용하면 교전당사국은 그러한 중립국의 행위를 jus ad bellum 상의 자위권을 행사할 수 있는 '무력공격'으로 간주해서는 안 된다. 결과적으로 교전당사국은 그러한 강제조치를 수용하거나 해당 위반행위를 즉각 중지해야 한다.

2. 중립국의 중립위반의 종식을 위해 무력사용시 관련 규정을 엄격하게 준수해야 한다. 만약 중립국이 취한 조치들이 중립국 지위에 대한 침해를 종식시키기기에 필요한 정도를 초과한다면 영향을 받는 교전당사국은 대응조치를 취할 권리가 있다. 이러한 조건은 특히 국제적 무력분쟁의 격화 예방이라는 중립법의 목적에서 기인하였다.

III. 세부 규칙

[규칙 170]

(a) 교전국 군용항공기(무인기/무인공격기 포함) 및 미사일에 의한 중립국 영공 내로 또는 관통하는 침입 또는 통과는 금지된다. 급습이나 수송 그리고 미사일도 중립국 영공을 통과해서는 안 된다. 이것은 국제항행용 국제해협에서의 통과통항 또는 군도항로대통항을 할 권리를 침해하지 않는다.

1. 본 규칙의 첫째 문장은 헤이그 공전규칙 제40조에 기초하고 있으며("교전국의 군용항공기는 중립국의 관할 내에 들어갈 수 없다") 중립국 영공의 불가침 원칙을 재강조하고 있다. 따라서 교전국 군용항공기 또는 미사일이 중립국 영공에 들어가는 것은 중립국 불가침성을 위반하는 것이다.

2. 하지만 통과통항권 및 군도항로대통항권에 관한 최근의 국제법 발전에 비추어 볼 때 중립국 국제해협 및 군도항로대 상부의 영공은 항상 무장한 군용항공기를 포함한 교전당사

국의 항공기에 개방되어 있다. 물론 그러한 통항은 부단하고 신속해야 하며 항공기의 통상적인 방법으로 행해져야 한다. 교전국 항공기는 통과하는 동안 적대행위는 삼가야 하나, 그들의 안전 및 수반하는 수상 및 수중세력의 안전에 부합하는 활동은 할 수 있다. 중립국은 통과통항권 또는 군도항로대통항권을 중지, 방해 또는 지연시키지 않아야 할 의무가 있나 (NWP, para.7.3.6[579] para.7.3.9[580] 참조). 또한 규칙 1(a)에 대한 해설 para.8 참조.

3. UAVs/UCAVs 또한 통과통항권 또는 군도항로대통항권을 향유한다. 그러므로 이들 항공기들은 국제해협 및 군도항로대 상부 영공을 부단하고 신속하게 통과할 수 있다. 하지만 통과 이외의 다른 목적을 위해 그 영공을 배회하는 것은 금지된다.

4. 통과통항권 또는 군도항로대통항권을 행사하는 군함은 UAVs 및 UCAVs을 발사 및 탑재할 수 있는 권리를 갖는다. 만약 UAVs가 해군력 보호의 필수요소라면, 그러한 UAVs의 사용은 군함의 통상적 방법'에 '부수적인'인 것으로 UAVs는 '부단하고 신속하게' 통과하지 않을지라도 이용될 수 있을 것이다.[581]

---

579) NWP, para.7.3.6: "1982년 UN해양법협약에 반영된 국제관습법에 따르면 국제항행에 사용되는 모든 국제해협에서 교전국과 중립국의 수상함정, 잠수함, 항공기는 통과통항권을 갖는다. 중립국은 국제해협에서 통과통항권을 정지하거나 방해할 수 없다. 중립수역에 의해 중첩되는 국제해협을 통과하는 교전국 병력은 지체하지 않고 신속히 통과하여야 하고, 중립국에 대한 무력의 위협이나 사용을 삼가야 하며, 통항에 부수적이지 않은 적대행위나 기타 행위를 자제하여야 한다. 그러나 통과통항을 하는 교전국의 병력은 항공기 이착륙, 진형형성, 수중 전자감시장치를 포함한 방어조치를 취할 수 있다. 교전국 병력은 중립해협을 피신처나 작전기지로 사용할 수 없으며, 교전국의 군함은 그러한 수역에서 임검권과 수색권과 같은 교전적 권리를 행사할 수 없다."

580) NWP, para.7.3.9: "1. 중립 영토는 중립국 육지, 내수, 군도수역, 영해의 상공까지이다. 교전국의 군용항공기는 다음과 같은 경우를 제외하고 중립 영공의 진입이 금지된다. (a)중립 국제해협과 군도항로대의 상공은 무장 군용항공기를 포함하여 통과통항에 종사 중인 교전국의 항공기에 항상 개방되어 있다. 그러한 통항은 계속적이고 신속하여야 하며 관련 항공기의 정상적인 비행방식에 따라 이루어져야 한다. 교전국의 항공기는 통항에 있어서 적대행위를 자제해야 하지만, 항공기 자체의 안전과 동반하는 수상, 수중세력의 안전에 합치되는 활동에 종사할 수 있다.... 2. 중립국은 교전국 군용항공기에 의한 중립 영공위반 방지, 위반항공기의 착륙강제, 군용항공기의 불법적인 진입에 대하여 중립국이 이를 방지할 능력이나 의지가 없는 경우, 다른 교전당사국은 상황이 요구하는 자력구제 집행과 같은 조치를 수행할 수 있다."

581) UN해양법협약 제39조(1) 및 (3): "1. 통과통항권을 행사하는 선박과 항공기는 다음 사항을 준수하여야 한다. 가. 해협과 그 상공의 지체없는 항행. 나. 해협연안국의 주권, 영토보존 또는 정치적 독립에 대한 또는

5. 중립국 영공에의 진입 금지는 재난상태에 있는 교전국 의료항공기에는 적용되지 않는다 (규칙 172(a)(ⅰ) 참조).

6. 교전국 의료항공기의 중립국 영공에의 진입에 대해서는 규칙 84 및 규칙 85 참조.

(b) 중립국은 반드시 교전당사국 군대에 의해 중립성이 침해되는 것을 방지하기 위해 허용되는 모든 수단을 이용하여 감시해야 한다.

중립국 지위의 위반을 방지해야 할 의무는 중립국은 중립국 영공 내 또는 인근에서 발생하고 있는 일을 충분히 알고 있어야 한다는 것을 의미한다. 이것은 레이더와 다른 전자장비를 포함하는 중립국 영공 및 인접 영공을 감시하기 위한 모든 이용 가능한 수단을 사용하여야 할 의무를 나타낸다.

(c) 교전국 군용항공기가 중립국 영공(국제항행에 이용되는 해협 또는 군도항로대 이외)에 진입하는 경우 중립국은 반드시 모든 수단을 사용하여 그것을 막거나 종료시켜야 한다. 만약 군용항공기나 승무원들이 체포된다면 그들은 무력분쟁 동안 억류되어야 한다.

1. 중립국은 교전국 군용항공기가 자신의 관할구역에 들어오는 것을 방지하기 위하여 행사할 수 있는 모든 조치를 사용할 의무가 있다(규칙 170(b) 참조).

2. 본 규칙은 1907년 헤이그 제13협약 제25조[582]뿐만 아니라 헤이그 공전규칙 제42조 및

UN헌장에 구현된 국제법 원칙을 위반한 기타방법으로서의 무력에 의한 위협, 행사로부터의 회피. 다. 불가항력 또는 조난으로 인하여 필요한 경우가 아닌 한 부단 신속한 통과의 통상적인 방법에 부수되지 아니하는 기타 활동으로부터의 회피. 라. 본장의 기타 관계규정의 준수... 3. 통과통항 중인 항공기는 가. 민간항공기에 적용되는 국제민간항공기구가 제정한 항공규칙을 준수하여야 한다; 정부항공기도 통상 이러한 안전조치를 준수하면서 항상 비행의 안전을 위한 정당한 고려를 하면서 비행 하여야 한다. 나. 권한 있는 지정된 항공교통관제기구가 배정한 무선주파수 또는 적절한 국제조난무선주파수를 항상 청취하여야 한다."

582) 1907년 헤이그 제13협약 제25조: "중립국은 그 항구, 정박지 및 영수에서 전기 규정에 대한 일체의 위반을

제47조에서 추론되었다.

3. 침입하는 교전국 군용항공기에 의해 영공이 침범당한 중립국은 그 위반을 종식시켜야 할 의무가 있다. 만약 가능하다면, 침입하는 항공기를 강제로 착륙시켜야 한다. 그러나 이에 따르지 않으면 중립국은 착륙토록 하기 위해 공격할 수 있다. 만약 항공기가 착륙하면, 중립국은 무력분쟁 동안 항공기와 그 승무원을 억류하여야 한다. 이러한 의무는 헤이그 공전규칙 제42조 및 국제관습법에서 나온 것이다.

4. 교전당사국의 군 구성원이 중립국 영역에 들어가면 그들은 국제적 무력분쟁 동안 중립국에 의해 억류된다. 이러한 일반적 규범은 승무원이 중립국 영역에 들어가는 상황에도 적용된다. 헤이그 공전규칙 제43조에 따르면, "행동의 자유를 잃은 교전국의 군용항공기의 승무원으로서 중립국의 군용항공기에 의하여 중립국의 영수 외에서 구조되었으며, 또한 중립국의 관할 내에 송치되어 상륙한 자는 억류되지 않으면 안 된다."

5. 재난상태에 있는 항공기에서 낙하하여 중립국 영역에 착륙한 자는 억류되어야 한다. 만약 그러한 자가 국제수역에 착륙하여 중립국 선박이나 항공기에 의해 구조되면 그들은 마찬가지로 국제적 무력분쟁 동안 억류되어야 한다.

[규칙 171] 교전당사국은 다음의 어떠한 행위들도 행해서는 안 된다.

본 규칙은 비망라적인 방법으로 규칙 166과 규칙 167(a)에 포함된 일반금지를 구체화하고 있다.

(a) 중립국의 영공에 위치한 자 혹은 물자에 대한 공격이나 포획

방지하기 위하여 시행할 수 있는 수단에 의한 감시를 행함을 요한다."

본 규칙의 금지는 1907년 헤이그 제13협약 제2조[583] 및 헤이그 공전규칙 제39조에 기초하고 있다. 사람이나 물자에 대한 공격이나 나포는 만약 중립국 영공에서 행해지면 중립국 영역의 불가침성을 위반하는 교전행위이다. 이는 제D절 또는 제U절에서 언급된 활동들은 중립국 영공에서는 행사될 수 없음을 의미한다.

(b) 공격, 표적선정 및 정보 목적을 위해 공중, 영토 또는 영역 밖의 수역에 있는 적 목표물에 대한 작전기지로 중립국 영토 및 영공의 이용

1. 본 규칙은 1907년 헤이그 제13협약 제5조[584]에 기초하고 있다. 규칙 171(a)에 묘사된 상황과는 달리 본 규칙은 중립국 영공 또는 영역 밖에 위치한 적 표적물을 공격하기 위하여 중립국 영공 및 영역에 군대를 전개하는 것을 가정하고 있다.

2. 중립국 영공에 있는 '작전기지'라는 용어는 광범위한 것으로 해석된다. 그래서 예를 들면, 교전국 표적에 미사일을 발사하기 전에 중립국 영공에서 선회하는 UCAV는 동 규칙을 위반하여 활동하고 있는 것이다.

(c) 중립국 영역에서의 선박이나 항공기의 차단, 검색, 침로(항로)변경, 포획 행위

1. 본 규칙은 중립국 영역 내에서의 포획 조치를 금지하는 1907년 헤이그 제13협약 제2조에 기초하고 있다.

2. 본 규칙에서 사용된 것처럼 '중립국 영역'은 중립국 영공뿐만 아니라 중립국 영역주권에

---

583) 1907년 헤이그 제13협약 제2조: "교전국 군함이 중립국 영수에서 포획, 임검, 수색권의 행사, 기타 일체의 적대행위를 행하는 것은 중립의 침범을 구성하는 것으로 이를 엄금한다."

584) 1907년 헤이그 제13협약 제5조: "교전자는 중립국의 항구 및 영수를 적에 대한 해군 작전근거지로 할 수 없다. 특히 무선전신국 또는 육상 혹은 해상에 있어서의 교전국 병력과의 통신용에 제공될 일체의 기구를 설치할 수 없다."

의해 다루어지는 해양도 포함한다.

3. 교전당사국은 중립국 영역 밖에 착륙시키기 위한 목적이라 하더라도 중립국 영공 내에서 항공기를 차단하는 것이 허용되지 않는다.

4. 명백하게도 규칙 171(a)와 동 규칙 간에는 '포획'에 있어 다소 중첩된다. 본 규칙은 단지 항공기뿐만 아니라 선박의 포획도 언급하기 때문이다. 전문가 그룹은 포획의 모든 측면이 규칙 171(a) 또는 본 규칙에서 다루어져야 지는 것이 보장하는 것이 중요하다고 보았다.

(d) 중립국 영역에서의 자료 전송 및 탐색 및 구조활동을 포함한 군사력 이용 또는 전쟁 노력에의 기여

1. 본 규칙의 목적은 중립국 영역 내에서의 '군사력의 사용' 뿐만 아니라 '적의 전쟁노력에의 기여' 활동은 그러한 사용 또는 기여가 규칙 171(a)~(c)에 의해 금지되는 행위에 해당되지 않더라도 중립국 영역의 침범을 구성한다는 것을 강조하는 것이다.

2. 그러한 활동의 예시로는 규칙 171(b)하에서 금지되는 작전기지로 중립국 영공 또는 영역을 이용하는 것과는 구별되어야 하는 표적 또는 기타 군사목적을 위한 정보의 전송이 있다. 교전당사국에 의해 중립국 영역으로부터의 군사정보의 전송은 공격, 표적선정 또는 기타 목적을 위하여 행해진 것이 아니라 할지라도 중립국 영공 또는 영역의 침범을 구성한다.

3. 본 규칙은 "인터넷과 같은 공적이고, 국제적으로 그리고 공개적으로 접근할 수 있는 네트워크의 군사적 목적으로의 사용"은 만약 "하부구조의 일부가 중립국 관할 내에 위치하고 있으면" 중립의 위반을 구성하지 않는다는 규칙 167(b)와 관련하여 해석되어야 한다.

4. 전투적인 탐색 및 구조 작전은 성질상 군사적인 것이 분명하며, 그래서 중립의 위반을 구

성한다. 그러한 활동이 부상자, 병자 및 난선자인 전투원의 구조에 목적으로 두고 있다는 사실은 중립국 영역에 있는 -그 이유가 무엇이든- 전투원은 국제적 무력분쟁 동안 중립국에 의해 억류되어야 한다는 것과는 무관한다(규칙 170(c), 헤이그 공전규칙 제42조 둘째 문단 및 제43조[585] 참조).

[규칙 172]

(a) 교전국 군용항공기는 중립국 영공에 들어갈 수 없다. 그러나 다음의 경우에는 가능하다.

본 규칙은 규칙 170(a)에 규정된 일반적 금지의 세부내용이다. 교전국 군용기의 중립국 영공에의 진입 금지는 헤이그 공전규칙 제40조에 기초하고 있으며, 중립국 영토의 불가침성을 위해 필요하다.

(i) 재난상태에 있는 교전당사국의 군용항공기는 중립국의 호위하에 중립국 영역에 들어갈 수 있고 중립국 영토에 착륙할 수 있다. 중립국은 그러한 항공기를 착륙시키고 그 승무원을 억류할 의무가 있다.

1. 공중에서 재난에 빠진 자를 원조해야 한다는 일반적인 의무에 따라 중립국은 재난에 빠진 교전국 군용항공기를 자국의 영토에 착륙할 것을 허용하여야 한다. 그러한 허용은 타 교전당사국에 의해 중립성의 위반으로 간주되어서는 안 된다.

2. 하지만 중립국은 교전당사국이 통과목적으로 영공을 사용하도록 허용할 수 없다. 중립국은 필요하다면 적절한 강제력을 사용해서더라도 어느 일방의 교전국 군용항공기에게 착륙할 것을 요구하여야 한다. 국제적 무력분쟁이 지속되는 동안 교전국 군용항공기와 그 승무원은 중립국 영토를 떠날 수 없으며, 승무원은 적대행위에 다시 참가하는 것을 방지하기 위하여 억류되어야 한다.

(ii) 중립국 해협해협 상공과 군도항로대 상공의 영공은 통과통항 또는 군도항로대통항을 하는 무장

---

585) 헤이그 공전규칙 제43조, 본 매뉴얼 규칙 170(c), 제X절 참조.

군용항공기를 포함 교전당사국 항공기에 항상 개방된다.

본 규칙은 규칙 170(a)에서 인정하고 있는 통과통항 및 군도항로대통항의 관습적 권리를 보장하고 있다.

(iii) 중립국은 항복하고자 하는 교전당사국의 군용항공기에 대한 출입을 허용할 수 있다.

1. 교전국 군용기의 중립국 영공에의 진입은 만약 그 승무원이 중립국에 항복할 의도가 있다면 금지되지 않는다. 만약 그러한 상황이 발생한다면 중립국은 국제적 무력분쟁이 지속되는 동안 그 승무원을 억류할 의무가 있다.

2. 본 규칙은 자진하여 항복하고자 하는 군사요원들에 대해 다루고 있다. 여기서 '항복'이 라는 용어는 중립국을 통하여 일어난 항복에 국한된다. 군사요원이 적에게 자진하여 항 복할 때 본 매뉴얼에서 사용된 표현은 'surrender'(제S절 참조)이다. 항복의 형식에 관해서 는 규칙 172(b) 참조.

(b) 중립국은 교전당사국이 항복 시에 중립국 영토 내에 착륙할 수 있도록 모든 수단을 사용하 여야 한다. 그리고 국제적 무력분쟁 중에는 항공기와 그 승무원들을 억류하여야 한다. 만약 그러 한 항공기가 적대적인 행위를 하거나 착륙에 대한 지시사항을 따르지 않는다면 더 이상의 경고없 이 공격할 수 있다.

1. 규칙 172(a)(iii)에서 요구된 항복은 중립국 영토를 작전기지로 돌리기 위해 남용되어서는 안 된다. 그러므로 중립국은 항복하고자 하는 항공기를 통과보다는 착륙할 것을 요구하여야 하며, 그 경우 국제적 무력분쟁이 지속되는 동안에는 항공기와 승무원을 억류하여야 한다. 동 규칙의 근거는 만약 항공기와 그 승무원이 중립국 영토를 떠나는 것이 허용된다면 다시 적대행위에 참가할 것이라는 데 있다.

2. 저항 또는 고의적인 비준수 행위는 '적대행위'로 간주되며 따라서 중립국이 동 항공기를 공격할 충분한 근거가 된다. 그러한 경우 사전경고 및 은혜기간은 필요하지 않다.

[규칙 173] 중립국은 교전당사국을 위하여 항공기, 항공기 부품, 물자, 보급품과 탄약을 사적으로 수출하거나 통과하는 것을 방지할 의무는 없다. 그러나 다음의 경우에는 그러하지 아니하다.

1. 본 규칙의 첫 번째 문장은 헤이그 공전규칙 제45조[586] 및 1907년 헤이그 제5협약 제7조[587] 및 1907년 헤이그 제13협약 제7조[588]에 기초하고 있다.

2. UN 안보리에 의해 결정된 금수조치와 관계없이 본 규칙은 사적 활동에 배타적으로 적용되는 것이지 정부활동에 적용되는 것은 아니다. 따라서(헤이그 공전규칙 제44조 참조) 중립국 정부는 교전국에 대하여 항공기, 그 부분품 또는 항공전용으로 제공되는 재료 혹은 군수품을 방법의 여하를 불문하고 직접 또는 간접으로 공급할 수 없다.

3. 공적 및 사적 수출과 통과 활동 간의 구별은 1907년 헤이그 제13협약 제6조,[589] 제7조 및 제8조[590]뿐만 아니라 헤이그 공전규칙 제44조,[591] 제45조 및 제46조[592]에 의해 승인되었

---

586) 헤이그 공전규칙 제45조: "제46조의 규정을 유보하여 중립국은 교전자를 위해서 있는 항공기, 그 부분품 또는 항공기용에 제공되는 재료 혹은 군수품의 수출 또는 통과를 방지함을 요하지 않는다."

587) 1907년 헤이그 제5협약 제7조: "중립국은 교전자의 일방 또는 타방을 위하여 병기, 탄약 및 기타 군대나 한 대용에 제공할 수 있는 일체의 물건의 수출 또는 통과를 방지함을 요하지 않는다."

588) 1907년 헤이그 제13협약 제7조: "중립국은 교전자의 일방 또는 타방을 위한 병기 탄약, 기타 군용에 제공될 수 있는 일체의 물건의 수출 또는 통과를 방지함을 요하지 않는다."

589) 1907년 헤이그 제13협약 제6조: "중립국은 어떠한 명의로서 행하든 교전국에 대하여 직접 또는 간접으로 군함, 탄약 또는 일체의 군용자재를 교부할 수 없다."

590) 1907년 헤이그 제13협약 제8조: "중립국 정부는 자국과 평화관계를 가진 국가에 대하여 순라용에 제공되거나 또는 적대행위에 참가하는 것이라고 믿을 만한 상당한 이유가 있는 일체의 선박이 그 관할 내에서 의장 또는 무장되는 것을 방지하기 위하여 시행할 수 있는 수단을 다함을 요한다. 중립국 정부는 또 순라용에 제공되거나 또는 적대행위에 참가한 선박으로서 그 관할 내에서 전부 또는 일부가 전쟁의 용도에 적합하게 된 것은 모두 그의 관할외로 출항함을 방지하기 위하여 同樣의 감시를 행할 것을 요한다."

591) 헤이그 공전규칙 제44조: "중립국 정부는 교전국에 대하여 항공기, 그 부분품 또는 항공기용으로 제공되는 재료 혹은 군수품을 방법의 여하를 불문하고 직접 또는 간접으로 공급할 수 없다."

592) 헤이그 공전규칙 제46조: "중립국 정부는 다음 사항을 방지하기 위하여 시행할 수 있는 수단을 사용치 않으면 안 된다. 1. 교전국에 대하여 공격할 수 있는 상태에 있는 항공기 또는 장치하거나 혹은 이용하면 공격

다. 그럼에도 이의 지속적인 유효성에 대해서는 약간의 의문이 제기되어 왔다. 군사 및 이중 용도 물품의 수출이 국가 법률에 따라야 하는 시대에서는 중립국은 규정되지 않은 방법으로 그러한 물품의 사적 수출을 허용할 자유가 있다고 말하는 것은 더 이상 옳지 않다. 전문가 그룹의 대다수는 국가관행에 기초하여 공적 그리고 사적 수출 간의 구별과 관련되는 전통적 규칙의 수정되었다는 것을 확신할 수 없었다. 국가관행은 국가에 의한 무기 및 여타 군사장비의 수출에 대해 점차 통제의 정도를 높여가고 있음을 명확히 보여준다. 하지만 이것이 국가가 그러한 통제를 행사하기 위하여 그들 스스로 중립법에 의해 의무를 부담해야 하는 것으로 생각하고 있다는 증거는 아니다. 이것은 단지 정책적 선호일 뿐 법적 확신을 나타내는 것은 아니다.

(a) 항공기가 다른 교전당사국에게 적대적인 공격을 할 수 있는 상태에 있거나 그러한 목적이 있다고 여겨지는 항공기의 관할권 이탈을 방지하기 위해

1. 본 규칙은 헤이그 공전규칙 제46조(1)에 기초하고 있다.[593]

2. 본 규칙은 역사적으로 1872년 유명한 Alabama 사건[594]에 뿌리를 두고 있는 군함에 대한 유사한 금지의 결과이다.

3. 적대적인 공격을 할 수 있는 상태에 있다는 말은 항공기 연료를 주입하고 무장하였으며

할 수 있는 그런 기구 또는 재료를 적재하거나 혹은 휴대하는 항공기가 교전국에 대항하여 사용될 것이라고 믿을 이유가 있을 때에는 이 항공기가 자국의 관할 내로부터 출발하는 것. 2. 항공기의 승무원 중에 교전국의 전투부대의 소속원이 포함된 항공기가 출발하는 것. 3. 본 조의 목적에 반하여 출발을 준비하기 위하여 항공기에 대하여 공사를 시행하는 것. 중립국의 관할 내에 있는 개인 또는 회사가 교전국의 주문에 응하여 발송하는 항공기가 空路에 의하여 출발할 때는 중립국 정부는 항공기에 대하여 상대교전자의 군사행동의 부근을 피하는 항로를 지정하며, 또한 항공기가 지령한 항로를 취할 것을 확보하기 위하여 필요한 보장을 요구함을 요한다."

593) 헤이그 공전규칙 제46조(1), 또한 1907년 헤이그 제13협약 제8조 참조.

594) Alabama Claims Award(1872), 1 History and Digest of the International Arbitrations to which the United States Has Been a Party 653(J.B. Moore ed., 1898).

출발 후 즉각적인 적대행위를 행할 준비가 되어 있다는 것을 의미한다.

(b) 교전당사국의 군용항공기 승무원과 교전당사국의 군요원인 민간항공기의 승객과 승무원의 관할권 이탈을 방지하기 위해

1. 본 규칙은 헤이그 공전규칙 제46조(2)에 기초하고 있다.

2. 교전당사국 군요원은 국제적 무력분쟁이 지속되는 동안 중립국에 의해 억류되어야 한다(규칙 170(c) 참조). 이는 중립국은 그들이 자신의 관할에서 이탈하는 것을 방지해야 한다는 것에서 나온 것이다.

3. 교전당사국 군요원의 범주는 포괄적이다. 군용기의 승무원뿐만 아니라 민간항공기에 탑승하고 있는 군요원인 승객과 승무원도 포함한다.

[규칙 174] 본 매뉴얼의 제IJ절과 제V절과는 관계없이 다음과 같은 행동들은 중립국 민간항공기를 군사목표물로 간주되게 한다.

1. 전체로서 고려해 볼 때 본 규칙은 중립국 민간항공기에만 적용된다. 여타 중립국 항공기 -군용 또는 여타 국가항공기- 는 규칙 174(b), (c), (d) 및 (f)에 열거된 활동들에 종사할 수 없다는 것이 이해되어야만 한다. 만약 그러한 활동에 종사한다면 그들은 군사목표물이 되며 사전경고없이 공격대상이 된다. 하지만 중립국 민간항공기와는 달리 규칙 174(a) 및 (e)는 중립국 군용항공기와 여타 국가항공기에는 적용되지 않는다. 그러함 항공기는 중립국의 주권면제로부터 이익을 향유하며 교전당사국에 의해 존중되어야만 한다(규칙 48(b) 해설 para.2 및 규칙 155 해설 para.5 참조). 결과적으로 그들은 전시금제품을 수송하고 있다고 의심될 경우 차단, 항로 변경 또는 조사받지 않으며, 교전당사국 군당국의 명령에 따라야 하는 것은 아니다(공중봉쇄가 행해지는 지역을 제외하고는 규칙 155 참조).

2. 중립국 민간항공기는 통상적이고 무해한 역할에 종사하는 한 중립법에 의해 보호된다. 그럼에도 만약 적의 군사활동에 효과적으로 기여하는 활동에 종사하거나 당시의 지배적인 상황에서 그들을 파괴, 포획 또는 무력화하는 것이 명확한 군사적 이익을 주는 경우 그들은 피보호 지위를 상실하며 군사목표물이 된다.

3. 만약 본 규칙에 열거된 활동의 어느 하나에 종사할 경우 중립국 민간항공기는 제D절 및 제G절에 따라 피보호 지위를 상실하며 공격대상이 된다.[595]

4. 본 규칙은 적국에 대해 해상(또는 공중)봉쇄를 설정할 교전당사국의 권리와는 관계가 없다(제V절). 규칙 제156에 따라 중립국 민간항공기가 위반했다고 또는 위반을 시도하고 있다고 합리적인 근거가 있다고 믿겨지면 공중봉쇄는 차단, 항로변경, 강제착륙 및 포획될 수 있다. 만약 그들이 차단에 명백하게 저항하거나 착륙명령에 따르지 않을 경우 사전경고 후 공격을 받을 위험에 처해질 수 있다.

5. 본 규칙은 제J절에서 다루어지고 있는 항공기, 즉 민간여객기 및 안전통항권이 부여된 항공기(카르텔 항공기 등)에는 적용되지 않는다. 유사한 규정에 대해서는 규칙 63 참조.

6. 본 규칙은 군용항공기 이외의 여타 적항공기에 대한 공격에 관한 규칙 27의 배경에는 반하는 것으로 이해되어야 한다. 규칙 174(b)-(f)는 텍스트상으로는 규칙 27(a)-(e)와 유사하다.

---

595) 산레모 매뉴얼 제70항: "중립국 표식을 한 민간기는 다음의 경우가 아닌 한 공격받지 않는다. (a)전시금제품을 수송한다는 충분한 근거가 있다고 의심되거나, 사전경고 또는 차단에도 불구하고 의도적으로 명백하게 목적지로의 항로를 변경할 것을 거부하거나, 임검 및 수색을 위하여 관련된 분류의 항공기가 안전하게 그리고 충분히 도달할 수 있는 교전국 비행장으로의 비행을 의도적으로 그리고 명백하게 거부하는 경우. (b)적을 대신하여 적대행위를 하는 경우. (c)적군대의 보조세력으로 행동하는 경우. (d)적의 정보체계에 편입되거나 이를 원조하는 경우. (e)기타 적의 군사행동에 효과적으로 기여하는 경우. 즉 군사물자를 수송하고 사전경고 또는 요격에도 불구하고 의도적으로 명백하게 목적지로의 항로를 변경할 것을 거부하거나 임검 및 수색을 위하여 동형 기종의 항공기가 안전하게 충분히 도달할 수 있는 교전국 비행장으로의 비행을 의도적으로 그리고 명백히 거부하는 경우." UK Manual, para.12.43.1도 유사한 내용을 두고 있다.

중립국 민간항공기에 대한 세부규칙은 174(a) 뿐이다.

7. 중립국 민간항공기의 지위는 항상 염두에 두고 있어야 한다. 그들의 민간성 외에도 중립성을 갖는다. 그러한 이유로 교전당사국은 중립국 민간항공기는 군사목표물을 구성한다는 결론내려서는 안 된다.

8. 사용 및 향후 사용의도와 관련된 활동들은 규칙 22(c)와 22(d)의 적용에 따라야 한다.

(a) 전시금제품을 적재하고 있는 것으로 합리적으로 판단되고, 사전 경고와 차단에도 의도적이고 명확하게 목적지 변경을 거부하거나 검색을 위해 해당 형태의 항공기가 안전하고 무리없이 접근할 수 있는 교전당사국 비행장으로 비행할 것을 의도적이고 명확하게 거부하는 경우

1. 본 규칙은 다음과 같이 규정하고 있는 헤이그 공전규칙 제50조의 둘째 단락에 기초하고 있다. 임검 및 수색을 위하여 전기장소에 착륙 또는 취항하지 않으면 안 된다는 명령에 따를 것을 경고받은 후 거부할 때는 사격을 받을 위험이 있다. 이는 국제관습법과 일치한다(산레모 매뉴얼 제70항(a) 참조).

2. 중립국 영역 밖을 비행하거나 전시금제품을 수송하고 있는 중립국 민간항공기는 차단, 조사, 항로변경 및/또는 포획될 수 있다(규칙 173 참조). 만약 그들이 고의적으로 그리고 명확하게 조사를 위해 항로를 변경하거나 취항하라는 명령에 따르지 않을 경우 군사목표물이 될 수 있다.

3. 중립국 민간항공기는 전시금제품을 수송하고 있는 경우에만 군사목표물이 되는 것은 아니다. 그러한 항공기가 조사를 위하여 목적지로부터의 항로 변경이나 조사장소로의 취항을 고의적이고 명확하게 거부하는 경우 군사목표물이 된다.

(b) 적의 적대행위에 가담하여 지원하는 경우. 예를 들어 다른 항공기를 저지하거나 공격하는 경우, 지상이나 해상에 있는 자와 목표물을 공격하는 경우, 공격의 수단으로 사용되는 경우, 전자전에 가담하는 경우 및 적에게 표적첩보를 제공하는 경우

본 규칙의 문언은 규칙 27(a)과 동일하다. 규칙 27(a)과 산레모 매뉴얼 제70항(b) 해설 참조.

(c) 적군의 군사행동을 용이하게 하는 경우. 예를 들어 적의 군사력을 수송하는 경우, 군사물품을 수송하는 경우, 적의 군용항공기를 급유하는 경우.

본 규칙의 문언은 규칙 27(b)과 동일하다. 규칙 27(b)과 산레모 매뉴얼 제70항(c) 해설 참조.

(d) 적의 정보수집체계에 포함되거나 조력하는 경우. 예를 들어 정찰에 가담하는 경우, 조기경보, 감시와 지휘, 통제와 통신 작전.

만약 중립국 민간항공기가 -적군대의 지원하에- 정찰, 조기경보, 감시와 지휘, 통제와 통신 작전에 종사하면, 그들은 동 규칙에 따라 적의 정보체계에 편입된 것으로 간주된다. 본 규칙의 문언은 규칙 27(c)과 동일하다. 규칙 27(c)과 산레모 매뉴얼 제70항(d) 해설 참조.

(e) 착륙에 대한 지시사항 포함 군 당국의 명령에 따르기를 거부하는 경우

중립국 민간항공기는 교전당사국의 명령에 따라야 할 의무가 있다. 만약 중립국 민간항공기가 그러한 명령에 다르지 않는다면, 교전당사국은 그러한 저항을 제압하기에 필요한 강제력을 사용할 수 있다. 본 규칙의 문언은 규칙 27(d)과 동일하다. 규칙 27(a) 해설 참조.

f) 군사적 행위에 효과적으로 기여하는 경우

본 규칙은 중립국 민간항공기가 규칙 174(a)~(d)에서 다루지 않은 적의 군사활동에 효과적

으로 기여하게 하는 상황을 다루는 남겨진 규정이다. 산레모 매뉴얼 제70항(e) 참조.

[규칙 175] 민간항공기가 중립국 표식을 하고 있다는 사실은 일견(prima facie) 중립성의 증거이다.

1. 민간항공기가 적국의 표식을 하고 있다는 사실이 적성의 결정적인 증거인 반면(규칙 144 참조), 중립국 표식을 하고 있다는 것은 그러한 결정적인 증거가 되지 못한다. 그러므로 본 규칙은 중립국 표식을 한 민간항공기의 중립성에 대한 가정을 포함할 뿐이다.

2. 규칙 144 두 번째 단락에 규정되었듯이 민간항공기의 적성은 등록, 소유, 용선 또는 다른 적절한 기준에 의해 결정될 수 있다. 규칙 145에 따라 표식을 하고 있지 않는 민간항공기는 포획 목적상 적성을 갖는 것으로 가정된다. 만약 민간항공기가 적성을 갖는 것으로 단지 의심스러운 근거가 있는 경우에는 규칙 146이 적용된다.